ANNELIE RODAX / KLAUS RODAX

Bildungschancen und Bildungswege von Frauen

Sozialwissenschaftliche Schriften

Heft 33

Bildungschancen und Bildungswege von Frauen

Eine bildungssoziologische Untersuchung über den Zusammenhang von sozialer Herkunft und Bildungsbeteiligung

Von

Annelie Rodax und Klaus Rodax

Duncker & Humblot · Berlin

Die Deutsche Bibliothek – CIP-Einheitsaufnahme

Rodax, Annelie:
Bildungschancen und Bildungswege von Frauen : eine bildungssoziologische Untersuchung über den Zusammenhang von sozialer Herkunft und Bildungsbeteiligung / von Annelie Rodax und Klaus Rodax. – Berlin : Duncker und Humblot, 1996
(Sozialwissenschaftliche Schriften ; H. 33)
ISBN 3-428-08961-8
NE: Rodax, Klaus:; GT

Fotoprint: Berliner Buchdruckerei Union GmbH, Berlin
Printed in Germany

ISSN 0935-4808
ISBN 3-428-08961-8

Gedruckt auf alterungsbeständigem (säurefreiem) Papier
entsprechend ISO 9706 ♾

Vorwort

Noch Ende der sechziger Jahre konnte Helge Pross in ihrer Überblicksstudie "Über die Bildungschancen von Mädchen in der Bundesrepublik" mit einigem Recht beklagen, daß ein Symptom für die Besonderheit der Bildungsbeteiligung von Mädchen ihre Behandlung in der soziologischen Literatur sei: nur vergleichsweise wenige Arbeiten gehen überhaupt auf sie ein. Ebenso wie Frauen in zahlreichen Bildungs- und Ausbildungseinrichtungen gleichsam am Rande stehen, blieben sie bis zu Beginn der sechziger Jahre auch für die sozialwissenschaftliche Forschung ein Randphänomen. Häufig fehlte es selbst an einfachsten empirischen Kenntnissen. Spezielle Probleme, wie die Situation von Arbeitertöchtern oder von Bauerntöchtern, waren überhaupt noch nicht untersucht worden.[1]

Verglichen mit dieser Ausgangslage haben seitdem die empirischen Kenntnisse über die Bildungsbeteiligung von Mädchen und jungen Frauen erheblich zugenommen. Wir wissen mittlerweile, daß parallel zu den wirtschaftlichen, sozialen und kulturellen Veränderungen in der bundesrepublikanischen Gesellschaft Mädchen in immer größerer Anzahl die als attraktiv angesehenen traditionellen weiterführenden Real- und Gymnasialschullaufbahnen durchliefen. Von diesem Anstieg haben auch Töchter aus bildungsbenachteiligten Herkunftsgruppen beträchtlich profitiert: Ihr Anteil in den Eingangsklassen von Realschulen und Gymnasien hat sich deutlich erhöht. Dieser Zunahme entspricht zudem ein wachsender Erfolg beim Erreichen der "Mittleren Reife".

Auch in den Gymnasien setzte sich dieser Trend bis zur "Hochschulreife" fort. Gewiß: Bei den gymnasialen Abschlüssen sind zwar die Unterschiede zwischen bildungsmäßig mehr oder weniger privilegierten Herkunftsgruppen immer noch stark ausgeprägt, jedoch haben beispielsweise Bauern- oder Arbeitertöchter, verglichen mit den Söhnen aus diesen Familien, erfolgreiche Anstrengungen unternommen, die Reifeprüfung abzulegen. Auch innerhalb der übrigen Herkunftsgruppen hat sich die Bildungsbeteiligung von Mädchen und Jungen angeglichen.

Vor diesem Hintergrund verliert die Behauptung erheblich an Überzeugungskraft, es gebe eine "weibliche Bildungs-Normalbiographie", wie sie die Arbeitsgruppe um Ralf Dahrendorf noch für die fünfziger und sechziger Jahre für die auf der Volksschule verbliebene große Mehrzahl von Mädchen aus bildungsbenach-

---

1 Pross 1969a, S. 7 ff.

teiligten Herkunftsgruppen aufzeigen konnte.[2] Es ist mittlerweile uninteressant geworden, wiederholt bestätigt zu finden, daß Töchter aus Arbeiter- oder Bauernschaft, vergleicht man sie etwa mit denen aus Besitz- und Bildungsbürgertum, immer noch benachteiligt sind. Von größerem wissenschaftlichen Interesse ist es vielmehr, zu erfahren, wie es zu den Abweichungen von diesem Regelfall kommt, zumal daraus Folgerungen für die pädagogische Praxis abzuleiten sind.

Was hat also dazu geführt, daß Töchter aus sozial benachteiligten Herkunftsgruppen nach der Grundschule doch eine Realschule oder ein Gymnasium mit der Mittleren Reife beziehungsweise der Hochschulreife abgeschlossen haben? Welche sozialen Einflüsse und Kräfte begünstigen einen solchen Bildungsweg im Spannungsfeld von sozialen Normierungen, Erwartungsmustern und von individuellen Aneignungs- und Auseinandersetzungsprozessen mit der sozialen Wirklichkeit im Alltag? Damit sind einige der zentralen Fragen dieser empirischen Untersuchung angesprochen. Sie eröffnen der Forschung zur Bildungsungleichheit neue interessante theoretische Perspektiven und erfordern eine Forschungsstrategie, die verhältnismäßig viele Dimensionen berührt, um dem Phänomen der abweichenden Schulkarrieren schon in einer ersten Untersuchungsphase möglichst wichtige und vielschichtige Informationen und Erkenntnisse abgewinnen zu können.

Bei einer solchen Vorgehensweise ist es wichtig, nicht nur die einmal gewählte Forschungsmethode für das untersuchte Problem in besonderer Weise offenzuhalten, sondern - worauf die Arbeitsgruppe um Ralf Dahrendorf schon früh aufmerksam gemacht hat - daneben auch andere Methoden einzusetzen. Soziale Phänomene, wie sie sich in diesem Zusammenhang stellen, sind so vielgestaltig, daß jeder einzelne methodische Ansatz zwangsläufig zu einer gewissen Einseitigkeit führt. Und nicht umsonst warnt daher die neuere Diskussion in der Bildungsforschung vor einseitigen methodischen "Hahnenkämpfen" um den richtigen Weg.

Die empirische Bildungsforschung verlangt für weitläufige Fragestellungen in der Regel zunächst die Auswahl bestimmter Gesichtspunkte, um sie dann schrittweise bearbeiten zu können. Bei der Frage nach den abweichenden Schulkarrieren kommen als Informationsquelle vor allem Absolventinnen, Eltern wie Lehrerinnen und Lehrer in Betracht. Wir haben uns - und das sollte bei der Präsentation der Ergebnisse stets im Blick behalten werden - für die Absolventinnen als die eigentlich Hauptbetroffenen entschieden und deren subjektive alltagsweltliche Wahrnehmungen, Einschätzungen und Deutungen analysiert; zurückgegriffen wurde dabei auf schriftlich abgefaßte Bildungsautobiographien.

2 Vgl. Peisert und Dahrendorf 1967.

Der Einwand, daß es sich hier bloß um einseitige Informationen handelt, die zudem durch die unterschiedliche und teilweise begrenzte Fähigkeit zur Erinnerung eingeschränkt werden, kann sicherlich nicht ganz beiseitegeschoben werden. Die begrenzte Aussagefähigkeit einer einzelnen Methode ist daher stets zu bedenken und im Vergleich mit anderen Methoden zu überprüfen. Es gibt inzwischen aber gesicherte Hinweise für die Brauchbarkeit von Erinnerungsaussagen und Vergleiche von Erinnerungsberichten mit anderen schriftlichen Quellen wie Tagebüchern, Lebensberichten oder Dokumenten, die - auch für den Bildungsbereich - eine erhebliche Zuverlässigkeit belegen. Ebenso darf selbst bei sorgfältigem methodischen Abwägen eines keineswegs aus den Augen verloren werden: Das Bild, das Absolventinnen von ihrem weiterführenden Bildungsweg vermitteln, ist für sie unabweisbare soziale Realität.

Mithin stellen Bildungsautobiographien, in methodisch kontrollierter Weise ausgewertet, einen der wenigen gangbaren Wege dar, die aufgeworfenen Fragen einer Klärung näher zu bringen. Die Bedeutung dieser Vorgehensweise liegt vor allem darin, daß sie eine materialnahe theoretisch-systematische Durchdringung der Bedingungen und Einflüsse auf den weiterführenden Bildungsweg darstellt, die offensichtlich durch die "groben" Maschen des Netzes der standardisierten Erhebungs- und Auswertungsverfahren empirischer Bildungsforschung hindurchfallen. Das empirische Datenmaterial wird nicht nur entfaltet und eingeordnet, sondern auch weitgehend dokumentiert werden: als Beleg dessen, was die Absolventinnen von ihren Bildungswegen preiszugeben bereit waren, aber ebenso, weil es in seiner Authentizität mehr Feinheiten sichtbar werden läßt, als die sorgsamste Analyse je auszuschöpfen vermag.

Es ist nicht möglich und auch wenig sinnvoll, hier die Vielzahl der mit unserem Thema zusammenhängenden Dimensionen anzugeben, da dies zum Teil bereits eine erste Forschungsaufgabe ist. Wir haben versucht, eine Forschungsstrategie zu entwickeln, die verhältnismäßig viele Dimensionen berührt, um vor allem dem Phänomen des typischen beziehungsweise untypischen Erfolgs von Absolventinnen aus mehr oder weniger privilegierten Elternhäusern auf ihrem weiterführenden Bildungsweg möglichst wichtige und vielschichtige Informationen abgewinnen zu können. Es wurden zwei methodische Zugänge gewählt: zum einen wurde empirisches und sozialstatistisches Datenmaterial in Sekundäranalysen zur Verdeutlichung des Problemhintergrundes ausgewertet, zum anderen wurde dann vor dieser Folie den unterschiedlichen Erscheinungsformen der Bildungsbarrieren und den damit im Zusammenhang stehenden sozialen Ursachen in den Bildungsautobiographien der Real- und Gymnasialschulabsolventinnen differenziert nachgegangen. Diese in einer umfassenden vergleichenden Bestandsaufnahme aufzudecken und in einen größeren Zusammenhang zur Theorie der Bildungsbeteiligung zu stellen, ist das Ziel.

Es versteht sich von selbst, daß eine solche Untersuchung auf die Hilfe vieler angewiesen ist. Unser Dank gilt daher vorab Karin Algasinger, Edith Villwock und Ulrike Zimmermann, die bei der langwierigen und schwierigen Auswertung der Bildungsbiographien im Rahmen ihrer soziologischen Methodenausbildung an der Universität Passau weit über das übliche Maß hinaus mitarbeiteten und in den Diskussionen immer wieder wichtige Anregungen gaben. Dank gebührt ebenso den Institutionen und Organisationen sowie denjenigen Personen, die die Untersuchung unterstützten. Nicht zuletzt aber möchten wir besonderen Dank den Real- und Gymnasialschulabsolventinnen sagen, die sich der Mühe unterzogen, ausführlich über ihren Bildungsweg Auskunft zu geben und damit diese Untersuchung überhaupt erst ermöglicht haben.

Halle (Westfalen), im Herbst 1995 Annelie und Klaus Rodax

Inhaltsverzeichnis

Tabellenverzeichnis

Übersichtsverzeichnis

Abbildungsverzeichnis

Die Kleinarbeit müßte bei den Symptomen beginnen, die das äußere Leben des Menschen darbietet. ... Hat man als Statistiker sein Papier fein säuberlich in Spalten eingeteilt und Zahlen rechts und links vom Strich gesetzt, so muß man als Soziograph das Handgelenk lockerer halten: das Leben zieht keine klare Grenzen, sondern verspielt sich in tausend Zwischenformen. Aus dem bunten Mancherlei ein einheitliches Bild zu gewinnen, ist dann letzte Aufgabe - nur mit Vorsicht anzugehen.

Theodor Geiger, Die soziale Schichtung des deutschen Volkes (1932)

A. Theorie der Bildungsbeteiligung

I. Problemhintergrund

Allgemeine Bildungssituation und Chancengleichheit

Die Forderung nach gleichen Chancen und Entfaltungsmöglichkeiten für Mädchen und junge Frauen im Bildungswesen hat mittlerweile eine lange Tradition: Vor gut 75 Jahren konnten Frauen sich erstmals an deutschen Hochschulen habilitieren; das Frauenstudium kann sein 100jähriges Jubiläum begehen, und schließlich haben seit gut 150 Jahren Mädchen und junge Frauen, wenn auch eingeschränkt, höhere Bildungsgänge einschlagen können.[1] Dabei schien bis

1 Schon an dieser Stelle scheint es geboten, eine selbstkritische Anmerkung zum Sprachgebrauch zu machen: Im allgemeinen bemühen wir uns darum, jeweils beide Geschlechter zu benennen, indem wir beispielsweise von Lehrern *und* Lehrerinnen, Schülern *und* Schülerinnen sprechen. Das ist indes keineswegs immer durchzuhalten. Wenn wir etwa von Lehrer-Schüler-Beziehung sprechen, ist uns keine wirklich geschlechtsneutrale Bezeichnung hierzu geläufig. Bei aller Einsicht in die Notwendigkeit zur Veränderung der zweifellos bewußtseinsprägenden Sprache scheinen uns Kompromisse und Zweifel gegenüber der These angebracht, daß Sprachregulierungen immer auch die Wirklichkeit vernünftiger machen. Ein Korsett verbessert nicht die Figur, sondern bloß die Erscheinung.

dahin lange Zeit klar zu sein, wer ein gebildeter Mensch sei: Er beherrschte eine oder zwei Fremdsprachen und auch ein Instrument, pflegte untadelige Manieren, war belesen, erwarb eine gute Schulbildung, am besten Abitur, oft auch akademische Weihen, hatte es im Leben zu etwas gebracht und war männlichen Geschlechts. Für Frauen war allenfalls Herzensbildung, nicht jedoch eine qualifizierte Schul- und Berufsausbildung vorgesehen. Diese ist daher stets ein besonderes Anliegen engagierter Frauen unterschiedlicher politischer Couleur schon im Gefolge der preußischen Bildungsreform im Wilhelminischen Kaiserreich gewesen und hat eine große Zahl von Veröffentlichungen hervorgerufen. In ihnen haben sich Frauen wegen ihres Ausschlusses aus dem Bildungswesen energisch gewehrt, allerdings meist unter Hinnahme und zugleich Nutzung der Ideologie unterschiedlicher seelischer Anlagen der Geschlechter.

Es gibt, so scheint es, kein anderes Thema, an dem so deutlich zutage tritt, wie tiefgreifend der soziale Wandel ist, dem sich die bürgerliche Gesellschaft seitdem gegenübersieht.[2] Wenn man daher versucht, ihn als ein Konfliktfeld zwischen Herrschaftsinteressen und Modernisierungszwängen zu begreifen und wenn man dabei den Streit um die Abiturberechtigung in den Mittelpunkt stellt, dann darf in dieser Beschreibung ein Konfliktherd nicht außer acht gelassen werden: der Streit um die Gleichberechtigung der höheren Mädchen- mit der höheren Jungenbildung. Hier ging es darum, jahrzehntelange Auseinandersetzungen durch einen tragfähigen Kompromiß zu beenden und damit einen bildungspolitischen Beitrag zur inneren Befriedung des wilhelminischen Bürgertums zu leisten.[3]

Als Folge davon wurde jedenfalls das Tor zu Abitur und Studium für junge Frauen erstmals ein Stück weit geöffnet.[4] Ein Rückblick zeigt indes, daß es bei der Frauenfrage im Bildungsbereich weniger um Qualifikation als um den Ausschluß unliebsamer Konkurrenz zu Positionen mit Macht, hohem Prestige, Status und Einkommen ging. Immer noch blieb für sie der Weg zur "Alma mater" dornig, denn ihnen war in Deutschland der Besuch der Gymnasien verwehrt. So hat man ihnen zwar den Zugang zum Abitur geöffnet, jedoch die Möglichkeit des Abschlusses auf eigenen gymnasialen Bildungswegen vorenthalten, der Zugangsvoraussetzung für einen qualifizierten Beruf war. Damit konnten sie das zur

2 Vgl. Blochmann 1960, Maschmann 1967, Bebel [16]1973, Herrmann 1977, Hutterer 1978, Glotz 1979, Priester 1983a, Bussemer 1985, Liedtke 1986, Hassauer 1987, Jacobi-Dittrich 1988, Hagemann-White 1991, Mertens 1991, Herrlitz et al. 1993, Kraul 1994, Gerhard 1995a,b.

3 Vgl. Zinnecker 1973a, Lundgreen 1980, 1981a,b, 1985, Kraul 1984, 1988, 1989, Küpper 1987, Albisetti 1988, Tenorth 1988, Zymek 1988, 1989, Brehmer 1992, Liedtke 1992, Herrlitz et al. 1993.

4 In den wichtigsten süddeutschen Staaten Baden (1900), Bayern (1903) und Württemberg (1904) beispielsweise wurde die Frage der Abiturberechtigung und Studienzulassung von jungen Frauen schneller politisch entschieden als etwa in Preußen (1908).

Zulassung an der Universität nötige Abitur nur dadurch erhalten, daß sie es nach der üblichen Ausbildung an der Höheren Töchterschule als "Externe" an einer Jungenoberschule ablegten. Erst später wurde ihnen die Chance eröffnet, über ein "Lyzeum" zum Abitur und zum Studium zu kommen. Es ist damit jedoch letztlich eine Entwicklung der Bildungsbeteiligung eingeleitet worden, die in der Weimarer Republik, erst recht indes seit dem Beginn der Bildungsexpansion in den sechziger Jahren in der Bundesrepublik, in Richtung auf Chancengleichheit zwischen den Geschlechtern ausgebaut werden konnte.[5]

Im Vergleich zur Bildungssituation der Frauen zu Beginn dieses Jahrhunderts hat sich für die heute lebende Frauengeneration zweifellos geradezu Revolutionäres vollzogen. Die zwei großen Frauenbewegungen in diesem Jahrhundert haben wichtige Erfolge für die Gleichberechtigung in Bildungsfragen erreicht. Das hatte zur Folge, daß sich die Lage von Mädchen und jungen Frauen im Bildungswesen entscheidend verbesserte und sie ihre Position im beruflichen Alltag stärken konnten. Und immer mehr politische Mandate und Regierungsämter sind von Frauen übernommen worden. Kurzum: Das Bewußtsein für die Frauenfrage als Bildungsfrage ist deutlich geschärft worden.

Frauen sind in der Bundesrepublik in den letzten Jahrzehnten im Bildungswesen weiter vorangekommen als in anderen gesellschaftlichen Bereichen: Der Lehrerberuf im Grundschulbereich gilt schon als typische Frauendomäne; die flächendeckende Einführung der Koedukation in allen Bundesländern war wohl mit die erfolgreichste und geräuschloseste, wenn auch mittlerweile wieder umstrittenste Schulreform in der Geschichte; bei der Genehmigung von Schulbüchern wird inzwischen auch auf das Vermeiden von Rollenstereotypen genau geachtet und - besonders bemerkenswert - der Anteil der Absolventinnen an den Schulabgängern insgesamt liegt seit Mitte der achtziger Jahre bei der allgemeinen Hochschulreife ebenso wie bei der Fachhochschulreife zum Teil deutlich über 50 Prozent.[6] Mit anderen Worten: Junge Frauen stellen nunmehr mehr als die Hälfte der Abgänger und Abgängerinnen an Gymnasien.[7]

In einer Gesellschaft, in der insbesondere der Schulabschluß als Voraussetzung für die später zu erreichende berufliche Position gilt und vornehmlich an der Abiturientenquote gemessen wird, muß diese als bildungspolitischer Beweis und

5 Vgl. Glaser und Herrmann 1988, Herrlitz et al. 1993, Plogstedt 1993.

6 Vgl. BMBWFT 1994, Rodax 1987, 1989a,f.

7 Welch enorme "Bildungsrevolution" in dieser Hinsicht stattgefunden hat, um diesen von Talcott Parsons geprägten Begriff aufzunehmen, kann man erst ermessen, wenn man sich vergegenwärtigt, daß in den Jahren vor dem Ersten Weltkrieg, also kurz nach der erstmaligen Zulassung von jungen Frauen zur Reifeprüfung, nur 2 Prozent der Absolventen an Gymnasien weiblich waren (vgl. Parsons 1971, Parsons und Platt 1973).

Erfolg par excellence für die Gleichberechtigung von Frauen begriffen werden. Befürworter weiblicher Emanzipation könnten darin Grund zur Freude sehen: ein Gymnasialabschluß - das müßte höhere Qualifikation und damit den Zugang zu besseren Berufspositionen bedeuten. Dem ist jedoch nicht so. Denn trotz dieser günstigen Entwicklung kann die weibliche Emanzipation nicht als eingelöst angesehen werden, gibt es doch erhebliche Rückschläge, Widerstände und Sackgassen.[8] Bei vielen Frauen macht sich eher das Gefühl der Stagnation und des Rückschrittes breit, der Gedanke, daß Partnerschaft in Familie, Beruf und Politik doch eine Illusion sei. Viele machen die Erfahrung, daß in Zeiten wirtschaftlicher Krisen Frauenpolitik keine Priorität mehr genießt und zuerst von finanziellen Kürzungen betroffen ist - nach dem Prinzip "Das nicht unbedingt Notwendige wird zuerst eingespart." Auch aus diesen Gründen sagt der enorme Bildungserfolg einer statistischen Gleichverteilung allein noch nicht genug über die tatsächliche Bildungssituation von Frauen und den Beitrag des allgemeinbildenden weiterführenden Schulbereichs zur Stabilisierung oder Veränderung traditioneller Geschlechtsrollenmuster aus.

Wenn man die Frage nach dem Verbleib der Absolventinnen stellt, die in die einstige Jungendomäne "Gymnasium" übergewechselt sind, dann muß man nüchtern feststellen, daß die Freude wohl vielfach verfrüht gewesen ist. Bei genauerem Hinsehen zeigt sich nämlich, daß die soziale Benachteiligung von Mädchen und jungen Frauen im allgemeinbildenden weiterführenden Schulbereich lediglich subtiler wurde. Denn vielfältige Untersuchungen haben in den letzten Jahren belegt, daß Mädchen und junge Frauen diese erstklassigen Abschlüsse erreicht haben, obwohl sich Schulen in ihren Inhalten sowie ihren herkömmlichen Lern- und Umgangsformen kaum verändert haben: Mädchen sind in der täglichen Unterrichtskommunikation, trotz schulisch angepaßtem Verhalten und im allgemeinen besseren Zensuren, häufig die "Verliererinnen".[9] Es verwundert deshalb nicht, wenn das Thema "Frauen und Schule" weiterhin auf der Tagesordnung steht und nach wie vor sehr kontrovers diskutiert wird. Dazu haben nicht zuletzt vor allem verschiedene Frauen-Bildungsforschungskreise beigetragen; ihr Verdienst ist es vor allem gewesen, darauf hingewiesen zu haben, daß das Thema

8 Vgl. Beck-Gernsheim 1980, 1984, Faulstich-Wieland und Tillmann 1984.

9 Vgl. Brunotte 1968, Borris 1972, BMBW 1978a, 1980a, 1981b, Thomas 1978, Thomas und Albrecht-Heide 1978, Byrne 1979, Rolff et al. 1980, 1982, 1984, 1986, 1988, 1990, 1992, 1994, Albrecht-Heide und Brüggemann 1981, Jablonka et al. 1981, Köhler und Zymek 1981, Schmidt-Jörg et al. 1981, Beck-Gernsheim 1983, Conradt und Heckmann-Janz 1985, Klemm et al. 1985, Klemm und Rolff 1986, Rodax 1987, Geißler 1990b, 1992, Hille 1990, 1993b, Nyssen 1990, Stalmann 1991, Glumpler 1992a, Sommerkorn 1993.

"Frauen und Schule" keinesfalls geschlechtsneutral begriffen und dargestellt werden kann.[10]

Ein Blick in die noch vergleichsweise junge Geschichte der empirischen Bildungsforschung in der Bundesrepublik offenbart ein zentrales Forschungsdesiderat: Ihrem Selbstverständnis nach und in ihren Untersuchungsansätzen präsentiert sich diese Forschungsrichtung weitgehend als geschlechtsneutral, und tatsächlich hat sie den weiblichen Anteil im Bildungswesen fast durchgängig vernachlässigt, ja teilweise sogar systematisch aus ihrem Blickwinkel ausgeblendet. In Forschung und wissenschaftlichen Veröffentlichungen über Probleme des allgemeinbildenden weiterführenden Schulbereichs kommen Mädchen und junge Frauen wenig vor, weil weitgehend ohne Differenzierung über die Schul-, Ausbildungs- und Berufsorientierung und mögliche, damit im Zusammenhang stehende, Konfliktlagen "der Kinder" oder "der Jugendlichen" nachgedacht wird.[11]

Auf diese Weise bleiben die meist durch traditionelle geschlechtstypische[12] Rollenzwänge in der Gesellschaft mitbedingten Einflüsse ihrer Lebenssituation unsichtbar: die Interessen und Denkweisen der Mädchen und jungen Frauen, ihre Stärken und die ihnen zugemuteten sozialen Benachteiligungen, ihre Probleme, sind kein Thema. Es geht um "Schüler" oder "Arbeiterjugendliche" - indes nicht um "Schülerinnen" und "Arbeitertöchter".[13] Einschlägige Forschung fehlt mithin

10 Vgl. Arbeitsgruppe Elternarbeit 1984, Block et al. 1985, Feministisches Interdisziplinäres Forschungsinstitut Frankfurt a. M. Enders-Dragässer und Stanzel 1986, Giesche und Sachse 1988, Faulstich-Wieland 1987, Kindermann et al. 1987, Prengel et al. 1987, Pfister 1988, Kreienbaum 1989, Horstkemper und Wagner-Winterhager 1990, Luca et al. 1992.

11 Vgl. Pfeil 1963, Markefka 1971, Markefka und Nauck 1972, Faulstich-Wieland 1985, Mayr-Kleffel 1985, Mühlen-Achs 1986, Bilden und Diezinger 1988, Nyssen und Schön 1992.

12 "Der Ausdruck '*Geschlechtertypisierung*', 'sex typing' oder 'gender typing' wurde von Mischel (1970) als Sammelbegriff eingeführt. Er bezeichnet alle Phänomene der Geschlechterdifferenzierung in den Bereichen der biologischen Ausstattung, der körperlichen Erscheinung, des Selbstbildes und gesellschaftlicher Erwartungen ... Eine Typisierung kann inhaltlich in verschiedene Richtungen weisen, sie kann mehr oder weniger ausgeprägt sein, und sie beinhaltet einen Entwicklungsverlauf. Durch den Prozeß der Typisierung erwirbt das Individuum seine *Geschlechtsrolle*. Einzelne Personen können die Rollenerwartungen in unterschiedlichem Maße erfüllen. Geschlechterrollen sind in kulturellen Werten verankert und unterliegen in gewissem Maße einem sozialen Wandel" (Gloger-Tippelt 1993, S. 259 f.).
Den Begriff "geschlechtsspezifisch" verwenden wir hier und im folgenden daher nicht. Er unterstellt, daß ein Verhalten beschrieben wird, das einem Geschlecht eigen ist. Tatsächlich meint dieser Begriff aber - wie wir aus semantischen Gründen vorziehen - ein unterschiedlich geschlechtstypisches Verhalten von Mädchen und Jungen in bestimmten Situationen und Kontexten. Ändert man die sozialen Bedingungen, so verändert sich auch das scheinbar für ein Geschlecht "typische" Verhalten (vgl. Hurrelmann 1988b, Kreienbaum und Metz-Göckel 1992, Goffman 1994). Ebenso wird mit dem Begriff "herkunftsspezifisch" verfahren.

13 Vgl. Hurrelmann et al. 1986.

bis in die Mitte der sechziger Jahre in nahezu allen zentralen Bereichen des Bildungswesens, und das rief verständlicherweise bei Bildungsforscherinnen Argwohn und Unmut hervor. Sie mußten folglich ihren Forschungsgegenstand erst noch bestimmen, was Vor- und Nachteile für die theoretische und methodische Ausleuchtung des Forschungsfeldes in sich birgt.

Ergebnisse der Frauenbildungsforschung

Inspiziert man vor diesem Hintergrund die Ergebnisse der Frauenbildungsforschung und gruppiert sie zu einzelnen zentralen Themenbereichen der diskreten Formen der Geschlechterdiskriminierung, so stellt man weitgehend eine Argumentation entlang des "kulturellen Systems der Zweigeschlechtlichkeit" oder des "Arrangements der Geschlechter" in Koedukationsschulen fest.[14] Geschlechtstypische Lehr- und Lernformen, Auseinandersetzungen mit bisher männlich bestimmten Lerninhalten, gerade in mathematischen, naturwissenschaftlichen und technischen Fächern, die bei einem Blick auf Fach- und Berufswahlen besonders augenfällig sind[15], werden ebenso kritisch erörtert wie Schulbücher und Lernmaterialien sowie Interaktionsstrukturen koedukativer Schulen, die das bestehende Ungleichheitsverhältnis zwischen den Geschlechtern kaum in Frage stellen oder zu dessen Veränderung beitragen.[16] Hierbei geht es vor allem darum, die Leistun-

---

14 Vgl. Hagemann-White 1984, Kauermann-Walter und Kreienbaum 1989, Goffman 1994; Tyrell bringt diese Struktur mit der Formulierung der "Dauerrelevanz geschlechtlicher Differenzierung im Alltagsleben" (Tyrell 1986, S. 461) auf den Begriff und weist auf deren binäre Klassifikation hin: "Wir haben es mit der *Totalinklusion* des geschlechtlichen Personals in die beiden Geschlechterklassen zu tun. *Jeder* wird 'gesellschaftlich erfaßt', niemand kann sich der binären Klassifikation entziehen" (ebd., S. 470).

15 Vgl. von Brentano 1967, Sommerkorn 1969, Herbig 1974, Byrne 1979, von Soden und Zipfel 1979, Thomas und Albrecht-Heide 1978, Albrecht-Heide und Brüggemann 1981, Giesen et al. 1981, Puhle 1981, Schmied 1982, Fulda et al. 1983, Schmerl et al. 1983a,b, Schildkamp-Kündiger 1985, Hoffmann und Lehrke 1986, 1990, Hummer 1986, Faulstich-Wieland 1987, 1989, 1991, Faulstich-Wieland und Tillmann 1984, Metz-Göckel 1987, 1988, 1994, Brehmer et al. 1989, Köhler 1989, Heinrichs und Schulz o. J., 1990, Hannover 1991, Baumert 1992, Giesen et al. 1992, Rohleder 1992, Geenen 1994, Gisbert 1995.

16 Aus der kaum noch überschaubaren Fülle an Forschungsergebnissen, die sich schwerpunktmäßig Ende der achtziger und Anfang der neunziger Jahre auch in renommierten pädagogischen Fachzeitschriften als Themenhefte über die Koedukation niederschlugen (siehe dazu unter anderem Die Deutsche Schule 1990, päd extra 1991, Bildung und Erziehung 1992 und Zeitschrift für Pädagogik 1992), seien vor allem genannt Kupfer 1961, Bittmann und Hastmann 1966, Laurin 1966, 1967a,b, Lippert 1966, Sollwedel 1967, 1968a,b, 1970, 1971a,b, Hagemaier 1969, Kienzle 1969, Cesar et al. 1970, Grömminger 1970, Beilfuß und Preuss-Lausitz 1971, Silbermann und Krüger 1971, Chougram und Kopper 1972, Elbracht und Mosler 1972, Tornieporth 1972, 1979, 1980, Speth 1973, Götzner 1974, 1982a,b, von Borris 1975, 1979, 1982, Karsten 1977, Schlette und Pfülb 1977, Nave-Herz 1978, Schultz 1978, 1979a, 1979b, Thomas und Albrecht-Heide 1978, Wagner et al.

gen beziehungsweise Kompetenzen von Mädchen und Frauen sichtbar zu machen und für deren Verletzungen und Abwertungen Sensibilität zu schaffen:

1. Ein zentraler und vergleichsweise schon früh durch Lehrbuchanalysen zum Mädchen- und Frauenbild in Schulbüchern belegter Einwand besagt, daß die Inhalte für nahezu alle Fächer und Stufen "des koedukativen Schulwesens immer noch die Inhalte der Jungenschule und unverändert an den Erfahrungen und den Erfordernissen der männlichen Normalbiographie orientiert seien."[17] Die Lehrinhalte knüpfen kaum an die Lebensgeschichte, Erfahrungen und Interessen von Mädchen an. Und sie gründen alle auf der Annahme, daß von Unterrichtsmaterialien eine Wirkung auf Erziehungsprozesse ausgehe, das heißt: es wird ein Zusammenhang unterstellt zwischen dem Medium "Schulbuch" und der Wahrnehmung durch Schüler und Schülerinnen und geschlechtstypischen Auswirkungen auf ihre Lernprozesse. Da die Analysen der Unterrichtsmaterialien deutlich machen, daß beispielsweise in Lesebüchern die Leistungen von Mädchen und Frauen ignoriert werden, jedenfalls keine realitätsgerechte Darstellung der zumeist auf "Doppelorientierung" von Familie und Beruf ausgerichteten Lebensplanung von Frauen bieten, so führt die Tatsache des Nicht-Erkennen-Könnens der eigenen Lebenssituation bei Mädchen oftmals zu Identitätsschwierigkeiten und zu einem geringeren Selbstbewußtsein.

2. Aber auch im Unterrichtsalltag selbst sei getrenntes Ansprechen *der* Mädchen und *der* Jungen eine Selbstverständlichkeit, die unter der Hand herkömmliche Rollenklischees verstärke, deren Opfer Mädchen seien. Denn die von den Lehrerinnen und Lehrern faktisch gestützte Dominanz von Jungen behindere systematisch die fachliche und persönliche Entwicklung von Mädchen und diene zugleich der Einübung in die traditionelle Rolle der Frau. Diese Praxis verstärke ebenso das Abgrenzen der Geschlechter gegeneinander unter den Gleichaltrigen und damit die "Subkultur" der Jungen in ihrer Abgrenzung gegen alles Weibliche. Sie stehen sehr stark unter dem Druck des Überlegenheitsimperativs,

---

1978, 1981, 1984, Frasch und Wagner 1982, Byrne 1979, Todt 1979, 1992, Brehmer 1980, 1982, 1987b, 1987c, 1987d, 1991, Brehmer et al. 1989, von Lengerke et al 1980, Albrecht-Heide und Brüggemann 1981, Barz und Maier-Störmer 1982, Meier 1982, Zumbühl 1982, Enders-Dragässer 1983, 1988, 1990, Enders-Dragässer und Fuchs 1989, Enders-Dragässer et al. 1986, Avery 1984, Demes 1984, Hagemann-White 1984, 1991, Meyer und Jordan 1984, Schmerl 1984, Skinningrud 1984, Kühne 1985, Pfister und Klein 1985, Schmeling 1985, Völkel 1985, Brock-Utne und Haukaan 1986, Rampillon 1986, Großmann und Naumann 1987, Berkenbusch 1988b, Pfister 1988, Spender 1985, Dilger-Klotz 1987, Gördes-Giesen 1987, Horstkemper 1987, Horstkemper und Wagner-Winterhager 1990, Metz-Göckel 1987, Eckstein 1988, Giesche und Sachse 1988, Giesche 1990, Kommission "Rollenklischees in den Schulbüchern" 1988, Faulstich-Wieland 1991, Stalmann 1991, Glumpler 1992b, 1994, 1995, Heller 1992, Kahlert 1992, Kreienbaum 1992, Sommerkorn 1993, Tzankoff 1992, 1995, Ahrend 1994, Nyssen 1994, Gutschmidt 1995.

17 Enders-Dragässer 1988, S. 51 f.

demzufolge Jungen und Männer immer besser als Mädchen und Frauen sein müssen. Dadurch entsteht eine erhebliche Diskrepanz zwischen Fähigkeiten und Ansprüchen, wird häufig Versagen bewirkt, was dann leicht mit aggressivem Verhalten durch die Jungen kaschiert wird. Sie werden zwar wegen ihres Verhaltens, beispielsweise ihrer Disziplinlosigkeit ermahnt, aber ihre intellektuellen Fähigkeiten werden gleichzeitig lobend hervorgehoben. So erhalten Jungen im Unterricht, sei es durch häufigeres Aufrufen, Loben oder Tadeln, von ihren Lehrerinnen und Lehrern - ohne daß diesen das immer bewußt ist - wesentlich mehr Aufmerksamkeit als Mädchen, deren Redebeiträge im allgemeinen kürzer sind, weil sie zumeist unterbrochen werden oder weil der Lärmpegel so steigt, daß sie ihre Wortmeldung abbrechen oder zurückziehen. Die oberflächlich gesehen günstigere Situation der Jungen im Unterricht läßt jedoch außer acht, daß auch sie in ihren Entfaltungsmöglichkeiten beschränkt werden. Mädchen setzen im allgemeinen eine "Strategie der Intimität", Jungen dagegen hauptsächlich eine "Strategie der Macht" ein. Letztere stören den Unterricht öfter, lernen dabei den Nutzen von Widerborstigkeit, um sich - auch bei Tadel - erfolgreich in den Mittelpunkt zu stellen. Mädchen gewöhnen sich eher daran, weniger beachtet zu werden, ohne dies als ungerecht zu empfinden, weil die größere Beachtung von Jungen oft mit einer stärkeren Mißbilligung durch Lehrerinnen und Lehrer einhergeht, die aber nicht ihre Fähigkeiten in Abrede stellen, sondern eher ihren guten Willen.

3. Hinter diesen Verhaltensunterschieden stehen ausgeprägte geschlechtstypische Rollenerwartungen und Fähigkeitszuschreibungen, die mehr oder weniger bewußt durch geschlechtsstereotype Wahrnehmung und geschlechtstypisches Beurteilungs- und Sanktionsverhalten von Lehrerinnen und Lehrern verstärkt werden. Mädchen werden im Vergleich zu Jungen dabei von ihnen eher als "disziplinarisches Schmiermittel" eingesetzt, wenn es in der Klasse zu Erziehungsschwierigkeiten kommt und als fügsamer, aufmerksamer, vernünftiger und fleißiger beschrieben, was zum einen die Annahme nach sich zieht, daß deren - durchaus gute - Leistungen weniger als bei Jungen auf Begabung, sondern hauptsächlich auf Anstrengung zurückzuführen seien; zum anderen wird dieses Verhalten von Mädchen, das einen sinnvollen Unterricht erst ermöglicht, weniger honoriert, sondern als mädchenkonformes Verhalten wie selbstverständlich erwartet. Besonders eklatant ist die Wahrnehmung von Begabungsunterschieden auf mathematisch-naturwissenschaftlichem Gebiet. Auf der Grundlage identischer Arbeiten stufen vor allem Lehrer Jungen durchschnittlich als begabter für mathematisch-naturwissenschaftliche Fächer ein als Mädchen. Jungen und Mädchen haben diese Zuschreibungen schon früh übernommen. Jungen trauen demzufolge Mädchen Fähigkeiten auf mathematischem und naturwissenschaftlich-technischem Gebiet nur bedingt zu, und in Mathematik werden leistungsstarke Mädchen oft auch von ihren Mitschülerinnen stark beargwöhnt.

4. Jungen behaupten auch wesentlich öfter als Mädchen, den Unterrichtsstoff zu beherrschen; sie fragen selten wegen Unsicherheiten oder Lücken nach und gestehen ungern ein, etwas nicht verstanden zu haben. Ihre Beiträge beziehen sich häufig nicht direkt auf das Unterrichtsthema; sie versuchen oft, Aufgabenstellungen und Definitionen zu verändern und ihre eigenen Annahmen durchzusetzen, neigen also dazu, eher mit den Lehrerinnen und Lehrern zu konkurrieren als zu kooperieren. Mädchen verhalten sich demgegenüber im Unterricht deutlich kooperativer. Sie neigen dazu, mit Verständnisfragen um die Aufmerksamkeit der Lehrerinnen und Lehrer zu werben, selbst wenn sie in Wirklichkeit gar keine Verständnisprobleme haben. Das kommt eher der Qualität des Unterrichts zugute, schafft auch Anknüpfungspunkte für vertiefte Darstellungen und fördert ein gutes Arbeitsklima und die Lernarbeit aller. Dieser kooperative Unterrichtsstil wird allerdings als "natürliches" Mädchenverhalten erwartet beziehungsweise als selbstverständlich angenommen und nicht als eigenständige intellektuelle und soziale Leistung begriffen.

5. Diese alltägliche Erfahrung im Unterrichtsgeschehen scheint langfristig für das unterschiedliche Selbstbild, Selbstwertgefühl und für unterschiedliche Bildungsaspirationen von Mädchen und Jungen äußerst bedeutsam zu sein. Wenn Lob und Tadel regelmäßig an der Leistungsbewertung ansetzen und die Leistung auch wichtigster Anlaß zur Aufmerksamkeit ist, wird die Einschätzung der eigenen Befähigung zu sehr vom Urteil anderer abhängig. Mißerfolge werden dann schnell, wie das bei Mädchen oft der Fall ist, als Beweis der eigenen Unfähigkeit gedeutet. Günstiger ist offensichtlich das Verhalten, das gegenüber Jungen häufiger praktiziert wird: Lob für gute Leistung, aber selten Kritik für schlechte Leistung, sondern nur für Disziplinstörungen. Jungen lernen so im allgemeinen ganz nebenbei, daß Mißerfolg auf mangelnde Anstrengung oder fehlende Disziplin zurückzuführen ist, Erfolg jedoch auf die eigene Leistung. Mädchen lernen ihre Mißerfolge oftmals als Ausdruck ihrer begrenzten Fähigkeiten zu deuten und suchen Bestätigung in erster Linie durch rollenkonformes Verhalten im Unterricht zu erreichen. Die Folge davon ist, daß sie ihre Schulleistung im allgemeinen schlechter einschätzen, während Jungen, wie von einem prometheischen Drang getrieben, eher zur Selbstüberschätzung neigen. Sie bewerten ihre Leistung im allgemeinen unrealistisch höher als die der Mädchen. Daraus erwächst ihnen oft ein großer Konkurrenzvorteil.

Kritische Einschätzung der Ergebnisse

Diese - oftmals in eindrucksvoller Beschreibung - dargestellten Ergebnisse von Interaktionsstudien folgen, wenn auch vielfach sehr vereinfachend, einem Eklektizismus. Sie stellen einen scheinbar unentrinnbaren gegenseitigen

"Verstärkerkreislauf aus geschlechtsstereotypen Erwartungen, Zuschreib- und Zuwendungsverhalten heraus: Die Identitätsbildung entwickelt sich durch den von Lehrpersonen *und* Schülern(innen) interaktiv vermittelten Verweis auf Zweigeschlechtlichkeit: Die geschieht auf der Partitur einer - zum Teil gewaltförmigen - geschlechtlichen Abgrenzung und Hierarchisierung. Schulische Identitätsbildung bedeutet für Jungen wie Mädchen die Akzeptanz eines geschlechtlichen Über- und Unterordnungsverhältnisses, das von den offiziellen, formal gleichen Leistungsbeurteilungen unabhängig ist. Für Mädchen ist schulische Identitätsbildung mit der Verinnerlichung weiblicher Nachrangigkeit verbunden."[18]

Aber diese Interaktionsstudien harren noch, das ist wohl ihr größtes Manko, einer überzeugenderen Erklärung ungleicher Partizipationschancen von Jungen und Mädchen in Koedukationsschulen. Und ob die unterschiedliche Behandlung von Schülerinnen und Schülern durch geschlechtsstereotype Erwartungen und Wahrnehmungen ihrer Lehrerinnen und Lehrer gesteuert wird oder vielmehr Reaktion auf das Schülerverhalten ist, bleibt offen.[19] Daher werden gegenwärtig die Grundlagen von Interaktionsstudien und die daraus resultierende Verallgemeinerung ihrer Ergebnisse im Hinblick auf die Auswirkungen schulischer Interaktionserfahrung auf Bildungs- und Berufschancen von Frauen und Männern vielfach in Frage gestellt.[20] Dies ist sicherlich ein Hinweis auf die Notwendigkeit einer breiter angelegten theoretischen und methodischen Verankerung in interdisziplinär ausgerichteten Untersuchungen.[21]

Insofern muß man sich hüten, die Ergebnisse für eine Beschreibung der komplexen Unterrichtsstruktur in der Schule zu nehmen. Ethnographisch angelegte Untersuchungen zeichnen ein durchaus abweichendes Bild schulischer Interaktion, in dem etwa Aggressivität, Gewalt und sexuelle Belästigung auch vor-

---

18 Tzankoff 1995, S. 120.

19 In der US-amerikanischen Unterrichtsforschung beispielsweise, in der nicht nur mit weitaus differenzierteren Instrumentarien zur Unterrichtsbeobachtung gearbeitet wird, sondern zusätzlich Persönlichkeitsmerkmale der Lehrerinnen und Lehrer beziehungsweise Schülerinnen und Schüler Berücksichtigung finden, stellt sich die Ergebnislage zum unterschiedlichen Lehrerverhalten und dessen Wirksamkeit auf die Selbstbilder von Schülerinnen und Schülern gänzlich anders dar: Je differenzierter sich die Forschung dem Lehrerverhalten im Unterricht zuwendet, um so deutlicher tritt hervor, daß das Unterrichtsgeschehen fast vollständig auf das unterschiedliche Verhalten der Schülerinnen und Schüler selbst zurückgeführt werden kann. Es ist keine allgemeine Tendenz bei Lehrerinnen oder Lehrern zu beobachten, Schülerinnen und Schüler systematisch unterschiedlich zu behandeln. Soweit geschlechtstypische Tendenzen im Lehrerverhalten gefunden wurden, können sie als Reaktion auf das Verhalten der Schülerinnen und Schüler selbst verstanden werden, nicht indes als Ausdruck geschlechtsstereotyper Erwartungen; bestenfalls trägt es als Stützung des differentiellen Verhaltens von Schülerinnen und Schülern bei (vgl. vor allem Brophy und Good 1984, Brophy 1985; zur kritischen Einschätzung für die Bundesrepublik siehe auch Brehmer 1991, Hagemeister 1991, Baumert 1992, Giesen et al. 1992, Preuss-Lausitz 1991, 1992, Glumpler 1992b, 1994, 1995, Tzankoff 1992, 1995, Knab 1994, Gisbert 1995).

20 Vgl. Hagemeister 1991, Preuss-Lausitz 1991, Breitenbach 1994, Tzankoff 1992, 1995.

21 Vgl. Glumpler 1992b.

kommen, aber Randphänomene bleiben.[22] Und bisweilen entsteht sogar der Eindruck, als sei das heftige Interesse nicht in der Sache begründet, sondern vor allem in dem Bedürfnis, einem Trend zu folgen, beschäftigt sich doch ein großer Teil der Forschungsbeiträge unablässig damit, diese Defizite weiblicher Emanzipation in der Schule immer wieder gebetsmühlenhaft vorzutragen. Viele Untersuchungen, die dieser programmatischen Linie folgen, sind zudem in einem schwer erträglichen Jargon der Anklage verfaßt, der - gelinde gesagt - wissenschaftlich nicht redlich ist. Als wäre der Verzicht auf Sachlichkeit das Entréebillet in die Frauenbildungsforschung, pflegen sie in Worten und Ideen eine Sprache, die den Sachverhalten nicht gerecht wird.

Es soll nun allerdings keineswegs bestritten werden, daß nicht von Zeit zu Zeit wissenschaftliche Replikationsuntersuchungen sinnvoll sind. Jedoch hätte der wichtige Hinweis, daß in unserer Gesellschaft überwiegend Frauen erziehen und unterrichten und dabei bislang scheinbar wenig Erfolg gehabt haben, zum Anlaß genommen werden müssen, die Problemstellung zugleich umfassender und nuancierter anzugehen. Ein Beispiel: Längst ist bekannt, daß sich Mädchen leichter in den Schulalltag einleben, im allgemeinen die besseren Zensuren erhalten, durchwegs seltener eine Klasse wiederholen und, wie schon erwähnt, ihren gymnasialen Bildungsweg mindestens ebenso häufig erfolgreich mit der Reifeprüfung abschließen wie Jungen. Sie gelten damit als die eigentlichen "Gewinner" der Bildungsexpansion. Und doch: Mädchen und junge Frauen vermögen diese Leistungen kaum in ein stärkeres Selbstvertrauen und -bewußtsein umzumünzen.[23] Als eine unmittelbare Folge davon belegen sie immer noch überwiegend als Leistungsfächer lieber Fremdsprachen denn Physik, Chemie oder Mathematik. Es gilt nach wie vor offensichtlich der heimliche Lehrplan konventioneller Geschlechtsrollenmuster. Die Entdeckung und die beredten Klagen darüber sind so alt wie die Frauenbewegung - bewirkt oder gar geändert aber haben sie scheinbar wenig. Die Frage stellt sich folglich, warum es denn kaum gelingt, daß diese Mehrheit erziehender und unterrichtender Frauen ihren leistungsstarken Töchtern beziehungsweise Schülerinnen dazu verhilft, die alten Rollenvorstellungen aufzubrechen.

Ein Lösungsvorschlag, der hierzu von einigen Bildungsforscherinnen vehement vorgetragen wurde, lautete pointiert: Zurück zur Mädchenschule![24] Vor allem die

---

22 Vgl. Krappmann und Oswald 1983, 1985, 1995, Oswald und Krappmann 1984, Oswald et al. 1986, 1988.

23 Vgl. Horstkemper 1987, 1992.

24 Vgl. Wagner et al. 1978, Strobl 1981, Pfister 1988.

Koedukation unterzog man in diesem Zusammenhang einer kritischen Überprüfung. Sie wurde in den fünfziger Jahren

> "als pädagogisches Prinzip zunächst in Berlin, Hamburg, Bremen und Hessen rechtlich ermöglicht, die übrigen Bundesländer folgten in den 60er Jahren. Die Umstellung auf Koedukation betraf im wesentlichen den gymnasialen Bereich, denn Grund-, Haupt- und Realschulen wurden meistens auch vorher schon von Mädchen und Jungen gemeinsam besucht. Jungenschulen wurden für Mädchen geöffnet, etwas zögerlicher auch die Mädchenschulen für Jungen; methodisch-didaktische Konsequenzen aus der gemeinsamen Unterrichtung von Mädchen und Jungen wurden nicht gezogen. Auch in der LehrerInnen-Aus- und Fortbildung wurde der veränderten schulischen Situation keine oder nur kaum Aufmerksamkeit gewidmet ... Die Einführung der Koedukation als 'stille Revolution im Bildungssystem' wurde wissenschaftlich kaum diskutiert oder gar begleitet. Man ging davon aus, daß mit dem koedukativen Prinzip eine gleiche Unterrichtung der Geschlechter - und damit Chancengleichheit und Gleichberechtigung - erreicht würden. Faktisch wurden Mädchen jedoch der Jungenbildung angepaßt ..."[25]

Doch in der Tat scheint einiges dafür zu sprechen, wie vor allem anglo-amerikanische, aber auch bundesrepublikanische Untersuchungen zu zeigen vermögen[26], daß beruflich und gesellschaftlich erfolgreiche Frauen in beachtlichem Umfang Mädchenschulen besuchten und daß sich ihre Leistungen in ihrer traditionellen schulischen Achillesferse, der Mathematik und den Naturwissenschaften, verbesserten, sobald sie sich in diesen Fächern ohne die männlichen Konkurrenten ungestört entwickeln und bewähren konnten, weil diese Schulform die speziellen Interessen, Zugangsweisen und Bedürfnisse von Mädchen ernstnehmen. Die Erklärung scheint auf den ersten Blick einleuchtend: Wenn Lehrerinnen und Lehrer wie auch Schüler mit der vorgefaßten Meinung in den Unterricht gehen, Schülerinnen leisteten in diesen Bereichen "von Natur aus" weniger, dann werden Lehrerinnen und Lehrer bewußt oder unbewußt Schüler vermehrt ansprechen, ihre richtigen Antworten deutlicher loben oder zumindest als selbstverständlicher hinstellen und die falschen als unvermeidlich, aber nicht ins Gewicht fallende Ausrutscher bewerten.

Gleichwohl ist große Skepsis angesichts einer solchen vereinfachenden und kurzschlüssigen Erklärung angebracht.[27] Einleuchtender wird sie wohl damit begründet, daß in koedukativen Schulen stärker zutage tretende Geschlechtsunterschiede bei der Fächerwahl mit der prekären psychologischen Situation heranwachsender Jugendlicher, sich ihrer Geschlechtsrollenidentität zu vergewissern,

---

25 Kahlert 1992, S. 186; siehe dazu auch Kraul und Wirrer 1993.

26 Vgl. Spender 1985, Wildt und Naundorf 1986, Janshen und Rudolph 1987, von Martial 1986, 1987, 1988, 1989, Metz-Göckel 1987, Kauermann-Walter et al. 1988, Enders-Dragässer und Fuchs 1989, Brehmer 1991, Faulstich-Wieland 1991, Kreienbaum 1992, Arbeitsgruppe Bildungsbericht am Max-Planck-Institut für Bildungsforschung 1994.

27 Vgl. Baumert 1992, Heller 1992, Arbeitsgruppe Bildungsbericht am Max-Planck-Institut für Bildungsforschung 1994, Gisbert 1995.

in Zusammenhang gebracht werden müssen. In koedukativen Schulen erfolgt dies unter Umständen eher über die Abgrenzung gegenüber dem anderen Geschlecht, das heißt: Schülerinnen und Schüler tendieren hier stärker dazu, bestimmte traditionelle "weibliche" oder "männliche" Verhaltensmuster zu aktivieren, während sie in Mädchen- oder Jungenschulen möglicherweise freier ihren eigenen Neigungen folgen.

Ebenso deutet einiges darauf hin, daß Lehrer oder Lehrerinnen geringere Schwierigkeiten haben, wenn sie sich jeweils auf Stil und Erfordernisse nur eines Geschlechts einstellen müssen. Es ist jedoch keineswegs klar, worauf solche Zusammenhänge zurückzuführen sind.

> "Ist der relative Anteil der Chemie- und Informatikstudentinnen aus den koedukativen Schulen deshalb deutlich geringer, weil es zu wenige engagierte Pädagoginnen und Pädagogen gibt, die die Naturwissenschaftspotentiale der Mädchen frühzeitig in breitem Maße erkennen und fördern? Die Antwort ist nicht klar. Offensichtlich gelingt in Mädchenschulen weniger explizite Förderung und doch ist ein großer Anteil ihrer Absolventinnen eher bereit, ein naturwissenschaftliches Studium aufzunehmen und in männerdominierte Sparten einzubrechen."[28]

Die Bedeutung weiblicher Vorbilder scheint nicht gering zu sein, und in einer Mädchenschule fühlen sich Schülerinnen nicht von vornherein als Außenseiterinnen im mathematisch-naturwissenschaftlichen Fächerbereich. Es könnte aber auch sein, daß der Unterricht in Mathematik und Naturwissenschaften in Mädchenschulen besser auf den Lernstil der Schülerinnen abgestellt ist. Wenn Lehrkräfte nur Schülerinnen zu unterrichten haben, werden sie unwillkürlich und vielleicht unmerklich ihre Didaktik auf ihre Schülerinnen einstellen. Darauf deutet zumindest hin, daß Lehrer in Mädchenschulen, insbesondere wenn sie etablierte "Jungenfächer" unterrichten, unbewußt bereitwilliger das Interesse von Schülerinnen für diese männlichen" Gebiete zu wecken vermögen als an Koedukationsschulen, weil sie ihre ungeteilte Aufmerksamkeit nicht den Jungen zuwenden müssen.[29]

Es ist zudem noch viel zu wenig empirisch bekannt über mögliche weitere Einflußbedingungen wie etwa Einstellungen und Verhaltensweisen von Lehrerinnen und Lehrern, die angewandten Unterrichtsmethoden, die Gewichtung der Fächer, die Grundregeln der Beachtung und Belohnung von Verhalten und Sanktionen, die Gleichaltrigengruppen, die soziale Herkunft sowie das damit verbundene sozio-kulturelle Anregungsmilieu und die psychologische Situation der heranwachsenden Mädchen und jungen Frauen, die überdies noch auf vielfältige und

---

28 Giesen et al. 1992, S. 184 f.

29 Vgl. Thomas und Albrecht-Heide 1978, Hagemann-White 1991.

vielschichtige Weise untereinander im Zusammenhang stehen können.[30] Es ist deswegen mit einigem Recht darauf hingewiesen worden, daß nicht so sehr die organisatorische Trennung der Schülerinnen als der vorrangige Blick auf das, was ihre schulischen Möglichkeiten zu erweitern geeignet ist, vielleicht die wünschenswerte Konsequenz aus der kritischen Debatte um das Für und Wider von Mädchenschulen wäre.[31]

Zudem liegt feministisch orientierten Untersuchungen zu den Auswirkungen der Koedukationsschulen auf Mädchen und Jungen oftmals

> "ein Sozialisationsverständnis zugrunde, das in Schülerinnen gleichsam eine 'black-box' sieht, in die Inhalte, Ziele und Normen hineingegeben werden, was dann die Anpassung der Mädchen und damit ihre Benachteiligung bewirke. Dieser Argumentation liegt ein monokausaler Erklärungszusammenhang zugrunde: Weil Mädchen insgesamt angepaßter und weniger aggressiv sind, werden sie weniger beachtet und ihre Leistungen werden nicht als Leistungen honoriert.
>
> In einer bestimmten Phase der feministischen Schulforschung war dieses Aufmerksam-Machen auf den 'heimlichen Lehrplan' als Einübung in die Geschlechterhierarchie ... sicherlich notwendig, um überhaupt auf die bis dahin ignorierte spezifische Situation der Mädchen hinzuweisen und um mit den pädagogischen und politischen Forderungen nach einer gezielten Förderung von Mädchen Gehör zu finden. Aber: Verallgemeinerte Aussagen wie die über die Benachteiligung der Mädchen und Bevorzugung der Jungen enthalten zumindest implizit Annahmen über ein widerspruchsfreies Durchsetzen des männlichen Prinzips und damit Annahmen über die Steuerbarkeit linearer Lernprozesse, in denen Subjekte nur als manipulierte Objekte vorkommen. Die Verhaltens- und lerntheoretischen Annahmen des Behaviorismus, die wissenschaftlich längst überholt sind, tauchen hier implizit wieder auf. Solche Theorien können lähmend wirken, weil sie den Objektstatus, den Frauen im Patriarchat innehaben sollen, theoretisch verlängern."[32]

Die vorliegenden Ergebnisse zu den Auswirkungen gemeinsamer oder getrennter Unterrichtung von Mädchen und Jungen können jedenfalls beim derzeitigen Stand der Forschung nicht einfach als stichhaltige Argumente dafür gewertet werden, daß Koedukation notwendig mit den erwähnten Nachteilen bei der Fächerwahl und der damit in direktem Zusammenhang stehenden Berufswahl verbunden ist, da weitgehend noch unentscheidbar bleibt, inwieweit nachweisbare Unterschiede bereits auf unterschiedliche Eingangsvoraussetzungen von Schülerinnen und Schülern zurückzuführen sind. Das entscheidende Argument muß vielmehr darauf hinauslaufen, daß bloße "Ko-Instruktion" ohne eine fundierte Schultheorie, die die empirisch nachweisbaren unterschiedlichen Verhaltensmuster und Bedürfnisse von Schülerinnen und Schülern in Rechnung stellt, nicht

---

30 Vgl. Milhoffer 1991, Baumert 1992, Nyssen und Schön 1992, Tzankoff 1992, 1995, Gisbert 1995, Kauke 1995.

31 Vgl. Faulstich-Wieland 1991, Baumert 1992, Arbeitsgruppe Bildungsbericht am Max-Planck-Institut für Bildungsforschung 1994.

32 Nyssen und Schön 1992, S. 164.

geeignet ist, Gleichheit zu erreichen und Selbstbewußtsein bei Schülerinnen zu bewirken. Bisher haben nämlich Koedukationskonzepte im allgemeinen Gleichheit und Ähnlichkeit miteinander verwechselt und nicht deutlich genug auseinandergehalten.[33]

Genau dieses Problem prangern sicher mit Recht aufgeschlossene, diskussionsbereite Bildungsforscherinnen und Teile der politischen Frauenbewegung an. Ihnen liegt nicht an Diffamierungen, jedoch an Differenzierungen. Sie plädieren dafür, in den Mittelpunkt der Koedukationsdebatte nicht die radikale feministische Alternative "Pro" oder "Contra" zu stellen, sondern zu versuchen, sich über flexible Koedukationsmodelle, die auch eine teilweise Aufhebung der Koedukation zulassen, zu verständigen. Schülerinnen sollte auf diese Weise die Chance geboten werden, vielfältigere individuelle Interessen und Fähigkeiten zu erproben als sie durch eingefahrene Geschlechtsrollenmuster vorgeformt sind.[34]

Eine solche intensive Problemerörterung und kritische Auseinandersetzung hätte ebenfalls mit allen anderen zuvor erwähnten Themenschwerpunkten geführt werden müssen - besonders mit dem ständigen Lamento über den sexistischen Inhalt von Schulbüchern. Sind Schulbücher, deren Sprache und Inhalt stets als einseitig und eher dem konservativen Familienideal verhaftet kritisiert worden sind, wirklich so prägend für die Einstellungen und Verhaltensweisen von Mädchen und Jungen? Existieren über die Wirkungsweise der über sie vermittelten Botschaften methodisch solide abgesicherte empirische Erkenntnisse? Soviel ist doch wohl gewiß: Schulbücher lassen sich wissenschaftlich vergleichsweise leicht und problemlos analysieren und ihr Inhalt ist immer noch alles andere als frauenfreundlich. Gleichwohl trifft indes auch zu:

> "Die überwiegende Zahl der vorliegenden Arbeiten und Gutachten stützt sich auf inhaltsanalytische Verfahren, die Aussagen über die Text- und Abbildungsqualität, nicht jedoch über Art und Umfang der Medienrezeption und ihrer Auswirkungen auf die Identitätsentwicklung von Kindern und Jugendlichen zulassen. Schulbücher werden bisher in der feministischen Diskussion als Repräsentanten des heimlichen Lehrplans verhandelt, ohne daß wir über zureichende Erkenntnisse hinsichtlich ihrer Bedeutung im Gesamtzusammenhang schulischer Geschlechtersozialisation verfügen.[35]

Deshalb ist es außerordentlich fragwürdig, welche Wirkungen Schulbücher tatsächlich auf Schülerinnen und Schüler ausüben. In einer Zeit, in der sie zudem

> "aufgrund der wachsenden Vielfalt anderer Lehr- und Arbeitsmittel in Unterricht und Freiarbeit eine zunehmend untergeordnete Rolle spielen, erscheint es dringend geboten, die angenommenen Sozialisationseinflüsse von geschlechtsstereotypen Darstellungen auch über geschlechts-

33 Vgl. Thomas und Albrecht-Heide 1978.

34 Vgl. Kreienbaum 1989, Brehmer 1991, Faulstich-Wieland 1991.

35 Glumpler 1992b, S. 16.

differente Rezeptionsforschung zu belegen und das Arbeitsfeld Schulbuchanalyse auf den gesamten Bereich der in der Schule gebräuchlichen Print- und AV-Medien zu erweitern."[36]

Dazu bedarf es sicherlich methodisch genauerer Untersuchungen mit aussagekräftigen Ergebnissen, die zudem ein Längsschnittdesign aufweisen müßten.[37]

Die Frage nach dem Einsatz angemessener Forschungsmethoden ist in diesem Zusammenhang unter Bildungsforscherinnen sicherlich noch nicht hinreichend ausdiskutiert worden - wohl weil sie in den vielen Beiträgen nicht im Zentrum der Erörterung stehen. Vorrang haben eindeutig offene beziehungsweise qualitative Forschungsmethoden, wobei Stichworte wie "Betroffenheit", "Engagement" oder "Parteilichkeit" als ein auslösendes politisches Moment sicherlich mit ins Spiel kommen. Als Begründung für diese Entscheidung wird in erster Linie die Absicht hervorgehoben, Frauen in der Schule als Betroffene im Forschungsprozeß zu Wort kommen zu lassen und der Widersprüchlichkeit ihrer Lern- und Lebenszusammenhänge gerecht zu werden.[38]

Dagegen ist nichts einzuwenden, wird doch selbst nach Ansicht traditioneller Verfechter harter empirischer Forschungsmethoden die Verwendung explorativer, nicht-standardisierter Verfahren im Falle des Betretens wissenschaftlichen Neulands zugestanden. Denn die Übereinstimmung zwischen Forschungsgegenstand, erkenntnisleitendem Interesse und einer darauf basierenden, angemessenen Methodenwahl gehört zu den anerkannten wissenschaftlichen Standards.[39] Indes muß die Forschung, trotz der gewollten Nähe zur feministisch orientierten Frauenbewegung, im Bereich "Frauen und Schule" die für wissenschaftliche Analysen gleichzeitig gebotene "Distanz" ernstnehmen. Es ist scharf zu kritisieren, daß in der Diskussion "Betroffenheit" oftmals mit "Identifikation" verwechselt worden ist. Zudem können und dürfen Bildungsforscherinnen im Schulbereich auf keinen Fall auf standardisierte Erhebungsmethoden zur Erstellung statistischer Überblicke und komplexer Gesamtzusammenhänge verzichten, weil nur so die Ungleichheitsstrukturen des Schulbereichs angemessen ins Visier genommen werden können.[40]

Der gegenwärtige Erkenntnisstand legt es mithin nahe, daß eine Kombination methodischer Erhebungsverfahren dem Forschungsgegenstand "Frauen und

---

36 Glumpler 1992b, S. 16.

37 Vgl. Eckstein 1988, Glumpler 1992b.

38 Vgl. etwa Mies 1978, Müller 1984, Brück et al. 1992.

39 Vgl. Scheuch 1973, Barton und Lazarsfeld 1979, Schön 1979, Küchler 1980, Treumann 1986, Bahrdt 1987, Esser 1987, Kriz und Lisch 1988, Lamnek 1989, Spöhring 1989, Hopf und Müller 1994, König und Zedler 1995a,b.

40 Vgl. Horstkemper 1987, Rodax 1989b, Glumpler 1994, Henz 1994.

Schule" noch am ehesten gerecht wird.[41] Zu den zentralen methodischen Aufgaben einer kritischen Bildungsforschung in diesem Feld gehört es, herauszufinden, wie die subjektive und die objektive Realitätsebene miteinander am besten zu verzahnen sind. Dies bedeutet, daß weder konstatierende Erhebungen zum Bewußtsein und zu Einstellungen von Frauen noch Datenerhebungen zu ihrer objektiven Lage allein jeweils hinreichend sind, sondern, daß es neuer Konzeptionen bedarf. Eine Veränderbarkeit der Praxis setzt voraus, daß man sowohl am Wandel der menschlichen Handlungspotentiale als auch derjenigen der objektiven Gesellschaftsstrukturen festhält.[42]

Die große Ratlosigkeit, vor der viele Bildungsforscherinnen überdies stehen, wenn sie das Paradoxon theoretisch schlüssig erklären sollen, daß Frauen im allgemeinbildenden weiterführenden Schulbereich - aller erzieherischen Ambitionen zum Trotz - nur schwer althergebrachte Geschlechtsrollenleitbilder zu lockern vermögen, findet seine Lösung mindestens auch in der allzu deterministisch-pädagogischen Deutung des Erziehungsvorgangs. Auf dieses Problem hat bereits im Kern Georg Simmel aus der für ihn typischen kultursoziologischen Sicht einen ersten Fingerzeig gegeben, weshalb er hier umfassender als üblich zitiert werden soll:

> "Die originale und objektive Kulturleistung der Frauen bestünde darin, daß die männliche Seele zum großen Teil von ihnen gestaltet wird. So gut, wie etwa die Tatsache der Pädagogik oder die rechtliche Einwirkung der Menschen aufeinander oder auch: die Bearbeitung eines Materiales durch einen Künstler zur objektiven Kultur gehört, so gut täten es die Einflüsse, Bildungen und Umbildungen seitens der Frauen, dank deren die männliche Seele eben so ist, wie sie ist. In der Formung dieser drückten die Frauen sich selbst aus, sie schüfen hier ein objektives und nur durch sie mögliches Gebilde, in dem Sinne, in dem man überhaupt von menschlichem Schaffen reden kann, das immer nur eine Resultante der schöpferischen Einwirkung und der eigenen Kräfte und Bestimmtheiten ihres Gegenstandes bedeutet. Das Werk der Frau, so könnte man in diesem Zusammenhang sagen, ist der Mann, da in der Tat die Männer anders wären als sie sind, wenn nicht Einwirkungen der Frauen auf sie stattfänden; und dies geht ersichtlich dahin weiter, daß das Verhalten und die Tätigkeit der Männer, kurz die ganze männliche Kultur zu irgendeinem Teil auf die Einwirkung oder, wie man es ausdrückt, auf die 'Anregung' der Frauen begründet ist. Allein hier liegt doch wohl eine Unklarheit vor. Jene 'Einwirkung' mag noch so stark sein - eine Bedeutung für die objektive Kultur gewinnt sie erst, indem sie sich in den Männern in diejenigen Erfolge umsetzt, die der männlichen Wesensart entsprechen und eben nur in dieser hervorgerufen werden können. Dies ist radikal von jeder wirklichen Kulturproduktion unterschieden, deren Inhalte auf andere übergehen und dann erst eventuell in diesen mannigfaltige Wirkungen provozieren mögen. Unsere Kultur ist eben nicht nur ihren zufälligen Inhalten, sondern ihrer Form als objektive Kultur nach männlich, und dadurch, daß ihre aktiven Träger Einwirkungen, wie tiefe auch immer, von Frauen erfahren, wird diese Kultur als solche so wenig in irgendeinem Sinne 'weiblich', wie eine Kultur südlicher Länder, deren Träger durch das warme Klima aufs erheblichste in ihren Betätigungen, Tendenzen, Lebensinhalten beein-

41 Vgl. dazu allgemein Hurrelmann 1986b.

42 Vgl. Schiersmann 1987.

flußt sind, darum eine 'warme Kultur' ist. Jene Lehre, von der 'indirekten' Kulturbedeutung der Frau begeht eine tiefe kategoriale Verwechslung: zwischen dem Übergehen eines substantiell-geistigen Inhalts (der dann in dem Lebensprozeß des Empfangenden weiterwirken mag) und einer unmittelbaren Einwirkung auf dieses Leben selbst, die nicht durch einen irgendwie zeitlosen und von seinem Träger ideell lösbaren Inhalt vermittelt wird. In allen Beziehungen der Menschen zueinander, von den flüchtigsten bis zu den historisch wesentlichsten, bestehe diese Unterschiedenheit, mit ihren freilich unzähligen praktischen Vermischungen - ob ein Subjekt auf das andere wirkt, wie entfaltender Sonnenschein oder entwurzelnder Sturm die Pflanze, also einen Erfolg hervorrufend, der in dem Bewirkenden selbst in keiner Weise vorgebildet ist, Ursache und Wirkung durch keine *Inhaltsgleichheit* verbunden; oder ob diese letztere zwischen ihnen besteht, ein Geschaffenes, in seiner Identität beharrend; wie ein Geschenk, das aber, als ein geistiges, nicht dem Besitz des Einen verloren geht, weil es in den des Anderen übergeht. Dort überträgt sich eine Wirkung des Lebens, hier ein Inhalt des Lebens. Jene mag oft die tiefere sein, mag die Geheimnisse der letzten Erschütterungen und Lebensumbildungen zwischen Mensch und Mensch tragen; aber die eigentlich kulturelle ist die andere, sie macht den Menschen zum historischen Wesen, zum Erben der Schöpfungen seines Geschlechts, sie offenbart es, daß der Mensch das objektive Wesen ist. In diesem Falle erst empfängt der Mensch, was der andere besessen hat oder besitzt, in jenem aber etwas, was der Gebende selbst nicht hat, etwas, was in dem Empfangenden selbst, durch sein Wesen und seine Energien allein bestimmt, zu einem neuen Gebilde wird. Erst daß im Geiste der Lebensprozeß sich von seinem Inhalt gesondert hat - worin die erste und letzte Möglichkeit der Kultur sich gründet - enthebt die Einwirkung der Menschen aufeinander der einfachen Kausalität, in der die Wirkung sozusagen gegen die Ursache morphologisch gleichgültig ist, und läßt den Empfangenden eben das haben, was der Gebende gibt, und nicht nur dessen Wirkungen. Diese beiden Bedeutungen der 'Einwirkung' verwechselt jene Theorie von der Kulturleistung der Frauen in ihrer Einwirkung auf die Männer. Was sie nur meinen kann, ist nicht das Übergehen eines Inhaltes, den jene geschaffen hätten, auf diese letzteren. Selbst die 'Milderung der Sitten', die man allenfalls hier anführen könnte, ist viel weniger von den Frauen ausgegangen, als es die banale Tradition will. Weder die Aufhebung der Sklaverei zu Beginn des Mittelalters noch die spätere der Leibeigenschaft, weder die Humanisierung der Kriegsgebräuche und der Behandlung der Besiegten noch die Abschaffung der Tortur, weder die Einführung der Armenpflege im großen und wirksamen Stil noch die Beseitigung des Faustrechts gehen, soviel wir wissen, auf weibliche Einflüsse zurück. Vielmehr ist die Beseitigung sinnloser Grausamkeiten gerade einer Objektivierung des Lebens zu danken, einer Versachlichung, die das Zweckmäßige von allen Impulsivitäten, Unenthaltsamkeiten, Kurzsichtigkeiten der Subjekte entlastet. Gewiß bringt die reine Sachlichkeit (z. B. innerhalb der Geldwirtschaft) Härten und Rücksichtslosigkeiten mit sich, die bei personalerem, also gefühlmäßigerem Verfahren vielleicht nicht aufkommen. Dennoch ist die 'Milderung der Sitten' nicht von diesem, sondern von rein objektiven Entwicklungen des Geistes ausgegangen, die gerade das spezifisch Männliche der Kultur darstellen. Der Typus: daß ein Mensch dem anderen gibt, was er selbst nicht hat, ist nirgends stärker als im Verhältnis der Frauen zu den Männern realisiert. Das Leben, ja die Geistigkeit unzähliger Männer wäre anders und ärmer, wenn sie nicht etwas von Frauen empfingen. Aber was sie empfangen, ist nicht ein Inhalt, der so schon in den Frauen bestünde - während das, was die Männer dem geistigen Leben der Frauen geben, ein bereits formfest Gewordenes zu sein pflegt. Was die Frauen geben, ist, paradox gesagt, ein Unmittelbares, ein in ihnen verbleibendes Sein, das, indem es den Mann berührt, in ihm etwas auslöst, was phänomenologisch mit jenem gar keine Ähnlichkeit hat; erst in ihm wird es 'Kultur'. In dieser Modifikation allein kann es verstanden werden, daß die Frauen die 'Anregerinnen' der männlichen Kulturleistungen sind. In einem unmittelbaren, den Inhalt selbst einschließenden Sinne aber nicht: man kann unmöglich Rahel, die 'Anregerin' der Arbeit Jakobs nennen, sowenig wie in einem solchen Sinne

Dulcinea von Toboso die Taten Don Quixotes oder Ulrike von Levetzow die Marienbader Elegie 'angeregt' hat."[43]

Es ist nicht allein die Kompliziertheit dieses Zusammenhanges, also die objektive Geschlechterhierarchie und die individuell subjektive Aneignung von Sozialisationsprozessen, die den Erziehungsvorgang so schwierig macht. Hinzu kommt ein weiteres: Die Frauenbildungsforschung schlug oftmals einen anderen Weg ein und antwortet auf die ideologische Gleichsetzung von "Männlichkeit" und "Kultur" sowie, daraus folgernd, speziell auf die Mißachtung der weiblichen Beiträge im Schulwesen, mit einer scharfen Kritik am Androzentrismus in der Bildungsforschung und der damit in Zusammenhang stehenden patriarchalischen Gesellschaftsstruktur als zentralem Erklärungsmuster.[44] Sie beschränkte sich sicherlich zu Recht dabei nicht nur auf den Nachweis geschlechtstypischer Unterschiede im persönlichen Verhalten, sondern kümmert sich ebenso um die Geschlechtsrolle als gesellschaftliches Strukturelement, das Institutionen wie das Schulwesen bestimmend figuriert. Es verwundert daher nicht, daß ihr besonders daran liegt, die Leistungen von Frauen im Schulwesen zu verdeutlichen und zu erklären. Dabei geht sie vielfach davon aus, daß sich im Verhältnis der Geschlechter zueinander das älteste und allgemeinste Über- und Unterordnungsmuster ausdrückt, und daß alle Frauen unterschiedslos von diesem gesellschaftlichem Strukturprinzip betroffen sind.

Nun ist es eine Sache, für eine stärkere Berücksichtigung der Kulturleistungen von Frauen im Schulbereich einzutreten. Daß dies überfällig war, darüber besteht ein breiter Konsens. Die Impulse setzten zweifellos schon früh feministisch ausgerichtete Bildungsforscherinnen. Wurden sie einst gebrandmarkt, ihre Forschung belächelt und an den Rand gedrängt, ist die Auseinandersetzung mit den Geschlechterverhältnissen und -beziehungen nunmehr salonfähig geworden. Eine ganz andere Sache indessen ist es, den Kulturbeitrag im Schulbereich insgesamt als bloßen Ausdruck patriarchalischer Machtinteressen zu verstehen, geschaffen,

43 Simmel 1986b, S. 247 ff. Mit einigem Recht wendet freilich Habermas ein, daß Simmels Überlegungen über das Geschlechterproblem und die weibliche Kultur auch heute noch Beachtung finden "in den Teilen der Frauenbewegung, die ihre Hoffnungen und Ansprüche auf die spezifisch weiblichen, die spezifisch mütterlichen Qualitäten gründen. Freilich ist das 'Wesensapriori' der Frau, das bei Simmel herauskommt, nicht gerade frei von Männerphantasien; es verdankt sich im übrigen der kühnen Ontologisierung zeitgenössischer Phänomene. Wieder einmal steht die Frau dem Pol des Daseinsgrundes und der Subjektivität, der Geschichtslosigkeit und der Passivität, der Geschlossenheit und der Totalität näher als der Mann. Das erklärt Simmels Interesse an der Frauenbewegung: eine (nicht nur schmeichelhaft charakterisierte) weibliche Kultur erscheint ihm als das Heilmittel gegen die Entfremdung der lebendigen Subjektivität von den erstarrten Objektivationen einer 'männlichen Kulturarbeit', die sich die Würde des allgemein Menschlichen zu Unrecht bloß vindiziert" (Habermas 1986, S. 16; siehe auch Battaglia 1994).

44 Vgl. Glumpler 1992a.

um Angehörige des anderen Geschlechts zu diskriminieren und daraus zu folgern, die Rolle der Wissenschaft könne - pointiert gesagt - nur noch darin bestehen, diesen inhärent sexistischen Charakter zu entlarven, um sie zu überwinden.

Ganz abgesehen davon bleibt vielfach unklar, ob der Terminus "Patriarchat" theoretisch als Strukturkategorie aufgefaßt wird, oder ob und wie er sich auch auf persönliches Verhalten zurückführen läßt. Überdies gilt es zu klären, ob patriarchalische Strukturen als Universalkategorie anzusehen sind, oder ob es sich bei ihnen um ein im historisch-gesellschaftlichen Kontext zu erklärendes Phänomen handelt, wofür einiges spricht:

> "Der Patriarchalismus einer Gesellschaftsorganisation ist keine überzeitliche allgemeine Kennzeichnung der Geschlechterverhältnisse, keine 'soziale Konstante' ... oder ein 'Grundmuster ... der Unterordnung des weiblichen Geschlechts unter das männliche ...', sondern 'ein variabler Komplex typischer Herrschaftsbeziehungen' ..., der unter jeweils konkreten gesellschaftlichen und historischen Bedingungen zu dechiffrieren ist. Die Patriarchalismusanalyse zielt deshalb immer auf den gesellschaftlichen Gesamtzusammenhang und dabei insbesondere auf das *Verhältnis* der Geschlechter im Kontext auch anderer Herrschafts- und Ungleichheitsstrukturen."[45]

Denn neben biologischen Gegebenheiten prägen die historisch gewachsene Formbestimmtheit der Arbeit und die Strukturen gesellschaftlichen Zusammenlebens notwendig Arbeitsaufgaben sowie die Art und Weise, in der das Leben reproduziert wird, das Verhältnis der Geschlechter zueinander wesentlich.[46] In diesem Sinne hat sich erst mit der ausdifferenzierten Arbeitsteilung der markt- und wettbewerbsorientierten Industriegesellschaft das besondere weibliche Bündel von Fähigkeiten und Dispositionen herauskristallisiert und verfestigt, das unter dem Signum "traditionelle Frauenrolle" auch im Schulwesen Eingang gefunden hat.[47]

Folgerungen

Es ist deshalb vor diesem weitgehend ungeklärten theoretischen Hintergrund wenig hilfreich und erklärungskräftig, in erster Linie die patriarchalischen Machtverhältnisse im Schulbereich vereinfachend für alles verantwortlich machen zu wollen. Das wäre eine allzu radikale ideologische Folgerung, die nicht auf allgemeine Zustimmung hoffen kann, allein schon darum, weil sie die Wissenschaft auf den Kopf stellt: ganz für den politischen Kampf instrumentalisiert und zu

---

45 Gerhard 1995a, S. 205.

46 Vgl. Bebel [162]1973.

47 Vgl. Becker-Schmidt 1985, Schiersmann 1987.

diesem Zweck von ihrer Objektivitätspflicht entbunden. Wo es nicht um Wahrheit geht, sondern nur noch um den Konkurrenzkampf sexistisch voreingenommener Meinungen, muß herkömmliche Wissenschaft abdanken.

Not tut deshalb eine nüchterne, differenzierte Analyse ohne jegliche Larmoyanz. Sie hätte sich in diesem Zusammenhang mindestens analytisch darüber klar zu werden, daß es von keinem Zugewinn an wissenschaftlicher Erkenntnis zeugt:

1. nur bei einer schematischen Anklage des "Patriarchats" zu verharren, sondern es sind die genauen persönlichen, lokalen, sozialen und ökonomischen Umstände zu bestimmen, um fundierte Einsichten über die Funktionsweise der männerdominierten Gesellschaft in all ihrer Vielschichtigkeit und Vieldeutigkeit im allgemeinbildenden weiterführenden Schulbereich zu gewinnen[48];

2. sich in erster Linie mit den Auswirkungen patriarchalischer Machtstrukturen auf Frauen im Bildungswesen zu beschäftigen. Es wird dabei geflissentlich übersehen, daß Frauen in zweifacher Weise gesellschaftlichen Herrschaftsformen unterliegen. Diese doppelte Abhängigkeit trifft auf keine andere soziale Gruppe zu. Denn bei allen sozial Unterdrückten - Kindern, Alten, Arbeitslosen, Armen und Fremden - verschärfen sich die Diskriminierungsmechanismen zum Teil ungemein, wenn die Betroffenen weiblich sind[49];

3. Frauen ausschließlich als "Leidtragende" des Patriarchats im Bildungswesen zu charakterisieren; sie sind die Unterlegenen und Gebeugten. Nur diese Dimension rückt in den Vordergrund. Weiblichkeit wird allzu passiv gedacht, ihr aktiver Beitrag im Bildungswesen bleibt unterbelichtet[50];

4. bei der Rede von Patriarchat im Bildungswesen im puren Dualismus befangen zu bleiben und die einfache Gleichung: "weiblich ist alles, was nicht männlich ist", zu favorisieren. Dabei wird sich konsequent von denen entfernt, um die es doch gehen soll: den Mädchen und Frauen im Bildungswesen mit all ihren Ambivalenz-, Widersprüchlichkeits- und Konflikterfahrungen. Einheit, Eindeutigkeit schien das unbedingt anzuvisierende Ziel zu sein - auf Kosten der Vielfalt und Sperrigkeit; fein säuberliche Trennung auf der einen Seite, allzu rasche Gleichsetzung der Interessen von Mädchen und Frauen auf der anderen.[51]

---

48 Vgl. Hausen 1986. Auffällig ist jedenfalls, daß das Konzept Patriarchalismus selbst in der Frauenforschung mittlerweile größtenteils als überholt, wenn nicht als wissenschaftlich unbrauchbar bezeichnet wird; es wird allenfalls verstanden als ein Kampfbegriff aus den Anfängen der Frauenbewegung (vgl. Gerhard 1995b).

49 Vgl. Becker-Schmidt 1985.

50 Becker-Schmidt 1985, S. 98, Tzankoff 1992, 1995.

51 Vgl. Ostner 1986, 1987, 1988.

Zur differenzierten theoretischen Einbettung des Themas "Frauen und Schule" gehört gleichfalls, die wirtschaftlichen und sozio-kulturellen Auswirkungen der Arbeitsteilung zwischen den Geschlechtern mit einzubeziehen. Die wissenschaftlichen und alltäglichen Vorstellungen von polar-komplementären Geschlechtsrollen und Geschlechtscharakteren beziehungsweise Geschlechtsrollenklischees sind Reflex und harmonisierende ideologische Legitimierung dieser Arbeitsteilung und der Unterdrückung von Frauen und Männern durch sie nach dem Motto: den Männern vorrangig die Berufsarbeit, den Frauen die private Reproduktionsarbeit, sprich Hausarbeit einschließlich Kindererziehung und Beziehungsarbeit. Als organisierendes Moment männlicher und weiblicher Erziehung und Sozialisation[52] wird sowohl die Arbeitsteilung direkt angesehen, über zugewiesene Tätigkeiten, als auch die normativen Rollen- und Charaktervorstellungen und die damit verbundene gesellschaftliche Macht und Bewertung von Mann und Frau, Männlichkeit und Weiblichkeit. Sie konstituieren unterschiedliche Lebensbedingungen für Männer und Frauen innerhalb derselben Gesellschaft oder Familie, aber auch derselben Schule oder Schulklasse, die historisch zudem einem sozialen Wandel unterliegen.[53]

Vor einer vereinfachenden, mechanischen Erklärung geschlechtstypischer Einstellungen und Verhaltensweisen im Schulwesen ist eindringlich zu warnen. Man kann bei Mädchen und Jungen nicht von simplen Vorstellungen abklatschhafter Imitation der Eltern beziehungsweise Lehrerinnen und Lehrer sowie der Übernahme ihrer Geschlechtsrolleneinstellungen oder Rollenverteilung ausgehen; dies läßt sich empirisch keineswegs stützen. Die theoretische und forschungspraktische Überbetonung der Eltern oder Lehrerinnen und Lehrer "als prägende Sozialisationsagenten für 'sex-typing' muß korrigiert werden zugunsten der Arrangements sachlich-sozial teilweise sehr verschiedener Umwelten, des Einflusses der Geschwister, der unterschiedlichen Zugänglichkeit von Gleichaltrigengruppen"[54] - um nur einige wenige Einflußquellen zu nennen.

Dazu gehört wesentlich auch - und das wird von feministisch orientierten Bildungsforscherinnen häufig nur beiläufig genannt oder schlicht unterschlagen und soll hier theoretisch wie empirisch noch eingehender behandelt werden -, daß Emanzipation und Diskriminierung von Mädchen und Frauen im allgemeinbildenden weiterführenden Schulbereich wesentlich herkunftstypisch vermittelt sind. Erinnert sei vor allem an die leidvollen Erfahrungen der Töchter aus den

---

52 Zum Begriff der Erziehung beziehungsweise Sozialisation siehe vor allem die grundlegenden Ausführungen von Fend 1971, 1978, Hurrelmann 1974, 1975, 1976, 1986a,b, Hurrelmann und Ulich 1980, 1991, Geulen 1977, Tillmann 1989.

53 Vgl. Hagemann-White 1984, Hurrelmann 1986b, Metz-Göckel und Nyssen 1990.

54 Bilden 1980, S. 786.

bildungsfernen Gesellschaftsklassen und -schichten, die sich besonders in Gymnasien auf einem fremden, manchmal bedrohlich vorurteilsgeladenen Terrain bewegen und gleichwohl nach den vorgegebenen Maßstäben reüssieren wollen.

Dabei sind natürlich die Ausgangsbedingungen geschlechts- und herkunftstypisch höchst unterschiedlich, je nachdem, ob diese Töchter aus Bauern-, Arbeiter-, Handwerker- oder unteren und mittleren Angestellten- und Beamtenfamilien stammen. Auch wenn sich diese Situation mittlerweile zum Teil gewandelt hat, so zeigen doch die Schilderungen von erfolgreichen Arbeitertöchtern in Gymnasien sehr plastisch, daß sie sich einen Bildungskanon aneignen müssen, der kaum etwas mit den Bedingungen ihres Lebens zu tun hat: Das in der "höheren Schule" erworbene Wissen hat ihnen weder geholfen, sich besser in ihrer Gesellschaftsklasse oder -schicht mit den Erwartungen und Vorstellungen als Tochter auseinandersetzen zu können, noch ihre Situation erleichtert, mit höherem Bildungsniveau der Mentalität der Schulkameradinnen aus dem Besitz- und Bildungsbürgertum zu entsprechen.[55]

Die geschlechtstypischen Ausprägungen, etwa nach Wissen, Kenntnissen, Fächer- oder Schulwahl, erscheinen als sehr ungleich wie auch sehr differenziert nach sozialer Herkunft. Eine zufriedenstellende Einschätzung wird daher nur aus einer Analyse der gleichzeitigen Einwirkung von sozialer Herkunft und Geschlecht möglich sein.[56] Eine feministische Perspektive, die sich weitgehend auf Männer und Frauen als Gleiche einlassen will, vermag dies nicht zu leisten; sie degradiert den Begriff "weiblich" wieder zu einer Universalkategorie, wie er es schon immer war und arbeitet konservativen Interessen zu, ohne es zu bemerken.[57]

Auch darauf hat Georg Simmel bereits warnend aufmerksam gemacht, indem er wissenssoziologisch den Herrschaftscharakter dieser Vorgehensweise beschrieben hat:

> "Von jeher hat jede auf subjektiver Übergewalt beruhende Herrschaft sich angelegen sein lassen, sich eine objektive Begründung zu geben, das heißt: Macht in Recht zu transformieren. Die Geschichte der Politik, des Priestertums, der Wirtschaftsverfassungen, des Familienrechts ist voll von Beispielen ... Nach dieser Analogie und oft in eben diesem Zusammenhang entwikkelt sich die psychologische Superiorität, die das Herrschaftsverhältnis zwischen Männern und Frauen den männlichen Wesensäußerungen verschafft, sozusagen in eine logische; diese

---

55 Vgl. Bublitz 1980, 1992, 1993, Theling 1986, Rodax 1988a, Metz-Göckel und Schlüter 1989, Metz-Göckel 1992, Haas 1992, 1993, von Prümmer 1992, Engler und von Prümmer 1993, Rohleder 1992, Schlüter 1992a,b,c, 1993a,b, Borkowski 1993, Ortmann 1993, Rauch 1993.

56 Vgl. Hagemann-White 1977, 1984, 1991.

57 Vgl. Becker-Schmidt 1985.

verlangen normative Bedeutung daraufhin, daß sie die sachliche, für alle, ob männliche, ob weibliche Individuen gleichmäßig gültige Wahrheit und Richtigkeit offenbaren."[58]

Angesichts dieser problematischen Vorgehensweise sollte sich die Frauenbildungsforschung in zunehmendem Maße der dringenden Notwendigkeit einer Weiterentwicklung theoretischer Ansätze im Sinne einer ausgefeilten sozialwissenschaftlichen Theorie der Sozialisation hinsichtlich einer Erklärung des "weiblichen Sozialcharakters" stellen.[59] Denn trotz der großen - man müßte wohl genauer sagen: bildungspolitischen - Aufmerksamkeit und Expansion des Themas "Frauen und Schule" seit den siebziger Jahren steht es durchaus nicht im Zentrum des theoretischen und empirisch-analytischen Interesses der gegenwärtigen Bildungsforschung; ihr Status ist eher einer am Rande. Helge Pross, die das schon sehr früh erkannte und sich als eine der ersten intensiv dieses Problems annahm, sprach gar von "Ghetto", und es war eines ihrer großen Anliegen, die Auseinandersetzung darüber in Gang zu setzen. Dabei wollte sie zugleich die allgemeinen sozialwissenschaftlichen Denk- und Theoriemittel viel stärker auf diesem Feld zur Anwendung gebracht wissen und sich der Herausforderung stellen, die in dem Einbeziehen des Geschlechterverhältnisses in die Gesellschaftsanalyse liegt.[60] Das beinhaltet selbstverständlich gleichfalls, sich mit den "blinden Flecken" einer solchen Theorie, die geschlechtstypische Gesichtspunkte oftmals nur stiefmütterlich behandelt, kritisch auseinanderzusetzen.[61]

Es spricht mithin viel dafür, daß ein Rückgriff auf eine solche sozialwissenschaftlich geleitete Sichtweise die Chance böte, das Problemfeld "Bildungsbeteiligung von Mädchen und jungen Frauen" angemessener und nuancierter theoretisch einzubetten. In der neueren Frauenbildungsforschung wird zwar die aktuelle Debatte um Gleichheit und/oder Differenz, Weiblichkeit, Geschlechtsidentität gegenwärtig interessiert und kontrovers diskutiert, weitgehend reserviert indessen bleibt sie immer noch, wenn es um die Auseinandersetzung mit faktischen Machtverhältnissen, also vor allem das Aufdecken sozialer Unterschiede als Klassen- und Schichtdifferenzen unter Frauen, geht.[62] Die Qualität von Frauenbildungsforschung im Schulwesen wird sich aber zukünftig an einem

58 Simmel 1986a, S. 65 f.

59 Vgl. allgemein dazu Fend 1974a,b, 1980, 1990a, 1991, Hurrelmann 1975, 1976, 1986b, Hurrelmann und Ulich 1980, 1991, Rolff 1978, [9]1980, Achinger et al. 1980.

60 Vgl. Pross 1969a,b, 1971; siehe auch Schöps-Potthoff und Tyrell 1986.

61 Sie entstammt zumeist "einer mächtigen Tradition, wonach Theorie erst eigentlich Theorie sei, wenn an ihr nichts mehr Besonderes, zumal Geschlechtsspezifisches sei" (Hagemann-White 1992, S. 80; siehe auch Hurrelmann 1986b, S. 194 ff., Metz-Göckel und Nyssen 1990, Nyssen und Schön 1992).

62 Vgl. Händle 1990, Friese 1993, Tzankoff 1995; siehe dazu allgemein auch Gerhard 1995a,b und Gottschall 1995.

solchen Anspruchsniveau messen lassen müssen. Eine wiederholende, eintönige empirische Beschreibung typischer Benachteiligungen von Mädchen und jungen Frauen im Schulwesen sowie deren vergleichsweise krude "Erklärung" jedenfalls erlaubt keine angemessene theoretische Verortung und Deutung der Sachverhalte - ein Forschungsmanko, und darüber sollte der überwiegende Teil der vorliegenden Ergebnisse zum Thema "Frauen und Schule" nicht hinwegtäuschen, das noch der Beseitigung harrt.

II. Theoretische Grundlagen

Dem Anspruch, das Problemfeld "Bildungsbeteiligung von Mädchen und jungen Frauen" differenziert theoretisch einzubetten, weiß sich die vorliegende Untersuchung verpflichtet und geht davon aus, daß eine soziologisch orientierte Bildungsforschung, die die Analyse sozialer Ungleichheit nicht wenigstens zu einem ihrer zentralen Gegenstände macht, sich selbst ihres Anspruchs auf Beheimatung innerhalb der Soziologie begibt. Als kritische Wissenschaft, die wie kritische empirische Sozialforschung überhaupt den Leitideen der Aufklärung und einem Verständnis der Soziologie als Krisen- und Oppositionswissenschaft folgt, will sie nämlich die Ursachen anhaltender Diskriminierungen und struktureller sozialer Benachteiligungen aufdecken und ihre Erfahrungen und Erkenntnisinteressen in den wissenschaftlichen Diskurs stellen. Kurz: Die Soziologie als Wissenschaft etablierte sich in dem Augenblick, als sie begann, soziale Ungleichheit unter Menschen nicht mehr aus "naturgegebenen" Rangunterschieden abzuleiten, sondern als Folge sozialer Differenzierungsprozesse zu begreifen.[63]

Einer der ersten, der diesen Anspruch empirisch einzulösen versuchte, war zweifellos Theodor Geiger. In seiner schon klassischen Studie "Die soziale Schichtung des deutschen Volkes", die er 1932 vorgelegt hat, war vor allem von besonderer Bedeutung, wie er zwischen den Lebenslagen von Bevölkerungsgruppen und ihren wirtschaftlichen Interessen eine überzeugende Verbindung herzustellen vermochte. Seine Überlegung, eine Nation als eine hierarchisch geschichtete Gesellschaft darzustellen, in der die Stellung des einzelnen von seiner Stellung in der Erwerbsstruktur abgeleitet wird, und die mit dieser Stellung

---

63 Vgl. Geiger 1932, Dahrendorf [2]1966, Oevermann 1972, Bertram 1976, 1981, 1991, 1992a,b, Rodax und Spitz 1978, 1982, Steinkamp und Stief 1978, Steinkamp 1980, 1991.

verbundenen objektiven äußeren Lebensumstände (soziale Lagen) seine Interessen, Einstellungen und Lebensführungen (Mentalitäten) prägen, hat sich gegenüber allen anderen Modellen sozialer Ungleichheit zwar, was die theoretische und empirische Schärfe betrifft, behaupten, nicht aber als *die* dominante Denkfigur in der bundesrepublikanischen Soziologie durchsetzen können.

Die Dimensionen und Formen sozialer Ungleichheit stellen sich dieser Auffassung der Soziologie entsprechend als Folgen der objektiven gesellschaftlichen Strukturbedingungen sozialen Handelns und der sie stützenden sozial gültigen Deutungen dar. Es kann hierbei nicht auf das schwierige Terrain der theoretischen soziologischen Erklärung sozialer Ungleichheit näher eingegangen und es soll sich auch nicht auf einen bestimmten theoretischen Ansatz dazu festgelegt werden.[64] Es genügt für die Zielsetzung dieser Untersuchung, wenn man ganz allgemein im Einklang mit den geläufigen Bestimmungen die vier Dimensionen einführt, in denen der Sozialstatus in markt- und wettbewerbsorientierten Industriegesellschaften erworben werden kann und denen gleichzeitig Wertschätzung in der Gesellschaft entspringt: Reichtum, dessen Beleg "Geld", Wissen, dessen Nachweis das "Abschlußzeugnis" ist, hierarchische und soziale Position in Organisation und Institution, die sich als "Rang" und "Zugehörigkeit" niederschlagen. Und wenn man auf die damit im Zusammenhang stehenden Fortschritte in der Entwicklung einer sozialstrukturell ausgerichteten interaktionistischen Handlungstheorie hinweist, die den Anstoß zu neuen Überlegungen auf diesem Gebiet gegeben haben.[65]

Theoretisches Grundmodell der Bildungsbeteiligung

Damit eröffnen sich gleichzeitig auch für die hier zunächst in einem ersten Schritt im Mittelpunkt des Interesses stehende Analyse der Bildungsbeteiligung neue theoretische Perspektiven. Die Grundkonzeption zur Theorie der Bildungsbeteiligung - obwohl bislang noch nicht systematisch ausformuliert - läßt sich dem theoretischen Anspruch nach als eine allgemeine programmatische Grundlegung sozialgeschichtlich gewachsener zentraler Zusammenhänge zwischen Gesellschaftsstruktur, Erziehungssystem und Bildungsbeteiligung des jungen

64 Vgl. dazu im Überblick Geißler 1992b und Boudon und Bourricaud 1992, S. 488 ff. Das schließt nicht aus, und Rainer Geißler hat dies auf überzeugende Weise für seine Absichten darzulegen versucht, daß auf viele bedenkens- und bewahrenswerte Überlegungen der Schichtungssoziologie Theodor Geigers zurückgegriffen werden kann, die in Deutschland noch viel zu wenig Beachtung finden (vgl. Geiger 1932, 1949a und 1992 sowie Rodax 1991, 1992).

65 Vgl. Oevermann et al. 1976, Bourdieu 1973, 1982, 1983, Bourdieu und Passeron 1971, Bourdieu et al. 1981, Böttcher 1985, Hurrelmann 1986b, Boudon und Bourricaud 1992a, Neckel 1993, Ditton 1995.

Menschen verstehen. Sie erlaubt es zum einen, die wesentlichen theoretischen Annahmen aufzuzeigen und ermöglicht es zum anderen, deren theoretische Verknüpfung in eine hierarchisch-strukturelle Ordnung zu bringen. Auf diese Weise kann ein wechselseitiges Bedingungsgefüge gesellschaftlicher und personaler Einflüsse unterschiedlicher Gewichtung dargestellt werden, das bedeutsame Grundüberlegungen zur Theorie der Bildungsbeteiligung auf einen Blick zu veranschaulichen vermag (vgl. Abbildung 1).[66]

Die Gesellschaftsstruktur - die Struktur sozialer Ungleichheit, insbesondere die vertikale Gliederung der Gesellschaft in Klassen und Schichten je nach Verteilung des Lebensstandards, der Chancen und Risiken, Glücksmöglichkeiten, aber auch der Privilegien und Benachteiligungen, des Rangs und öffentlichen Ansehens und die Struktur horizontaler sozialer Ungleichheit, die hauptsächlich die quer zur traditionellen Struktur sozialer Ungleichheit verlaufenden sozialen Differenzierungen etwa nach Region, Geschlecht, Kohortenzugehörigkeit oder Konfession erfaßt - prägt zusammen mit der gesellschaftlichen Wert- und Normenstruktur einerseits wesentlich den sozialen Standort des jungen Menschen in den einzelnen Gesellschaftsklassen und -schichten, seine Zielvorstellungen für die schulerfolgsbezogenen Einstellungen und Verhaltensweisen sowie seine Bildungsbeteiligung.

Klärung des Begriffs "Bildungsbeteiligung"

Für die weitere Analyse ist deshalb vor allem zunächst die Klärung des Begriffs "Bildungsbeteiligung" von zentraler Bedeutung; es muß festgelegt werden, was damit gemeint ist und welche Aussagekraft er hat. Unter dem Begriff "Bildungsbeteiligung" wird hier der relative Häufigkeitsanteil von jungen Menschen an einem Bildungsgang oder dem Teil eines solchen verstanden. Die Bildungsbeteiligung im allgemeinbildenden weiterführenden Schulbereich, also in Hauptschulen, Realschulen, Gesamtschulen und Gymnasien, kann man als einen solchen zentralen Indikator für ihre Lebensplanentwürfe und Berufschancen ansehen.

Diese entstehen maßgeblich in der Familie; hier fallen Entscheidungen über Bildungswege und -laufbahnen meist schon im Kindesalter. In ihnen drücken sich

---

66 Diese Grundüberlegungen zur Theorie der Bildungsbeteiligung fußen im wesentlichen auf allgemeinen sozialisationstheoretischen Ausführungen, wie sie vor allem Klaus Hurrelmann seit Mitte der siebziger Jahre entscheidend mitbeeinflußt und weiterentwickelt hat (vgl. Hurrelmann 1974, 1975, 1976, 1985, 1986a, Hurrelmann und Ulich 1980, 1991). Eingeflossen in sie sind aber ebenso die nach wie vor bedeutsamen schichtungssoziologischen Überlegungen Theodor Geigers (vgl. Geiger 1932, 1949a, 1992).

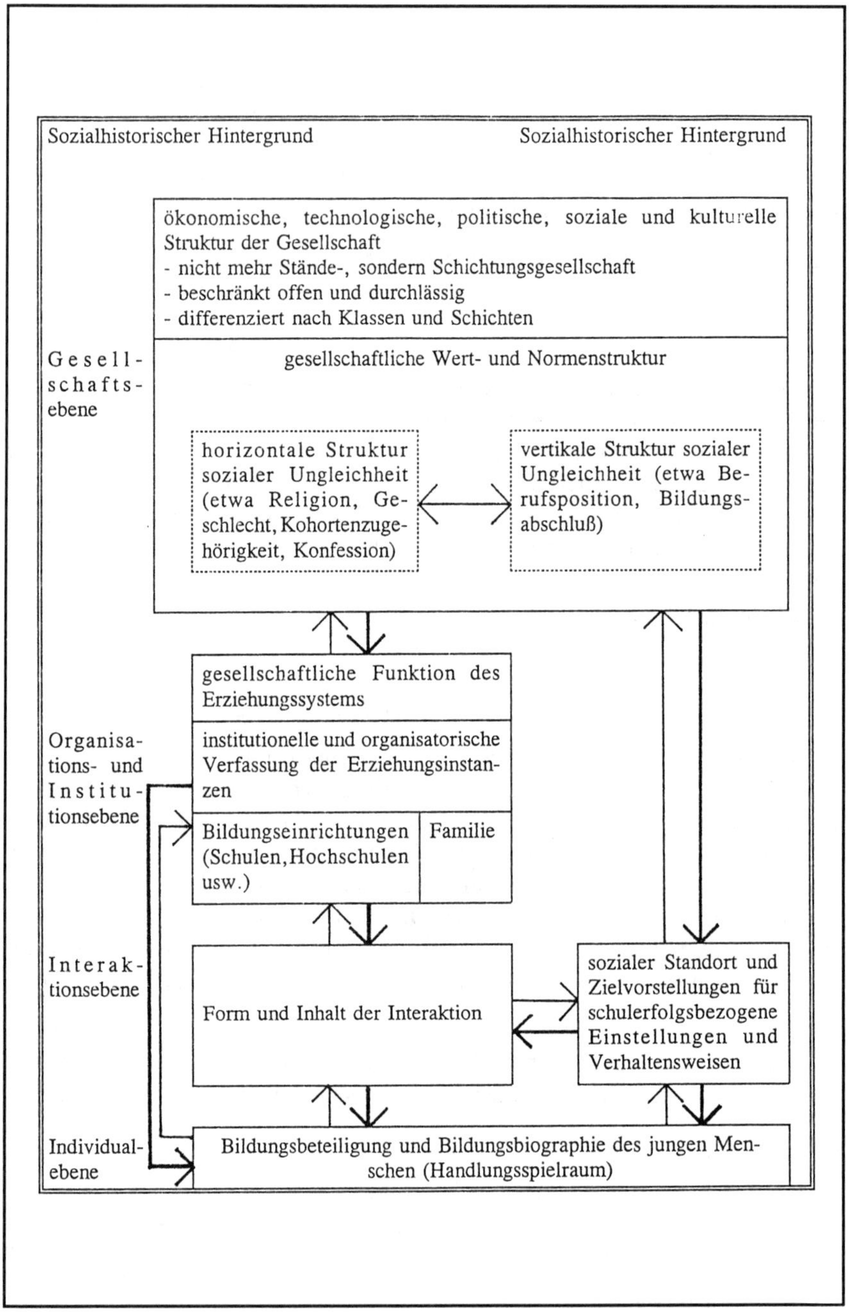

Abbildung 1: Theoretisches Grundmodell der Bildungsbeteiligung

vor allem Arbeits- und Lebenserfahrungen, alltagsweltliche Gesellschaftstheorien und Prestigeansprüche sowie Zukunftsvorstellungen aus, die von den Kindern schon früh aufgenommen und weitgehend übernommen werden. Höhe und Intensität der Bildungsbeteiligung signalisieren vor allem, wie ernsthaft und nachdrücklich sie - als Repräsentanten ihrer Herkunftsfamilie - die Option auf eine privilegierte Position in der Gesellschaftsstruktur anmelden und offenhalten. Ob diese Option anschließend beim Übergang in berufsvorbereitende Ausbildungs- und Hochschulstudiengänge sowie berufliche Erwerbsverhältnisse umgesetzt und eingelöst wird, ist aus der Bildungsbeteiligung in Hauptschulen, Realschulen und Gymnasien noch nicht abzulesen. Freilich zeigt sie an, wie groß die Bereitschaft ist, sich bis zu einem guten Abschluß den schulischen Lernritualen zu "unterwerfen" und sich leistungsmäßig zu qualifizieren, um die Chance auf eine günstige Plazierung im Ausbildungs- und Beschäftigungssystem wahrzunehmen.[67]

Gerade diese Überlegungen weisen besonders auf den hohen Stellenwert und die sozialen Konsequenzen der elterlichen Verantwortung für die Bildungsentscheidungen ihrer Kinder hin. Die Eltern fühlen sich dabei nicht nur verpflichtet, für "das Beste" ihrer Kinder zu sorgen, sie verbinden darüber hinaus einen guten Teil ihres eigenen Berufs- und Lebenserfolges mit dem Schulschicksal ihrer Kinder. Weil dies aber stark von den Schulabschlüssen abhängt, fordern und erwarten im allgemeinen Eltern aller Gesellschaftsklassen und -schichten so viel wie möglich für ihre Kinder vom allgemeinbildenden weiterführenden Schulbereich. Selbstverständlich spielen hier die eigenen und die kollektiven familien- und milieutypischen Erfahrungen ebenso eine entscheidende Rolle wie die Beurteilung des vorhandenen Bildungsangebots und die Einschätzung des gegebenen Arbeitsmarktgeschehens.

In der Regel werden Eltern hierbei die individuellen Interessen, Begabungen und Ziele ihrer Kinder berücksichtigen - besonders dann, wenn sie mit den sozial typischen Ansprüchen und Bildungstraditionen vereinbar sind. Ebenso werden im allgemeinen die Kinder, wenn sie eigene Bildungsvorstellungen entwickeln, sich im Normalfall stillschweigend an Erwartungen und Forderungen des Elternhauses und des für sie in Betracht gezogenen weiterführenden Bildungsweges halten. Daß die Bildungsentscheidungen tatsächlich im Einklang geschehen, schließt unterschiedliche Motive bei Eltern und Kindern keineswegs aus; die Motive können, müssen aber nicht übereinstimmen. Die Eltern erwarten jedoch im

67 Vgl. Rodax und Hurrelmann 1986, Rodax 1989a,b,c,d,e,f.

wesentlichen von ihren Kindern, daß sie ihre Zielsetzungen und Interessen mit den Erfordernissen des angestrebten Bildungsweges in Einklang bringen.[68]

Die Entscheidungen von Eltern über die weiteren Bildungswege für ihre Kinder orientieren sich dabei an dem Wert, den sie den für ihre Kinder angestrebten Zielen beimessen. Sie wägen hierbei - soweit sie die notwendigen Voraussetzungen und Kenntnisse dazu besitzen - Aufwand und Ertrag der Bildung und Ausbildung sorgsam gegeneinander ab. Dies geschieht nur zum Teil aus rationalen Gründen: Die nicht an bestimmte Zwecke gebundene persönliche Fürsorge für ihre Kinder wird ein bedeutsamer Teil ihrer Entscheidungen, ihre persönlichen Hoffnungen werden ein anderer wichtiger Teil ihrer Bildungsplanung sein. Die Wahl des Bildungsweges wird ebenso Bedingungen und Erwartungen der sozialen Lebenswelt, also "Meinungsklimata" und Identifikationen wie auch Selbstverortungen, widerspiegeln. Die Eltern können diese Bedingungen und Erwartungen zwar nicht ändern, sie können sich allerdings durchaus über sie hinwegsetzen - wenn sie den entsprechenden Ertrag sehen und bereit sind, den erforderlichen Aufwand auch gegen soziale Widerstände zu leisten.[69]

Bildungsbeteiligung und vertikale soziale Ungleichheit

Unter sozialer Ungleichheit wird dabei allgemein die gesellschaftlich hervorgebrachte, vergleichsweise

> "dauerhafte vorgegebene Struktur ungleicher Verteilung knapper und begehrter materieller und immaterieller Ressourcen (einschließlich ungleicher Zugangschancen zu ihnen) auf die Mitglieder einer Gesellschaft verstanden, die die Befriedigung allgemein akzeptierter Lebensziele beeinflußt und damit die 'Qualität des Lebens von Individuen' entscheidend prägt. Ungleicher Zugang zu und ungleiche Verteilung von Ressourcen bilden Rahmenbedingungen für die Realisierung von Lebenszielen, deren Wirksamkeit zwar mit familien- oder milieuspezifischen Bewertungen variiert, die aber gleichwohl *objektive* Barrieren und Möglichkeiten individueller Entfaltung markieren".[70]

Durch diese Definition gerät nicht aus dem Blick, daß weiterhin die klassischen Schichtbedingungen wie "Bildungsabschluß" und "Berufsposition" im vieldimensionalen Raum sozialer Ungleichheit die wichtigsten Kriterien sind, die die Zugehörigkeit zu bestimmten Klassen und Schichten und damit auch die unterschiedlichen Chancen der Bildungsbeteiligung von jungen Menschen nachhaltig

68 Vgl. Meulemann 1979.

69 Vgl. Meulemann 1979.

70 Steinkamp 1991, S. 255.

beeinflussen. Es wird dabei von der zentralen These der Dominanz der vertikalen Dimension sozialer Ungleichheit in der Gesellschaftsstruktur ausgegangen.[71]

Das dahinter stehende Erkenntnisinteresse richtet sich mithin vor allem auf die Auswirkung der auch heute noch vorherrschenden Dimension moderner markt- und wettbewerbsorientierter Industriegesellschaften, nämlich die soziale Ungleichheitsstruktur, auf Bedingungen und Prozesse eines zentralen Entstehungskontextes kindlicher Bildungs- und Erziehungsprozesse, nämlich die Familie. Dabei wird unterstellt, daß die Familie ein sozialer Mikrokosmos der Gesellschaft ist, der die Bildungs- und Erziehungswerte der Gesellschaft gewissermaßen weitgehend ungebrochen von einer Generation zur anderen sozial "vererbt". Die Grundthese, in der der Zusammenhang zwischen Klassen- und Schichtzugehörigkeit, Ausbildung und Einmündung in einer Berufsposition hergestellt wird, lautet: Mit abnehmender Stellung der Familie beziehungsweise des väterlichen Status in der Erwerbsstruktur ist diese in ihrer Wirkung sich gegenseitig verstärkenden ökonomischen, sozialen und kulturellen Benachteiligungen und Belastungen ausgesetzt, die die Sozialisations- und Erziehungsprozesse der Kinder in der Familie derart strukturieren, daß eine optimale Entwicklung ihrer kognitiven, motivationalen und sprachlichen Kompetenzen zunehmend unwahrscheinlich wird, die für den Schulerfolg und damit auch für eine höhere Bildungsbeteiligung besondere Bedeutung haben. Das Schul- und Hochschulsystem "zementiert" diese Bildungsbenachteiligungen eher, als daß es sie kompensiert und stellt damit die vorentscheidenden Weichen für eine Einmündung in eine Berufsposition, die der väterlichen sehr ähnlich ist. Dieser Prozeß mündet zwar nicht streng deterministisch in einer exakten Weitergabe des Berufsstatus; er ist aber bei allen Abweichungen im Einzelfall so deutlich strukturiert, daß das Bild des "zirkulären Verlaufs" des Bildungs- und Erziehungsprozesses in der Generationenabfolge durchaus richtig bleibt.[72]

Die These der Reproduktion sozialer Ungleichheit durch das Elternhaus wurde aufgrund widersprüchlicher und fehlender empirischer Belege schon früh heftig kritisiert. Insbesondere wurde darauf aufmerksam gemacht, daß die zunehmende Differenzierung von Lebenslagen ein Charakteristikum markt- und wettbewerbs-

---

71 Vgl. Geißler 1987a, 1990a,b, 1992.

72 Vgl. Fend 1974a,b, 1990b, Hurrelmann 1976, 1985, 1986b, Engel und Hurrelmann 1987, 1989a,b, Müller und Mayer 1976, Müller und Haun 1993, 1994, Bofinger 1977, 1982, 1990, Rodax und Spitz 1978, 1982, Rodax 1989a, Rolff [9]1980, 1980a, Steinkamp 1980, 1991, Trommer-Krug 1980, Peisert 1981, Geulen 1983, Ostner 1984, Blossfeld 1989, 1993, Mayer und Blossfeld 1990, Shavit und Blossfeld 1993, Blossfeld und Shavit 1993, Büchner 1985, Fauser et al. 1985, Klemm et al. 1985, Lange 1986, Herlyn 1987, Weymann 1987, Weishaupt et al. 1988, Lamprecht 1991, Ditton 1992, Meulemann 1992, Alheit 1993, Schimpl-Neimanns und Lüttinger 1993, Koch 1994, Sünker et al. 1994.

orientierter Industriegesellschaften sei und somit die Beschreibung der Gesellschaftsstruktur als eindimensional aufgebaute hierarchische Klassen- und Schichtstruktur aufgrund des väterlichen Berufsstatus ein unangemessenes Bild heutiger Industriegesellschaft wiedergebe.[73] Gegen die empirisch abgesicherte These, daß eine Vielzahl sozialer Lebenslagen nebeneinander existieren könne, wurde eingewendet, daß sie vor dem Hintergrund einer Vorstellung fortschreitender Individualisierung von Lebenslagen nicht mehr in der Lage sei, Ungleichheiten zu analysieren, sondern nur noch Unterschiede in einer Gesellschaft herauszuarbeiten vermöge.[74] Die gegenwärtige Diskussion um die Bildungsbeteiligung greift im Grunde genommen beide Thesen, die jeweils zur Beschreibung der Gesellschaft als unangemessen angesehen wurden, wieder auf und macht sie zur Grundlage der Analyse von Lebenslagen in der Gesellschaft.[75]

In dieser Beschreibung ist unstrittig, daß die klassische Ungleichheitsstruktur nach wie vor von großer Bedeutung ist; immer noch bildet dabei die Berufshierarchie eine tragende Säule. Ihre doppelte Bedeutung als Produkt der klassen- und schichttypischen Sozialisationsverhältnisse und als Stabilisator der Klassen- und Schichtverhältnisse resultiert aus zweierlei Gegebenheiten:

> "Einerseits können im Beruf ... nur solche Fähigkeiten zusammengeschlossen sein, die aus den schicht- und milieuspezifischen Lebens- und Erfahrungshintergründen einer Gruppe hervorgehen; Berufe sind insofern 'Produkt' der Reproduktionsverhältnisse, genauer: Konkretisierungen und Manifestationen sozialer Schichtverhältnisse. Andererseits schreiben die Berufe aber diese schichtspezifischen Fähigkeitsverteilungen auch sozial fest, indem sie als standardisierte Vorgaben der Entwicklung und Ausbildung von Fähigkeiten keine anderen Inhalte und Kombinationen zulassen als diejenigen, die aus den Bedingungen und Erfahrungshintergründen der jeweiligen Schichtverhältnisse unmittelbar hervorgegangen sind und deren immer wieder neue Entwicklung und Ausbildung - d. h. deren Reproduktion - sie jetzt sozial festschreiben und steuern; insofern sind Berufe nicht Produkt, sondern 'Produzent', 'Stabilisator' der sozialen Schichten."[76]

Daß die vertikalen Bedingungen sozialer Ungleichheit im Zentrum der Klassen- und Schichtungsanalyse stehen und daß andere Ungleichheitsdimensionen davon abzuleiten sind, ist theoretisch begründet: Moderne markt- und wettbewerbsorientierte Industriegesellschaften wie die Bundesrepublik Deutschland verstehen sich - ungeachtet aller seit Mitte der siebziger Jahre einsetzenden Kritik, daß Arbeit als Mittelpunkt des Daseins an Bedeutung verliere[77] - vor-

---

73 Vgl. Hurrelmann 1976, Oevermann et al. 1976, Bertram 1981.

74 Vgl. Rosenbaum 1983.

75 Vgl. Bertram 1991.

76 Beck und Brater 1978, S. 39.

77 Vgl. Hradil 1985, 1987a, 1992, 1994, Berger und Hradil 1990, Lamprecht und Graf 1991, Dahrendorf 1992, Daheim und Schönbauer 1993, Gottschall 1995.

nehmlich als Arbeitsgesellschaften. Die Art der Erwerbsarbeit prägt Lebensbedingungen, Einstellungen, Selbstbilder, Bildung- und Lebenswege der Menschen; sie wirkt somit weit in das private und öffentliche Leben hinein.

Daß das so ist, liegt nicht zuletzt auch an jungen Frauen, die in verstärktem Maße in einen Beruf drängen. Immer weniger von ihnen geben sich mit einem Leben nur in der Familie zufrieden. Ungeachtet der schwierigen Lage auf dem Arbeitsmarkt, steigt nämlich unter jungen Frauen seit Jahren der Wunsch nach einem bezahlten Arbeitsplatz. Die Zeiten scheinen weitgehend vorbei, in denen sie sich den gesamtwirtschaftlichen Zwängen gebeugt haben und, wenn nötig, in die stille Reserve zurückzogen. Auch viele Mütter und Hausfrauen sehen mittlerweile nicht in der Familie, sondern im Beruf die wichtigere Tätigkeit des Menschen.[78]

Bezahlte Arbeit ist begehrter denn je. Nicht nur, weil sie die Voraussetzungen von Konsum, von der Teilhabe am gesellschaftlichen Reichtum ist. Vor allem auch, weil sie unabhängig macht und weil viele glauben, daß erst Arbeit dem Leben einen Sinn gebe. Berufstätigkeit ist nach wie vor eine Art Eintrittskarte für das gesellschaftliche Leben. Wer keinen Beruf ausübt, gilt nicht selten als Versager und wird nicht ernst genommen - auch unter Frauen nicht.

Der Erwerbstätigkeit und ihrer Stellung im Erwerbsprozeß kommt deswegen weiterhin eine zentrale Bedeutung sowohl für die gesellschaftliche Position des einzelnen Menschen als auch für seine Selbstverwirklichung zu. Diese Normalitätsvorstellung wird zum einen dadurch gestützt, daß von vielen Beschäftigten die Arbeitsstätte als Lebensraum erfahren wird, der den Rahmen für einen erheblichen Teil ihrer Lebenszeit bildet. Im Arbeitsprozeß werden ihnen Mitverantwortung und Mitentscheidung übertragen. Hinzu kommt nach wie vor, daß gesellschaftliche Wertschätzung besonders denjenigen Menschen vorbehalten ist, die sich im Erwerbssystem profilieren.

Allein schon deshalb ist die Berufsarbeit für die Strukturierung der Gesellschaft zentral. Einer bildungssoziologischen Ungleichheitsforschung, die einfach verschiedene Dimensionen sozialer Ungleichheit beliebig nebeneinanderstellt, diese wohl miteinander verknüpft, sie indes nicht in ihren gegenseitigen Abhängigkeiten und Wirkungen bestimmt, mangelt es deshalb an theoretischer Überzeugungs- und Erklärungskraft.

78 Vgl. Bildungskommission NRW 1995.

Bildungsbeteiligung und horizontale soziale Ungleichheit

Es ist schon frühzeitig darauf hingewiesen worden, daß es, neben den klassischen vertikalen Bedingungen sozialer Ungleichheit, noch andere, horizontale gibt, die diese Ungleichheit zu differenzieren vermögen wie beispielsweise das Aufwachsen in städtischen oder ländlichen Regionen, die Geschlechts- oder Konfessionszugehörigkeit.[79] So können soziale Gruppen, wie Klassen und Schichten, durch andere Differenzierungskriterien einmal oder mehrfach untergliedert werden und die Bildungs- und Lebenschancen von jungen Menschen innerhalb dieser Gruppen entsprechend variieren. Dieser Vorstellung von einer mehrdimensionalen Gesellschaftsstruktur, von Theodor Geiger in seiner Streitschrift "Die Klassengesellschaft im Schmelztiegel" bereits 1949 erstmals entwickelt, kommt daher in der gegenwärtigen Diskussion um die Ungleichheiten der Bildungsbeteiligung wieder größere Aufmerksamkeit zu.[80]

Die Kritik an den traditionellen Klassen- und Schichtmodellen stützt sich vor allem auf die Vorstellung, daß das gesellschaftliche Ungleichheitsgefüge nicht mehr in erster Linie als ein hierarchisch-vertikal strukturiertes System beschrieben werden kann, weil horizontal ausgeprägte Differenzierungen und Disparitäten der Bildungsbeteiligung zunehmend an Bedeutung gewonnen hätten. Jedoch gilt es ebenso zu berücksichtigen: Die horizontalen Dimensionen sozialer Ungleichheit oder, wie es in der gesteigerten "babylonischen Sprachverwirrung"[81] der um begriffliche soziale Unterscheidung bemühten "neueren" Ungleichheitsforschung wieder heißt: "horizontale Disparitäten"[82], "neue Ungleichheiten"[83] oder auch "neue Zuweisungskritierien"[84], spielen zwar eine durchaus bedeutsame, aber im Vergleich zur vertikalen Dimension sozialer Ungleichheit lediglich untergeordnete Rolle.[85] Kurzum: Die soziale Ungleichheit ist zwar nicht verschwunden, aber sie hat eine differenziertere Struktur bekommen.

Vermutlich rührt die Unterscheidung von vertikalen und horizontalen Dimensionen sozialer Bildungsungleichheiten daher, daß soziale Unterschiede, die mit dem "Bildungsabschluß" oder mit der erreichten "Berufsposition" zusammenhängen, deutlicher mit der Vorstellung eines "Oben" und "Unten" in der Gesellschaftsstruktur, also mit einer vertikalen sozialen Ordnung in Verbindung ge-

79 Vgl. Peisert 1967, Peisert und Dahrendorf 1967.

80 Vgl. Bertram 1991, 1992b, Rodax 1992.

81 Vgl. Bolte 1990.

82 Vgl. Bergmann et al. 1969.

83 Vgl. Kreckel 1985.

84 Vgl. Hradil 1987a, 1994.

85 Vgl. Bolte 1990, Lamprecht und Graf 1991, Geißler 1992, Hradil 1994.

bracht werden als etwa mit Geschlechts- oder Regionsunterschieden. Und nichts anderes will die These von der Dominanz der vertikalen Dimension sozialer Ungleichheit zum Ausdruck bringen. Sie übersieht mithin nicht, daß auch die horizontale Dimension sozialer Ungleichheit vertikale Wirkungen ausüben kann und daß die unterschiedlichen Chancen der Bildungsbeteiligung auch nach anderen Kriterien als "Bildungsabschluß" oder "Berufsposition" ungleich verteilt sein können.[86]

Weitere Voraussetzungen und Grenzen

In diesem Zusammenhang ist auch hervorzuheben, daß sich die Diskussion um die Kritik an den herkömmlichen Klassen- und Schichtmodellen nicht einfach als Folge einer sich ändernden Gesellschaftsstruktur darstellen läßt, sondern ebenso als wissenschaftliches Wahrnehmungsproblem gefaßt werden muß: Jede Reflexion auf die Gesellschaftsstruktur spiegelt diese durch die je besondere Wahrnehmung gebrochen wider. Deswegen "ist es nicht weiter erstaunlich, daß gewisse theoretische Positionen entsprechend dem konjunkturellen Verlauf der Gesellschaft einen eigenen Konjunkturzyklus durchlaufen. In Phasen wirtschaftlicher Rezession scheint ein Hang dazusein, eher die Kultur ins Zentrum der Überlegungen zu stellen, in Phasen des Aufschwungs eher die Struktur".[87]

Mithin zeichnen sich in einer theoretischen Neuorientierung bei der Analyse der Bildungsbeteiligung nur bedingt der wissenschaftliche Fortschritt oder die empirischen Veränderungen der Gesellschaftsstruktur ab; ebensosehr kommen in ihr die Wahrnehmung wirtschaftlicher und politischer Veränderungen, das Lebensgefühl und der Bewußtseinswandel mit zum Ausdruck. Das läßt darauf schließen, daß die theoretischen Vorstellungen über "neue" soziale Ungleichheiten, die Auswertung und Nutzung empirischen Materials und dessen Bewertung zu bestimmten Entwicklungen der Bildungsbeteiligung nicht bar jeglicher ideologischer Einflüsse sind.[88] Das Prädikat "neu" verdienen sie allenfalls deshalb, weil sie zwischenzeitlich von der Bildungssoziologie kaum oder nicht mehr beachtet wurden. Neu ist folglich nicht ihr Erscheinen, neu ist nur die gesteigerte Aufmerksamkeit, die ihnen unter veränderten gesellschaftlichen Bedingungen wieder zuteil wird.[89]

---

86 Vgl. Geißler 1987a,b, 1990a, 1992.

87 Lamprecht und Graf 1991, S. 193.

88 Vgl. Lamprecht und Graf 1991, Bolder und Rodax 1993.

89 Vgl. Geiger 1949, Peisert und Dahrendorf 1967, Rodax 1992, Hradil 1994.

Hinzu kommt ein weiterer wichtiger Gesichtspunkt: Es hat sich bei der Analyse unterschiedlicher Lebensbedingungen und Lebenschancen der Bevölkerung theoretisch als sinnvoll erwiesen, Bildungsabschlüsse und Berufspositionen einer überschaubaren Zahl von Gesellschaftsklassen und -schichten zuzuordnen, deren unterschiedliche Lebensbedingungen und Lebenschancen sich mit typischen Einstellungs- und Verhaltensmustern sowie typischen gesellschaftlichen Reaktionsweisen verbinden.[90] Klassen- und Schichtanalysen zur Bildungsbeteiligung können daher nur klassifikatorische Aussagen machen, aber keine deterministischen Zusammenhänge aufdecken. Die Klassen- und Schichtgrenzen gehen außerdem vielfach ineinander über. Man muß sich deswegen von der weitverbreiteten Vorstellung lösen, es handle sich bei den klassen- und schichttypischen Unterschieden sozialer Ungleichheit der Bildungsbeteiligung um "klar gegeneinander abgesetzte Gruppierungen von Menschen in deutlich unterschiedlicher Lebenslage."[91]

Natürlich sind junge Menschen nicht als bloße Produkte ihrer Bildung und Erziehung zu betrachten, die durch die zumeist vorgegebenen und unabhängig von ihnen wirkenden sozialen Bedingungen und Möglichkeiten geprägt werden, sondern ebenso als kompetente und aktive Individuen, die Einfluß auf ihre soziale Lebenswelt nehmen. Aber sie können ihre Persönlichkeit immer nur auf dem Hintergrund der jeweiligen sozialen Lebenslage entfalten, die sie umgibt und das "soziale Material" für ihre Entwicklung bereitstellt. Entscheidend ist, daß sie zwar in eine bestimmte Gesellschaftsklasse oder -schicht hineingeboren werden, das heißt einer Lebenswelt angehören, deren äußere Umstände entsprechend ihrem sozialen Standort typisch für ihre Bildungsbeteiligung sind. Dadurch sind ihre Bildungsentscheidungen und ihr soziales Handeln nicht ein für allemal festgelegt, können also immer auch beeinflußt, verändert und gestaltet werden; aber der soziale Ort ihrer möglichen Bildungsentscheidungen und Handlungsmöglichkeiten, die Umstände und Lebenslage, sind ihnen doch vorgezeichnet.[92]

---

90 "Das Kennzeichen der 'verschwommenen Grenzen' ist im übrigen", wie Rainer Geißler mit Recht hervorhebt, "nicht nur eine Eigenart des Schichtbegriffs, sondern auch der anderen Konzepte, die dazu dienen können, Menschen der modernen Gesellschaft nach ungleichen Lebenslagen zu gruppieren. Männer und Frauen z. B. lassen sich nur biologisch deutlich abgrenzen, als soziologische Begriffe sind sie mit denselben Unschärfen behaftet wie die Schichten. Im Hinblick auf Lebensbedingungen, Einstellungen, Verhaltensweisen oder gesellschaftliche Reaktionen sind die Übergänge zwischen Männern und Frauen - von wenigen biologisch festgelegten Ausnahmen abgesehen - ebenso fließend wie die zwischen Schichten. Dennoch gibt es typische soziale Ungleichheiten zwischen den Geschlechtern, so wie es typische soziale Ungleichheiten zwischen den Schichten gibt" (Geißler 1987a, S. 18).

91 Bolte und Hradil 1988, S. 347.

92 Vgl. insbesondere Hurrelmann 1986b, Hurrelmann und Ulich 1980, 1991.

Reproduktionsfunktion des Erziehungssystems

Die Gesellschaftsstruktur prägt gemeinsam mit der gesellschaftlichen Wert- und Normenstruktur, wie der Abbildung 1 weiter zu entnehmen ist, andererseits ebenso Funktion und Funktionsbereich des Erziehungssystems als institutionelle und organisatorische Verfassung einzelner zentraler Erziehungsinstanzen wie Familie und Bildungseinrichtungen. Seinen Beitrag zur Reproduktion und gleichzeitigen Legitimation der Gesellschaftsstruktur und der ihr zugrundeliegenden Gesellschaftsordnung kann das Erziehungssystem deshalb so wirkungsvoll leisten, weil es die sozialen Klassen und Schichten, die es von Privilegien weitgehend fernhält, daran hindert, die Prinzipien zu erkennen und anzufechten, aufgrund derer es sie ausschließt. Diejenigen sozialen Klassen und Schichten, die durch objektive Bedingungen am ehesten an der Entfaltung ihrer Begabungen und Leistungen gehindert sind, werden auf mehr oder weniger sanfte Art aus den aussichtsreichen Bildungs- und Ausbildungsgängen herauskomplimentiert. Über den Schein der objektiven Beurteilung subjektiv erbrachter Leistungen und der ihnen angeblich angemessenen organisatorischen Zuordnung der Schülerinnen und Schüler sowie der Studierenden innerhalb der Bildungseinrichtungen wird soziales Schicksal, das durch den Erfolg oder Mißerfolg in ihnen entscheidend bestimmt wird, in persönliches Verdienst umgedeutet und den einzelnen suggeriert, "daß sie ihr Schicksal, das durch die soziale Notwendigkeit längst über sie verhängt war, selbst gewählt oder verdient haben."[93]

Das Erziehungssystem erfüllt diese Funktion für die Reproduktion der Gesellschaftsstruktur letztlich paradoxerweise, nicht obwohl, sondern weil es sich in einem Zustand der "relativen Autonomie" gegenüber anderen wichtigen gesellschaftlichen Teilsystemen befindet. Diese Autonomie setzt das Erziehungssystem in die Lage, scheinbar nur seinen eigenen Regeln, seinen nach neutralen und objektiven Kriterien sowie eigengesetzlichen Maßstäben gestalteten Sozialisations-, Qualifikations- und Selektionsaufgaben nachzukommen und doch zugleich in wirkungsvoller und nachhaltiger Weise flexibel den gesellschaftlichen Ansprüchen zu entsprechen: "Gerade weil das Bildungswesen die besondere Fähigkeit besitzt, sich selbst autonom zu setzen und sich, indem es die Vorstellung von seiner Neutralität verbreitet, Legitimität zu verschaffen, ist es in der Lage, den Beitrag, den es zur Reproduktion der bestehenden kulturellen Ordnung leistet, zu tarnen."[94]

Über die Reproduktionsfunktion beeinflußt das Erziehungssystem wesentlich die weitere soziale Mobilität der Gesellschaft mit. Sozial vergleichsweise ge-

93 Bourdieu und Passeron 1971, S. 225.

94 Bourdieu und Passeron 1971, S. 215.

schlossene Bildungsinstitutionen, die stark nach sozialer Herkunft auslesen, hemmen sozialen Auf- und Abstieg in der Generationsfolge. Kinder und Jugendliche bleiben in der Regel in derjenigen Gesellschaftsklasse oder -schicht, der ebenfalls schon ihre Eltern angehören, und die bestehende Gesellschaftsstruktur reproduziert sich weitgehend. Sozial verhältnismäßig offene Bildungsinstitutionen, in denen die soziale Herkunft der Kinder und Jugendlichen weniger Einfluß auf ihre Bildungschancen hat, begünstigen hingegen die vertikale soziale Mobilität; sie schwächen die in allen Gesellschaften vorhandenen Tendenzen zur Reproduktion der Gesellschaftsstruktur ab und erweitern die Aufstiegschancen in der Generationsfolge.[95]

Die klassen- und schichttypische Reproduktionsfunktion des Erziehungssystems perpetuiert indes nicht nur die Gesellschaftsstruktur. Ebenso geben die organisatorische Verfaßtheit der Institutionen des Erziehungssystems und ihr Verhältnis zueinander der Bildungsbeteiligung und den Bildungsbiographien ihre geschlechtstypisch standardisierte Gestalt. Diese resultiert demnach nicht nur aus gesellschaftlichen Normen, die in der unmittelbaren Interaktion zwischen den Geschlechtern eine Rolle spielen, sondern wird vermittelt über Ordnungsprinzipien der Institutionen des Erziehungssystems selbst. Mehr noch: Diese Institutionen produzieren nicht nur die soziale Struktur eines männlichen und eines weiblichen Bildungslebenslaufs, sondern sie konstituieren ihn als relationalen.

> "Durch die hierüber hergestellte Verbindung zweier geschlechtsdifferenter Lebensläufe zu einer Konfiguration reproduziert sich die Geschlecht definierende Institutionenordnung in modernen Gesellschaften immer wieder neu. Und nicht eine alleine (etwa: Familie), aber auch nicht nur das komplementäre Zusammenspiel von Arbeitsmarkt und Familie, sondern dieses in Verknüpfung mit den ... [Bildungsinstitutionen] produzieren das, was unsere Kultur als 'Geschlecht' festlegt, und zwar für Frauen *und* Männer - auch jenseits individueller Grenzüberschreitungen."[96]

Kurz: Die Festlegung des gesellschaftlichen Aufgabenfeldes des Erziehungssystems, der Zuschnitt seiner internen Rollen-, Macht- und Beziehungsstrukturen sowie die aus dem gesellschaftlichen Wert- und Normensystem sich ableitenden Zielvorstellungen für die schulerfolgsbezogenen Einstellungen und Verhaltensweisen bestimmen ihrerseits zu einem hohen Grad Form und Inhalt aller derjenigen Interaktions- und Kommunikationsprozesse, die in direktem Bezug zur Bildungsbeteiligung und zur Bildungsbiographie des weiblichen oder männlichen jungen Menschen vor allem in den allgemeinbildenden weiterführenden Bildungsgängen stehen.

---

95 Vgl. Geißler 1992.

96 Krüger 1995, S. 204 f.

Faßt man die voranstehenden Überlegungen zusammen, so muß man wohl die beiden folgenden Sachverhalte hauptsächlich hervorheben:

1. Die Verteilung von Macht, Einfluß, Prestige, Einkommen, Besitz und Bildung in der Gesellschaft hat mittelbar und unmittelbar gewichtigere Auswirkungen auf die Bildungsbeteiligung weiblicher und männlicher junger Menschen als das Erziehungssystem, denn sie bestimmt in erheblichem Ausmaß, wie die materiellen und sozio-kulturellen Lebensbedingungen beschaffen sind, die ihren Erfolg oder Mißerfolg in den Bildungseinrichtungen begünstigen. Bevor man daher eine Bildungs- und Berufskarriere einschlägt, gehört man kraft seiner Familie, seiner Beziehungen, seiner Erziehung und seiner Kultur bereits einer Gesellschaftsklasse oder -schicht an. Man hat seinen sozialen Rang ebensowenig frei gewählt wie seine Familie; man wurde in ihn hineingeboren, in ihm erzogen und von ihm in Besitz genommen. Unter diesen Voraussetzung ist das Erziehungssystem "wahrscheinlich in allen stabilen Gesellschaftssystemen eines der bevorzugten Instrumente gewesen, die bestehenden Klassen- und Schichtstrukturen und Herrschaftsverhältnisse zu konservieren, zu reproduzieren und zu legitimieren."[97]

2. Gleichwohl ist ebenfalls deutlich geworden, welche Eigenverantwortung und welchen Handlungsspielraum dabei durchaus jungen Menschen selbst und ihren Eltern für den weiterführenden Bildungsweg und damit letztlich auch für die Bildungsbeteiligung zukommt. Hier schlägt sich offenkundig ein allmählicher Wandel gesellschaftlicher Wertorientierungen und sozialer Umgangsformen nieder, der nicht allein mehr auf sozio-ökonomische, sondern ebenso auf einen kultur-historischen Wandel zurückzuführen ist. Hierarchisch geprägte und autoritäre Umgangsformen zwischen Eltern und Kindern einerseits, Lehrerschaft sowie Schülerinnen und Schülern andererseits sind jedenfalls innerhalb einer Generationsspanne deutlich zurückgegangen; es wird mittlerweile viel größere Rücksicht auf kindliche und jugendliche Bedürfnisse genommen, die sich nicht unbedingt immer mit denen der Eltern decken müssen.

III. Soziale Plazierung, soziale Auslese und Chancengleichheit

Entwicklungen in der Gesellschaftsstruktur sind auf vielfältige Weise mit Entwicklungen im Bildungswesen verknüpft. Der Zugang zu einem unterschied-

97 Hurrelmann 1974, S. 34 f.

lichen Sozialstatus mit seinen Privilegien und Benachteiligungen, der Zugang zu verschiedenen Gesellschaftsklassen und -schichten, soziale Auf- und Abstiege sind vergleichsweise eng an das Bildungsniveau gebunden und üben einen beträchtlichen Einfluß auf die Bildungsbeteiligung und Bildungsbiographie des jungen Menschen und seine späteren beruflichen Karrierechancen aus. Eine zentrale Rolle spielt hierbei das Leistungsprinzip als formal egalitäre, material indes sozial selektive Leitnorm der bürgerlichen Gesellschaft. Wenn keine herkunftsrechtlichen Schranken mehr bestehen, sich Reichtum, Wissen, Titel, Kompetenz durch Leistung zu verschaffen, wird die Tatsache, über bestimmte Ressourcen zu verfügen, als Eigenschaft der Person angesehen. "Unterlegenheit" - in der ständischen Gesellschaft noch kollektiver Status, der auf Rechtsungleichheit beruhte - erhält nunmehr einen persönlich zurechenbaren Charakter.

Nicht zuletzt aus diesem Grund bedarf die Übernahme einer privilegierten Position im Beschäftigungssystem zumindest zu ihrer Legitimation des Nachweises entsprechend gehobener qualifizierter Schulabschlüsse. Denn markt- und wettbewerbsorientierte Industriegesellschaften sind Leistungsgesellschaften insofern, als typischerweise die individuell erbrachte, ökonomisch verwertbare Leistung über die Plazierung in der Gesellschaft entscheidet. Deswegen wird im Selbstverständnis einer solchen "Leistungsgesellschaft" schon im Kindes- und Jugendalter wesentlich die Entscheidung darüber vorbereitet, welche Position im Gefüge von Macht, Einfluß, Besitz und Ansehen der junge Mensch in der Gesellschaft als Erwachsener einmal einnehmen wird.[98] Dieser Prozeß der sozialen Integration in die Erwachsenengesellschaft ist zugleich immer auch ein Prozeß der Auslese für bestimmte soziale Positionen.[99]

Ausgangspunkt der Ausleseentscheidungen sind die erbrachten Schulleistungen. Sie sind jedoch nie ausschließlich Auslese nach Leistung, sondern immer auch soziale Auslese, weil unterschiedliche gesellschaftliche Einflüsse wie etwa die soziale Herkunft oder Geschlechtszugehörigkeit - gewollt, geduldet oder ungewollt - mit ins Spiel kommen. Die wesentlichen Instanzen für die Steuerung dieses Ausleseprozesses sind nicht mehr ausschließlich - wie in der Standesgesellschaft - die Herkunftsfamilien, sondern wesentlich diejenigen gesellschaftlichen Instanzen, die eigens zum Training der individuellen Leistungsfähigkeit der Gesellschaftsmitglieder eingerichtet wurden: die Einrichtungen des Schul- und Ausbildungssystems. Ihnen wird die monopolartige Funktion übertragen, den gesellschaftlichen Nachwuchs leistungsmäßig zu qualifizieren und nach Stufen

98 Vgl. Brusten und Hurrelmann 1973, Arbeitsgruppe Schulforschung 1980, Hurrelmann und Wolf 1986, Hurrelmann 1990, 1994.

99 Vgl. Handl et al. 1977, Handl 1983, 1985, Bertram 1981, Geißler 1987b, 1992, Hradil 1987a,b, Hurrelmann 1989.

und Niveaus der Bildungsabschlüsse auszulesen. Die eigentliche Plazierungsentscheidung fällt zwar erst im Beschäftigungssystem, doch die vorentscheidende berufliche Weichenstellung erfolgt bereits durch die Vergabe von Berechtigungszertifikaten im Schul- und Hochschulsystem.[100]

Das gilt besonders stark in solchen Ländern, die von einem formalen Laufbahnprinzip, also von klaren Zugangsberechtigungen für den Eintritt in bestimmte Berufslaufbahnen des Öffentlichen Dienstes ausgehen, wie es in den deutschsprachigen Ländern vor allem der Fall ist. Hier eröffnen vorrangig formale Kriterien bestimmte Besoldungs- und Karrierechancen. Nach vorherrschender gesellschaftlicher Konvention ist typischerweise durch den Abschluß der schulischen und beruflichen Ausbildung sowie durch den Berufseintritt eine für den weiteren Lebenslauf vorbestimmende Verortung der eigenen Position in der gesellschaftlichen Privilegienstruktur erfolgt. Das heißt konkret: Bislang bleibt der "höhere Dienst" den Absolventinnen und Absolventen der Universitäten, der "gehobene Dienst" in einer bemerkenswerten Abstufung den Fachhochschulabsolventinnen und -absolventen vorbehalten, wohingegen ein Handwerks- oder Industriemeister, auch nach mehrjähriger Berufserfahrung und guter Bewährung in der Praxis, mit einer Einstufung in den "mittleren Dienst" vorlieb nehmen muß.

Auf diesem Hintergrund versteht es sich fast von selbst, daß persönliche Ausbildungsentscheidungen und berufliche Orientierungen so ausfallen, wie sie ausfallen, weil immer mehr junge Menschen und ihre Eltern den gymnasialen und universitären Ausbildungsgang für den Königsweg und den beruflichen für eine Sackgasse halten. Denn hierdurch wird nicht nur die materielle und immaterielle Lebenslage weitgehend festgelegt, es werden ebenso Möglichkeiten der Übernahme des Erwachsenenstatus im privaten, familiären, wirtschaftlichen und rechtlichen Bereich bestimmt. Schulischer Leistungserfolg und schulisches Leistungsversagen sind somit aufs engste lebensgeschichtlich verknüpft mit den Chancen und Risiken, zentrale Dimensionen des Erwachsenenstatus einzunehmen.[101]

In Reaktion auf diese gesellschaftlichen Sachverhalte hat sich der Einfluß der Herkunftsfamilie auf den Plazierungsprozeß des Nachwuchses nach Form und Ausprägung vor allem seit Mitte dieses Jahrhunderts im Bildungswesen spürbar gewandelt.[102] Das Engagement vieler Eltern für ein möglichst erfolgreiches Durchlaufen eines anspruchsvollen Bildungsweges ihrer Kinder ist seitdem ständig gewachsen. Denn mit Blick auf das Beschäftigungssystem, die Berufs-

---

100 Vgl. Bourdieu und Passeron 1971, Bourdieu 1982, Hurrelmann 1975, 1985, 1986b, Steinkamp 1991, Geißler 1992, de Singly 1994, Sünker et al. 1994.

101 Vgl. Hurrelmann 1990.

102 Vgl. Beck 1986.

und damit verbundenen Einkommenschancen ist ihnen bewußt geworden, wie sich unsere Gesellschaft - ihrer Selbstetikettierung zum Trotz - nicht als eine Leistungsgesellschaft, sondern als eine Abschlußgesellschaft versteht: Sie honoriert die Beschäftigten im wesentlichen nach den Ausbildungsabschlüssen, die sie mitbringen, und nicht nach den Leistungen, die sie tatsächlich erbringen. Die meisten Eltern werten daher eine qualifizierte Schul- und Hochschulausbildung ihrer Kinder als ein zentrales Instrument ihrer Lebensplanung, die in erster Linie auf deren Zukunft hin ausgerichtet ist.

Rückschläge und Einbrüche im Leistungsbereich werden überwiegend von Eltern als schwerwiegende und weitreichende Gefährdungen der eigenen sozialen und beruflichen Statuserwartungen angesehen. Sicherlich wollen sie ebenso, wenn immer ihnen dies möglich ist, die Persönlichkeitsentwicklung der eigenen Kinder mit dem Ziel "Selbständigkeit" und "Kreativitätsentfaltung" in den Bildungsinstitutionen gefördert wissen, im wesentlichen sollen sie freilich die Vermittlung von inhaltlichen Fähigkeiten und Fertigkeiten sicherstellen, die Voraussetzung für einen guten Schulabschluß sind. Die meisten Eltern beeinflussen deswegen vornehmlich durch Anregung und Unterstützung die Leistungsfähigkeit ihrer Kinder, sie steuern den Integrations- und Plazierungsprozeß damit mittelbar, haben indessen, im Vergleich zu früher, eindeutig weniger unmittelbare Eingriffs- und Gestaltungsmöglichkeiten.[103]

Diese Tatsache bedeutet indes keineswegs, daß sie ihrer Macht, ja sogar in gewisser Weise der Kontrolle über ihre Kinder beraubt wären. Sie können auch durch die Entwicklung bestimmter "Reproduktionsstrategien" aktiv werden, das heißt: in deren Zentrum stehen

> "Strategien zur Regelung der Geburtenzahl, ... der ökonomischen bzw. sozialen Investitionen ('die bewußt oder unbewußt auf die Etablierung und Förderung von gesellschaftlichen Beziehungen ausgerichtet sind, welche für die durch die >Alchimie der Austauschbeziehungen<, durch Geld, Arbeit, Zeit etc. erzeugte Umwandlung in dauerhafte Verpflichtungen direkt mobilisier- und nutzbar zu machen sind'), ... Erziehungsstrategien, die 'bewußt oder unbewußt darauf hinzielen, soziale Agenten zu produzieren, die fähig und v. a. würdig sind, die Gruppe zu beerben, wobei die schulischen Strategien einen besonderen Aspekt darstellen.'"[104]

103 Vgl. von Friedeburg 1989, Hurrelmann 1990.

104 de Singly 1994, S. 35 f.

Bildungsbenachteiligung von Mädchen und jungen Frauen

An dieser Ausgangssituation hat sich seit den fünfziger Jahren nichts Grundlegendes geändert. Die Bildungsinstitutionen sind ein soziales System mit stark selektiver Wirkung; sie haben für die Gestaltung von Bildungskarrieren und Entfaltungschancen ein beträchtliches Gewicht. Deshalb gerieten sie schon Anfang der sechziger Jahre unter dem Gesichtspunkt der Vernachlässigung von Chancengleichheit ins Kreuzfeuer der bildungspolitischen und bildungssoziologischen Kritik.[105] Ein wesentlicher Punkt war hierbei die Beseitigung von Ungleichheiten der Bildungsbeteiligung, und diesem Ziel galt fortan ein Großteil der Bildungsreformbemühungen. Dabei spielte die Bildungsbenachteiligung von Mädchen und jungen Frauen beim Besuch weiterführender Schulen, insbesondere der Gymnasien, eine herausgehobene Rolle.

Es ist in diesem Zusammenhang schon frühzeitig darauf aufmerksam gemacht worden, daß der allgemeinbildende weiterführende Schulbereich ein überkommenes Rollenbild der Frau konserviert und verstärkt, daß er Mädchen und junge Frauen überwiegend in ihrer Entfaltung hemmt und sie im allgemeinen auf den sozialen Umkreis familiärer und häuslicher Pflichten festlegt. Dieses jegliche Chancengleichheit blockierende Rollenverständnis wurde nahezu vorbehaltlos von allen Männern und Frauen geteilt. Es spiegelt ein im kollektiven Bewußtsein beider Geschlechter tief verankertes Grundmuster sozialer Selbstverständlichkeiten wider. Die traditionelle Definition der Rolle der Frau wurde demnach zwar nicht im allgemeinbildenden weiterführenden Schulbereich kreiert und auch nicht unbedingt bewußt forciert, aber sie liegt doch den schulischen Bildungsprozessen als ein heimliches soziales Orientierungs- und Ordnungsmuster zugrunde. Gerade deshalb übte diese Rollenbestimmung eine so nachhaltige und konsequente Wirkung aus.[106]

Es ist vor allem das kombinierte System sozialer Kontrollen und Selektionsbarrieren gewesen, das den Zugang zu den höheren Bildungsgängen für Mädchen und junge Frauen steuerte und begrenzte. Der herkömmlicherweise besonders hochbewertete Bildungsgang des Gymnasiums wurde in der unmittelbaren Nachkriegszeit und in den fünfziger Jahren zunächst weitgehend effektiv vor dem

105 Chancengleichheit gehört damit zu den Forderungen, die sich aus dem Prinzip der sozialen Gerechtigkeit ableiten lassen. Zu diesem und zur Forderung nach Chancengleichheit bekennen sich im Prinzip alle Bundesländer, auch wenn es durchaus erhebliche Unterschiede in der konkreten Anwendung und Deutung dieser Prinzipien und Forderungen gibt. Eine optimale Verwirklichung des Prinzips der gleichen Bildungschancen für alle unter Beachtung des Leistungsprinzips gehört deswegen zu den ständigen Herausforderungen an das Bildungswesen (vgl. Geißler 1990a).

106 Vgl. Pross 1969a,b.

Zugang von Mädchen bewahrt.[107] Ließ sich die einfachste Version weiblicher Rollenvorstellungen nicht mehr durchhalten, nach der für Mädchen ein Minimum an "Bildung" ausreiche, weil sich ihr Leben ja ohnehin in den durch Haushalt und Kindererziehung abgesteckten Bereichen "erfülle", war also ein Mädchen zu gescheit, um in der Volksschule zurückgehalten zu werden, so durfte es allenfalls in die Mittelschule überwechseln. Aus diesem Grund ist die deutsche Mittelschule auch schon immer stärker von Mädchen als von Jungen besucht worden. Und vergleichsweise wenige Mädchen schafften den Übergang in die Gymnasien, noch weniger den in die Oberstufe der Gymnasien oder in daran anschließende universitäre Studiengänge.[108]

Erst Ende der fünfziger Jahre begann sich diese Ausgangssituation nun, wie noch genauer zu zeigen sein wird, grundlegend zu wandeln: Die Zahl derer, die keine Berufsausbildung aufnahmen, sank beträchtlich. Und umgekehrt stieg schnell und in einem alle Erwartungen übertreffenden Ausmaß die Bildungsbeteiligung von Mädchen und jungen Frauen an weiterführenden Schulen. Das Ausmaß des Wandels wird besonders offensichtlich im Generationenvergleich: Mädchen und junge Frauen bleiben mittlerweile weitaus länger im Bildungssystem als Jungen und junge Männer. Veränderungen, die hier stattgefunden haben, kommen fast einer "stillen Revolution"[109] gleich: Während in den fünfziger Jahren und noch Anfang der sechziger ein ausgeprägtes Ungleichgewicht der Bildungsbeteiligung zwischen den Geschlechtern bestand, ist danach eine Chancengleichheit beim Zugang vor allem zu den Gymnasien eingetreten; hier haben Mädchen Jungen beim Übergang in die Gymnasien mittlerweile überrundet. Ihr Bemühen richtet sich, ähnlich wie das der Jungen, nunmehr darauf, den jeweils höchstmöglichen Schulabschluß zu erreichen, um ihre Ausgangsposition im gesellschaftlichen Plazierungsprozeß wesentlich zu verbessern.[110]

Häufig wird dabei geflissentlich übersehen, daß schon lange vor dem Ausrufen der "Bildungskatastrophe" und dem Einsetzen der Bildungsreformbemühungen

---

107 Vgl. Köhler und Zymek 1981.

108 Vgl. Spiegel 1962, 1963, Plessner 1965, Peisert 1967, Bindereif und Peisert 1967, Peisert und Dahrendorf 1967, Peisert 1972, Schober 1967, Gerstein 1967, 1969, 1970, 1972, 1973, Seminar für Sozialwissenschaften Universität Hamburg 1967, Pfeil 1968, Bolder 1968, Grimm 1968, Jaeger 1969, Pross 1969a, Stromberger 1969, Grieger et al. 1972, Kämpfe et al. 1977, Kernich-Möhringer 1989, Krinner 1989a,b, von Below 1990, Henz 1994.

109 Seidenspinner und Burger 1982a, S. 9.

110 Vgl. Eigler et al. 1980, Köhler und Zymek 1981, Beck-Gernsheim 1983, Bauer und Budde 1984, Faulstich-Wieland und Tillmann 1984, Allerbeck und Hoag 1985a,b, Jaide 1985, Jaide und Veen 1989, Hurrelmann et al. 1986, Rodax und Hurrelmann 1986, Rabe-Kleberg 1986, 1987, 1990, Grimm 1987, Böttcher und Holtappels 1988b, Hille 1990, 1993a,b, Arbeitsgruppe Bildungsbericht am Max-Planck-Institut für Bildungsforschung 1994, Hansen et al.1994.

sowie dem Anstieg der Bildungsbeteiligung eine deutliche Veränderung der Bildungsbeteiligung von Frauen zu erkennen war: "Bereits die Frauen, die zwischen 1945 und 1950 geboren wurden, haben wachsende Anstrengungen unternommen, mittlere und höhere allgemeine Bildungsabschlüsse zu erwerben."[111] Da dies die Mütter jener Mädchen und Frauen waren, die dann im Zuge der Bildungsexpansion zunehmend gymnasiale Bildungsgänge bevorzugten, darf man begründet annehmen, daß durch das Vorbild von Müttern die hohen Bildungserwartungen der Töchter wesentlich mit geweckt wurden.

Auch wenn sich die damit einhergehenden Hoffnungen und Träume vielfach als zu optimistisch erwiesen haben[112], so sind sie doch nicht belanglos und folgenlos, weil sie weiterwirken als kritische Folie für gegenwärtige Auseinandersetzungen über das Gebot der Chancengleichheit. Erstaunlich ist aber, daß die inzwischen so spektakulär veränderte Bildungsbeteiligung der Mädchen und jungen Frauen zwar sehr oft als ihr Erfolg verbucht, freilich selten kritisch beleuchtet wurde. Entsprechend unzulänglich ist dieser bedeutsame soziale Wandel bislang unter dem Gesichtspunkt der entwickelten Theorie der Bildungsbeteiligung analysiert und hinsichtlich seiner Ursachen und Folgen eingeschätzt worden.

In diesem allgemeineren Zusammenhang steht auch die Zielsetzung der vorliegenden Untersuchung. Sie stellt daher zuvor wichtige sekundäranalytische quantitative Ergebnisse aus dem komplexen Bedingungsgefüge der Bildungsbeteiligung vor, die zur besseren Einordnung der nachfolgenden eigenen qualitativen empirische Ergebnisse in eine Übersicht gebracht werden. Im Mittelpunkt steht hierbei vor allem die Frage: Wie hat sich der Prozeß des sozialen Wandels auf die Bildungsbeteiligung von Mädchen und jungen Frauen vor allem in Realschulen und Gymnasien in seinen bedeutsamen sozialen Facetten ausgewirkt?

Bevor darauf überhaupt im einzelnen näher eingegangen werden kann, bedarf es zunächst einmal zu besseren Einschätzung einiger methodischer Klärungen.

---

111 Rabe-Kleberg 1986, S. 61; siehe auch Handl 1983, 1985, Henz 1994.

112 Vgl. Handl 1986.

IV. Methodische Probleme des Vergleichs von Daten der Bildungsbeteiligung

Die folgende quantitative Analyse zur Bildungsbeteiligung konzentriert sich entsprechend dem qualitativen Ergebnisteil im wesentlichen auf Datenmaterial der Jahre 1950 bis 1985. Für diesen Zeitraum liegt für die Bundesrepublik Deutschland eine gut abgesicherte empirische und sozialstatistische Erfassung von Prozessen der Bildungsbeteiligung vor. Die Sicherung der Daten und ihre Interpretation werfen indessen vor allem für die amtliche Bildungsstatistik eine Reihe von schwierigen methodischen Fragen auf: Die zur Verfügung stehenden Daten sind heterogen und nicht kontinuierlich und lückenlos erfaßt worden. In einigen Fällen ist man gezwungen, Informationen aus verschiedenen Quellen unterschiedlichen regionalen Bezugs miteinander zu kombinieren. Behält man aber im Auge, daß durch dieses Vorgehen hauptsächlich bedeutsame Grundlinien der Entwicklungen und Veränderungen in der Bildungsbeteiligung aufgezeigt werden sollen, ist eine solche Vorgehensweise durchaus vertretbar.

In diesem Zusammenhang muß auf ein weiteres, nicht zu unterschätzendes methodisch-statistisches Problem aufmerksam gemacht werden. Es hat sich national wie international eingebürgert, die Struktur der Bildungsbeteiligung und ihre Veränderungen durch die Prozentsätze von Altersgruppen der Bevölkerung, der "altersbezogenen relativen Bildungsbeteiligung", zu beschreiben, die Bildungseinrichtungen oder -gänge einer bestimmten Art oder eines bestimmten Niveaus besuchen.[113] Wie so häufig ist dieser Indikator jedoch nur lose mit dem verknüpft, was er bezeichnen und messen soll: der Bildungsbeteiligung. Andere Indikatoren sind ebenfalls denkbar und werden auch mit herangezogen, beispielsweise altersspezifische Bildungsbeteiligungsquoten oder Absolventenquoten in allgemeinbildenden weiterführenden Bildungsgängen. Alle diese Indikatoren vermitteln ein anschauliches quantitatives Bild des Wandels der Bildungsbeteiligung in der Bundesrepublik, mehr noch, die jeweils gewonnenen Entwicklungstrends entsprechen sich in bestimmten charakteristischen Zügen, aber sie sind nicht identisch.

Daraus folgt, daß sich, je nach der Wahl eines Indikators, eine unterschiedliche zeitliche Festlegung über Einsetzen, Verlauf und Ausmaß des Wandels der Bildungsbeteiligung ergibt. Dies hat Konsequenzen, wenn man in einem nächsten beschreibenden oder analytisch-erklärenden Schritt die so erfaßten Entwicklungs-

---

113 Vgl. von Carnap und Edding [2]1962, Köhler 1977, 1978, 1984c, 1986, 1990, Hüfner und Naumann 1977, Hüfner et al. 1986.

trends der Bildungsbeteiligung in Verbindung bringt mit Entwicklungen des Strukturwandels im Beschäftigungssystem. Zunächst einmal stehen auch für deren Beschreibung in der Regel mehrere Indikatoren zur Verfügung, wie etwa Stellung im Beruf oder Beschäftigungsverhältnisse in den Sektoren Landwirtschaft, Industrie, Handel oder Dienstleistung, was zur Folge hat, daß die Gegenüberstellung von Bildungsbeteiligungs- und Beschäftigungsindikatoren, je nach der Art der zugrundegelegten Maßstäbe, engere oder weitere Beziehungen aufweisen kann. Gleichviel, ob eine solche Beziehung nur auf der Grundlage von Abbildungen beziehungsweise Tabellen veranschaulicht oder mit Hilfe aufwendiger mathematisch-statistischer Verfahren verdeutlicht wird, immer ist das Ergebnis keineswegs "nur ein Spiegel einer 'objektiv gegebenen sozialen Realität', sondern auch Folge der verwendeten Maße und Methoden und ihres mehr oder weniger deutlichen theoretischen Begründungszusammenhangs".[114]

Die Berücksichtigung dieses Sachverhalts wird allerdings erschwert: Das vor allem für die Jahre nach 1960 vorliegende sozialstatistische Datenmaterial, besonders das zu Geschlecht und sozialer Herkunft, ist teilweise sehr unvollständig und vielfach nicht aufeinander beziehbar. Dies bedeutet, daß für die Auswahl des sozialstatistischen Datenmaterials oftmals weniger forschungssystematische als -pragmatische Gesichtspunkte herangezogen werden müssen. Es spiegelt nämlich zum einen wider, welche Fragestellungen von allgemeinem und längerfristig stabilem Interesse sind, zum anderen aber ist es auch eine Reaktion auf kurzfristig akut werdende (bildungs-)politische Fragen, die mit einiger Zeitverzögerung auf sozialstatistische Erhebungsprogramme einen immer stärkeren Einfluß gewinnen. Insofern kann das Datenmaterial selbst als ein ernstzunehmender Hinweis für den Vorzug gelten, mit dem Informationen über bestimmte Sachverhalte verfügbar gemacht werden sollen.

Wenn man unter diesem Gesichtspunkt die Entwicklung der amtlichen Bildungsstatistik prüft,

> "scheint das Interesse an Statistiken über Bildungsbeteiligung nach sozialer Herkunft entschieden abgenommen zu haben: Die letzte - und einzige - Erhebung der Herkunftsmerkmale im Rahmen der Schulstatistik auf Bundesebene fand 1965 statt. Die Aufgliederung der Schüler oder Übergänge auf weiterführende Schulen nach sozialer Herkunft, die in den Schulstatistiken einzelner Länder auch später noch vorgenommen worden waren, wurden im Laufe der siebziger Jahre eingestellt."[115]

Man ist daher in der Bundesrepublik auf vorliegendes Datenmaterial aus einzelnen Statistischen Landesämtern, vor allem den schulstatistischen Erhebungen

---

114 Hüfner et al. 1986, S. 23.

115 Köhler 1992, S. 23 f.

des Bayerischen Statistischen Landesamts[116], angewiesen. Ergänzend dazu bietet es sich an, auf repräsentatives bundesrepublikanisches Datenmaterial zum Mikrozensus über Entwicklungsverläufe der Bildungsbeteiligung zurückzugreifen; dieses ermöglicht weitere differenzierte Aufschlüsse über den Zusammenhang von sozialer Herkunft und Bildungsbeteiligung.[117]

Besondere Aufmerksamkeit gilt hierbei der methodischen Erfassung der sozialen Herkunft in der amtlichen Bildungsstatistik zu schenken. Sie ist insbesondere aus folgenden Gründen nur bedingt aussagekräftig[118]:

1. Die amtliche Grundinformation zur Erfassung der sozialen Herkunft für die Bildungsstatistik wird ausschließlich über die "Stellung im Beruf" erhoben. Die Erwerbstätigen werden danach klassifiziert, ob es sich bei ihnen um Selbständige, Beamte, Angestellte, Arbeiter oder Landwirte handelt. Dies ist ein aus der Wirtschaftsstatistik, nämlich der Struktur der Erwerbstätigen in den Wirtschaftszweigen, übernommenes Schema, das für Fragen der Bildungsbeteiligung nach der sozialen Herkunft nur sehr begrenzt tauglich ist, zählt es doch beispielsweise Berufsgruppen wie "Richter" und "Briefträger" zu den Beamten, "Prokuristen" und "Bürogehilfinnen" zu den Angestellten.

2. Es bedarf in diesem Zusammenhang zur genauen Einschätzung der Entwicklungsverläufe der Bildungsbeteiligung stets auch der Beachtung der sozialen Zusammensetzung der Gesamtbevölkerung - oder, noch besser: des Sozialprofils der jeweiligen Elterngeneration. Trends und Veränderungen der Bildungsbeteiligung lassen sich so vor dem Hintergrund der Entwicklung der Gesellschaftsstruktur besser verstehen. Dabei ist insbesondere zu prüfen, in welcher Richtung sich ein sozialer Wandel abzeichnet. Über die "ideale" Verteilung der Schülerinnen und Schüler verschiedener sozialer Herkunft auf die allgemeinbildenden weiter-

116 Die dort vorgenommenen Auswertungen stellen die am besten dokumentierte Schulstatistik in der Bundesrepublik für den Schuljahreszeitraum 1965/66 bis 1984/85 nach der sozialen Herkunft dar. Nach 1984 wurden aber keine Erhebungen mehr nach sozialer Herkunft an den Schulen durchgeführt.

117 Auch der Mikrozensus ist übrigens 1991 und 1992 in einer Weise verändert worden, die es nicht ganz einfach macht, die Bildungsbeteiligung nach dem Beruf des Familienvorstandes zu vergleichen. Gehörten Fragen dazu noch vordem zum Pflichtteil des Mikrozensus, erfolgt ihre Beantwortung mittlerweile nur noch freiwillig. Falls es als innerhalb bestimmter Sozialgruppen Personen geben sollte, die den freiwilligen Teil systematisch nicht ausgefüllt haben, würden sich dadurch Verzerrungen ergeben. Dafür spricht jedoch für die groben Sozialgruppen "Selbständige", "Beamte", "Angestellte", "Arbeiter" und "Bauern" nach dem derzeitigen Erkenntnisstand wenig (vgl. auch Hansen et al. 1994).

118 Vgl. Geiger 1949b, Trommer-Krug 1980, Köhler 1980, 1984a,b, 1992, Köhler und Trommer 1981, Köhler und Schreier 1990, Lundgreen 1981a, Geißler 1990a, Lüttinger und Schimpl-Neimanns 1993.

führenden Bildungsgänge besteht indes keine Einigkeit; allenfalls wird die Überzeugung geteilt, daß ein wünschenswerter Zustand noch nicht erreicht ist.

3. Die Bildungsbeteiligung nach sozialer Herkunft ist schließlich auch abhängig von der absoluten Größe der jeweiligen Herkunftsgruppen. So hängt etwa das Sozialprofil der Gymnasiastinnen und Gymnasiasten von deren Gesamtzahl ab. Das Außerachtlassen dieser Zusammenhänge kann zu gravierenden Fehldeutungen führen. Beispielsweise ist in Bayern der Anteil der Beamtenkinder unter allen Abiturienten und Abiturientinnen in den siebziger Jahren zurückgegangen. Daraus kann jedoch keineswegs gefolgert werden, daß sich ihre Bildungschancen insgesamt verschlechtert hätten. Die Abiturienten- und Abiturientinnenquoten unter den Beamtenkindern zeigen genau das Gegenteil: Ihr Anteil ist in dieser Zeit deutlich gestiegen, das heißt ihre Bildungschancen haben sich verbessert.

Größere Probleme haften auch den empirischen Querschnittuntersuchungen zur Erfassung der Bildungsbeteiligung an. Sie verwenden sehr unterschiedliche Differenzierungen zur Untergliederung der Gesellschaftsklassen und -schichten. Teilweise wird die Bevölkerung nach Schul- und Hochschulabschlüssen in Bildungsschichten, teilweise nach Berufszugehörigkeit in Berufsschichten unterteilt, und zum Teil gehen in die Schichteinteilung sowohl Ausbildungsabschluß als auch ausgeübter Beruf ein. Häufig sind die zugrundegelegten Klassen- und Schichteinteilungen allzu vereinfachend, und einige ihrer Differenzierungen sind für die Beurteilung der Chancenunterschiede zwischen den verschiedenen Gesellschaftsklassen und -schichten ohne große theoretische wie empirische Bedeutung.[119]

Daher ist jenen kritischen Stimmen immer noch zuzustimmen, daß "eines der größten Probleme gesamtgesellschaftlicher Ungleichheitsforschung ... in der Konstruktion eines geeigneten Meßinstruments" liegt.[120] Wegen der Art und des Umfangs des vorliegenden Datenmaterials muß man mithin - auch darauf wurde schon sehr frühzeitig hingewiesen - bei dem empirischen Nachweis von Klassen- und Schichtunterschieden der Bildungsbeteiligung

> "leider immer wieder auf Untersuchungsergebnisse zurückgreifen, die durch die Verwendung zu einfacher beziehungsweise unzweckmäßiger statistischer Gliederungen verzerrt sind. Daß in ihnen alle Mitglieder unserer Gesellschaft eindeutig einer bestimmten Schicht zugeordnet werden und daß diese gegenüber anderen Schichten klar abgegrenzt erscheint, verdunkelt die Tatsache, daß die Schichtübergänge fließend sind und die Statuslage nicht weniger Menschen unbestimmt ist."[121]

---

119 Vgl. Geißler 1990a.

120 Wiehn und Mayer 1975, S. 27.

121 Bolte et al. 1966, S. 85.

Die geringsten Probleme birgt wohl noch ein Vergleich von Schul- und Hochschulabschlüssen, obwohl sich auch hier im Laufe der Zeit durch organisatorische und lehrplanmäßige Entwicklungen einige Veränderungen zwischen den Bildungssystemen in den einbezogenen Bundesländern herausgebildet haben. Gewisse Unschärfen sind deswegen in dieser Hinsicht unvermeidlich und in Kauf zu nehmen. Der Gedanke indes, die Bildungsherkunft in sozialstatistischen und empirischen Erhebungen bei der Abgrenzung der Bildungsbeteiligung verstärkt heranzuziehen, ist unter theoretischen wie methodischen Gesichtspunkten besonders naheliegend, stellen sie doch eine der wichtigsten Bedingungen zur Reproduktion der Gesellschaftsstruktur dar - vor allem, wenn hierbei auf Zeitreihen- oder Kohortenanalysen zurückgegriffen werden kann. In der Regel muß man sich aber mit einem Vergleich von Querschnittsuntersuchungen begnügen.

Gerade dieser Einsicht wegen und nicht zuletzt aufgrund der Mängel im Datenmaterial, das länder- und schulartspezifisch sehr unterschiedlich ausfällt, sowie der schwierigen Probleme vor allem bei der Erfassung der sozialen Herkunft, ist Vorsicht bei einem quantitativen Vergleich der Bildungsbeteiligung geboten. Die vergleichenden Aussagen zeichnen deswegen eher die großen Entwicklungslinien nach; sie sind jenseits kurzfristiger Schwankungen deutlich und lassen gleichwohl tiefere Einblicke in den sozialen Wandel der geschlechtstypischen Bildungsbeteiligung zu.

B. Geschlechtstypische Entwicklungen und Veränderungen der Bildungsbeteiligung an Realschulen und Gymnasien - eine Sekundäranalyse

I. Muster des Bildungsverhaltens bei Übergängen und Abschlüssen

Leistungsbewertungen von Mädchen und Jungen[1]

In fast allen Ländern der Bundesrepublik, mit Ausnahme von Brandenburg und Berlin, wird die Grundschule, die von allen Mädchen und Jungen - außer Behinderten - besucht wird, nach Ablauf von vier Schuljahren verlassen, und es erfolgt die Verteilung auf die weiterführenden Bildungswege der Sekundarstufe I, also der Klassenstufen 5 bis 10. In welche weiterführende Schule nun ein Mädchen oder Junge nach der Grundschule überwechselt, richtet sich in erster Linie nach den erbrachten Schulleistungen in den Hauptfächern Deutsch, Mathematik und Sachkunde, so wie diese von den Eltern beziehungsweise Lehrerinnen und Lehrern eingeschätzt und beurteilt werden. Für die gesamte Nachkriegszeit haben Untersuchungen zum schulischen Leistungsverhalten immer wieder ein eindeutiges Ergebnis gezeigt: Mädchen und junge Frauen bekommen in fast allen Schulstufen und Bildungsgängen im allgemeinen bessere Beurteilungen ihres Leistungsverhaltens und -vermögens als Jungen attestiert.[2]

Dieses Ergebnis zeichnet sich schon deutlich im Grundschulbereich ab. Hier fallen die Lehrerurteile über Mädchen durchweg günstiger aus als für Jungen, was sich unter anderem in einem gegenüber Jungen um fast ein Drittel geringeren Anteil von Mädchen an Klassenwiederholungen während der Grundschulzeit ausdrückt. Dieser Trend wird weiterhin durch den nicht zu übersehenden geringeren Anteil von Mädchen an Sonderschulen für Lernbehinderte, für Sprachbehinderte und Erziehungsschwierige dokumentiert; hier ist das Verhältnis Mädchen

1 Vgl. dazu im folgenden auch Rodax und Hurrelmann 1986.

2 Vgl. Holzkamp et al. 1968, Zinnecker 1972, Fend 1980, 1982, 1990a, 1991, Fend et al. 1976a,b, Postlethwaite et al. 1980, Rodax und Spitz 1978, 1982, Rodax 1988b, Böttcher et al. 1988b, Sehringer und Jung 1995.

zu Jungen im Durchschnitt etwa 40 zu 60 Prozent.[3] Schließlich spiegeln auch die Leistungsbewertungen in der Sekundarstufe I und in der gymnasialen Oberstufe der Gesamtschulen und Gymnasien die geschlechtstypische Bevorzugung von Mädchen und jungen Frauen wider, was sich an den besseren Durchschnittszensuren, den selteneren Klassenwiederholungen und der bemerkenswerten Abnahme des vorzeitigen Abgangs von den Gymnasien seit den fünfziger Jahren ablesen läßt.[4] Letzteres läßt sich besonders gut für das Bundesland Baden-Württemberg aufzeigen: Mädchen waren hier

> "im Zuge der Bildungsreform erst spät zu gleichen Geschlechteranteilen in den Gymnasien gekommen (in den Übertrittsquoten erst 1980 ...), aber ihre Erfolgsquote zeigte schon in der ersten Nachkriegszeit einen ausgeprägten geschlechtsspezifischen Verlauf: Größerer Schulerfolg (= geringerer vorzeitiger Abgang) bis zum Augenblick der 'Mittleren Reife', massenhafter Abgang am Ende der 10. Klassenstufe (1954/55: 43,1 % der Mädchen, 31,1 % der Buben; 1964/65: 24,7 % der Mädchen, 15,0 % der Buben), aber auch noch höhere Abgangsquoten in der gymnasialen Oberstufe ... Doch schon für das Schuljahr 1969/70 registrierte die offizielle Statistik in ihren *Querschnittsangaben* die Wende: Mit 54,0 % vorzeitigem Abgang der Mädchen innerhalb von 9 Schuljahren unterbieten sie nun auch in der gesamten gymnasialen Laufbahn die Buben, deren Quote des vorzeitigen Abgangs bei 56,2 % liegt. Genauer gesagt: Die gegenüber den Buben nach wie vor deutlich geringere Mißerfolgsquote in nahezu allen Schuljahren macht den immer noch stärkeren Abgang am Ende der 10. Klassenstufe wett."[5]

Umgekehrt gilt allerdings im allgemeinen ebenso: Bei einer schlechteren Leistungsbeurteilung oder gar Nichtversetzung neigen Mädchen sehr viel eher als Jungen dazu, weiterführende Schulen vorzeitig zu verlassen. "Pointiert könnte man sagen: bei Mädchen genügt oft schon eine 'Fünf' in einem Fach, um den Anstoß zu geben, bei Jungen müssen es mindestens zwei 'Fünfer' sein."[6] Jedenfalls lassen sich Jungen auch durch Klassenwiederholungen vom einmal gesteckten Ziel des Abiturs nicht so leicht abbringen wie Mädchen. Die geringere Risikobereitschaft der Eltern, die sich im vorzeitgen Abgang ihrer Töchtern dokumentiert, bestätigt diese Sichtweise zusätzlich.[7]

Auch das soziale Handeln und Verhalten in der Schule spielt eine maßgebliche Rolle. Aus den einschlägigen Untersuchungen ersieht man nämlich, daß die für Mädchen günstige Leistungsbeurteilung in schulischen Bildungsgängen von den Lehrerinnen und Lehrern in erster Linie auf Eigenschaften der Persönlichkeit wie Fleiß, Ordnung, Sauberkeit, Disziplin, Durchhaltevermögen, Anpassungs- und

3 Vgl. Hurrelmann und Jaumann 1985.

4 Vgl. Ingenkamp 1967, Knoche 1969, Kemmler 1967, 1976, Zinnecker 1972, Gerstein 1973, Starck 1974, Tent et al. 1976, Albrecht-Heide und Brüggemann 1981, Köhler und Zymek 1981, Rodax und Hurrelmann 1986, Rodax 1988b, Kreienbaum 1992.

5 Sehringer und Jung 1995, S. 391 f.

6 Gerstein 1973, S. 107.

7 Vgl. Sehringer und Jung 1995.

Unterordnungsbereitschaft zurückgeführt wird. Von einer allgemeinen intellektuellen Überlegenheit der Mädchen gegenüber den Jungen sprechen die Lehrerinnen und Lehrer aber nicht - ein solcher Tatbestand läßt sich auch durch Untersuchungen mit Einsatz von Intelligenztests nicht nachweisen.[8] Die Lehrerurteile belohnen insbesondere Verhaltensweisen, die einen reibungslosen Ablauf des Unterrichts in einer solchen Weise unterstützen, wie er den Lehrerinnen und Lehrern als den Verantwortlichen für den Unterricht richtig und sinnvoll erscheint. Dabei erweist sich das konventionelle Muster geschlechtsrollentypischen Verhaltens von Mädchen offenbar als eines, das diesen Wünschen und Erwartungen besonders gut entspricht. Diese Akzentuierung verstärkt im übrigen die geschlechtstypischen Verhaltensmuster, die die Mädchen und Jungen aus der familiären Erziehung mitbringen.[9]

Obwohl nun durchgehend - mit einigen wenigen Abweichungen im Bereich der naturwissenschaftlich-technischen Fächer und der Mathematik[10] - Schulleistungen von Mädchen besser bewertet werden, obwohl ihr Schulerfolg schon in den fünfziger und sechziger Jahren besser war als der von Jungen, hat sich bis Anfang der siebziger Jahre dieser Beurteilungsbonus nicht unmittelbar in eine deutlich verstärkte Bildungsbeteiligung von Mädchen in "höheren" Bildungsgängen niedergeschlagen. Erst danach können sie scheinbar ihre guten Schulleistungen auch in eine höhere Bildungsbeteiligung umsetzen.

Es spricht aber auch einiges dafür, daß die bisher traditionellen weiblichen Lebensentwürfe und Zuschreibungen für Mädchen die durch die Schule erzeugten Zwangspotentiale möglicherweise eher begrenzen, während für Jungen sich diese Ansprüche sehr viel direkter ausgewirkt haben.

> "Haben also traditionelle weibliche Lebensentwürfe zum Teil auch paradoxe Wirkungen gehabt? Könnte das Weniger-Beachten von Mädchen nicht auch dahingehend interpretiert werden, daß sie den sich in Schule manifestierenden patriarchalischen Normen weniger ausgesetzt sind als Jungen? Schulversagen, Sitzenbleiben, Verhaltensstörungen, schlechte Leistungen sind, das zeigen die Statistiken sehr deutlich, stärker ein Jungen- als ein Mädchenproblem. Kann man schulische Leistungen möglicherweise entspannter erbringen, wenn man - aufgrund der eigenen Geschlechtszugehörigkeit als Frau - nicht unter so hohem Druck steht? Gleichzeitig - und das ist die andere Seite der Medaille - kann zu wenig Anspruch auch zum Nichtausschöpfen der Potentiale der Mädchen führen."[11]

8 Vgl. Ingenkamp 1971, Zinnecker 1972, Fend 1980, 1982.

9 Vgl. Hurrelmann et al. 1986.

10 Vgl. Todt 1979, 1992, Jaide 1988, Kreienbaum 1992; dieser Sachverhalt ist in der Forschung allerdings keinesfalls unumstritten (siehe Giesen et al. 1992, Gisbert 1995).

11 Nyssen und Schön 1992, S. 167.

Zieht man daher ihre Intelligenztestleistungen mit heran, so spricht einiges dafür, daß Mädchen es in ihrer Schulkarriere leichter und schwerer zugleich haben. Leichter, weil sie - bei etwa gleicher Ausgangslage der Intelligenztestleistungen -

> "angesichts ihrer Erfolgsquote offenbar besser mit den schulischen Anforderungen zurecht kommen als die Buben, schwerer jedoch, weil die weniger geeigneten Mädchen umfänglicher als die Buben vorzeitig aufgeben? Man kann sich nämlich sehr wohl denken, daß das Abgangsmuster der Mädchen (weniger Klassenwiederholungen als bei den Buben, geringerer Wiederholungserfolg, vermehrter Abgang vor der Oberstufe) die festgestellte Tendenz zum höheren IQ-Mittelwert bei den Erfolglosen verursacht hat. Offen muß dabei bleiben, ob die im Laufe der Schuljahre wachsende Überlegenheit der Mädchen im Schulerfolg unter den Mädchen selbst auch ein Leistungsanspruchsniveau gesetzt hat, das - quasi im Selbstlauf - weniger Begabte entmutigte und dazu beitrug, vorzeitig auszuscheiden."[12]

Gleichviel: Tatsache scheint zu sein, daß in Realschule und Gymnasium der höhere Schulerfolg der Mädchen in allen Intelligenztest-Gruppen erscheint;

> "er ist also relativ IQ-unabhängig. Obendrein treten die beschriebenen Sachverhalte, wenn auch in unterschiedlicher Größenordnung, zumeist Jahr für Jahr auf; und sie erfahren ihre volle Bestätigung durch ... Längsschnittdaten. Ihnen ist daher ein systematischer Charakter zu unterstellen. Sie legen die Vermutung nahe, daß die gymnasiale Karriere der Mädchen je nach Klassenstufe von wechselnden Wertvorstellungen bestimmt wird. In Unter- und Mittelstufe weichen die Mädchen einerseits schneller als die Buben den Überforderungen, andererseits zeigen sie sich gegenüber den schulischen Anforderungen als anpassungsfähiger. Bis zum Ende der 10. Klassenstufe ... kommen die Leistungsansprüche der Gymnasien den Fähigkeiten, Interessen und Wertvorstellungen der Mädchen mehr entgegen als denen der Buben - aber eben nur bis dahin. Dann setzt eine Selektion nach anderen - nicht minder geschlechtsabhängigen - Maßstäben ein, wobei die Buben zwar nicht nach IQ-Punkten aber anteilsmäßig gewinnen."[13]

So viel darf man angesichts dieses schwierig zu erklärenden Phänomens wohl festhalten: Die Erklärungsansätze für das Problem des vergleichsweise besseren Abschneidens von "Mädchen in der Schule sind bisher nicht hinreichend durchdacht. Es fehlt sowohl eine tiefergehende Analyse in Richtung auf Störung der Sozialisation und Erziehung" durch unterschiedliche Erziehungsansprüche und -methoden der Lehrerinnen und Lehrer "- sowohl für Mädchen wie für Jungen - als auch eine Analyse der widersprüchlichen Auswirkungen schulischer Sozialisation."[14]

12 Sehringer und Jung 1995, S. 456.

13 Sehringer und Jung 1995, S. 491 f.

14 Nyssen und Schön 1992, S. 167.

Demographische Entwicklung

Sorgfältige Beachtung gilt es der demographischen Entwicklung zwischen 1950 und 1980 zu schenken. Bekanntlich fallen in diesen Zeitraum erhebliche Schwankungen der absoluten Stärke der Geburtsjahrgänge, die in den fünfziger und sechziger Jahren geprägt war durch ein sukzessives Wachstum der Geburtsraten und durch eine starke Zuwanderung aus der damaligen Deutschen Demokratischen Republik und den ehemaligen Ostgebieten. Vor allem der allmähliche Anstieg geburtenstarker Jahrgänge bis in die Mitte der sechziger Jahre hinein ist maßgeblich für die starke absolute Zunahme der Bildungsbeteiligung an Realschulen und Gymnasien in den siebziger Jahren und zu Beginn der achtziger Jahre mitverantwortlich.

Analysiert man diese Entwicklung genauer, so war die Zunahme an den Gymnasien zu rund 25 Prozent durch die demographische Expansion bedingt. Ungefähr 28 Prozent des Zuwachses kamen durch die steigende Bildungsbeteiligung der Jungen zustande, etwa 47 Prozent wurden indessen durch die verstärkte Bildungsbeteiligung der Mädchen bewirkt. Bei der Expansion der Bildungsbeteiligung an Realschulen schlägt der Anteil der demographischen Veränderungen mit gut 20 Prozent zu Buche. Die gestiegene Bildungsbeteiligung der Jungen verursachte hier immerhin 35 Prozent der gesamten Zunahme, während die der Mädchen mit rund 45 Prozent ebenfalls ein weitaus stärkeres Gewicht besaß.

Bei etwas vergröberter Betrachtung heißt dies also: Ein Viertel des absoluten Anstiegs der Bildungsbeteiligung bei den Gymnasien und ein Fünftel bei den Realschulen sind auf den demographischen Einfluß zurückzuführen. Zwei Drittel beziehungsweise drei Viertel gehen allerdings hauptsächlich auf nicht-demographische soziale und sozio-kulturelle Einflüsse zurück und müssen bildungssoziologisch erklärt werden. Hierauf konzentriert sich die nachfolgende Analyse besonders und bemüht sich, den demographischen Einfluß soweit wie möglich auszuschalten.[15]

Übergangs- und Abschlußverhalten von Mädchen und Jungen

Wie schlägt sich der Veränderungsprozeß beim Übergangsverhalten der Mädchen und Jungen von Grundschulen in Realschulen und Gymnasien im einzelnen nieder? Um diesen Zusammenhang in der zeitlichen Entwicklung zu analysieren, wird auf bundesweite Daten der Bildungsbeteiligung von Mädchen und Jungen im 7. Schuljahrgang zurückgegriffen, weil in diesem Alter nahezu alle die Grund-

15 Vgl. Eigler et al. 1980, Köhler 1980, Köhler und Zymek 1981.

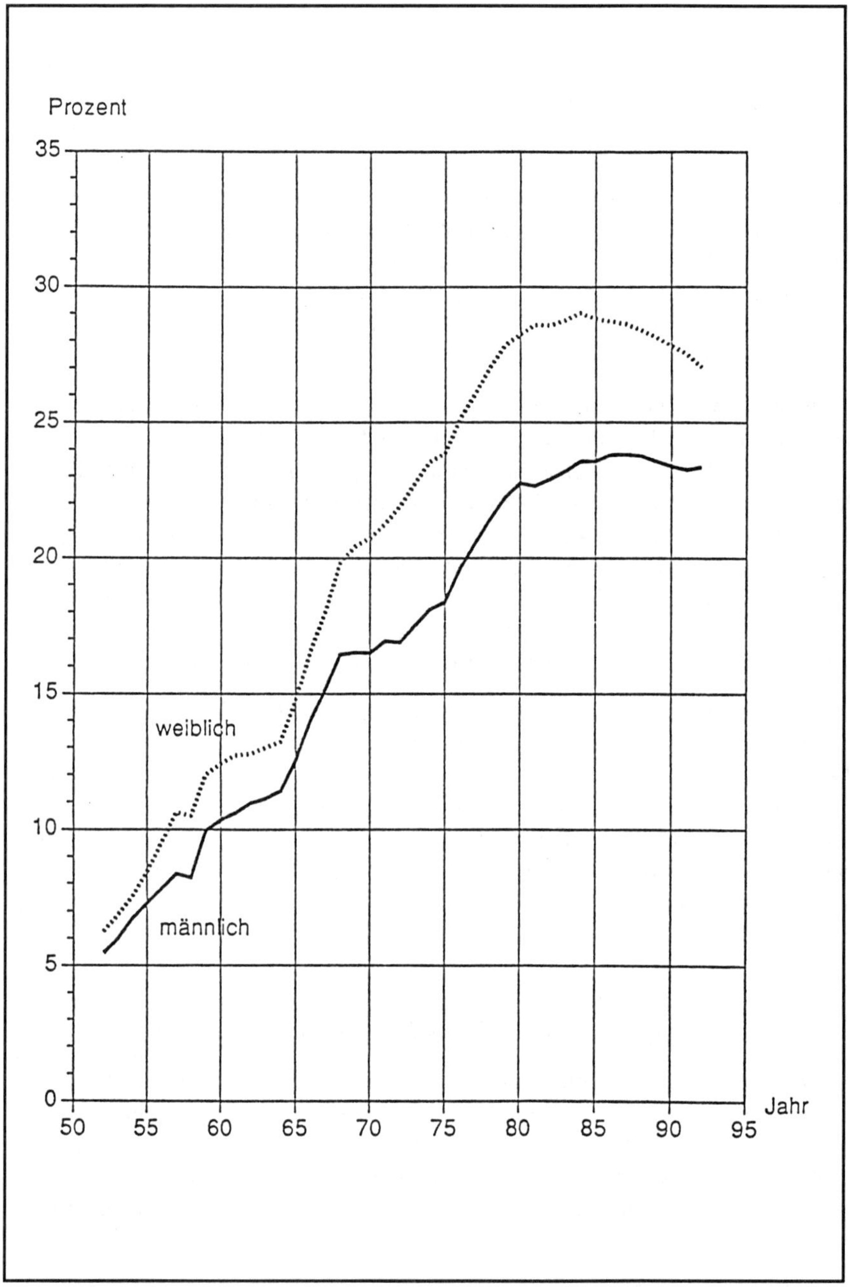

Abbildung 2: Entwicklung der Bildungsbeteiligung 13jähriger Schülerinnen und Schüler an Realschulen 1952 bis 1992 (in %) - Quelle: Köhler 1994

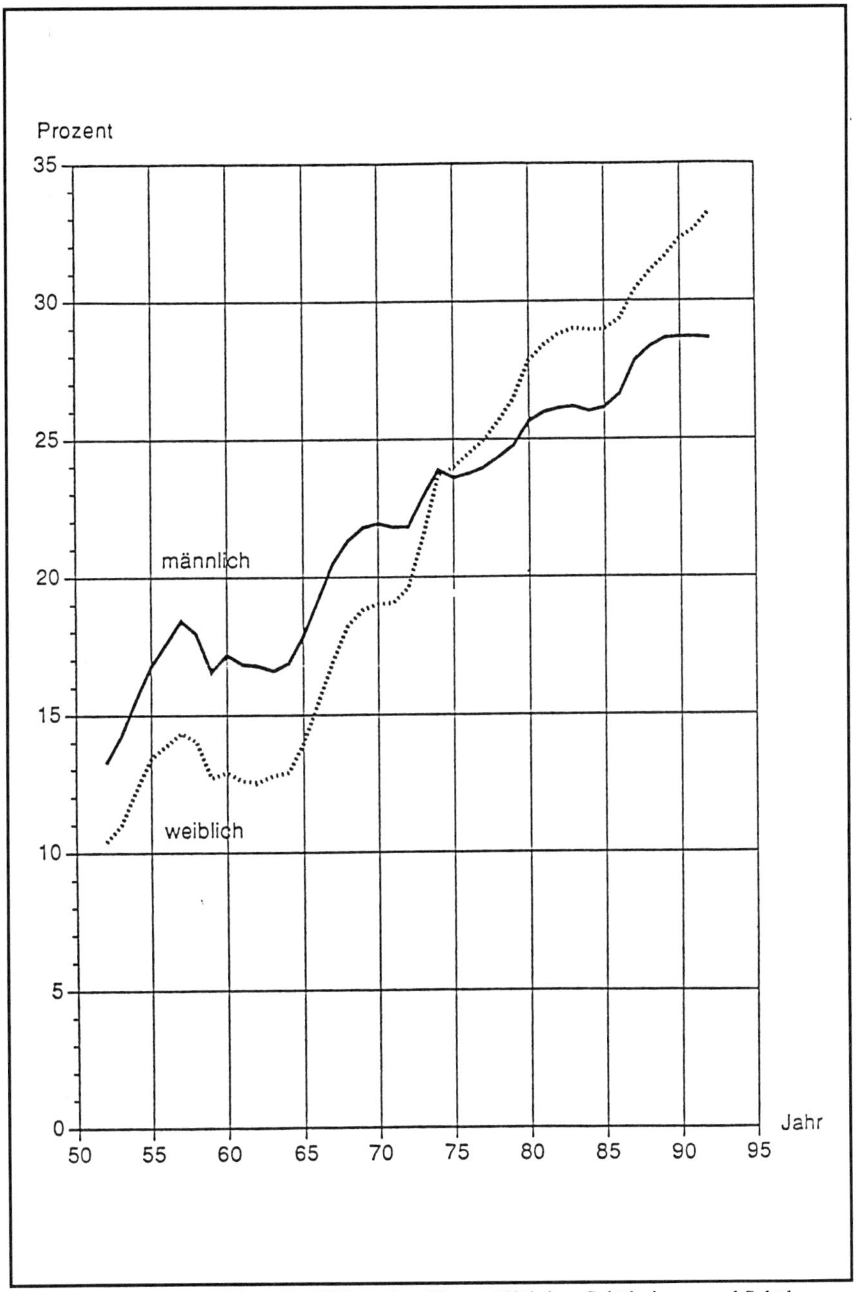

Abbildung 3: Entwicklung der Bildungsbeteiligung 13jähriger Schülerinnen und Schüler an Gymnasien 1952 bis 1992 (in %) - Quelle: Köhler 1994

schule verlassen haben und die Verteilung auf Realschulen und Gymnasien weitgehend abgeschlossen sein dürfte (vgl. Abbildung 2 und 3).[16]

Aus diesen Entwicklungen der Bildungsbeteiligung läßt sich eindeutig erkennen, wie besonders in der zweiten Hälfte der siebziger Jahre der bis dahin vor allem bestehende relative Rückstand der Mädchen an den Gymnasien schrittweise in einen Vorsprung vor den Jungen verwandelt wurde. Der Anstieg an den Gymnasien ist von derartiger Konstanz und solchem Tempo, daß die zugrundeliegenden sozialen Bewegkräfte sehr nachhaltig und stark sein müssen. Es ist dabei gar keine Frage, daß "the convergence of general educational levels for men and women has been a quite recent phenomenon, and is a direct result of the policy of educational expansion and reform."[17] Aber in wohl noch stärkerem Maße drückt der Anstieg zweifellos die feste Absicht der Eltern aus, Mädchen die gleichen Bildungsmöglichkeiten wie Jungen zu eröffnen, zumindest sollten sie in Gymnasien, deren vorentscheidende Weichenstellung für die nachfolgenden Ausbildungs- und Berufslaufbahnen die Eltern klar sehen, gegenüber Jungen nicht benachteiligt werden.

Bemerkenswert ist ebenso, daß die steigenden Anteile der Mädchen an Gymnasien den seit den fünfziger Jahren bestehenden traditionellen Vorsprung der Mädchen an den Realschulen nicht zu beeinträchtigen vermochten. Dieser hat sich sogar noch leicht erhöht, so daß ihr Übergewicht hier nicht mehr als Ausdruck oder Begleiterscheinung weiblicher Diskriminierung im weiterführenden Schulbereich gedeutet werden kann. Sie weisen im Gegenteil darauf hin, daß Realschulen bei der Schulwahl für Mädchen weiterhin sehr begehrt geblieben sind.

Es erhebt sich indes die Frage, ob und wie sich diese geschlechtstypische Bildungsentwicklung inbesondere auch bei den Abschlüssen in Realschulen und Gymnasien fortgesetzt haben. Was die geschlechtstypische Differenzierung dieser Entwicklung angeht, so läßt sie sich wohl auf der Datengrundlage von Geburtskohorten der "Allgemeinen Bevölkerungsumfrage der Sozialwissenschaften" (ALLBUS) und des "Sozio-ökonomischen Panels" (SOEP) an den Anteilen der mindestens erreichten Bildungsabschlüsse am besten dokumentieren und ist für die Bundesrepublik recht eindeutig (vgl. Abbildung 4).

---

16 Zu berücksichtigen ist, daß die Übergangsentscheidungen, die sich hierin auswirken, zwei bis drei Jahre vordatiert werden müssen, weil sie meist im Alter von 10 oder 11 Jahren erfolgen. Dieser Indikator ist darauf angelegt, die direkten Auswirkungen demographischer Einflüsse von den Wirkungen wie auch immer zustandegekommener Verhaltensänderungen zu trennen (vgl. Köhler 1980, 1984a,c, 1986, Rodax 1989c).

17 Blossfeld 1993, S. 57.

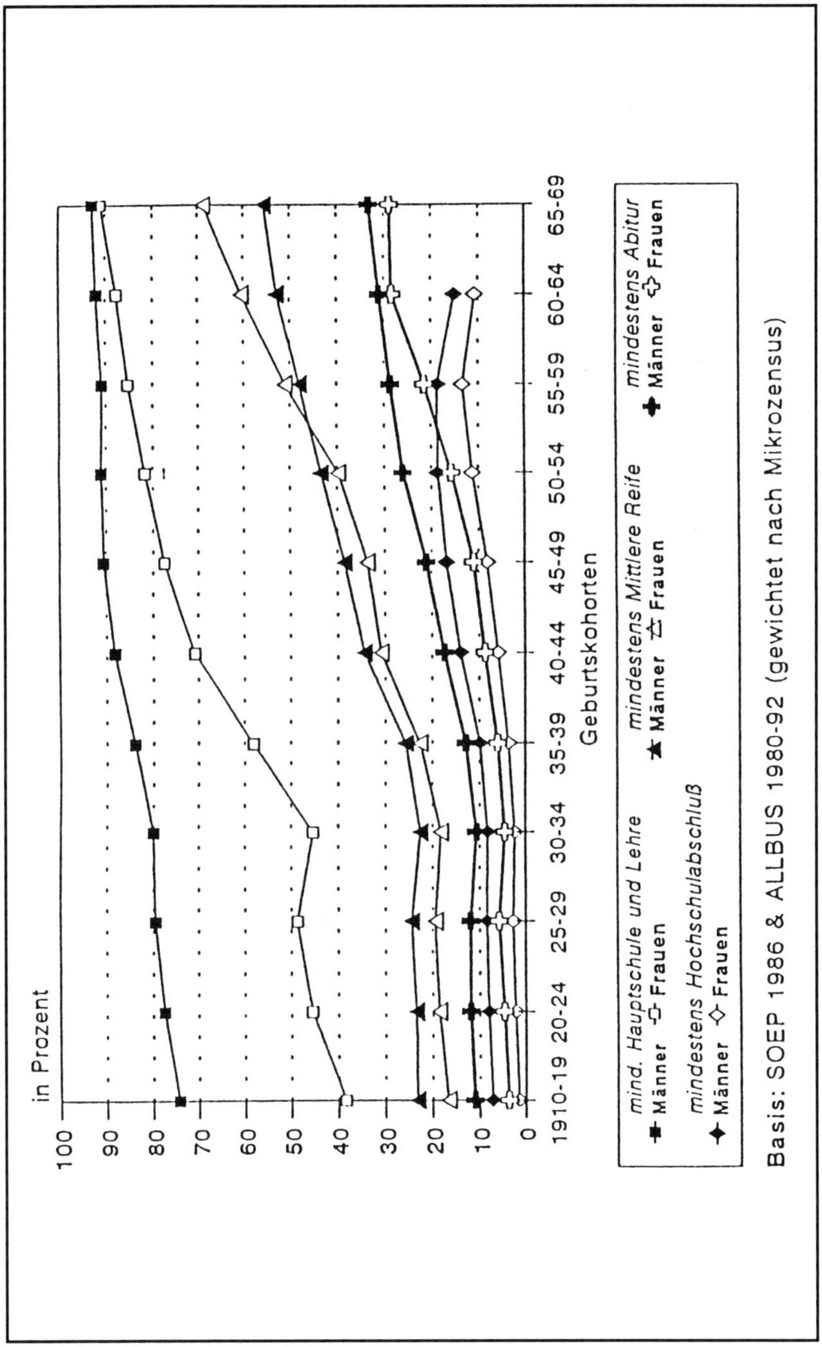

Abbildung 4: Geschlechtstypische Bildungsverteilung der erreichten Abschlüsse in Deutschland (in %) - Quelle: Müller und Haun 1994

Schon auf den ersten Blick kann man einen klaren Trend zur Höherqualifikation für Männer und Frauen beobachten. Bei genauer Betrachtung springt zunächst besonders die Entwicklung der Berufsausbildung im Anschluß an einen Volks- oder Hauptschulabschluß für Männer ins Auge; er war schon bei den zu Beginn dieses Jahrhunderts geborenen Männern mehr oder weniger selbstverständlich. Frauen lagen in dieser Beziehung dagegen deutlich zurück. Für sie nahm dann ab den fünfziger Jahren der Anteil der Absolventinnen einer Lehre mit Volks- oder Hauptschulabschluß sehr schnell zu und näherte sich dem der Männer an. Dieser rasche Anstieg in der Beteiligung von Frauen an einer Berufsausbildung war der erste bedeutsame Schritt zum Ausgleich der Bildungsungleichheit zwischen Männern und Frauen im Nachkriegsdeutschland.[18]

Der entscheidende Einschnitt bei der Bildungsbeteiligung in anspruchsvolleren Bildungsgängen lag am Ende des Zweiten Weltkrieges. Beginnend mit der Kohorte 1935-1939, die frühestens zwischen 1945 und 1949 auf weiterführende Schulen überwechselte, setzte für Männer und Frauen ein vergleichsweise kontinuierlicher Anstieg ein, der sich für Frauen zu dem Zeitpunkt beschleunigte, zu dem sie bei ihren Berufsausbildungen allmählich den Anteil der Männer erreichten. Diese Zunahme führte später, zumindest bis zum Niveau der Mittleren Reife, zu einer höheren Bildungsbeteiligung der Frauen als der Männer. Mit anderen Worten: Die Expansion der Bildungsbeteiligung in den weiterführenden Bildungsgängen setzte "nicht etwa erst in der Phase der Bildungswerbung in der zweiten Hälfte der 60er Jahre ein. Dies müßte sich in einem besonders ausgeprägten Anstieg bei den Geburtskohorten 1955-1959 zeigen. Die Expansion war zu diesem Zeitpunkt schon längst im Gange".[19]

Für das Abitur und die Hochschulabschlüsse verlief die Bildungsentwicklung für Frauen über die gesamte Zeit weitgehend parallel unterhalb der der Männer. Die soziale Distanz schaffende Aura des Gymnasiums und der Hochschule, restriktive Aufnahmeregelungen und ein unausgeglichenes regionales Bildungsangebot wirkten bis in die sechziger Jahre hinein dabei als soziale Barrieren. Erst in der zweiten Hälfte der achtziger Jahre sind Annäherungen von Männern und Frauen erkennbar. Die vergleichsweise größeren Gewinne für Frauen waren jedoch beträchtlich höher als die der Männer, weil ihre Zunahme von einem niedrigeren Ausgangsniveau aus erfolgte.[20]

Insgesamt kann also festgehalten werden: Mädchen und junge Frauen sind in der Phase der Expansion der Bildungsbeteiligung immer häufiger in weiterfüh-

18 Vgl. Blossfeld 1993, Müller und Haun 1994.

19 Müller und Haun 1994, S. 15.

20 Vgl. Blossfeld 1993, Müller und Haun 1994.

rende Bildungsgänge von Realschulen und Gymnasien übergewechselt und sind dort seit Mitte der siebziger Jahre stärker vertreten als Jungen. Diesem deutlichen Übergewicht entspricht auch eine deutlich geringere Bildungsbeteiligung unter den Absolventen ohne beziehungsweise mit Volks- oder Hauptschulabschluß und ein wachsender Erfolg bei den mittleren Abschlüssen auf Realschulniveau; im Bereich der gymnasialen Oberstufe setzt sich dieser Trend beim Abitur und Hochschulabschluß konsequent fort.

In diesem Entwicklungsprozeß drücken sich der uneingeschränkte Wille und das andauernde Engagement vieler Eltern und ihrer Töchter aus, den höchsten Bildungsabschluß zu erwerben, der unter den gegebenen Umständen möglich ist. Sie bringen damit zugleich ihren Anspruch und ihre Erwartung zum Ausdruck, mit gleichen Startchancen wie junge Männer in die anschließenden beruflichen Ausbildungs- oder universitären Studiengänge eintreten zu können. Auch wenn sich dieser Anspruch bislang noch nicht angemessen und wirkungsvoll einlösen läßt, so ist er mit einem erfolgreichen Schulabschluß des Gymnasiums zunächst einmal formal erworben.[21]

Ursachen für die gestiegene Bildungsbeteiligung

Die noch bis weit in die sechziger Jahre hinein weitgehend gültige Interpretation für die stärkere Orientierung von Mädchen auf die "Mittlere Reife" als Ausdruck dafür, daß der Familie als Ergebnis von ineinandergreifenden Prozessen der Stereotypisierung, Kanalisierung und Selbsteliminierung[22] größere Bedeutung beigemessen wurde als dem Beruf, scheint demnach in dieser Form von Eltern, Lehrerinnen und Lehrern wie auch von den Mädchen selbst so nicht mehr geteilt zu werden. Das herkömmliche Familienmodell mit dem Mann als Ernährer und der Frau, die daheim für Kinder und Küche zuständig ist, wird auch von männlichen Jugendlichen nur für wenige Jahre, solange die Kinder klein sind, akzeptiert. Wenn Familienmütter nach einer Kinderpause so beharrlich wieder in den Beruf zurückstreben, steht häufig nicht Selbstverwirklichung als wichtigstes Motiv dahinter; vielmehr handeln sie nur realistisch nach dem Grundsatz, daß

---

21 Vgl. Bofinger 1980, Rolff 1980a,b, Handl 1983, Köhler 1992, Köhler und Naumann 1992, Henz 1994.

22 Vgl. Göbel 1964, Loehrke und Gebauer 1965, Kemmler 1967, 1976, Höhn 1969, Krecker 1969, Petrat [2]1969, Pross 1969a, Bauer 1970, 1971, Pettinger 1970, Baur 1972, Borggraefe 1972, Nave-Herz 1972, Thumm 1972, Reitz 1973, 1974, Rosenmayr und Kreutz 1972, Lochmann 1974a,b, Hille 1976.

jeder angesichts einer möglichen Gefährdung der Ehe für seine Alterssicherung selbst aufkommen muß.[23]

Die zunehmende Gleichwertigkeit von Berufs- und Familienrolle in der Lebensplanung der überwiegenden Mehrzahl der Mädchen hat jedenfalls mithin auch die weibliche Domäne "Realschule" von einer Ausgangsbasis für einen sinnvollen Übergangsberuf als Zwischenlösung im Not- oder Ausnahmefall bis zur vollen Übernahme der Familienrolle zur Voraussetzung für einen im allgemeinen als lebenslang gedachten qualifizierten Beruf verändert.[24] Mädchen haben zweifellos die Gedanken von Selbstverwirklichung und Selbstbestimmung in ihren Lebensplan mit aufgenommen. Sie sind unabhängiger geworden, die traditionelle Rolle paßt ihnen oft nicht mehr. Allein ein "Dasein für andere" halten sie oft nicht mehr für erstrebenswert.[25]

Damit ist keinesfalls gesagt, daß es nicht zu Rückschlägen bei der Bildungsbeteiligung von Mädchen kommen könnte. Ihr vergleichsweise immer noch höherer Anteil gegenüber dem der Jungen, die die Gymnasien nach Abschluß der "Mittleren Reife" verlassen, ist ein ernstzunehmender Hinweis auf abwartende Haltungen und Unsicherheiten.[26] Es koexistiert also ein normatives Traditionsmodell mit einem Ideal, in dem vorgreifend ein Moment der Modernisierungsdynamik aufgenommen ist, das allerdings, wenn sich verschärfte ökonomische Krisen zeigen, höchst konjunkturanfällig und gesellschaftlich umstritten ist.[27] Mit anderen Worten: Unter ungünstigen gesamtwirtschaftlichen und -politischen Veränderungen - wie sie etwa in der Mitte der siebziger Jahre in der Bundesrepublik eingetreten sind - liegt hier möglicherweise eine vorübergehende Einbruchstelle für eine Rückbesinnung von jungen Frauen auf klassische weibliche Rollenmuster.

Entsprechend zu beurteilen ist die geringere Neigung junger Frauen mit Hochschulreife zur Aufnahme eines Studiums.[28] Im Hintergrund solcher Vorstellungen könnte so etwas wie eine alltagsweltliche Konzeption der höheren Schule als einer "sozialen Wartehalle erster Klasse" stehen: eines geschützten, statusverleihenden institutionellen Moratoriums im Lebenslauf, von dem aus, je nach Ge-

---

23 Vgl. Beck-Gernsheim 1980, 1983, 1994, Hille 1993.

24 Vgl. Bilden 1980, 1991, Seidenspinner und Burger 1982a,b, 1984, Faulstich-Wieland et al. 1984, Feldmann-Neubert 1991, Bargel und Kuthe 1992a,b,c, Bertram et al. 1993.

25 Vgl. Beck-Gernsheim 1980, 1983, 1984, 1994.

26 Vgl. Hurrelmann et al. 1986, BMBW 1987.

27 Vgl. Knapp 1995.

28 Vgl. Böttcher et al. 1988a,b, Klemm und Rolff 1986, Kahle und Schaeper 1991, Glumpler 1992c.

legenheit, geeignete "Fahrplananschlüsse" in berufliche oder familiäre Karrieren eingeschlagen werden können. Dabei überwiegt auch hier immer stärker die Vorstellung, zumindest als erste Weichenstellung eine Berufsausbildung aufzunehmen.[29]

Die Ursachen für die aufgezeigte Entwicklung des spektakulären Anstiegs der Bildungsbeteiligung von Mädchen und jungen Frauen, das zeigen schon diese Überlegungen, sind weniger leicht auf einen Blick empirisch zu fassen, als man zunächst vermuten würde. Es lassen sich deswegen auch eine ganze Reihe weiterer, mehr oder weniger triftiger Gründe unter Einbezug demographischer, arbeits- und berufs-, familien-, geschlechts- und jugendsoziologischer Untersuchungsbefunde anführen[30], die diese Orientierung der Bildungsbeteiligung wesentlich mitbestimmt und unterstützt haben könnten wie:

1. Im Hinblick auf die Rolle und Stellung der Frauen in der Gesellschaft hat sich ein tiefgreifender Bewußtseinswandel vollzogen. Dieser Prozeß ist noch keineswegs abgeschlossen und in vieler Hinsicht widersprüchlich. Es läßt sich aber so viel wohl gesichert sagen: Die lange Zeit vorherrschende Auffassung, es gäbe genetisch bedingte Intelligenz- und Fähigkeitsunterschiede und eine "natürliche" Ausrichtung an der traditionellen Frauenrolle in Familien, wird im allgemeinen von Eltern und ihren Töchtern in dieser Polarisierung nicht mehr geteilt. Damit ist bei einem großen Teil von ihnen ein Bedeutungswandel in ihrer Einstellung zum allgemeinbildenden weiterführenden Schulbereich, zur Berufsausbildung und Berufstätigkeit sowie zur Rolle der Frau einhergegangen: "Einerseits sind Mädchen und junge Frauen selbstbewußter geworden und fordern ihre Rechte aktiv ein, andererseits sind die Männerrollen gesellschaftlich ins Wanken

---

29 Vgl. Rodax und Hurrelmann 1986, Rodax 1989a.

30 Vgl. Eckert 1979, Scheu 1977, Stegmann 1980, 1981, 1982, 1983, 1985a,b, 1986, Stegmann und Kraft 1983, Köhler und Zymek 1981, Seidenspinner und Burger 1982a,b, Austermann 1983, Baethge und Schomburg 1983, Beck-Gernsheim 1983, Büchner 1983, 1985, Die verunsicherte Generation 1983, Priester 1983b, Bierhoff-Alfermann 1984, Gravenhorst 1984, Becker-Schmidt und Knapp 1985, Deutsches Jugendinstitut 1985, Fuchs und Zinnecker 1985, Hurrelmann et al. 1986, Hurrelmann und Wolf 1986, Engel und Hurrelmann 1989a, 1993, Mansel und Hurrelmann 1991, Hurrelmann 1994, Chisholm und Hurrelmann 1995, Berkenbusch 1988a, Alltag und Biographie von Mädchen. Bericht der Kommission 1988, Bertram und Borrmann-Müller 1988, Seidenspinner und Burger 1988, Borkowsky und Streckeisen 1989, Fend 1988, 1994, Hartenstein et al. 1988, Gildemeister 1988, Tenorth 1988, Bohnsack 1989, Nave-Herz und Markefka 1988, Markefka und Nave-Herz 1989, Blossfeld und Jaenichen 1990, Tillmann 1990, Kahle und Schaeper 1991, Mertens 1991, Flaake und King 1992, Hagemann-White 1992, Krüger und Born 1993, Krüger 1995, Bofinger 1994, Deutscher Bundestag 1994, Glumpler 1994, 1995, Goffman 1994, de Singly 1994, Bildungskommission NRW 1995, Faulstich-Wieland und Horstkemper 1995, Gottschall 1995, Schildt 1995.

geraten."[31] Unterstützt wird dieser soziale Wandel sicherlich durch die von immer mehr Frauen geteilte Überzeugung, daß sie nicht als Mädchen geboren, sondern dazu erzogen werden; sie nehmen folglich ihre Stellung und Rolle in der Gesellschaft nicht mehr als unabänderliches "Schicksal" hin, sondern als veränderbar und zu verändernd wahr.

2. Der Einfluß der Familie auf die kulturellen Orientierungen auch von weiblichen Jugendlichen scheint vielfach geringer geworden zu sein beziehungsweise sich verändert zu haben. Gleichaltrigengruppen übernehmen für immer mehr von ihnen zu einem immer früheren Zeitpunkt des Heranwachsens Funktionen der Erziehung, Orientierung und sozialen Bindung. Individuelle Unterschiede nehmen also zu und werden immer wichtiger auch für den weiterführenden Bildungsweg von Mädchen und jungen Frauen. Die moderne Familie ist mithin eine Institution,

> "deren Mitglieder eine wesentlich größere Individualität besitzen als dies in Familien in früheren Zeiten der Fall gewesen ist. Diese individuellen Unterschiede 'verschärfen und verfestigen sich. Da sie den Besitz der jeweiligen individuellen Persönlichkeit darstellen, nimmt diese Tendenz automatisch immer mehr zu. Jeder bildet sein eigenes Gepräge, seine persönliche Art des Fühlens und Denkens aus'. Die Tatsache, daß die Individuen immer stärker ihrer persönlichen Logik folgen, bewirkt eine Begrenzung des Familien-Kommunismus, denn dieser 'setzt im Gegensatz dazu die Identität und Fusion der jeweiligen einzelnen Bewußtseine in einem Kollektivbewußtsein, das sie umspannt, voraus.'"[32]

Natürlich wird der Wert des Individualismus wesentlich stärker von denjenigen Frauen und Männern betont, die über eine große kulturelle oder soziale "Mitgift" verfügen.

3. Die durchschnittliche Kinderzahl ging zurück: Mehr als die Hälfte aller Familien hat lediglich ein Kind. Mit diesem sozialen Wandel verbindet sich eine größere Aufmerksamkeit der Eltern für die früher nur als zweitrangig eingeschätzten und behandelten Töchter. Es liegt dabei auf der Hand,

> "daß die materiellen Möglichkeiten und entsprechenden Erziehungsstrategien in Familien mit drei bis fünf Kindern andere sind als in Familien mit ein bis zwei, höchstens drei Kindern. Schon aus finanziellen Gründen war es etwa in der Vorkriegs- und ersten Nachkriegszeit für kleine Beamte und Angestellte mit kinderreichen Familien naheliegend, wenn überhaupt ein höherer Schulbesuch der Kinder ins Auge gefaßt wurde, dann zunächst den Söhnen als künftigen alleinverdienenden Familienvätern eine den sozialen Status reproduzierende oder verbessernde Schulbildung zu ermöglichen. Bei generell gestiegenem Lebensstandard, der heute auch den unteren Mittelschichten bis hin zu den Facharbeitern die Finanzierung einer längeren Schulausbildung der Kinder möglich macht, nach Wegfall des Schulgeldes und bei Lehrmittel-

31 Bildungskommission NRW 1995, S. 36 f.

32 de Singly 1994, S. 16.

freiheit sind die heutigen Familien mit ein bis zwei Kindern generell in der Lage, einen weiterführenden Schulbesuch aller Kinder, auch der Mädchen, zu finanzieren."[33]

So hängt der Erfolg der Kinder, außer in Familien des Besitz- und Bildungsbürgertums mit ihrem hohen kulturellen und ökonomischen Kapital, vor allem von ihrer Zahl ab. Damit setzen die Erziehungs- die Geburtenregelungsstrategien fort beziehungsweise diese stellen bereits ihr erstes Glied dar. In diesem Sinne kann man feststellen, daß etwa Kinder aus einer Facharbeiterfamilie mit vier Kindern im Vergleich zu denen aus einer Familie desselben Milieus mit nur zwei Kindern eine um die Hälfte verringerte Chance haben, ein Gymnasium zu besuchen. Die Verminderung der Kinderzahl ist somit ein Ausdruck des klaren Willens, daß Kinder in der Schule Erfolg haben sollen.

4. Schulstrukturelle Veränderungen wurden eingeleitet, die zunächst im Rahmen der Schulreformdiskussion wenig beachtet wurden, wie vor allem der Abbau der Mädchenrealschulen und Mädchengymnasien. Diese Veränderungen stellten vor allem sicher, unabhängig davon, ob ihr Abbau eine Folge pädagogischer Erkenntnisse oder eine pragmatische politische Entscheidung war, "daß subkulturelle Unterschiede trotz der häufigen Kontakte zwischen den Geschlechtern erhalten und wiederhergestellt"[34] wurden. Dieser Veränderungsprozeß wurde in den norddeutschen Bundesländern entschiedener verwirklicht als in den süddeutschen und ist hier noch nicht in gleichem Umfang vorangetrieben worden.

"Die ... Mädchenrealschulen und Mädchengymnasien bedeuteten nicht nur eine örtliche Trennung von Mädchen und Jungen, sondern ein *geschlechtsspezifisch unterschiedliches Lehrangebot*. Die Mädchenschulen hatten meist einen neusprachlich, sozialwissenschaftlich, musisch und hauswirtschaftlich ausgerichteten Fächerkanon. Teils vermittelten die höheren Mädchenschulen nur eine fachgebundene - im Grunde 'frauengebundene' - Hochschulreife. Teils waren an den höheren Mädchenschulen spezifische Ausbildungsgänge für Frauenberufe angegliedert, die geradezu zum vorzeitigen Abgang nach der 'mittleren Reife' und zu einer Ausbildung zu 'mittleren' Frauenberufen verführten. Die getrennte Erziehung von Mädchen und Jungen bedeutete also nicht nur eine Verstärkung der weiblichen Rollenstereotype, sondern auch ein institutionalisiertes System der Ablenkung in Frauenberufe."[35]

Die koedukativ geführten Gymnasien, insbesondere nach der weitgehenden Auflösung der traditionellen Schultypendifferenzierung und der Einrichtung der gymnasialen Oberstufe[36], zogen nun nicht nur eine Abschwächung der konventio-

---

33 Köhler und Zymek 1981, S. 57.

34 Goffman 1994, S. 133.

35 Köhler und Zymek 1981, S. 58.

36 Mit der durch Beschluß der Kultusministerkonferenz (KMK) im Jahre 1972 eingeleiteten Reform der gymnasialen Oberstufe wurden die verbindlichen Lernwege der traditionellen Gymnasialtypen zugunsten eines nach Begabung, Leistung und individueller Neigung unterschiedenen Unterrichtsangebotes aufgehoben. Durch die Möglichkeit, den Lernweg - unter Beibehaltung einer gemeinsamen Grundbildung - an individueller Neigung und Eignung zu orientieren, sollte zum einen

nellen Mechanismen der Prägung und Ausrichtung bei den althergebrachten Rollenzuweisungen, sondern auch einen allgemeinen Kontakt und Leistungsvergleich von Mädchen und Jungen nach sich. Dies trifft für Mädchen im allgemeinen mit einer einschneidenden Umstellung zusammen: Waren sie früher abgestellt in ein Sonderreservat "weiblicher" Ausbildungsgänge, wo oftmals wenig geboten, freilich auch wenig gefordert wurde, so werden sie nunmehr ähnlichen, ja, zunehmend gleichen Leistungsanforderungen ausgesetzt wie Jungen. Es darf allerdings nicht aus den Augen verloren werden, daß Geschlechtsrollenstereotype sich nach wie vor durchsetzen und zur Beschränkung der Entfaltungsmöglichkeiten sowohl von Mädchen als auch von Jungen führen. "Die unreflektierte Übertragung der Lehrpläne, Verhaltensmuster und Methoden von Jungenschulen auf koedukative Schulen bei deren Einführung, die in der Mehrzahl der Fälle eine Öffnung von Jungenschulen für Mädchen war, ist bis heute nicht grundlegend verändert worden."[37]

5. Im Vergleich zu früher verlängerte sich im allgemeinen deutlich die Schul- und Berufsausbildungszeit von Jugendlichen, kam es zur allmählichen Erosion herkömmlicher autoritärer Erziehungspraktiken und zu einem verstärkten kommerziellen Interesse an Jugendlichen als Konsumenten. Das hat zum Entstehen einer Art "Jugendkultur" als besonderer Lebensform beigetragen, ohne es im allgemeinen zu einer Trennung oder zum Bruch zwischen Jugendlichen und ihren Familien kommen zu lassen. Auffallend gewandelt hat sich in den letzten Jahrzehnten dabei ebenso das Verhältnis der Eltern zu ihren Kindern. Der Umgang miteinander ist weniger autoritätsfixiert und zunehmend auf Verhandeln ausgerichtet. Das bedeutet, daß sowohl Eltern als auch Kinder unterschiedliche Interessen wahrnehmen und grundsätzlich gleichberechtigte Wünsche ausbalancieren können. Wichtiges Erziehungsziel ist für viele Eltern heute die frühe Selbständigkeit ihrer Kinder. Eine Veränderung im Status der Kinder spiegelt sich auch in der Aufmerksamkeit, die den kleinen Details ihres Alltagslebens, also ihrer Gesundheit, ihren "Aussprüchen" oder ihren Fortschritten in der Schule, gewidmet werden, und in der Forderung nach Gleichberechtigung unter den Kindern wider.

> "'Seit der zweiten Hälfte des 17. Jahrhunderts bestreiten die erziehungsorientierten Moralisten die Legitimität der erblichen Praxis, d. h. der Bevorzugung des Erstgeborenen, da sie der

---

auch einseitig Begabten die Möglichkeit eines Studiums eröffnet werden. Zum anderen verband sich damit die Hoffnung auf einen stärkeren Wissenschaftsbezug der Lehrinhalte und die Erwartung einer besseren Studienvorbereitung. Mit der Einführung und unterschiedlichen Gewichtung von Grund- und Leistungskursen sollten den Interessenprofilen der Schülerinnen und Schüler angemessener Rechnung getragen und eine gerechtere Leistungsbeurteilung erreicht werden (vgl. Fries 1979, 1981, Kahle und Schaeper 1991).

37 Bildungskommission NRW 1995, S. 127 f.

Gleichheit schade und dem neuentstandenen Gefühl für das gleichberechtigte Anrecht aller Kinder auf Aufmerksamkeit innerhalb der Familie widerspreche.' Die elterliche Liebe schließt derartige Ungleichheiten aus, die noch mit der Übermittlung des ökonomischen Besitzstandes und der Logik der familiären Erbfolge zusammenhingen."[38]

Das heißt aber auch: Die Erwachsenen haben an "Macht" verloren, die Kinder und Jugendlichen mehr Selbstbewußtsein gewonnen. Entscheidungen werden meist im Einvernehmen getroffen. Ob es um praktische Dinge geht wie um Hilfe im Haushalt oder um gemeinsame Unternehmungen wie Ferien und Ausflüge - es wird verhandelt, wo früher befohlen wurde. Jugendliche nehmen mittlerweile ganz selbstverständlich an der Welt der Erwachsenen teil. Sie wissen durch Medien über viele Dinge Bescheid, von denen Gleichaltrige in früheren Zeiten ferngehalten wurden.

6. Trotz einer weiterhin klar erkennbaren geschlechtstypischen Trennung in der "Jugendkultur", etwa in der Clique oder in Gleichaltrigengruppen, in Vereinen oder in der Mode, blieb aber eine historisch bislang unbekannte selbständige und selbstbewußte Teilnahme von Mädchen und jungen Frauen an außerfamiliären Kontakten und Aktivitäten bestehen. In diesem Zusammenhang ist vor allem eine höhere Bildung auch mit einem längeren Zusammensein in altershomogenen Gruppen und mit dem Zugeständnis größerer Experimentier- und Irrtumsräume verbunden, anders jedenfalls, als sie Erwerbs- und auch Familiensituationen zu gewähren vermögen. Einer der entscheidenden Gründe für das wesentlich später einsetzende Bedürfnis der jungen Generation, das Elternhaus und die damit verbundene Form des Zusammenlebens der Generationen zu verlassen, ist auch, wie schon angedeutet, im verstärkten Besuch weiterführender Schulen durch Jugendliche, einer Verlängerung der Übergangsphase zwischen der frühen Kindheit und dem Erwachsenenalter (hier verstanden als das Alter, in dem man einen eigenen Hausstand einrichtet) und einer damit einhergehenden Liberalisierung der Erziehungspraktiken zu suchen. Mit dieser verlängerten und eigenständigen Jugendphase wachsen zugleich auch für weibliche Jugendliche die Chancen, Individualität zu entwickeln, die herkömmlichen Lebenswegen und Bedürfnissen entgegenstehen.

7. Die subjektiven Orientierungen, Ansprüche und Lebensentwürfe von jungen Frauen sprechen für ausgeprägte Interessen der meisten an einer qualifizierten Ausbildung und einem Beruf, der als anregend, sinnvoll und ausfüllend erlebt werden kann. Damit bahnen sich seit Ende der sechziger Jahre entscheidende Veränderungen in den Lebensentwürfen junger Frauen an: Die Zentrierung der Perspektiven um ein durch den Ehemann ökonomisch abgesichertes Leben als Hausfrau und Mutter ist abgelöst worden durch die Bedeutsamkeit einer auf

---

38 de Singly 1994, S. 28.

ökonomischer Unabhängigkeit gründenden Lebensgestaltung und ausgeprägter Interessen an der Erweiterung persönlicher Entfaltungsmöglichkeiten hauptsächlich im beruflichen Bereich. Diese Entwicklungen sind nur bei oberflächlicher Betrachtung als Angleichung an männliche Lebensentwürfe zu verstehen. Denn eine genauere Analyse zeigt entscheidende Unterschiede in den Perspektiven junger Frauen und Männer, die auf die Stabilität zentraler Elemente zwischen den Geschlechtern verweist: Partnerschaft, Familienleben und Kinder haben als eine Seite des weiblichen Lebensentwurfs nach wie vor eine große Bedeutung. Indem junge Frauen beide Lebensbereiche gleichzeitig leben wollen und diesem Ziel - trotz ungünstiger Rahmenbedingungen - mit Phantasie und Eigeninitiative schrittweise näherkommen, werden sie zugleich mit zentralen Problemen konfrontiert:

> "mit der Diskrepanz zwischen Wünschen und Interessen an beruflichen Entfaltungsmöglichkeiten und den Realisierungschancen auf dem Arbeitsmarkt; mit der Tatsache, daß die Doppelorientierung auf Kinder, Familie und Beruf auf Strukturen des Beschäftigungssystems trifft, die an der männlichen erwerbsarbeitszentrierten Normalbiographie ausgerichtet sind und den Frauen - um den Preis anspruchsvoller beruflicher Karrieren - die Zuständigkeit für 'Vereinbarkeitsmodelle' zuweist; mit den widersprüchlichen Anforderungen, die sich aus der Orientierung an zwei unterschiedlich strukturierten Lebensbereichen ergeben: Denn Individualisierung im Sinne individueller beruflicher Lebensplanung findet ihre Grenzen in der Zuständigkeit für die Versorgung von Kindern ..."[39]

8. Zahlreiche junge Paare schieben in den Zeitraum zwischen Eheschließung und erstem Kind im Vergleich zu früheren Generationen eine "Konsum- und Anschaffungsphase" ein. Der Wunsch nach Familiengründung hat dabei deutlichen Vorrang vor der Eheschließung, die häufig bis zum Zeitpunkt der Familiengründung aufgeschoben wird. Partnerschaft, Familie und Elternschaft werden gegenwärtig teilweise in neuen Formen - nichtehelichen Lebensgemeinschaften, getrenntlebenden Eltern, Alleinerziehenden, Wiederverheirateten mit Kindern und Stiefkindern - und Zeitsequenzen verwirklicht; in den meisten Fällen ist es selbstverständlich, daß beide Ehepartner ihrer Berufstätigkeit weiterhin nachgehen. Allerdings: Ein Hauptproblem junger Familien heute stellt sich in der Frage nach der Kombination von Ehe, Mutterschaft, Familienleben und Beruf, und zwar nach wie vor vornehmlich für junge Frauen. In dieser Frage zeigen sich beachtliche geschlechtstypische Unterschiede. Eine "konventionelle" Haltung wird häufiger von männlichen Jugendlichen vertreten; sie manifestiert sich in der Ansicht, daß eine Frau zugunsten der Familientätigkeit ihre Berufstätigkeit zurückstellen sollte. Weibliche Jugendliche hingegen sind nur noch selten zur Aufgabe ihres Berufes bereit.[40]

---

39 Flaake und King 1992, S. 17.

40 Es überrascht deshalb nicht, daß es unter dem Druck veränderter gesellschaftlicher Realitäten, einer gestiegenen Erwerbsbeteiligung insbesondere von Müttern, einer Beruf und Familie einschließenden Lebensplanung der jüngeren Frauengeneration, steigender Scheidungsquoten und

Es spricht also nach diesen unterschiedlichen Gründen sehr viel dafür, daß junge Frauen nach ihrer Bildungsoffensive nicht mehr gewillt sind, sich mit dem bloßen "Papierwert" ihrer Bildungstitel zufriedenzugeben, sondern ihre Kenntnisse und Fähigkeiten beruflich einsetzen wollen. Entscheidend wird deshalb sein, ob die höhere Bildungsbeteiligung junger Frauen auch zu einer entsprechenden Verbesserung ihrer Situation im Berufsleben führt, oder ob dieser Schritt zur Emanzipation lediglich auf der Stufe des Jugendalters begonnen wird und für die späteren Lebensabschnitte vergleichsweise folgenlos bleibt.

Veränderte gesamtgesellschaftliche und -wirtschaftliche Ausgangslage

Die Bildungsbenachteiligung von jungen Frauen gegenüber jungen Männern ist mit dieser veränderten gesellschaftlichen Ausgangslage jedoch keineswegs aufgehoben, sondern die Hürde hat sich für sie zum Beginn der Berufsausbildung beziehungsweise des Studiums hin verschoben.[41] Junge Männer sind in den längeren und qualifizierteren Ausbildungsgängen erheblich stärker vertreten. Junge Frauen hingegen

> "finden nicht nur schwerer Ausbildungsplätze, sondern konzentrieren sich auch auf wenige Ausbildungsberufe, vornehmlich im Dienstleistungssektor. Tätigkeitsmerkmale dieser Berufe sind: verkaufen, assistieren und helfen. Während der Bildungsexpansion verminderten sich diese Disparitäten, beseitigt sind sie jedoch keineswegs. Ähnliches gilt für die Aufnahme eines Hochschulstudiums. Noch 1965 waren 75 Prozent der Studierenden Männer. Bis 1980 haben Frauen von der Hochschulexpansion stärker profitiert, so daß sie allmählich aufschlossen. Seit 1981 ist dieser Trend jedoch ... gebrochen. Die Frauenquote stagniert seitdem bei 40 Prozent. Schlechte Berufsaussichten für Absolventen typisch weiblicher Studiengänge - wie etwa des Lehramtsstudiums - scheinen Frauen eher als Männer an der Aufnahme eines Studiums überhaupt zu hindern."[42]

Das weist alles in allem darauf hin, daß junge Frauen ihren Bildungsvorsprung bei der Bildungsbeteiligung in allgemeinbildenden weiterführenden Bildungsgängen besonders an der Schwelle zur Berufsausübung offenbar nicht wirksam genug umzusetzen vermochten.

Vielleicht erscheint aber auch als Gewinn von Mädchen und jungen Frauen bei der Bildungsbeteiligung, was tatsächlich tendenziell ein Rückzug von Jungen infolge der ungewisser gewordenen Berufsaussichten höher bewerteter Bildungs-

---

der Erosion der Hausfrauenehe wie auch den neuen Möglichkeiten eigenständiger Familienplanung, im Verlauf der siebziger und achtziger Jahre zu einer Modernisierung des Familienernährermodells und der Geschlechtsrollenleitbilder in Richtung "Partnerschaft" und "Vereinbarung von Beruf und Familie für Frauen" kam (vgl. Gottschall 1995).

41 Vgl. Böttcher et al. 1988a,b, Eckstein 1988, Kreienbaum und Metz-Göckel 1992.

42 Arbeitsgruppe Bildungsbericht am Max-Planck-Institut für Bildungsforschung 1994, S. 279 f.

abschlüsse ist. Dieser Rückzug wäre dann dem enormen Anstieg der Bildungsbeteiligung in den allgemeinbildenden weiterführenden Schulen entgegengerichtet. Das Streben nach beruflicher Sicherheit - sobald als möglich einen festen Arbeitsplatz statt höherer Schulausbildung mit ungewissen Aussichten - für Jungen und die geringere Bedeutung dieses Aspektes für Mädchen beziehungsweise deren Eltern - vielleicht heißt es nun schon: "Mach ruhig das Abitur - du heiratest ja doch!" -, während die Aussicht auf künftige Arbeit früher das "Argument" gegen eine weiterführende Bildung für Mädchen war - könnten ebenfalls den ins Auge fallenden Anstieg der Bildungsbeteiligung zumindest miterklären.[43] Wie sehr Mädchen diesen Vorstellungen entsprechen, zeigt sich nicht zuletzt auch darin,

> "daß sie die Jungen auf der Ebene unterer und mittlerer Bildungsabschlüsse zahlenmäßig bereits überholt haben ...; im Gymnasialbereich glänzen sie durch bessere Abschlüsse ... Doch dann versinkt dieser Bildungsvorsprung in einem 'Bermuda-Dreieck' auf dem Weg in den Arbeitsmarkt, was zu Unrecht subjektiver Fehlplanung angelastet wird."[44]

Der starke Anstieg der Bildungsbeteiligung von Mädchen und jungen Frauen ist also nicht nur Ausdruck der allgemeinen gesellschaftlichen Bewußtseinsveränderungen. Er ist in wohl noch höherem Maße ebenso Ausdruck der immer noch deutlich ausgeprägten klassischen Arbeitsteilung zwischen Mann und Frau sowie den aus dem stärkeren wirtschaftlichen Wandel und vermehrten Anpassungsschwierigkeiten resultierenden Problemen von Mädchen und jungen Frauen auf dem Ausbildungs- und Arbeitsmarkt, einen ihrer Schulbildung entsprechenden Ausbildungsplatz und eine angemessene Berufsposition zu finden.[45] Dafür sprechen nicht zuletzt eindrucksvoll die unterschiedlichen Chancen junger Frauen und Männer verschiedener Geburtsjahrgangskohorten beim Durchlauf durch das Bildungs- und Beschäftigungssystems nach dem Zweiten Weltkrieg (vgl. Abbildung 5).

Die einzelnen Geburtsjahrgangskohorten weisen zunächst für Männer und Frauen jeweils gemeinsame charakteristische Muster in ihrem Bildungs- und Erwerbsverlauf auf und bestätigen und differenzieren zugleich schon bekannte Sachverhalte: In jüngeren Kohorten dominiert eindeutig der Anteil höherer Bildungsbeteiligung, in älteren der der Erwerbsbeteiligung. Generell beginnt beispielsweise mit der Beendigung der Vollzeitschulpflicht im Alter von 14 bis 16 Jahren der Übergang in die Berufsausbildung und auf den Arbeitsmarkt. Der Status von Männern und Frauen hängt also in hohem Maße auch von ihrem Alter ab.

---

43 Vgl. Allerbeck und Hoag 1985b.

44 Krüger 1995, S. 208.

45 Vgl. Deutsches Jugendinstitut 1985, Fend 1991, Tessaring et al. 1990, Herrlitz et al. 1993, Köhler 1995.

(a) Geburtsjahrgang 1945 männlich

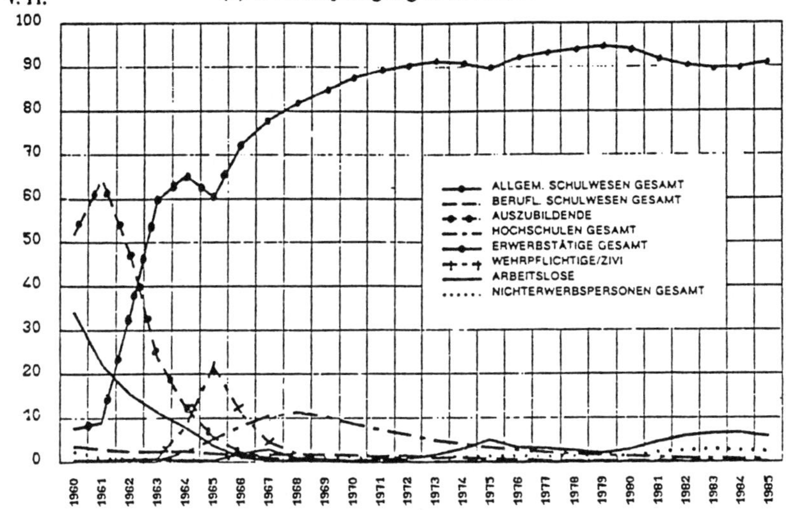

(b) Geburtsjahrgang 1945 weiblich

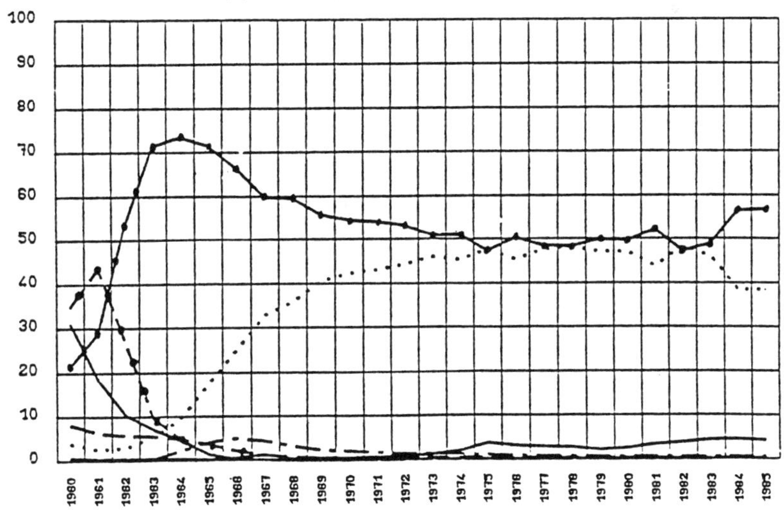

(c) Geburtsjahrgang 1950 männlich

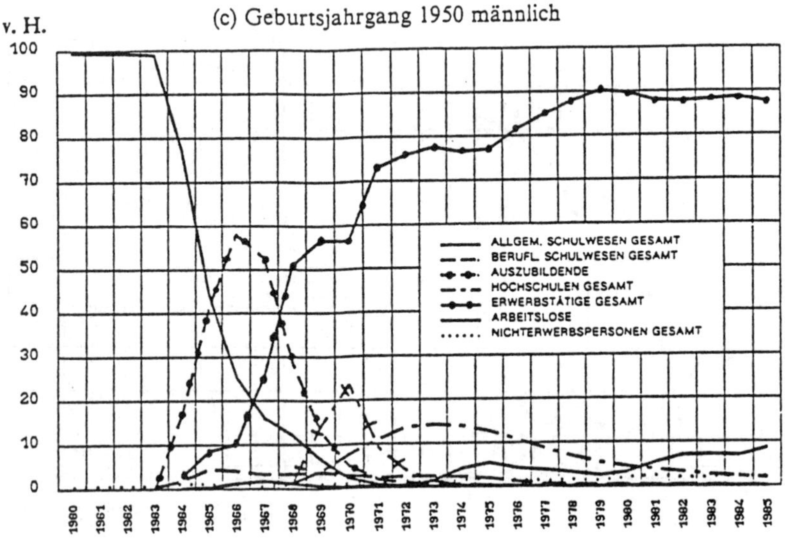

(d) Geburtsjahrgang 1950 weiblich

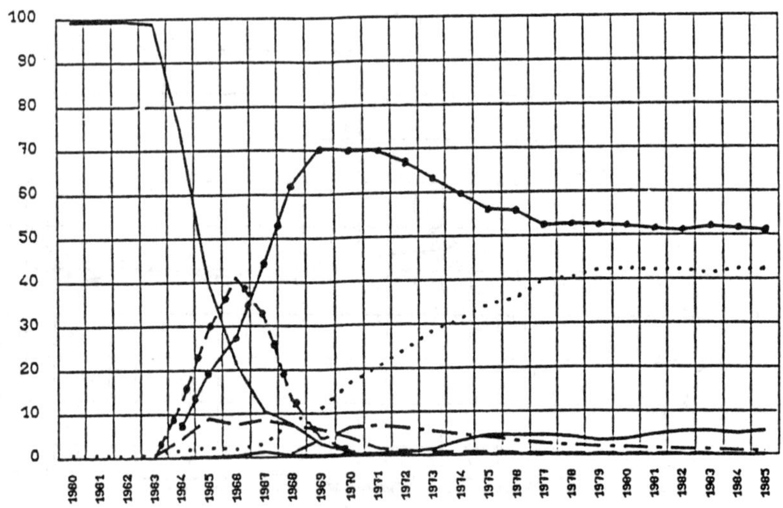

(e) Geburtsjahrgang 1955 männlich

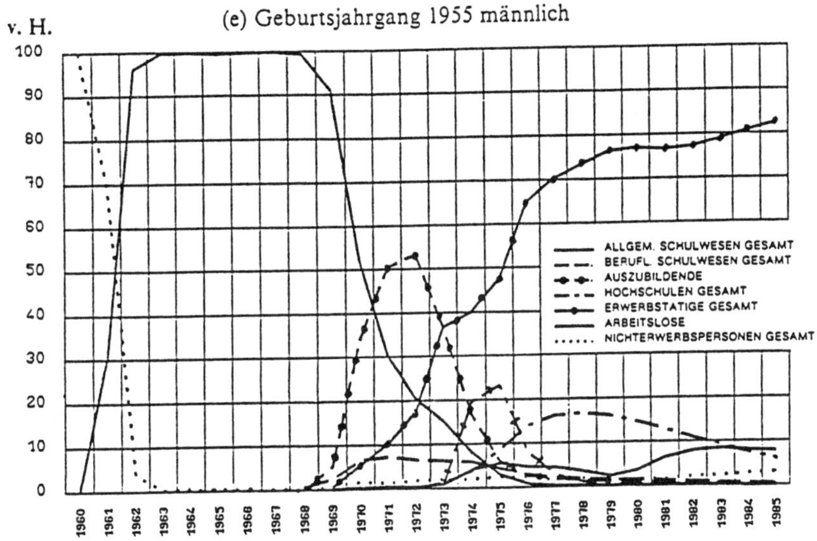

(f) Geburtsjahrgang 1955 weiblich

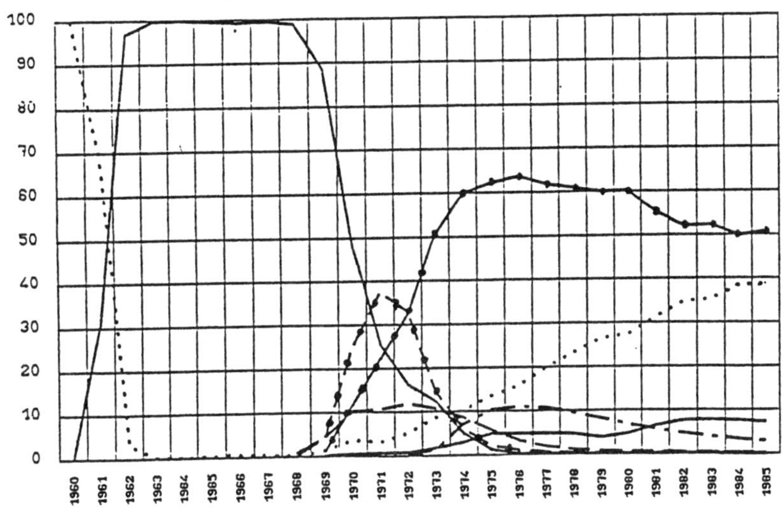

(g) Geburtsjahrgang 1960 männlich

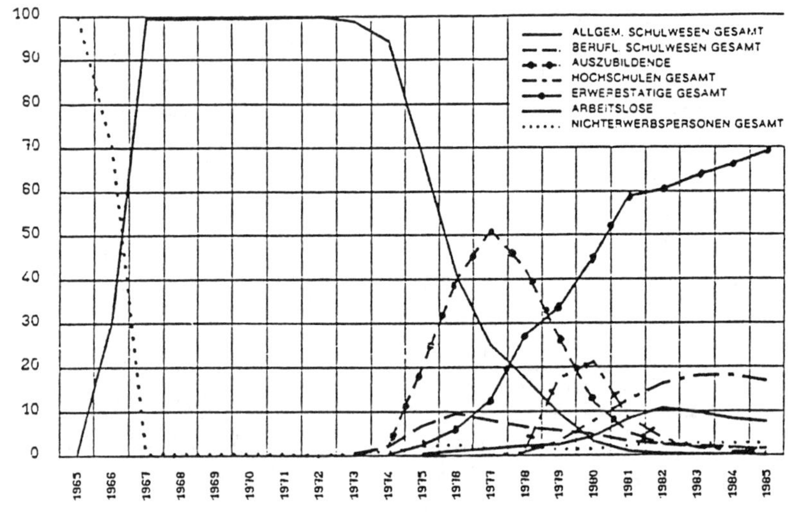

(h) Geburtsjahrgang 1960 weiblich

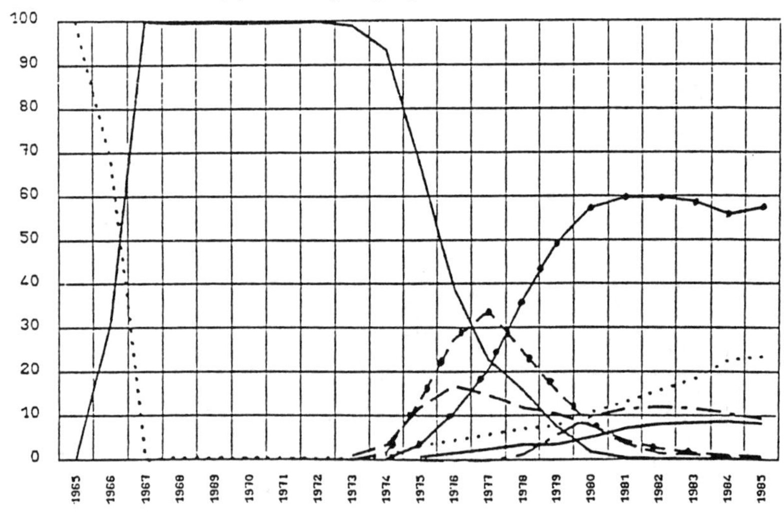

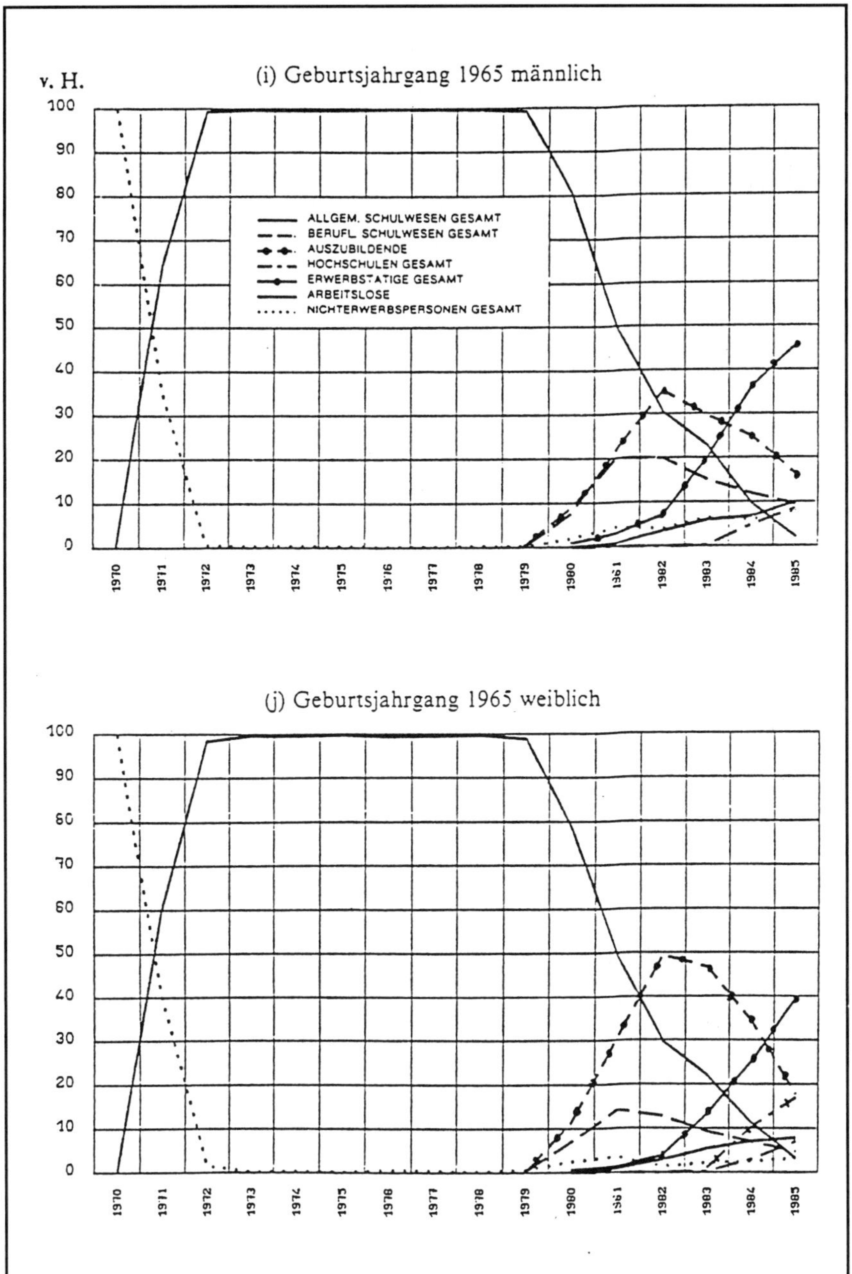

Abbildung 5: Durchlauf ausgewählter Geburtsjahrgangskohorten durch das Bildungs- und Beschäftigungssystem (in %) - Quelle: Tessaring et al. 1990

Kohorteneffekte bei der Bildungsbeteiligung haben allerdings zu einer beträchtlichen Verschiebung zwischen den verschiedenen Geburtsjahrgängen geführt: Bedingt vor allem durch die allgemein gestiegene Bedeutung des allgemeinbildenden weiterführenden Schulbereichs und die Verlängerung der allgemeinen Schulpflicht befanden sich im Alter von 15 Jahren von der ältesten Kohorte 1945 nur gut ein Drittel im Bildungswesen; von der jüngsten Kohorte 1965 waren es dagegen schon mehr als drei Viertel. Das heißt indessen auch: Die Bildungsexpansion hat die älteren Kohorten noch kaum erfaßt, während sie sich bei den jüngeren in zunehmendem Maße auswirkt.[46]

In diesem Sinn haben die enormen Unterschiede in der Bildungsbeteiligung zwischen den Kohorten, unabhängig davon, ob sie sich später im Berufsleben auszahlen werden,

> "einen *Riß zwischen den Generationen* im Nachkriegsdeutschland entstehen lassen, der erst ganz allmählich in seiner Breiten- und Tiefenwirkung auf das Verhältnis zwischen den Geschlechtern, das Erziehungsverhalten der Eltern, auf die politische Kultur (neue soziale Bewegungen) sichtbar wird. Auf diese Weise wurde ein Stück Abschied von den klassenkulturellen Bedingungen und Vorgaben des Herkunftsmilieus vollzogen. Mit der Verlängerung schulischer Bildung werden traditionale Orientierungen, Denkweisen und Lebensstile durch universalistische Lehr- und Lernbedingungen, Wissensinhalte und Sprachformen relativiert oder verdrängt."[47]

Es wird aber ebenso erkennbar, wie die Ergebnisse weiter belegen, daß die niedrigere Bildungsbeteiligung der älteren Kohorten kaum nachträglich etwa durch Weiterbildung revidiert wird. Die Bildungsexpansion in den sechziger Jahren vollzog sich hauptsächlich durch eine verstärkte Bildungsbeteiligung der jüngeren und kaum durch eine nachträgliche Weiterbildung der älteren Kohorten, die bereits im Erwerbsleben stehen. Insofern dürften weniger Kompensationsgesichtspunkte als die frühe schulische Weichenstellung nach der Grundschule das Bildungs- und Berufsverhalten verschiedener Kohorten entscheidend beeinflußt haben: Eine einmal erfahrene soziale Benachteiligung ist nur schwer rückgängig zu machen und bleibt weitgehend auf Dauer bestehen.[48]

Ebenso weisen Periodeneffekte auf die beträchtliche Zunahme der Arbeitslosigkeit hin.[49] Für alle Kohorten ist dabei ein sprunghafter Anstieg der Arbeitslosigkeit zu Beginn der achtziger Jahre auszumachen, und für die drei älteren Kohorten ist eine entsprechende Entwicklung gleichfalls für den Anfang der

---

46 Vgl. Tessaring et al. 1990.

47 Beck 1986, S. 128 f.

48 Vgl. Blossfeld 1989, Mayer und Blossfeld 1990, Mayer 1991a,b, Meulemann 1989, 1990a,b, 1992, Meulemann und Wiese 1984, Köhler 1992.

49 Sie wird hier nicht an den üblichen Arbeitslosenquoten, sondern als Anteil der Arbeitslosen an der gesamten Jahrgangsstärke ausgedrückt.

siebziger Jahre zu beobachten.[50] Es ist hierbei auch eine spezifische Interaktion von Perioden- und Alterseffekten nachweisbar. Die Kohorten von 1950 und 1960 waren beim Einbruch der Arbeitslosigkeit (ab 1972/73 beziehungsweise ab 1980/81) jeweils gerade 20 bis 22 Jahre alt und damit in einer schwierigen Phase zu Beginn ihrer Erwerbstätigkeit, die durch gewisse berufliche Unsicherheiten gekennzeichnet ist. In beiden Fällen ist ein besonders deutlicher Rückgang des Anteils der Erwerbstätigkeit sichtbar.

Es bestehen auch einige bemerkenswerte Unterschiede zwischen Männern und Frauen im Hinblick auf die Chance einer Berufsaufnahme. Während bei Männern der Anteil Nichterwerbstätiger kaum ins Gewicht fällt, steigt bei den Frauen der Anteil derer, die weder arbeitslos oder berufstätig sind noch eine Ausbildung abschließen, mit zunehmendem Alter an.[51] Es spricht einiges dafür, daß Frauen die verminderte Verfügbarkeit von Männern für Familienarbeit hinnehmen müssen, weil diese in der Hierarchie sozialer Sphären der Erwerbsarbeit nachgeordnet ist, während der Arbeitsmarkt die familial bedingte labilisierte Verfügbarkeit von Frauen nicht hinnehmen muß.[52]

Darüber hinaus ist bei Frauen ebenso ein Kohorteneffekt sichtbar: Die jüngeren Kohorten weisen im gleichen Alter einen geringeren Anteil an Nichterwerbstätigen auf als die älteren. Das schlägt sich nun freilich nicht in jedem Fall, wie man vermuten könnte, in einer steigenden Berufstätigkeit nieder, sondern ebenso in höheren Arbeitslosenraten:

> "So übertrifft im Alter von 29 Jahren die Erwerbsquote der Kohorte 1950 (53 %) jene der Kohorte 1955 (50 %) nur relativ geringfügig. Der wesentlich höhere Arbeitslosenanteil der jüngeren Kohorte (8 % gegenüber 5 %) zeigt, daß in diesem Falle viele junge Frauen ihren Wunsch nach einer Arbeitsaufnahme nicht verwirklichen konnten."[53]

Dies ist ein sehr markanter Hinweis darauf, daß Kohorten- und Periodeneffekt bei ihnen teilweise in entgegengesetzter Richtung wirken.

Eine ganz eigene Entwicklung, die bislang in diesem Zusammenhang viel zu wenig registriert wurde, ist die vor allem - im Gegensatz zu Männern gleicher Geburtsjahrgangskohorte - mit der höheren Bildungsbeteiligung einhergehende rapide Abnahme der Erwerbsneigung jüngerer Frauen: Von der Geburtskohorte

---

50 Vgl. Tessaring et al. 1990.

51 Daraus darf aber nicht geschlossen werden, daß ältere Arbeitnehmerinnen durchweg unqualifiziert sind, denn es ist bislang noch nicht untersucht worden, inwieweit "zertifizierte und bereits arbeitsmarktrelevant eingesetzte Qualifikationen, lebensbiographisch bedingt, verlorengegangen sind" (Krüger 1995, S. 205).

52 Vgl. Gottschall 1995, Krüger 1995.

53 Tessaring et al. 1990, S. 190.

1945 "waren im Alter von 19 Jahren weniger als 74 %, von der 1950er Kohorte 71 % erwerbstätig. Bei den jüngeren ... Kohorten sinkt diese Quote über 60 % und 49 % auf 36 % (Kohorte 1965) ab."[54] Hierbei gilt es zudem zu berücksichtigen: Die Bundesrepublik ist ein Land mit einer im internationalen Vergleich noch niedrigen Frauenerwerbsquote.[55] Die nunmehr steigende Erwerbsquote von Frauen wird aber zusammen mit der Zuwanderung von Aussiedlern und dem Zuzug von Ausländern dazu beitragen, daß das "Erwerbspersonenangebot" in den kommenden 15 bis 20 Jahren weitgehend konstant bleiben wird, ebenso konstant indes auch die Arbeitslosenzahl einschließlich der stillen Reserve.

Gründe für Diskrepanzen zwischen steigender Bildungsbeteiligung und Berufsausbildungswünschen

Dabei kommen gerade für Frauen aus der jüngsten Kohorte, je nach den gehegten Ausbildungswünschen, vielfältige Gründe mit ins Spiel[56]:

1. In den Betrieben stehen sehr viel weniger Ausbildungsplätze für junge Frauen zur Verfügung als für junge Männer; die Mehrzahl der jungen Frauen konzentriert sich traditionell auf ein enges Spektrum von Ausbildungsberufen und Berufstätigkeiten. Technikorientierte und gewerbliche Berufe werden von Frauen nicht in ausreichendem Umfang genutzt: Die meisten der mehr als 120 anerkannten gewerblich-technischen Handwerksberufe gelten traditionell als Arbeitsfelder für Männer; Frauen werden darin als seltene "Paradiesvögel" angesehen, die sich in eine Männerwelt verirrt haben. Zudem bestehen in den Betrieben selbst oftmals noch erhebliche Vorurteile und Vorbehalte gegen die Ausbildung und Beschäftigung von Frauen in industriellen und gewerblich-technischen Berufen, die landläufig als typisch "männlich" angesehen werden - nicht

---

54 Tessaring et al. 1990, S. 190.

55 Vgl. Gottschall 1995.

56 Vgl. Meister 1978, 1981, 1983, Tölke 1978, BMBW 1980a,b, 1985a, b, 1986a,b, Mayer 1980, Bilden et al. 1981, Böhmeke et al. 1981, Heinz und Krüger 1981, Heinz et al. 1985, Diezinger et al. 1982, Althoff 1983, Biermann und Ziebell 1983, Bock et al. 1983, Engelbrech 1983, Engelbrech und Kraft 1983, Faulstich-Wieland und Horstkemper 1983, Handl 1983, Fulda et al. 1983, Sommerkorn 1983, Europäisches Parlament 1984, Seidenspinner und Burger 1984, Braun et al. 1985, Ostner 1985, Beck 1986, Gottschall 1986, 1995, Ostendorf 1986, Stegmann und Kraft 1987a,b, Weymann 1987, Brothun 1988, Apel 1989, Kommission der Europäischen Gemeinschaften 1989, 1990, Köhler 1989, Blossfeld und Jaenichen 1990, Rabe-Kleberg 1990, Meier und Rabe-Kleberg 1993, Lemmermöhle-Thüsing 1990, Hermanns 1991, Krüger 1992, 1995, Raab 1992, Tessaring et al. 1990, Kahle und Schaeper 1991, Hagemann-White1992, Imhäuser und Rolff 1992, Engler 1993, Maier 1993, Morschhäuser 1993, Arbeitsgruppe Bildungsbericht am Max-Planck-Institut für Bildungsforschung 1994, Geenen 1994, Bofinger 1994, Deutscher Bundestag 1994, Goffman 1994, Bildungskommission NRW 1995, Gisbert 1995.

zuletzt deshalb, weil "sie unvertraut mit allem und ungeeignet für alles sind, was Muskelkraft, handwerkliches oder elektrisches Wissen oder ein körperliches Wagnis erfordert."[57] Andererseits wird - ungeachtet aller harschen Kritik an der Ausbildung für "Frauenberufe"[58] - die wachsende Bedeutung der sozialen, pflegerischen und pädagogischen Berufe, in denen traditionell ein hoher Frauenanteil vorhanden ist, noch nicht ausreichend anerkannt.

2. Erheblich mehr junge Frauen als junge Männer erhalten keinen regulären Ausbildungsvertrag. Der Beruf, in dem sie schließlich ausgebildet werden, ist dann auch seltener als bei jungen Männern der von Anfang an gewünschte, und ebenso würden sie weniger häufig als junge Männer diesen Beruf wieder ergreifen. Die Ausbildungsberufe für junge Frauen konzentrieren sich immer noch stark auf die traditionell weiblichen Berufsfelder im Dienstleistungs- und Gesundheitsbereich wie Arzthelferin, Kauffrau im Einzelhandel, Friseurin, Fachverkäuferin im Nahrungsmittelhandel und Fachgehilfin in steuer- und wirtschaftsberatenden Berufen, die zumeist in "Sackgassenberufe" einmünden. Diese typischen Frauenberufe sind durch vergleichsweise ungünstige Verdienstmöglichkeiten, geringe Aufstiegschancen, geringe Entscheidungsspielräume, ein hohes Beschäftigungsrisiko und ein geringes Transfer-Potential bei einem Wechsel des Berufes gekennzeichnet.

3. Immer noch ist die Studienneigung der Abiturientinnen niedriger als die der Abiturienten, und junge Frauen lassen sich in stärkerem Maße von ungünstigen Studienbedingungen und schlechten Berufsaussichten vom Studium abhalten. An den Universitäten werden von den Studienanfängerinnen nach wie vor die in den Bahnen der Konvention verbleibenden Lehramtsstudiengänge, wenn auch mit rückläufiger Tendenz, und die Sprach- und Kulturwissenschaften stark bevorzugt; die übrigen akademischen Studienfächer, vor allem die Ingenieurwissenschaften, jedoch noch kaum als offenes Feld künftiger Berufe in Erwägung gezogen.

4. Junge Frauen tragen - unabhängig von ihrer Qualifikation - höhere Arbeitsmarktrisiken; die qualifikationstypischen Arbeitslosenraten liegen auf jedem Niveau der Qualifikation höher als die der jungen Männer. Für diese gilt zwar, daß bessere berufliche Qualifikationen mit einer vergleichsweise besseren beruflichen Position auf dem Arbeitsmarkt einhergehen - für junge Frauen trifft dies indes nicht zu: Die Arbeitslosenraten der Absolventinnen von Fachschulen, Fachhochschulen und Universitäten liegen merklich über der Arbeitslosenrate junger Frauen mit betrieblicher Ausbildung oder Berufsfachabschluß. Freilich gilt

---

57 Goffman 1994, S. 123 f.

58 Vgl. Krüger 1995.

ebenso für junge Frauen, daß ein fehlender Ausbildungsabschluß mit einem besonders großen Arbeitsmarktrisiko verbunden ist.

5. Die Probleme, einen der Ausbildung angemessenen Arbeitsplatz zu finden, sind dann am größten, wenn Hochschulabsolventinnen und -absolventen ein eher geschlechtsuntypisches Fach studiert haben. So waren junge Frauen häufiger "unangemessen" beschäftigt, wenn sie ihren Studienabschluß in einem technischen oder wirtschaftswissenschaftlichen Fach erworben hatten; junge Männer dagegen arbeiteten häufiger in niedrigeren Positionen, wenn sie ein (sozial-) pädagogisches oder geisteswissenschaftliches Fach studiert hatten.

6. Auch haben Hochschulabsolventinnen eindeutig schlechtere berufliche Startbedingungen als Hochschulabsolventen, sind nicht nur häufiger arbeitslos, sondern haben auch längere Wartezeiten, bis sie einen Arbeitsplatz finden, in Kauf zu nehmen und müssen diese Phase oftmals mit Gelegenheitsarbeiten überbrücken. Sie sind tendenziell zudem in Universitätsdisziplinen besonders stark repräsentiert, die hohe Arbeitslosenquoten aufweisen; aber auch innerhalb der Ausbildungsfachgruppen ist im allgemeinen die Arbeitslosigkeit von jungen Frauen höher als die von jungen Männern. Überdurchschnittlich häufig müssen junge Frauen sich überdies mit rangniedrigeren beruflichen Positionen und befristeten, ungesicherten Arbeitsverhältnissen oder Teilzeitarbeit bescheiden, auch wenn das durchaus den Wünschen vieler Frauen entspricht, besonders dann, wenn sie einen Partner und Kinder haben.

7. In den höheren Rängen der Berufshierarchie ist die Luft für junge Frauen nach wie vor besonders dünn. Obwohl sie *de jure* die gleichen Chancen wie Männer haben, ist *de facto* ihr Anteil in Führungspositionen von Wirtschaft, Verwaltung und Politik gering und weist eine weitgehend ständische Geschlossenheit auf. Die zurückgebliebendste aller "Provinzen" jedoch, dort, wo die Aufklärung gewissermaßen zum wissenschaftlichen Programm gehört, ist die Universität.[59] In den Vereinigten Staaten spricht man in diesem Zusammenhang

59 Obwohl die Zahl der Studentinnen kontinuierlich angestiegen ist, von 27,9 Prozent im Jahr 1972 auf 42,9 Prozent im Jahr 1993, stagniert der durchschnittliche Anteil der Frauen, die eine Universitätsprofessur innehaben, in den letzten fünfzehn Jahren und ist lediglich von 5,3 auf 5,5 Prozent gestiegen. Bei den C4-Professuren liegt der Frauenanteil derzeit sogar nur bei 3 Prozent. Besonders schwierig ist die Stellensituation nach wie vor in den ingenieurwissenschaftlichen Studiengängen; hier bilden Frauen noch immer eine Minderheit. Ihr Anteil an den Studierenden in den einschlägigen Fachbereichen beträgt an den Universitäten und Fachhochschulen gleichermaßen nur knapp 15 Prozent. Noch ungünstiger werden die Werte bei den Promotionen (4 Prozent) und Habilitationen (5 Prozent). Von 100 in den Ingenieurwissenschaften lehrenden Professoren ist gar nur einer weiblichen Geschlechts. Leicht steigend sind allerdings die Zahlen bei den Studienanfängerinnen (Universität: 17 Prozent, Fachhochschule: 16 Prozent) (vgl. BMBWFT 1994). Die These, trotz aller Bemühungen habe sich die Stellensituation von Frauen an den deutschen Hoch-

auch von einer "Glasdecke", die Frauen von den höheren Positionen trennt. Daß es nur wenigen Frauen gelingt, sie zu durchstoßen, liegt weder an der mangelnden Qualifikation noch an ihrer fehlenden Bereitschaft, ebenso hart wie Männer zu arbeiten. Es liegt auch nicht daran, daß sich gegenwärtig noch viele Männer offen gegen eine Zusammenarbeit mit Frauen aussprechen. Vielmehr werden Frauen nicht aktiv darin bestärkt, die "Glasdecke" zu durchbrechen. Männer sind zwar nicht gegen Frauen in den Chefetagen, sie sind aber - wenn sie überhaupt dafür sind - nur verbal dafür. In den meisten anderen Fällen ist die Haltung subtiler. So werden hochqualifizierte und kompetente Frauen häufig auf Karriereschienen geleitet, die in eine Sackgasse münden und keinen Sprung in Führungspositionen erlauben. Diese sind zwar durch die "Glasdecke" sichtbar, werden aber gleichwohl nicht erreicht.

Vor diesem Hintergrund kann der starke Anstieg der Zahl junger Frauen bei den höheren Bildungsabschlüssen nicht durchgängig als Verbesserung ihrer Chancen, sondern muß auch als das Ergebnis ihrer Perspektivlosigkeit am Arbeitsmarkt gedeutet werden. Deshalb versuchen sie durch vermehrte Bildungsanstrengungen, das Risiko ihrer Arbeitslosigkeit zu vermindern, das heißt: hinter dem veränderten Bildungsverhalten junger Frauen verbirgt sich zweifellos auch ein strategisches Berufsverhalten[60]:

- Sie "horten" Bildung gleichsam für alle Fälle auf eine unsichere berufliche Zukunft.
- Sie wechseln in höhere Bildungsgänge, weil sie in ihren konkreten Berufswahlen eingeschränkt sind; ihr längeres Verweilen in diesen Bildungsgängen - dieses Moratorium war früher nur den Söhnen der Elite vorbehalten - erscheint als eine Notlösung oder eine Lösung auf Zeit, um doch noch ihre beruflichen Ziele anstreben zu können.
- Sie verlängern häufig ihren Schulbesuch, schieben die Geburt des ersten Kindes hinaus und zeigen danach eine höhere Bereitschaft, wieder in den Beruf zurückzukehren.

Daher gilt: Junge Frauen passen sich gezwungenermaßen den gesellschaftlichen Verhältnissen an. Sie wählen deshalb eher klassische Ausbildungs- und Studienwege und sind auch eher als junge Männer bereit, ihre Berufswünsche am

---

schulen in den letzten Jahren nicht wesentlich verbessert, trifft indes generell nicht zu und bedarf der Differenzierung. Betrachtet man beispielsweise den Bereich "Erziehungswissenschaft", stimmt sie auf jeden Fall so nicht. So sind in den alten Bundesländern zwischen 1991 und 1993 14 von 30 ausgeschriebenen C3-Professuren (das heißt 47 Prozent) und von 4 von 31 C4-Professuren (das heißt 12 Prozent) mit Frauen besetzt worden (vgl. Kuckartz und Lenzen 1994).

60 Vgl. Metz-Göckel 1992, 1994.

Ausbildungs- und Arbeitsmarkt auszurichten.[61] Das deutet darauf hin, daß für junge Frauen Fragen der gesamten Lebensplanung, Fragen der Vereinbarkeit von verschiedenen Lebensbereichen viel bedeutsamer sind als für junge Männer. Es spricht deshalb einiges dafür, daß Frauenberufe sie so anziehen,

> "weil sie Frauenberufe sind, und zwar unabhängig davon, ob sie hausarbeitsnah, sozialkommunikativ oder lukrativ sind. Dies jedoch wäre theoretisch einleuchtend. Die schlichte Tatsache, daß der Frauenanteil eines Berufs hoch ist, verleiht eine geradezu unwiderstehliche Plausibilität der Annahme, daß die Vereinbarkeitsleistung[62] (als Grundanforderung der weiblichen Normalbiographie) in diesem Beruf gelingt. Da weder Berufsberatung noch Alltagswelt die Mädchen auf eine eigenverantwortliche Gestaltung der Vereinbarkeitsleistung vorbereitet, müßten sie ein außerordentlich hohes Selbstbewußtsein aufbringen, um zu meinen, daß ihnen diese Leistung auf noch nicht begangenen Wegen gelingen würde."[63]

Für diese Haltung ist das "Kind-Beruf"-Dilemma[64] sicherlich wesentlich mitverantwortlich, das junge Frauen eher in ihre Lebensplanung und Lebenserwartungen vorausschauend einbeziehen, als es sich dann tatsächlich stellen wird[65] - jedenfalls früher und konkreter, als es den meisten jungen Männern bewußt wird. Es zeigt sich nämlich, daß junge Frauen nicht in dem für das männliche Geschlecht üblichen Gleichschritt die Karriereleiter hinaufrücken. Zwar ist Frausein keine Behinderung, doch Mutterwerden oder -sein ist nach wie vor mit "Verhinderungen" verknüpft. Sobald aus einem Paar eine Familie geworden ist, spielen sich oftmals geradezu zwangsläufig die überkommenen Verhaltensweisen ein. Für junge Frauen in den Zwanziger- und Dreißigerjahren gilt nach wie vor, daß die "Frauenfrage" eine "Kinderfrage" ist.

Erschwerend kommem soziale Benachteiligungen in der Erziehung mit ins Spiel, wofür die erhöhte Präsenz von Frauen im Bereich der Teilzeitarbeit und der zeitweise Berufsausstieg vieler Frauen zwischen 25 und 34 Jahren eindeutige Indizien sind. Frauen müssen im Vergleich zu Männern immer noch vermehrt Verantwortung in der Kindererziehung und -betreuung übernehmen, und damit ist stets auch ein erschwerter Zugang zur beruflichen Ausbildung und zum Weg zurück in eine qualifizierte Berufsausübung verbunden. Das Arbeitszeitmuster von Frauen ist bestimmt durch die Notwendigkeit, Familie und Erwerbsarbeit miteinander zu vereinbaren. Häufig eröffnet nur Teilzeitarbeit die Chance, Familie und Erwerbsarbeit zu verbinden. Die meisten der bisher angebotenen Teilzeitarbeitsplätze betreffen weniger qualifizierte Tätigkeiten, erfordern nur ein eher

---

61 Vgl. Heinz et al. 1985, Hurrelmann 1989, 1994.

62 Gemeint ist damit die Fähigkeit, eine qualifizierte Berufstätigkeit und Haushaltsführung zu vereinbaren (vgl. Müller 1989).

63 Hagemann-White 1992, S. 72 f.

64 Vgl. Krüger et al. 1987, Schön et al. ^{2}1994.

65 Vgl. du Bois-Reymond et al. 1992.

niedriges Qualifikationsniveau und bieten nur geringfügige Beschäftigungsverhältnisse. Teilzeitbeschäftigung schließt oft noch immer Dequalifizierung und damit Karriererisiken und eine Reduktion der späteren Rentenansprüche ein. Unter Arbeitsverhältnissen von Männern stellt Teilzeit eine Randerscheinung dar. Allerdings werden wohl auch nur die jungen Frauen vermehrt Bildungsanstrengungen auf sich nehmen, die ihr vorrangiges Ziel in einer dauerhaften Berufstätigkeit erblicken.

Ein "maskierter" Bildungseffekt, demzufolge mehr Bildung auch das Bewußtsein für die soziale Ungleichheit schärft, ist jedenfalls für diesen

> "'weiblichen' Teil der jüngeren Generation nicht auszuschließen. Die Haltung: 'Besser irgendeine als keine Berufsausbildung' bröckelt. Und 'Je mehr Bildung, desto wahrscheinlicher auch die Erfüllung von Wünschen nach sinnvoller Tätigkeit' könnte an ihre Stelle treten oder hinzutreten. ... Aber diese Haltung trügt und ist realistisch zugleich. Frauen halten für wahr, was in dieser Gesellschaft bloß Ideologie ist. Die vielen einzelnen individuellen Wünsche lassen sich nicht realisieren, ohne daß eingeschliffene Muster von Selektion, Aufstieg und Abschottung ingesamt sich ändern."[66]

Dafür sind vor allem zwei Gesichtspunkte maßgebend:

Einmal ist als direkte Folge der drastischen Bildungsexpansion die Veränderung des gesellschaftspolitischen Stellenwerts der höheren Bildungsgänge, vor allem der Gymnasien, zu erwähnen. Diese Bildungsinstitutionen sind keine Elitebildungsanstalten mehr wie noch in den fünfziger Jahren, sondern typisch für die Mehrheit einer Schülergeneration, was zu einer starken Anhebung der Pyramide höherer Schulabschlüsse geführt hat. Aber sie verbürgen nicht mehr die erhoffte berufliche Statusgarantie, die sie noch vor einer Generation gewährten. Denn aufgrund des gestiegenen Angebots von Bewerbern und Bewerberinnen mit höheren Schulabschlüssen sind die Anforderungen für den Eintritt in die verschiedenen Berufspositonen der privaten Wirtschaft und im öffentlichen Dienst im Laufe der siebziger Jahre allmählich heraufgesetzt worden. Am Lehrstellen- und Arbeitsmarkt spielen sich folglich harte Verdrängungswettbewerbe ab. Die private Wirtschaft und der öffentliche Dienst ziehen dabei in aller Regel die Höherqualifizierten den weniger Qualifizierten vor. Durch das rapide Ansteigen des Niveaus höherer Schulabschlüsse werden die Berufsmöglichkeiten der weniger Qualifizierten drastisch beschnitten, die ohne Schulabschluß bleiben ohne jede Chance und sozial deklassiert.[67]

---

66 Metz-Göckel 1992, S. 56.

67 Dies ist kein isoliertes Problem der Bundesrepublik. In der Europäischen Union öffnet sich die Schere zwischen der Zahl jugendlicher Schulversager, die ihre schulische Bildung ohne ausreichende Grundlagen für eine Eingliederung in das Erwerbsleben verlassen - 25 bis 30 Prozent eines Altersjahrganges - und der zunehmenden Zahl von Jugendlichen mit höheren Bildungsabschlüssen (vgl. Bourdieu und Passeron 1971, Bourdieu et al. 1981, Bourdieu 1982, Hüfner und Naumann 1977,

Die beschriebenen Verdrängungsvorgänge spielen sich so schnell und so folgenreich ab, weil sie mit einer ungünstigen gesamtwirtschaftlichen Entwicklung seit Mitte der siebziger Jahre zusammentrafen. Zwar ist es im Zuge dieser Entwicklung zu einer vergleichsweisen Zunahme von Ausbildungs- und Arbeitsplätzen in qualifizierten Berufsgruppen für junge Frauen gekommen, aber doch nicht in demselben Tempo und Ausmaß, in dem Realschulen und Gymnasien im Verlauf der Bildungsexpansion höher qualifizierte Absolventinnen und Absolventen entlassen haben; schon hierdurch entsteht ein Mangel an attraktiven beruflichen Beschäftigungsmöglichkeiten für sie. Dies um so mehr, als mit dem sozialen Wandel in den Ansichten und Vorstellungen über die konventionellen Modelle der Arbeits- und Begabungsteilung zwischen den Geschlechtern gleichfalls die Zahl von Frauen gestiegen ist, die bisher teilweise in stiller Reserve gehaltene qualifizierte Schulabschlüsse auf dem Arbeitsmarkt anbieten[68] - auch wenn sie sie, ungeachtet der in der Bundesrepublik besonders engen Koppelung von Bildungs- und Beschäftigungssystem, nicht in dem selben Maß wie Männer umsetzen können.[69]

Diese schwierige Ausgangslage ist für junge Frauen indes nicht nur auf die gestiegene Bildungsbeteiligung und höhere Schulabschlüsse ganz allgemein zurückzuführen, sondern ebenso auf die "Schleifen", die inzwischen viele Jugendliche im Bildungswesen ziehen.

> "In den durch Ausbildungsplatzknappheit, Numerus clausus und Arbeitsmarkt-Unsicherheiten geprägten achtziger Jahren haben viele Jugendliche zwischen Schule und Berufsausbildung oder zwischen Schule und Studium Phasen der Bildung, der Erwerbstätigkeit oder auch des produktiven Abwartens (z. B. in Gestalt eines Auslandsaufenthalts) eingeschoben, die im nachhinein nur als Zwischenschritte oder Überbrückungsmaßnahmen bis zur Einmündung in die angestrebte Ausbildung anzusehen sind: Abiturienten haben eine Berufsausbildung aufgenommen, dann

---

Hüfner et al. 1986, Bolder 1983, 1992, Bolder und Rodax 1987).

68 Selbstverständlich "variiert der Ertrag eines Abschlußzeugnisses auf dem Arbeitsmarkt, verstanden als die in Relation zu einem bestimmten Bildungsniveau tatsächlich erreichte soziale Position, je nach Geschlecht und familialer Situation. Verheiratete Männer erreichen einen höheren 'Ertrag' als Unverheiratete der gleichen Altersstufe, verheiratete Frauen dagegen einen geringeren als ihre unverheirateten Altersgenossinnen, die ihrerseits meistens einen 'Ertrag' erzielen, der dem der ledigen Männer entspricht. Der Beginn der Elternschaft ist für die Männer meistens mit einer Beschleunigung ihres beruflichen Aufstiegs verbunden, für die Frauen dagegen mit einer Verlangsamung: die Unterschiede in der unmittelbaren Bewertung ihres Kapitals steigen mit zunehmender Kinderzahl. Auch bei den meisten Paaren, bei denen beide Partner berufstätig sind, ist weiterhin der Mann derjenige, der in erster Linie für den Lebensunterhalt sorgt und damit zugleich den sozialen Status der Familie bestimmt. Diese Lebensform führt dahin, daß die Frau zunehmend weniger, der Mann dagegen immer stärker in die Berufsarbeit investiert, wodurch die Berufsarbeit der Frau bzw. die des Mannes eine völlig unterschiedliche Bedeutung gewinnt" (de Singly 1994, S. 142 f.).

69 Vgl. Gottschall 1995.

aber doch noch ein Hochschulstudium absolviert; Abgänger von Haupt- und Realschulen haben zunächst ein Berufsvorbereitungsjahr oder Berufsgrundbildungsjahr durchlaufen oder eine Berufsfachschule besucht, bevor sie einen geeigneten Ausbildungsplatz im Betrieb fanden ...".[70]

Diese in Krisenzeiten oft durchaus erzwungene Praxis des Warteschleifenziehens ist in ihrem Ausmaß sowohl von der Situation im Bildungswesen, aber vor allem auch von der auf dem Arbeitsmarkt abhängig.[71] Darin kommt indes auch zum Ausdruck, daß die Chance, einmal getroffene Bildungsentscheidungen umzustoßen, sie zu ergänzen und in eine andere Richtung zu lenken, zunehmend wahrgenommen wird. Dabei wird ebenso ins Kalkül gezogen, daß die prekäre gesamtwirtschaftliche Entwicklung vor allem den Einsatz von Informations- und Kommunikationstechnik, neuer Biotechnologie, moderner Werkstoff- und Umwelttechnologie verlangt[72], auf der Steigerung der Produktivität und Rentabilität sowie auf Absatzengpässen bei gesättigten Waren- und Dienstleistungsmärkten beruht und sich in besonderem Maße negativ auf viele klassische traditionelle Frauenberufe auswirkt. Kurzum: Die Diskrepanz zwischen Berufsausbildungswünschen von Mädchen und jungen Frauen und ihrer enorm gestiegenen Bildungsbeteiligung in den allgemeinbildenden weiterführenden Bildungsgängen ist immer noch beträchtlich. Es liegt deshalb nahe, anzunehmen, daß dabei auch den Fächer- und Schulzweigwahlen ein erheblicher Einfluß zukommt, denn sie sind kritische Entscheidungen auf Bildungswegen, an denen geschlechtstypische Disparitäten besonders auffällig werden.

70 Arbeitsgruppe Bildungsbericht am Max-Planck-Institut für Bildungsforschung 1994, S. 544.

71 Einen großen Einfluß auf Arbeitsmarktentwicklung und Qualifikationen hat der Trend zur Tertiarisierung der Wirtschaft. Schon seit den sechziger Jahren sinkt der Anteil der im produzierenden Sektor Beschäftigten in allen westlichen Industrieländern, und auch die Zahl industrieller Arbeitsplätze geht absolut zurück. Die wachsende Bedeutung des Dienstleistungssektors ist wesentliches Element des Umbaus und der Modernisierung der Wirtschaft in der Bundesrepublik. In diesem Prozeß werden einerseits Arbeitsplätze vernichtet, andererseits besteht indessen ebenso die Chance, daß eine Vielzahl von Arbeitsplätzen neu ensteht, für die qualifiziertes Personal benötigt wird. Eine weitere Verlagerung des technischen Fortschritts von den absatzbeziehungsweise markterweiternden Produktinnovationen zu den Prozeß- beziehungsweise Rationalisierungsinvestitionen ist zu erwarten. In diesem Umstrukturierungsprozeß werden allerdings nicht unbedingt nur Arbeitsplätze im produzierenden Bereich verlorengehen; vielmehr werden auch im Verwaltungs- und Dienstleistungssektor Arbeitsplätze mit hohem Rationalisierungspotential wegfallen. Die eigentlichen Träger des Arbeitskräftezuwachses sind die "sekundären Dienstleistungen": Sie umfassen Tätigkeiten in der Forschung, Entwicklung und Planung, der Sicherung, Ordnung und Rechtsanwendung, Management-, Organisations- und Dispositionsaufgaben und solche im weiten Feld der Betreuung, Beratung, Ausbildung und Information (Vgl. Lehner und Widmaier 1992, Hansen et al. 1994, Bildungskommision NRW 1995).

72 Vgl. Maier 1994.

II. Muster des Bildungsverhaltens bei Fächer- und Schulzweigwahlen

Gerade in dieser Hinsicht hat die jahrzehntelange Diskussion über die soziale Benachteiligung von Frauen im Bildungswesen eine neue Wendung genommen. Die Perspektive der Gleichberechtigung ist seit den achtziger Jahren aufgrund der formalen Angleichung in der Bildungsbeteiligung der jungen Generation in den Hintergrund getreten und hat einer "Erforschung diskreter Diskriminierungen und 'unbewußter Tradierung von Ungleichheit'" Platz gemacht.[73] So zeigte sich, daß es nun subtilere Schranken gab, die bei scheinbarer Gleichberechtigung wirksame Hemmnisse darstellen. Während sich nämlich beim Übergang in und Abgang von Realschulen und Gymnasien, also den "Makrostrukturen" der Bildungsbeteiligung, das geschlechtstypische Verhalten angeglichen hat oder sogar ein leichter Vorsprung der jungen Frauen gegenüber jungen Männern zu konstatieren ist, bleibt die "Mikrostruktur" des Bildungsverhaltens im allgemeinbildenden weiterführenden Schulbereich nach wie vor durch vergleichsweie klare geschlechtstypische Wahlmuster gekennzeichnet. Besonders deutlich wird das bei der Wahl von Fächern und Schulzweigen.

Wahl von Pflichtfächergruppen in Realschulen

Als ein anschauliches Beispiel soll dazu zunächst die Wahl von Fächergruppen in der Realschule näher betrachtet werden. Neben dem Pflichtunterricht haben Realschülerinnen und Realschüler zwischen den Wahlpflichtfächergruppen des mathematisch-naturwissenschaftlichen, des wirtschafts- und verwaltungspraktischen sowie des musisch-gestalterischen Bereichs zu wählen. Wie die Analyse der Schwerpunktwahlen in bayerischen Realschulen belegt, für die besonders gut abgesichertes Datenmaterial langfristig vorliegt, verteilen sich die Realschülerinnen sehr unterschiedlich auf die verschiedenen Wahlpflichtfächergruppen (siehe Abbildung 6)

Realschülerinnen sind in den Bereichen der musisch-gestalterischen sowie der wirtschafts- und verwaltungspraktischen Wahlpflichtfächer eindeutig überrepräsentiert, während sie im Bereich der mathematisch-naturwissenschaftlichen Wahlpflichtfächer, trotz eines leichten Anstiegs, nur eine Minderheit stellen. Diese Muster der Verteilungen haben sich dabei seit Mitte der sechziger Jahre kaum gravierend verändert. Dabei muß indes berücksichtigt werden, daß nicht an

73 Vgl. Metz-Göckel 1994, S. 89.

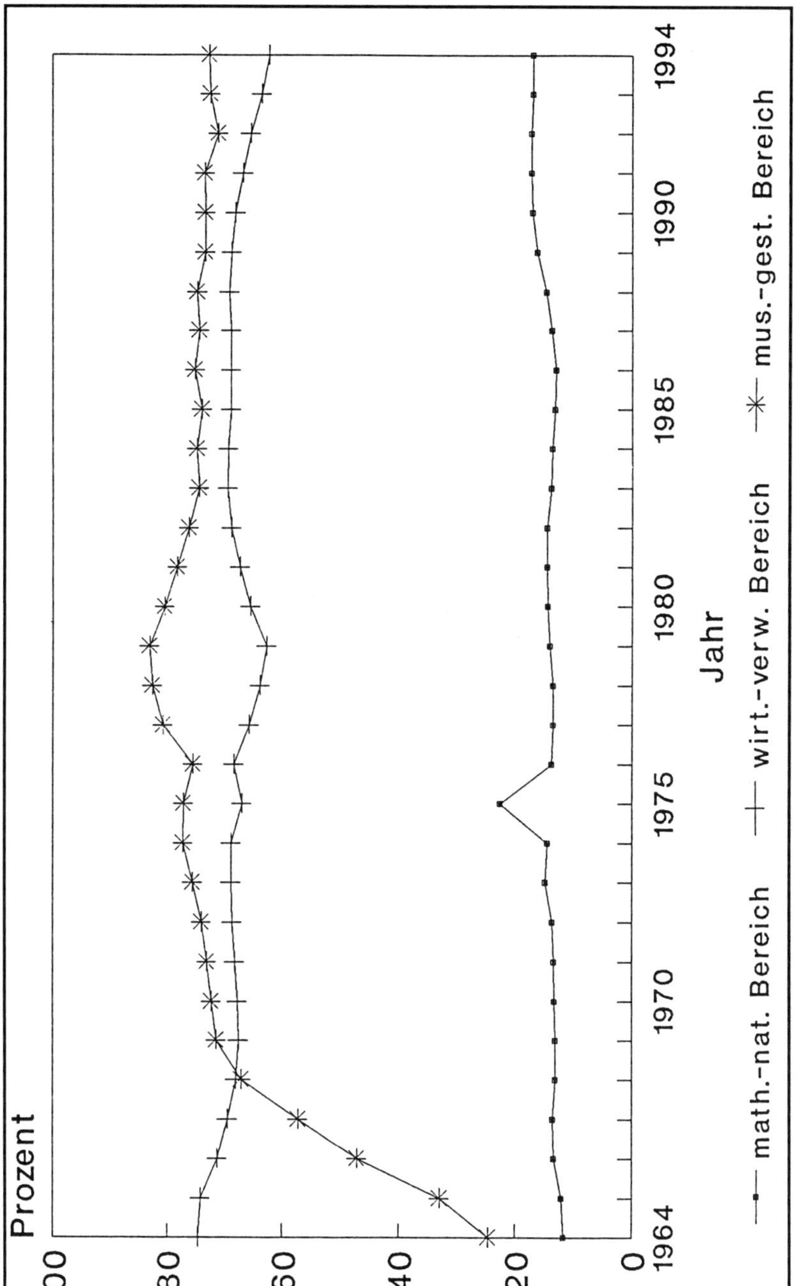

Abbildung 6: Verteilung der Realschülerinnen auf die Wahlpflichtfächergruppen in Bayern 1964 bis 1994 (in %) - Quelle: Eigene Berechnungen nach Statistische Berichte des Bayerischen Statistischen Landesamts 1964-1995

jeder einzelnen Realschule alle Wahlpflichtprofile existieren. In der Realität sind durch ungleiche Gewichte der Schülerinteressen, durch das Fehlen von Fachlehrern und räumliche sowie ausstattungsmäßige Einschränkungen dem Angebot häufig enge Grenzen gesetzt.[74]

Das Wahlverhalten der Realschülerinnen ist, worauf noch zurückzukommen sein wird, durchaus vergleichbar mit dem in der gymnasialen Oberstufe und hat mindestens ebenso weitreichende Konsequenzen für die weitere (Aus-)Bildung. Realschülerinnen, die im Wahlpflichtbereich keine mathematisch-naturwissenschaftlichen Fächer belegt haben, werden - sofern sie anschließend eine gymnasiale Oberstufe besuchen wollen - hier sehr wahrscheinlich keinen mathematisch-naturwissenschaftlichen Leistungskurs wählen und somit auch kein natur- oder ingenieurwissenschaftliches Fach studieren wollen. Ähnliches gilt im übrigen für das Erlernen einer zweiten Fremdsprache in der Realschule. Demgegenüber läßt die Entscheidung für den wirtschafts- und verwaltungspraktischen Bereich, den bei weitem die meisten Realschüler und Realschülerinnen wählen, in der Regel geringere Bildungsbestrebungen und bescheidenere Lebensperspektiven erkennen. So ist es ein offenes Geheimnis, daß sich auf der Grundlage dieser Differenzierung von Wahlpflichtfächern zugleich eine Aufteilung der Schülerinnen und Schüler nach Leistungskriterien vollzieht. Das hat zur Folge, daß die Weichenstellung für oder gegen einen Übergang in die gymnasiale Oberstufe dadurch im allgemeinen vorbestimmt ist.[75]

Auch Versuchen, das üblicherweise beim Übergang von der achten zur neunten Klasse abnehmende Interesse von Mädchen an Naturwissenschaften durch ein neues Curriculum und ein umfangreiches, für Jungen und Mädchen getrenntes physikalisches Praktikum zu stoppen, war kein allzu großer Erfolg beschieden. Und das, obwohl durch selbständiges Experimentieren - wie zum Beispiel die Untersuchung des Auges als optisches Instrument - die technischen Fertigkeiten von Mädchen über ihre alltägliche Erfahrung denen von Jungen angeglichen wurden. Ebenso nahm die Zahl der Mädchen, die einen technischen Beruf in Erwägung ziehen, nicht zu. Gleichwohl gibt es auch positive Tendenzen: So hat sich das allgemeine Interesse von Mädchen an gesellschaftspolitischen Folgen technischer Entwicklungen verstärkt. Die Technik selbst halten die meisten aber weiter für "Männersache".[76]

---

74 Vgl. Faulstich-Wieland 1991, Arbeitsgruppe Bildungsbericht am Max-Planck-Institut für Bildungsforschung 1994.

75 Vgl. Kreienbaum und Metz-Göckel 1992, Arbeitsgruppe Bildungsbebericht am Max-Planck-Institut für Bildungsforschung 1994.

76 Vgl. Beinke und Richter 1993.

Diejenigen Absolventinnen von Realschulen, die einen Beruf ergreifen wollen, konzentrieren sich mithin nach wie vor weitgehend auf "weibliche" Tätigkeitsfelder. Die Rangfolgen der von Mädchen und Jungen gewählten Ausbildungsberufe sind über Jahrzehnte hinweg vergleichsweise stabil geblieben. Erst seit Mitte der siebziger Jahre ist die Konzentration auf wenige Ausbildungsberufe von Jahr zu Jahr geringer geworden, vor allem bei den weiblichen Auszubildenden. Die Entwicklung ist jedoch in den letzten Jahren weniger ausgeprägt.[77] Mädchen ziehen immer noch besonders Berufe vor, in denen erzieherische und pflegerische Aufgaben im Vordergrund stehen (beispielsweise Fachlehrerin, Krankenschwester oder Arzthelferin) und in denen soziale Kontakte eine gewichtige Rolle spielen (etwa Büroberufe in Versicherungen, Banken und im Handel). Dagegen bevorzugen Jungen nach wie vor gewerblich-technische Berufe (beispielsweise Kraftfahrzeugmechaniker, Elektroinstallateur oder Schlosser).

Fächer- und Schulzweigwahlen in traditionell organisierten Gymnasien

Darüber hinaus läßt sich ebenso für die Belétage des allgemeinbildenden weiterführenden Schulbereichs, das Gymnasium, nachweisen, daß Mädchen und junge Frauen dort in der Mittelstufe, wo ihnen Wahlmöglichkeiten zugestanden werden, erheblich anders votieren als Jungen. Diese entscheiden sich, wenn man einmal von Biologie absieht, weit häufiger als Mädchen für Leistungskurse im mathematisch-naturwissenschaftlichen Aufgabenfeld. Mädchen präferieren hingegen durchgängig gestalterische Fächer wie Kunst und Musik, sozialwissenschaftliche wie Pädagogik und neusprachliche Fächer oder das naturwissenschaftliche Fach Biologie und verhalten sich gegenüber Mathematik und den Naturwissenschaften Physik, Informatik und Chemie äußerst reserviert.[78]

Dieses eindeutige Muster läßt sich ebenso bei den Leistungskurswahlen in der gymnasialen Oberstufe schon in den Anfangsjahren der Bundesrepublik nachweisen: Physik und Französisch sind die eigentlichen Exponenten geschlechtstypischer Vorlieben und Abneigungen.[79] Man mag vor allem die Zurückhaltung von jungen Männern gegenüber Sprachen und Kunst bedauern, folgenreicher ist zweifellos die Distanz von jungen Frauen gegenüber Physik, Chemie und Mathe-

---

77 Vgl. BMBW 1992.

78 Vgl. Philipps 1967, Statistisches Bundesamt 1967-1974, BMBW o. J. (1982), Sarges 1984, Schildkamp-Kündiger 1985, Hoffmann und Lehrke 1986, 1990, Janshen und Rudolph 1987, Weinbach 1988, Zinnecker 1972, Kernich-Möhringer 1989, Krinner 1989a,b, Kuhrke 1990, Faulstich-Wieland 1991, Baumert 1992, Roloff und Evertz 1992, Glumpler 1994.

79 Vgl. Brehmer 1991, Baumert 1992, Arbeitsgruppe Bildungsbericht am Max-Planck-Institut für Bildungsforschung 1994.

matik insofern, als dadurch das Spektrum beruflicher Entwicklungsmöglichkeiten viel stärker eingeschränkt wird. Das so "vermittelte Bild der Leistungskurswahlen korrespondiert gut mit Beliebtheitsmustern von Fächern der Sekundarstufe I oder Interessenprofilen von Jugendlichen."[80] In diesem Zusammenhang ist noch erwähnenswert, daß gerade diejenigen Schülerinnen, die einen mathematisch-naturwissenschaftlichen Leistungskurs belegen, nur zu einem Drittel überhaupt zu studieren beabsichtigen.[81] Wenn man von einer ersten Hürde mit Beginn des mathematisch-naturwissenschaftlichen Wahlunterrichts für Schülerinnen in der Mittelstufe sprechen kann, die sich dann im Verlaufe der Oberstufe verstärkt, so scheint es eine weitere Hürde nach dem Bestehen der Reifeprüfung und der Studienfachwahl zu geben.

Diese geschlechtstypische Akzentuierung bestimmter Fachgruppen und Fächer findet sich auch bei der Wahl der Gymnasialzweige in der Mittelstufe und Oberstufe wieder, wie das hier ebenfalls als wichtige Ergänzung mit herangezogene amtliche Datenmaterial für Bayern und die Bundesrepublik Deutschland eindrucksvoll nachweist (vgl. Abbildung 7 und 8).[82]

Mädchen und junge Frauen am Ende der gymnasialen Mittelstufe in Bayern beziehungsweise der Abiturklassen in der Bundesrepublik konzentrieren sich demnach besonders im neusprachlichen Zweig; erheblich unterrepräsentiert sind sie hingegen immer noch im mathematisch-naturwissenschaftlichen und vor allem im humanistischen Zweig der Gymnasien[83], obwohl sie hier, besonders wenn man einen längeren Zeitraum wie in Bayern betrachtet, deutlich zugelegt haben. Für diese Entwicklung kann freilich ein Grund nicht herangezogen werden: Mädchen und junge Frauen hätten weniger "technische Intelligenz". Die Notenstatistik für den Mathematikunterricht in der neunten Klasse an Gymnasien macht deutlich, daß es keine Leistungsunterschiede gibt: Die Durchschnittszensuren sind bei Jungen und Mädchen gleich. Unterschiedlich ist allerdings die

80 Baumert 1992, S. 101.

81 Vgl. Brehmer et al. 1989.

82 Die hier erfaßten statistischen Trends für die Bundesrepublik beziehen noch schwerpunktmäßig die unterschiedlichen Gymnasialzweige ein, die dann im Laufe der siebziger Jahre, nach der Reform der gymnasialen Oberstufe, nicht mehr weiter erfaßt wurden. Einige Länder, wie etwa Bayern, haben in der Mittelstufe eine entsprechende Schwerpunktbildung beibehalten, die die Kurskombination der Oberstufe vorstrukturieren soll. Dort spricht man noch von einer altsprachlichen, neusprachlichen und mathematisch-naturwissenschaftlichen Ausbildungsrichtung der Gymnasien. In den Jahrgangsstufen 5 bis 8 sowie 12 und 13 läßt sich aber eine eindeutige Zuordnung zu den einzelnen Ausbildungsrichtungen nicht vornehmen. Daher wurde die Jahrgangsstufe 9 hierfür als illustratives Beispiel ausgewählt (siehe auch Philipps 1967, S. 164 ff.).

83 Vgl. Zinnecker 1970, 1972, Böhmeke et al. 1981, Hurrelmann et al. 1986, Faulstich-Wieland 1991, Baumert 1992.

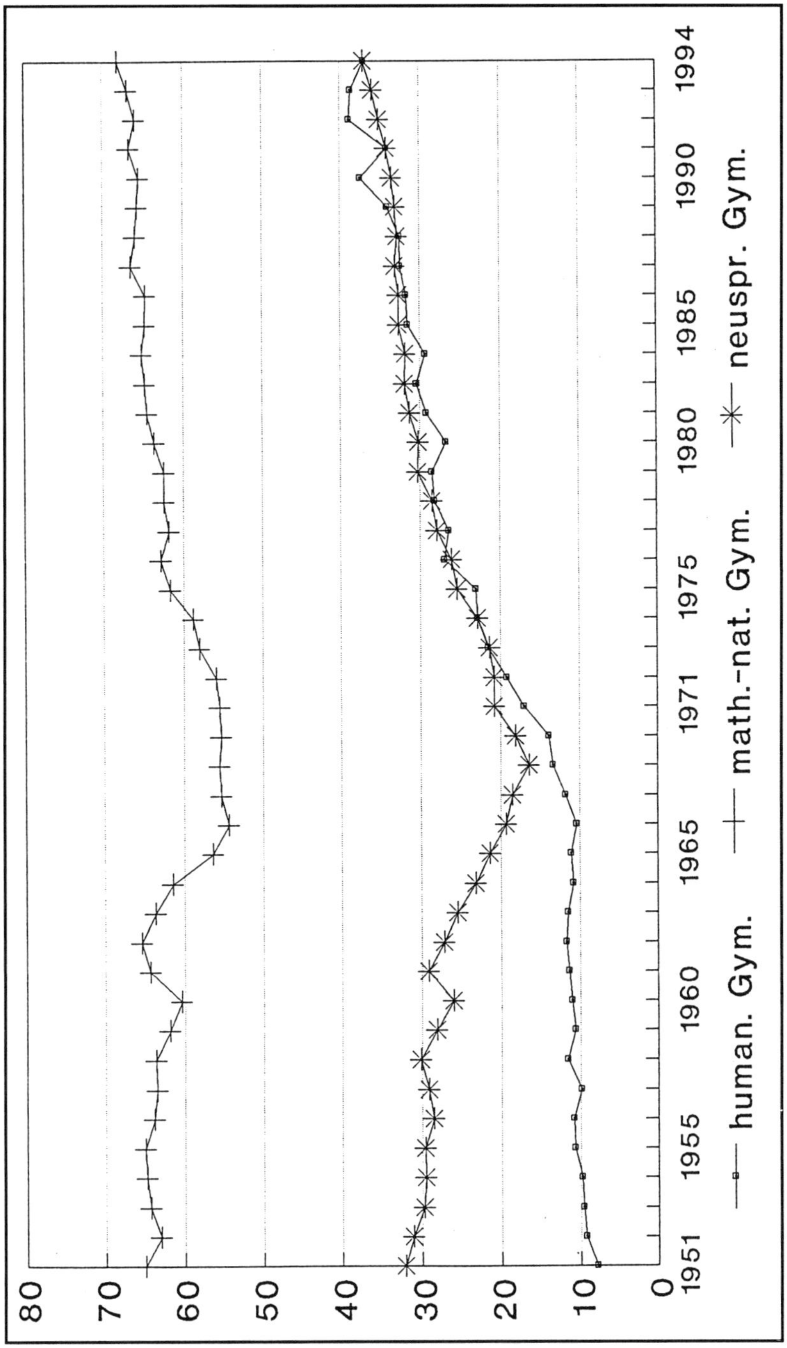

Abbildung 7: Verteilung der Schülerinnen in der 9. Jahrgangsstufe auf die Gymnasialzweige in Bayern 1951 bis 1994 (in %) - Quelle: Eigene Berechnungen nach Statistische Berichte des Bayerischen Statistischen Landesamts 1951-1995

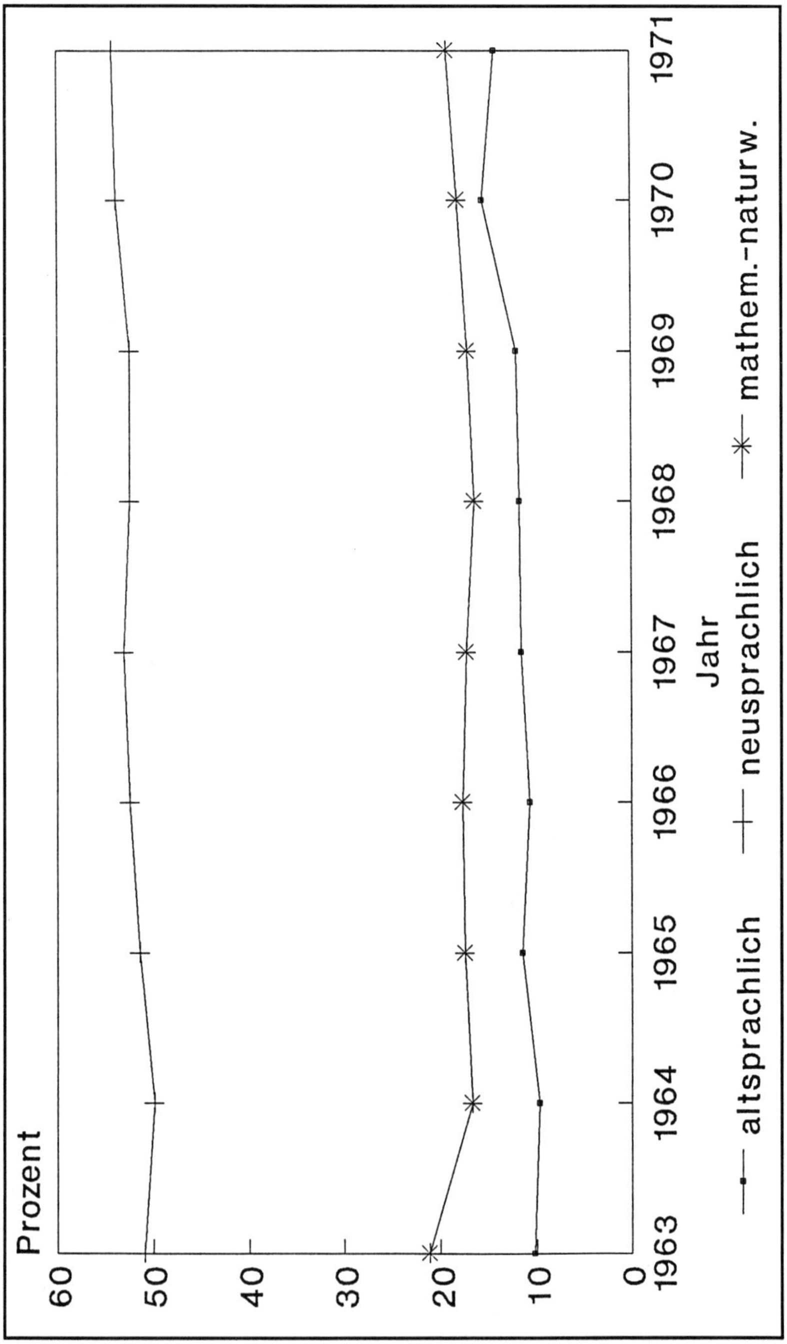

Abbildung 8: Verteilung der Abiturientinnen auf die Gymnasialzweige in der Bundesrepublik Deutschland 1963 bis 1971 (in %) - Quelle: Eigene Berechnungen nach Statistischem Bundesamt 1966-1975

Selbsteinschätzung: So trauen sich Jungen in Mathematik und Naturwissenschaften mehr zu als Mädchen und bewerten sich unrealistisch gut. Mangelndes Selbstvertrauen bei Mädchen bestimmt offenbar deren weitere Schullaufbahn entscheidend mit.

Wirft man zudem noch einen genaueren Blick auf die Längsschnittbefunde der Kölner Gymnasiastenstudie, die als eine der wenigen Untersuchungen in der Bundesrepublik für den Zeitraum 1970 bis 1984 die Auswirkungen der Schulzweigwahlen von Schülern und Schülerinnen in den traditionell organisierten Oberstufen der Gymnasien einer differenzierten empirischen Analyse unterzogen hat, so erhält man weitere Einblicke[84]: In den mathematisch-naturwissenschaftlichen beziehungsweise sprachlich ausgerichteten Schulzweigen erlangen, das überrascht nach den bisherigen Ergebnissen nicht sonderlich, besonders viele Schüler die Hochschulreife. In den Frauenbildungs- und Aufbaugymnasien kommen Schülerinnen und Schüler durchschnittlich seltener zur Hochschulreife, haben dabei eine geringere Chance auf eine gute oder sehr gute Zensur und beginnen seltener zu studieren. Beim Studienabschluß sind Männer und Frauen aus Aufbaugymnasien dafür vergleichsweise erfolgreich, während ehemalige Absolventinnen von Frauenbildungsgymnasien hier eindeutig das Schlußlicht bilden.

Diese geringen Erfolgschancen von Absolventinnen der Frauenbildungsgymnasien auf allen Ebenen ihres gymnasialen und universitären Bildungswegs lassen darauf schließen, daß der Unterricht hier und in sozialwissenschaftlichen Gymnasien seinen vorgegebenen Zweck, Frauen im Sinne der althergebrachten Geschlechtsrolle zu erziehen, wohl übergründlich erfüllt hat. Der bisher durchgängig nachgewiesene Effekt eines Aufholens von Mädchen und jungen Frauen, die vergleichsweise ungünstige Startbedingungen zu überwinden hatten und - trotz geringer Chancen - die Hochschulreife erreichten, ist hier nicht zu beobachten. Betrachtet man nämlich nicht nur deren geringere Abiturquote im Vergleich zu anderen Schulzweigen, sondern nimmt man zugleich die Chance für eine gute Abiturnote hinzu, die wiederum besonders gering ist, so sieht man, daß die Auslese für diese Gruppe besonders stark war. Auch wenn vermutlich nur die besonders leistungsfähigen und motivierten dieser Schülerinnen die Hochschulreife erreichen, so scheint ihre Zukunftsorientierung doch nicht in dem Maße, wie aufgrund einer solch starken Auslese zu erwarten wäre, ein Studium zuzulassen. Und nur ein vergleichsweise geringer Teil von ihnen schafft es schließlich sogar bis zum Studienabschluß.

84 Vgl. dazu im folgenden Eckstein 1988. Gegenstand ihrer sekundäranalytischen Auswertungen waren die Bildungs- und Berufsverläufe von Gymnasialschülern und -schülerinnen der 10. Jahrgangsklassen 1969/70 in Nordrhein-Westfalen bis zum Alter von dreißig Jahren (N = 1989).

Als Erklärung wäre denkbar, daß solche Frauen ihre Gymnasialbildung weniger unter dem Vorzeichen einer späteren Berufstätigkeit als Lebensschwerpunkt ansehen, sondern eher ein rollengerechteres Dasein als Mutter und Hausfrau anstreben. Für sie ist deshalb weder ein Studienbeginn noch ein Studienabschluß besonders notwendig, sondern eher "Treffsicherheit" bei der Partnerwahl. Ist der geeignete Partner gefunden, erübrigt sich das Festhalten am eingeschlagenen universitären Bildungsweg - eine Haltung, die früher vor allem für das Bildungsverhalten der sogenannten "höheren Töchter" kennzeichnend war.[85] Verstärkt wird eine derartige Wahl nicht allein durch die fachinhaltliche Ausrichtung der Frauenbildungsgymnasien oder sozialwissenschaftlichen Gymnasien, sondern auch durch den Erziehungsstil dieser Schulen, die sich an traditioneller Mädchenbildung ausrichten. Was allein hier honoriert wird, ist die Anpassung an eine herkömmliche Vorstellung der Frauenrolle, die intellektuelle Leistungen, fachliches Engagement und Eigenständigkeit weitgehend ausschließt.

Für die sprachlichen Schulzweige ist zweierlei zu berücksichtigen: zum einen ein verhältnismäßig hohes Erfolgsniveau auf allen Ebenen des Bildungsweges für beide Geschlechter, zum anderen ein beachtenswerter Vorsprung der jungen Frauen bei den Abiturnoten, der darauf hindeutet, daß sie im sprachlichen Bereich besonders motiviert und ehrgeizig sind. Inwiefern größere Begabung für Sprachen dabei eine Rolle spielt oder Sprachen von Schülerinnen selbst als ihnen besonders angemessenes Terrain betrachtet werden, ist schwer zu entscheiden. Jedenfalls ist die Tatsache positiv zu bewerten, daß Mädchen und junge Frauen die Gelegenheit eingeräumt erhalten, in denjenigen Schulzweigen Schwerpunkte zu setzen, die ihnen besonders zusagen und liegen und in denen sie gute Möglichkeiten der Entfaltung eigener Fähigkeiten sehen.

Die hohen Erfolgsquoten bei diesem Schulzweig werden für junge Frauen jedoch dadurch eingeschränkt, daß sie vergleichsweise selten ein Ingenieur- oder naturwissenschaftliches Studium, aber überdurchschnittlich häufig ein Lehramtsstudium ergreifen; sie verbleiben damit zum einen in den Bahnen der Tradition und der begrenzten Karrieremöglichkeiten. Aus diesem Grund überwiegen alles in allem die späteren Chancennachteile durch die weibliche Fächer- und Schulzweigwahl, auch wenn die vage Hoffnung bleibt, daß schöpferische Fähigkeiten, die durch die von Mädchen und jungen Frauen besonders bevorzugten Fächer und Schulzweige betont werden, einen größeren Stellenwert erhalten könnten als das bislang der Fall war.

Anders verhält es sich dagegen bei den erfolgreichen Absolventinnen und Absolventen von mathematisch-naturwissenschaftlichen Schulzweigen; sie nehmen

85 Vgl. Gerstein 1965, 1973, Grimm 1968.

fast gleichermaßen zu je einem Drittel ein naturwissenschaftliches Studium ohne Lehramtsziel auf, während es im Vergleich dazu in den anderen Schulzweigen durchschnittlich nur ein Zehntel ist. Sicher ist hierbei nicht immer zweifelsfrei zu klären, ob die von den mathematisch-naturwissenschaftlichen Schulzweigen ausgehenden Anregungen direkt dem entsprechenden Studienfachgebiet zugutekommen. Denn bei Studentinnen werden sie häufig auf das Medizinstudium umgeleitet, in dem naturwissenschaftlich orientiertes Denken und Arbeiten durch die Arztrolle stärker dem sozialen Feld verhaftet bleibt.[86] Gleichviel: Es zeigt sich erneut, wie stark Interessenorientierung und Studienfachwahl mit der fachlichen Ausrichtung von Gymnasien verknüpft sind. Offen muß indessen die Frage bleiben, inwieweit es sich dabei lediglich um ein Verdienst der Schule handelt, oder ob nicht auch die Wahl eines naturwissenschaftlichen Schulzweiges, die von den Präferenzen der Eltern oder auch der offenkundigen Begabung abhängen kann, den Weg vorzeichnen. Es spricht aber einiges dafür, daß sowohl der Einfluß der Eltern als auch der der Lehrer und Lehrerinnen wie auch die Begabung der Schülerinnen und ein oftmals damit gepaartes großes Selbstbewußtsein dafür mitverantwortlich sind. Ebenso kann davon ausgegangen werden, daß nur dann eine Wahl zugunsten eines solchen Schulzweiges erfolgen kann, wenn auch das Angebot besteht. Bis in die siebziger Jahre hinein wurde jungen Frauen jedoch dieses Angebot verhältnismäßig selten unterbreitet.[87]

Schulzweigwahl und Studienfachwahl

Auch unter den veränderten gesellschaftlichen Bedingungen der in den siebziger Jahren eingeleiteten gymnasialen Oberstufenreform, in der für Schülerinnen und Schüler größere Möglichkeiten bestehen, weniger unter geschlechtstypisch akzentuierten Gesichtspunkten Studienfächer zu wählen als in den traditionell organisierten Oberstufen der Gymnasien, setzt sich beim Übergang in die Universität das geschlechtstypische Wahlverhalten der Abiturientinnen in der Regel fort, wie einer der wenigen Längsschnittuntersuchungen zu entnehmen ist, die das systematischer empirisch verfolgt hat. Es stützt dort zumeist die durch die gymnasiale Fächer- und Schulzweigwahl gezeigte Vorliebe für ein bestimmtes Studienfach (vgl. Abbildung 9 und 10).

Erwartungsgemäß ist vor allem dort eine Abhängigkeit zwischen der Schwerpunktwahl in den Gymnasien und der Studienfachwahl zu erkennen, wo eine inhaltliche Entsprechung gegeben ist. So wählen sowohl Abiturienten als auch

86 Vgl. Zinnecker 1972.

87 Vgl. Zinnecker 1972, Faulstich-Wieland 1991, Kreienbaum und Metz-Göckel 1992.

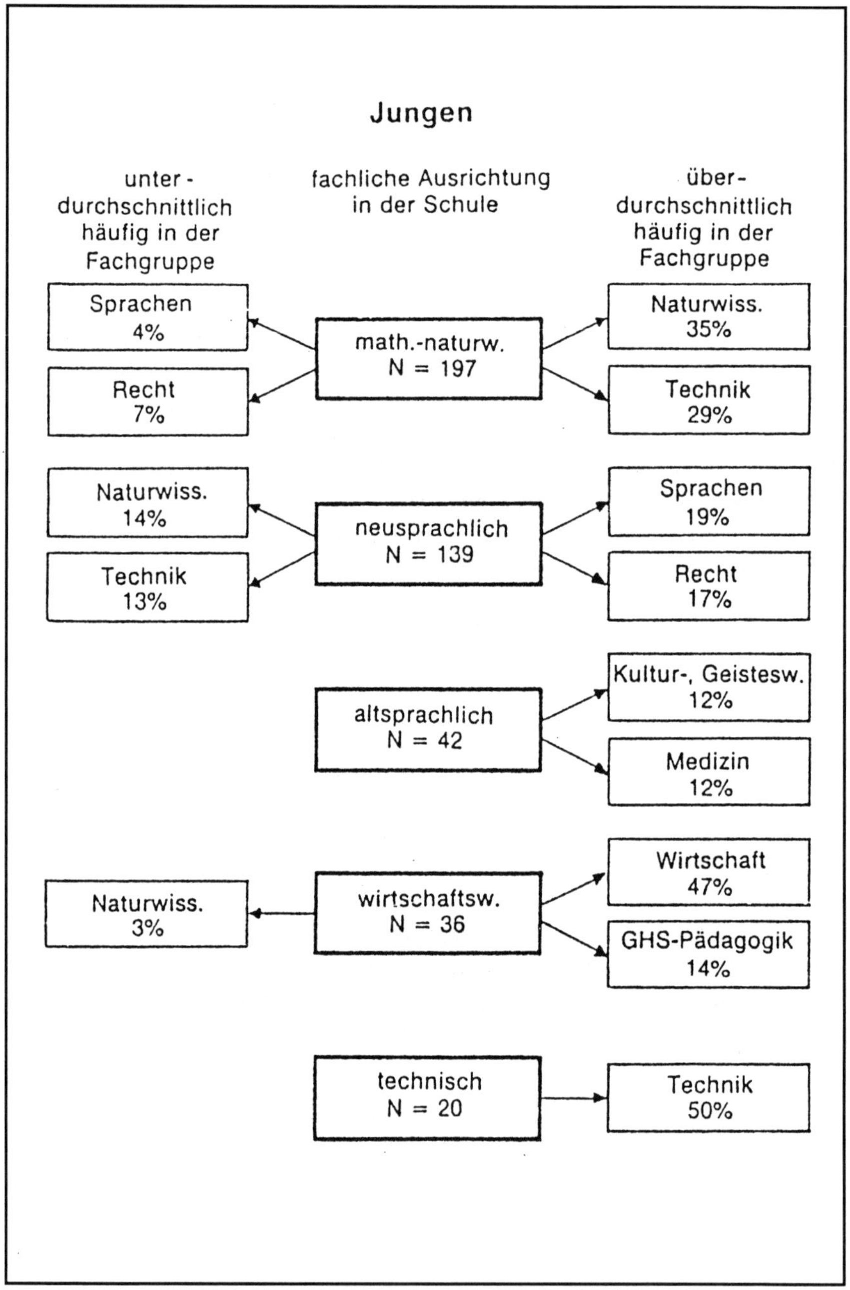

Abbildung 9: Fachliche Ausrichtung der Gymnasien und Studienfachwahl von Jungen (in %) - Quelle: Giesen et al. 1981

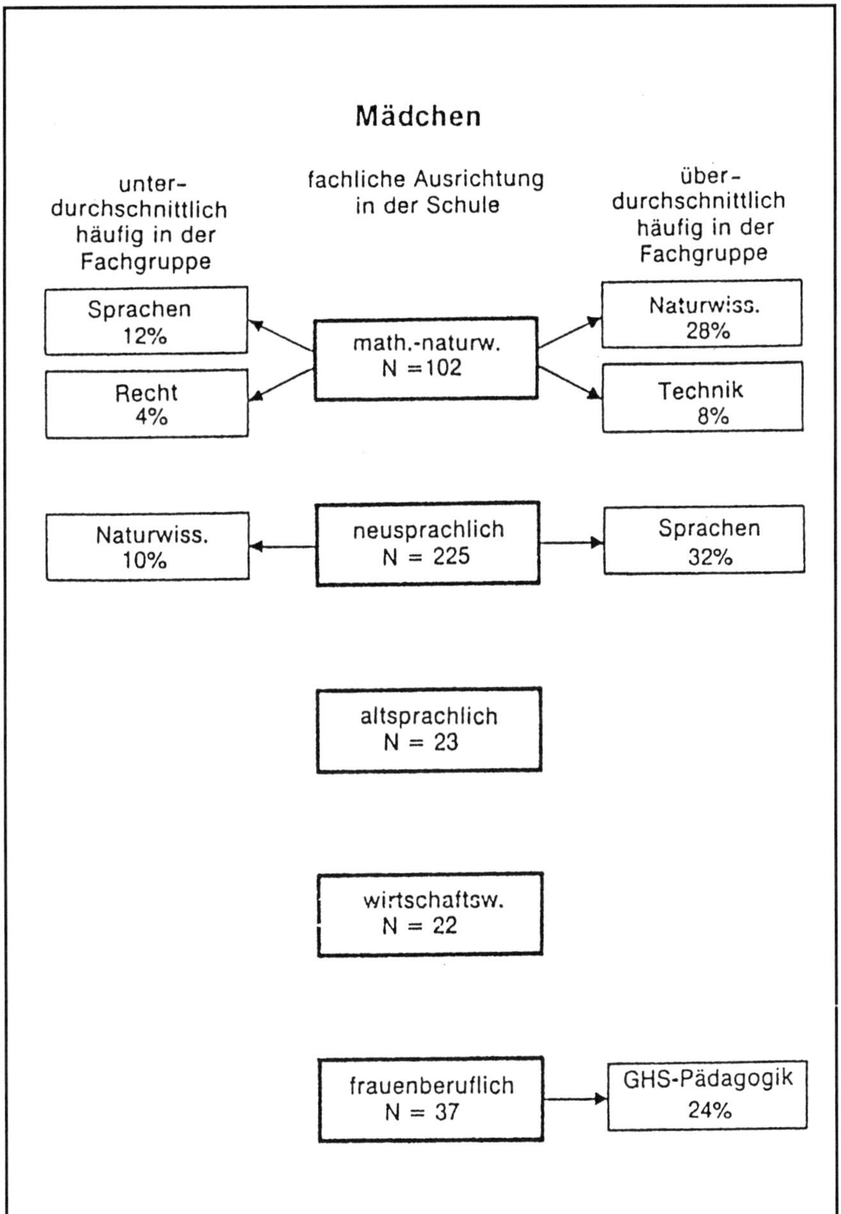

Abbildung 10: Fachliche Ausrichtung der Gymnasien und Studienfachwahl von Mädchen (in %) - Quelle: Giesen et al. 1981

Abiturientinnen - wenn auch letztere deutlich weniger - mit einem mathematisch-naturwissenschaftlichen Schwerpunkt in Gymnasien häufig Studienfächer in den Bereichen Mathematik, Naturwissenschaften und Technik, wohingegen bei einer neusprachlichen schulischen Ausrichtung Studienfächer aus den Feldern Sprache und Literatur bevorzugt werden.

Es wird aber auch hier ersichtlich, daß der Einfluß der gymnasialen Ausrichtung nicht auf die Wahl inhaltlich verwandter Fächer beschränkt bleibt. Abiturienten mit neusprachlicher Orientierung studieren häufiger Jura und die mit humanistischer Schulbildung eher Medizin, als es nach der Fachwahl in den Gymnasien zu erwarten gewesen wäre. Ebenso strebt bei Abiturientinnen aus frauenberuflichen Gymnasien eine große Mehrheit ein Lehramt an Grund-, Sonder- und Hauptschulen an.

Nimmt man insgesamt die Abweichungen der Fachwahlen in den verschiedenen Schulzweigen der Gymnasien in den Blick, so beeinflußt einerseits bei den Abiturienten in der Regel die fachliche Ausrichtung in Gymnasien die Studienfachentscheidung stärker als bei den Abiturientinnen; andererseits erweist sich, daß Abiturientinnen stärker unter traditionellen Gesichtspunkten Studienfachwahlen treffen als Abiturienten[88]: Ihre Schwerpunkte liegen eindeutig auf Lehramts-, sozial-, kultur- und sprachwissenschaftlichen Studiengängen, die der Abiturienten hingegen eher auf Wirtschaftswissenschaften, naturwissenschaftlichen Fächern wie Informatik, Physik und Chemie sowie Jura und Ingenieurwissenschaften.

Reform der gymnasialen Oberstufe und Leistungskurswahlen

Diese Präferenzen haben sich nach der Reform der gymnasialen Oberstufe in den siebziger Jahren nicht grundlegend gewandelt, auch wenn im Zeitablauf in den achtziger Jahren und in der ersten Hälfte der neunziger Jahre die Studienneigung von Studentinnen breiter streut wie auch ihr deutlich stärkeres Absinken am prozentualen Gewicht der zehn am häufigsten studierten Disziplinen gegenüber dem Gesamtfächerkanon erkennen läßt; sie knüpfen damit an eine lange "Wahlkontinuität" seit der Zulassung von Mädchen zu den Gymnasien Anfang dieses Jahrhunderts an.[89] Bevor darauf indes näher eingegangen werden kann, soll zur besseren allgemeinen Einschätzung zuvor die Verteilung der Leistungskurswahlen Ende der achtziger Jahre genauer in den Blick genommen werden (vgl. Tabelle 1).

---

88 Vgl. Böhmeke et al. 1981, BMBW 1984, Metz-Göckel 1987, 1988, Kauermann et al. 1988.

89 Vgl. Mertens 1991.

Tabelle 1: Verteilung der Gymnasiastinnen und Gymnasiasten in den Jahrgangsstufen 12 und 13 in ausgewählten Leistungskursen der Bundesländer Bayern, Baden-Württemberg und Nordrhein-Westfalen (in %) - Quelle: Arbeitsgruppe Bildungsbericht am Max-Planck-Institut für Bildungsforschung 1994

Leistungskurs	Bayern	Baden-Württemberg	Nordrhein-Westfalen
	in Prozent aller Leistungskursbelegungen		
Deutsch	6,4	9,5	11,1
Englisch	16,4	16,2	17,5
Französisch	8,3	9,7	5,3
Latein	6,5	2,8	0,9
Kunst	3,9	4,6	1,8
Erdkunde	1,9a	5,4	7,9
Geschichte	4,5b	4,2	6,0
Mathematik	15,4	20,1	16,6
Biologie	11,5	8,1	16,1
Chemie	4,3	4,8	3,6
Physik	6,9	7,3	5,5
Sport	2,7	3,3	1,3
Zusammen	88,7	96,0	93,6

Es zeigt sich über alle Bundesländer hinweg ein Bild, das für eine weitgehende Stabilität des traditionellen Gymnasialkanons und seiner Fächerhierarchie, nicht aber für neue Strukturen oder gar Zersplitterung spricht:

"An der Spitze der Leistungskurs-Wahlen stehen die Fächer Englisch, Mathematik, Biologie und Deutsch; in beträchtlichem Abstand folgen Geographie, Geschichte, Physik, Französisch und Chemie. Merklich aufgewertet wurde das Fach Biologie, während die zweite Fremdsprache offenbar an Gewicht verlor. ... Gut zwei Drittel aller Schüler verbinden mit ihren Leistungskurs-Wahlen Fächer aus *unterschiedlichen* Aufgabenfeldern."[90]

90 Arbeitsgruppe Bildungsbericht am Max-Plack-Institut für Bildungsforschung 1994, S. 504.

Berücksichtigt man ferner die Belegvorschriften für Grundkurse, deren Gewicht mit der Vereinbarung der Kultusministerkonferenz von 1988 verstärkt wurde, so ist auffälligstes Charakteristikum der Kurswahlen die - vor allem im internationalen Vergleich - breitere Basis gemeinsamer Grundbildung und ihre vielfach beobachteten geschlechtstypischen Schwerpunkte der Kurswahl.

Als ein markantes Beispiel dafür mag man die gewählten Prüfungsfächer im Abitur in der neugestalteten gymnasialen Oberstufe ansehen: Junge Frauen wählen als Abiturleistungsfach nach wie vor noch sehr viel häufiger sprachliche Fächer. Im mathematisch-naturwissenschaftlichen Fächerkanon rangiert Biologie mit einem Drittel der gewählten Prüfungsfächer an erster Stelle. Diejenigen, die Chemie oder Physik als Leistungskurs belegt und sich in diesen Fächern der Abiturprüfung unterzogen haben, sind schon als Exotinnen zu bezeichnen.[91]

Noch augenfälliger werden indes die geschlechtstypischen Unterschiede bei der Belegung der Leistungskurse, wenn die Kombination der - in der Regel - zwei nach Aufgabenfeldern zusammengefaßten Leistungsfächer im Abitur betrachtet werden (vgl. Tabelle 2).

Gut ein Viertel der Abiturientinnen gegenüber knapp einem Zehntel der Abiturienten des Abschlußjahrgangs 1986 haben beide Leistungskurse aus dem sprachlich-literarisch-künstlerischen Aufgabenfeld gewählt. Bei der Kombination von zwei mathematisch-naturwissenschaftlichen Fächern kehrt sich das Zahlenverhältnis geradezu um: Ein Zehntel der Abiturientinnen - man möchte angesichts ihrer chronischen Unterrepräsentation in beziehungsweise ihres Ausschlusses aus der Mathematik und den Naturwissenschaften fast hinzufügen: immerhin - und knapp ein Drittel der Abiturienten wählt dieses Aufgabenfeld. Klammert man allerdings das Leistungsfach Biologie aus, so halbiert sich dieser Anteilswert bei den Abiturientinnen und der der Abiturienten sinkt auf gut ein Viertel ab. Die Entwicklung der Leistungskurskombinationen in den Aufgabenfeldern zwischen den betrachteten Abiturienten-Jahrgängen zeigt darüber hinaus eine Polarisierung des geschlechtstypischen Wahlverhaltens: In den beiden jeweils von Abiturientinnen und Abiturienten bevorzugten Aufgabenfeldern nimmt die Wahlhäufigkeit zu, während sie in seltener gewählten noch zurückgeht oder stagniert.

Mit der größeren Wahlfreiheit von Leistungsschwerpunkten wurde auch die Hoffnung verbunden, die soziale Benachteiligung von jungen Frauen und Männern niedriger sozialer Herkunft im sprachlichen Bereich zumindest vermindern zu können. Tatsächlich weist aber das Verhalten bei der Wahl der Leistungskurse nach wie vor herkunftstypische Muster auf. Abiturientinnen und Abiturienten

---

91 Vgl. Kahle und Schaeper 1991.

niedriger sozialer Herkunft wählen tendenziell häufiger beide Leistungskurse aus dem mathematisch-naturwissenschaflichen Aufgabenfeld; dagegen zieht es

Tabelle 2: Leistungskurskombinationen in Aufgabenfeldern - Abiturientinnen und Abiturienten der Jahre 1980 und 1986 aus allgemeinbildenden Schulen mit Kurssystem (in %) - Quelle: Kahle und Schaeper 1991 (HIS-Studienberechtigten-Panel)

	Abiturientinnen und Abiturienten					
	1980			1986		
Kombination der Aufgabenfelder	w	m	i	w	m	i
sprachl.-lit.-künstl./sprachl.-lit.-künstl.	23	9	16	26	7	17
sprachl.-lit.-künstl./gesellschaftswiss.	16	14	15	14	12	13
sprachl.-lit.-künstl./sonstige Fächer	1	1	1	1	1	1
sprachl.-lit.-künstl./mathem.-naturwiss.	32	22	27	35	21	28
mathem.-naturwiss./gesellschaftswiss.	14	23	19	12	26	19
mathem.-naturwiss./sonstige Fächer	1	2	2	1	3	2
mathem.-naturwiss./mathem.-naturwiss.	11	29	20	10	31	21

Abiturientinnen und Abiturienten höherer sozialer Herkunft etwas stärker zu rein sprachlich-literarisch-künstlerischen Leistungskurskombinationen. Das herkunftstypische Wahlverhalten prägt sich bei Abiturientinnen und Abiturienten etwa gleich stark aus. Abiturientinnen niedriger sozialer Herkunft bevorzugen etwas seltener als solche mit hoher sozialer Herkunft beide Leistungskurse aus dem sprachlich-literarisch-künstlerischen Aufgabenfeld und neigen mehr zu den mathematisch-naturwissenschaftlichen Fächern. Gleichwohl wird durch die soziale Herkunft das geschlechtstypische Wahlverhalten keineswegs durchkreuzt.[92]

Im Vergleich der Wahl einzelner Abiturfächer zwischen den beiden Abschlußjahrgängen 1980 und 1986 sind jedoch ebenso einschneidende Wahlveränderungen in den fachlichen Leistungsschwerpunkten infolge der harschen bildungspolitischen Kritik an der Reform der neugestalteten gymnasialen Oberstufe zu beobachten[93], die sich hauptsächlich an der Verteilung der Abiturfächer insgesamt, also der Grund- und Leistungskurse, entzündeten. Sie führten dazu, daß

92 Vgl. Kahle und Schaeper 1991.

93 Der Kern dieser Reform bestand im wesentlichen darin, daß Schülern und Schülerinnen der Klassenstufen 12 und 13 innerhalb eines bestimmten Pflichtrahmens zwei individuelle Leistungsfächer als Schwerpunkte wählen konnten, in denen sie vertieftes wissenschaftspropädeutisches Verständnis und erweiterte Spezialkenntnisse erwerben sollten, während sie in einer Reihe ebenfalls frei wählbarer Grundkurse Basiswissen vermittelt bekommen.

in der Folge davon wesentliche Neuerungen wieder zurückgenommen und die Wahlfreiheit Schritt für Schritt - allerdings mit Unterschieden in den einzelnen Bundesländern - zugunsten eines verbindlicheren Fächerkanons eingeschränkt wurde. Vor allem diese administrativen Eingriffe und weniger eine Verlagerung von Interessenschwerpunkten oder eine Ermutigung von Abiturientinnen, vermehrt beispielsweise das mathematisch-naturwissenschaftliche Aufgabenfeld zu wählen, haben zu dem beachtlichen Wandel in den Leistungsprofilen geführt.

Die starke Vorliebe von Abiturientinnen und Abiturienten für das Fach Mathematik, die bei Abiturientinnen indes nur im Grundkursbereich festzustellen ist, während bei den Abiturienten ebenso der Anteil unter den Leistungskursen steigende Tendenz aufweist, ergibt sich aus der höheren Verbindlichkeit dieses Faches. Zugunsten von Mathematik haben sich die Gewichte in Biologie stark nach unten geneigt. Auch die Zunahme des Faches Deutsch - bei Abiturientinnen in erster Linie im Leistungskurs-, bei Abiturienten im Grundkursbereich - ist auf den stärker gewordenen verpflichtenden Charakter dieses Faches zurückzuführen.[94]

Allgemein erhält auch das - eher von Abiturienten vorgezogene - Fach Geschichte Zulauf, was teilweise auf die in einigen Bundesländern vorgenommene Auflösung des Faches Gemeinschaftskunde in seine disziplinären Einzelfächer wie etwa Geschichte und Sozialkunde, zum Teil aber auch auf die erhöhte Verbindlichkeit von Geschichte zurückgeht. In diesem Zusammenhang ist auch der deutliche Rückgang im Fach Sozialkunde zu sehen.[95]

Beurteilung der Ergebnisse

Woran liegt es also, daß sich vergleichsweise so wenige junge Frauen für mathematisch-naturwissenschaftliche Fächer entscheiden? Es gibt bisher keine in sich geschlossene Theorie zur Erklärung für beobachtbare geschlechtstypisch unterschiedliche Verhaltensweisen und Einstellungen gegenüber Mathematik und Naturwissenschaften. Die Bedeutung der Wahlfreiheit und stärkeren Verpflichtung von Schülerinnen und Schülern in der gymnasialen Oberstufe läßt sich mithin nur unter Berücksichtigung verschiedener Gesichtspunkte angemessen beurteilen:

94 Vgl. Kahle und Schaeper 1991.

95 Vgl. Arbeitsgruppe Bildungsbericht am Max-Planck-Institut für Bildungsforschung 1994.

1. Es ist festzuhalten, daß bei differenzierten Wahlangeboten die Orientierung an traditionell "männlichen" und "weiblichen" Domänen noch verstärkt wird.[96] Das um Arbeitsmarkt und Beruf zentrierte Wertsystem und die Notwendigkeit individueller Leistung als Weg zum gesellschaftlichen Erfolg verbindet sich bei Mädchen nämlich sehr früh schon mit Ambivalenzen und Verunsicherungen der eigenen Person.

> "Der Stachel der Beschädigung durch Abwertung bzw. die Kosten der Selbstverleugnung im Zuge der Eroberung männlicher Gebiete, die zugleich die dominanten Werte der Gesellschaft verkörpern, bleiben für Mädchen selbst bei erworbenem breiterem Kompetenzspektrum gegenüber den Jungen erhalten. Sie erleben, daß das Interesse an Grenzüberschreitungen Jungen und männliche Jugendliche nicht gleichermaßen erfaßt, da diese qua Geschlecht schon im dominanten Wertsystem aufgehoben sind."[97]

Mit der Wahl des Leistungsschwerpunktes in der Oberstufe wird dann häufig die Berufs- beziehungsweise Studienfachwahl vorentschieden. Vergleicht man etwa die Interessenstruktur von Studentinnen und Studenten vor und nach der Reform der gymnasialen Oberstufe, so findet man nach der Reform beispielsweise als auffälligen Unterschied bei Studentinnen ein deutlich geringeres Interesse an Physik zugunsten eines ausgeprägteren Interesses an Biologie.[98]

2. Das Wahlverhalten ist ebenso in der weiblichen Pubertät zu suchen. In dieser Phase beginnt für Mädchen eine intensive Neuorientierung in Richtung auf das andere Geschlecht; in ihr kommt mehr oder weniger das zentrale Thema dieser Entwicklungsphase zum Ausdruck, nämlich der Wunsch, ein neues Erleben und eine neue Sichtweise der eigenen Weiblichkeit zu gewinnen. Diese Zeit ist im allgemeinen mit Phantasien über die irritierenden und aufregenden Empfindungen verbunden, die die Anwesenheit des anderen Geschlechts auslösen.[99] Die Sympathie von Jungen versuchen sie dadurch zu gewinnen, daß sie den bei ihnen

---

96 Vgl. Hagemann-White 1984, Metz-Göckel 1987, 1988, Eckstein 1988.

97 Krüger 1995, S. 208.

98 "Schon beim Abiturientenjahrgang 1980 hätten 38 % der Abiturientinnen rückblickend ihre Prüfungsfächer lieber anders zusammengestellt", wie Kahle und Schaeper betonen. "Dieser Prozentsatz weicht nicht sehr stark von dem unter den Abiturienten (36 %) ab. Bemerkenswert sind aber die Differenzen in den Gründen für die Nichtverwirklichung der gewünschten Fächerkombination ... Frauen wurden deutlich häufiger als Männer durch organisatorisch-administrative Beschränkungen daran gehindert, ihre Prüfungsfächer wunschgemäß zusammenzustellen. Bei 21 % der Abiturientinnen und 13 % der Abiturienten ließ der Lehrplan die gewünschte Fächerkombination nicht zu; mit der Unzulässigkeit der Fächerkombination begründeten 31 % der Frauen und 26 % der Männer die Nichtrealisierung ihres Wunsches; auch das Fehlen eines entsprechenden Angebotes wurde von Frauen (36 %) häufiger als von Männern (33 %) als Grund angeführt" (Kahle und Schaeper 1991, S. 42).

99 Vgl. Gisbert 1995.

vermuteten Wünschen nach geschlechtstypischem Verhalten entsprechen.[100] Das heißt: Es

> "überlagern sich bei den Interaktionen der TeilnehmerInnen am Schulgeschehen soziale und sexuelle Verhaltenszwänge, kürzelhaft zu kennzeichnen als Konkurrenz miteinander und Konkurrenz umeinander."[101]

Die Mädchen wenden im Grunde das erlernte geschlechtstypische Verhalten für die Partnerwahlen situationspezifisch an, behindern sich indes - dadurch, daß sie das auch im Rahmen der Leistungskurswahlen zu tun pflegen - im Hinblick auf ihre weiteren beruflichen Ausbildungschancen.[102]

3. Natürlich spielt in diesem Zusammenhang gleichfalls eine Motivverlagerung bei den Leistungskurswahlen eine Rolle.[103] In der 11. Jahrgangsstufe sind für Schülerinnen und Schüler noch Interesse, Neigung sowie Berufs- und Studienorientierung bei der Entscheidung für bestimmte Fächerschwerpunkte ausschlaggebend. Dagegen gewinnt in der 12. Jahrgangsstufe zunehmend die Überlegung an Einfluß, eine möglichst hohe Gesamtpunktzahl bei der Reifeprüfung zu erzielen. Es überrascht deswegen nicht, daß Schülerinnen vor allem Leistungskurse bevorzugen, in denen sie nicht gegen geschlechtstypische Vorurteile und festgefügte Werturteile ankämpfen müssen. Konkurrenzorientiertes Sozialverhalten findet sich eher bei Schülern, während Schülerinnen, unerachtet guter Schulleistungen, oftmals ernsthafte Probleme mit der Entwicklung eines positiven Selbstbildes beziehungsweise eines ausgeprägten Selbstvertrauens haben.[104]

4. Gerade dieser letzte Gesichtspunkt deutet schließlich darauf hin, daß Jungen und Mädchen schon starke geschlechtstypische Orientierungen, Einstellungen und Verhaltensweisen mit in die Schule bringen, für die der Grundstein bereits in der Familie gelegt wurde. Selbst bei formal gleichem Angebot an Möglichkeiten suchen Jungen in der Familie schon ab etwa dem vierten Lebensjahr ihren Dominanzanspruch zu sichern, indem sie auf männlich stereotypisierte Territorien und Kompetenzen beharren und Felder, die als "weiblich" gelten, abwehren.

---

100 Vgl. Metz-Göckel 1987, Fend 1994, Faulstich-Wieland und Horstkemper 1995.

101 Milhoffer 1994, S. 124.

102 Vielleicht ist es auch ein Ausdruck für die "strukturelle Unvereinbarkeit zwischen der Entwicklungsaufgabe der Qualifikation (Selbstfindung in der Arbeit/Schule) und der Entwicklungsaufgabe, eine zur heterosexuellen Bindung geeignete Geschlechtsidentität herauszubilden. Ein psychosoziales Moratorium der Selbstfindung wäre dann die Adoleszenz nicht; im Gegenteil, Mädchen stehen in dieser Lebensphase unter besonderem Druck, sich psychosozial festzulegen. Kein Wunder, daß sie die wohlgemeinte Ermutigung oft nicht annehmen, es stünden ihnen alle Möglichkeiten offen" (Hagemann-White 1992, S. 76).

103 Vgl. Sturzenbecher 1982.

104 Vgl. Horstkemper 1987, 1992.

"Trotz Erweiterung des weiblichen Kompetenzspektrums hat sich die soziale Bewertung von männlichen und weiblichen Praxisfeldern nämlich keineswegs verschoben. Sie verbindet sich mit männlichen Überlegenheitsmustern gegenüber weiblichen Zuständigkeitsfeldern - und es sind die männlichen Fähigkeiten und Verhaltensweisen, die schon in der Familie ... individuelle Durchsetzungschancen erhöhen und Statusgewinn versprechen. Sie stützen und tragen auch das offizielle Lebenslaufprogramm mit seinen auf individuelle Gestaltungs- und Durchsetzungskompetenzen abzielenden Anforderungen."[105]

Indem sich die Lehrerinnen und Lehrer in Grundschulen und Gymnasien gegenüber diesen Unterschieden in der Regel allenfalls neutral verhalten, verstärken sie sie noch. Es ist deshalb darauf hingewiesen worden, daß die Verwirklichung der Wahlmöglichkeiten zumindest eine wesentliche Verringerung der Geschlechtsunterschiede in den Interessen voraussetzt[106] - andernfalls bestünde die Gefahr, daß das Gewähren einer größeren Wahlfreiheit die geschlechtsbezogene Chancenungleichheit eher stabilisiert.[107]

Bei der inhaltlichen und methodischen Gestaltung der Bildungsangebote müssen mithin auch die Interessen, Zugangsweisen, Lern- und Arbeitsformen von Mädchen und jungen Frauen stärker berücksichtigt werden. Denn die vor mehr als zwei Jahrzehnten allgemein eingeführte Koedukation, so viel darf man wohl abschließend festhalten, hat weder am geschlechtstypischen Fächer- und Schulzweigwahlverhalten noch an den geschlechtstypischen Selbstkonzepten und Verhaltensweisen viel geändert. Ebenso bleiben geschlechtsdiskriminierende Strukturen - subtil oder deutlich beobachtbar - in den Umgangsweisen von Lehrern und Lehrerinnen mit Schülerinnen und Schülern wirksam; noch immer richten sich die Lehrziele und -inhalte vieler Fächer eher an männlichen Interessen und Wertvorstellungen aus und kommen den eher dominanz- und wettbewerbsorientierten Vorlieben von Jungen entgegen.[108]

Aus diesen Erkenntnissen läßt sich indessen keineswegs die grundsätzliche Aufhebung des koedukativen Unterrichts als Prinzip rechtfertigen, jedenfalls findet die Vorstellung einer generellen sozialen Benachteiligung von Mädchen im koedukativen Unterricht keine empirische Bestätigung. Es zeigt sich zudem, daß

---

105 Krüger 1995, S. 208.

106 In den schulfachnahen Interessen unterscheiden sich die Geschlechter nämlich schon von der Mittelstufe an; bei den Schülern gehört die Mathematik etwa zu den bevorzugten Interessengebieten, bei den Schülerinnen nimmt dieser Interessenbereich einen der untersten Rangplätze ein. Diese frühe Weichenstellung setzt sich in der gymnasialen Oberstufe in der Wahl der Leistungskurse fort und mündet in die herkömmlichen geschlechtstypischen Studienfachwahlen. Schulische Leistungsdifferenzen können für die divergente Interessenentwicklung nicht verantwortlich gemacht werden; in den Abiturnoten in Mathematik unterscheiden sich die Geschlechter nämlich nicht (vgl. Gisbert 1995).

107 Vgl. Hurrelmann et al. 1986.

108 Vgl. Sommerkorn 1993, Metz-Göckel 1994.

Koedukation vom weitaus größeren Teil der Schülerinnen und Schüler allgemein befürwortet wird.[109] Diese breite Zustimmung findet sich in allen Schulformen und -stufen. Selbst in Mädchenschulen überwiegt eher die ambivalente Position, nach der - neben Vorteile - ebenso deutlich Nachteile getrennter Schulen gesehen werden. Die Vorteile beziehen sich zum einen darauf, daß die Schülerinnen sich nicht mit den von ihnen als "nervig" und negativ gesehenen Jungen auseinandersetzen müssen. Zum anderen erleben sie gerade den Unterricht in den "jungentypischen" Fächern als Schonraum, in dem ihren Interessen entsprochen wird und sie nicht am Maßstab der Jungen gemessen werden.

Genausowenig ist freilich auch die Hoffnung berechtigt, die ursprünglich ebenso mit der Umstellung des Schulwesens auf Koedukation verbunden war, daß die gemeinsame Unterrichtung von Mädchen und Jungen geschlechtstypische Disparitäten beseitigen werde. Nicht-koedukativer Unterricht kann auch negative Rückwirkungen wie die Verfestigung von Vorurteilen zeitigen. Vorurteile und Diskriminierungen durch Jungen und Männer werden provoziert, und die Vorteile des unverkrampften Umgangs der Geschlechter miteinander, die durch koedukative Erziehung gegeben sind, wären in Gefahr. Trennungen im Unterricht sind also keineswegs eine einfache Lösung des Geschlechterproblems; sie erfordern mindestens ebensoviel Nachdenken und Einsatz wie ein veränderter koedukativer Unterricht. Kurz: Man wird sich wohl mit differenzierteren und damit auch sperrigeren Bildern vertraut machen müssen, die eher für ergänzende Bemühungen und differenziertere Angebote sprechen, die den unterschiedlichen Interessen und vorschulischen Erfahrungen von Jungen und Mädchen besser gerecht werden.[110]

III. Muster des Bildungsverhaltens nach sozialer Herkunft

Eine Analyse der Bildungsbeteiligung gewinnt indes erst ihre besondere bildungssoziologische Brisanz, wenn sie mit der Frage nach der sozialen Herkunft der Schülerinnen und Schüler verknüpft und zugleich gefragt wird, inwieweit die Bildungsbeteiligung auch eine Veränderung der sozialen Rekrutierungsmuster im

109 Vgl. Faulstich-Wieland und Horstkemper 1995.

110 Vgl. Baumert 1992.

allgemeinbildenden weiterführenden Schulwesen zur Folge gehabt hat.[111] Denn bei einer globalen Betrachtung der geschlechtstypischen Unterschiede bei den Übergängen und Abschlüssen in Realschulen und Gymnasien besteht die große Gefahr, daß allzu schnell aus den Ergebnissen gefolgert wird, daß Mädchen und junge Frauen die gleichen Bildungs- und Berufschancen wie Jungen und junge Männer hätten und daß sie damit der tatsächlichen sozialen Gleichberechtigung in der bundesrepublikanischen Gesellschaft ein Stück näher gekommen wären.[112]

Gerade die Thematisierung dieses Gesichtspunktes als sozial- und bildungspolitisches Problem war ein Anliegen der in den sechziger Jahren einsetzenden Bildungsdebatte und -reform. In der Zeit des "Wirtschaftswunders" schien indessen die soziale Ungleichheit der Bildungsbeteiligung in der wortmächtigen Rede von der "nivellierten Mittelstandsgesellschaft"[113] gleichsam an den Rand gedrängt worden zu sein.

> "Es ist daher im Rückblick geradezu befremdlich, daß für den Zeitraum von 1931 bis 1965 keine Daten verfügbar sind, die den Sekundar-Schulbesuch nach Sozialschicht zu rekonstruieren erlauben ... Möglicherweise hat der Soziologe Schelsky selbst einen wichtigen Anstoß zur Wiederbelebung der Diskussion gegeben, als er 1957 die Schule als 'zentrale Dirigierungsstelle' für die soziale Allokation in modernen Gesellschaften beschrieb."[114]

Wenn der Sozialstatus vornehmlich durch Bildungsabschlüsse vermittelt wird, muß der Befund, daß 1965 über 50 Prozent der erwerbstätigen Bevölkerung Arbeiter und Arbeiterinnen, aber nur 6,4 Prozent der Oberprimaner (darunter 1,7 Prozent Oberprimanerinnen!) sich aus Arbeiterfamilien rekrutierten und damit auf dem Niveau von 1931 lag, wie eine Provokation gewirkt haben.[115] In der Folgezeit waren jedenfalls alle Bildungsreformmaßnahmen immer auch sozial begründet. Besonders an die Öffnung und Expansion der weiterführenden Schulen war die Hoffnung auf sozialen Ausgleich geknüpft.

---

111 Vgl. Bühl 1965, Dahrendorf 1965a,b, Grimm 1966, Peisert 1967, Müller und Mayer 1976, Müller und Haun 1993, 1994, Kämpfe et al. 1977, Bolder 1978, 1980, 1985, Bolder und Rodax 1987, Rodax und Spitz 1978, 1982, Rodax 1989a, 1995, Fröhlich 1978, Eigler et al. 1980, 1982, Rolff [9]1980, Trommer-Krug 1980, BMBW 1981a, Wiese 1982, Wiese et al. 1983, Bayer et al. 1983, Fischer und Stein 1985, Hurrelmann 1985, 1986b, Engel und Hurrelmann 1989b, Hurrelmann und Settertobulte 1994, Eckstein 1988, Blossfeld 1989, 1993, Mayer und Blossfeld 1990, Anweiler 1990, Meulemann 1990a, 1992, Baumert 1991, Ditton 1992, Geißler 1992, Köhler 1992, Lüttinger und Schimpl-Neimanns 1993, Schimpl-Neimanns und Lüttinger 1993, Arbeitsgruppe Bildungsbericht am Max-Planck-Institut für Bildungsforschung 1994, Deutscher Bundestag 1994, Henz 1994.

112 Vgl. Högner 1975, 1978, Kernich-Möhringer 1989; Krinner 1989a,b.

113 Vgl. Schelsky 1954.

114 Arbeitsgruppe Bildungsbericht am Max-Planck-Institut für Bildungsforschung 1994, S. 282.

115 Vgl. Rodax 1989a.

Ergebnisse der bayerischen Schulerhebungen

Einen ersten Aufschluß darüber gibt die langjährige schulstatistische Erfassung der Bildungsbeteiligung des Statistischen Landesamts Bayern an Realschulen und an Gymnasien für den Zeitraum Mitte der sechziger bis Mitte der achtziger Jahre (vgl. Tabelle 3a).[116] Vor allem Angestellten-, Selbständigen- und Beamtenfamilien sind es, das zeigt bereits ein erster Blick auf die Prozentwertvergleiche der Sozialstruktur von Schülerinnen und Schülern an Realschulen und Gymnasien, die schon immer darauf bedacht waren, ihre Töchter und Söhne zumindest auf Realschulen überwechseln zu lassen. Beim Zugang zum "Königsweg" höherer Bildung in die Gymnasien haben vor allem Töchter aus Selbständigen- und Söhne aus Beamtenfamilien ihren Vorsprung gegenüber Söhnen beziehungsweise Töchtern aus diesen Familien bis Mitte der achtziger Jahre noch knapp behaupten können.

Für Töchter aus Bauern- und Arbeiterfamilien ist die Realschule *die* Schulform; hier befinden sie sich beim Übergang gegenüber den Arbeiter- und Bauernsöhnen deutlich in der Mehrheit. Seit Mitte der siebziger Jahre nähert sich ebenso in den Arbeiterfamilien die Bildungsbeteiligung der Geschlechter beim Übertritt in die Gymnasien an: Töchter haben einen vergleichsweise kräftigen Anstieg zu verzeichnen, wohingegen Töchter die Söhne aus Bauernfamilien schon Anfang der siebziger Jahre klar überrundet haben.

Gleichwohl stellt sich auch hier bei der Beurteilung von Prozentwertvergleichen das schwierige methodische Problem der Absicherung der ermittelten Unterschiede oder deren Veränderung im Zeitablauf.

> "Schon das Ausmaß der Ungleichheiten in der Bildungsbeteiligung läßt sich nämlich auf verschiedene Weise darstellen, und für die ermittelten Veränderungen von Beteiligungsquoten nach sozialer Herkunft gibt es keinen eindeutigen überzeugenden Maßstab. Woran soll man beispielsweise eine Erhöhung des relativen gymnasialen Schulbesuchs von Arbeiterkindern von 9 auf 12 Prozent messen? Ist dieser Anstieg um drei Prozentpunkte bemerkenswert oder eher gering für einen Zeitraum von 13 Jahren, und welche Bedeutung hat er in Relation zur allgemeinen Erhöhung der Schulbesuchsquote?"[117]

Es bietet sich aus diesem Grund der Rekrutierungsindex für eine exaktere bildungssoziologische Beurteilung der Frage nach den Veränderungen der sozialen Unterschiede in der Bildungsbeteiligung an, der vor allem eine Unterscheidung von Niveau- und Struktureffekten für unterschiedliche Sozialgruppen zu erfassen

---

116 Vgl. Schmid 1989; siehe dazu auch Rodax 1995.

117 Köhler 1992, S. 20; siehe ebenso Handl 1984, Schimpl-Neimanns und Lüttinger 1993, Müller und Haun 1994.

Tabelle 3a: Soziale Struktur der männlichen Erwerbstätigen in Bayern und Bildungsbeteiligung der Schüler und Schülerinnen in den Eingangsklassen der bayerischen Realschulen und Gymnasien in ausgewählten Schuljahren von 1965/66 bis 1984/85 nach sozialer Herkunft (in %) - Quelle: Schmid 1989

Berufliche Stellung	Schuljahr	männliche Erwerbstätige	Struktur der Schüler und Schülerinnen an Realschulen in den Eingangsklassen 7		Gymnasien in den Eingangsklassen 5 bzw. 7	
			m	w	m	w
Landwirte	1965/66	12.1	8.7	11.2	6.2	5.7
	1968/69	10.6	9.0	11.5	5.2	5.4
	1970/71	8.7	10.1	12.6	5.3	6.1
	1973/74	7.8	9.1	11.5	4.1	5.3
	1976/77	7.5	7.1	9.8	3.4	4.0
	1981/82	6.7	6.8	8.7	2.3	3.1
	1984/85	6.2	9.7	2.9	2.3	2.8
Arbeiter	1965/66	49.3	30.5	35.5	17.5	13.9
	1968/69	49.1	31.2	33.2	18.7	14.2
	1970/71	48.6	30.3	31.9	18.0	15.1
	1973/74	49.2	30.2	30.4	18.8	17.2
	1976/77	47.9	27.3	30.1	13.5	12.5
	1981/82	49.3	28.8	30.2	13.9	13.3
	1984/85	48.7	30.3	32.6	14.4	13.9
Selbständige	1965/66	10.6	16.5	19.3	22.3	24.9
	1968/69	10.3	15.1	16.6	20.6	23.2
	1970/71	9.9	14.9	14.9	19.5	21.9
	1973/74	9.4	14.3	13.6	17.8	18.6
	1976/77	8.9	14.9	14.0	18.2	19.4
	1981/82	8.3	13.0	12.5	17.0	16.9
	1984/85	8.9	13.0	12.9	16.3	16.8
Angestellte	1965/66	17.7	27.0	26.3	31.3	31.3
	1968/69	19.3	31.2	29.0	34.8	34.9
	1970/71	22.1	32.9	31.6	36.3	35.8
	1973/74	22.5	35.7	34.1	38.8	38.7
	1976/77	23.5	38.1	35.0	42.7	42.6
	1981/82	24.8	39.1	37.7	44.0	44.1
	1984/85	25.2	38.2	36.0	43.7	43.7
Beamte	1965/66	10.3	12.3	12.7	22.8	24.4
	1968/69	10.7	11.4	11.5	20.6	22.3
	1970/71	10.7	10.0	10.4	20.7	20.8
	1973/74	11.1	10.6	10.3	20.3	20.0
	1976/77	12.2	12.4	10.9	22.1	21.3
	1981/82	10.9	12.1	10.7	22.9	22.4
	1984/85	11.0	11.7	10.4	23.2	22.6

gestattet (vgl. Tabelle 3b).[118] Dieser zeigt beispielsweise für einen Extremgruppen-Vergleich zwischen den Berufsgruppen der Arbeiter und Beamten, die sich traditionell am deutlichsten bei der Wahl eines Gymnasiums unterscheiden, daß Mitte der sechziger Jahre beim Übergang in Gymnasien Beamten- gegenüber Arbeiterkindern sechsfach überrepräsentiert waren; zwanzig Jahre später hat sich dieses soziale Ungleichgewicht sogar noch auf das Siebenfache erhöht. Ähnliche Ergebnisse lassen sich, wenn auch nicht so ausgeprägt, für andere Sozialgruppen-Vergleiche zwischen bildungsmäßig weniger und stärker Privilegierten aufzeigen.

Es kann mithin insgesamt für das Übergangsverhalten festgehalten werden, daß die soziale Selektion am Ende der Grundschule, die in Bayern wohl am strengsten von allen alten Bundesländern gehandhabt wird, nach wie vor eine überaus bedeutsame Rolle spielt. Mitte der achtziger Jahre wechseln zwar erheblich mehr Töchter und Söhne aus Arbeiter- und Bauernfamilien in weiterführende Schulen über als zwanzig Jahre zuvor, gleichwohl ist das Ausmaß der sozialen Ungleichheit zwischen ihnen und den Töchtern und Söhnen aus Angestellten-, Selbständigen- und Beamtenfamilien nur geringfügig vermindert worden, weil diese Familien ihre Bildungsbeteiligung ebenfalls zu steigern vermochten. Das trifft in erster Linie für Unterschiede beim Übergang in Gymnasien zu. Bemerkenswert im Vergleich zu den Arbeitertöchtern und -söhnen ist vielleicht noch, daß schon in der Hochphase der Bildungsexpansion zu Beginn der siebziger Jahre Bauerntöchter eine vergleichsweise gute Ausgangsposition beim Übergang in Realschulen und Gymnasien hatten; dies ist übrigens ein auch in anderen Ländern weithin gesichertes Ergebnis.[119]

Dabei muß selbstverständlich ins Kalkül gezogen werden, daß vor allem in der Mittelstufe der Gymnasien weitere Selektionsprozesse stattfinden, in deren Verlauf bis zu deren Abschluß vor allem Arbeitertöchter, mit einigem Abstand gefolgt von den Arbeitersöhnen, weit vor den Töchtern und Söhnen aus Beamtenfamilien mit doppelt so häufigem Abgang oder Wiederholen an der Spitze der vorzeitig Ausgeschiedenen stehen.[120] Zieht man gleichfalls den Verlauf in der gymnasialen Oberstufe mit heran, so ändert sich in Arbeiterfamilien an der

---

118 Er drückt den Quotienten aus dem Anteil einer sozialstatistischen Schülergruppe an allen Schülerinnen und Schülern einerseits und dem Anteil der entsprechenden sozialstatistischen Vätergruppe an allen Erwerbstätigen andererseits aus. Dabei bedeutet jeder Wert über 1 eine überproportionale Vertretung einer Sozialgruppe an der entsprechenden Schülerschaft. Anders ausgedrückt: Mit dem Rekrutierungsindex kann also abgeschätzt werden, ob etwa die Zunahme von Schülerinnen und Schülern, deren Väter einer bestimmten Sozialgruppe zugerechnet werden, nur auf den allgemeinen An- oder Abstieg unter den Erwerbstätigen zurückzuführen ist oder auch unabhängig davon gilt (vgl. Lundgreen 1981a).

119 Vgl. Müller und Haun 1993.

120 Vgl. Rodax 1989a.

Tabelle 3b: Rekrutierungsindex der Schüler und Schülerinnen an bayerischen Realschulen und Gymnasien in den Eingangsklassen

Berufliche Stellung	Schul- jahr	Rekrutierungsindex der Schüler und Schülerinnen an Realschulen in den Eingangsklassen		Gymnasien	
		m	w	m	w
Landwirte	1965/66	0.7	0.9	0.5	0.5
	1968/69	0.8	1.1	0.5	0.5
	1970/71	1.2	1.5	0.6	0.7
	1973/74	1.2	1.5	0.5	0.7
	1976/77	0.9	1.3	0.5	0.5
	1981/82	1.0	1.3	0.3	0.5
	1984/85	1.1	1.4	0.4	0.5
Arbeiter	1965/66	0.6	0.7	0.4	0.3
	1968/69	0.6	0.7	0.4	0.3
	1970/71	0.6	0.7	0.4	0.3
	1973/74	0.6	0.6	0.4	0.3
	1976/77	0.6	0.6	0.3	0.3
	1981/82	0.6	0.6	0.3	0.3
	1984/85	0.6	0.7	0.3	0.3
Selbständige	1965/66	1.6	1.8	2.1	2.3
	1968/69	1.5	1.6	2.0	2.3
	1970/71	1.5	1.5	2.0	2.2
	1973/74	1.5	1.4	1.9	2.0
	1976/77	1.7	1.6	2.0	2.2
	1981/82	1.6	1.5	2.0	2.0
	1984/85	1.5	1.3	1.9	1.9
Angestellte	1965/66	1.5	1.5	1.8	1.8
	1968/69	1.6	1.5	1.8	1.8
	1970/71	1.5	1.4	1.6	1.6
	1973/74	1.6	1.5	1.7	1.7
	1976/77	1.6	1.5	1.8	1.8
	1981/82	1.6	1.5	1.8	1.8
	1984/85	1.5	1.4	1.7	1.7
Beamte	1965/66	1.2	1.2	2.2	2.4
	1968/69	1.1	1.1	1.9	2.1
	1970/71	0.9	1.0	1.9	1.9
	1973/74	1.0	0.9	1.8	1.8
	1976/77	1.0	0.9	1.8	1.7
	1981/82	1.1	1.0	2.1	2.0
	1984/85	1.1	0.9	2.1	2.1

Reihenfolge von Töchtern und Söhnen nichts, während Töchter aus Beamtenfamilien nunmehr einen deutlich besseren Erfolg in der gymnasialen Oberstufe aufweisen als Söhne. Diese Tendenzen haben sich, wenn auch auf erheblich niedrigerem Niveau, bis Mitte der achtziger Jahre fortgesetzt und deuten auf eine Verminderung und Angleichung der "drop-out"-Quoten" hin.[121]

Es verwundert angesichts der Entwicklung des Übergangsverhaltens nicht, daß auch am Ende der Schullaufbahn kein grundlegender sozialer Wandel der Bildungsbeteiligung von Schülerinnen und Schülern verschiedener sozialer Herkunft in Realschul- und insbesondere in Gymnasialabschlußklassen zwischen Mitte der sechziger bis Mitte der achtziger Jahre eingetreten ist (vgl. Tabelle 4a und 4b). Stark überrepräsentiert sind in diesem Zeitraum, gemessen wiederum am Rekrutierungsindex, wie zu erwarten stand, Töchter und Söhne aus Angestellten-, Selbständigen- und Beamtenfamilien, wohingegen die aus Bauern- und noch stärker die aus Arbeiterfamilien erheblich unterrepräsentiert sind. Das erklärt sich vor allem dadurch, daß der allgemeinbildende weiterführende Schulbereich durch die Sozialstruktur der Gesellschaft weitgehend bestimmt wird und sich ihrem Einfluß auf keiner Bildungsstufe entziehen kann.

Betrachtet man die Ergebnisse weiter nach dem Geschlecht, so erweist sich, daß Schülerinnen und Schüler unterschiedlicher sozialer Herkunft bereits Ende der sechziger Jahre in Realschulabschlußklassen durchweg etwa gleich stark vertreten waren. Eine solche Annäherung der Repräsentanz läßt sich in den Abiturklassen der Gymnasien für Töchter gegenüber Söhnen aus Beamten- und Selbständigenfamilien bereits Mitte der sechziger Jahre, für die aus Angestelltenfamilien erst zu Beginn der siebziger Jahre aufzeigen. Beim Vergleich von Töchtern und Söhnen aus Arbeiter- und Bauernfamilien ist auch zehn Jahre später nur noch eine leichte Benachteiligung der Töchter aus Arbeiterfamilien in den Abiturklassen zu erkennen, die indes nicht mehr so kraß ausfällt wie noch zu Beginn der Bildungsexpansionsphase. Mit anderen Worten: Unterschiede in der höheren Bildungsbeteiligung zwischen den Geschlechtern innerhalb der Sozialgruppen sind im Verlaufe der Bildungsexpansion nivelliert worden; Unterschiede entlang der vertikalen Ungleichheitsstruktur der Gesellschaft sind indessen auf einem höheren Sockelniveau weitgehend erhalten geblieben. Nach wie vor hat sich an der Bildungshierarchie: Beamter - Selbständiger - Angestellter - Bauer - Arbeiter wenig Grundlegendes verändert.

121 Vgl. Bofinger 1990, Sehringer und Jung 1995.

Tabelle 4a: Soziale Struktur der männlichen Erwerbstätigen in Bayern und Bildungsbeteiligung der Schüler und Schülerinnen in den Abschlußklassen der bayerischen Realschulen und Gymnasien in ausgewählten Schuljahren von 1965/66 bis 1984/85 nach sozialer Herkunft (in %) - Quelle: Schmid 1989

Berufliche Stellung	Schul-jahr	männliche Erwerbs-tätige	Struktur der Schüler und Schülerinnen an Realschulen in den Abschlußklassen		Gymnasien	
			m	w	m	w
Landwirte	1965/66	12.1	----	----	4.6	2.3
	1968/69	10.6	8.2	10.5	5.2	4.3
	1970/71	8.7	8.6	11.2	6.2	5.6
	1973/74	7.8	9.7	12.0	5.7	4.8
	1976/77	7.5	8.7	11.4	5.0	4.9
	1981/82	6.7	6.8	9.0	4.0	4.3
	1984/85	6.2	6.3	8.5	2.8	1.1
Arbeiter	1965/66	49.1	----	----	7.9	3.9
	1968/69	49.1	31.4	28.2	10.9	5.7
	1970/71	48.6	31.4	28.1	13.2	7.6
	1973/74	49.2	31.1	30.1	15.4	9.9
	1976/77	47.9	27.9	30.7	15.3	11.5
	1981/82	49.3	24.9	28.2	17.3	14.0
	1984/85	48.7	26.2	29.6	16.6	13.6
Selbständige	1965/66	10.6	----	----	29.2	32.1
	1968/69	10.3	16.6	18.2	25.5	29.0
	1970/71	9.9	15.6	17.1	23.1	27.7
	1973/74	9.4	14.5	14.7	21.2	24.0
	1976/77	8.9	15.0	14.2	19.8	21.7
	1981/82	8.3	15.3	14.3	17.8	19.8
	1984/85	8.9	13.7	13.2	17.0	18.0
Angestellte	1965/66	17.7	----	----	26.7	26.2
	1968/69	19.3	29.6	28.2	30.5	28.5
	1970/71	22.1	30.8	29.6	30.5	29.3
	1973/74	22.5	32.1	30.5	31.6	33.1
	1976/77	23.5	35.3	31.8	35.1	34.9
	1981/82	24.8	39.0	36.3	37.0	38.3
	1984/85	25.2	40.3	37.2	41.1	41.3
Beamte	1965/66	10.3	----	----	29.3	32.8
	1968/69	10.7	14.0	14.6	27.8	32.4
	1970/71	10.7	13.3	13.7	26.8	29.9
	1973/74	11.1	12.4	12.4	25.8	28.0
	1976/77	12.2	13.0	11.7	24.6	26.7
	1981/82	10.9	14.0	12.0	23.5	23.2
	1984/85	11.0	13.3	11.3	23.6	23.8

Tabelle 4b: Rekrutierungsindex der Schüler und Schülerinnen an bayerischen Realschulen und Gymnasien in den Abschlußklassen

Berufliche Stellung	Schul-jahr	Rekrutierungsindex der Schülerinnen und Schüler an Realschulen in den Abschlußklassen		Gymnasien	
		m	w	m	w
Landwirte	1965/66	---	---	0.4	0.2
	1968/69	0.8	1.0	0.5	0.4
	1970/71	1.0	1.3	0.7	0.6
	1973/74	1.2	1.5	0.7	0.6
	1976/77	1.2	1.5	0.7	0.7
	1981/82	1.0	1.3	0.6	0.6
	1984/85	1.0	1.4	0.5	0.5
Arbeiter	1965/66	---	---	0.2	0.1
	1968/69	0.6	0.6	0.2	0.1
	1970/71	0.6	0.6	0.3	0.2
	1973/74	0.6	0.6	0.3	0.2
	1976/77	0.6	0.6	0.1	0.2
	1981/82	0.5	0.6	0.4	0.3
	1984/85	0.5	0.6	0.3	0.3
Selbständige	1965/66	---	---	2.8	3.0
	1968/69	1.6	1.8	2.5	2.8
	1970/71	1.6	1.7	2.3	2.8
	1973/74	1.5	1.6	2.3	2.6
	1976/77	1.7	1.6	2.2	2.4
	1981/82	1.8	1.7	2.1	2.4
	1984/85	1.5	1.5	1.9	2.0
Angestellte	1965/66	---	---	1.5	1.5
	1968/69	1.5	1.5	1.6	1.5
	1970/71	1.4	1.1	1.4	1.3
	1973/74	1.4	1.4	1.4	1.5
	1976/77	1.5	1.4	1.5	1.5
	1981/82	1.6	1.5	1.5	1.5
	1984/85	1.6	1.5	1.6	1.6
Beamte	1965/66	---	---	2.8	3.2
	1968/69	1.3	1.4	2.6	3.0
	1970/71	1.2	1.3	2.5	2.8
	1973/77	1.1	1.1	2.3	2.5
	1976/77	1.1	1.0	2.0	2.2
	1981/82	1.3	1.1	2.2	2.1
	1984/85	1.2	1.0	2.1	2.2

Ergebnisse der bundesweiten Mikrozensenerhebungen

Wirft man zudem noch einen ergänzenden Blick auf die Sonderauswertung des Statistischen Bundesamtes aus dem Mikrozensus für das Max-Planck-Institut für Bildungsforschung[122], so lassen sich diese Ergebnisse weiter erhärten und zugleich differenzieren, wenn man die zeitliche Entwicklung geschlechtstypischer Veränderungen der Bildungsbeteiligung bei den 13- und 14jährigen an Realschulen und Gymnasien nach sozialer Herkunft zwischen Mitte der siebziger und Ende der achtziger Jahre mit einbezieht (vgl. Tabelle 5).

Eines fällt sofort wieder auf: Geschlechtstypische Benachteiligungen in der Entwicklung der Bildungsbeteiligung fallen schon Mitte der siebziger Jahre an Realschulen und vor allem an Gymnasien nicht mehr ins Gewicht: Schülerinnen sind in den Eingangsklassen weiterführender Schulen stärker vertreten als Schüler. Dies gilt überwiegend für alle groben Sozialgruppen. Differenziert man diese indes weiter nach dem Bildungsabschluß der Eltern, also dem Bildungskapital, so zeigen sich markante Unterschiede nur bei der gymnasialen Bildungsbeteiligung zugunsten der Töchter von Selbständigen ohne Hochschulabschluß und derer von Beamten ohne Abitur. Das heißt: Von der höheren Bildungsbeteiligung profitierten in Gymnasien vor allem Töchter aus den bildungsmäßig benachteiligten "Mittelschichten". Bei der Bildungsbeteiligung in Realschulen hingegen ist der Vorsprung der Töchter von Bauern und Arbeitern besonders auffälli; die Mittlere Reife scheint für sie das eigentliche Tor zum Bildungsaufstieg zu sein. Insgesamt muß man aber festhalten: Die unterschiedliche Bildungsbeteiligung bei den 13- und 14jährigen Schülerinnen und Schülern läßt sich nicht eindeutig bestimmten Herkunftsgruppen zuordnen; das gilt im übrigen ebenso für zeitliche Veränderungen der Bildungsbeteiligung bei den 17- und 18jährigen in der Oberstufe der Gymnasien, nicht indes wiederum bei der Analyse der Bildungsbeteiligung nach Sozialgruppen.[123]

Beurteilung der Ergebnisse

Von welcher Seite eine Untersuchung der Bildungsbeteiligung an Realschulen und Gymnasien über einen längeren Zeitraum auch angegangen wird, die Analysen führen immer wieder zu weitgehend ernüchternden Einsichten: Es gibt keinen bedeutsamen Wandel in den Auswirkungen der sozialen Herkunft auf die geschlechtstypische Bildungsbeteiligung. Die Bildungsexpansion an Realschulen und Gymnasien hat sicherlich dazu beigetragen, daß langfristig eine Verbesse-

---

122 Vgl. Köhler 1992.

123 Vgl. Köhler 1992, Budde und Klemm 1994, Hansen et al. 1994, Rodax 1995.

Tabelle 5: Bildungsbeteiligung der 13- und 14jährigen Mädchen und Jungen an Realschulen und Gymnasien nach sozialer Herkunft 1976 und 1989 (in %) - Quelle: Köhler 1992

Soziale Stellung des Familienvorstandes	Relativer Schulbesuch der 13- und 14jährigen an							
	Realschulen				Gymnasien			
	männlich		weiblich		männlich		weiblich	
	1976	1989	1976	1989	1976	1989	1976	1989
Selbständige	21,8	27,1	27,8	28,4	24,8	34,1	25,2	40,4
Beamte	20,3	25,1	24,7	23,3	47,0	53,9	48,0	61,3
Angestellte	22,0	26,0	27,5	31,8	37,3	41,9	38,3	44,8
Arbeiter	17,6	22,9	21,4	29,6	8,9	10,1	9,6	11,6
Sonstige	13,1	19,7	10,7	24,7	14,1	14,6	9,8	16,4
Insgesamt	19,3	24,2	22,9	29,0	22,2	27,1	22,0	30,7
Selbständige Landwirte	19,2	30,9	27,5	41,1	10,2	(14,9)	11,7	16,3
Sonstige nichtakad. Selbständige	25,2	29,8	29,5	28,4	32,3	28,7	31,7	37,6
Selbständige Akademiker	(10,5)	(12,2)	(10,8)	7,7	83,2	81,7	79,5	89,7
Beamte ohne mittleren Abschluß	28,0	39,2	32,5	35,3	25,2	(28,1)	26,9	36,5
Beamte mit mittlerem Abschluß	(20,9)	34,9	(26,8)	29,8	50,6	44,6	52,0	54,2
Beamte mit Abitur	(7,1)	(11,8)	(10,9)	(11,9)	81,2	73,4	78,6	80,8
Angestellte ohne mittleren Abschluß	23,5	28,5	30,6	37,8	26,8	26,9	27,2	30,9
Angestellte mit mittlerem Abschluß	21,1	29,0	25,6	32,6	47,5	47,2	51,0	48,1
Angestellte mit Abitur	16,4	(13,1)	(15,5)	(15,2)	66,6	72,3	67,7	72,5
Deutsche Arbeiter ohne Lehre	16,1	16,7	20,7	26,1	5,8	(7,0)	6,3	(8,7)
Deutsche Arbeiter mit Lehre	19,9	25,8	23,7	35,6	11,3	12,0	11,9	13,7
Ausländische Arbeiter ohne Lehre	(7,0)	19,2	(6,0)	(12,2)	(2,3)	(8,6)	(3,0)	(6,4)
Ausländische Arbeiter mit Lehre	(8,1)	22,8	(3,5)	28,9	(4,9)	(7,3)	(8,0)	(12,5)
Arbeitslose, Sozialhilfeempfänger	(11,5)	(17,0)	(9,4)	20,4	(7,0)	(4,9)	(8,2)	10,9
Übrige Nichterwerbstätige, o.A.	14,1	22,4	11,1	30,0	18,1	24,6	10,4	23,2
Insgesamt	19,3	24,2	22,9	29,0	22,2	27,1	22,0	30,7

( ) Prozentzahlen, die aus weniger als 50 Fällen berechnet sind.

rung in der höheren Bildungsbeteiligung für junge Männer und Frauen unterschiedlicher sozialer Herkunft eingetreten ist, die sich insbesondere mit Beginn der siebziger Jahre außerordentlich beschleunigte. Von dieser sozialen Dynamik profitierten junge Frauen im allgemeinen erheblich stärker als junge Männer. Einschränkend muß allerdings hinzugefügt werden: Vornehmlich bei den Töchtern aus Arbeiterfamilien muß im vorwiegend katholisch geprägten Bayern noch von einem stärkeren Ineinandergreifen traditioneller geschlechts- *und* herkunftstypischer Einflüsse der sozialen Benachteiligungen auf die Bildungslaufbahn in Gymnasien ausgegangen werden. In dieses Bild fügt sich gut, wie Längsschnittbefunden der Berliner Lebensverlaufsstudie weiter zu entnehmen ist, daß der Einfluß der sozialen Herkunft bei jungen Frauen weit gewichtiger ist als bei jungen Männern und daß die Zugehörigkeit zur katholischen Konfession nur bei Mädchen die Bildungsbeteiligung in Realschulen und Gymnasien beeinträchtigt, während Jungen davon völlig unberührt bleiben.[124]

Die Bildungsbeteiligung an Realschulen und Gymnasien wird insgesamt also, trotz einer enormen Bildungsexpansion, immer noch wesentlich durch Unterschiede der sozialen Herkunft bestimmt, ja, es scheint sogar einiges daraufhin zu deuten, daß die Ungleichheit der Bildungsbeteiligung immer im maximalen Umfang aufrechterhalten wird.[125] Das aber bedeutet,

> "daß durch die Expansion der Bildung der Einfluß der sozialen Herkunft auf die Bildungschancen grundsätzlich unverändert bleibt und sich nur dann abschwächt, falls die Beteiligung der privilegierten Gruppen auf einem Bildungsniveau bereits so hoch ist, daß eine weitere Expansion der Bildung nur noch durch eine Erhöhung der Beteiligung benachteiligter Gruppen erreicht werden kann. Nach dieser Position ist die Bildungsexpansion vor allem das Ergebnis des mit dem Wandel der Berufsstruktur wachsenden Anteils privilegierter Gruppen. Solange diese Gruppen über ihre Kinder noch nicht vollkommen in den verschiedenen höheren Schulstufen integriert sind, werden sie alle Anstrengungen unterstützen, die Bildungsbeteiligung durch die Abschaffung von Ausbildungsgebühren, die Verminderung von Zulassungshürden, die Erweiterung von Kapazitäten etc. zu erhöhen. Die steigende Bildungsbeteiligung führt dabei allerdings nicht zu größerer Gleichheit der Chancen zwischen verschiedenen sozialen Gruppen, da der Zuwachs bei den privilegierten, bildungsnahen Gruppen immer größer sein wird als bei den benachteiligten und bildungsfernen."[126]

Von der Bildungsexpansion zogen also alle Sozialgruppen in ähnlicher Weise Nutzen, ohne daß sich die Sozialstruktur der Bildungsungleichheit durchschlagend veränderte; allenfalls spiegelt sie Veränderungen im Gesellschaftsgefüge wider, in dem sich allgemein eine sozialer Wandel zur "Angestelltengesellschaft" und zu einem höheren Anteil von Berufen mit qualifizierteren Bildungsabschlüssen in der "Dienstleistungsgesellschaft" vollzieht. Die Chancen, einen höheren

124 Vgl. Blossfeld 1989, Mayer und Blossfeld 1990.

125 Vgl. Blossfeld 1993.

126 Blossfeld und Shavit 1993, S. 33 f.

Schulabschluß zu erreichen, stiegen, wohingegen das Verhältnis der sozialgruppentypischen Bildungschancen weitgehend stabil blieb. Soziale Disparitäten der Bildungsbeteiligung erwiesen sich mithin als außerordentlich zählebig.

Die weiterführenden Schulen wurden damit zum Zulieferer von Berufs- und Sozialprestigestrukturen, das heißt, sie stabilisierten die Klassen- und Schichtungsgesellschaft und trugen so dazu bei, daß es nicht zu viele Studierende, aber ausreichend Müllwerker, Verkäufer, Handwerker und überhaupt Männer und Frauen mit niedrigem Einkommen gab. Besitzverhältnisse, eine ständige Ausdifferenzierung und das weite Fächerspektrum in der Berufs- und Arbeitswelt wurden auf diese Weise im Vorwege der Schullaufbahn kanalisiert, und zwar mit einer gewissen Flexibilität, die jeweils mit dem Entwicklungsstand, den Wirtschafts- und Wettbewerbsproblemen und auch den unterschiedlichen Geburten- und Einwanderungszahlen in der bundesrepublikanischen Gesellschaft korrespondierte.

Die in diesem Kontext bisweilen vorgetragene These vom "Paradoxon der Bildungsexpansion"[127], derzufolge die veränderte Bildungsbeteiligung dazu geführt habe, daß mittlere und höhere Bildungsabschlüsse immer mehr Voraussetzung, aber immer weniger die Garantie für einen höheren Sozialstatus geworden sei, steht auf tönernen Füßen: "Ein bestimmter Bildungsabschluß reicht immer weniger aus, um in den Genuß bestimmter Vorteile zu kommen; gleichzeitig wird er aber immer notwendiger, um die Chancen auf diese Vorteile zu wahren."[128] Damit verlören die mittleren und höheren Abschlüsse an Bedeutung für den sozialen Plazierungsprozeß, der sich stärker vom Bildungssystem in die Arbeitswelt verlagere. Ergebnisse der schon erwähnten Längsschnittstudie des Max-Planck-Instituts für Bildungsforschung, die dem Zusammenhang von Lebensläufen und sozialem Wandel nachgegangen ist, belegen indessen, daß die Bedeutung von Bildung und Ausbildung für die Erstplazierung im Berufsleben in den Nachkriegsjahrgängen eher gewachsen und der Zusammenhang zwischen beruflicher Erstplazierung und weiterer Berufskarriere erheblich enger als in früheren Geburtsjahrgängen geworden ist. Anders gesagt: Mit der Bildungsexpansion ist das Gefüge von sozialer Herkunft, Bildung und Lebensverlauf nicht offener, sondern eher geschlossener geworden; der endogene Zusammenhang des Lebensverlaufs hat sich, nicht zuletzt vermittelt durch das Bildungssystem, eher verfestigt.[129]

127 Geißler 1992, S. 220.

128 Geißler 1992, S. 221.

129 Vgl. Leschinsky und Mayer 1990, Mayer 1991a,b.

Hervorstechendstes Kennzeichnen der Bildungsexpansion sind folglich vor allem starke Niveaueffekte (das heißt, es kommt zu einer höheren Bildungsbeteiligung aller Sozialgruppen an Realschulen und Gymnasien) und weniger Struktureffekte (das heißt, die höhere Bildungsbeteiligung führt kaum zur Verminderung sozialer Ungleichheit zwischen den Sozialgruppen). Gleichwohl sind die Folgewirkungen des allgemeinen Anstiegs der höheren Bildungsbeteiligung nicht zu unterschätzen. Da die unteren Sozialgruppen quantitativ den weitaus größten Schüleranteil stellen, hat deren höhere Bildungsbeteiligung überproportionale Auswirkungen auf die soziale Zusammensetzung weiterführender Bildungsgänge und deren Absolventengeneration. Eine Nebenfolge ist indes ein schon früh einsetzender, intensivierter Ausleseprozeß, der im allgemeinen mit der Schulwahl am Ende der Grundschule wesentlich vorentschieden wird und weitgehend unumkehrbar ist.[130]

IV. Höhere Bildungsbeteiligung als Ausdruck wachsender Chancengleichheit?

Die bisherige Beschreibung und Analyse hat zunächst die grundlegende Verbesserung der Bildungschancen und der effektiven Bildungsbeteiligung von Mädchen und jungen Frauen in der (alten) Bundesrepublik Deutschland in den letzten Jahrzehnten in einem solchen Ausmaß offenbart, wie sie zu Beginn der fünfziger Jahre wohl kaum für möglich gehalten wurde. Im allgemeinbildenden weiterführenden Schulbereich ist seitdem die geschlechtstypisch unterschiedlich ausgeprägte Bildungsbeteiligung von Mädchen und Jungen, die sich bis zur Mitte dieses Jahrhunderts kaum grundlegend verändert hatte, aufgehoben worden.[131] Die guten schulischen Leistungen, die Mädchen und jungen Frauen schon seit langem bescheinigt worden waren, werden mittlerweile ebenso wirkungsvoll in qualifizierte Bildungsgänge umgesetzt. Das traditionelle Bildungsdefizit von Mädchen und jungen Frauen ist hierbei vor allem an Gymnasien in schnellen Schritten vermindert und seit Beginn der achtziger Jahre sogar in einen leichten Bildungsvorsprung verwandelt worden. Mädchen und junge Frauen scheinen die eigentlichen "Hauptgewinner der Bildungsexpansion" zu sein.

130 Vgl. Bolder 1968, 1975, Hurrelmann 1975, 1985, Blossfeld 1989, 1993, Mayer und Blossfeld 1990, Ditton 1992, Köhler 1992, Mansel 1993, Meulemann 1992, Arbeitsgruppe Bildungsbericht am Max-Planck-Institut für Bildungsforschung 1994.

131 Vgl. Lundgreen 1981a,b, Herrlitz et al. 1993, Zymek 1989.

Als Folge davon ist festzustellen, daß junge Frauen nun vermehrt in der Lage sind, eines ihrer Handicaps auf dem Arbeitsmarkt endlich wettzumachen: ihre schlechtere Qualifikation. Mehr als drei Viertel aller berufstätigen Frauen haben inzwischen eine anerkannte Ausbildung oder einen Fachhoch- oder Hochschulabschluß. Damit liegen sie zwar immer noch hinter jungen Männern zurück, aber ihre Aussichten haben sie deutlich verbessert. Damit steht indes nicht im Widerspruch, daß für junge Frauen in der Berufsausbildung weiterhin erhebliche Bildungsbenachteiligungen existieren. Trotz einer vorübergehend entspannten Lage auf dem Ausbildungsmarkt Ende der achtziger Jahre sind ihre Chancen auf eine qualifizierte Ausbildung, durch die sie finanziell gesichert sind, immer noch geringer als die der jungen Männer. Noch immer werden 80 Prozent der jungen Frauen in nur 25 Berufen ausgebildet, die zumeist mit geringem Verdienst, hohem Arbeitsmarktrisiko und wenig Aufstiegsmöglichkeiten verbunden sind. Der Frauenanteil in nicht frauentypischen Bereichen ist nur gering angestiegen.[132]

Die verbesserte Qualifikation der jungen Frauen gibt aber - alles in allem gesehen - zum ersten Mal berechtigten Anlaß zu der Hoffnung, daß in der Rezession nicht wieder zuerst Frauen ihren Arbeitsplatz verlieren. Ihr Durchbruch im allgemeinbildenden weiterführenden Schulbereich ist somit einer der Gründe, für ihren zunehmenden Erfolg auf dem Arbeitsmarkt. Haben also junge Männer oftmals anderes im Kopf als Schule, oder haben sie in den jungen Frauen ihre Meisterinnen gefunden? Junge Männer reüssieren oftmals erst später und können darauf verweisen, daß inzwischen pro Altersjahrgang ein Drittel von ihnen, aber "nur" ein Viertel der jungen Frauen studiert.[133] Wie problematisch dieses Argument allerdings ist, enthüllt ein Blick auf das Ausland: In Frankreich studieren, umgekehrt, gut ein Drittel der jungen Frauen und nur ein Viertel der Männer.[134] Das liegt nicht an der womöglich stärker ausgeprägten Intelligenz der Französinnen, sondern wesentlich am unterschiedlichen Ausbildungssystem. Eine Reihe von "Frauenberufen", vor allem Pflegeberufe, setzt in Frankreich ein Studium voraus, in der Bundesrepublik nicht.

Die Diskussion und Bewertung dieser Sachverhalte ist schwierig und verwikkelt. Zum einen muß sicherlich für die Bundesrepublik festgehalten werden, daß geschlechtstypische Bildungswege häufig durch prozeßhafte Muster der Segmentierung gekennzeichnet sind. Dabei lassen sich Strategien der "positiven Diskriminierung" belegen: Mädchen werden in frühen Stadien ihrer Bildungslaufbahnen bei gleichen Testergebnissen besser bewertet als Jungen. Dieser Effekt

132 Vgl. BMBW 1994, Gottschall 1995.

133 Vgl. BMBWFT 1994.

134 Vgl. Schmid-Jörg et al. 1981, Flitner 1992, Glumpler 1994, Maier 1994.

kehrt sich nachgerade um, je weiter ihre Bildungslaufbahnen voranschreiten. Schließlich wird die Geschlechtszugehörigkeit für die Prognose des weiteren Bildungsschicksals sogar deutlich dominanter als die Klassen- und Schichtzugehörigkeit.[135]

Offensichtlich stehen junge Frauen und Männer aufgrund des "Arrangements der Geschlechter" in ziemlich unterschiedlichen Beziehungen zueinander. Dessen

> "Risiken sind aus strukturell tiefliegenden Gründen für Frauen sehr viel größer als für Männer. Dieser Unterschied verläuft haargenau entlang der Grenze zwischen den Geschlechtsklassen, obwohl sich das körperliche Vermögen zu Übergriffen und zur Selbstverteidigung keineswegs so klar auf die zwei einander ausschließenden Klassen verteilen läßt. Die Biologie gibt uns zwar ein treffliches und sauberes Mittel zur unmißverständlichen Zuteilung auf diese Klassen an die Hand. Die Risiken und Reaktionen jedoch, die so selbstverständlich zu folgen scheinen, sind das Ergebnis gesellschaftlicher Organisation."[136]

Das zeigt sich vor allem am immer noch größerem Zurückschrecken von jungen Frauen vor einem Universitätsstudium. Da sie aber schwerer einen qualifizierten beruflichen Ausbildungsplatz als junge Männer finden, wechseln sie schließlich doch noch an die Universität. Dennoch ist ihre Neigung, ihr Studium aufzugeben, größer als bei jungen Männern. Ihr Dilemma: Sie klammern sich oftmals an ihre Traditionsfächer und haben kaum Mut, Neues zu wagen - nicht, weil sie weniger Ausdauer hätten, und nicht, weil ihre Leistungen schwächer wären, sondern weil sich an der geschlechtstypischen Arbeitsteilung, insbesondere an der geringen Bereitschaft von Männern, familiale Tätigkeiten und damit Verantwortung zu übernehmen, nur wenig geändert hat und also die Gründung einer Familie sich so schwer mit der Karriere im Beruf vereinbaren läßt.

Daß hierbei auch den in der Fächer- und Schulzweigwahl sich niederschlagenden Geschlechtsrollenmuster entlang der traditionellen Arbeitsteilung eine gewichtige Rolle mitspielen, liegt auf der Hand. Junge Frauen haben die von jungen Männern besetzten, gesellschaftlich höher bewerteten und chancenreicheren Reviere des Wissens noch kaum erobert, ebensowenig wie jungen Männern der Ausbruch aus den ihnen zugewiesenen Fachgebieten nur selten gelungen ist. Mädchen und junge Frauen bevorzugen immer noch die weicheren und auslegungsbedürftigeren, Jungen und junge Männer die härteren und präziseren Themen, Stoffe und Arbeitsformen. Auch ist nicht von der Hand zu weisen, daß nach heutigem Wissensstand ihre weiterführenden Ausbildungs- und Berufschancen nach Abschluß von Realschulen und Gymnasien insgesamt erheblich beeinträchtigt werden, wenn musisch-gestalterische, sozialwissenschaftliche und

---

135 Vgl. Meulemann 1990a,b.

136 Goffman 1994, S. 157 f.

neusprachliche Fächer sowie Schulzweige und die ihnen zugrundeliegenden Arbeits- und Denkstile überwiegen.[137]

Der Bildungsweg von Mädchen und jungen Frauen wird durch eine Doppelspur gekennzeichnet:

> "Sie werden in ihrer Erziehung sowohl auf die spätere Übernahme der privaten Reproduktionsarbeit gelenkt als auch zu einer beruflichen Ausbildung angehalten. Dieser doppelten Ausrichtung der Zukunftsperspektiven entspricht heute in der Regel auch die reale Vergesellschaftung von Frauen: in der Mehrzahl sind sie sowohl ins Erwerbsleben eingebunden als auch im Haushalt sozial verortet. In beiden Praxisbereichen ist ihre gesellschaftliche Position jedoch denen der Männer untergeordnet. Ihre Integration in die Berufswelt stößt da auf Widerstände, wo ihre Ansprüche mit Männerinteressen kollidieren. Die gesellschaftliche Einbeziehung der Frauen in die Sphären der marktvermittelten Arbeit geht darum einher mit Marginalisierung und Ungleichbehandlung. Der kategorische Imperativ in unserer Kultur, daß Hausarbeit, Kindererziehung und Regeneration privat zu organisieren seien, richtet sich vorrangig an das weibliche Geschlecht. Für Frauen ist deshalb die Familie die zweite Stätte gesellschaftlich notwendiger Arbeit, die von ihnen erledigt werden muß, ohne angemessen honoriert zu werden. ...
>
> Auch wenn es ihnen in ihrem Lebenslauf nicht gelingt, alle Potentiale zu realisieren, weil sie z. B. aus bestimmten, Männern vorbehaltenen Bereichen herausgehalten werden, kann von einer defizitären Sozialisation - einer immer noch gängigen Vorstellung, wenn es um Mädchenerziehung geht - gerade nicht die Rede sein. Dagegen spricht die Ausdauer, mit welcher Frauen im Wechsel von männlichen und weiblichen Vorbildern, im Hin und Her zwischen Kindererziehungsphasen und Erwerbstätigkeit sowie im Auf und Ab von Marktchancen und Karriereanläufen die zwangsläufig auftauchenden Diskontinuitäten in ihren Biographien zu überbrücken trachten."[138]

Die fortbestehende Unterrepräsentanz von Mädchen und jungen Frauen im mathematisch-naturwissenschaftlichen Bereich wird oftmals damit erklärt, daß es die mit Technik und technischen Kompetenzen verbundenen Vorstellungen von Macht und Männlichkeit seien, die eine bewußte Zurückhaltung von Mädchen und jungen Frauen verursachen.[139] Technische Berufe werden mit den als männlich angesehenen Eigenschaften "Erfindungsgeist" und "Risikobereitschaft" gleichgesetzt. Wesentlich überzeugender erscheinen hingegen zum einen vor allem der Hinweis auf sozio-kulturell bedingte Ausschlußmechanismen, die die Bildung und Erziehung in Familie und Schule prägen und nachhaltig die sozialen Normen von "männlich" und "weiblich" mitbestimmen, zum anderen aber auch der, daß Mädchen und junge Frauen vom mathematisch-naturwissenschaftlichen Bereich abgestoßen oder zumindest sich nicht zu den "harten" Fächern, zum Beispiel der Physik, hingezogen fühlen, weil sie die Aufspaltung ihrer Person in einen rational-vernünftigen und in einen emotional-sinnlichen Teil nicht mitvollziehen wollen. Damit läßt sich unter anderem auch erklären, warum sie "weiche"

---

137 Vgl. Rodax und Hurrelmann 1986.

138 Becker-Schmidt 1995, S. 239 f.

139 Vgl. Rudolph 1978.

Fächer wie sozialwissenschaftliche oder sprachliche bevorzugen, in denen diese Trennung nicht so extrem gefordert ist.

Die Bildung und Erziehung von Mädchen und jungen Frauen in der Schule, die - im Gegensatz zu der von Jungen und jungen Männern - eher von Kooperation statt von Konkurrenz gekennzeichnet ist, legt jedenfalls die Forderung nach einer gezielteren Unterstützung und Förderung von Mädchen und jungen Frauen im mathematisch-naturwissenschaftlichen Fächerspektrum oder einer teilweisen Aufhebung der Koedukation nahe.[140] Dafür spricht hauptsächlich, wie aus Untersuchungen bekannt ist, daß die Informations- und Kommunikationstechnologie, Gen- und Biotechnologie verstärkt mathematisch-naturwissenschaftliche Kenntnisse und Fähigkeiten im Beruf erfordern - Qualifikationen also, in denen sich Mädchen und junge Frauen im allgemeinen noch viel zu wenig die schulischen Grundlagen aneignen.[141] Wenn sie keine ausreichende mathematisch-naturwissenschaftliche Bildung erwerben, bleibt ihnen der Zugang zu diesen Berufsfeldern verschlossen und Frauenerwerbslosigkeit sowie Aufrechterhaltung eines gespaltenen Arbeitsmarktes für Frauen und Männer sind vorherbestimmt. Diese Erkenntnisse stellen die gelegentlich vertretene Auffassung, daß gerade neue Berufsfelder Frauen im Dienstleistungsbereich besonders gute Aufstiegs- und Berufschancen eröffnen, doch sehr in Frage. Dem Eindringen von jungen Frauen in technologisch neu erschlossene Berufsbereiche beziehungsweise ihrer aktiven Beteiligung an der Entwicklung des technischen Fortschritts ist deswegen besonders unter dem Gesichtspunkt der Fächer- und insbesondere der Schulzweigwahl von Mädchen und jungen Frauen im allgemeinbildenden weiterführenden Schulbereich noch größere Aufmerksamkeit zu schenken.

Nicht zuletzt diese fehlende mathematisch-naturwissenschaftliche Kompetenz war es, die herbe Kritik an der Koedukationsschule hervorgerufen und darauf aufmerksam gemacht hat, daß sie - entgegen ihrem programmatischen Anspruch - Mädchen und junge Frauen beim Übergang in den Beruf erheblich benachteilige. Denn es wird angenommen, daß Mädchen in diesem Fächerspektrum durch das gemeinsame Lernen mit Jungen benachteiligt werden, und zwar wegen ihrer unterschiedlichen körperlichen Reifungsprozesse, ihrer andersartigen Herangehensweise und ihrer immer noch in den Familien vorherrschenden "rückständigen" Rollenerziehung. Angelsächsische Untersuchungen, auf die gerne als Beleg verwiesen wird und die die Schulleistungen von Jungen und Mädchen in Koedukationsschulen und Schulen mit Geschlechtertrennung verglichen haben, zeigen im allgemeinen eine Überlegenheit der Mädchenschulen.

140 Vgl. Mertens 1991, Herzog 1994.

141 Vgl. Kreienbaum und Metz-Göckel 1992, Kreienbaum 1992.

> "In diesen deskriptiven Vergleichen bleibt jedoch unberücksichtigt, daß besonders traditions- und leistungsbewußte Eltern dazu neigen, ihre Töchter auf Mädchenschulen zu schicken, wenn sich ihnen eine Wahlmöglichkeit bietet. Deshalb unterscheidet sich die Schülerschaft an Mädchenschulen in der Regel bereits hinsichtlich ihrer Eingangsvoraussetzungen. Kontrolliert man die unterschiedliche Eingangsselektivität, so sind die Leistungsunterschiede praktisch nicht mehr nachweisbar".[142]

Es gibt zudem für die Bundesrepublik deutliche Hinweise darauf,

> "daß sich die Fachinteressen von Jungen und Mädchen im koedukativen Unterricht tatsächlich stärker auseinanderentwickeln als bei Geschlechtertrennung, während hinsichtlich der Schulleistung Jungen generell und Mädchen im Fach Mathematik von der Koedukation profitieren. Gerade der Interessenverlust an mathematisch-naturwissenschaftlichen Gegenständen dürfte die beruflichen Entfaltungschancen von Mädchen erheblich beeinträchtigen, da der Komplex der technischen Berufe zunehmend aus ihrem Blickfeld rückt."[143]

In diesem Sinne scheint die jugendliche Konkurrenz der Geschlechter auch das Schicksal von Frauen auf den wissenschaftlichen Karriereleitern widerzuspiegeln. In der Physik beispielsweise haben die Studienanfängerinnen noch einen vergleichsweise beachtlichen Anteil, indessen läßt sich die Anzahl der Physikprofessorinnen an einer Hand abzählen. Wer vermutet, daß sich Frauen naturgemäß wenig für Physik interessieren, kann sich durch einen internationalen Vergleich belehren lassen. An italienischen Physikinstituten etwa liegt der Frauenanteil bei einem Viertel, in Ungarn ist das Verhältnis von Männern und Frauen ausgeglichen.

Um geschlechtstypische Diskrepanzen im Fach- und Berufswahlverhalten zu vermindern, ist zumindest zeitweilig eine getrennte Unterrichtung von Mädchen und Jungen in den mathematisch-naturwissenschaftlichen Fächern, insbesondere im Anfangsunterricht der Mittelstufe in weiterführenden Schulen, durchaus in Erwägung zu ziehen. Denn Mädchen haben einen "bodenständigen", pragmatischen Zugang zu Mathematik, Naturwissenschaften und Technik. Jedenfalls zeigen Modellversuche, die die Förderung der Interessenentwicklung von Mädchen im naturwissenschaftlichen Unterricht zum Ziel haben, daß eine vorübergehende Trennung von Jungen und Mädchen vor allem im Anfangsunterricht und die Darbietung von naturwissenschaftlichen Unterrichtsgegenständen in Lebenszusammenhängen, die Mädchen vertrauter sind, deren Interessen- und Leistungsentwicklung positiv beeinflussen können.[144] Außerdem würde sich durch eine Stabilisierung der mathematisch-naturwissenschaftlichen Interessen von Mädchen später das Spektrum der für sie attraktiven Berufe deutlich verbreitern.

---

142 Arbeitsgruppe Bildungsbericht am Max-Planck-Institut für Bildungsforschung 1994, S. 281.

143 Arbeitsgruppe Bildungsbericht am Max-Planck-Institut für Bildungsforschung 1994, S. 282.

144 Vgl. Arbeitsgruppe Bildungsbericht am Max-Planck-Institut für Bildungsforschung 1994.

Damit einher geht oftmals als "Nebeneffekt" eine Veränderung des Klassenklimas. Die Unterrichtsbeteiligung von Mädchen verbessert sich, ihre Stimmen werden lauter, sie lassen sich von anderen Mädchen in der Klasse nicht so schnell unterbrechen, und sie bringen ihre Interessen stärker ein. Aber auch auf der Jungenseite erfüllen sich die Lehrerbefürchtungen vom "wilden Haufen" nicht. Im Gegenteil: Jungen werden ruhiger, sachorientierter und konzentrierter. Kurz: Jungen und Mädchen gehen gern und im Selbstbewußtsein gestärkt zurück in den koedukativen Unterricht.

Es geht aber letztlich nicht nur darum, Mädchen verstärkt an mathematisch-naturwissenschaftliche Bereiche heranzuführen, sondern auch Jungen an soziale Bereiche. Sie haben sich im allgemeinen noch zu wenig von ihrer klassischen Rolle emanzipiert; ihnen gelingt es nur selten, auch emotional und fürsorglich zu handeln. Ebenso ist zu berücksichtigen, daß zukünftig immer stärker die berufliche Zusammenarbeit der Geschlechter eine Rolle spielen wird, wofür es von Bedeutung ist, daß Schule die dafür notwendige soziale Kompetenz fördert.[145]

Jungen und Mädchen sind gegenwärtig und zukünftig Betroffene, wenn auch in unterschiedlicher Weise, jener gesellschaftlich bedingten geschlechtstypischen Arbeitsteilung und der mit dieser in einem wechselseitigen Zusammenhang stehenden geschlechtstypischen Bildung und Erziehung. Eine arbeitsorientierte Allgemeinbildung muß beiden Geschlechtern die Möglichkeit bieten, sich mit diesem gesellschaftlichen Wirkungs- und Bedingungskomplex auseinanderzusetzen, was nur über eine Thematisierung von technisch-ökonomischen und gesellschaftlichen Entstehungszusammenhängen erfolgen kann. Hierbei geht es nicht darum, Mädchen stärker für die vorhandenen Inhalte des Technikunterrichts zu motivieren, sondern ein angemessenes Technikverständnis bei Jungen und Mädchen zu wecken und zu fördern und Technik als Prozeß gesellschaftlicher Aneignung von Natur, als gesellschaftliches Phänomen zu begreifen.

Welche Rolle das in die Kritik geratene Problem der Koedukation spielt, ist also unter Würdigung aller Umstände keineswegs leicht zu bestimmen und kompliziert den Sachverhalt zusätzlich. Es gibt zwar viele Meinungen, plausible Erklärungen und Überlegungen sowie bildungspolitische Empfehlungen, die positiv die Koedukation als Schul- und Erziehungssystem fördern. Gemeinsame und gleiche Bildung, das ist wohl Konsens der Diskussionen, waren und sind Zielvorstellungen, die in der Auseinandersetzung um Koedukation eine wichtige Rolle spielten beziehungsweise spielen. Eine absolute Gleichheit wird also nicht angestrebt, sondern vielmehr die Möglichkeit, daß Differenzen gelebt werden können, ohne daß damit zugleich eine soziale Benachteiligung verbunden ist.

145 Vgl. Faulstich-Wieland und Horstkemper 1995.

Koedukation hat deshalb den Stellenwert eines Bildungsprinzips und muß bewußt gestaltet werden. Das heißt, sowohl der Ansatz, Jungen und Mädchen gemeinsam zu unterrichten - ohne bewußten Umgang mit dem Prinzip der Koedukation - als auch der Ansatz, die Auswirkungen der Benachteiligung von Mädchen zu betonen, reichen nicht aus. Es geht vielmehr um die Reflexion der Geschlechterverhältnisse und ihrer Konstitutionsbedingungen sowie um die Entwicklung von Verfahren mit dem Ziel des Abbaus von Geschlechterhierarchien im Unterricht.[146] Allerdings existieren kaum solide abgesicherte differenzierte empirische Untersuchungen, vor allem für den allgemeinbildenden weiterführenden Sekundarschulbereich, die der Frage nachgehen, wie sich ein getrennter oder gemeinsamer Unterricht denn nun tatsächlich auf Schülerinnen und Schüler langfristig auswirkt.

Unbestritten hatte für Mädchen die Einführung der Koedukation Ende der sechziger Jahre zunächst einmal nicht zu unterschätzende Vorteile: Die Anzahl der Mädchengymnasien war nur halb so groß wie die der Jungengymnasien. Die Öffnung der Jungengymnasien brachte zudem für Mädchen die Chance, aus einem größeren Fächerreservoir wählen zu können als zuvor, stand ihnen doch bisher nur ein eingeschränktes gymnasiales Angebot offen. In Nordrhein-Westfalen beispielsweise,

> "hatten lediglich 10 von 168 Mädchengymnasien einen naturwissenschaftlichen und nur drei einen humanistischen Zweig. Die meisten Lyzeen waren neusprachliche Gymnasien mit dem Zweig einer Frauenoberschule. Hinzu kamen einige Gymnasien mit erziehungswissenschaftlichen oder sozialwissenschaftlichen Zweigen."[147]

Zum anderen ist auch nicht von der Hand zu weisen, daß Mädchen an geschlechtshomogenen Schulen weit selbstverständlicher naturwissenschaftliche Fächer belegen, und zwar nicht nur Biologie, und Jungen selbstverständlicher Deutsch, Französisch, Musik oder Erziehungswissenschaft.[148] Mithin ist die Bandbreite des Wahlverhaltens, aber ebenso die des Rollenverhaltens von Mädchen und Jungen, deutlich größer und weniger von den traditionellen Rollenmustern überlagert. Das gilt - mit Einschränkungen - ebenso für Abiturientinnen in Mädchengymnasien, die tatsächlich etwas häufiger als solche von koedukativen Gymnasien Physik als Prüfungsfach wählen; in Physik als Leistungskurs wird allerdings seltener die Reifeprüfung abgelegt. Bemerkenswerter sind da

146 Vgl. Faulstich-Wieland 1991.

147 Kreienbaum und Metz-Göckel 1992, S. 57.

148 Vgl. Hepting 1978, Sessar-Karpp 1981, 1985, Schmied 1982, Jungkunz 1984, Sarges 1984, Hurrelmann et al. 1986, Kuhrke 1990, Faulstich-Wieland 1991, Kreienbaum 1992, Kreienbaum und Metz-Göckel 1992, Baumert 1992, Beinke und Richter 1993, Arbeitsgruppe Bildungsbericht am Max-Planck-Institut für Bildungsforschung 1994.

schon die Unterschiede in Mathematik, für das sich ein knappes Drittel der Abiturientinnen aus Mädchengymnasien und nur gut ein Fünftel der Abiturientinnen aus koedukativen Gymnasien als Leistungsfach im Abitur entscheiden.[149]

Die Verteilung der Leistungsfächer im Abitur ist allerdings hinsichtlich der fachlichen Schwerpunktsetzung beziehungsweise Interessen von Schülerinnen an Mädchengymnasien nur begrenzt aussagefähig. Zum einen ist mit den Abiturfächern nicht das gesamte gewählte Fächerspektrum erfaßt, zum anderen ergibt sich eine weitere Einschränkung aus dem geringeren Fächerangebot an Mädchengymnasien. Gerade in diesem Sinne liefert eine an bayerischen Gymnasien durchgeführte Untersuchung erste Anhaltspunkte dafür, daß in mehr als zwei Drittel der betreffenden Mädchengymnasien Physik oder Chemie von Schülerinnen als Leistungskurs nicht gewählt und belegt werden konnte.[150]

Es gibt mithin alles in allem einige deutliche Hinweise darauf, daß sich ebenfalls die Fachinteressen von Schülerinnen und Schülern im Koedukationsunterricht in der Tat stärker auseinanderentwickeln als im getrennten Unterricht. Dennoch gilt es hier zu bedenken, daß die Koedukation zwar die Tendenz geschlechtsüblicher, traditioneller Fächer- und Schulzweigwahlen verstärkt, jedoch sollte sie so lange als "kleineres Übel" angesehen werden, wie Mädchenschulen durch eine im allgemeinen schlechtere Ausstattung mit Labors und technischen Einrichtungen eher einseitige Bildungsmöglichkeiten bieten.[151] Es darf auch nicht übersehen werden, daß, wie erwähnt, hinsichtlich der Schulleistung Schüler im allgemeinen und Schülerinnen gerade im Fach Mathematik von der Koedukation Nutzen ziehen.[152] Darüber hinaus ist nachgewiesen worden, daß Schüler wie Schülerinnen durchschnittlich in koedukativen Klassen etwas seltener die Reifeprüfung ablegen als in geschlechtshomogenen. Bei der Chance, eine gute Zensur im Reifezeugnis attestiert zu bekommen, haben Schülerinnen aus gleichgeschlechtlichen Klassen im Durchschnitt einen geringen Nachteil, in koedukativen Klassen dagegen einen kleinen Vorteil. Bei den Schülern verhält es sich genau umgekehrt; sie erhalten in gleichgeschlechtlichen Klassen eher eine gute Note im Reifezeugnis als in gemischtgeschlechtlichen.[153] Kurzum: Die Wirkungen der

149 Vgl. Kahle und Schaeper 1991.

150 Vgl. Jungfer 1987, Kauermann-Walter et al. 1988.

151 Vgl. Zinnecker 1972, Thomas und Albrecht-Heide 1978, Byrne 1979, Jungfer 1987, Faulstich-Wieland 1991, Kreienbaum und Metz-Göckel 1992.

152 Vgl. Baumert 1992, Arbeitsgruppe Bildungsbericht am Max-Planck-Institut für Bildungsforschung 1994.

153 Vgl. Eckstein 1988.

schulischen Organisationsform sind im Vergleich zu den immer nachweisbaren Geschlechtsunterschieden bei den Fachinteressen eher gering zu veranschlagen.[154]

Höhe und Intensität der Bildungsbeteiligung von Mädchen und jungen Frauen in Realschulen und Gymnasien muß man darüber hinaus aber auch als zentralen Ausdruck für Lebensentwürfe und Zukunftsoptionen ihrer Herkunftsfamilien ansehen. Die Bildungsbeteiligung zeigt dabei an, wie groß die Bereitschaft ist, sich bis zum Abschluß der Pflichtschulzeit den schulischen Lernritualen zu "unterwerfen" und sich leistungsmäßig zu qualifizieren, um zumindest die Chance für eine günstige Ausgangslage im Wettlauf um einen prestigeträchtigen Beruf zu erwerben. Die mittlerweile zu beobachtende ausgeglichene geschlechtstypische Bildungsbeteiligung in Realschulen und Gymnasien ist insoweit ein deutlicher Hinweis darauf, daß die Visionen für Lebensentwürfe und Zukunftserwartungen sich bei Jungen und Mädchen und ihren Eltern nicht mehr grundlegend nach sozialer Herkunft voneinander unterscheiden.[155]

Auch Arbeiter- und auch Bauerneltern, die noch bis in die siebziger Jahre hinein erheblich andere Akzente setzten, machen mittlerweile prinzipiell keine Unterschiede mehr zwischen den Zukunftsperspektiven für ihre Töchter und Söhne, wiewohl sich in diesen Familien, insbesondere aber in den kleinbäuerlichen, die konventionellen Rollenvorstellungen noch am hartnäckigsten zu halten scheinen. In den Beamten-, Selbständigen- und Angestelltenfamilien kristallisierte sich dieser Prozeß schon in den sechziger Jahren heraus. Die Zukunftsvorstellungen von Mädchen und Jungen konzentrieren sich, ungeachtet ihrer sozialen Herkunft, gegenwärtig - zumindest für die unmittelbare Zeit nach der Schule - auf den beruflichen Bereich. Die traditionelle Orientierung von Mädchen und jungen Frauen auf den familiären Lebensbereich ist nicht mehr typisch. Neben ökonomischen und sozio-kulturellen Einflüssen dürfte der Trend zu kleineren Familien mit entsprechend intensiver Anteilnahme der Eltern an den Zukunftsplänen ihrer Kinder hier eine maßgebliche Rolle gespielt haben.

Mädchen und junge Frauen sind durch diese Entwicklungen sicherlich einer gesellschaftlichen Gleichstellung ein Stück näher gekommen. Die hier aufgezeigten quantitativen Trends der Bildungsbeteiligung sind jedenfalls deutliche Signale für verbesserte gesellschaftliche Strukturbedingungen der Chancengleichheit von Jungen und Mädchen. Das Bildungsverhalten und die Bildungsbeteiligung sind hierbei von tief im Bewußtsein der Eltern und ihrer Kinder verankerten Einstellungen und Verhaltensweisen abhängig. In der angeglichenen Bildungs-

154 Vgl. Schmid-Jörg et al. 1981, Faulstich-Wieland 1991, Arbeitsgruppe Bildungsbericht am Max-Planck-Institut für Bildungsforschung 1994.

155 Vgl. die Ergebnisse der IFS-Umfrage 1994.

beteiligung drückt sich somit eine allgemeine Bereitschaft breiter Elternkreise aus, die soziale Benachteiligung von Mädchen und jungen Frauen nicht mehr hinzunehmen. Die enorm gestiegene Bildungsbeteiligung der Mädchen und jungen Frauen ist insofern ein wesentlicher Ausdruck für wachsende Entfaltungschancen gegenüber Jungen und jungen Männern - auch wenn die Fächerwahl in Realschulen oder die an eine lange Tradition anknüpfende Schulzweig- und Fächerwahl in Gymnasien sowie die Berufsausbildungs- und Berufsbeteiligung von Mädchen und jungen Frauen der gestiegenen Bildungsbeteiligung noch nicht nachgefolgt ist.

Nun dürfen allerdings die hier vorgetragenen Ergebnisse in ihrer Reichweite nicht überschätzt werden. Die Bildungsbeteiligung ist ein sensibler und "weicher" Gradmesser für Chancengleichheit.[156] Er mag deswegen für die Betrachtung von Geschlechtsunterschieden und eine erste Beschreibung des wissenschaftlichen Problemfeldes einigen Nutzen haben; er ist indes für bildungssoziologische Zwecke immer noch viel zu grob. Denn der bildungssoziologisch interessante Gesichtspunkt an einer benachteiligten sozialen Gruppe ist nicht die Schmerzlichkeit ihrer Benachteiligung, sondern der Einfluß der klassen- beziehungsweise schichttypischen Sozialstruktur auf die Entstehung und Stabilität der Benachteiligung.

Hier handelt es sich zweifellos um einen "harten" Gradmesser für das Ausmaß der Bildungschancen. Der für uns interessante Punkt ist dabei nicht, daß junge Frauen ihre Bildungschancen weniger wahrnehmen, sondern in welchen klassen- beziehungsweise schichttypischen Arrangements dies geschieht und welche Bedeutung diesen Arrangements zukommt.

---

156 Vgl. Hurrelmann et al. 1986, Rodax und Hurrelmann 1986.

C. Subjektive Wahrnehmungen und Interpretationen der Bildungswege von Real- und Gymnasialschulabsolventinnen: - eine empirische Untersuchung

Zielsetzung und methodische Grundlagen

I. Zielsetzung

Ziel einer umfassenden Theorie der Bildungsbeteiligung muß es deshalb sein, den doppelten Zusammenhang zwischen Reproduktion von sozialer Ungleichheit und Reproduktion von geschlechtstypischer Benachteiligung zu thematisieren.[1] Die Bildungssoziologie hat sich bislang weitgehend in ihrer Analyse mit der Reproduktion der sozialen Klassen- und Schichtungsverhältnisse begnügt. Diese Kritik wird auch nicht dadurch eingeschränkt, daß zu Beginn der Bildungsreformdebatte Mitte der sechziger Jahre sehr wohl die soziale Benachteiligung von Mädchen und jungen Frauen gesehen wurde. Kaum erörtert wurde die Zuweisung von Mädchen und Jungen zu strukturell unterschiedlichen sozialen Positionen wie Haus- und Berufsarbeit und die damit verbundenen unterschiedlichen Lebensentwürfe von Mädchen und Jungen gerade auch im Hinblick auf ihre Bildungslaufbahnen. Auf diesen Gesichtspunkt hat angemessen erst die Frauenbildungsforschung aufmerksam gemacht. Andererseits wird hier noch weitgehend von der unterschwelligen sozialen Benachteiligung der Mädchen in allgemeinbildenden weiterführenden Bildungsgängen ausgegangen, ohne daß bisher hinreichend zwischen Mädchen und ihrer unterschiedlichen Klassen- und Schichtzugehörigkeit unterschieden wird.[2]

Können unter diesen anspruchsvollen theoretischen Voraussetzungen allgemeine Anstrengungen um weiterführende Schulbildung als Grundstein der Erstqualifikation von Töchtern aller Herkunftsgruppen überhaupt Erfolg versprechen? Oder ergeben sich gerade aus den unterschiedlichen Lebensbedingungen und Verhaltensweisen von Herkunftsfamilien Hinweise auf das Zustandekommen von Schulkarrieren und abweichende Bildungsentscheidungen der Töchter? Und

---

1 Zur Begrifflichkeit siehe Rosenbaum 1983.

2 Vgl. Metz-Göckel und Nyssen 1990, Metz-Göckel 1994, Sommerkorn 1993.

vor allem: Was hat dazu geführt, daß Töchter aus bildungsmäßig benachteiligten Familien im Vergleich zu denen aus bildungsmäßig privilegierten nach Beendigung der Grundschule "unprogrammgemäß" eine Realschule oder ein Gymnasium besucht und die Mittlere Reife beziehungsweise die Hochschulreife erworben haben? Welche sozialen Einflüsse und Kräfte begünstigen einen solchen Bildungsweg? Sind diese spezifischen Bedingungen und Einflüsse von einer an Chancenangleichung interessierten Bildungspolitik aufzunehmen und umzusetzen? Damit sind zugleich die thematischen Kernfragen dieser empirischen Untersuchung angesprochen.

Wenn man von den statistischen und sozialempirischen Ergebnissen am Ende der Schulkarriere ausgeht, entdeckt man auch, wie gezeigt, in der Tat zum Teil kumulierende Effekte sozialer und geschlechtstypischer Disparitäten. Der große Vorteil, so mit Hilfe standardisierter Erhebungsmethoden großflächige Aussagen zur höheren Bildungsbeteiligung zu machen, wird dabei allerdings erkauft mit dem Nachteil, über die Bildungsprozesse im engeren Sinne biographischer Verarbeitung der vorgefundenen Chancenstrukturen und daraus folgender Handlungsentwürfe von Töchtern unterschiedlicher sozialer Herkunft kaum mehr als begründete Vermutungen anstellen zu können. Aufschlüsse darüber erhält man erst, wenn man

1. die Ergebnisse von Schulkarrieren als sozialtypisch geprägte Kumulation von Entscheidungen im Bildungslebenslauf und

2. ihren Stellenwert für die außerordentlich subtile Organisation individuell-biographischer Erfahrungen zu deuten vermag.[3]

Die vorliegende Erkundungsstudie setzt an dieser Stelle ein und will die Informationen und Kenntnisse über die positiven und negativen Bedingungen und Auswirkungen auf die Bildungsbiographien von Real- und Gymnasialschulabsolventinnen der Abschlußjahrgänge 1950 bis 1985 erweitern und klären helfen. Ziel ist es, so zu authentischen Einschätzungen der lebensgeschichtlichen Bedeutung des Bildungsweges zu kommen und die Bewertung der eigenen Bildungschancen zu erfassen, zu dokumentieren und zu analysieren. Die Untersuchung basiert deshalb auf den subjektiven alltagsweltlichen Wahrnehmungen, Auseinandersetzungen, Einschätzungen und Deutungen der Absolventinnen mit ihrem zurückliegenden weiterführenden Bildungsweg.

Die enorm angestiegene Bildungsbeteiligung von Mädchen und jungen Frauen nach dem Zweiten Weltkrieg an Realschulen und Gymnasien ist dabei gewiß eine zentrale Voraussetzung, um Bewußtwerdungsprozesse bei ihnen in Gang zu

---

3 Vgl. Wolf 1985, Hurrelmann und Wolf 1986, Meulemann 1990a, Alheit 1993.

setzen, die eine aktive Auseinandersetzung mit der eigenen Lage erlauben.[4] Dabei gewinnen diese Prozesse ihre eigentliche Brisanz gerade daraus, daß sie nicht vereinzelt verlaufen, sondern historisch zusammentreffen mit umfassenden Veränderungen der weiblichen Normalbiographie. Auf einen Nenner gebracht könnte man sagen: Zu Beginn dieses Jahrhunderts waren Frauen noch ganz aufs "Dasein für andere"[5] verwiesen, und mangels Bildung hatten sie kaum Möglichkeiten, sich ihrer Lage bewußt zu werden.[6]

Aber allmählich lösten sie sich dann aus ihren herkömmlichen Fesseln und der ausschließlichen Einbindung ins Familiendasein, und mit der Erweiterung ihrer Bildungschancen gewannen junge Frauen mehr Möglichkeiten, die Besonderheiten und Beschränkungen ihrer Bildungslaufbahnen zu erkennen. Im Schnittpunkt dieser Entwicklungslinien ist ein neues Bildungsbewußtsein von Frauen entstanden. Es geht - bezeichnenderweise - zunächst besonders von den bildungsmäßig privilegierten Frauen aus, aber es kann ebenso Signalcharakter für alle anderen gewinnen - nicht zuletzt deshalb, weil es in greifbare politische "Aktionen sich umsetzt: von Selbsterfahrungsgruppen über Frauenliteratur und Frauenverlage bis hin zum Aufbau eigener Arbeitsgruppen in Parteien, Gewerkschaften und Berufsorganisationen."[7]

Die teilweise noch tief verwurzelten traditionellen geschlechtstypischen Rollenmuster entfalten hierbei, je nach sozialer Herkunft, das ist die erkenntnisleitende Ausgangsthese dieser Untersuchung, *eine für die Schulkarriere unterschiedlich starke Ambivalenz: Einerseits werden sie für den Bildungsweg der Real- und Gymnasialschulabsolventinnen immer hinderlicher, andererseits bilden sie in seinem Verlauf aber immer noch den Ausgangspunkt für bedeutsame Entscheidungen.* Sie sind im allgemeinen auch für die übrigen Handlungs- und Lebensbereiche des Alltags von Gewicht und strahlen auf die gesamte biographische Perspektive von Frauen aus. Insofern erweist es sich als aufschlußreich, der lebensgeschichtlichen Bedeutung von Bildungslebensläufen anhand von biographischen Texten nachzugehen, bei deren Erstellung Bildung eben nicht als Thema vorgegeben, sondern von den Absolventinnen selbst als ein zentrales Problem ihres Selbst- und Weltbezuges benannt und eingeordnet wurde. Der zentrale

4 Vgl. Hurrelmann 1986b.

5 Vgl. Beck-Gernsheim 1983.

6 Vgl. Mertens 1991.

7 Beck-Gernsheim 1983, S. 313.

Stellenwert der Bildungsbiographie für die Gesamtbiographie ist hier nur allzu offenkundig.[8]

Die soziale Herkunft und die Geschlechtszugehörigkeit erweisen sich vor dem Hintergrund der Ausgangsthese - je nach den unterschiedlichen Formen der Verarbeitung dieser gesellschaftlichen Konstellation und Reaktion auf sie - als zwei zentrale Bedingungen, die von großem Einfluß für das erfolgreiche Durchlaufen des weiterführenden Bildungsweges sind. Bildungsbiographien stellen somit einen Weg für wichtige lebensgeschichtliche Bewertungs- und Bilanzierungsprozesse der Real- und Gymnasialschulabsolventinnen dar. Die Position in der sozialen Karriere wird dabei wesentlich auf das jeweils erreichte schulische Leistungsniveau, das sich vor allem in der Wertigkeit und Qualität der Abschlußzeugnisse ausdrückt, zurückgeführt. Wegen des damit gegebenen hohen Stellenwerts für den Bildungsweg sind Selbstdeutungen und Interpretationen ohne Rückgriff auf die eigene Bildungsbiographie nicht möglich.[9]

Der folgende Teil der empirischen Untersuchung orientiert sich an diesen Überlegungen; sie geben gewissermaßen die Suchrichtung für bedeutsam erscheinende Wahrnehmungen, Einschätzungen und Interpretationen der Absolventinnen über ihre zurückliegenden Bildungslaufbahnen vor. Der Bildungslebenslauf wird dabei theoretisch als eine Figuration verstanden, die von zwei Komponenten geprägt wird: Einmal der faktischen Gestalt; sie ist durch die objektiven sozialen, zeitlichen und räumlichen Vorgaben definiert, die den Bildungslebenslauf bestimmen. Zum zweiten der Deutungsgestalt, die das subjektive Organisationsprinzip bezeichnet, mit dem die Vielfalt von Ereignissen und Erlebnissen einer Bildungslaufbahn geordnet und zur Bildungsbiographie verarbeitet wird.[10]

Für den Forschungsprozeß selbst muß sich dadurch zwangsläufig eine größere Offenheit ergeben, die auch zu thematischen Korrekturen führen kann. Die Untersuchung hat mithin explorativen Charakter und kann nicht im strengen methodischen Sinn als "Beleg" für die Ausgangsthese herangezogen werden. Es wird indes erwartet, daß sich Hinweise für Bestätigungen, Differenzierungen oder Widerlegungen für die allgemeine Tendenz der These finden lassen werden. Eine zentrale Frage ist hierbei, welche Bedeutung der Familie und Schule für die weitere Bildungslaufbahn der Absolventinnen zukommen wird und wie sie sie als Teil der eigenen Bildungsgeschichte im nachhinein einordnen und bewerten.

8 Vgl. Baacke 1985, Hurrelmann und Wolf 1986, Clephas-Möcker und Krallmann 1988, Westermann 1993, Frerichs o. J.

9 Vgl. Hurrelmann und Wolf 1986.

10 Vgl. Hurrelmann und Wolf 1986.

Gerade nach Abschluß der schulischen Ausbildung kommt dieser Frage ein verstärktes Gewicht zu, wird doch nach dem Übergang in berufliche oder universitäre Ausbildungswege unter Umständen eine kritischere Distanz gegenüber den familiären und schulischen Bedingungen und Einflüssen sichtbar, wodurch eine realistischere Einschätzung des zurückliegenden Bildungsweges erfolgen kann.

Bei dieser im Spannungsfeld von Selbst und sozialer Umwelt angesiedelten Perspektive bot sich ein Erhebungszeitpunkt an, in dem die Absolventinnen zumindest den Übergang von Realschulen beziehungsweise Gymnasien in eine weitere berufliche oder universitäre Ausbildung bereits vollzogen hatten. Absicht ist es dabei gewesen, so einen Zugang zu finden zum Selbst- und Wirklichkeitsverständnis der Real- und Gymnasialschulabsolventinnen, und dies in einer wissenschaftlich und methodisch kontrollierten Weise, die gegenüber der vergleichsweisen Beliebigkeit journalistischer Berichte[11] oder von Selbstanalysen ein Korrektiv abzugeben vermag.[12] In Grenzen müßte es so gelingen, zu verallgemeinerbaren alltagsweltlichen Einschätzungen und Beurteilungen des zurückliegenden Bildungsweges zu gelangen.

Zu diesem Zweck wurden vor allem zwei theoretisch als bedeutsam angesehene und aufeinander aufbauende Lebens- und Erfahrungsbereiche unterschieden, die eine erste bilanzierende Antwort aus der Sicht der Real- und Gymnasialschulabsolventinnen erlaubten[13]:

1. *der familiäre Lebens- und Erfahrungsbereich*: Er umfaßt vor allem Aussagen zu den elterlichen Autoritätsbeziehungen, der Bedeutung geschlechtstypischer Arbeits- und Rollenmuster, in denen die normative Ordnung und ihre Stützen verbindlich gemacht werden einschließlich ihrer Auswirkungen auf die Wahl und den Verlauf des eingeschlagenen Bildungsweges sowie der Studien- und Berufswünsche;

2. *der schulische Lebens- und Erfahrungsbereich*: Er enthält insbesondere Aussagen zu den vermittelten Weltbildern, Einstellungen und Vorstellungen der Lehrerinnen und Lehrer, den Inhalten und Arbeitsformen im Unterricht, dem Ertrag und Nutzen des Bildungsweges für die eigene biographische Entwicklung und Lebensgestaltung sowie den affektiv-sozialen Beziehungen zwischen Schülerinnen und Lehrerinnen wie auch Lehrern und von Schülerinnen untereinander beziehungsweise zu den Mitschülern.

---

11 Vgl. Conradt und Heckmann-Janz 1985.

12 Vgl. Metz-Göckel und Schlüter 1989.

13 Vgl. Bernstein 1972.

Die Absolventinnen stecken im allgemeinen in Auseinandersetzung mit diesen zentralen sozialen Lebens- und Erfahrungsbereichen ihre Bildungsvorstellungen und -pläne ab und versuchen, diese mit den sich bietenden Chancen so gut wie möglich in Einklang zu bringen. Wie sich dieser Prozeß in der Verarbeitung, Einschätzung und Deutung des eigenen Bildungsweges ausdrückt, soll anhand der Analyse von Bildungsbiographien systematisch aufgezeigt werden. Es wird hierbei ebenso der Frage nachzugehen sein, welche herkunftstypischen Ursachenkonstellationen für den weiterführenden Bildungsweg der Absolventinnen mitentscheidend sind. Die Typisierung solcher Ursachenkonstellationen ermöglicht erst die Zuordnung zu Gruppierungen in gemeinsamer sozialer Lebenslage. Und sie stellen keine bloß formalen "statistischen" Klassifizierungen dar, sondern kommen realen soziologischen Gruppierungen durchaus recht nahe: Sie weisen jeweils sowohl gemeinsame Kennzeichen der sozialen Lebenslage als auch ein Spektrum gemeinsam geteilter Einstellungen und Verhaltensweisen auf.

II. Technik und Methode

1. Erhebung

Vor diesem Hintergrund fiel die Entscheidung für ein "offenes" Erhebungs- und ein "qualitatives" Auswertungsverfahren. Es bot sich unter den bereits angesprochenen theoretischen Gesichtspunkten als eine interessante und praktikable Möglichkeit die inhaltsanalytische Auswertung von autobiographisch verfaßten Bildungslebensläufen von Real- und Gymnasialschulabsolventinnen an. Sie wurden dazu in Fach- und Frauenfachzeitschriften beziehungsweise in Organisationen und Institutionen[14] oder durch persönliches Ansprechen um ihre Mitarbeit

14 Besonders unterstützt haben diese Untersuchung vor allem die folgenden Fach- und Frauenzeitschriften sowie Organisationen und Institutionen: 1. Aktion Humane Schule Bayern, München; 2. Aktion Humane Schule Bundesverband, Aalen; 3. Bayerischer Realschullehrerverband e. V., insbesondere die Vertreter der klösterlichen und kirchlichen Realschulen, Burghausen; 4. Bund Deutscher Sekretärinnen, München; 5. Bundeselternrat. Arbeitsgemeinschaft der Landeselternvertretungen in der Bundesrepublik Deutschland, Hamburg; 6. CDU - Bundesgeschäftsstelle - Frauenvereinigung, Bonn, in ihrem Publikationsorgan "Frau und Politik"; 7. Deutsche Hebammenzeitschrift (September 1986); 8. Deutscher Akademikerinnenbund e. V., Hamburg; 9. Deutscher Ärztinnenbund e. V.; 10. Deutsche Evangelische Arbeitsgemeinschaft für Erwachsenenbildung e. V., Karlsruhe, in ihrer Zeitschrift NACHRICHTEN-DIENST (Oktober 1986); 11. Deutscher Hausfrauen-Bund e. V., Bonn; 12. Deutsches Jugendinstitut e. V., München; 13. Deutscher Philologenverband e. V.; 14.

gebeten. Es entwickelte sich im folgenden ein dynamischer Prozeß nach dem Schneeballprinzip, und es kam zu einer immer weiteren Teilnahme von Absolventinnen an der Untersuchung, wobei Lehrerinnen und Lehrer meist als Multiplikatoren fungierten und Absolventinnen zur Mitarbeit ermutigten oder motivierten.

Über Sinn und Zweck wurden die Absolventinnen in dem nachfolgend wiedergegebenen Aufruf informiert:

> "Für eine wissenschaftliche Untersuchung zum Thema *'Bildungslebensläufe von Mädchen'* möchte ich Sie um Mitarbeit bitten. Für mich von Interesse sind hierbei vor allem solche Bildungslebensläufe von Mädchen, deren *Schulabschluß* (Mittelschule/Realschule, Gymnasium) in den *50er, 60er, 70er* und *80er* Jahren liegen.
>
> Ausgangspunkt der Untersuchung ist die Behauptung, daß *gleiche Bildungschancen für Mädchen und Jungen als eine zentrale Forderung ihrer Schullaufbahn angesehen werden.*
>
> Wenn Sie unter diesem Gesichtspunkt Ihre ganz *persönliche* Schulzeit von der *Grundschule* bis zum *Abschluß* Ihrer Schullaufbahn betrachten:
>
> Wie schätzen Sie diese Aussage für Ihre Schulzeit ein? Welche Schulerlebnisse waren für Sie aus heutiger Sicht in diesem Zusammenhang bedeutsam? Hatten Sie dabei Unterschiede der Bildungschancen für Mädchen und Jungen festgestellt? Welche Rolle spielten hierbei Vater und Mutter, Geschwister, Lehrer oder andere Personen? Welche Bedeutung hatten für Sie die Schulwahl, der Schulzweig, Fächer und Schulschwierigkeiten? - um nur einige Stichpunkte zu nennen.
>
> Bevor Sie Ihre Schulerlebnisse niederschreiben, bitte ich Sie, kurz die *soziale Situation ihrer Herkunftsfamilie* zu schildern (Beruf Vater/Mutter, Schulabschluß Vater/Mutter; siehe auch das angeführte Beispiel:
>
> Ich wurde 1947 in Düsseldorf als ältestes von drei Kindern geboren. Meine Mutter, die im Anschluß an Volksschule und Pflichtjahr je ein Jahr eine Haushalts- und Kinderpflegerinnenschule besuchte, heiratete als 18jährige bald nach Kriegsende und war nie berufstätig. Mein Vater übte nach dem Besuch der Volksschule den Beruf des Schreiners aus. 1954 wurde ich in eine gemischte Volksschule eingeschult).
>
> *Was* und *wieviel* Sie schreiben, müssen Sie vor dem Hintergrund Ihrer Schulerinnerungen selbst entscheiden.
>
> Ich möchte Sie bitten, Ihre Schulerlebnisse an meine obige Adresse (Universität Passau, Lehrstuhl für Soziologie, d. VF.) zu schicken oder mir persönlich zu übergeben. Sie brauchen *keinen Namen* anzugeben, da die Untersuchung völlig *anonym* bleiben soll.
>
> Ich würde mich freuen, wenn Sie mir Ihre Schulerlebnisse bis spätestens *Ende* .... zuschicken würden, und ich bedanke mich schon jetzt für Ihre Mitarbeit."

Deutscher Sekretärinnenverband e. V., Mannheim; 15. Deutscher Staatsbürgerinnen-Verband e. V., Berlin, in ihrem Mitteilungsblatt "Die Staatsbürgerin"; 16. Gewerkschaft Erziehung und Wissenschaft, Frankfurt a. M.; 17. Hessischer Elternverein e. V., Frankfurt a. M.; 18. Informationen für die Frau, Heft 10, 1985, Bonn; 19. Institut zur Erforschung sozialer Chancen, Köln; 20. Verband alleinerziehender Mütter und Väter - Bundesverband e. V., Bonn; 21. Verband Christlicher Pfadfinderinnen und Pfadfinder; 22. Vereinigung von Unternehmerinnen e. V., Köln.

Es wurde also von vornherein darauf verzichtet, die Absolventinnen auf vorgegebene Stichworte oder Themenschwerpunkte festzulegen. Hier wurde keine Feder geführt; jede konnte schreiben, was sie wollte und wie sie es wollte, ganz dem jeweiligen Temperament entsprechend: sachlich oder ironisch; dankbar oder ablehnend-distanziert; voller Unverständnis oder Zorn. So sind Bildungsbiographien entstanden, denen es an Subjektivität wahrlich nicht mangelt, die aber - was hier besonders wichtig ist - zugleich wichtige Einblicke in die gesellschaftlichen Bedingungen und Einflüsse des Bildungsweges der Absolventinnen in Familie und Schule vermitteln.

Die Untersuchung selbst wurde in zwei Wellen in der zweiten Hälfte 1985 und ersten Hälfte 1986 durchgeführt. Schon aus Bearbeitungsgründen mußte den Absolventinnen dabei ausreichend Zeit für das Abfassen ihrer Bildungsbiographien eingeräumt werden. Sie stammen - bis auf wenige Ausnahmen -, das gilt erstens bei der Präsentation im Blick zu behalten, überwiegend aus Süddeutschland, vor allem aus Bayern und Baden-Württemberg. In diesen beiden Bundesländern sind konfessionelle Mädchenschulen auch heute noch traditionell stark verankert und verbreitet.[15] Es überrascht daher nicht, daß gut ein Drittel der Absolventinnen eine katholische Mädchenrealschule oder ein katholisches Mädchengymnasium besuchte. Ein Grund dafür, daß so viele Bildungsbiographien von Absolventinnen gerade aus diesen Schulen eingingen, liegt sicherlich auch darin, daß zahlreiche katholische Mädchenrealschulen und Mädchengymnasien sich besonders für die Untersuchung eingesetzt haben.

Die Resonanz war, trotz anfänglicher großer Skepsis, aufgrund der mangelnden empirischen Erfahrung mit einer solchen methodischen Vorgehensweise in der Bundesrepublik Deutschland[16] und einer solchen Zumutung für die Absolven-

15 Vgl. Hepting 1978, Dikow 1986.

16 Man kann sich hierbei allenfalls auf die allgemeine Aussage der Shell-Studie "Jugendliche '85 und Erwachsene" stützen, daß Schulerinnerungen in Autobiographien einen großen Platz einnehmen (Jugendliche '85 und Erwachsene 1985a, b, c). Hilfreich waren für unsere Untersuchung vor allem die Erfahrungen der systematischen Sammlung von schriftlichem biographischen Material, die Jan Szczepanski in Polen gewinnen konnte. Er hebt besonders hervor: "1. Es ist wichtig zu überlegen, an welche Gemeinschaft, Klasse, Kategorie oder Gruppe wir uns mit dem Appell wenden müssen, und gut, ihre soziologischen Eigentümlichkeiten in Rechnung zu ziehen. Man sollte soziale Gruppen auswählen, die bezüglich ihres intellektuellen und sozialwirtschaftlichen Niveaus ungefähr auf gleicher Stufe stehen. ...- 2. In dem öffentlichen Aufruf muß man den Zweck ... klarlegen, so daß keine Möglichkeit besteht, sich andere geheime oder versteckte Ziele oder Zwecke hineinzudenken. - 3. Dem Aufruf muß eine Instruktion beigefügt werden, die genau angibt, welche Probleme und in welcher Reihenfolge sie in der Selbstbiographie zu behandeln sind. - 4. Man darf aber auch kein starres Formular oder Schema aufdrängen und nicht etwa suggerieren, man solle sich einzig auf diese Fragestellung beschränken ... - 5. Die Formulierung des Aufrufs soll für die niedrigste Intelligenzstufe der zu erwartenden Antworten redigiert sein. ... - 6. Es ist wichtig, zu überlegen, an

tinnen dennoch außerordentlich beträchtlich und beeindruckend. Sicherlich hat man sich des öfteren mit unterschiedlicher Heftigkeit darüber beklagt, daß "Hausaufgaben" dieser Art über das gewohnte Maß hinausgehen würden, "ist doch", wie eine Absolventin bemerkte, "die von Ihnen gewünschte Darstellungsart mit einigem nicht zu unterschätzenden zeitlichen Aufwand verbunden". Gleichwohl sind immerhin 154 Bildungslebensläufe von Real- und Gymnasialschulabsolventinnen eingegangen, von denen 140 ausgewertet wurden.[17]

2. Aufbereitung

Große Sorgfalt wurde auf die Aufbereitung der Bildungsbiographien der Absolventinnen verwandt. Sie wurden nicht von vornherein nach bestimmten Grundsätzen ausgewählt oder verworfen. Alle auswertbar erscheinenden Bildungsbiographien wurden zunächst daraufhin analysiert, ob sie differenzierte Aussagen zum Bildungsweg enthielten. Das sprachliche Niveau der Aussagen spielte für die Auswahl keine Rolle.

Die Formulierungen in den Bildungsbiographien lassen gewisse Rückschlüsse auf die "Echtheit" der Aussagen zu. Wer seine eigene Meinung nicht preisgeben möchte und sich hinter Nichtssagendem verbergen will, schreibt im allgemeinen konventionell und unverbindlich. Gewiß finden sich auch solche Äußerungen in den Bildungsbiographien, sie sind aber sehr selten. Der weitaus größte Teil der Aussagen ist mehr originell als konventionell, und selbst bei den letzteren weiß man nicht immer mit Sicherheit, ob sie bewußte Distanz oder einen Mangel an persönlicher Ausdrucksfähigkeit zeigen. Kurz: Die Absolventinnen hatten ihre schriftlichen Darstellungen im allgemeinen sorgfältig abgefaßt - auch wenn manche brillante Spontaneität auf der Strecke blieb.

Grundsätzlich wurden Textpassagen aus den Bildungsbiographien zu bestimmten Themenbereichen unverändert im vollen Wortlaut wiedergegeben. Kürzungen - stets angedeutet durch drei Punkte - wurden nur dann vorgenommen, wenn die folgenden Aussagen sich auf einen anderen Gesichtspunkt bezogen und somit in einen anderen Zusammenhang gehörten oder aber nebensächlich waren. Unter-

---

welche Motive man appellieren soll. ... (Oft) zeigte sich das Motiv wirksam, wichtiges Material für die Wissenschaft beizutragen, da sich die Wissenschaft immer einer gewissen Autorität erfreut" (Szczepanski ^{3}1974, S. 237 f.).

17 Zur Kurzcharakterisierung der Bildungsbiographien siehe im Anhang den Überblick.

strichene Wörter wurden aus den Bildungsbiographien mit übernommen und in Kursivdruck wiedergegeben.

Bei fehlerhaftem Stil oder mangelhafter Rechtschreibung, was gelegentlich vorkam, wurde wie folgt verfahren[18]:

1. Orthographische und grammatikalische Fehler wurden verbessert. Wenn die Fehler jedoch charakteristisch für die Aussage waren, wurden sie beibehalten. Stilistische Korrekturen der Bildungsbiographien wurden indes nicht vorgenommen.

2. Bei Textpassagen, die aus dem Zusammenhang gelöst wurden, war manchmal eine Wortumstellung erforderlich; dies ist entsprechend kenntlich gemacht worden.

3. Da sich die Untersuchung auf eine überschaubare Zahl von Absolventinnen bezieht, mußten an einigen Stellen, wo dies geboten erschien, geringfügige Änderungen vorgenommen werden, um die volle Anonymität in jedem Fall zu gewährleisten. Die für die Untersuchung bedeutsamen Inhalte der Aussagen wurden davon nicht berührt. Es handelt sich hierbei um folgende Aussagen:

a) Alle Absolventinnen, auch diejenigen, die anonym antworteten, erhielten einen erdachten Vornamen als Decknamen, der keine Rückschlüsse auf ihre Person zuläßt.

b) Das Auslassen von Satzteilen und Sätzen, die sich auf besondere familiäre Verhältnisse beziehen, da es sonst immerhin denkbar wäre, daß man in einzelnen Fällen Rückschlüsse auf die Absolventinnen ziehen könnte.

c) Eigennamen wurden grundsätzlich geändert, von Ortsnamen wurde nur der Anfangsbuchstabe genannt.

3. Auswertung

Der wichtigste Schritt bei der Auswertung der Bildungsbiographien war die Erstellung themenbezogener Textauszüge, die allgemeine Anregungen der "Bie-

18 Vgl. dazu auch Göbel 1964.

lefelder Arbeitsgruppe Schulforschung"[19] aufnahm und deren fünf Arbeitsschritte kurz vorgestellt werden sollen.[20] Die ersten beiden Schritte dienen der Vorbereitung: Zunächst wurden die einzelnen Bildungsbiographien mehrmals sehr genau durchgelesen, mit dem wichtigen Nebeneffekt, daß man sie für die beginnende Interpretationsarbeit besser im Gedächtnis behielt. Dann wurden die verschiedenen Themenkomplexe in den einzelnen Bildungsbiographien markiert, wobei eine Stelle durchaus mehreren Themenkomplexen zugeordnet werden konnte.

Dem Erkenntnisinteresse entsprechend interessierten aus den Textextrakten diejenigen Äußerungen besonders, die aus Sätzen oder Aussageeinheiten bestanden, die in expliziter Weise alltagsweltliche Wahrnehmungen, Einschätzungen und Deutungen enthielten. Das sind vor allem Aussagen, in denen die Absolventinnen mitteilten,

> "wie sie ein bestimmtes Ereignis einschätzen und eine soziale Situation wahrnehmen und beurteilen. Sie drücken in expliziter Weise den Bestand an Kenntnissen und Vorstellungen aus, der als unbefragt und gesichert gilt. Wir halten diese Aussagen für bedeutsam, weil wir annehmen, daß die ... (Absolventinnen) auf diesem Bestand einen wichtigen Teil ihrer sozialen Beziehungen und Handlungen aufbauen. Daneben interessieren uns Aussagen, die meist in irgendeiner Form ich-bezogen sind, die gewissermaßen Selbstdeutungen ... (der Absolventinnen) enthalten, also etwa Beschreibungen, Erfahrungen, Bewertungen usw., die die eigene Person zum Gegenstand haben. Ferner sind für uns narrative Textpassagen von Interesse, sofern in sie eindeutige Einstellungs- und Bewertungsäußerungen eingehen."[21]

Aufgabe des dritten Schritts, der Themenanalyse, war es, nach und nach für jeden der in der Bildungsbiographie vorkommenden Themenkomplexe nachzuvollziehen und zu rekonstruieren, was die Absolventinnen mit den Äußerungen in diesem Zusammenhang "eigentlich gemeint" hatten; diese Bedeutungsinhalte wurden dann in Form von Textauszügen festgehalten. Im Vordergrund stand hierbei in erster Linie ein inhaltliches Nachzeichnen und Dokumentieren von Aussagen in den einzelnen Bildungsbiographien. Es wurde dabei ebenso nach positiven und negativen Belegen gesucht, wodurch das Muster präzisiert, modifiziert und erweitert werden konnte. Das so gewonnene "verbesserte" Wissen wurde dann wieder als Interpretationsschema für diese oder zusätzliche Textstellen verwendet und sollte durch die erneute Gegenüberstellung mit dem Text weiter verbessert werden. Dieser sich ergebende "Zirkel" ist prinzipiell unendlich, er wurde aber dann unterbrochen, wenn bei den an der Auswertung Beteiligten ein möglichst hohes gegenseitiges Maß an Fremdverstehen erreicht wurde. Auf

---

19 Vgl. Arbeitsgruppe Schulforschung 1980, Hurrelmann und Wolf 1986, Rodax und Spitz 1984, Rosewitz 1985, Wolf 1985.

20 Vgl. dazu auch Lenz 1991.

21 Arbeitsgruppe Schulforschung 1980, S. 216 f.

diese Weise wurden nach und nach für jeden Themenkomplex in der Bildungsbiographie Textauszüge erstellt.

Bis zu dieser Stufe war die Auswertung am Einzelfall orientiert. Die Verknüpfung wurde im vierten Schritt geleistet, indem die Textauszüge zu einzelnen Themenkomplexen über alle ausgewerteten Bildungsbiographien hinweg miteinander verglichen wurden. Auf diese Weise gelang es, Gemeinsamkeiten und Unterschieden bei Absolventinnen in bestimmten Problembereichen nachzugehen und dadurch Grundmuster aufzudecken. Im fünften und letzten Schritt wurde dann geprüft, ob diese Grundmuster untereinander in typischen sozialen Zusammenhängen für Real- und Gymnasialschulabsolventinnen unterschiedlicher sozialer Herkunft standen.

Allgemeines Ziel des Auswertungsverfahrens war es mithin, eine Typenbildung für die Bildungsbiographien der Absolventinnen vorzunehmen. Von den Vertretern der interpretativen Soziologie wird in diesem Zusammenhang vielfach herausgestellt, daß Fremdverstehen prinzipiell - sei es im Alltagshandeln, sei es im wissenschaftlichen Bereich - in Form von Typisierungen erfolge. Da diese auf der Grundlage der Konstruktionen der Alltagshandelnden gewonnen werden, bezeichnet man diese wissenschaftlichen Aussagen auch als "Konstruktionen zweiten Grades".[22] Sie

> "bauen zwar auf den Typisierungen von Alltagshandelnden auf, erschöpfen sich allerdings nicht in diesen. Sie sind keine bloßen Wiederholungen der subjektiven Entwürfe und Deutungen der Gesellschaftsmitglieder, sondern stellen eine 'Neuformung' dar, die angeleitet von einem bestimmten Erkenntnisinteresse auf der Grundlage eines wissenschaftlichen Wissensvorrates zustandekommt. Alltägliches und wissenschaftliches Fremdverstehen unterscheiden sich in den zugrundeliegenden kognitiven Stilen. Im Unterschied zum Alltagshandeln ist das wissenschaftliche Handeln von unmittelbaren Handlungszwängen weitgehend freigesetzt, dadurch wird ein anderer kognitiver Stil möglich, der die bis auf weiteres angenommenen Gewißheiten und Selbstverständlichkeiten suspendiert und durch einen partiell ausgerichteten, theoretisch motivierten Zweifel ersetzt."[23]

Man muß sich indes darüber im klaren bleiben, daß jede Typenbildung eine Abstraktion der empirischen Wirklichkeit darstellt und daß damit auch ein Verlust an empirischer Fülle einhergeht. Dies gilt ebenso für jede Darstellung eines einzelnen Bildungslebenslaufs, auch wenn durch ihn häufig die Illusion geweckt wird, in ihr würde ein reines "Abziehbild" eingefangen. Dem Verlust an empirischer Fülle steht im Falle der wissenschaftlich veranlaßten Typisierung eine gesteigerte Eindeutigkeit als Ergebnis systematischer Auswertung gegenüber. Aus der Menge von Detailinformationen, die bei einem bloßen Lesen lediglich verwirrend und undurchschaubar erscheinen könnten, wurden - bezogen auf das

22 Vgl. Schütz 1971.

23 Lenz 1991, S. 63.

der Ausgangsthese zugrundeliegende Erkenntnisinteresse - grundlegende Muster herausgearbeitet.

Die Querauswertung war hierbei eine Möglichkeit, tiefere Einblicke in die Bildungsbiographien von Absolventinnen zu erhalten, verbunden jedoch mit der Gefahr, daß der Sinnzusammenhang einzelner Aussagen entstellt würde. Deshalb war oftmals die Wiedergabe längerer Textpassagen nötig. Die gewählte Anordnung des Materials hatte allerdings den Nachteil, daß Textausschnitte einzelner Bildungsbiographien unter bestimmten Gesichtspunkten aneinandergefügt worden sind. Der exemplarische Charakter einzelner Aussagen für die Deutungen und Einschätzungen der Absolventinnen rechtfertigt dieses Verfahren jedoch. Um so gebotener erschien es deshalb, einige exemplarische Bildungsbiographien in vollem Umfang wiederzugeben, die als Ergänzung der thematischen Querauswertungen dienen und bessere Aufschlüsse über typische zeitliche Verläufe von Bildungsbiographien geben sollten.[24]

Die Wiedergabe von Textpassagen bei der Auswertung dient dreierlei Zielen. Einmal sollen die Absolventinnen zu einem sie besonders interessierenden Gesichtspunkt möglichst unverstellt zu Worte kommen; darüber hinaus bieten die Textauszüge die Möglichkeit, gedankliche Beweisführungen zu überprüfen; schließlich gestatten sie, Vergleiche zu ziehen und möglicherweise Unterschiede aufzudecken. Die Auswahl orientierte sich sowohl an der erkenntnisleitenden Ausgangsthese dieser Untersuchung als auch an der vorliegenden wissenschaftlichen Literatur. Bei der Auswertung sollte eine im wissenschaftlichen Arbeitsprozeß zu früh einsetzende und zu extensiv betriebene Interpretation der Bildungsbiographien aufgrund der eigenen wissenschaftlichen Theorien zunächst vermieden werden. So wurde versucht, die Wahrnehmungen, Einschätzungen und Interpretationen der Absolventinnen sorgfältig nachzuzeichnen und die zugrundeliegenden typischen Muster herauszuarbeiten, so daß eine für systematische Vergleichszwecke geeignete themenbezogene Synopse entstand. Auf diese Weise war es möglich, den Zusammenhängen zwischen Schulkarriere und ihrem sozialen Kontext auf die Spur zu kommen. Diese Vorgehensweise lenkte den Blick vor allem auf die eigentlich "Betroffenen", die sich in autobiographischer Form sonst nur selten äußern und deren Erfahrungen bisher kaum zur Kenntnis genommen worden sind. Wichtigste methodologische Prämisse war, die Absolventinnen als produktive Realitätsverarbeiterinnen und aktive Lebensbewältigerinnen prinzipiell als orientierungs-, deutungs- und theoriemächtig anzusehen und zu behandeln.[25]

---

24 Vgl. Emmerich 1974, 1975.

25 Vgl. Hurrelmann 1983, 1986b.

Die Erstellung der Textauszüge selbst erwies sich, wie schon erwähnt, als ein äußerst aufwendiger und schwieriger Arbeitsvorgang. Sie mußten von den an der Auswertung Beteiligten immer wieder kontrollierend gegengelesen werden, bis bei der Auswahl und Zuordnung der Textpassagen weitgehend Übereinstimmung herrschte. Auf diese Weise ist in einem ersten Schritt ein praktikables Kategorienraster entlang wichtiger Lebensabschnitte in Familie und Schule entwickelt worden, das für systematische Vergleichszwecke eine geeignete themenbezogene Zusammenstellung und Analyse der in die Auswertung einbezogenen Aussagen unter den theoretisch als wichtig erachteten sozialen Erfahrungsbereichen ermöglichte.

Hinzuweisen ist in diesem Zusammenhang noch auf folgende methodische Schwierigkeiten der Auswertung des Materials und auf daraus resultierende Einschränkungen: Es war hier - trotz intensiver Diskussion in der Auswertungsgruppe - nicht immer möglich, alle Textpassagen bestimmten Kategorien zuzuordnen[26]; außerdem äußerten sich nicht alle Absolventinnen zu allen Bereichen und Stationen ihres Bildungsweges. Bei der Darstellung der Ergebnisse ist es deshalb unerläßlich, das Verfahren der Textauswahl so durchsichtig wie möglich darzustellen und den Zusammenhang von Materialaufbereitung und -interpretation deutlich erkennbar werden zu lassen.

III. Probleme und Grenzen

Damit wird zugleich auch die Frage nach der Reichweite der Methode berührt. Prinzipiell ist die Auswertung von Bildungsautobiographien geeignet, als ernsthaftes Erhebungsinstrument für innovative Schulforschung in Betracht gezogen zu werden. In diesem Sinne ist sie hier auch als problemaufschließendes Verfahren auf der Grundlage von Fallanalysen eingesetzt worden, durch das umfassende und nuancierte Einblicke in die Bildungswege von Real- und Gymnasialschulabsolventinnen vermittelt werden.

Die inhaltlichen Vorzüge, aber auch die methodischen Einschränkungen einer solchen Vorgehensweise sind offenkundig. Sie gründen hier auf einer - wenngleich zufälligen - Auslese von Absolventinnen, die in der Lage war, sich auto-

26 Viele Textpassagen lassen sich gleichzeitig mehreren Auswertungskategorien zuordnen. Aus diesem Grund sind Wiederholungen in unterschiedlichen Zusammenhängen auch nicht ganz zu vermeiden.

biographisch differenziert zu äußern. Es stellt sich deshalb nicht die Frage nach der Repräsentativität, da hier der Argumentationswert von Aussagen und sozialen Mustern im Vordergrund steht. Die Anzahl der Bildungsbiographien und die Allgemeinheit der Aussagen geraten in ein Spannungsverhältnis. Allerdings: Ihr eigentümlicher Wert würde mißverstanden, beurteilte man sie ausschließlich danach, welche Reichweite ihre Aussagen besitzen. Ihr eigentlicher Nutzen besteht vielmehr darin, daß sie die Verbindlichkeit bereits existierender massen- oder surveystatistischer Kenntnisse über die Bildungsbeteiligung von Absolventinnen in Realschulen und Gymnasien zu differenzieren sowie zu einer ergänzenden Perspektive beizutragen vermögen.[27]

Bei diesen Bildungsbiographien handelt es sich, das muß im Auge behalten werden, natürlich stets um eine mehr oder weniger bewußte Präsentation der Absolventinnen, in die zahlreiche Voraussetzungen eingegangen sind, jedoch nicht um eine Beschreibung der "sozialen Realität" selbst: Ihre Erinnerungen sind manchmal lückenhaft, überdies durch spätere Eindrücke überlagert. Der Einwand, daß es sich hier bloß um einseitige Informationen handelt, die zudem durch eine Reihe von Beschränkungen, die insbesondere durch die unterschiedliche und teilweise begrenzte Fähigkeit zur Erinnerung, durch systematische Einschätzungs- und Beurteilungsfehler sowie Verzerrungen der Wahrnehmung, die eigenen Bildungslaufbahnen konsistent, sinnhaft und konsequent zu interpretieren, bedingt sind, kann sicherlich nicht ganz beiseitegeschoben werden. Es muß daher davon ausgegangen werden, daß erinnerte Bildungsbiographien und tatsächlicher Ablauf nicht identisch sind, da während und vor dem Prozeß des Erinnerns strukturiert, selektiert, interpretiert und auch phantasiert wird.[28]

Gleichwohl existieren inzwischen gesicherte Erkenntnisse über die Brauchbarkeit von Erinnerungsaussagen und Vergleiche von Erinnerungsberichten mit schriftlichen Quellen wie Tagebüchern, Lebensberichten, Dokumenten oder Archivalien die - auch für den Bildungsbereich - eine erhebliche Zuverlässigkeit belegen.[29] Es scheint sich auch hier zu bewahrheiten, daß mit zunehmendem Lebensalter das Langzeitgedächtnis gegenüber dem kurzzeitigen besser wird.[30] Wir hatten also kaum Grund, am subjektiven Wahrheitsgehalt der schriftlichen Darstellungen zu zweifeln. Ebenso darf bei aller sorgfältigen methodischen Abwägung eines nicht verkannt werden: Für das Handeln von Absolventinnen ist

---

27 Vgl. dazu vor allem die im ersten Teil dieser Untersuchung dargestellten Ergebnisse der amtlichen Bildungsstatistik.

28 Vgl. Schulze 1979, 1985, Hurrelmann 1986b, Clephas-Möcker und Krallmann 1988.

29 Vgl. Fuchs 1984.

30 Vgl. Krönig und Müller 1994.

es viel wichtiger, welchen Eindruck sie von einem Erlebnis oder einer Situation hatten, als daß sie darüber Aufschluß geben würden, ob dieser Eindruck richtig ist oder bloß richtig erscheint. Wenn Absolventinnen ein Erlebnis oder eine Situation in Anlehnung an das bekannte Thomas-Theorem als real definieren, dann ist es oder sie für sie in den Konsequenzen wirklich, ohne daß es oder sie auch so sein müßte.

Die Vermutung, daß hierbei auch die jeweils unterschiedlichen gesellschaftspolitischen und -strukturellen Rahmenbedingungen eine gewichtige Rolle spielen könnten, läßt sich keinesfalls bestätigen; sie tauchten jedenfalls, von ganz wenigen Ausnahmen in der unmittelbaren Nachkriegszeit und in den fünfziger Jahren einmal abgesehen, in der Rekonstruktion der eigenen Bildungsbiographien nicht auf. Es spricht deshalb einiges dafür, daß sich der soziale Wandel im Bewußtsein der Absolventinnen viel langsamer vollzieht. Vergeblich also wird man weitgehend tiefgründige Erörterungen über Bildungsfragen der Zeit suchen, vergeblich aufs Nachdenken über die schwierigen Bedingungen der Schulzeit nach dem Krieg warten, umsonst bildungspolitische Grundsatzdebatten erhoffen. Gewiß: Einige Absolventinnen klagen in den fünfziger Jahren bisweilen über krasse Vorurteile unterschiedlicher Art und hätten sich eine stärkere Förderung und ein verständnisvolleres Eingehen auf ihre Person gewünscht. Solche Beurteilungen aber bleiben im großen und ganzen Episode. Im Vordergrund stehen vor allem die alltäglichen Auseinandersetzungen in Elternhaus und Schule, den schulischen Anforderungen gerecht zu werden.

Ergebnisse

Die Darstellung der Ergebnisse ist in zwei Hauptabschnitte gegliedert. Im ersten Abschnitt wird zunächst der Frage nach den Erscheinungsformen traditioneller geschlechtstypischer Bildungsbarrieren systematisch nachzugehen sein, denen sich die Real- und Gymnasialschulabsolventinnen gegenübersehen; sie beginnt also gewissermaßen bei den Symptomen, die das äußere Leben der Absolventinnen darstellen. Im Anschluß daran wird im zweiten Abschnitt die damit unmittelbar zusammenhängende und hier im Mittelpunkt des Interesses stehende Frage nach den sozialen Ursachen zu klären sein.

I. Erscheinungsformen traditioneller geschlechtstypischer Bildungsbarrieren

1. Bedeutung der Familie

Die Familie als Lebensform war und ist in der Bundesrepublik Deutschland unter den gegebenen gesellschaftlichen Bedingungen privater Reproduktion nicht nur in der Regel ein lebensgeschichtlich Erstes für den Entwicklungsprozeß eines Kindes, das als Erfahrung besonders stark fortwirkt; es handelt sich darüber hinaus hier um einen Zusammenhang von - im Verhältnis zu anderen Lebens- und Arbeitsbereichen - vergleichsweise großer zeitlicher und personaler Kontinuität und, zumindest in den ersten Lebensjahren, von hoher sozialer Exklusivität.[31] Die Kontinuität und Exklusivität dieses Zusammenhangs bewirkt, daß die Erfahrungen, die ein Kind in der Familie macht, zu grundlegenden Erfahrungen verdichtet werden. Es lernt hier von klein auf, wie Mutter und Vater tagtäglich miteinander umgehen, wie es selbst behandelt wird und wie Bedürfnisse befriedigt oder unterdrückt werden und welche sozialen Beziehungen untereinander gepflegt werden.[32] Kurz: Diese sozialen Beziehungen zwischen Mann und Frau, zwischen Eltern und Kindern sind es, die den "Geist" der Familie ausmachen.

Solche Erfahrungen in der frühen Kindheit sind in jeder Hinsicht prägend und hinterlassen tiefe Spuren, die später zu ganz bestimmten Verhaltens- und Reaktionsmustern führen können und häufig auch im Erwachsenenalter nicht einfach auflösbar sind. Sie besitzen gewissermaßen Modellcharakter und bleiben maßgebend für künftige soziale Beziehungen sowie für das eigene Selbstverständnis. Auch wenn dieses Erfahrungslernen im Laufe der Zeit Veränderungen unterliegt, bewahren junge Menschen doch zeitlebens ein gutes Stück ihrer Familienerziehung; sie bleiben im Kern Töchter und Söhne von Müttern und Vätern.

Dabei kristallisiert sich die Geschlechtsrollenidentifikation schon nach wenigen Lebensjahren heraus. Auch wenn keine Unterschiede festzustellen sind - Mädchen unterscheiden sich in ihren Fähigkeiten kaum von Jungen[33] -, so hat doch

31 Vgl. die Überblicke in Steinkamp und Stief 1978, 1979, Steinkamp und Hamel 1985, Fauser et al. 1985, Bertram und Borrmann-Müller 1988, Bertram et al. 1993, Nave-Herz und Markefka 1989, Markefka und Nauck 1993, Hurrelmann und Ulich 1991, Lüscher und Schultheis 1993, Silbereisen und Todt 1994, de Singly 1994.

32 Vgl. Gravenhorst 1984, Nave-Herz und Markefka 1989.

33 Vgl. Hagemann-White 1984.

die vergleichsweise eindeutige Differenzierung der Geschlechtsrollen weitreichende Bedeutung, weil die

"Identifikation mit der Geschlechtsrolle (d.h. mit den reziproken, aber nicht austauschbaren komplexen Verhaltensweisen der Geschlechter zueinander) ... unter dem (durch Reifeprozesse und Inzestverbot gesicherten) Vorbehalt einer antizipierten Rolle (steht), die erst mit dem Erreichen des Erwachsenenstatus eingelöst werden kann. Mit dem virtuellen Rolleninhalt verbinden sich aber geschlechtsspezifische Bündel von Motivationen. Diese unterscheiden sich zwar nach Kultur und Entwicklungsstand der Gesellschaft, aber die Variation der geschlechtsrollenspezifischen Verhaltensweisen hält sich im allgemeinen innerhalb des Spielraums einer Rollendifferenzierung, die durch die fundamentale Verknüpfung von Sexualität und Nahrungsvorsorge in einer Familienstruktur selbst verankert ist."[34]

In der Spiegelung, insbesondere des elterlichen Verhaltens, bauen sich Töchter und Söhne eine eigene Körperwahrnehmung und ein Selbstbild auf, die durch die Geschlechtszugehörigkeit geprägt sind: Jungen und Mädchen machen dabei geschlechtstypisch unterschiedliche Erfahrungen, es wird geschlechtstypisch unterschiedlich auf sie reagiert, es werden ihnen in geschlechtstypisch unterschiedlicher Weise Gefühle und Intentionen, Fähigkeiten und Interessen zugeschrieben, gleiches verbales und nonverbales Verhalten wird unterschiedlich gedeutet, unterschiedlich gefördert, ignoriert oder unterdrückt.[35]

Was "weiblich" und was "männlich" ist, darüber gibt es also ziemlich feste Vorstellungen und Regeln, die ständig wirken, ohne daß man sich darüber im klaren ist, und oft, ohne daß man sie genau formulieren kann, werden sie von klein auf eingeübt und von einer zur anderen Generation weitergegeben. Die damit einhergehenden traditionellen Geschlechtsrollenmuster sind - bei aller Vorsicht vor allzu schnellen Verallgemeinerungen[36] - in unserem Kulturkreis ziemlich eindeutig:

"Männer werden als 'normal' und gesund angesehen, wenn sie Charakteristika wie Unabhängigkeit, Durchsetzungsfähigkeit, Wettbewerbsfähigkeit und Rationalität zeigen. Frauen werden als 'normal' und gesund angesehen, wenn sie Charakteristika wie Wärme, emotionale Ausdrucksfähigkeit, Sensibilität für soziale und menschliche Beziehungen und psychische Anlehnungsbereitschaft zeigen."[37]

Damit einher geht im allgemeinen zugleich eine klare Geschlechtsrollendifferenzierung zwischen Männern und Frauen. Diese zeitigt weitreichende Folgen, weil damit schon früh ein Prozeß mit je unterschiedlichen Lern- und Entwicklungschancen eröffnet wird. "Als Folge davon lagert sich eine geschlechtsklassenspezifische Weise der äußeren Erscheinung, des Handelns und Fühlens

---

34 Habermas 1968, S. 17.

35 Vgl. Goffman 1994.

36 Vgl. Hagemann-White 1992.

37 Hurrelmann 1991, S. 60.

objektiv über das biologische Muster, die dieses ausbaut, mißachtet oder durchkreuzt."[38] Dabei werden Männern überwiegend die außerhäuslichen Erwerbstätigkeiten und Frauen eher die innerhäuslichen Beziehungs- und Erziehungsrollen zugewiesen.[39] Und ganz "nebenbei erhalten Frauen dabei den niedrigeren Rang und weniger Macht, wird ihr Zugang zum öffentlichen Raum eingeschränkt ..."[40]

Es ist also zu fragen, ob die frühzeitige Orientierung von Mädchen auf die Familienaufgaben ihren weiterführenden Bildungsweg zu beeinträchtigen vermag. Die Kenntnisse darüber sind - gemessen an der gesellschaftlichen Bedeutung - immer noch recht lückenhaft.[41] Die Frage, die sich deshalb besonders im Hinblick auf die Tradierung familialer Geschlechtsrollenmuster für die Real- und Gymnasialschulabsolventinnen stellt, lautet: Wie werden solche Orientierungen vermittelt und wovon sind sie vor allem abhängig? Und: Gibt der familiale Erziehungsprozeß Raum zu eigenständiger kritischer Auseinandersetzung mit konventionellen familialen Geschlechtsrollenleitbildern, und läßt er neue Handlungsmöglichkeiten zu?

Es dürfte wohl unbestritten sein, daß die seit Jahrhunderten vorherrschenden und weit verbreiteten familialen Rollenstereotype dort, wo an ihnen unbeirrt festgehalten wird, langfristig einen nicht zu unterschätzenden negativen Einfluß auf den weiteren Bildungsweg der Absolventinnen ausüben und Anlaß für unterschiedliche Formen und Ausmaße der Auseinandersetzung zwischen ihnen und ihren Eltern sein können. Die Gesellschaft ist zwar in zunehmendem Maße sensibel geworden gegenüber den fatalen Auswirkungen von Geschlechtsrollenstereotypen vor allem gegenüber Mädchen und Frauen, und die Bereitschaft wächst, von den engen herkömmlichen Rollenzuordnungen abzurücken. Die Frage ist aber, in welchem Maß und in welchen Bereichen dies in der Familie geschieht. Aus diesem Grund soll familialen Geschlechtsrollenstereotypen in den Aussagen der Absolventinnen genauer nachgespürt werden.

Arbeits- und Rollenverteilung

Durch den Haushalt einer Familie wird nicht nur die individuelle Regeneration (essen, schlafen) gesichert, sondern gleichfalls Wohlbefinden und entspannte häusliche Atmosphäre geschaffen. Um dies immer wieder zu gewährleisten, bedarf es erheblicher alltäglicher Routinearbeiten wie kochen, putzen, waschen,

38 Goffman 1994, S. 109.

39 Vgl. Parsons 1959.

40 Goffman 1994, S. 115.

41 Vgl. Deutscher Bundestag 1994.

aufräumen, einkaufen, aber auch weniger auf einen Zweck ausgerichteter Tätigkeiten wie sich mit Kindern beschäftigen und auseinandersetzen. Diese (Beziehungs-)Arbeiten gelten traditionell als Aufgabe der Frau; "Hausfrau" wird so gleichsam zum Quasi-Beruf.[42] Töchter werden in diesem Rahmen stärker als Söhne zur

> "Mithilfe im Haushalt, zur Beaufsichtigung von Geschwistern und zu kleineren Dienstleistungen herangezogen. Solche Inanspruchnahmen werden einerseits als Kompetenzerweiterung erfahren. Andererseits bedeutet der mütterliche Zugriff auf die Zeit der Töchter auch Freiheitsentzug und Einschränkung. Neben der Anerkennung ihrer Selbständigkeit bekommen Mädchen also früh die Ungleichbehandlung der Geschlechter zu spüren. Sie erfahren in der Familie darüberhinaus, daß die Berufstätigkeit des Vaters mehr gilt als die der Mutter: er wird von zusätzlichen häuslichen Arbeitsbelastungen weitgehend freigestellt, während sie trotz Erwerbsarbeit hauptverantwortlich für den Haushalt bleibt."[43]

Ob in einer Familie herkömmliche Rollenzuweisungen vorherrschen, ob Mädchen und Jungen auf ihren geschlechtstypisch angestammten Platz vorbereitet werden, läßt sich also an keinem Maßstab besser ablesen, als an der Verteilung der Hausarbeit.[44]

Vor allem die althergebrachte Arbeits- und Rollenverteilung nimmt eine Schlüsselposition ein: "In den elterlichen Haushalten herrscht die traditionelle Aufgabenverteilung beinahe ausnahmslos vor. Die Mutter putzt, kocht und kauft ein, während 'Geld verdienen' und 'kleine Reparaturen' zu den Aufgaben des Vaters gehören."[45] Jugendliche übernehmen dabei vielfach die klassische Rollen- und Arbeitsteilung. Die Reproduktion dieser Rollenmuster ist aber nicht nur

> "einfach ein Erbe der Tradition, sondern resultiert zum größten Teil aus der Konstruktionsarbeit der Akteure selbst, die ihrerseits eine Reaktion auf eine bestimmte partnerschaftliche bzw. sogar soziale Situation darstellt. Sie begnügen sich nicht einfach damit, diese Rollen zu übernehmen, sondern erfinden sie auf ihre Weise."[46]

Existiert in diesem Sinne in Familien weitgehend noch eine geschlechtstypische Arbeitsteilung, so werden Töchter beiläufig wie selbstverständlich und mit Entschiedenheit auf ihr künftiges Dasein als Hausfrau und Mutter vorbereitet. Es wird ihnen vorgelebt, wie sie sich später in der Ehe zu verhalten haben und welche Qualitäten von ihnen im Haushalt und in der Kindererziehung erwartet werden. Dabei besteht zwischen Jungen und Mädchen insofern noch ein weiterer wichtiger Unterschied, als die Familienarbeit nicht immer die gleiche Bedeutung

---

42 Vgl. Tillmann 1991.

43 Becker-Schmidt 1995, S. 237.

44 Vgl. Allerbeck und Hoag 1985b, Bilden 1991, Tillmann 1991, Hagemann-White 1992, Gloger-Tippelt 1993.

45 Allerbeck und Hoag 1985b, S. 113 f.

46 Kaufmann 1994, S. 117.

für ihre schulische und berufliche Zukunftsgestaltung besitzt. Selbst in Familien, wo der Tochter zwar die gleichen Bildungsmöglichkeiten geboten werden wie dem Sohn, muß sie oftmals länger im Haushalt, vor allem beim Essenkochen und Putzen, mithelfen, währenddessen der Bruder mit häuslichen Aufgaben meist nicht behelligt wird. Das gilt vielfach sogar dort, wo die Mutter ebenso wie der Vater ganztags berufstätig ist; auch hier wird zu Hause im Familienalltag das ancien régime der traditionellen Aufgaben- und Rollenverteilung nicht angetastet.

MIRA:

> "Er (Stiefvater, d. Vf.) kann sich nicht damit abfinden, daß ich nach der Mittleren Reife auch noch die Hochschulreife erwerben und studieren will: Ein Mädchen hat sich in seinen Augen vor allem auf Ehe und Haushaltsführung vorzubereiten; 'ein bißchen Bildung' sollte nur dem Zweck dienen, auch den Ansprüchen eines Ehemanns aus 'besseren Kreisen' zu genügen."
> (Hochschulreife 1952 - Gymnasiallehrerin)

CLAUDIA:

> "Entscheidenden Einfluß hatten vielmehr die Eltern, vor allem die Mutter, da alleinerziehend. War allerdings auch bestimmend bei der Vorgabe, was eine Frauenrolle sei - Ablehnung der Tochter demgegenüber 'Frau als opfernde Hausfrau' und opferbereit gegenüber dem Mann, im Sinne von Selbstaufgabe zu sehen."
> (Hochschulreife 1953 - Diplom-Volkswirtin, dann Übersetzerin)

BERNADETTE:

> "Im Elternhaus war das trotz offener Erziehung doch etwas anderes. In der Küche und bei der Wäsche hilft die Tochter, die teuere Ausbildung ist für den Sohn."
> (Hochschulreife 1955 - Volksschullehrerin)

MARIELLE:

> "Kleinigkeiten in der Familie: die beiden Schwestern helfen bei der Hausarbeit, nähen ihre Kleider, geben Nachhilfestunden, um ein klägliches Taschengeld aufzubessern. Der Sohn, zugleich das jüng-

ste Kind, hilft nicht im Haushalt - ein Junge braucht das nicht!" (Hochschulreife 1957 - Physikerin, dann wissenschaftliche Mitarbeiterin an der Universität im Bildungsbereich)

VERA:

"Während sie (die Mutter, d. Vf.) einerseits von meinen Schulleistungen sehr beeindruckt war und sich damit identifizierte, klagte sie über meine angeblich schlechten hausfraulichen Fähigkeiten und Interessen. Sie betonte immer, daß eine richtige Frau Kinder haben müsse, und die Kinder es nur bei Hausfrauen gut hätten." (Hochschulreife 1961 - habilitierte Akademische Rätin an der Universität im Bereich Psychologie)

TABEA:

"Wenn mir auch zu Hause die als typisch geltenden weiblichen Aufgaben zufielen (spülen, waschen, bügeln, kochen usw.), wurden mir, was die Ausbildung betrifft, doch die gleichen Möglichkeiten eröffnet wie meinen zwei älteren Brüdern ..." (Hochschulreife 1976 - arbeitslose Gymnasiallehrerin)

BEATE:

"Es war stets selbstverständlich, daß ich als Mädchen meiner Mutter im Haushalt zu helfen hatte und somit auch fast ausschließlich mit ihr zu tun hatte - ebenso selbstverständlich, wie mein Bruder bei meinem Vater das Polstern und das Handwerkliche lernte." (Hochschulreife 1977)

MARTINA:

"Meine Eltern machten keine großen Unterschiede zwischen Jungen und Mädchen bei der Erziehung, aber ich hatte im Haushalt zu helfen, z. B. abtrocknen, und das brauchten meine Brüder nicht." (Zweiter Bildungsweg: Hochschulreife 1979 - Krankenschwester, dann Ärztin)

Spielzeugangebot und Freiräume

Daß sich diese zählebigen traditionellen Rollenmuster der geschlechtstypischen Arbeits- und Rollenverteilung in der Familie und die damit verbundenen Überzeugungen bis in die Lebensweise auswirken, zeigt sich ebenso an den Erziehungsleitbildern, die sich im Spielzeugangebot sowie in unterschiedlichen Rechten und Freiheiten, die Mädchen und Jungen zugestanden werden, offenbaren. Eindeutig verstärken Eltern ihre Söhne und Töchter in geschlechtstypischen Spielaktivitäten und tragen so auch mit dazu bei, ihre Töchter auf die zukünftige Mutter- und Hausfrauenrolle nach dem bürgerlichen Frauenideal vorzubereiten. Selbstverständlich gehören dabei Nähmaschine, Kochherd und Spiegel mit zum Übungsprogramm, stehen Töchtern also nicht frei zur Verfügung, sondern wurden nach dem konventionellen Geschlechtsrollenmodell ausgewählt.[47]

Einige der Absolventinnen hielten sich schon als Mädchen gegenüber ihren Brüdern für benachteiligt und eingeengt, andere empfanden dies erst im nachhinein sehr deutlich: Das Spielzeugangebot für Jungen in diesen Familien war interessanter und vielfältiger als für Mädchen. Es förderte Kreativität, technisches Verständnis und Forscherdrang, wohingegen Mädchen mit Puppen und kleinen Haushaltsgeräten schon dem Vorbild der Mutter nacheifern konnten. Damit waren ihren Entwicklungs- und Entfaltungsmöglichkeiten wohl vielfach sehr enge Grenzen gesetzt.

Mit zunehmendem Alter der Kinder treten dann weitere Unterschiede in der Erziehung von Söhnen und Töchtern zutage: Während Söhne bereits frühzeitig zu Selbständigkeit und Unabhängigkeit erzogen werden und in der Regel größere Freiheiten im außerhäuslichen Freizeitbereich eingeräumt bekommen, geschieht bei Töchtern eher das Gegenteil: Sie werden schon als junge Mädchen in der Familie eindeutig stärker behütet als Jungen und von klein auf dazu angehalten, in der Nähe der elterlichen Wohnung zu bleiben; ihr Aktionsradius bleibt dadurch erheblich eingeschränkt, und sie verbringen tatsächlich auch mehr Zeit in der Nähe von Erwachsenen. Was sie hören, sehen oder lesen wird zudem oftmals strenger überwacht. Auch im Teenageralter wachen die Eltern noch über die außerhäuslichen Kontakte und Zeiteinteilung ihrer Töchter. Überdies wird der jugendliche Freiraum der Töchter weiter dadurch eingeengt, daß sie eher als

---

47 "Eindeutig verstärken Eltern ihre Kinder in geschlechtstypischen Spielaktivitäten. Interessant ist, daß geschlechtstypische Behandlung von Kindern seit 1950 nicht abgenommen hat, wie zu erwarten wäre, sondern auch in neueren Studien noch nachweisbar ist. ... *Die Erwerbsprozesse für die Komponenten der Geschlechtertypisierung gelten gleichermaßen für Mädchen und Jungen und sind auch in gleicher Weise empirisch festgestellt worden. Die Inhalte z. B. der Identitäten oder Präferenzen weisen in unterschiedliche, in der Kindheit entweder in eine männliche oder weibliche Richtung*" (Gloger-Tippelt 1993, S. 263 f.).

Söhne hauswirtschaftliche Tätigkeiten in der Familie verpflichtend übernehmen müssen.[48]

EVA:

> "Als Kind war ich sehr direkt und lebhaft. Ich wäre auch viel lieber ein Junge gewesen, denn Jungens durften viel mehr und erhielten interessanteres Spielzeug. In der Pubertät wurde dieser Gedanke noch einmal wach, wenn meinem 5 Jahre jüngeren Bruder Freiheiten zugebilligt wurden, die für mich tabu sein sollten."
> (Mittlere Reife 1968 - Beamtin im gehobenen Dienst)

ULRIKE:

> "Mein Spielzeug bestand aus Puppen, Kindernähmaschine etc., eben 'Mädchenspielzeug'. An ein eigenes Auto kann ich mich nicht erinnern. Beim Spiel meiner älteren Brüder wurde ich allenfalls als Zaungast geduldet."
> (Hochschulreife 1972 - Augenoptikerin, dann Hausfrau)

ILONA:

> "Mein älterer Bruder hatte manche Privilegien. Er hatte mehr Zeit zum Spielen, wenn ich im Haushalt helfen mußte. Er durfte in der Teenager-Zeit allein ausgehen und länger ausbleiben. Er hatte mehr Freiheit. Als Kind hatte er mehr Spielzeug, das die Kreativität förderte: Metallbaukästen, Chemiebaukasten, Eisenbahn, Laubsäge, Uhrenbaukasten usw ... Ich spielte mit Puppen und Kochherd

48 "Die Feststellung, daß auch in den 80er Jahren noch die Mädchen einer wesentlich stärkeren elterlichen Kontrolle unterliegen als Jungen, darf allerdings nicht ohne historische Relativierung bleiben: Aus den Untersuchungen der 50er und 60er Jahre wissen wir, welch rigiden Beschränkungen die meisten Mädchen oft bis zum damaligen Volljährigkeitsalter (21 Jahre) unterworfen waren (*Küppers* 1964, S. 60 ff.; *Göbel* 1964, S. 361). Ohne Zweifel haben sich hier erhebliche Veränderungen vollzogen: Beziehungen zum anderen Geschlecht, die voreheliche Sexualität eingeschlossen, sind in früherem Lebensalter selbstverständlich geworden. Doch die Auseinandersetzungen, die darum ausgefochten werden müssen, sind für Jungen und Mädchen nach wie vor nicht gleich. Sie führen dazu, daß die familiäre Situation für Mädchen häufig weit konfliktgeladener ist als für Jungen" (Tillmann 1991, S. 102). Es gilt indes differenzierend hinzuzufügen: Dies trifft wohl eher für den norddeutsch-protestantischen als für den süddeutsch-katholischen Raum zu.

und dem ganzen Zubehör. Ich habe damals gerne so gespielt, halte es aber heute für sehr einseitig."
(Hochschulreife 1972 - Lebensmittelchemikerin, dann Hausfrau)

Erfahrungen mit Technik und Naturwissenschaften

Bereits im Zusammenhang mit dem Spielzeug wird oftmals das Verhältnis der Mädchen zu Technik und Naturwissenschaften mit angesprochen. Die meisten Mädchen werden von Erfahrungen mit technischen Dingen von früher Kindheit an einfach ausgeschlossen, während Jungen ermuntert werden zu basteln, zu reparieren und sich mit Technik und Naturwissenschaft eingehend zu beschäftigen.[49] Sie bekommen technisches Spielzeug geschenkt. Mädchen hingegen erhalten Puppen und werden darin bestärkt, für das Soziale, für die menschlichen Beziehungen zuständig zu sein. Kurzum: Sie haben deutlich weniger Erfahrung im Umgang mit Werkzeugen und mit technischem Spielzeug als Jungen, und sie informieren sich viel seltener in Büchern, Zeitschriften oder im Fernsehen über Technik und Naturwissenschaften.

Dieser unterschiedliche Erfahrungshintergrund, der sicherlich in erster Linie von den geschlechtsrollenkonformen Vorstellungen der Eltern beeinflußt und verstärkt wird, die die Söhne in ihren naturwissenschaftlich-technischen, die Töchter in ihren sozial-integrativen Aktivitäten bestärken, hat weitreichende Konsequenzen. Im intellektuellen Bereich bedeutet es zunächst einmal ein unterschiedlich entwickeltes Weltverständnis hinsichtlich der materiell-technischen beziehungsweise der sozialen Umwelt. Das führt dazu, daß Mädchen schon früh Technik und Naturwissenschaften als eine Domäne von Männern erleben und ihre eigenen Erfolgsaussichten hier entsprechend gering einschätzen. Dort, wo das Vorurteil, Mädchen seien technisch und naturwissenschaftlich unbegabt, auch noch von den Eltern mit Nachdruck vertreten wird, hat es die Tochter besonders schwer, die gegenteilige Erfahrung zu machen.[50] Werden die traditionellen weiblichen Rollen so konsequent vorgelebt und frühzeitig eingeübt, so ist häufig bis zum Schuleintritt das Interesse für technische und naturwissenschaftliche Dinge zugeschüttet, und es bedarf schon außerordentlich glücklicher Umstände, es zu wecken oder neu zu beleben.

---

49 Vgl. auch Vogel 1995.

50 Vgl. Eckelt 1985.

GESINE:

"Im Nachhinein betrachtet hat mir vielleicht mein Vater eine Negativhaltung gegenüber den Naturwissenschaften allgemein unterschwellig beigebracht, denn er pflegte zu sagen: 'Das brauchst Du aber später sowieso nicht, das ist nicht so wichtig für Mädchen.'"
(Hochschulreife 1964 - Volksschullehrerin)

DORIS:

"In bezug auf das Verhältnis zu Technik hatten wir zuhause eine sehr geschlechtsspezifische Erziehung. Mein Bruder bekam technische Baukästen, ich bekam Puppen (die mich aber eigentlich so sehr auch nicht interessierten) und Bücher, die mich sehr interessierten. Ich wurde technisch unbegabt, da ich in der Hinsicht überhaupt nicht gefördert wurde; (heute bin ich stolz darauf, daß ich inzwischen Lampen anschließen und mit Bohrmaschinen umgehen kann), bzw. ich entwickelte mich generell ziemlich unpraktisch (wenn man von Handarbeiten absieht, die mich etwa ab 15 nicht mehr interessierten) und theorie-orientiert im Sinne von Bücher-Wissen."
(Hochschulreife 1967 - wissenschaftliche Mitarbeiterin an der Universität)

GISLINDE:

"Statt dessen entdeckte ich meine wahre Liebe zu Technik und Technologie. Hätte ich mich vielleicht doch nicht so ins Bockshorn jagen lassen sollen mit all den Warnungen, wie schwierig das Technische Gymnasium sei und erst recht für ein Mädchen? Der Umgang mit der Technik fiel und fällt mir in der Praxis sehr leicht. Wohlgemerkt: *in der Praxis*. Wer weiß, vermutlich hätte der theoretische Unterricht am Technischen Gymmi genauso daneben gelegen, wie die Ausbildung an der Ingenieurschule. Vielleicht sogar noch mehr, denn schließlich ist es die verkündete Intention der Ingenieurausbildung, mehr die praktische Seite des Arbeitslebens zu vermitteln. Aber wie sollen Menschen, die nie wirklich die praktische Seite des Lebens geprobt haben - sprich Lehrer - genau dies anderen beibringen können??"
(Mittlere Reife 1972, Hochschulreife 1976 - selbständige Diplom-Ingenieurin für Bekleidungstechnik)

RITA:

> "Aber von meinen Eltern wurde alles Technische von mir ferngehalten, deshalb interessierte ich mich auch in der Schule nicht für naturwissenschaftliche Fächer und schnitt in ihnen durchweg schlecht ab."
> (Hochschulreife 1984 - Studentin der Politikwissenschaft und Soziologie)

Schulwahl

Die starren Geschlechtsrollenstereotype bleiben natürlich nicht ohne Auswirkung auf die elterliche Schulwahl für die Töchter. Die "Mittlere Reife" und eine daran anschließende Berufsausbildung erfüllen in den Vorstellungen vieler Eltern vor allem den Zweck, einerseits die Zeit bis zur Heirat zu überbrücken, andererseits einem gebildeten Ehemann intellektuell gerecht werden und im Falle eines zu geringen Verdienstes im Notfall zeitweise mitverdienen zu können. Ebenso sollen die Töchter in der Lage sein, im Todesfall des Ehemannes, sich selbst zu versorgen. Die Vorstellung, daß ihre Töchter andere Formen des Zusammenlebens wählen oder ihre Rolle flexibler handhaben könnten, kommt den meisten dieser Eltern jedenfalls überhaupt nicht in den Sinn. Das Abitur und ein akademischer Studiengang wird von Eltern mit eher festumrissenem traditionellen Rollenverständnis für ihre Töchter selten in Erwägung gezogen. Es sind vielfach sowohl Väter als auch Mütter, die sich gegen eine höhere Schulausbildung ihrer Tochter aussprechen.

ANETTE:

> "Als die Frage auftauchte: Gymnasium oder Mittelschule, fiel schon mal die Bemerkung in der Familie: 'Ein Mädchen braucht doch kein Abitur, die heiratet ja doch.' Meine Eltern wollten mir doch auch eine bessere Schulbildung ermöglichen. Sie schlugen mir den Besuch der Mädchenrealschule der Armen Schulschwestern vor."
> (Mittlere Reife 1967 - Softwareberaterin für Textverarbeitung)

MARGIT:

> "Mein Vater hatte nichts dagegen einzuwenden (gegen die höhere Schule, d. Vf.), meine Stiefmutter dagegen hielt eine höhere Schule für einen Blödsinn. Sie war der Meinung, daß ein Mädchen, das ja ohnehin nur heiratet und Kinder bekommt, bis zu ihrer Ehe-

schließung als Hausangestellte arbeiten sollte. Monatelang hing aus diesem Grund der Haussegen schief."
(Mittlere Reife 1970 - Verwaltungsangestellte)

MAGDALENA:

"Mein Wunsch nach dem Besuch einer weiterführenden Schule entwickelte sich bereits im 4. Volksschuljahr. Ich wollte damals unbedingt Lehrerin werden. Meine Eltern waren sehr dagegen mit der Begründung, daß sich die lange Studienzeit für ein Mädchen nicht lohne, weil ein Mädchen doch bald heirate und Kinder bekomme und ihren Beruf deshalb bald aufgeben müsse. Ausgangspunkt ihrer Überlegungen war dabei, daß viele Jahre durch Studium der Erwerbstätigkeit verlorengehen und dieser Verlust durch ein höheres Einkommen nach dem Studium in der aus oben genanntem Grund nur noch kurzen verbleibenden aktiven Beschäftigungszeit nicht mehr aufgeholt werden kann."
(Mittlere Reife 1971 - Beamtin im gehobenen Dienst)

NORA:

"Nach der vierten Klasse, als der eventuelle Übertritt zum Gymnasium zur Debatte stand, hieß es, daß ich ja ein Mädchen sei, das heiraten würde und somit nicht studieren brauche."
(Hochschulreife 1961 - Berufsschullehrerin)

KATJA:

"Wie mir meine Mutter später erzählte, hatten sich meine Eltern in der vierten Klasse dagegen entschieden, mich in die Oberschule zu schicken, weil mein Vater der Ansicht war 'Mädchen brauchen nicht in die Oberschule, denn die heiraten ja doch einmal'. Er war auch der Meinung, daß seine Tochter schon eine Mittelschulausbildung und Berufsausbildung haben sollte, damit sie sich im Falle des Todes ihres Mannes auch einmal selbst ernähren könnte."
(Hochschulreife 1969 - promovierte Psychologin)

Unterschiedliche Schulwahlentscheidungen für Töchter und Söhne

Noch deutlicher und eindrucksvoller kommen diese konventionellen geschlechtstypischen Einstellungsmuster der Eltern zum Ausdruck, wenn die

Absolventinnen sich mit ihren Brüdern vergleichen: Während die Eltern bei den Söhnen streng darauf achten, daß sie gewissermaßen als "Kronprinzen" eine gute Schul- und Berufsausbildung erhalten, um später in der Lage zu sein, eine Familie gründen und ernähren zu können, wird von den Töchtern nicht ernsthaft erwartet, daß sie ihren erlernten Beruf dauerhaft ausüben. Unter diesem Gesichtspunkt wird eine zeit- und kostenaufwendige Ausbildung nur für die Söhne als wichtig angesehen und auch geplant. Diese offenkundige soziale Benachteiligung trifft die besonders bildungswilligen Töchter tief und bedeutet für viele, neben der vielfachen Geringschätzung in ihrer Rolle als Mädchen, ihre Bildungs- und Berufswünsche aufzugeben oder zumindest zurückzustellen, um sie später auf Umwegen und mit großem Beharrungsvermögen doch noch zu verwirklichen.

BARBARA:

> "Da mein drei Jahre älterer Bruder ... ins Gymnasium kam und im Internat lebte, wäre es für meine Eltern finanziell fast nicht möglich gewesen, auch mich ins Internat zu schicken. Außerdem war es wichtiger, einem Buben die bestmögliche Ausbildung zu geben und mich als Mädchen in einem Büro unterzubringen."
> (Mittlere Reife 1958)

VALERIE:

> "Gern hätte ich, wie mein Bruder, eine höhere Schule besucht, aber weil ich nur ein Mädchen war, wurde mir dies von meinem Vater nicht gewährt."
> (Mittlere Reife 1961 - Fachlehrerin für Kurzschrift und Maschinenschreiben)

VERENA:

> "Zusammenfassend ist zu sagen, daß in der Theorie natürlich Chancengleichheit von Mädchen und Jungen besteht. Die Wirklichkeit sieht jedoch anders aus. Wer läßt schon den Sohn des Hauses 'nur' eine Lehre antreten, damit von dem ersparten Geld die Tochter studieren kann? Die alte Rollenverteilung Mann/Frau ist auch heute noch vorherrschend, trotz aller schönfärberischen Studien über die annähernd abgeschlossene Gleichstellung der Frau im Beruf."
> (Mittlere Reife 1979 - Angestellte in einer Anwaltskanzlei)

INGE:

"Mein zwei Jahre älterer, einziger Bruder war bereits am Gymnasium ... in der Kreisstadt untergebracht in einem kirchlichen Internat. Meine Eltern hatten damals eine existentielle Entscheidung gefällt, denn es war ihnen klar, daß er als 'Studierter' nicht als Hoferbe in Frage kam, und es war ihnen ebenso klar, daß die Erwartung, die Tochter würde einen Mann heiraten, der den Hof weiterführen würde, reines Glücksspiel ist. Ausschlaggebend war wohl, daß mein Bruder keinerlei Interesse und Geschick für die Landwirtschaft zeigte, vielmehr seine Bücher liebte und ins Gymnasium drängte. Meine Mutter nahm in solchen Dingen grundsätzlich die Haltung ein: 'Ich will dem Glück meiner Kinder nicht im Wege stehen'. Ihr eigener Traumberuf war Lehrerin gewesen und sie hatte darunter gelitten, aufgrund der äußeren Verhältnisse (Krieg, finanzielle Gründe), keine Möglichkeit zu höherer Bildung gehabt zu haben. Sie zeigte also Verständnis, und meinem Vater mag über seine große Enttäuschung der Gedanke hinweggeholfen haben, daß sein Sohn Priester, Lehrer oder sonst einen ehrenvollen Beruf erlangen könnte, der ihm Ansehen im Dorf und in der Umgebung eintragen würde. Das alles ging voraus, als ich an der Reihe war. Bei meinem Vater kam der Gedanke dazu: 'Mädchen heiraten ja doch'. Eine zeit- und kostenaufwendige Ausbildung erschien ihm unrentabel."
(Mittlere Reife 1980 - Bäuerin)

UNDINE:

"Die Währungsreform lag noch nicht lange zurück, so daß für viele von uns galt, daß der Besuch der Oberstufe mit Einschränkungen verbunden war, was übrigens auch für viele Jungen der Fall war. Allerdings kann man sagen, daß es in vielen Familien selbstverständlich war, diese Einschränkungen eher für Jungen auf sich zu nehmen als für Mädchen."
(Hochschulreife 1951 - Gymnasiallehrerin)

LYDIA:

"Im Elternhaus wurden damals die Unterschiede zwischen mir und meinem Bruder praktiziert. Er war 14 - 16 Jahre alt und galt als Ingenieur der Zukunft. Ein- bis zweimal in der Woche ging er zu dem Ehemann einer Jugendfreundin der Mutter und übte praxis-

bezogene Mathematik. Er war kein überragender Schüler, mit Ausnahme von guter (mit Hilfe des Ingenieurs) Leistungen in Mathematik. Obgleich er in den Sprachen versagte, fast jedesmal die Versetzung in Frage gestellt war und meine Eltern wenig Geld hatten, wurde die Schule durchgezogen. Während mein Vater durch hysterische Wutanfälle seine Probleme auslebte, strich meine Mutter überall das Positive ihres Sohnes heraus. Sie stellte ihn als etwas Besonderes dar, während sie die Schwachpunkte anderer Jungen in der Nachbarschaft mit psychologischer Spitzfindigkeit aufspürte und aufbauschte. Ich selbst hatte damals schon die Erkenntnisse von merkwürdigem Verhalten in der Familie. Ich konnte nur durchkommen, weil ich leicht lernte, ein beliebtes Mädchen war, und unter den Fittichen eines Großvaters Hausaufgaben in dessen Zimmer machte und mit dem anderen Großvater Gartenarbeit machte."
(Zweiter Bildungsweg: Hochschulreife 1952 - Damenschneiderin, dann Volksschullehrerin)

MARLENE:

"Als dann die Frage der Umschulung auf eine höhere Schule anstand, sagte mein Vater sinngemäß: 'Für die Mädchen reicht die Realschule, sie heiraten später ja doch und haben Kinder. Der Junge kann, wenn er es schafft, zum Gymnasium gehen, er muß ja später eine Familie ernähren."
(Hochschulreife 1971 - Volksschullehrerin)

MARTINA:

"In der vierten Klasse mußte man sich zur Aufnahmeprüfung für die Realschule melden.[51] Ich äußerte meiner Mutter gegenüber den Wunsch, zur Realschule zu dürfen. Daraufhin lachte meine Mutter sehr spontan, ich empfand es als auslachen. Sie machte mir klar, daß meine beiden älteren Brüder zur Volksschule gehen und für sie wäre die Realschule wichtiger, da sie einen Beruf bräuchten und ihr Leben lang arbeiten müßten, aber ich als Mädchen bräuchte

51 Bis etwa 1968 gab es in den Bundesländern Aufnahme- beziehungsweise Ausleseprüfungen zu Realschulen und Gymnasien, in denen darüber entschieden wurde, ob ein Kind realschul- oder gymnasialfähig war.

schon gar nicht zur Realschule gehen und außerdem kostete die Realschule Geld und das könnten meine Eltern nicht bezahlen."
(Zweiter Bildungsweg: Hochschulreife 1979 - Krankenschwester, dann Ärztin)

NELLY:

"Im großen und ganzen wurde meine Ausbildung von meinen Eltern und den Erwachsenen meiner Umgebung wesentlich weniger ernst genommen als die meines Bruders. Dahinter steckt das Bewußtsein, daß für eine Frau Ausbildung und Beruf doch eben nur ein Übergangsstadium zu Ehe und Mutterschaft darstellen und der Verdienst der Frau höchstens Zubrot sein muß zum gemeinsamen Haushalt."
(Hochschulreife 1981 - Studentin der Politikwissenschaft)

IRMTRAUD:

"Während es bei beiden Brüdern (1. und 4. Kind) selbstverständlich war, daß sie das Gymnasium besuchten, habe ich als 12jährige selbst beschlossen, die Realschule zu besuchen, was von den Eltern auch sofort befürwortet wurde. In jetzigen Gesprächen mit den Eltern über die damalige Schulsituation sagen sie: 'in der damaligen Zeit war es nicht üblich und notwendig, daß Mädchen auf höhere Schulen gehen.'"
(Mittlere Reife 1973, Fachhochschulreife 1982, Fachhochschulabschluß Sozialwesen 1986)

Bildungsvorstellungen von Verwandten und Bekannten

Wenn die Tochter gleichwohl "unprogrammgemäß" in ein Gymnasium überwechselt, so kann es durchaus sein, daß Eltern ihre Bildungsentscheidung vor Verwandten und Bekannten geradezu rechtfertigen müssen. Stehen sie hinter ihrer Tochter und der getroffenen Schulwahl, so kann sie vergleichsweise unbehelligt zum Gymnasium übertreten und hier den angestrebten Schulabschluß erreichen. Andernfalls können verunsichernde Fragen aus dem Verwandten- und Bekanntenkreis und deren starres Festhalten an traditionellen Bildungsvorstellungen für Mädchen die Entscheidung der Eltern ins Wanken bringen und so den Übergang in ein Gymnasium zumindest ernsthaft gefährden.

Solche Rechtfertigungszwänge und Bildungsvorurteile der Verwandt- und Bekanntschaft haben keineswegs an Bedeutung eingebüßt, wie Absolventinnen berichten, und sie sind durchaus noch stark ausgeprägt: Während es in einem Fall finanzielle Gründe sind, die zum Unmut in der Verwandtschaft führen, sehen in den anderen Fällen vor allem die geschlechtstypischen Rollenleitbilder von Verwandten und Bekannten für Mädchen ausschließlich Ehe und Familie vor und betrachten eine höhere Bildung für sie als nutzlos; entsprechend abfällig äußern sie sich über deren weiterführenden Schulbesuch.

GRETEL:

> "Die Verwandtschaft fand allerdings das Studium stets überflüssig und kostspielig. Begründung:
> 1. seit 1945 waren wir ziemlich arm ... Ich erhielt 30 DM Waisenrente und arbeitete in fast allen Ferien als Werkstudent.
> 2. heiratet ja sowieso.
> 3. Neid, mein Vater (als Bauernsohn jedoch zum Priester bestimmt) im engeren Kreis einziger Akademiker."
> (Hochschulreife 1951 - Gymnasiallehrerin)

VANESSA:

> "Aus der väterlichen Familie im süddeutschen Raum erreichte mich ein Brief, der mir wegen meines Egoismus, weiterhin die Schule besuchen zu wollen, heftige Vorwürfe machte und mir dringend riet, die Schule gleich zu verlassen und einen Beruf zu ergreifen, um die Familie finanziell nicht so zu belasten."
> (Hochschulreife 1955 - Apothekerin, dann Hausfrau)

RUTH:

> "Da mein Bruder mit Erfolg die Jungenrealschule (heutiges Gymnasium) besuchte, war es für meine Eltern selbstverständlich, mich - entgegen den Ratschlägen der Verwandtschaft - auf die Mädchenoberschule zu schicken. Trotz guter schulischer Leistungen sollte ich dann, vor allem auf Druck meiner sechs Tanten und meiner Großmutter väterlicherseits hin ('Ein Mädchen heiratet ja doch!'), nach der 6. Gymnasialklasse von der Schule genommen werden, um Stenotypistin zu werden."
> (Hochschulreife 1956 - Gymnasiallehrerin)

MARINA:

"Meine Eltern wurden von Bekannten und Verwandten oft gefragt, warum sie ihre Töchter auf eine höhere Schule schicken, wenn diese ja später doch heiraten und Hausfrau sein würden. Auch meinen Eltern stellte sich diese Frage. Vielleicht wäre bei mehreren Brüdern (es gibt nur den 'Hoferben') anders entschieden worden. Aus ihrer heutigen Sicht würden meine Eltern zugunsten der Realschule entscheiden, da diese eher zu einem Beruf führt." (Hochschulreife 1982 - Studentin der Soziologie)

BIRGIT:

"So wurden auch meine Eltern des öfteren danach gefragt, warum ich das Gymnasium besuchte, obwohl ich später heiraten würde und somit die Bildung umsonst wäre."
(Hochschulreife 1983 - Studentin für das Lehramt Grundschule)

Übergang vom Gymnasium zur Hochschule

Diejenigen Absolventinnen, denen es trotz elterlicher Bedenken und Vorbehalten aus der Verwandt- und Bekanntschaft gelungen ist, zum Gymnasium zu wechseln und die Reifeprüfung abzulegen, treffen nun auf eine weitere hohe Bildungshürde: den Übergang vom Gymnasium auf eine Hochschule. Einige Eltern, die ihren Töchtern den Besuch des Gymnasiums noch gestatteten, lehnen nun ein Hochschulstudium mit der gleichen rigiden Begründung ab, mit der andere ihren Töchtern schon den Übergang in ein Gymnasium verweigert hatten: Nach einem so langen Schulbesuch sollte die Tochter möglichst rasch Geld verdienen, um bis zur Heirat eine Aussteuer beisammen zu haben.

ERIKA:

"Sie (die Großeltern, die Eltern waren verstorben, d. Vf.) hätten gewünscht, daß ich eine Bürolehre beginne, damit ich möglichst bald einen Beruf hätte, im Hinblick auf ihr fortgeschrittenes Alter. Mein Großvater väterlicherseits unterstützte meinen Wunsch, die Schule weiter zu besuchen und erklärte sich bereit, einen größeren Teil der Unterhaltskosten als bisher zu übernehmen. Als ich nach dem Abitur ein Studium aufnahm und dazu meine Heimatstadt verlassen mußte, erklärten meine Großeltern, sie würden mich in keiner Weise unterstützen, da ich diesen Weg gegen ihren Rat gehe

... Sie argumentierten, daß ein Mädchen doch heirate, die Aufwendungen für ein Studium also hinausgeworfen seien. Außerdem nehme kein Mann eine Frau ohne Aussteuer."
(Hochschulreife 1957 - Gymnasiallehrerin)

SABINE:

"Mein Abitur 1959 war mit einem Schnitt von 1,4 das beste der Schule, aber meine Eltern waren gegen ein Studium, vor allem gegen das Studium der Medizin, für das ich mir die Zulassung in F. hatte geben lassen. Mein Vater sagte, daß ich von ihm keinen Pfennig bekommen werde."
(Hochschulreife 1959 - Gymnasiallehrerin)

GESINE:

"Eigentlich wollte ich studieren, Deutsch, Journalistik, Sprachen. Lehrerin wollte ich eigentlich nie werden, zumal ich als typisches Einzelkind von recht ungastlichen Eltern viel mehr Beziehung zu Büchern hatte als zu Kindern. Aber da sagte mein Vater (meine Mutter hatte in dieser autoritär geführten Ehe keine Meinung zu vertreten): 'Ich bezahle Dir kein Studium, das dauert für ein Mädchen viel zu lange. Schließlich willst Du ja auch mal heiraten!'"
(Hochschulreife 1963 - Volksschullehrerin)

ANGELA:

"Für meine Eltern war es nicht leicht, mir das Studium zu ermöglichen. Mein Vater verdiente (als selbständiger Kaufmann) immer gerade ein bißchen zu viel, als daß ich irgendwelche Stipendien oder Zuschüsse in Anspruch hätte nehmen können. Es war für die Familie eine große Enttäuschung, daß mein Bruder zwar das Abitur gerade noch schaffte, ein angefangenes Jura-Studium aber sehr bald wieder aufgab. Damals war ich sehr entsetzt über eine Äußerung meiner Mutter: 'Wenn wir gewußt hätten, daß dein Bruder nicht studiert, hätten wir es dir auch nicht erlaubt.'"
(Hochschulreife 1964 - Gymnasiallehrerin)

STEFANIE:

"Mein Vater war der Meinung, daß eine Frau nicht studieren sollte, da sie sowie heiratet ... Während bei meinem Bruder klar war, daß er studiert, mußte ich allerdings für mein Studium kämpfen." (Hochschulreife 1969 - Studium an einer Technischen Universität)

HEIKE:

"Ich machte im März 1983 Abitur und entschied mich, zu studieren. Tiermedizin oder Lebensmitteltechnologie, möglichst weit von zu Hause entfernt (M.). Ein letztes Mal heftige Kämpfe mit der Mutter, welche noch heute die Meinung vertritt: 'eine Tochter gehört ins Haus, bis sie heiratet. Studium ist nutzlos.'" (Hochschulreife 1983 - Studentin der Philosophie)

Aufnahme eines mathematisch-naturwissenschaftlichen oder Medizin-Studiums

Setzen sich die Absolventinnen letztendlich mit ihrem Wunsch doch durch, ein Studium aufzunehmen, sind damit jedoch noch längst nicht alle Bedenken und Einwände aus ihrem sozialen Umfeld zerstreut oder ausgeräumt. Das gilt vornehmlich für die Aufnahme der vorwiegend Männern vorbehaltenen mathematisch-naturwissenschaftlichen Studiengänge oder eines Medizinstudiums, treffen sie doch hier vor allem in der Familie, Verwandt- und Bekanntschaft sowie bei Freunden auf große Vorbehalte, Unverständnis oder gar harten Widerstand. Häufig gelingt es auf diese Weise, Absolventinnen zu verunsichern und von ihrem ursprünglichen Studienwunsch abzubringen, etwa mit den lapidaren Hinweisen, eine Frau könne in dem gewählten Fach keine Karriere machen oder Mathematik sei einfach kein Studienfach für Frauen. Mit ins Spiel kommt oft der Einwand, daß junge Frauen jungen Männern nicht den Studienplatz streitig machen sollten, der für sie ohnehin nicht mehr bedeuten könne als eine Warteschleife auf dem Weg zur eigenen Familie. Unter solchen einengenden sozialen Voraussetzungen gelingt es nur sehr wenigen, hochmotivierten Absolventinnen, sich über derartig vorurteilbehaftete Rollenklischees hinwegzusetzen und den von ihnen gewählten Studiengang auch zum guten Abschluß zu bringen.

JUTTA:

"Vor der Aufnahme eines naturwissenschaftlichen Studiums - ich dachte an Chemie und Physik - wurde ich durch den Vater eines

Freundes, der im Vorstand eines Pharmazie-Unternehmens war, gewarnt. Als Frau bliebe man immer unten auf einem Laborarbeitsplatz mit Routineaufgaben hängen."
(Hochschulreife 1954 - Professorin für Soziologie)

RUTH:

"Als ich 1956 Abitur machte, wollte ich eigentlich Medizin studieren. Doch die Familie, dieses Mal auch mein Bruder, überzeugte mich davon, daß dieser Beruf zu 'schwer' für eine Frau sei (was immer sie darunter verstanden haben mögen). Also beschloß ich, Dolmetscherin zu werden. Die nächstgelegenen Dolmetscherinstitute waren damals in Heidelberg und Germersheim. Da mein Bruder jedoch in T. Chemie studierte, wurde ich auch dorthin geschickt, damit er auf mich 'aufpassen' konnte. Also studierte ich Romanistik und Anglistik und wurde Lehrerin, was ich zwar nie gewollt hatte, aber bis heute nie bereut habe."
(Hochschulreife 1956 - Gymnasiallehrerin)

UTE:

"Mein Wunsch als Mädchen Mathematik zu studieren, stieß bei meiner Umwelt auf Widerstand. Alle möglichen Leute versuchten mir und meinen Eltern klarzumachen, daß das nun wirklich kein Studienfach für Mädchen sei."
(Hochschulreife 1960 - Gymnasiallehrerin)

ANNEGRET:

"Bei den Schulfächern standen die naturwissenschaftlichen Fächer im Vordergrund, bezüglich der Berufswahl kamen sie für mich nie in Frage. Allerdings erinnere ich mich an ein Erlebnis einer Mitschülerin, die gerne Mathematik studieren wollte und von einer Berufsberaterin des Arbeitsamtes die Antwort bekam - sinngemäß: Ein Mädchen studiert nicht Mathematik. Elisabeth hat es tatsächlich auch nicht getan ..."
(Hochschulreife 1970 - wissenschaftliche Mitarbeiterin an der Universität)

GISLINDE:

"Technik, ja, die faszinierte mich auch schon immer, aber halt so eine zum Anfassen. Nicht die theoretische, bei der so viel Wert auf das Fach Physik gelegt wird. ... Also ließ ich mir die Unterlagen von der ZVS (Zentralstelle für die Vergabe von Studienplätzen, d. Vf.) kommen und schaute erst mal nach, was man so studieren konnte. Wie nun schon üblich, schickte ich die Bewerbungsunterlagen am letztmöglichen Tag zurück. Ich bewarb mich für Mathematik, mein Lieblingsfach, und Psychologie, das reizte mich und schaffte den erforderlichen Ausgleich. Aber wie konnte ich die beiden Fächer kombinieren? Keine Chance!, höchstens als Lehrer, und das war das einzigste, was ich ganz genau wußte: *Das* wollte ich *nie* werden! Davon hatte ich nun wirklich erstmal genug. ... [Meine] Schwester war wieder Schicksalsgehilfin des Zufalls. Sie hatte nach Beendigung ihrer Lehre auf dem Zweiten Bildungsweg die Fachhochschulreife nachgeholt und ein Chemiestudium begonnen. Allerdings war das dann irgendwie zu viel auf einmal, ihre Studienkollegen hatten alle weitaus mehr Vorkenntnisse. Sie wollte wechseln und fragte mich eines Tages, ob ich nicht mitfahren wollte zu einer Fachhochschule, die sie sich ansehen wollte. Gemacht. Es gab dort lediglich zwei Fachbereiche: 'Haushalts- und Ernährungstechnik' und 'Bekleidungstechnik'. Ich sah den Studienführer und fand's großartig. Schön vielseitig, nicht so einseitig ausgelegt. (Inzwischen hatte ich einige Mathe-Studenten kennengelernt, und ich war mir klar, daß ich sooo ein Fachidiot nicht werden wollte.) Ich bewarb mich für die Bekleidung, meine Schwester für die Haushalts- und Ernährungstechnik. Ich hatte nach zwei Wochen meinen Bescheid, sprich die Aufnahme ..." (Mittlere Reife 1972, Hochschulreife 1976 - selbständige Diplom-Ingenieurin für Bekleidungstechnik)

LAURA:

"Die Reaktionen von Freunden und Bekannten auf mein Medizinstudium waren unterschiedlich: Einige machten mir Mut und meinten, ich würde auch eine gute Ärztin abgeben ... andere meinten, die Mädchen sollten den Jungs nicht die Studienplätze wegnehmen, schließlich würden die Frauen ja doch im Haushalt landen." (Hochschulreife 1977 - Fachärztin für Gynäkologie)

Berufsvorstellungen

Betrachtet man die konkreten Berufsvorstellungen, die Eltern für ihre Töchter hegen, so fällt auf, daß sie fast alle klassische Frauenberufe im Dienstleistungsbereich im Blick haben; sie wünschen für ihre Töchter auf keinen Fall "Männerberufe". Vor allem Väter sind es, die nach dem Abitur ihren Töchtern zur Aufnahme einer Beamtenausbildung oder vor allem eines Lehramtsstudienganges raten, teils wegen der Ansicht, daß Frauen im Öffentlichen Dienst eher die Chance auf eine ihren Leistungen entsprechende Berufsposition haben als in der Wirtschaft, teils auch, weil sie hier die sichersten Arbeitsplätze sehen und ihnen genügend Freiraum für ein Familienleben bleibe.

TANJA:

> "Kein besonderer Berufswunsch, Vater meinte Zoll oder Post seien sicher, auch wenn ich nicht heiraten wollte ..."
> (Mittlere Reife 1959, Fachhochschulreife 1975 - Sozialarbeiterin, dann Magister in Pädagogik)

MAGDALENA:

> "Die Verlängerung der Schulzeit um ein Jahr schien nicht tragisch, weil danach unmittelbar beispielsweise die Möglichkeit einer Sekretärinnenlaufbahn bestand. Mein Berufsziel als Lehrerin hatte ich zwischenzeitlich zurückgesteckt auf das einer Handarbeitslehrerin, denn das schien mir auch mit der Realschule noch erreichbar. Nachdem es die lieben Erwachsenen geschafft hatten, mir auch dies noch auszureden, war die Zeit der echten Berufswahl bereits beträchtlich nahe gerückt."
> (Mittlere Reife 1971 - Beamtin im gehobenen Dienst)

JUTTA:

> "In Konflikt kam ich mit meinen Eltern, was meinen weiteren Bildungsweg betrifft, erst nach dem Abitur. So wichtig es für sie war, daß ich das Abitur machte, so sehr stemmten sie sich anfänglich gegen ein Studium. Ihnen schwebte vor (wobei es vermutlich immer mein Vater war, der Pläne hatte), daß ich in die sogenannte gehobene Beamtenlaufbahn einsteigen sollte oder aber eine Sekretärinnenausbildung haben sollte."
> (Hochschulreife 1954 - Professorin für Soziologie)

SABINE:

"Ich lernte Englisch und mein Vater wollte, daß ich später 'auf's Büro' gehen sollte."
(Hochschulreife 1959 - Gymnasiallehrerin)

ESTHER:

"Ich war noch Kind als er (der Vater, d. Vf.) mir sagte: 'Kind, du hast was im Kopfe - aber das wird dir in der Wirtschaft nie was helfen. Da kannst du fünfmal so gut sein wie die Männer, dann wird man dir das zum Vorwurf machen.' Er sagte, lediglich in seinen beruflichen Kontakten zu staatlichen Stellen hätte er festgestellt, daß dort auch Frauen nach Leistung zu besseren Jobs zugelassen würden. Also: 'Geh zum Staat. Dort wirst du nicht diskriminiert.' So ergab sich, daß ich nicht so wie mein ältester Bruder (der inzwischen im Vorstand einer der zehn größten Deutschen Banken sitzt und dem Geld schrecklich wichtig ist) Betriebswirtschaft studierte. Als Junge hätte ich sicher aus Karrieregründen BWL (Betriebswirtschaftslehre, d. Vf.), VWL (Volkswirtschaftslehre, d. Vf.) und dazu Jura studiert. Da es meinen Eltern ökonomisch gut ging, wurde mir explizit gesagt, ich könnte studieren, was ich wollte. Verwertungsgesichtspunkte spielten keine Rolle. Ich hätte also irgendein Orchideen-Fach machen können. Für meine Eltern war die Soziologie das natürlich auch. (Beleidigend für mich, daß mein Vater mir einmal anbot, das Geld fürs Studium zu sparen und in die Praxis oder was immer meines evtl. künftigen Mannes einzubringen. Schlimm!)."
(Hochschulreife 1959 - promovierte Gymnasiallehrerin)

NORA:

"Außerdem hatte meine Mutter für mich schon den Beruf der Berufsschullehrerin im Auge, kannte sie doch einige Lehrerinnen, die ihrer Meinung nach ein geordnetes Leben 'ohne Mann' führen konnten. Sie beeinflußte dadurch meine Berufswahl ganz entscheidend."
(Hochschulreife 1961 - Berufsschullehrerin)

DORIS:

"Mein Vater hätte es ganz gerne gesehen, wenn ich eine Ausbildung als Inspektorin in der Verwaltung gemacht hätte, da hätte er mir sicher auch einen Platz vermitteln können, aber das wollte ich nicht."
(Hochschulreife 1967 - wissenschaftliche Mitarbeiterin an der Universität)

REGINA:

"Nach der mittleren Reife und vor allem nach dem Abitur war es der größte Wunsch meines konservativen und traditionell eingestellten Vaters, daß ich einen kaufmännischen Beruf erlerne, und er riet mir immer wieder von einer längeren (durch Studium bedingten) Ausbildung ab, die für eine Frau sowieso unrentabel sei, weil diese früher oder später doch heiratet und zu Hause Kinder hütet."
(Hochschulreife 1976 - wissenschaftliche Mitarbeiterin in einem Forschungsinstitut)

LAURA:

"Mein Vater meinte, ich solle Lehrerin werden, das wollte ich dann auch lange Jahre."
(Hochschulreife 1977 - Fachärztin für Gynäkologie)

HEIKE:

"Meine Mutter hätte mich nach dieser Zeit (Realschule, d. Vf.) gerne in Büro oder Vorzimmerberufen gesehen. So besuchte ich dann auch Stenographie- und Schreibmaschinenkurse ..."
(Hochschulreife 1983 - Studentin der Philosophie)

2. Resümee und Bewertung

Betrachtet man die Schilderungen der Real- und Gymnasialschulabsolventinnen zu ihrer familialen Lebenssituation und den Bildungsbarrieren, die sie selbst zu Hause wahrgenommen haben, so werden folgende Spannungsfelder deutlich:

Die Familie wird fraglos als "weibliche Domäne" angesehen. Mädchen werden hier schon früh weit mehr als Jungen gleichsam nebenher dazu angehalten, sich in Haushalt und Familie aufzuhalten und einen Teil der Arbeit zu verrichten; sie werden von ihrer Mutter darin angelernt. Den althergebrachten elterlichen Arbeits- und Rollenvorstellungen und den damit verbundenen geschlechtstypischen Bildungseinstellungen kommt dabei ein bedeutendes Gewicht für die Bildungspläne ihrer Töchter zu. Das zeigt sich vor allem bei der Schulwahl und dem Nutzen, den Eltern sich davon für den weiteren Lebensweg ihrer Töchter und Söhne versprechen. Sie orientieren sich hierbei im allgemeinen immer noch an herkömmlichen Geschlechtsrollenleitbildern, von denen sie voraussetzen, daß ihre Töchter und Söhne sie fraglos übernehmen werden. Bei einem Sohn wird dem zukünftigen Berufserfolg ein deutlich höherer Wert beigemessen, weil er schließlich eine Familie zu versorgen hat. Für eine Tochter wird Berufstätigkeit eher als Übergangsphase bis zur Mutterschaft oder als parallele Tätigkeit zur Haushalts- und Kinderversorgung und deshalb als nicht zentral angesehen.

Eine hohe Investition in die Ausbildung scheint daher nicht notwendig. Entsprechend bescheidener fallen demnach auch die Ziele der Eltern für den Bildungsweg ihrer Töchter aus: Eine höhere Schul- und Berufsausbildung oder gar ein Studium nimmt in den Augen vieler Eltern für Töchter einen deutlich geringeren Stellenwert ein als für Söhne. Als zentraler Lebens- und Aufgabenbereich wird für Töchter nach wie vor die Familie gesehen, eine dauerhafte, qualifizierte Berufsausbildung für sie kaum als erstrebenswertes Ziel des weiterführenden Bildungsweges betrachtet. Auch eine mögliche flexiblere Rollengestaltung in der Familie oder Absprachen, die die Vereinbarkeit von Familie und Beruf erlauben, werden von Eltern vielfach überhaupt nicht erst ins Kalkül gezogen oder strikt abgelehnt.

Darüber hinaus machen Absolventinnen im Zusammenhang mit der althergebrachten Rollenverteilung im Haushalt auf geschlechtstypische Erziehungsleitbilder bereits in frühester Kindheit aufmerksam, wo zumeist den Brüdern Spielzeug angeboten wird, das Kreativität und Forscherdrang weckt, wohingegen sie mit Dingen bedacht werden, die überwiegend der Vorbereitung auf ihre zukünftige Hausfrauen- und Mutterrolle dienen. Oftmals wird bereits dadurch der Bildungsweg negativ beeinflußt, und selbst leistungsstarken und motivierten Töchtern fällt es äußerst schwer, sich mit ihren persönlichen Bildungswünschen gegen die Meinung der Eltern, häufig sogar auch noch gegen Verwandte oder Bekannte, durchzusetzen, deren Reaktionen sich zwischen Verwunderung und unverhohlener Ablehnung bewegen. Sie sind häufig der Ansicht, daß eine mittlere Schul- und Berufsausbildung für Mädchen ausreicht und der Besuch eines Gymnasiums oder gar noch ein Studium reine Zeit- und Geldverschwendung sei. Ein mittlerer Schulabschluß genüge, dem Ehemann eine gebildete Gattin zu sein und die Zeit bis zur Heirat gewinnbringend dazu zu nutzen, für ihre Aussteuer vorzusorgen. Sie könne sogar ein Zubrot verdienen, falls es zu finanziellen Engpässen oder sozialen Schwierigkeiten in der Ehe komme. Ihre Hauptaufgabe liege jedoch selbstverständlich in der Haushaltsführung und Kindererziehung.

Es sind mithin vornehmlich die Eltern, die durch ihre bewußt oder unbewußt ablehnende Einstellung und Haltung den Absolventinnen hohe Bildungshürden in den Weg stellen. Verstärkt wird dieser Einfluß im sozialen Umfeld und in anderen gesellschaftlichen Bereichen des privaten und öffentlichen Lebens, wo nach wie vor überkommene Leitbilder der gesellschaftlichen Rolle von Frauen und Männern vermittelt werden, die in ihrer Einseitigkeit weit hinter dem zurückbleiben, was bereits rechtlich durchgesetzt und was gesellschaftspolitisch geboten ist. Mit anderen Worten: Das Interaktionsfeld Familie

> "stellt also beträchtliche expressive Mittel zur Verfügung, und auf dieses Feld richten sich natürlich auch die Erziehung und die Glaubensvorstellungen der Beteiligten. Genau hier, in der Organisation der unmittelbaren Interaktion, kommen die Geschlechtsklassen spürbar zum Vorschein, denn hier können die Auffassungen über geschlechtsklassengebundene Dominanz als ein Mittel zur Entscheidung darüber eingesetzt werden, wer entscheiden darf, wer führt und wer folgt. Einmal mehr bieten die Szenerien weniger die Möglichkeit zum Ausdruck natürlicher Unterschiede, als vielmehr zur Erzeugung dieses Unterschieds als solchem."[52]

Deshalb stellt sich nunmehr die Frage, welche schulischen Vorgaben und Mechanismen den Bildungsweg der Absolventinnen beeinflussen und welche Rolle insbesondere Lehrerinnen und Lehrer für die Reproduktion von Geschlechtsrollenstereotypen spielen.

3. Bedeutung der Schule

Mädchen und Jungen haben schon zu Schulbeginn "die Grundqualifikationen des Rollenhandelns und die Grundstrukturen der Ich-Identität weitgehend aufgebaut."[53] Zu dieser Grundausstattung gehört auch die abgeschlossene Geschlechtsidentifikation und die Fähigkeit, Geschlechtsrollenstereotype auf sich selbst und andere anzuwenden, wenn es die Situation erfordert. Dafür hat vor allem die

52 Goffman 1994, S. 148.

53 Mühlbauer 1980, S. 316.

Erziehung in der Familie gesorgt.[54] Eine ursächliche Rolle spielen Schulen daher bei der Zuschreibung und Vermittlung von Geschlechtsrollenstereotypen keineswegs; allenfalls kommt ihnen eine Unterstützer- und Verstärkerfunktion zu. Diese im Hinblick auf die herkömmlichen Geschlechtsrollenausprägungen genauer zu erfassen, bildet eine entscheidende Voraussetzung dafür, Einblicke in die vielfältigen unterstützenden und verstärkenden schulischen Mechanismen geschlechtstypischer Orientierungen zu gewinnen. Hierbei kommt insbesondere der Frage, welches qualitative Gewicht speziell weiterführende Schulen in diesem Zusammenhang spielen, eine große Bedeutung zu.

Bereits der Schuleintritt, dem viele mit Herzklopfen entgegensehen, immer aber Beginn eines eminent wichtigen Lebensabschnittes, war häufig für Absolventinnen der Startschuß zu einem mehr oder weniger langen und harten Hürdenlauf. Bis in die siebziger Jahre hinein haben sie schon in den ersten Klassen der Grundschule vielfach die bedrückende Erfahrung machen müssen[55], daß auch hier schon Unterschiede im Unterricht offenkundig werden zwischen ihnen und ihren Mitschülern, bei denen im allgemeinen Mädchen sozial benachteiligt werden: Während zum Beispiel Jungen Sport- oder Werkunterricht bekommen, singen Mädchen im Chor oder erhalten Handarbeitsunterricht.

Überdies stellen einige Absolventinnen bereits am Beginn ihrer Schullaufbahn fest, daß sogar vereinzelt Lehrer persönliche Vorurteile hegen, denen zufolge sie Mädchen allgemein einfach "weniger zutrauen" als Jungen. Je länger der Schulbesuch dauert, um so häufiger und schwerwiegender fühlen sich viele Absolventinnen nicht gerecht behandelt. Das mag einerseits daran liegen, daß die Erinnerung an die Zeit nach der Grundschule noch deutlicher im Bewußtsein ist, auch weil Benachteiligungen dann schwerer wiegen, andererseits birgt die weiterführende Schule mit der größeren Anzahl an Lehrkräften und dem breiteren Fächerangebot, neben der längeren Schulbesuchsdauer, mehr Ansatzpunkte für Kritik als die Grundschule.

Wahl der weiterführenden Schule

Ist erst einmal die grundsätzliche Entscheidung für den Besuch einer weiterführenden Schule gefallen, so muß dann die konkrete Schulwahl getroffen werden. In ländlichen Gebieten und kleineren Städten entfällt dieses Problem zu-

---

54 Vgl. Fend 1974a,b, 1990a, 1991, Lochmann 1974a, Hurrelmann 1975, 1976, 1985, Rodax und Spitz 1978, 1982, 1984, Schultz 1979a,b, Kürthy 1978a,b, Bilden 1980, 1985, Vaskovics 1982, Hagemann-White 1984, Ulich 1993.

55 Darauf wird an dieser Stelle mit Zitaten nicht weiter eingegangen.

meist, weil es hier nur eine weiterführende Schule, Realschule oder Gymnasium, in erreichbarer Nähe des Wohnorts gibt. Wo jedoch die Möglichkeit der Wahl besteht, wird diese unter verschiedenen Gesichtspunkten getroffen, wobei vornehmlich geschlechtstypische immer auch eine zentrale Rolle mitspielen: In einigen Fällen erfolgt sie schon im Hinblick auf eine bestimmte spätere Berufstätigkeit, wobei zum Teil für die Eltern bereits konkrete Berufsvorstellungen im Hintergrund stehen. Besonders christlich einstellte Eltern sehen zudem ihre Töchter gern wohlbehütet und in ihrem Sinne traditionell erzogen und lassen sie deshalb nach Möglichkeit in eine - meist konfessionelle - Mädchenschule überwechseln. Oft setzt sich mit dem Besuch einer bestimmten Schule eine geschlechtstypische Familientradition fort; manchmal gibt ebenso Prestigedenken den Ausschlag.

MIRA:

> "Im Hinblick auf seine Begabung wäre das Mädchen in einem musischen Gymnasium besser am Platze gewesen als im Städtischen Realgymnasium. Auch wäre eine durch einen Internatsaufenthalt bedingte Befreiung aus der einengenden Sozialisation durch Mutter und Stiefvater für seine Persönlichkeitsentwicklung förderlicher gewesen. Aber soviel Aufwand sollte und konnte mit dem Mädchen nicht getrieben werden. Diese Haltung entsprach allerdings auch dem Haupttrend der allgemeinen Einstellung in der Kleinstadt: Von den ca. dreißig Mädchen in Miras Klasse, welche die 6. Klasse der 'Städtischen Oberrealschule' absolviert, also die 'Mittlere Reife' erworben hatten, blieben nur sechs bis sieben Mädchen weiter an der Schule, um das Abitur zu machen. Ihre Entscheidung wurde von den ehemaligen Mitschülerinnen mit Unverständnis und Bedauern kommentiert: Die Möglichkeit, schon Geld zu verdienen, freie Abende und Wochenenden und bessere Heiratsaussichten wurden dem knappen Taschengeld und den 'durchlernten' Abenden und Wochenenden der dem Abitur zustrebenden Gymnasiastinnen gegenübergestellt, die 'irgendwann' ja doch heiraten' würden."
> (Hochschulreife 1952 - Gymnasiallehrerin)

KATJA:

> "Wegen einer später zu erwartenden Tätigkeit im Büro wurde ich in den Kaufmännischen Zweig (der Realschule, d. Vf.) geschickt."
> (Mittlere Reife 1964, Hochschulreife 1969 - promoviert in Psychologie)

MARIA:

> "Ich wurde damals auf ein Mädchengymnasium geschickt mit der Begründung: 'Die Schwestern dort kümmern sich besser um ihre Schülerinnen als die Lehrer des staatlichen Gymnasiums.' (Es gibt in S. ein solches!) 'Da brauchst Du Dich nicht mit Jungs herumzuärgern (Erfahrungen in der Grundschule hatten gezeigt, daß ich in den Pausen nicht mit den Angriffen älterer Jungs umgehen konnte.) 'Es gehen sowieso nur Jungs aufs staatliche Gymnasium' (Mit anderen Worten: bei denen hast Du nichts verloren). Objektiv gesehen muß ich hinzufügen, daß aus meinem Grundschuljahrgang nur 3 Mädchen den Sprung ans staatliche Gymnasium wagten; zwei davon wechselten zu einem späteren Zeitpunkt ans Mädchengymnasium mit der Begründung, die andere Schule sei zu 'hart'). 'Das schaffst Du gesundheitlich nicht' (damals war ich häufig krank! Man ging davon aus, daß man in einer Mädchenschule darauf eher Rücksicht nehmen würde)."
> (Hochschulreife 1970 - Gymnasiallehrerin)

HEIDRUN:

> "Am Ende des 4. Schuljahres wurden 2 Mädchen und 7 Jungen von ihren Eltern auf weiterführende Schulen geschickt: darunter auch Jungen, die keineswegs zu den guten Schülern gehörten, während auch begabte Mädchen nicht weiter ermutigt wurden."
> (Hochschulreife 1972 - wissenschaftliche Mitarbeiterin in einem Forschungsinstitut)

Besonderheiten in Mädchenschulen

Wechseln Absolventinnen nach der Grundschule in Mädchenrealschulen oder Mädchengymnasien, so ergeben sich daraus oftmals einige Besonderheiten. An konfessionellen - vielfach katholischen - Mädchenschulen wird der Unterricht beinahe ausschließlich von Lehrerinnen, häufig von Klosterschwestern, erteilt; sie achten im allgemeinen sehr darauf, daß zielstrebig auf den Schul- beziehungsweise Hochschulabschluß hin gearbeitet wird. Der großen Beachtung und Pflege weiblicher Rollentugenden und der Formung eines traditionellen Frauenbildes wird dabei gleichwohl großes Gewicht beigemessen. Selbst auf ganz persönliche Belange, wie etwa Kleidung, Haartracht und Körperhaltung, wird lenkend Einfluß genommen, was einige Absolventinnen als einengend und diskriminierend empfinden. Dankbarkeit, die von der einen oder anderen Absolventin über die strenge konventionelle Erziehung geäußert wird, die sie an einer Mädchenschule genossen haben, bezieht sich nicht auf den "lebendigen Unterricht" und das hier vermittelte Fachwissen, sondern durchweg auf das Setzen von Maßstäben und die Bildung des Charakters.

Allerdings wird durch die Trennung von Jungen im Schulalltag ein nicht unwesentlicher Bereich der sozialen Wirklichkeit ausgeblendet, was zumindest im nachhinein viele Absolventinnen sehr kritisch einschätzen, fühlen sie sich doch dadurch um wichtige Erfahrungen betrogen, die ihnen im Hinblick auf die spätere Konkurrenz mit Männern in der Berufsausbildung und im späteren Berufsleben sehr nützlich gewesen wären. Eingeschränkte Wahlmöglichkeiten im Fächerangebot und ein Unterricht mit vergleichsweise niedrigem Anspruchsniveau, besonders in den mathematisch-naturwissenschaftlichen Fächern, werden als häufigste Kritikpunkte genannt.[56] Folglich sehen Absolventinnen den Unterricht und die Abschlüsse an den Mädchenschulen gegenüber denen an staatlichen (Jungen-)Schulen vielfach als schlechter an.

HERMA:

> "Der Name Mädchenrealschule der Englischen Fräulein drückt bereits vielerlei aus:
> 1) reine Mädchenklassen
> 2) katholische Erziehungsgrundsätze (Anstand, Tugenden etc.)
> 3) überwiegend Klosterschwestern als Lehrerinnen
> Meine Meinung zu Punkt 1: Aufgrund meiner jetzigen eigenen Schulerfahrungen würde ich mehr für gemischte Klassen tendieren, denn abgesehen einiger Ausnahmen fördert es das Lernverhalten und die Einstellung Jungen gegenüber.
> Zu Punkt 2: Zwar möchte man als heranwachsender Jugendlicher die Ketten der etwas strengen Erziehung sprengen, aber im Nachhinein bin ich über diese Ausbildung froh. Zum Bewältigen des Lebens ist es nun mal wichtig, Maßstäbe zu setzen und Charakter zu bilden!"
> (Mittlere Reife 1976, Fachakademie 1980 - Fachlehrerin für Handarbeit und Hauswirtschaft)

56 Vgl. Faulstich-Wieland und Horstkemper 1995.

ADELHEID:

"Rückblickend würde ich sagen, und dies auch auf der Grundlage meiner Kenntnisse über weibliche Sozialisation, geschlechtsspezifische Barrieren etc., etc., daß der Typus des reinen Mädchengymnasiums sicherlich ein Schonraum gewesen ist. Neuere Untersuchungen über amerikanische Frauencolleges beweisen dies auch. Wir wurden durchaus als denkende Persönlichkeiten behandelt, insbesondere von Seiten unserer weiblichen Lehrerinnen, die ja in der Mehrzahl waren. Daß diese allerdings auch sehr stark von dem traditionellen Frauenbild geleitet waren, dessen Ziel, trotz ihrer eigenen Ehelosigkeit und Berufstätigkeit, wohl doch Ehe und Familie waren, ist wahrscheinlich Bestandteil des 'hidden curriculum' gewesen."
(Hochschulreife 1960 - promoviert, Führungsposition in einem großen internationalen Konferenzzentrum)

BETTINA:

"Was meine Gymnasialzeit betrifft, so wurde von den Lehrern (in der Mehrzahl Nonnen oder unverheirateten Frauen), schon erwartet, daß wir zielstrebig arbeiteten und nach dem Abitur die Universität oder die PH (Pädagogische Hochschule, d. Vf.) besuchten, aber andererseits stand die 'frauliche Frau', die sich unterordnende Mutter im Vordergrund. Die Probleme der Verbindung von Beruf und Familie, der Widerspruch zwischen Berufstätigkeit und Unterordnung wurden nicht gesehen, emanzipatorische Themen spielten keine Rolle. Im Deutschunterricht wurden u. a. Gertrud von le Fort gelesen: "Das Schweißtuch der Veronika", "Der Kranz der Engel". Man stelle sich das in einer Jungenklasse vor! Das Angebot in den Naturwissenschaften lag unter dem Minimum (hier herrschte auch beständig Lehrermangel wie in den musischen Fächern). Abwahlmöglichkeiten gab es nicht. Man hatte als Mädchen in P. nur die Möglichkeit des Besuches eben eines neusprachlichen Zweiges oder eines hauswirtschaftlichen (Puddingabitur mit eingeschränkter Hochschulreife - PH) an dem zweiten Mädchengymnasium dieser Stadt, obgleich die Stadt zu meiner Zeit 4 Gymnasien hatte. Als Junge hätte man hier wenigsten zwischen einem neusprachlichen, einem altsprachlichen und einem naturwissenschaftlichen Zweig wählen können.
(Hochschulreife 1960 - Gesamtschullehrerin)

ELISABETH:

"Was mir immer aufgefallen ist, war der unterschiedliche Stellenwert der Beurteilung des 'Wohlverhaltens' (Betragensnote). Die Toleranz in Jungenschulen war wesentlich höher (Zubilligung von Jungenstreichen, in Mädchenschulen waren 'Verfehlungen' dieser Art sittlich sehr bedenklich und wurden dementsprechend streng behandelt). Sehr auffällig wurde dies zur Tanzstundenzeit. Abgesehen von 'Moralpredigten' in Mädchenklassen zogen rotlackierte Fingernägel und sogar Hosen bei etlichen Lehrern Schikanen nach sich (fairerweise muß ich sagen: bei Lehrerinnen), während bei Jungen lange Haare und kunterbunte Kleidung als selbstverständliche pubertäre Erscheinungen toleriert wurden."
(Hochschulreife 1967 - wissenschaftliche Mitarbeiterin an der Universität)

MARIA:

"Wir wurden in einer religiösen und moralischen Treibhausatmosphäre gehalten, was den meisten meiner Klassenkameradinnen und mir beim Eintritt ins 'Leben' noch erhebliche Schwierigkeiten bereiten sollte."
(Hochschulreife 1970 - Gymnasiallehrerin)

HEIDRUN:

"Das Image dieser Schule als reiner Mädchenschule war zu dieser Zeit jedoch noch stark geprägt von der Möglichkeit, dort ein hauswirtschaftliches Abitur zu machen, wobei die Mädchen mehr Kochen als Mathematik und Fremdsprachen lernten. Dem Vergleich mit dem naturwissenschaftlichen und altphilologischen Zweig des staatlichen Gymnasiums am Ort hielt selbst vom Image her nicht einmal das neusprachliche Vollabitur dieser Mädchenschule stand."
(Hochschulreife 1972 - wissenschaftliche Mitarbeiterin an der Universität)

WILMA:

"Hier am Mädchengymnasium wurde mir sehr deutlich bewußt, wieviel schlechter unsere Ausbildung im Vergleich zum Jungengymnasium war. Alle naturwissenschaftlichen Fächer waren nach

der 10. Klasse beendet, uns wurden lediglich Sprachen, Geschichte, Erdkunde, Kunst und Musik und natürlich Hauswirtschaft mit ins 'Leben' gegeben. So stand ich nach dem Abitur ganz ratlos da und hatte das Gefühl, daß mich die Schule lediglich auf den Beruf des Dolmetschers oder Lehrers vorbereitet hatte."
(Mittlere Reife 1971, Hochschulreife 1974 - Grundschullehrerin)

THERESE:

"Jedoch denke ich, daß die Ansprüche an uns Mädchen unverhältnismäßig hoch waren. Uns wurde selten eine halbe Note geschenkt. Obwohl viele von uns ein Numerus-clausus-Fach studieren wollten, drückten unsere Lehrer durchweg den Notendurchschnitt, was vielen von uns die ganze Berufslaufbahn verbaut hat. Ich weiß von anderen Schulen (v. a. von Jungenschulen), daß dort die Lehrer wesentlich mehr Solidarität mit den Schülern zeigten. Besonders lähmend war auch die uns von verschiedenen Seiten mehr oder minder deutlich suggerierte Erwartung, wir würden ja doch heiraten und eine anschließende längere Berufsausbildung lohne sich letzten Endes nicht."
(Hochschulreife 1978 - Diplomsoziologin)

GUDRUN:

"Besonders die Klösterschwestern in diesem Hause versuchten uns Anstand und Sitte beizubringen. Wir lernten die richtige Art anzuklopfen, sich die Hände zu schütteln, auch lernten wir, daß es ungezogen sei, auf den Gängen des Klosters zu pfeifen oder Pausetüten zu zerplatzen und daß es unsittlich sei, die Beine übereinanderzuschlagen oder sogar eine kurze Hose zu tragen. Auch wenn sich das ganze ein wenig ironisch anhört, ehrlich gesagt, einige Belehrungen waren sicherlich angebracht, gerechtfertigt und lehrreich. Mir fiel auf, daß Mädchen in unserer Schule, die höflich, gut gekleidet, aufmerksam und interessiert waren, die Tendenz hatten, bessere Leistungen zu erbringen (eigentlich logische Folgerung) und bei den Schwestern besser angesehen waren."
(Hochschulreife 1985 - Studentin der Religionspädagogik)

Besonderheiten in koedukativen Schulen

Erstaunt eine geschlechtstypische Rollenerziehung vornehmlich in katholischen Mädchenrealschulen und -gymnasien im allgemeinen nicht sehr, gehört sie doch hier gewissermaßen zum "Programm"[57], so fällt sie in koedukativ geführten Realschulen und Gymnasien durchweg unangenehm auf, zumal hier ständig Vergleichsmöglichkeiten des Unterrichtsverhaltens von Lehrerinnen und Lehrern gegenüber Schülern und Schülerinnen besteht. So beklagen sich viele Absolventinnen sehr darüber, von ihren Lehrerinnen und Lehren im Unterricht häufig nicht ernst genug genommen und diskriminiert worden zu sein. Daß hier oftmals - unbewußt oder bewußt - herkömmliche Geschlechtsrollenzuweisungen mit ins Spiel kommen, wird von einigen von ihnen durchaus gesehen. Dabei ist nicht nur ausschlaggebend, daß Schülerinnen weniger beachtet werden als ihre Mitschüler, sondern auch, in welcher Weise von ihnen überhaupt eigenständige Beiträge im Unterricht erwartet werden.

Besonders drastisch zeigt sich das in den Augen vieler Absolventinnen an traditionell bestimmten Einstellungen und Verhaltensweisen vor allem von Lehrern im mathematisch-naturwissenschaftlichen Unterricht. Sie trauen Schülerinnen im allgemeinen gerade hier viel weniger Leistung zu als deren Mitschülern, und diese Erwartungshaltung beeinflußt sowohl das Unterrichtsgeschehen als auch die zum Teil widersprüchliche Zensurengebung. Die Kritik daran und die Vehemenz, mit der sie vorgebracht wird, ist indes sehr unterschiedlich ausgeprägt: Einige geben lediglich ihren vagen Eindruck wieder, daß Mitschülern einfach mehr zugetraut werde, andere berichten von konkreten Äußerungen und Handlungen von Lehrern, durch die sie sich sehr bedrängt und auf eine überkommene Frauenrolle festgelegt fühlten.

HANNELORE:

> "Konkrete Erlebnisse aus der Realschulzeit sind mir nicht mehr gegenwärtig, wenn auch ein vages Gefühl, daß den Jungen 'mehr zugetraut' wurde, besonders in Fächern wie Mathe und Physik."
> (Mittlere Reife 1967, Frauenfachschule 1970 - Sozialarbeiterin bis zur Geburt ihres ersten Kindes)

---

57 Vgl. Emmerich 1981, Dikow 1986.

GRETEL:

"Am humanistischen Gymnasium gab es damals nur für Turnen und Handarbeit Damen, 1949 kamen in Mathe und Geschichte 2 dazu. In der Schulzeitung schrieb ich 1950 mal 'nen Artikel: ululatus feminarum:
1) Mädchen turnen immer nachmittags
2) Mädchen (da nur etwa 5 in jeder Klassenstufe, also etwa 50 an der ganzen Schule) mußten bei etwas gesanglicher Begabung im Mädchenchor, Kirchenchor, gemischten Chor singen. Und wir wollten *lieber* in Technisches Zeichen und Hebräisch. Sic. Größte Beleidigung durch einen Lehrer: Klasse 10, Griechisch: 'Wenn Sie zu blöde sind, Griechisch zu lernen, gehen Sie heim und helfen Sie Ihrer Mutter Kaffee kochen.' Ich heulte *nicht*, wurde aber zunehmend besser; denn genau das, Kaffeekochen, wollte ich nicht."
(Hochschulreife 1951 - Gymnasiallehrerin)

IRENE:

"Auf dem Progymnasium äußerte sich nur ein Lehrer - er unterrichtete die Fächer Englisch und Geschichte - diskriminierend über die intellektuellen Fähigkeiten weiblicher Wesen. Da er aber von den geistigen Fähigkeiten der Schüler allgemein nicht viel hielt, blieb diese Meinungsäußerung ohne tiefere Wirkung auf die Schülerinnen."
(Hochschulreife 1960 - Gymnasiallehrerin)

GERTRUD:

"Weiter, die Mittelstufe erreichend, machte ich eine ausgleichende Erfahrung, dort wurde ich von einem Lehrer unterrichtet, der 'typische' Mädchen von der Natur aus für minder intelligent hielt, für unfähig, ein normales Gymnasium mit Erfolg zu besuchen. Entsprechend war seine Benotung, bei der ich günstig abschnitt, alles natürlich in gewissen Grenzen der wirklichen Leistungen, wo zum Beispiel mündliche Beteiligung absolut willkürlich beurteilt wurde."
(Hochschulreife 1978 - Kinderkrankenschwester)

ANGELIKA:

"Ich glaube, daß uns Mädchen damals das besondere Wohlwollen der Lehrerin gegolten hat, da wir leichter zu lenken waren, eher die in uns gesetzten Erwartungen erfüllten als die Jungen, die nicht so gehorsam und teilweise auch mit Strafarbeiten nicht zu bändigen waren. Zudem ist es gewiß eine positive Verstärkung unseres angepaßten, braven Verhaltens gewesen, Vorbild zu sein. So wurden im Laufe der Schulzeit die Schranken zwischen Mädchen und Jungen, die ich früher, bei Spielen nie festgestellt hatte, gebildet und erhöhten sich ständig."
(Hochschulreife 1983 - Studentin der Psychologie)

JUDITH:

"Diskriminierungen? Sehr subtil. Kleine und kleinste Zwischenbemerkungen der Pauker, wieso Mädchen Informatik machen wollten und so weiter ..."
(Hochschulreife 1984 - Studentin der Linguistik, Germanistik und Psychologie)

RITA:

"Besonders unser Biologielehrer in der 12. und 13. Klasse diskriminierte die Mädchen sehr, zum Beispiel, indem er anzügliche Bemerkungen machte, den Mädchen weniger Leistung zutraute und ihnen grundsätzlich die schlechteren mündlichen Noten gab. Ich haßte diesen Lehrer sehr, war jedoch gezwungen, durch meine Fächerkombination Biologie als 3. Prüfungsfach in der Abiturprüfung zu nehmen. Meine Kritik und meinen Widerstand, die ich diesem Lehrer entgegenbrachte, zahlte sich mit sehr schlechten mündlichen und schriftlichen Noten und damit mit einer miserablen Abiturmeldenote aus, so daß ich befürchten mußte, in Biologie durchzufallen."
(Hochschulreife 1984 - Studentin der Politikwissenschaft und Soziologie)

GUDRUN:

"In der 5./6. Klasse bekamen wir das Gegenteil von diesem Lehrer in Form einer Lehrerin. Für sie, eine Dame in ihrer reinsten Form, war Sauberkeit und Ordentlichkeit oberstes Gebot. Eine logische

Folge daraus war, daß sie besonders uns Mädchen lieber hatte. Wir konnten schöner schreiben, machten weniger Tintenkleckse und hatten meist sauber geputzte Fingernägel im Gegensatz zu unseren Jungen. Diese wurden vielleicht in diesen beiden Jahren ein wenig diskriminiert, was ihnen aber meiner Meinung nach gewiß nicht schadete."
(Hochschulreife 1985 - Studentin der Religionspädagogik)

JULIA:

"Mit Unterdrückungsmechanismen meine ich hier z. B. ganz generell den Versuch, Mädchen in den Rahmen einer künftigen Hausfrau und Mutter zu pressen durch sexistische Äußerungen wie 'Du kaust wie 'ne alte Kuh und bist doch ein junges Kalb!', durch das Eintrichtern von Rollenklischees durch entsprechende Beispiele in Schulbüchern - kochende, putzende, wäschewaschende Mädchen in meiner Fibel -, durch eine bewußte Reduzierung von Mädchen auf brave, höfliche, ordentliche, fleißige Schülerinnen, aber nicht Förderung von Kreativität bis hin zu einer eindeutigen Bevorzugung der Jungen in Fächern wie Physik oder Informatik - Mädchen brauchen sowas nicht zu wissen, weil sie ja doch heiraten."
(Hochschulreife 1985 - Studentin der Romanistik und Soziologie)

Mathematik und Naturwissenschaft als "Jungendomäne"

Am ausgeprägtesten ist die unterschiedliche Berücksichtigung der Neigungen von Schülerinnen und Schülern natürlich in den mathematisch-naturwissenschaftlichen Fächern, die herkömmlicherweise als männliches Terrain betrachtet werden. Hier massieren sich die Probleme und tauchen auch vermehrt krasse Vorurteile von Lehrern auf, die Schülerinnen für schlichtweg unbegabt halten. Sind die Absolventinnen zudem vom Elternhaus her schon mit entsprechenden Ansichten vertraut, zeigen sie in aller Regel wenig Interesse, und ihre Leistungen sind hier auch erwartungsgemäß schwach ausgeprägt. Es fällt ihnen ohne jegliches Vorbild äußerst schwer, das Prokrustesbett von Konvention und tiefverwurzeltem Vorurteil aufzubrechen.

Das Problem der "männlichen" Fächerreviere im mathematisch-naturwissenschaftlichen Bereich und seine Auswirkungen im Lauf der Gymnasialschulzeit wird dabei sehr sensibel wahrgenommen und ausführlich von den Absolventinnen geschildert, und sie benennen hierfür zugleich auch einige gewichtige Gründe: Unterschiedliche Lehrangebote für Mädchen und Jungen schon in den ersten Schuljahren und mangelnde Förderung von naturwissenschaftlichem Interesse zu Hause, zum Beispiel durch ein geschlechtstypisches Spielzeugangebot, lassen bei Mädchen von vornherein Defizite entstehen, die auszugleichen ihnen in den weiterführenden Schulen häufig der Mut und die Motivation fehlen. Die offenen Vorurteile, die von vielen Lehrern dezidiert geäußert werden - "Mädchen sind für mathematisch-naturwissenschaftliche Fächer nicht geeignet", "Mädchen brauchen Mathe nicht, sie heiraten ja doch" -, tun ein übriges und werden als so unüberwindbare Barriere angesehen, daß sie oftmals bestätigt werden, weil sie die Schülerinnen von vornherein entmutigen und bei ihnen nahezu phobische Beklemmungen auslösen.[58] Hinzu kommt manchmal eine willkürlich oder in Einzelfällen ebenso unbewußt schlechtere Benotung sich selbst in entsprechenden mathematisch-naturwissenschaftlichen Fächern als gut empfundener Schülerinnen.

Tragen sich Absolventinnen an koedukativen Schulen dennoch mit dem Gedanken, Mathematik oder Physik als Leistungskurs zu belegen, so werden sie entweder durch die große Konkurrenz der Mitschüler verdrängt oder sie lassen sich von vornherein durch sie abschrecken und ziehen sich wieder in ihre angestammte Domäne "Sprachen" zurück, wo sie eher Bestätigung und Ansporn erfahren können. Nur wenigen gelingt es, aus diesem "Teufelskreis" herauszukommen.[59] Es verwundert deshalb nicht, daß der mathematisch-naturwissenschaftliche Fächerbereich von vielen Absolventinnen als "Jungendomäne" erachtet wird, zu der er schließlich auch faktisch geworden ist.

Einen noch geringeren Stellenwert nehmen die mathematisch-naturwissenschaftlichen Fächer vielfach in den Mädchenschulen ein, wie von einigen Absolventinnen beklagt wird. Unter diesen Umständen hätte nur der Besuch einer Jungenschule eine solche Wahl ermöglicht. Dazu fehlte aber wohl die Ermutigung und die intensive Unterstützung durch Elternhaus beziehungsweise Lehrerinnen und Lehrer. So resignieren auch hier vielfach frühzeitg Absolventinnen und halten sich lieber an die ihnen vor allem vertrauten sprachlichen Fächer. Hier schließt sich der Kreis des heimlichen Lehrplans der Geschlechtererziehung.

ANDREA:

> "Ich habe es schon sehr häufig bedauert, daß unsere Schule das Unterrichtsfach Mathematik vollständig ausgeklammert hat und

58 Vgl. Faulstich-Wieland und Horstkemper 1995.

59 Vgl. Faulstich-Wieland und Horstkemper 1995, Gisbert 1995.

zum damaligen Zeitpunkt noch nicht einmal als Wahlfach zur Verfügung gestellt hat."
(Mittlere Reife 1971 - Beamtin im gehobenen Dienst)

IRMA:

"Mit einer Ausnahme waren die Bildungschancen für beide Geschlechter gleich. Für uns Mädchen wurde Mathematik zum Wahlfach. Anfänglich war die Beteiligung zwar noch relativ groß, jedoch blieben mit der Zeit immer mehr Mädchen dem Unterricht fern, bis zuletzt nur noch die Jungen den Unterricht besuchten."
(Mittlere Reife 1976 - selbständige Reisebürokauffrau)

FRANZISKA:

"Mir fiel besonders auf, daß in der Wahlpflichtfächergruppe II (wirtschafts- und verwaltungspraktischer Bereich, d. Vf.) nur wenige Jungen vertreten waren, während die Wahlpflichtfächergruppe I (mathematisch-naturwissenschaftlicher Bereich, d. Vf.) bis auf zwei Mädchen ausschließlich von Jungen besucht wurde."
(Mittlere Reife 1980)

ADELHEID:

"Allerdings wurden von der Obertertia an uns doch einige Unterschiede deutlich, und zwar durch einen Klassenlehrer, der gleichzeitig unser Mathematik-, Chemie- und Physiklehrer war. Die Aussagen dieses Lehrers, daß Mädchen für Mathematik und die naturwissenschaftlichen Fächer nicht geeignet sind, sind mir noch in deutlicher Erinnerung. Dieser Lehrer bedeutete für eine Reihe meiner Klassenkameradinnen das Ende ihrer Schullaufbahn, da sie aufgrund der schlechten Noten in den 3 Fächern die Schule mit der Mittleren Reife verließen. Meine Neigung zu Fremdsprachen bzw. auch zu den mehr geisteswissenschaftlich orientierten Fächern wie Deutsch, Geschichte, aber auch Erdkunde, zeigte sich in diesen Jahren deutlich. In welchem Ausmaß diese Neigung durch das Verhalten des Lehrers verstärkt wurde, ist mir heute nicht klar."
(Hochschulreife 1960 - promoviert, Führungsposition in einem großen internationalen Konferenzzentrum)

WALBURGA:

> "Bis auf das tiefverwurzelte Vorurteil von Mathematik- und Physiklehrern, bei Mädchen wäre ohnehin Hopfen und Malz verloren, waren die Bildungschancen an bayerischen Mädchengymnasien denen an Bubengymnasien gleich."
> (Hochschulreife 1960 - stellvertretende Feuilletonchefin einer großen überregionalen Tageszeitung)

ANNEGRET:

> "Obwohl ich in allen Fächern (außer den musischen) recht gut war, lag meine Stärke eindeutig in den naturwissenschaftlichen Fächern: ich machte gerne Physik, Mathe und Chemie (In der Oberstufe interessierten mich dann stärker die sozialwissenschaftlichen Fächer). Trotzdem zog ich es vor, das Abitur mit neusprachlicher Ausrichtung zu machen. Hätte ich den Schwerpunkt auf Naturwissenschaft legen wollen, hätte ich an die Jungenschule wechseln müssen. Das machte damals keine Schülerin. Die Unsicherheit, dort nicht mitzukommen, weil unser Mathematikunterricht ja sowieso 'minderwertig' war - nach Ansicht der Jungen und vielleicht auch einiger Lehrer - war mir zu groß. Kein Lehrer hatte sich bisher dafür eingesetzt, daß ein Übergang möglich gewesen wäre. Ich weiß nicht, ob der Mathe- oder Physikstoff in der Jungenschule anders oder umfangreicher abgehandelt wurde. Eine weitere Möglichkeit, einen naturwissenschaftlichen Akzent in meine Schullaufbahn zu bringen, wäre gewesen, Physik in der 12. und 13. Klasse als Schwerpunkt zu wählen (anstelle von Chemie bzw. Biologie, die überlicherweise von den Mädchen bevorzugt wurden). Es interessierten sich jedoch nur 3 von ca. 60 Schülerinnen meines Jahrgangs dafür und somit fiel das aus. Wir wären seit Jahren der erste Physikkurs an unserer Schule gewesen. Sicherlich spielt es dabei auch eine Rolle, daß die einzige Lehrerin, die es hätte unterrichten können, uns davon abriet, weil sie Angst hatte, der Stoff würde zu schwierig für uns - in Wirklichkeit aber hatte sie wohl selbst Angst vor der Vorbereitung."
> (Hochschulreife 1970 - wissenschaftliche Mitarbeiterin an der Universität)

RENATE:

"Das Mädchengymnasium umfaßte einen neusprachlichen Zweig und eine Frauenoberschule; Mädchen, die naturwissenschaftlich-mathematisch interessiert waren, mußten das Jungengymnasium besuchen. Mein Interesse an den verschiedenen Schulfächern wurde sehr stark bestimmt durch die neusprachliche Ausrichtung der Schule, wo zwar Englisch, Französisch, Latein, aber kaum Physik oder Chemie unterricht wurde, zumal unser Physiklehrer der Ansicht war 'Mädchen, die ihren Doktor machen wollten, sollten besser einen solchen heiraten.' Diesem konservativen Einfluß vieler älterer Lehrer wurde z. T. entgegengewirkt durch fortschrittlichere, jüngere Lehrer in Deutsch, Geschichte und Gemeinschaftskunde."
(Hochschulreife 1971)

BEATE:

"Was mir heute hinsichtlich ungleicher Bildungschancen - aber auch erst in den letzten Jahren - als durchgängiges Problem, auch ab 1968 im Gymnasium (wie auch danach) erscheint, ist eine vollständige Bildungslücke im "männlichen" technisch-naturwissenschaftlichen Bereich. Schließlich war es auch so, daß ich von vornherein, angefangen in der Volksschule, in der Schule stets Bestätigungen in 'frauentypischer Betätigung' fand - sei es Handarbeiten oder später Lernfächer wie Deutsch oder Englisch. Ich denke, daß sich sehr früh in meinem Kopf infolge der permanenten Auslassung ein Unfähigkeits- oder auch Angstgefühl gegenüber naturwissenschaftlich-technischen Fächern festsetzte. Die zumindest ansatzweise gegebenen Angebote der späteren Schulzeit wurden von mir nicht mehr aufgegriffen - ja streng vermieden - zumal ja tatsächlich von vornherein eine große Erfahrungslücke klaffte, gerade bei Fächern wie Physik, die im Gymnasium (wo ich zum ersten Mal damit konfrontiert wurde) ja auch nicht am Punkte Null vermittelt wurden, was für mich notwendig gewesen wäre. Die früh erworbenen Defizite führten also im weiteren zu einem Selbstlauf des Vermeidungsverhaltens. Es mögen somit im Gymnasium durchaus gleiche Bildungschancen gegeben gewesen sein - es war da mit Sicherheit schon zu spät, um sie auch gleichwertig nutzen zu können."
(Hochschulreife 1976)

THERESE:

"Allerdings erinnere ich mich an zwei Lehrer (einen Mathematik- und einen Physiklehrer), die vorher an Jungenschulen unterrichtet hatten und uns gleich in der ersten Unterrichtsstunde klarmachten, daß wir Frauen eben unbegabt für derartige Fächer seien, sie sich aber trotzdem bemühen, sprich herablassen würden, uns die einfachsten Grundkenntnisse nahezubringen. Sie haben uns dann das Interesse an diesen Fächern auch gründlich vermiest. 1978 habe ich das Abitur abgelegt. Zuvor hatte ich an einem Auswahlseminar der Studienstiftung teilgenommen, konnte aber die Erwartungen nicht erfüllen. Es kamen dort eigentlich ausschließlich Männer mit naturwissenschaftlichen Ambitionen in die engere Auswahl." (Hochschulreife 1978 - Diplomsoziologin)

ANGELIKA:

"Meine Lieblingsfächer waren Deutsch, Englisch und Bio. Sprachen fielen mir von Anfang an leicht, Mathe aber zunehmend schwerer, obwohl ich mich erinnern kann, in der Unterstufe des Gymnasiums noch recht gut gewesen zu sein. Ob diese Entwicklung an der 'elterlichen Weichenstellung' gelegen hat? Mein Vater bestärkte mich eher in Latein als in Mathe, Rückhalt bekam ich von meinen Eltern eher auf dem Gebiet Fremdsprachen als im Bereich der Naturwissenschaften. Das ging so weit, daß sie mich für ein ausgesprochenes Fremdsprachengenie hielten. Natürlich bestärkte mich diese Einschätzung, und ich konzentrierte mich mehr auf die Sprachen als auf die Naturwissenschaften (als wir Chemie als neues Fach bekamen, interessierte es mich zwar, aber ich resignierte ziemlich bald vor den Formeln, die es auszubalancieren galt). Wozu Ehrgeiz? Ich hatte ja mehr oder weniger 'meinen' Bereich, in dem ich Bestätigung fand. Und somit hatte wohl die Phase eingesetzt, in denen die Jungen nachzogen und sich in 'ihren' Fächern etablierten. Wir Mädchen sahen uns in Mathe, Physik und Chemie bald überflügelt. Ich versuchte trotzdem einigermaßen am Ball zu bleiben, wenigstens in Mathe. Ich hatte Mathe - gezwungenermaßen als 4. Abifach, habe dann dafür auch gearbeitet und sehr gut abgeschnitten. Ein Beweis, daß ich nicht schlicht zu doof dazu bin. Trotzdem kann ich nicht behaupten, durch diesen Einblick in die Materie mit dem Fach warmgeworden zu sein. Ich zog wirkliche Diskussionen den abstrakten Kurvendiskussionen vor, deren praktische Anwendung ich mir in meinem Leben nicht vorstellen

konnte. Für mich war das, was ich da zu lernen und zu beherrschen hatte 'l'art pour l'art'. Die praktische Anwendung von Fremdsprachen war viel klarer und wirklicher für mich. Ich hatte Englisch und Französisch als Leistungskurse. Wie mir erst da bewußt wurde, sind Fremdsprachen absolute Frauendomänen. Im Englischleistungskurs 5 Jungen, 15 Frauen, im Französischleistungskurs nur 2 Jungen. Aus heutiger Sicht glaube ich, daß ich auch jedes andere Fach als Leistungskurs hätte schaffen können. Mein Zutrauen und meine Eltern sahen mich schon als Dolmetscherin oder Übersetzerin, aber irgendwann glaubte ich den ganzen Mist nicht mehr, hielt mich für absolut durchschnittlich und die Kurse, in denen ich saß, für schlecht."
(Hochschulreife 1983 - Studentin der Psychologie)

RITA:

"In den naturwissenschaftlichen Fächern war ich also schlecht, meine Stärken lagen in Deutsch, Geschichte und den Fremdsprachen. Nach der 11. Klasse wählte ich natürlich Physik sofort ab, als Leistungskurs wählte ich Politik und Französisch. Im Leistungskurse Französisch war nur 1 Junge vertreten, wohingegen in Leistungskursen wie Mathe, Physik, Chemie die Jungen überproportional vertreten waren. In der 12. Klasse wollte ich den Grundkurs Informatik besuchen. Hier fühlte ich mich zum ersten Mal sehr stark benachteiligt gegenüber den Jungen. Erstens war die Mehrzahl der Teilnehmer männlichen Geschlechts und zweitens hatten die meisten Jungen bereits Vorkenntnisse oder besaßen zu Hause einen Homecomputer. Der Lehrer orientierte sich nun bei seinem Lerntempo an diesen Jungen und die (vor allem die Mädchen), die noch keine Ahnung von der Materie hatten, hatten Pech gehabt. Auch standen in der Schule nur zwei Geräte zum Üben zur Verfügung, die jedoch ständig von einer Gruppe Jungen belagert wurden und an die man als Mädchen kaum herankam. Nach 6 Wochen war ich so frustriert, daß ich den Grundkurs verließ."
(Hochschulreife 1984 - Studentin der Politikwissenschaft und Soziologie)

JULIA:

> "Auffällig war von Anfang an auch die inoffizielle Aufteilung der Kurse, vor allem der Leistungskurse, in 'mehr für Mädchen' und 'mehr für Jungen'. In den Leistungskursen Englisch, Französisch und Biologie dominierten die Mädchen, in Mathematik und Chemie die Jungen und in Sport und Geschichte/Sozialkunde war das Verhältnis relativ ausgeglichen."
> (Hochschulreife 1985 - Studentin der Romanistik und Soziologie)

Übergang in Berufsausbildung oder Studium

Einige Absolventinnen, die sich nicht über geschlechtstypische Benachteiligungen während ihrer Schulzeit beklagen, fällt aber dann doch beim Übergang in eine Berufsausbildung oder in ein Studium deutlich auf, daß sie schlechtere Chancen als ihre Mitschüler besitzen, wenn sie sie in ihrer weiteren Ausbildung einlösen wollen. So können einige ihre Berufswünsche nicht verwirklichen, obwohl sie über die gleichen Zugangsvoraussetzungen verfügen; sie sind nicht in der Lage, mit dem nötigen Selbstbewußtsein und Selbstvertrauen ihre Berufsvorstellungen durchzusetzen wie Absolventen. Auch angesichts der großen männlichen Konkurrenz fühlen sie sich unsicher und stecken zurück. Besonders groß ist die Enttäuschung in dieser Hinsicht bei den wenigen Absolventinnen, die sich in die "Männerdomäne" der Naturwissenschaften vorwagen, weil sie in der Schule Freude daran gehabt haben und hier auch erfolgreich gewesen sind. Viele Absolventinnen ergreifen deshalb einen sozialen Beruf wie den der Lehrerin, den sie als eine Erfüllung und als Aufgabe ansehen. Anderen gelingt es nach mehr oder weniger langen (Um-)Wegen schließlich doch noch, mehr in beruflicher Hinsicht zu erreichen, als herrschende Vorurteile und Beschränkungen ihnen zugebilligt hatten und sind etwa als wissenschaftliche Mitarbeiterin in der Hochschule beschäftigt. Einer Konkurrenz mit Männern um qualifizierte Berufe in der Wirtschaft stellen sich allerdings nur die wenigsten.

RIA:

> "...daß ich das Gefühl hatte, daß Mädchen geringere Bildungschancen als Jungen hatten. Ich habe nur immer wieder festgestellt, daß sie die ihnen gebotenen Chancen viel weniger ausnutzten ..."
> (Mittlere Reife 1953 - Betriebswirtin)

BETTINA:

"Es ist typisch, daß von uns über 20 Abiturientinnen (eine für diese Schule in der damaligen Zeit ungewöhnlich hohe Zahl) die überwiegende Zahl die PH in P. besuchte."
(Hochschulreife 1960 - Gesamtschullehrerin)

ELISABETH:

"Wenn ich die Bildungslebensläufe meiner Klassenkolleginnen (aus dem Gymnasium) vergleiche, so muß ich sagen, daß die entscheidende Rolle, ob Mädchen Bildungschancen (auch in bezug auf ein weiteres Studium) geboten und auch genutzt wurden, direkt (Entscheidung durch die Eltern) oder indirekt (Einstellung in der Familie zu den Bildungschancen von Mädchen, Einstellung zu Heirat) bestimmt wurde. Durch die Schule wurden bestimmte 'männliche' und 'weibliche' Rollenelemente zementiert (sicherlich maßgeblich bestimmt durch individuelle Einstellungen der Lehrer), die zwar auf den ersten Blick nichts mit Bildungschancen zu tun haben, die sich jedoch durchaus in den weiteren Karrieren auswirken: sei es, indem sie die Einstellungen des Elternhauses bestätigen und damit einer weiteren Bildung im Weg standen, sei es, daß Schwierigkeiten während der weiteren beruflichen Karriere auftraten: mangelndes Selbstvertrauen von Frauen, Bereitschaft 'brav' zu sein etc ..."
(Hochschulreife 1967 - wissenschaftliche Mitarbeiterin an der Universität)

MANUELA:

"Erst gegen Ende der Realschulzeit habe ich mir Schranken auferlegt bzw. solche wahrgenommen: ich wäre gerne Elektro-Ingenieurin geworden, bin jedoch davor zurückgeschreckt, weil sich in meiner Klasse ausschließlich Jungen für eine entsprechende Ausbildung (damals noch an der Ingenieurschule) entschieden hatten. Ich fühlte mich deswegen unsicher und glaubte, dies doch nicht zu schaffen."
(Mittlere Reife 1967, Hochschulreife 1970 - promoviert, wissenschaftliche Assistentin an der Universität)

MARIA:

> "Über die Hälfte der Mädchen, die zusammen mit mir Abitur gemacht haben, ergriffen einen sozialen Beruf, die meisten davon wurden - wie ich - Lehrerin. Zwei versuchten ein Mathematikstudium, eine gab nach wenigen Semestern schon auf, die andere hielt länger durch, machte aber - nach meiner Information - das Examen nicht."
> (Hochschulreife 1970 - Gymnasiallehrerin)

4. Resümee und Bewertung

In den Aussagen der Absolventinnen über ihre Erfahrungen in Realschulen und Gymnasien sind fast durchgängig kritische Äußerungen zu geschlechtstypischen Benachteiligungen zu finden. Es lassen sich hier einige klare Grundlinien aufzeigen:

Es gibt einmal deutliche Hinweise darauf, daß vor allem Lehrer bei der Vermittlung von Geschlechtsrollenstereotypen eine bedeutsame Unterstützer- und Verstärkerfunktion übernehmen. Dabei fällt auf, wie selten von "guten" Lehrern die Rede ist. Denn aufgrund ihrer vergleichsweise starken Position gegenüber Schülerinnen und Schülern im Unterricht üben sie in den Augen von Absolventinnen vielfach einen negativen Einfluß im Hinblick auf das Bewahren traditioneller Geschlechtsrollenklischees aus, der sie sehr irritiert. Jedenfalls scheint Absolventinnen das, was sie in diesem Zusammenhang bemängeln, sehr viel mehr am Herzen zu liegen als das, was sein könnte. Und alle sind sich offensichtlich weitgehend darüber einig, daß die Schule immer nur so gut oder so schlecht ist wie vor allem die Lehrer. Nicht die schlechtgeführten Klassen, die heikle Notengebung, die schlechten Lehrpläne sind aus der Sicht von Absolventinnen schuld, wenn mit der Schule etwas nicht stimmt, sondern in erster Linie Lehrer - hauptsächlich dann, wenn sie an geschlechtstypischen Rollenvorstellungen im Schulalltag festhalten und die Wirkungen solcher Einstellungen auf das Selbstwertgefühl der Absolventinnen nicht abzuschätzen vermögen.

Als Folge davon müssen Absolventinnen leidvoll erfahren, daß vornehmlich Lehrer durch ihre eigenen geschlechtstypischen Vorurteile, die gewissermaßen ihre déformation professionelle darstellt[60], sie mehr oder weniger deutlich

60 Vgl. Adorno 1973.

diskriminieren. Diese sozialen Benachteiligungen reichen von entsprechenden Äußerungen im Nebensatz über die dezidiert vorgetragene Behauptung, Mädchen seien für das mathematisch-naturwissenschaftliche Fächerspektrum weniger talentiert, bis hin zur Vernachlässigung der Schülerinnen im Unterricht und deren willkürlich schlechtere Benotung gegenüber Mitschülern. Dagegen wehren sich viele Schülerinnen. Zugleich haben sie den Eindruck,

> "daß solche Voreingenommenheiten der Lehrkräfte unangenehme Verhaltensweisen von Jungen eher verstärken. Jungen werden ihrer Meinung nach zu wenig in ihrem Dominanzgebaren gebremst oder zu rücksichtsvollem Verhalten angehalten. Die Lehrkräfte orientieren sich stärker an ihren Interessen und Fähigkeiten und nehmen sie als kompetenter wahr als die Mädchen. Damit verstärken sie die Neigung der Jungen, eine Überlegenheitsposition zu beanspruchen. Viele Schülerinnen der koedukativen Schulen sehen in solchen Interaktionsstrukturen eine deutliche Benachteiligung. Diese Mädchen akzeptieren die Geschlechterhierarchie also nicht, sondern stellen sie deutlich infrage."[61]

Daher entlädt sich ihr Zorn vor allem ausgiebig über diesen "schwarzen Schafen" unter den Lehrerinnen und Lehrern.

Gleichwohl reagieren Absolventinnen auf diese für sie schmerzlichen Erfahrungen sehr unterschiedlich. Einige nehmen sie zwar wahr, messen ihnen aber keine größere Bedeutung für ihren Bildungsweg bei. Für andere bedeutet dies, daß sie wesentlich härter um ihren Schulerfolg kämpfen müssen als ihre Mitschüler. Nicht wenige lassen sich jedoch entmutigen und übernehmen gar die Vorurteile und meiden weitmöglichst den mathematisch-naturwissenschaftlichen Fächerbereich und vernachlässigen ihn zugunsten der "weiblichen" Domänen wie Sprachen, Erziehung oder musisch-gestalterischen Fächer. Daraus ergibt sich eine weitgehende Vorstrukturierung der Berufs- und Studienfachwahl, die zu Begrenzungen der Bildungs- und Lebenschancen führen kann.

Das gilt besonders für Absolventinnen aus Mädchenschulen, in denen der Fächerkanon im mathematisch-naturwissenschaftlichen Bereich zum Teil stark eingeschränkt ist. Absolventinnen dieser Schulen haben nämlich kaum die Chance, ihre Begabungen in jede Richtung zu entfalten oder Fächer entsprechend ihren Neigungen und Interessen zu wählen. Damit ist auch das Spektrum möglicher attraktiver Berufe zunächst einmal erheblich begrenzt. Nur Absolventinnen mit großem Ehrgeiz und starker Motivation gelingt es, einen Berufswunsch zu verwirklichen, für den sie die formalen Voraussetzungen hier noch nicht erwerben konnten.

---

61 Faulstich-Wieland und Horstkemper 1995, S. 249.

II. Soziale Ursachen

Die dringliche Frage, die sich nach der Beschreibung der Erscheinungsformen traditioneller geschlechtstypischer Bildungsbarrieren der Real- und Gymnasialschulabsolventinnen in Familie und Schule nunmehr stellt, ist die nach den sozialen Ursachen. Warum treten sie gerade bei diesen Absolventinnen so häufig auf? Wo liegen hierfür die tieferen gesellschaftlichen Gründe? Und wie und in welcher gesellschaftlichen Konstellation wirken sie sich auf den weiterführenden Bildungsweg in Realschulen und Gymnasien aus?

Um sich diesen zentralen Fragen zu nähern, bietet es sich als ersten sinnvollen Schritt an, die Bildungswege der Absolventinnen unter dem Gesichtspunkt des Zugangs zur akademischen Bildungstradition und seiner Klippen zu typisieren. Bedeutsam ist, daß es so gelingt, Herkunftsmilieus zu unterscheiden und deren Prägekraft für den weiterführenden Bildungsweg zu untersuchen. Eine solche Typisierung ist indes noch nicht im Weber'schen Sinn eines soziologischen "Idealtypus" aufzufassen[62], sondern eher als eine erste verstehende, gleichwohl authentische Beschreibung und Zuordnung empirischer Ergebnisse.[63] Die Typisierung ist mithin als erste Anregung gemeint, um die bislang noch nicht sehr deutlich umrissene Gruppe von Absolventinnen genauer beschreiben zu können, von denen erwartet wird, daß sie ihren weiterführenden Bildungsweg in Realschulen und Gymnasien nur unter großen Schwierigkeiten gehen können.

Die Bildungswege von Real- und Gymnasialschulabsolventinnen lassen sich zunächst im wesentlichen nach zwei Typen hin unterscheiden. Der eine Typ läßt sich dabei vergleichsweise leicht kennzeichnen: die Tochter aus dem Besitz- und Bildungsbürgertum.[64] Der andere ist erst im Verlaufe der gestiegenen Bildungs-

62 Die Bildung eines "Idealtypus" geschieht methodisch bekanntlich durch gedankliche Steigerung eines Charakteristikums oder deren mehrerer in ihre letzten Konsequenzen und durch Zusammenschluß einer Vielzahl tatsächlicher Erscheinungen zu einer in sich geschlossenen Konstruktion in einem Gedankenbild; er ist in der Wirklichkeit in dieser Form so nicht vorfindbar, aber er will der Darstellung anschauliches Ausdrucksmittel geben (vgl. Weber [4]1973).

63 Vgl. auch Gerstein 1965, Peisert und Dahrendorf 1967, Boudon und Bourricaud 1992b, Schmeiser 1994.

64 Das Sozialprofil des zumeist hochqualifizierten Besitzbürgertums und des Bildungsbürgertums macht deutlich, daß dieses weder eine in sich geschlossene Kaste ist, noch ein einigermaßen repräsentatives Spiegelbild der Gesellschaftsstruktur darstellt. Es rekrutiert sich aus einem engen sozialen Bereich, und ein Vordringen in das Besitz- und Bildungsbürgertum wird um so schwieriger, je tiefer die Herkunftsgruppe in der Schichtungshierarchie angesiedelt ist. An der Dominanz des Besitz- und Bildungsbürgertums, die bereits für die Weimarer Republik und für die Nachkriegszeit kennzeichnend war, hat sich kaum etwas verändert. Eine wichtige Ursache dafür, daß nur so wenige Kinder niedriger soziale Herkunft in das Besitz- und Bildungsbürgertum aufsteigen können, liegt auf

beteiligung in den allgemeinbildenden weiterführenden Schulen zunehmend in den Blickpunkt des öffentlichen und wissenschaftliches Interesses gerückt: Die aufstiegsorientierte Tochter, intelligent und bildungsbeflissen, aber kaum mit einer höheren oder gar akademischen Bildungstradition in Berührung gekommen.

Mit einer solchen ersten Charakterisierung sollte allerdings nicht nur der Frage nach den sozialen Ursachen in der Herkunftsfamilie und ihren Auswirkungen auf die Bildungswege von Real- und Gymnasialschulabsolventinnen ganz allgemein nachgegangen werden, sondern es sollte ebenso nach den damit im Zusammenhang stehenden geschlechtstypischen Bedingungen und Einflüssen geforscht werden. Unter diesem Gesichtspunkt können die beiden Typen als herkunfts- und geschlechtstypisch unterschiedlich stark geprägt angesehen werden. Die Tochter aus dem Besitz- und Bildungsbürgertum und die strebsame, ehrgeizige Bildungsaufsteigerin sehen sich auf ihrem Bildungsweg dabei unter Umständen großen Schwierigkeiten, Widerständen und Konflikten gegenüber, die sich ihren Mitschülern auf deren weiterführenden Bildungsweg in dieser Form nicht stellen.

Wenn sich dieser Sachverhalt erhärten und verfeinern ließe, würde es möglich sein, unterschiedliche Bildungspfade von Real- und Gymnasialschulabsolventinnen zum Teil auf eine differenzierte herkunfts- und geschlechtstypische Ursachenstruktur zurückzuführen. Ein solches Ergebnis hätte dann allerdings mit dem klischeehaften, lapidaren Erklärungsversuch "Ein Mädchen heiratet ja doch!" nicht mehr viel gemein. Damit wären auch erste Ansatzpunkte für eine Verminderung der speziellen Diskriminierung von Real- und Gymnasialschulabsolventinnen hinsichtlich ihrer Bildungschancen aufzuzeigen.

1. Töchter aus Besitz- und Bildungsbürgertum

Einer privilegierten sozialen Herkunft zu entstammen, ist, wie vielfach nachgewiesen wurde, für den gesamten gymnasialen und universitären Bildungsgang, besonders an dessen Übergängen, von enormer Bedeutung. Vor allem sind es die Bildung und Erziehung, die gleichsam beiläufig markante Unterschiede hervorbringen und aufrechterhalten und wenig mit "Standesdünkel" zu tun haben: Sie

der Hand: Ihre Mitglieder haben ähnliche Lebensläufe und Lebenserfahrungen; die meisten haben akademische Universitätsabschlüsse und sprechen in mehr als einer Hinsicht eine gemeinsame Sprache (vgl. Geiger 1932, 1992, Gerstein 1965, Peisert 1967, Bourdieu 1974, Bourdieu und Passeron 1971, Bourdieu et al. 1981, Bourdieu 1982, Dahrendorf 1992, Goblot 1994).

zielen nicht nur auf die Entwicklung persönlicher Qualitäten, sondern klassifizieren und kategorisieren zugleich. Ebenso werden Wissen, Talent, Tugend und Geschmack stark betont, jedoch sind diese in der Regel in eine starke "Pflichterfüllung" eingebunden. Auf unauffällige Weise wird so die Maxime vermittelt, es komme nicht so sehr auf äußere Dinge an; man lebe von seiner Arbeit, nicht vom Ererbten. Das Besitz- und Bildungsbürgertum hält so seine dominierende Rolle.[65]

Es zeigte sich, daß nicht nur formal, aufgrund des Bildungsabschlusses der Eltern und Großeltern, sondern auch real, durch die Erfahrungen im Elternhaus, in der Tat ein wesentlich anderer Bezug zu Bildung und intellektueller Betätigung besteht als etwa für Arbeitertöchter.[66] Das Selbstbewußtsein, die notwendigen Voraussetzungen für einen höheren Bildungsweg durch ein ambitioniertes Elternhaus mitzubringen und Informationen über Studien- und Berufsmöglichkeiten zu besitzen, die bestimmte Berufe und Fächer (beispielsweise Latein) mit einem bestimmten sozialen Milieu verbinden, sowie die gesellschaftlich bedingte Fähigkeit, sich den im Bildungswesen herrschenden Vorbildern, Regeln und Wertvorstellungen anzupassen, bilden ein Ensemble von Bedingungen und Einflüssen, aufgrund derer man sich "am richtigen Platz" weiß. Sie versprechen vor allem in jenen Fächern Erfolg, die schon immer ein vorhandenes intellektuelles Handwerkszeug, kulturellen Halt oder finanzielle Möglichkeiten voraussetzten. So hängt etwa der Schul- und Studienerfolg eng mit der - wirklichen oder vermeintlichen - Fähigkeit zusammen, die dem Bildungswesen gemäße Hochsprache zu beherrschen, und diejenigen, die eine humanistische Bildung genossen haben, sind besonders erfolgreich.

Daran wird ersichtlich, daß Erfolge in Wirklichkeit von frühzeitigen Orientierungen und Anregungen abhängig sind, die stark durch ein privilegiertes Familienmilieu bestimmt werden. Dem intellektuellen Bereich wird sehr viel Aufmerksamkeit entgegengebracht. Bildung und intellektuelle Beschäftigung werden geschätzt, intellektuelle Leistungen als wichtig angesehen und gefordert. Bereiche wie Literatur, Kultur oder Kunst sind im Familienalltag immer gegenwärtig. Es gibt viele Bücher, meist mehrere Tageszeitungen; es wird viel gelesen, auch vorgelesen. Nicht nur Lesen gehört zum Alltag, sondern ebenso Bereiche wie Theater, klassische Musik, Oper und Museen. Dieses "ist so ausschlaggebend, daß auch ohne ausdrückliche Diskriminierungsmechanismen die Exklusivität garantiert bleibt, da hier nur ausgeschlossen scheint, wer sich selbst ausschließt."[67]

65 Vgl. Bourdieu 1982, Geiger 1992, Goblot 1994.

66 Vgl. Rauch 1993.

67 Bourdieu und Passeron 1971, S. 44.

Das läßt sich besonders gut an den Bildungsbemühungen des Besitz- und Bildungsbürgertums für ihre Töchter zeigen. Vor allem die Väter, zum Teil aber ebenso die Mütter, weisen als höchsten Bildungsabschluß die Hochschulreife auf (vgl. Tabelle 6). Er scheint, wie Untersuchungsbefunde belegen, einen größeren Einfluß auf die Bildungsentscheidungen für die Töchter auszuüben als für die Söhne.[68] Ganz besonders die Väter haben zumeist ein Studium an einer Universität erfolgreich abgeschlossen und bekleiden hohe Berufspositionen in Wirtschaft (Unternehmer, Geschäftsführer, Chemiker, Ingenieur, Wirtschaftsprüfer, Bankdirektor), Verwaltung (Regierungsrat, Postrat, Ministerialbeamter, Verwaltungsjuristen), Justiz (Richter), Schule und Universität (Lehrer und Professoren) und Militär (höhere Offiziere) oder sind als Selbständige tätig (Ärzte, Rechtsanwälte, Schriftsteller).

Zum Kernbestand zählen mithin vor allem Inhaber akademischer Bildungspatente, die überwiegend dem Bildungsbürgertum[69] zuzurechnen sind. Man kann es allgemein in Anlehnung an Max Weber ebenso als ständische Sozialform bezeichnen, die - weder Geburtsstand noch ausschließlich Berufsstand - über Erwerb und Nachweis von "Bildungswissen" Kulturstandards entwickelt und repräsentiert.[70] Es nimmt deswegen nicht wunder, daß sie der Bildung und Erziehung ihrer Söhne und Töchter gleichermaßen allergrößte Aufmerksamkeit widmen.

68 Vgl. Mayer und Blossfeld 1990.

69 Gegenüber den traditionellen Einordnungen des neuzeitlichen Bürgertums als Mittelschicht oder -klasse zwischen Adel und Klerus einerseits und Bauern sowie Arbeiterschaft andererseits hat die soziale Verortung der Bildungsschichten immer erhebliche Probleme aufgeworfen. Dies gilt vor allem für die Stellung des "Bildungsbürgertums" und seine Rolle in der deutschen Gesellschaft. Zwei Beispiele mögen das verdeutlichen: Während es für den Literaten Arnold Zweig, von den deutschen Klassikern erzogen, auf liberale und großzügige Art die neue Einheit der Nation mit Büchern, Gedanken, Kunstwerken und Weltanschauungen zu verwirklichen trachtete, war es für den Soziologen Theodor Geiger "ein wirklicher Stand, mit eigenen Sitten und Konventionen, einer eigenen Lebenseinschätzung und Lebensführung, eine Welt für sich, in breiten Teilen minder begütert als das Besitzbürgertum, aber zu stolz auf seinen geistigen und sozialen Rang, als daß es 'die Geldmacher' als Seinesgleichen erachtet hätte. Dem erwerbenden Bürger verschaffte erst der Kommerzienratstitel (der Hoflieferant genügte nicht!) Anwartschaft auf soziale Anerkennung und geselligen Verkehr mit diesem bevorzugten Kreis" (Geiger 1932, S. 100; siehe auch Ehrenreich 1992, Bollenbeck 1994, Goblot 1994).

70 Vgl. Weber 1972.

Tabelle 6: Schul- und Hochschulabschluß der Väter und Mütter aus dem Besitz- und Bildungsbürgertum (absolut)

Schul- und Hochschulabschluß	Väter	Mütter
Schulabschluß		
Volksschule	1	7
Mittlere Reife	8	18
Hochschuleife	32	16
Hochschulabschluß		
kein Hochschulabschluß	6	34
Abschluß an einer Pädagogischen Hochschule	5	3
Universitätsabschluß	30	4

a) Bedeutung der Familie

Übergang ins Gymnasium ist selbstverständlich

Der Besuch und Abschluß eines Gymnasiums, das geht aus den Schilderungen der Gymnasialschulabsolventinnen wohl unzweideutig hervor und ist deshalb nicht sonderlich überraschend, wird von den Eltern aus dem Besitz- und Bildungsbürgertum als etwas Selbstverständliches angesehen.[71] Die Eltern haben für

71 Eine solche Auffassung brach sich schon in der Weimarer Republik Bahn. Vor allem das Bildungsbürgertum plante eine akademische Zukunft auch für seine Töchter ein - entsprechend der finanziellen Situation der Eltern. Denn auch die gebildete Bürgerschicht verfügte in der Weimarer Republik nicht über Reichtümer; es mußte rechnen, wenn seine Töchter zur Universität drängten. Dramatisch erkämpfen aber mußten die Töchter sich das Studium nicht mehr: "Ja, wenn man Abitur gemacht hatte, war das eigentlich normal. Ich wüßte eigentlich niemanden aus meiner Klasse, der nicht studiert hätte. Aber wir waren nur neun, also ganz kleine Klasse. Aber die ha'm alle studiert. Viele Medizin, sehr viele Medizin, manche Jura und auch welche Germanistik, Theaterwissenschaften wie ich" (von Soden 1992, S. 9). Als Hauptgrund für die Aufnahme eines Medizinstudiums galt und gilt wohl: Eine Ärztin genoß hohes Ansehen und hatte - anders als eine Juristin, Ökonomin oder Chemikerin - neben ihrer Praxis genügend Freiraum, auch ein Familienleben zu führen. Außerdem ließen sich die damals sehr ernstgenommenen Fürsorgetugenden "Pflegen" und "Heilen"

ihre Töchter den Schulabschluß des Gymnasiums sehr dezidiert - zum Teil auch gegen äußere soziale Hindernisse vor allem in den Kriegs- und ersten Nachkriegswirren - als Bildungsziel von Anfang an anvisiert. Im wesentlichen wird dieses Ziel diskret, indirekt und vielfach ohne großen Druck und greifbare Maßnahmen vermittelt. Gerade in den kultiviertesten Kreisen des Besitz- und Bildungsbürgertums sind Ermahnungen und Druck fast überflüssig. Hinter dieser unsichtbaren "Lenkung" beziehungsweise Motivierung zum Gymnasialschulbesuch durch die Eltern steht das Bemühen um Sicherung der künftigen sozialen Stellung der Töchter durch eine "standesgemäße" akademische Berufsausbildung.

Eine solche Entscheidung treffen die Eltern offenbar ohne näheren Kontakt mit den Lehrerinnen und Lehrern der abgebenden Grundschulen, ja, eigentlich ohne abzuwarten, was ihre Töchter hier zu leisten vermögen. Denn die Entscheidung für das Einschlagen des gymnasialen Bildungsweges fällt in der Regel bereits vor dem Eintritt in die Grundschule. Das ist ein Zeitpunkt, zu dem bekanntlich keine Lehrerin und kein Lehrer eine Prognose über das Schulleistungsvermögen der Töchter abzugeben vermag. Daß die Eltern nun dem Rat der Lehrerinnen und Lehrer nicht etwa nur naiverweise zuvorkommen, ihn aber als eigentliche Instanz zu gegebener Zeit in Anspruch nehmen, sondern, daß sie ihn zu einem großen Teil für überflüssig halten oder ihn schlicht zu ignorieren scheinen, dokumentiert sich schon allein an der Tatsache, daß die Lehrerinnen und Lehrer bei der Wahl des gymnasialen Bildungsweges nicht ernsthaft in den Entscheidungsprozeß einbezogen und auch nicht um Ratschlag gebeten werden. Dies muß nun keineswegs in einer bewußten oppositionellen Haltung den Lehrerinnen und Lehrern gegenüber geschehen. Vielmehr wird ganz offensichtlich dieses Schulziel von den Eltern um so selbstbewußter und unabhängiger für ihre Töchter verfolgt, je fester es im "Bildungsplan" der Eltern verankert ist.

Unter diesem Gesichtspunkt dient die Hochschulreife auch keineswegs nur als Abschluß der Gymnasialschulzeit, sondern wird zweifellos als Ausgangspunkt eines soliden akademischen Studiums für eine anschließende qualifizierte Berufsausbildung angesehen; ein Unterschied zwischen Töchtern und Söhnen wird, wenn die Gymnasialschulabsolventinnen darauf zu sprechen kommen, von den Eltern nicht gemacht. Töchter erleben den Wechsel zum Gymnasium nicht als Zäsur: Der Eintritt in einen gymnasialen Bildungsweg und der Schulabschluß "Abitur" erscheint ihnen als völlig selbstverständlich und wird von ihren Eltern auch erwartet. Kurzum: Gegen eine Welt von Widerständen und Vorurteilen müssen Töchter aus dem Besitz- und Bildungsbürgertum nicht ankämpfen.

---

besonders gut in eine medizinische Tätigkeit einbringen. Kein Wunder, daß die Ärztin in der Beliebtheitsskala der akademischen Berufe schnell auf Platz eins kletterte (vgl. Brinkschulte 1994).

UNDINE:

"In meiner Familie war es selbstverständlich, daß auch die Mädchen eine höhere Schule besuchten und eine qualifizierte Berufsausbildung erhielten."
(Hochschulreife 1951 - Gymnasiallehrerin)

PETRA:

"Bei meinem Vater stand immer fest, daß ich studieren würde - nie war von etwas anderem die Rede, auch nicht, als nach dem Krieg alles ziemlich aus den Fugen geraten war."
(Hochschulreife 1953 - Gymnasiallehrerin)

CORA:

"Die Schulwahl (Gymnasium) stand nie zur Diskussion ..."
(Hochschulreife 1960)

WALBURGA:

"Einen Beruf zu haben, zu studieren, war für mich schon als Kind selbstverständlich; ich wollte Arzt werden wie mein Vater und Großvater. Etwas zu lernen außer Säuglingspflege und Klavierspielen wie meine als höhere Tochter erzogene Mutter gehörte nach der Scheidung meiner Eltern, die wir als sozialen Abstieg erlebten, schon zum ausformulierten Lebensplan, als ich zehn war. Daß ich Abitur machen würde und später studieren, war, trotz der Finanznot meiner Mutter, selbstverständlich."
(Hochschulreife 1960 - stellvertretende Feuilletonchefin einer großen überregionalen Tageszeitung)

NICOLA:

"Eltern waren immer bestrebt, den jüngeren Bruder und mich zu fördern. Mutter: 'Ihr macht Abitur, und wenn ich das letzte Hemd dafür hergebe.' Es wurde auch erwartet, daß wir nach unserem Abitur studieren würden ..."
(Hochschulreife 1964)

DORIS:

"Meine Eltern hatten in den ersten Jahren nicht viel Geld (sie haben mir öfter erzählt, daß sie mit 200 DM im Monat angefangen haben), aber es war trotzdem für mich selbstverständlich, daß ich aufs Gymnasium kam ..."
(Hochschulreife 1967 - wissenschaftliche Mitarbeiterin an der Universität)

ANNEGRET:

"Schon beim Eintritt in die Grundschule war klar, daß ich einmal das Gymnasium besuchen und Abitur machen sollte, und es zweifelte auch miemand daran, daß es klappen könnte."
(Hochschulreife 1970 - wissenschaftliche Mitarbeiterin an der Universität)

LAURA:

"Lehrer und Eltern empfahlen mir den Besuch des Gymnasiums, ich fand das auch gut. Mein Vater meinte, ich solle Lehrerin werden, das wollte ich dann auch lange Jahre ... Einschulung auf gemischtes Gymnasium mit ziemlich schlechtem Ruf ('Die Schüler werden überfordert, die Durchschnittsnoten fallen schlechter aus als an den meisten anderen Schulen, es gibt rauschgiftsüchtige Schüler'). Das Gymnasium war für mich das nächstgelegene, meine Eltern hielten sowieso nicht viel von Schulgerüchten. Sie meinten: 'Begabung setzt sich schon selber durch' und 'ich solle ruhig gefordert werden.'"
(Hochschulreife 1977 - Fachärztin für Gynäkologie)

WINNIE:

"Das einzige Mal, daß sie (die Eltern, d. Vf.) mich überhaupt zu etwas zwangen, was meine Schullaufbahn betraf, war, als ich nach der 5. Klasse Hauptschule ins Gymnasium mußte. Ich wäre lieber auf der Hauptschule geblieben."
(Hochschulreife 1983 - Hebamme)

JUDITH:

> "1975 empfahl mein Klassenlehrer meinen Eltern aufgrund irgendeines, von uns allen zu machenden Tests, mich auf die Realschule zu schicken - oder auf die Gesamtschule, die damals in H. den ersten Jahrgang aufnahm. Meinung meiner Eltern: 'Sie kanns auf dem Gymnasium ja erstmal probieren. ... Meine Eltern waren begeistert ... daß ich nach diesen 2 Jahren Streß (nach großen Schulproblemen immer noch Abi machen wollte, daß ich nicht hängengeblieben war ... (und) haben nie eine gute Ausbildung für mich für überflüssig gehalten."
> (Hochschulreife 1984 - Studentin der Germanistik und Psychologie)

Stellenwert des Schulerfolgs für die Eltern

Der Erfolg der Töchter im Gymnasium selbst wird zum Gegenstand gewissenhafter erzieherischer Bemühungen der Eltern. Ihre kulturellen Interessen, ihre intellektuelle Neugier und ihre allgemeine Aufgeschlossenheit Bildungsfragen gegenüber sind ihnen dabei sicherlich ein solides Fundament. Sie wissen aus eigener Erfahrung nur zu gut, welch hohe Wertschätzung und große Bedeutung der Hochschulreife für den weiteren Lebensweg zukommt und kooperieren eng mit dem Gymnasium bei möglichen Gefährdungen des Bildungsweges, sei es, daß sie durch Nachhilfeunterricht Schwächen auszugleichen versuchen oder einfach zunächst gelassen bleiben, sei es, daß sie mit den Töchtern gemeinsam üben und ihnen jede Unterstützung zukommen lassen sowie ihnen Mut zusprechen oder ihren Schulerfolg durch vielfältige kulturelle Anregungen in der Freizeit und Sprachstudien im Ausland eher indirekt, aber dafür um so wirksamer, unterstützen und fördern. Für die Töchter bedeutet dies natürlich, eine ständige Herausforderung "gut" zu sein.

LYDIA:

> "Meine Pflegeeltern hatten meine Begabung für das Malen erkannt. Sie kauften mir Material und zeigten mir Kunstwerke in L. Einen Tag fuhren sie mit mir nach München. Nach einem Spaziergang in der Innenstadt mit dem einzigartigen Städtebau ... brachte man mich in eine Gemäldeausstellung (Pinakothek), wo ich ermuntert wurde, mich über die Bilder in jeder Hinsicht zu äußern."
> (Zweiter Bildungsweg: Hochschulreife 1952 - Damenschneiderin, dann Volksschullehrerin)

CLAUDIA:

"Bruder und Schwester erhielten gemeinsam Privatunterricht in Sprachen einschließlich Latein, Deutsch, Geographie etc. außer in Mathematik. ... Latein als selbstverständlich auch für die Tochter angesehen, weil 'Bildungsgrundlage' ... sowohl Vater wie Mutter waren für Sprachen als wichtiges Mittel der Völkerverständigung und für Latein aus o. a. Beweggründen."
(Hochschulreife 1953 - Diplom-Volkswirtin, dann Übersetzerin)

PETRA:

"Von Eltern und Lehrern, auch von der Schwester meines Vaters, die bei uns im Hause lebte, geistig sehr interessiert war und selbst nie hatte studieren dürfen, bekamen wir jegliche Unterstützung. Das war keine Hilfe beim Lernen im heutigen Sinne, sondern nur viele Anregungen, viele Interessen, auch musischer und sportlicher Art; es war ein Klima der Aufgeschlossenheit, aber auch das selbstverständliche Pflichtbewußtsein. Man erwartete von uns einfach, daß wir richtig arbeiteten, uns richtig verhielten."
(Hochschulreife 1953 - Gymnasiallehrerin)

INGA:

"In meiner Freizeit habe ich im Chor gesungen (von mir ausgewählt, gemischter Chor), Klavierunterricht gehabt (gewünscht, aber widerwillig geübt, 8 Jahre lang), in einer Mädchen-Pfadfindergruppe mitgemacht, viele Konzerte und Theateraufführungen besucht (durchaus unterstützt von meinen Eltern)."
(Hochschulreife 1955 - Elektroassistentin)

MARIELLE:

"Das mit den Umstellungen (häufiger Gymnasialwechsel, d. Vf.) verbundene Nachlernen von Schulstoff in einzelnen Fächern wurde mir in eigener Verantwortung überlassen. Die Eltern waren gegenüber Schulschwierigkeiten gelassen. Weder sie noch ich rechneten je mit der Möglichkeit des Sitzenbleibens. 'Daß ein gutes Pferd nicht höher springt, als es muß', wurde akzeptiert."
(Hochschulreife 1957 - wissenschaftliche Mitarbeiterin an einer Universität)

RAPHAELA:

"Sie (die Brüder, d. Vf.) kamen ins gemischte humanistische Gymnasium, während man mich in eine Mädchenschule, in ein neusprachliches Gymnasium schickte, wo ich mit Latein Abitur ablegte. Allerdings sorgten meine Eltern dafür, daß ich Griechischunterricht in Form einer Arbeitsgemeinschaft besuchen konnte, ... so daß ich dann doch die 'gleichen Chancen' wie meine Brüder hatte."
(Hochschulreife 1957 - Gymnasiallehrerin)

CORA:

"Keine Schulschwierigkeiten. Eltern / Großeltern wirkten unterstützend, z. B. Englisch, Mathe. In der Oberstufe hatte ich dadurch eine gute Basis, als diese Hilfe nicht mehr greifen konnte."
(Hochschulreife 1960).

WALBURGA:

"Deutlich ist jedoch, daß ich in Mathematik weniger gut war. Allerdings konnte ich dann in der Oberprima nach meinem Amerika-Aufenthalt mit Hilfe von Nachhilfestunden die mathematischen Grundkenntnisse doch erfassen und schnitt mit einem 'Befriedigend' im Abitur ab."
(Hochschulreife 1960 - stellvertretende Feuilletonchefin einer großen überregionalen Tageszeitung)

DORIS:

"... Für die Schule war mein vieles Lesen sehr nützlich ... Als ich 16 war, gab es die Möglichkeit zu einem dreiwöchigen Schüleraustausch mit Frankreich, und da meine Eltern, vor allem wohl meine Mutter, meine Sprachkenntnisse fördern wollte, wurde ich dafür angemeldet, obwohl ich bis dahin noch nie ohne meine Eltern weggefahren war, wenn man von einem Aufenthalt im Kinderheim absieht, als ich 5 war, und den ich als ganz schrecklich in Erinnerung hatte. So kam ich im Sommer 3 Wochen in eine französische Familie nach Grenoble, und das Mädchen aus der Familie anschließend 3 Wochen zu uns. Ich fand den Aufenthalt in Frankreich sehr anstregend, da ich bis dahin erst 2 Jahre Französisch gehabt hatte und die Sprache sehr schlecht konnte, aber nach einer Woche kam

ich zurecht, und seitdem war mir Französisch nicht mehr so fremd. Ein Jahr später wurde von der Schule ein dreimonatiger Aufenthalt in England angeboten. Ob ich das selber wollte, oder meine Eltern das für mich entschieden, weiß ich nicht mehr. Ich denke, daß ich zugleich Angst davor hatte und es selber wollte. Das war eigentlich eine sehr gute Zeit für mich. ... Ich empfand diese Zeit in mancher Hinsicht wie eine unproblematische Pause in meiner Entwicklung. Ich habe dort in England am Unterricht teilgenommen (wieder eine reine Mädchenschule, eine Public Grammar School), aber ich habe ihn natürlich nicht ganz so ernst genommen wie zuhause, und ich habe bei Latein nicht mit gemacht, weil mir das zu anstrengend war, und ich die Vokabeln nicht konnte. Alles andere habe ich mitgemacht, einschließlich der Hausaufgaben. Das Mädchen in der Familie hat mir meine englischen Aufsätze korrigiert, und ich habe dann oft bessere Noten bekommen als sie, was wir beide etwas komisch fanden, aber schreiben konnte ich nun."
(Hochschulreife 1967 - wissenschaftliche Mitarbeiterin an der Universität)

ELFI:

"Wir hatten für damalige Begriffe sehr viele und schöne Spielsachen und Bücher, waren gut gekleidet und fuhren jedes Jahr mit unseren Eltern in den Urlaub (Tirol, Kärnten, Italien ...)."
(Hochschulreife 1972 - Sonderschullehrerin)

GABY:

"Latein und Griechisch fand ich zwar als Fächer ziemlich gräßlich, übernahm aber von meinen Eltern mit einem gewissen Stolz die Einschätzung auf der 'besseren' Schule (humanistisches Gymnasium, d. Vf.) zu sein. ... In der 10. Klasse ging ich für ein Jahr als Austauschschülerin in die USA."
(Hochschulreife 1974 - Ärztin)

JUDITH:

> "Sie (die Eltern, d. Vf.) haben mit mir gebüffelt, mir Nachhilfe verschafft und mich unterstützt, wie sie nur konnten: sie wollten mir einen reibungsloseren Schulablauf ermöglichen, als sie ihn selbst hatten."
> (Hochschulreife 1984 - Studentin der Germanistik und Psychologie)

Vorbildfunktion der Väter

Im Vordergrund stehen dabei zweifelsohne die gesellschaftlichen Bildungs- und Berufsziele, die sich die Eltern für ihre Töchter bei der Entscheidung für das Gymnasium setzen. Das Schulziel "Gymnasium" wird auf diese Weise für die Eltern zur Absicherung und zum Vehikel für die Durchsetzung sozialer beziehungsweise beruflicher Ansprüche für ihre Töchter. Diesen Zusammenhang zwischen Schulwahl und Sozial- beziehungsweise Berufschancen vermitteln insbesondere die Väter in ihren Erziehungsbotschaften an die Töchter immer wieder. Ihre geistige Haltung und ihre Vorbildfunktion in den Familien beeinflußt entscheidend den gymnasialen Bildungsweg und das Selbstbewußtsein der Töchter; sie stecken dabei gewissermaßen Leistungserwartungen und Bildungsterrain ab und legen zugleich die Bildungserwartungen und -ziele fest.

Eine bildungsmäßige Benachteiligung der Töchter wird hierbei von den Vätern weder akzeptiert noch geduldet, und das kann als ein allgemein geteiltes Grundmuster im Besitz- und Bildungsbürgertum angesehen werden. Ein sehr augenfälliger Ausdruck und ein Symbol für diese grundsätzliche Haltung ist das weitgehende Fehlen bornierter geschlechtstypischer Bildungsvorurteile hinsichtlich eines Gymnasial- und Hochschulabschlusses ihrer Töchter. Die Väter beeinflussen auf diese Weise nachhaltig den gymnasialen Bildungsweg ihrer Töchter und damit auch ihren weiteren Studien- und Berufsweg. Im wesentlichen geschieht die Einflußnahme der Väter auf den gymnasialen Bildungsweg ihrer Töchter, wie die Aussagen der Absolventinnen eindrucksvoll zeigen, eher beiläufig und vielfach ohne besonderen Nachdruck und Disziplinarmaßnahmen.

GRETEL:

> "Vater wünscht humanistisches Gymnasium, da jeder Studienzweig möglich sei ... Die Schulwahl durch meinen Vater und eigenes Interesse bestimmten sicher die Studienwahl."
> (Hochschulreife 1951 - Gymnasiallehrerin)

MIRA:

"Vor allem der Vater zeigt und erklärt mir die 'Welt' und spricht von den kommenden Jahren, in denen seine Tochter Gymnasiastin und später Lehrerin sein werde."
(Hochschulreife 1952 - Gymnasiallehrerin)

ADELHEID:

"Auch war mir ... durchaus bewußt, daß ich dem Vorbild meines Vaters folgen wollte (im Krieg gefallen, d. Vf.), der von meiner Mutter als intelligent, wißbegierig, lesebegierig (es war immer die Rede von einer Bibliothek, die in D. verbrannt war) geschildert wurde ..."
(Hochschulreife 1960 - Führungsposition in einem großen internationalen Konferenzzentrum)

ELFI:

"Der einzige, der mich in der Schule immer bestärkt und unterstützt hat, war mein Vater. Er war derjenige, der mir Mut machte und auch meine Leistungen positiv bewertete."
(Hochschulreife 1972 - Sonderschullehrerin)

CHRISTINE:

"Ich war erstes Kind in der Verwandtschaft, das überhaupt diesen Schulerfolg hatte und erstes und einziges Mädchen mit Abitur (und Latinum, entsprechend väterlichem Bildungsbegriff)."
(Hochschulreife 1978 - Gesamtschullehrerin)

ANGELIKA:

"... mein Vater war selber Lehrer, sah sich von daher nicht nur kompetent, sondern fast schon verpflichtet, meine schulische Laufbahn zu kontrollieren."
(Hochschulreife 1983 - Studentin der Psychologie)

Erziehungseinfluß der Mütter

Es zeigt sich in diesem Zusammenhang eines ganz deutlich: Die Mütter des Besitz- und Bildungsbürgertums stellen ebenso wie die Väter den gymnasialen Bildungsweg und eine qualifizierte Berufsausbildung überhaupt nicht in Frage; sie wird von ihnen ebenfalls als eine große Selbstverständlichkeit angesehen und ist nie ernstlich Gegenstand irgendwelcher Erörterungen und Auseinandersetzungen zwischen Müttern und Töchtern. Viele dieser Töchter haben - wenn auch nicht ganz konfliktfrei - eine enge Mutterbeziehung; sie identifizieren sich weitgehend mit ihrer Mutter, und das heißt auch, daß sie sich ihr gegenüber wenig abgrenzen. Dabei mag, neben sozialpsychologischen Momenten, gleichfalls ein zeitlicher Einfluß eine Rolle spielen: Mütter sind viel öfter zu Hause anwesend als ihre Ehemänner - und auch die Töchter verbringen ihre Freizeit viel häufiger in der Familie als ihre Brüder.[72] Mit dem Hinweis auf die Intensität der Mutter-Tochter-Beziehung wird aber auch einsichtig, daß es vielfach Mütter sind, die ihren Töchtern die Bildungsvorstellungen in der alltäglichen Erziehung und Lernarbeit immer wieder mit Nachdruck nahebringen. Und sie achten darauf, zum Teil sogar gegen ernsthaften Widerstand, daß ihnen entsprochen wird.

Deutlich wird dabei auch, daß sie ihre Töchter nicht ausschließlich auf Ehe und Familie als einzige Möglichkeit weiblicher Existenz hin erziehen, zumal sie selbst teilweise bereits die bittere Erfahrung gemacht haben, daß eine Ehe keine Lebens- und Risikoversicherung bietet. Diese für den Bildungsweg der Töchter sehr wesentlichen Einstellungen der Mütter sind natürlich in starkem Maße von ihren eigenen gymnasialen und teilweise auch universitären Ausbildungen mitgeprägt. Sie haben sicherlich entscheidend das zukünftige Rollen- und Frauenbild sowie Selbstverständnis der Töchter und ihren Weg in höhere Bildungs- und Berufslaufbahnen mitbeeinflußt.

GRETEL:

> "Mutter wünscht sichere Berufsausbildung ... Meine Mutter erzog mich niemals zum Heiraten, da Männer, wie sie stets sagte, verloren gehen können. Abgeschlossene Berufsausbildung war oberstes Ziel ... abgesicherte Existenz war mir durch die Mutter vermittelt worden als erstrebenswertes Ziel."
> (Hochschulreife 1951 - Gymnasiallehrerin)

72 Vgl. Tillmann 1991.

UNDINE:

"Nicht nur Mutters Erfahrungen machten es selbstverständlich, daß wir Mädchen eine fundierte Ausbildung erhalten sollten. Es war auch der Erziehungsstil, der uns Mädchen viel Freiheit ließ - wir wurden nicht auf Ehe und Familie als die einzige Möglichkeit für Mädchen fixiert - und den Jungen ebenfalls Verpflichtungen für die Familie auferlegt: so mußten die Brüder bei der Hausarbeit helfen. Wir Mädchen hörten nie 'so etwas schickt sich für ein Mädchen nicht.'"
(Hochschulreife 1951 - Gymnasiallehrerin)

MIRA:

"Als ich 9 Jahre alt wurde, also noch zur Volksschule ging, starb der geliebte Vater. Die Mutter, der kurz zuvor schon die beiden Eltern gestorben sind, hat nur noch die Tochter; sie wird zur 'fressenden Mutter': Sie unterdrückt die Interessen und lähmt den Unternehmungsgeist der Tochter in allen angeblich für den Schulerfolg und die Berufsvorbereitung nicht relevanten Bereichen, sei es auf musischem, sozialem oder sportlichem Gebiet. ... Ich bin vom Schuleintritt bis zum Abitur eine gute Schülerin, leide aber immer sehr unter der starren Erwartungshaltung der Mutter. Meine ursprüngliche Wissensfreude und Aktivität, mein von den Lehrern genährtes Selbstwertgefühl werden belastet durch das Fehlen der mütterlichen Anerkennung (gute Leistungen sind in den Augen der Mutter etwas 'Selbstverständliches') und durch die Angst vor dem mütterlichen Liebesentzug. ... Ich setze, von der Mutter unterstützt (gegen den Willen des Stiefvaters, d. Vf.), meinen Willen durch, gehe an die Universität ..."
(Hochschulreife 1952 - Gymnasiallehrerin)

INGA:

"Als ich nach der 10. Klasse bei der Berufsberatung war und sich herausstellte, daß ich keine spezielle Begabung oder dezidiertes Interesse hatte, schlug die Berufsberaterin (schon 1951) meiner Mutter vor, mich doch ruhig Abitur machen zu lassen 'auch wenn ich nicht studieren' würde, die Zeit zum Lernen und Denken sei unschätzbar und keinesfalls vertan. Damit hatte sie vermutlich meine Mutter in ihrer Intention bestärkt."
(Hochschulreife 1955 - Elektroassistentin)

SANDRA:

"Die fehlende persönliche Anerkennung (als Flüchtling in der neuen Umgebung, d. Vf.) ersetzte ich durch ausgezeichnete Noten in der Schule. Diese Noten kamen aber auch zustande, weil ich von meiner alten Schule her hoch motiviert war und außerdem mich dem Erwartungsdruck meiner Mutter nicht zu entziehen wußte."
(Hochschulreife 1959 - Gymnasiallehrerin)

IRENE:

"Die Wahl der weiterführenden Schule wurde von meiner Mutter nie in Frage gestellt, so daß der Übergang auf das Gymnasium auf Grund der in der Volksschule erreichten Noten und der damaligen obligatorischen Aufnahmeprüfung selbstverständlich war."
(Hochschulreife 1960 - Gymnasiallehrerin)

WALBURGA:

"Daß ich Abitur machen würde und später studieren, war trotz der Finanznot meiner Mutter (geschieden, d. Vf.) selbstverständlich. ... Vorbild - außer dem meiner Mutter - war die Mutter meiner Freundin, der es - mit 24 Jahren, vier Kindern, geschieden - gelungen war, Abitur nachzuholen (im Krieg) und Jura zu studieren (in den Jahren 45 bis 50), sich als Anwältin zu etablieren."
(Hochschulreife 1960 - stellvertretende Feuilletonchefin einer großen überregionalen Tageszeitung)

DORIS:

"... es war trotzdem für mich selbstverständlich, daß ich aufs Gymnasium kam, weil ich in der Schule gut war. Für meine Mutter war es auch selbstverständlich ... Meine Mutter war nie gerne Hausfrau, wie ich heute weiß, und ich habe das auch früher gespürt, obwohl sie es damals nicht sagte. Sie hat mir immer das Gefühl vermittelt, daß es für mich wichtig war, zu lernen, und ich kam nie auf die Idee, als Mädchen sei das nicht wichtig. Mein Ehrgeiz wurde zuhause positiv bewertet bzw. direkt gefordert, es gab z. B. kleine Belohnungen für gute Klassenarbeiten (z. B. 50 Pfennig). Mein

Bruder lernte nicht so gut; ich wurde ihm immer in der Beziehung als Vorbild hingestellt."
(Hochschulreife 1967 - wissenschaftliche Mitarbeiterin an der Universität)

ELFI:

"Meine Mutter war es, die uns dieses bessere Leben (Bücher, Reisen, d. Vf.), das sie als Kind nicht hatte, unbedingt bieten wollte. 1964 kam ich ins Gymnasium. Ab diesem Zeitpunkt änderte sich mein gesamtes Leben. Es war meine Mutter, die mir einschärfte, stets fleißig zu lernen. Ohne Abitur wäre eine Frau eben nichts. Von Beginn an wurde mir eingeredet, daß der Idealberuf einer Frau Lehrerin sei (Da ich Gehorsam gewohnt war, fügte ich mich dieser Meinung). ... Meine Mutter drohte mir ständig (bei Lernschwierigkeiten, d. Vf.), mich vom Gymnasium zu nehmen und mich in eine Schneiderlehre zu schicken. Sie dramatisierte das immer derartig, welche Enttäuschung ich für sie sei - ihre einzige Tochter Schneiderin! Also lernte ich, so gut es ging, für meine Mutter, um von ihren Reden Ruhe zu haben."
(Hochschulreife 1972 - Sonderschullehrerin)

HERTHA:

"Dieser Strenge (der Lehrer, d. Vf.) und der Kontrolle meiner Mutter habe ich es zu verdanken, daß ich später mit meinem Schulwissen sehr viel anfangen konnte und heute fremde Sprachen sehr viel schneller lerne. ... Wenn ich nach diesem Rückblick die Faktoren benennen soll, die in dieser Zeit prägend gewesen sind, so war das sicher die Situation in meiner Herkunftsfamilie, die sich sehr von der meiner Schulkameraden, was die Stellung und Durchsetzungsfähigkeit der Mutter betrifft, abhob."
(Hochschulreife 1975)

LAURA:

"Meine Mutter hatte niemals einen Beruf ausgeübt, das gab in unserer Familie mehrmals Anlaß zu Konflikten. ... Meine Mutter fand meinen Wunsch nach einem Medizinstudium auch gut. ..."
(Hochschulreife 1977 - Fachärztin für Gynäkologie)

ANGELIKA:

> "Über mangelnde Förderung seitens meiner Eltern kann ich mich wirklich nicht beklagen. Sie bestärkten mich und halfen mir, wo sie konnten. Meine Mutter war ja nicht berufstätig, hatte von daher viel Zeit ... 1974 kam für mich der Wechsel auf ein Gymnasium. ... Meine Mutter hat, wie ich erst viel später erfuhr, versucht, mich beim einzigen Mädchengymnasium der Stadt (von Augustiner Chorfrauen geleitet) anzumelden. An der Schule war es üblich, daß jede, deren Mutter oder Schwester dort waren, auch dort aufgenommen wurden. Der Rest lief über Losentscheid. Meiner Mutter gelang es weder über Losentscheid noch über Vitamin B, mich an dieser Schule anzumelden - zum Glück, sage ich heute, denn die Erziehung an dieser Schule orientiert sich sehr an den traditionellen Rollenklischees für Frauen."
> (Hochschulreife 1983 - Studentin der Psychologie)

Einstellung der Mütter zu familialer Rollenverteilung

Gleichwohl halten - trotz des durchweg hohen Bildungsanspruchs gerade in den Kreisen des Besitz- und Bildungsbürgertums - doch einige dieser Mütter vor allem bis in die sechziger Jahre hinein in der Erziehung ihrer Töchter immer noch zugleich unbeirrbar an herkömmlichen Modellen der Rollen- und Arbeitsteilung zwischen den Geschlechtern in der Familie fest. Das erscheint vielen Absolventinnen keineswegs immer gerecht - vor allem, wenn sie die Auswirkungen bedenken, sehen sie doch an ihren Brüdern und Vätern, daß es zwei verschiedene "Parteien" in der Familie zu geben scheint; die eine hat den Haushalt zu führen, damit die andere sich ihrer Bequemlichkeit und ihren Interessen widmen kann.

CLAUDIA:

> "Für Eltern ... war es schon selbstverständlich, daß auch Tochter Beruf erlernt und ausübt, Mutter beeinflußte dabei mehr in die Richtung des 'Frauseinmüssens' - eine 'Frau muß Opfer bringen' etc. (in der Ehe). Einfluß der Berufswahl ging zurück auf Mutter (da Vater nicht in der Familie lebte und viel auf Reisen war)."
> (Hochschulreife 1953 - Diplom-Volkswirtin, dann Übersetzerin)

BERNADETTE:

> "Im Elternhaus war das trotz offener Erziehung doch etwas anders. In der Küche und bei der Wäsche hilft die Tochter (der Mutter, d. Vf.), die teuere Ausbildung ist für den Sohn. Für dessen Studium mußte alles gespart werden."
> (Hochschulreife 1955 - Volksschullehrerin)

MARIELLE:

> "Kleinigkeiten in der Familie: die beiden Schwestern helfen bei der Hausarbeit, nähen ihre Kleider, geben Nachhilfestunden, um ein klägliches Taschengeld aufzubessern. Der Sohn, zugleich jüngstes Kind, hilft nicht im Haushalt - ein Junge braucht das nicht! Er spielt mit Technik-Baukasten, richtet sich ein Chemielabor ein."
> (Hochschulreife 1957 - wissenschaftliche Mitarbeiterin an der Universität)

VERA:

> "Während sie (die Mutter, d. Vf.) von meinen Schulleistungen sehr beeindruckt war und sich damit identifizierte, klagte sie über meine angeblich schlechten hausfraulichen Fähigkeiten und Interessen. Sie betonte immer, daß eine richtige Frau Kinder haben müsse, und die Kinder es nur bei Hausfrauen gut hätten. Gleichzeitig bedauerte sie sich selber, keinen Beruf zu haben und finanziell abhängig zu sein."
> (Hochschulreife 1961 - habilitierte Akademische Rätin an der Universität im Bereich Psychologie)

Einstellung der Absolventinnen zu konventionellen Bildungs- und Lebensentwürfen ihrer Mitschülerinnen

Man muß sich allerdings ebenso vor der Annahme hüten, Gymnasialschulabsolventinnen des Besitz- und Bildungsbürgertums hätten sich schon weitgehend von stereotypen Rollenzuschreibungen in der Familie, insbesondere in den fünfziger und sechziger Jahren, gelöst. Geschlechtstypische Bildungsvorstellungen und -einstellungen, die indes allzu offenkundig mit einer ablehnenden Haltung gegenüber einer guten Schul- und Berufsausbildung einhergehen, werden, wie die kritischen Einschätzungen der Absolventinnen zum Verhältnis von Mitschülerinnen und deren Eltern, Verwandten und Bekannten im Hinblick auf deren traditionelle Bildungs- und Lebensentwürfe belegen, nicht mehr akzeptiert und strikt zurückgewiesen.

UNDINE:

"... für viele von uns galt, daß der Besuch der Oberstufe mit Einschränkungen verbunden war, was übrigens auch bei vielen Jungen der Fall war. Allerdings kann man sagen, daß es in vielen Familien selbstverständlich war, diese Einschränkungen für Jungen auf sich zu nehmen als für Mädchen. Solche Einstellungen habe ich nur indirekt über Klassenkameradinnen, die nach dem Einjährigen das Gymnasium verlassen hatten, miterlebt."
(Hochschulreife 1951 - Gymnasiallehrerin)

MIRA:

"Von den ca. dreißig Mädchen in meiner Klasse, welche die 6. Klasse der 'Städtischen Oberrealschule' absolviert, also die 'Mittlere Reife' erworben hatten, blieben nur sechs bis sieben Mädchen weiter an der Schule, um das Abitur zu machen. Ihre Entscheidung wurde von den ehemaligen Mitschülerinnen mit Unverständnis und Bedauern kommentiert. Die Möglichkeit, schon Geld zu verdienen, freie Abende und Wochenenden und bessere Heiratschancen wurden dem knappen Taschengeld und den 'durchlernten' Abenden und Wochenenden der dem Abitur zustrebenden Gymnasiastinnen gegenübergestellt, die 'irgendwann ja doch heiraten' würden."
(Hochschulreife 1952 - Gymnasiallehrerin)

PETRA:

"Aus der damaligen 'Volksschule' gingen mit mir nach der 4. Klasse nur noch ca. 5 - 6 Mädchen 'auf das Gymnasium - 1943. Viele der anderen Schülerinnen versicherten mir später, wie gerne auch sie auf die höhere Schule gegangen wären - und es waren sehr gute Schülerinnen darunter -, aber daran war nicht zu denken. Die Eltern zogen das nie in Erwägung."
(Hochschulreife 1953 - Gymnasiallehrerin)

WALBURGA:

"Unterschiede in den Bildungschancen für Jungen und Mädchen habe ich in der Familie nicht erlebt, im übrigen nicht wahrgenommen, wohl auch einfach als gegeben hingenommen, daß viele Mädchen von ihren Eltern auf Heirat hin erzogen wurden. Etwa ein Drittel meiner Mitabiturientinnen betrachtete den Beruf als Durchgangsstadium zur Ehe - ein Lebensentwurf, der für mich unmöglich war."
(Hochschulreife 1960 - stellvertretende Feuilletonchefin einer großen überregionalen Tageszeitung)

DORIS:

"2 Mädchen aus meiner Klasse gingen mit 16 von der Schule ab, weil sie ein Kind bekamen und heirateten (beide einen Amerikaner - in F. gab es viele amerikanische Soldaten). Wie wir anderen das fanden, weiß ich nicht mehr so genau. Sie waren keine guten Schülerinnen gewesen, hatten auch nicht richtig hochdeutsch gesprochen, sondern F. Dialekt, und kamen nicht aus intellektuellen Elternhäusern. Vielleicht haben wir sie um die Heirat ein bißchen beneidet, aber es bald wieder vergessen. Für mich war auf jeden Fall immer klar, daß ich Abitur machen wollte. ... Ich habe eigentlich nie überlegt, aufzuhören, wie manche andere in der Klasse."
(Hochschulreife 1967 - wissenschaftliche Mitarbeiterin an der Universität)

ELISABETH:

"Schwierigkeiten gab es von Seiten des Elternhauses meiner Schulkolleginnen. Wir wohnten in einem Stadtteil, in dem Arbeiterfamilien dominierten. Ich kann mich erinnern, daß einigen begabten Mädchen meiner Klasse von den Eltern der Besuch eines Gymnasiums nicht gestattet wurde (trotz Intervention der Lehrerin), weil sich dies bei Mädchen nicht lohnt."
(Hochschulreife 1967 - wissenschaftliche Mitarbeiterin an der Universität)

Fächer- und Schulzweigwahl als Ausdruck althergebrachter Geschlechtsrollenerziehung

Andere geschlechtstypische Bildungsvorstellungen und -einstellungen, die ebenso koventionell sind, aber im allgemeinen unbewußter bleiben, haben ihre Gültigkeit behalten und können - bei aller Selbstverständlichkeit des Abschlußziels "Abitur" - gleichsam im Verborgenen weiterwirken, weil sie noch immer die Zukunft der Gymnasialschulabsolventinnen weitgehend bestimmen. Sie stellen oft nur eine teurere und luxuriösere Variante überkommener Erziehung dar und scheinen als einstiges soziales "Rangabzeichen" der Arbeitsteilung nachzuwirken. Das wird besonders offenkundig an der konventionellen Fächer- und Schulzweigwahl von Eltern und ihren Töchtern, die selbst noch in beträchtlichem Maße einer bestimmten Vorstellung von spezifisch weiblichen "Möglichkeiten" und "Begabungen" anhängen, die fortlaufend vom herkömmlichen Modell der Arbeitsteilung zwischen den Geschlechtern gestützt wird.[73] Es versteht sich von selbst, daß es weder von Lehrerinnen und Lehrern noch von Mitschülerinnen und -schülern grundlegend in Frage gestellt wird.

ISOLDE:

> "Ich war immer auf reinen Mädchenschulen - auch in der Volksschulzeit - und hatte drei Fremdsprachen (Englisch, Latein, Französisch), d. h. ich besuchte nach heutiger Diktion ein Neusprachliches Gymnasium mit grundständigem Englisch. Meine Lieblingsfächer waren Deutsch und Geschichte, auch die Naturwissenschaften bereiteten mir keine besonderen Schwierigkeiten bei dem damaligen Niveau, im Gegenteil, als Tochter aus einer Chemikerfamilie mußte ich abschließend immer alles erklären können. ... Von der *Fächerseite* her war das neusprachliche Gymnasium auf die drei Sprachen Englisch, Französisch, Latein ausgerichtet, Naturwissenschaften wurden weniger gelehrt, mehr in Arbeitsgemeinschaften, interessierten mich auch weniger ..."
> (Hochschulreife 1950)

RAPHAELA:

> "Beim Übertritt ins Gymnasium aber schlugen meine Brüder einen anderen Weg ein als ich: Sie kamen ins gemischte humanistische

73 Vgl. Bourdieu und Passeron 1971, Bourdieu 1982.

Gymnasium, während man mich in eine Mädchenschule, in ein neusprachliches Gymnasium, schickte, wo ich mit Latein Abitur ablegte ... Der Grund dafür, daß meine Eltern mich auf eine Mädchenschule schickten, war, daß sie meinten, die Entwicklung von Jungen und Mädchen sei bis zum 17. Lebensjahr unterschiedlich schnell, darum seien getrennte Schulen für Lehrer und Schüler angenehmer."
(Hochschulreife 1957 - Gymnasiallehrerin)

ADELHEID:

"Meine Neigung zu Fremdsprachen bzw. auch zu den mehr geisteswissenschaftlich orientierten Fächern wie Deutsch, Geschichte, aber auch Erdkunde, zeigte sich in diesen Jahren deutlich. In welchem Ausmaß diese Neigung durch das Verhalten des Lehrers verstärkt wurde, ist mir heute nicht klar. Deutlich ist jedoch, daß ich in Mathematik weniger gut war."
(Hochschulreife 1960 - Führungsposition in einem großen internationalen Konferenzzentrum)

DORIS:

"Ich kam auf ein reines Mädchengymnasium. ... Mit dem Eintritt in die Oberstufe mußten wir wählen, ob wir in den sprachlichen oder in den mathematischen Zweig wollten. Ich habe wie die meisten den neusprachlichen Zweig gewählt. Das war für mich ziemlich klar, obwohl ich etwas darüber nachgedacht habe, und die Selbstverständlichkeit, mit der die meisten von uns Mädchen den sprachlichen Zweig gewählt haben, mich eher davon abgehalten hat. Das erschien leichter, und ich wollte eigentlich nicht den leichten Weg, und Mathematik mochte ich auch, aber ich hatte doch Bedenken vor Physik und Chemie. Im Vergleich dazu fühlte ich mich bei Sprachen sicherer."
(Hochschulreife 1967 - wissenschaftliche Mitarbeiterin an der Universität)

ELISABETH:

"Die Wahl des Gymnasiums (noch nicht so differenziert wie heute!) entsprach auch unseren Begabungen (die auch zufällig den

typischen Rollenvorstellungen entsprachen: mein Bruder Mathematik, ich Sprachen)."
(Hochschulreife 1967 - wissenschaftliche Mitarbeiterin an der Universität)

ANNEGRET:

"Obwohl ich in allen Fächern (außer den musischen) recht gut war, lag meine Stärke eindeutig in den naturwissenschaftlichen Fächern, ich machte gerne Physik, Mathe und Chemie (In der Oberstufe interessierte ich mich dann stärker für die sozialwissenschaftlichen Fächer). Trotzdem zog ich es vor, das Abitur mit neusprachlicher Ausbildung zu machen. Hätte ich den Schwerpunkt auf Naturwissenschaften legen wollen, hätte ich an die Jungenschule wechseln müssen. Das machte damals keine Schülerin. Die Unsicherheit, dort nicht mitzukommen, weil unser Mathematikunterricht ja sowieso 'minderwertig' war - nach Ansicht der Jungen und vielleicht auch einiger Lehrer -, war mir zu groß. Kein Lehrer hatte sich bisher dafür eingesetzt, daß ein Übergang möglich gewesen wäre. Ich weiß nicht, ob der Mathe- oder Physik-Stoff in der Jungenschule anders oder umfangreicher abgehandelt wurde. Eine weitere Möglichkeit, einen naturwissenschaftlichen Akzent in meine Schullaufbahn zu bringen, wäre gewesen, Physik in der 12. und 13. Klasse als Schwerpunkt zu wählen (anstelle von Chemie bzw. Biologie, die üblicherweise von den Mädchen bevorzugt wurden). Es interessierten sich jedoch nur drei von ca. 60 Schülerinnen meines Jahrgangs dafür und somit fiel das aus. Wir wären seit Jahren der erste Physikkurs an unserer Schule gewesen. Sicherlich spielt es dabei auch eine Rolle, daß die einzige Lehrerin, die es hätte unterrichten können, uns davon abriet, weil sie Angst hatte, der Stoff würde zu schwierig für uns - in Wirklichkeit aber hatte sie wohl selbst Angst vor der Vorbereitung."
(Hochschulreife 1970 - wissenschaftliche Mitarbeiterin an der Universität)

GABY:

"Ich war in der Mittelstufe immer gut in Mathematik und Physik gewesen. In der 11. Klasse verliebte ich mich in einen Klassenkameraden, wobei diese Liebe stärker von mir als von ihm ausging. Zur gleichen Zeit hörte ich, zu der Zeit auch übersensibel, (neidi-

sche) Bemerkungen von Klassenkameraden in dem Sinne, daß ich zwar sehr gut in Mathe und Physik sei, daß aber meiner 'Weiblichkeit' etwas fehle. Hierdurch verunsichert, stellte ich mich in diesen Fächern blöder an, als ich war. Sobald aufgrund der reformierten Oberstufe dafür Gelegenheit war, wählte ich Mathe und Physik ab (Dies auch, weil ich darauf angewiesen war, wegen des NC einen guten Abiturdurchschnitt zu haben und mir Mathe und Physik inzwischen schwieriger erschien als andere Fächer.)."
(Hochschulreife 1974 - Ärztin)

WILMA:

"Nach der Realschule kam ich dann zum Mädchengymnasium ... Als die Oberstufenreform in Klasse 12 plötzlich eingesetzt wurde, kamen kaum noch naturwissenschaftliche Kurse zustande. Wir Mädchen stürzten uns auf Sprachen, Deutsch und Geschichte ... Hier am Mädchengymnasium wurde mir sehr schnell bewußt, wieviel schlechter unsere Ausbildung im Vergleich zum Jungengymnasium war. Alle naturwissenschaftlichen Fächer waren nach der 10. Klasse beendet, uns wurden lediglich Sprachen, Geschichte, Erdkunde, Kunst, Musik und natürlich Hauswirtschaft mit ins 'Leben' gegeben."
(Mittlere Reife 1971, Hochschulreife 1974 - Grundschullehrerin)

CHRISTINE:

"Keine klassische Mädchensozialisation. Grundschule konfessionell, aber gemischt, dann neusprachliches Gymnasium eines Landkreises besucht, ebenfalls gemischt, aber getrennte Klassen: frühe 'Matheschwäche' zugunsten 'Sprachbegabung' als Folge zeitgenössischer Ideologie, ansonsten keine Benachteiligungen."
(Hochschulreife 1978 - Gesamtschullehrerin)

ANGELIKA:

"Meine Lieblingsfächer waren Deutsch, Englisch und Bio. Sprachen fielen mir von Anfang an leicht, Mathe aber zunehmend schwerer, obwohl ich mich erinnern kann, in der Unterstufe des Gymnasiums noch recht gut gewesen zu sein. Ob diese Entwicklung an der 'elterlichen Weichenstellung' gelegen hat? Mein Vater bestärkte mich eher in Latein als in Mathe, Rückhalt bekam ich von meinen Eltern eher auf dem Gebiet der Fremdsprachen als im

Bereich der Naturwissenschaften. Das ging soweit, daß sie mich für ein ausgesprochenes Fremdsprachengenie hielten. Natürlich bestärkte mich diese Einschätzung, und ich konzentrierte mich mehr auf die Sprachen als auf die Naturwissenschaften (als wir Chemie als neues Fach bekamen, interessierte es mich zwar, aber ich resignierte ziemlich bald vor den Formeln, die es auszubalancieren galt. Wozu Ehrgeiz? Ich hatte ja mehr oder weniger 'meinen' Bereich, in dem ich Bestätigung fand. Und somit hatte wohl die Phase eingesetzt, in der die Jungen nachzogen und sich in 'ihren' Fächern etablierten. Wir Mädchen sahen uns in Mathe, Physik und Chemie bald überflügelt. Ich versuchte trotzdem, einigermaßen am Ball zu bleiben, wenigstens in Mathe. Ich hatte Mathe - gezwungenermaßen - als 4. Abifach, habe dann dafür auch gearbeitet und sehr gut abgeschnitten. Ein Beweis, daß ich nicht schlicht zu doof dazu bin. Trotzdem kann ich nicht behaupten, durch diesen Einblick in die Materie mit dem Fach warmgeworden zu sein. Ich zog wirkliche Diskussionen den abstrakten Kurvendiskussionen vor, deren praktische Anwendung ich mir in meinem Leben nicht vorstellen konnte. Für mich war das, was ich da zu lernen und zu beherrschen hatte, 'l'art pour l'art'. Die praktische Anwendung von Fremdsprachen war viel klarer und wirklicher für mich. Ich hatte Englisch und Französisch als Leistungskurse. Wie mir erst da bewußt wurde, sind Fremdsprachen absolute Frauendomäne. Im Englischleistungskurs nur 2 Jungen. Aus heutiger Sicht glaube ich, daß ich auch jedes andere Fach als Leistungskurs hätte schaffen können. Mein Zutrauen und meine Sicherheit lag nur zu lange auf dem Fremdsprachengebiet. Meine Eltern sahen mich schon als Dolmetscherin oder Übersetzerin, aber irgendwann glaubte ich den ganzen Mist nicht mehr, hielt mich für absolut durchschnittlich und die Kurse, in denen ich saß, für schlecht."
(Hochschulreife 1983 - Studentin der Psychologie)

WINNIE:

"Im Gymnasium waren in den Leistungskursen Mathematik und Physik fast nur Jungen, aber das interessierte mich nicht. Ich hatte als Leistungskurse Englisch und Kunst belegt. Da war die Verteilung Mädchen/Jungen ausgewogen."
(Hochschulreife 1983 - Hebamme)

JULIA:

> "Der Wechsel in die neunte Klasse war der nächste größere Einschnitt. Aufgrund der Fächer- bzw. Schulzweigwahl wurde unser Jahrgang vollkommen neu in drei Klassen zusammengewürfelt. Ich fand mich in einer fast reinen Mädchenklasse wieder, im Verhältnis 25:3. Die als 'Streberinnen' etikettierten Klassenbesten der Parallelklassen, meist nicht so stark in Mathe und Physik, statt dessen in Deutsch, Englisch und Latein, manche, die überall gleich schlecht waren und den neusprachlichen Zweig für bequemer hielten ... Auffällig war von Anfang an auch die inoffizielle Aufteilung der Kurse, vor allem der Leistungskurse, in 'mehr für Mädchen' und 'mehr für Jungen'. In den Leistungskursen Englisch, Französisch und Biologie dominierten die Mädchen, in Mathematik und Chemie die Jungen und in Sport und Geschichte/Sozialkunde war das Verhältnis relativ ausgeglichen. Auffällig war in dieser Hinsicht auch der Grundkurs Literatur: Nur Mädchen. Der Grundkurs rhythmische Gymnastik war offiziell für Jungen verboten. Es hätte sowieso keiner gewollt; der Kurs wurde als 'Gehopse' stets belächelt."
> (Hochschulreife 1985 - Studentin der Romanistik und Soziologie)

"Exotinnen" im mathematisch-naturwissenschaftlichen oder humanistischen Gymnasium

Gerade diese Aussagen der Gymnasialschulabsolventinnen aus dem Besitz- und Bildungsbürgertum zeigen nachdrücklich, daß man sich durch ihre guten gymnasialen Bildungsmöglichkeiten nicht täuschen lassen und, worauf schon hingewiesen wurde, sie als ein besonderes Kennzeichen für den Rationalitäts- und Demokratisierungsgrad im Hinblick auf ihren Bildungsweg auffassen darf. Dies wird auch nicht durch die vergleichsweise wenigen Ausnahmen des Übergangs in mathematisch-naturwissenschaftliche oder humanistische Gymnasien, die wohl vor allem durch die spezifischen väterlichen Bildungs- und Berufserfahrungen beeinflußt worden sind, grundlegend in Frage gestellt. Der Prestige- und Verwertungsgesichtspunkt dieser Bildungswahlen wird besonders von den Vätern als so gewichtig angesehen, daß man wohl kaum von selbständigen Entscheidungen der Töchter sprechen kann. Die Weichenstellungen des gymnasialen Bildungsgangs folgen dabei weitgehend eher unbewußt einer Erfolgsskala, die am etablierten "Elite-Wertsystem" Maß nimmt.

GRETEL:

"Vater wünschte humanistisches Gymnasium, damit jeder Studienzweig möglich sei."
(Hochschulreife 1951 - Gymnasiallehrerin)

BERNADETTE:

"Ab Obertertia, wo bei uns die erste Differenzierung einsetzte, war ich in einer gemischten Klasse des mathematisch-naturwissenschaftlichen Zweigs. In Mathematik war ich besser als die Jungen ... Nach der Mittleren Reife blieben nur wenige Schüler übrig: 9 'sprachliche Mädchen', 5 'mathematische' Mädchen, dazu eine 'sprachliche' und eine 'mathematische' Jungenklasse."
(Hochschulreife 1955 - Volksschullehrerin)

INGA:

"Als wir uns in der 10. Klasse für den mathematisch-naturwissenschaftlichen oder sprachlichen Zweig entscheiden mußten, wollte ich den sprachlichen wählen. Mein Vater argumentierte: wenn Du gern Sprachen willst, wirst Du das immer machen wollen und können, auch die Energie dafür aufbringen. Dann ist es sinnvoll, jetzt die Naturwissenschaften zu wählen."
(Hochschulreife 1955 - Elektroassistentin)

SELMA:

"Die Tatsache, daß mein Vater das humanistische Gymnasium selbst besucht hatte, lenkte die Aufmerksamkeit meiner Eltern auf diesen in Berlin ja ungewöhnlichen Schultyp. Noch ein zusätzliches Argument ließ sie sich für das Gymnasium entscheiden: es war eine auch überall in der Bundesrepublik übliche Schulform ..."
(Hochschulreife 1965 - wissenschaftliche Mitarbeiterin in einem Forschungsinstitut)

OLGA:

"Nach der 10. Klasse mathematisch-naturwissenschaftliche Vertiefungsrichtung gewählt, von 3 Klassen mit je 15 Schüler/innen machten das 2 Mädchen. Da die Klassenverbände (wie in der 10. Klasse) erhalten blieben für die Fächer Deutsch/Gemeinschaftskunde etc., fiel dieses Verhältnis nicht so stark auf. Ich war zum Ende der Schulzeit ziemlich isoliert von den anderen Frauen ..." (Hochschulreife 1976 - Ingenieurin für Werkstoffkunde)

b) Bedeutung der Schule

Mehr oder weniger herkömmlichen Verhaltensmustern durch geschlechtstypische Anpassung und Ausrichtung ihres gymnasialen Bildungsweges folgt die große Mehrheit der Gymnasialschulabsolventinnen. Während sich ihre Wünsche, was die Schule allgemein angeht, eher bescheiden ausnehmen, haben sie hohe Ansprüche an ihre Lehrerinnen und Lehrer als einfühlsame Pädagogen im Unterricht: Sie müssen Spaß verstehen und nicht so streng, gleichwohl "autoritär" und durchsetzungsfähig sein. Und sie müssen sich sowohl für ihr Fach als auch für ihre Schüler und Schülerinnen interessieren und selbst die langweiligsten Fächer noch "spannend" machen und gut erklären können.[74] Dieser hehre Anspruch, der viele Lehrerinnen und Lehrer vor kaum zu bewältigende Aufgaben stellt, hindert Absolventinnen aber nicht daran, konkret darauf hinzuweisen, daß geschlechtstypische Bildungsvorurteile nach wie vor von erheblichem Gewicht sind - vor allem wegen der pädagogischen Unzulänglichkeit von Lehrern. Dies deckt sich in diesem Fall weitgehend mit den Erwartungen eines Gymnasiums, das in seinem Geist und in seinem Lehrkörper zum Teil noch traditionsverhaftet - und männlich - geblieben ist, wie die ambivalenten Schilderungen und Einschätzungen über Lehrerinnen und Lehrer als ein negatives oder positives Rollenvorbild für die Absolventinnen eindrucksvoll dokumentieren.

Beurteilung der Lehrerinnen und Lehrer als Rollenvorbild

Die Absolventinnen wissen die Schwächen und Stärken ihrer Lehrerinnen und Lehrer sehr differenziert und präzise zu benennen und einzuschätzen. Es fällt dabei vor allem auf, daß sie nicht nur ihre fachlich-intellektuellen Vorzüge beurteilen, also ihr zumeist starkes persönliches Engagement für ihr Fach hervorheben, sondern wesentlich auch ihre Persönlichkeit im Hinblick auf die Sorgen und Nöte der ihnen anvertrauten Schülerinnen und Schüler einer harschen Kritik unterziehen. In diesem Zusammenhang registrieren und kommentieren sie sehr ausführlich und sehr genau ihre Stärken und Schwächen, aber ebenso solche

---

74 Vgl. Etzold 1994.

Problem- und Konfliktbereiche, die für sie hochsymbolisch, besonders auffällig und in unguter Erinnerung sind - vor allem, wenn Lehrer im mathematisch-naturwissenschaftlichen Fächerbereich oder allgemein krassen geschlechtstypischen Klischees erliegen und Frauen festumrissene Rollenreviere zuweisen wollen. Und manchmal entpuppen sich deren abfällige Bemerkungen sogar als Demütigung. Insbesondere sozial sehr sensible und kritische Absolventinnen sind gerade deshalb viel eher bestrebt, den allgemeinen und besonderen Erwartungen von Lehrern bei Meinungsverschiedenheiten und im Konfliktfall keineswegs nachzugeben und ihnen entschieden entgegenzutreten.

UNDINE:

> "Einige Lehrer und Lehrerinnen haben mich sehr beeindruckt, sei es, weil sie imponierten, oder sei es, weil man sie höchst sonderbar fand. Für einige Lehrer und Lehrerinnen habe ich geschwärmt. Der Direktor des Progymnasiums war 'väterlich' um die vielen S.-Kinder besorgt, der Direktor des Mädchengymnasiums in K. leistete Hilfe bei der Wahl der Studienfächer. Er riet mir vom Studium der Mathematik ab, und das bestimmt nicht nur, weil ich ein Mädchen war. Auf eine sehr beeindruckende alte Dame muß ich hinweisen, die zu den ganz frühen emanzipierten Frauen in Deutschland zählte. Daß sie ein glückliches Leben ohne die Einbindung in die eigene Familie führte, war eine frühe Erfahrung, die wirkt."
> (Hochschulreife 1951 - Gymnasiallehrerin)

LYDIA:

> "Wie meine Klassenlehrerin mir später mitteilte, wurde ich zur besonderen Betreuung in ihre Klasse gegeben. Ich war Lehrerstochter. Der Bruder wurde Dipl.-Ingenieur, und ich war Schneiderin. Man folgerte daraus, daß die Verhältnisse schwierig sein mußten. Ich schaffte aufgrund der Betreuung das Abitur. Bei Unregelmäßigkeiten wie Fehlen oder Absinken der Zensuren sprachen die Lehrer mit mir ... Die Klassenlehrerin sprach mir gegebenenfalls Mut zu. ... Lehrerinnen und Lehrer waren Förderer, die mich auf meine Begabungen hinwiesen, z. B. Malerin zu werden oder Biologie zu studieren."
> (Hochschulreife 1952 - Damenschneiderin, dann Volksschullehrerin)

MIRA:

"Die Lehrer legen dem bildungswilligen Mädchen keine Steine in den Weg, im Gegenteil: Meine Leistungen werden von ihnen, wenn sie mit den Jungen Schritt hält bzw. überflügelt, besonders anerkannt."
(Hochschulreife 1952 - Gymnasiallehrerin)

ADELHEID:

"Allerdings wurden von der Obertertia an doch einige Unterschiede deutlich, und zwar durch einen Klassenlehrer, der gleichzeitig unser Mathematik-, Chemie- und Physiklehrer war. Die Aussagen dieses Lehrers, daß Mädchen für Mathematik und die naturwissenschaftlichen Fächer nicht geeignet sind, sind mir noch in deutlicher Erinnerung. Dieser Lehrer bedeutete für eine Reihe meiner Klassenkameradinnen das Ende ihrer Schullaufbahn, da sie aufgrund der schlechten Noten in den 3 Fächern die Schule mit der Mittleren Reife verließen . ... Wie schon gesagt, war die Mehrzahl des Lehrkörpers weiblich. Einige dieser Frauen waren für uns - und auch für mich - durchaus eine Art Rollenmodell, jedoch in unterschiedlicher Weise. Bei einer jüngeren Lehrerin faszinierte uns 13- bis 14jährigen damals ihr modisches Aussehen; bei anderen war es ihre Lebendigkeit im Erzählen historischer Abläufe und bei einer Dritten, die meine Klassenlehrerin in der Oberstufe war, ihre gefestigte, sittlich-moralische Einstellung, mit der sie die ärgsten Konflikte mit Schülerinnen, die sich ihr widersetzten, bestand. Ebenfalls bedeutend war ihre Haltung in dem Sinne, daß sie uns in den Jahren - es handelt sich um 1957 bis 1960 - schon durchaus als erwachsene Menschen behandelte, was bei den anderen Lehrern durchaus nicht immer gegeben war."
(Hochschulreife 1960 - promoviert, Führungsposition in einem großen internationalen Konferenzzentrum)

IRENE:

"Auf dem Progymnasium äußerte sich nur ein Lehrer - er unterrichtete die Fächer Englisch und Geschichte - diskriminierend über die intellektuellen Fähigkeiten weiblicher Wesen. Da er aber von den geistigen Fähigkeiten der Schüler allgemein nicht viel hielt, blieb diese Meinungsäußerung ohne tiefere Wirkung auf die Schülerinnen. Beinahe alle anderen Lehrer bemühten sich mit außer-

ordentlichem Engagement nicht nur um die lernwilligen Schüler, sondern auch um die Schwächeren. ... Auf der Oberstufe war es selbstverständlich, daß jede Schülerin ihren Fähigkeiten entsprechend gefördert und von den Lehrern in ihrem Lerneifer bestärkt wurde. An dem Gymnasium für Mädchen unterrichteten verhältnismäßig viele Frauen. Meine Deutschlehrerin wurde für mich dann auch in späteren Jahren zum Vorbild. Aber die Neugierde am wissenschaftlichen Arbeiten wurde durch meinen Geschichtslehrer Dr. W. geweckt, der mich wiederholt zum Studium ermunterte."
(Hochschulreife 1960 - Gymnasiallehrerin)

WALBURGA:

"Lehrer waren mir kein Vorbild; als alle sich in den Religionslehrer verliebten, fand ich ihn schon deshalb blöd (und schwärmte für den Mathelehrer). Beeindruckt hat mich meine Direktorin: eine unabhängige, starke Persönlichkeit, die Kunstgeschichte unterrichtete; ein Blaustrumpf alter Sorte, die in der Nazizeit großen Mut gezeigt hatte. Bis auf das tiefverwurzelte Vorurteil von Mathematik- und Physiklehrern, bei Mädchen wäre ohnehin Hopfen und Malz verloren, waren die Bildungschancen an bayerischen Mädchengymnasien denen von Bubengymnasien gleich."
(Hochschulreife 1960 - stelllvertretende Feuilletonchefin einer großen überregionalen Tageszeitung)

SELMA:

"... als ich im mündlichen Abitur meinen unaufhörlichen Kampf um die 4 in Mathematik u. a. aus zu großer Nervosität verloren hatte, sagte mir der Direktor, ich solle jetzt nicht dem alten Vorurteil anhängen, Mädchen könnten eben keine Mathematik. Unsere Klassenlehrerin, daran erinnere ich mich noch sehr genau, berichtete über ihren Ärger angesichts einer Äußerung eines Schulrats, der recht zufrieden die angeblich besseren Leistungen der Jungen im Abiturjahrgang konstatierte. Ich selbst hatte allerdings auch den Eindruck, daß die Jungen der Schule bessere Schulleistungen hatten, obwohl das in unserer Klasse nicht so eindeutig war. Es gab sogar einen Jungen, der noch schlechter in Mathematik war als ich!"
(Hochschulreife 1965 - wissenschaftliche Mitarbeiterin in einem Forschungsinstitut)

DORIS:

"Unter den Lehrerinnen und Lehrern am Gymnasium gab es eigentlich keine, die ich besonders mochte, oder die gar für mich ein Vorbild gewesen wären. (Hausarbeiten zu dem Thema: 'mein Vorbild' führten mich immer in eine gewisse Verlegenheit, weil ich mir dann bewußt wurde, daß es niemand gab, den ich als Vorbild empfunden hätte. Bei meinem Überlegen dazu dachte ich automatisch eher an berühmte Männer als an lebende Personen aus meiner näheren Umgebung, und ganz bestimmt nicht an meine Mutter oder an eine Lehrerin.) Ich fand es als Kind sehr wichtig, daß eine Frau schön war, und meine Lehrerinnen waren alle weder schön noch attraktiv zurechtgemacht ... Mein Leitbild als Frau - das ich nie erreicht habe - ist immer die schöne, attraktive Frau gewesen, wie sie in Büchern und Filmen vorgeführt wurde, nie die stille, aufopferungsvolle, demütige Hausfrau und Mutter, für die ich eher Ablehnung und Verachtung hatte. Mein Leitbild als Mensch war daneben intellektuelle Leistung und beruflicher Erfolg. Das habe ich auch erreicht, aber wie man dieses beides miteinander verbinden soll, war mir nie so recht klar, und das habe ich auch nicht geschafft. Vorbilder dafür fehlten mir, die gab es weder in der Schule noch in meinem Bekannten- oder Verwandtenkreis. Mehrere meiner Lehrerinnen waren ältere, unverheiratete Frauen. Diese waren alle besonders unattraktiv zurechtgemacht und entsprachen dem Karrikaturtyp der alten Jungfer. Besonders schlimm war das bei meiner Lateinlehrerin, die zu allem Unglück in der Mittelstufe - der Zeit, in die die Pubertät fiel - auch noch unsere Klassenlehrerin wurde. Die berufliche Leistung solcher Frauen hat uns überhaupt nicht beeindruckt, sondern wir hatten in der Klasse für sie nur Ablehnung und Verachtung (bei den schlechteren Schülerinnen wohl auch gemischt mit etwas Angst, da einer Lehrerin ja immerhin einige Disziplinarmaßnahmen zur Verfügung standen, aber insgesamt haben wir sie als Mensch nicht ernst genommen). Dabei kommt sicher hinzu, daß sie einen recht trockenen Stoff vertrat, der für junge Mädchen nun wirklich nicht sehr motivierend war. ... Dieser Typ von Lehrerin war bestimmt nicht geeignet, uns von der allgemeinen Orientierung auf die Ehe abzubringen bzw. diese in Frage zu stellen, dazu waren sie zu abschreckend - so wie sie wollte bestimmt keine von uns werden! ... Die verheirateten Lehrerinnen fand ich kaum besser als die unverheirateten. Auch sie waren genauso unattraktiv zurechtgemacht, ohne Schminke usw. Den Typ attraktiver selbstbewußter junger Frauen um die 30 oder

40, den es heute an den Schulen gibt, fand man damals überhaupt nicht vor, sondern wir fanden unsere Lehrerinnen fast alle 'spießig'. In gewisser Weise selbstbewußt, aber auf eine für uns unangenehme Art, war nur unsere Biologie- und Geographielehrerin, die wir als hochnäsig empfanden, weil sie so großen Wert auf ihren Doktortitel legte. ('Ich heiße nicht Frau Z., ich heiße Frau Dr. Z.!') Der Unterricht war im Gegensatz dazu sehr mäßig. Wir hatten den Eindruck, daß sie immer nur die Seiten im Lehrbuch gelesen hatte, die gerade dran waren. Ihr Unterricht war sehr unengagiert, immerhin ließ sie uns auch weitgehend in Ruhe. Das Beeindruckendste an ihr waren ihre Zeichnungen an der Tafel, das konnte sie recht gut. ... Die Männer an unserer Schule fand ich ebenfalls nicht sehr beeindruckend. Sie tauchten in Physik, Chemie, Mathematik auf, aber auch in den anderen Fächern. In deutlicher Erinnerung ist mir unser Deutschlehrer aus der Mittelstufe geblieben. Er versuchte, mit einer, wie ich fand, etwas schmierigen Liebenswürdigkeit bei uns anzukommen, mit Angrinsen, der Anrede 'meine Damen', die uns als 13jährige zum Kichern brachte, und so. Er kam damit eigentlich ganz gut an, obwohl er dick war und fettige Haare hatte. Zuerst hatte er uns schockiert, weil er uns einen Vortrag hielt, was für strenge Ansprüche er stellen würde, und uns sehr deutlich machte, daß er sich von uns nicht auf der Nase herumtanzen lassen würde. Nachher war er dann gar nicht so streng, und da waren wir natürlich alle sehr erleichtert. ... Mathematik mochte ich, während ich zu den naturwissenschaftlichen Fächern weniger Zugang fand. In Chemie fand ich das Lernen anstrengender als in Mathematik, und Physik lag mir überhaupt nicht. Ich glaube, meine 2 in diesem Fach verdankte ich eher meinem allgemeinen Notenspiegel oder der Tatsache, daß die anderen Schülerinnen noch schlechter waren. Der Lehrer gab sich auch wenig Mühe, uns dafür zu begeistern. Der Chemielehrer gab sich didaktisch entschieden mehr Mühe, obwohl ich das gerade bei ihm durchaus ambivalent fand. Er war ein väterlicher älterer Herr (was mir so wenig lag wie mütterliche ältere Frauen), der uns auch sagte, daß er eigentlich fand, daß wir sowieso heiraten und Kinder kriegen (was wir sonst in der Schule eigentlich nie zu hören kriegten, wenn ich mich richtig erinnere). Er zog daraus offenbar den Schluß, daß er uns keine zu anstrengenden Sachen zumutete, aber immerhin gab er sich große Mühe, daß, was er brachte, gut zu vermitteln. Seine Haltung zu Frauen ärgerte mich schon damals, während ich zugleich anerkennen

mußte, daß er gut erklären konnte. Der gleiche Widerspruch bestimmte seinen Mathematikunterricht in der Oberstufe."
(Hochschulreife 1967 - wissenschaftliche Mitarbeiterin an der Universität)

ELISABETH:

"Ich hatte von allen Lehrern und Lehrerinnen - sowohl in der Volksschule als auch im Gymnasium den Eindruck, daß ihnen die Ausbildung von Mädchen wichtig ist, und daß in Entscheidungssituationen individuelle Befähigungen eine Rolle spielten. Was mir immer aufgefallen ist, war der unterschiedliche Stellenwert der Beurteilung des 'Wohlverhaltens' (Betragensnote). Die Toleranz in Jungenschulen war wesentlich höher (Zubilligung von Jungenstreichen, in Mädchenschulen waren 'Verfehlungen' dieser Art sittlich sehr bedenklich und wurden dementsprechend streng behandelt). Sehr auffällig wurde dies zur Tanzstundenzeit. Abgesehen von 'Moralpredigten' in Mädchenklassen zogen rotlackierte Fingernägel und sogar Hosen bei etlichen Lehrern Schikanen nach sich (fairerweise muß ich sagen: bei Lehrerinnen), während bei Jungen lange Haare und kunterbunte Kleidung als selbstverständliche pubertäre Erscheinungen toleriert wurden."
(Hochschulreife 1967 - wissenschaftliche Mitarbeiterin an der Universität)

HERTHA:

"Das einzige Fach, für das ich wirklich täglich arbeitete, war Chemie. Ich hatte es als Leistungsfach gewählt, nachdem ich darin am schlechtesten war. Den Chemielehrer konnte ich nicht ausstehen, er betonte mehrmals, daß Mädchen es in diesem Fach bestenfalls auf eine "3" brächten. Ich wollte es ihm zeigen und schrieb in all den Jahren immer mehr Arbeiten mit "1" und "2". Trotzdem dauerte es zwei Jahre, bis ich auf meine längst verdiente "2" kam."
(Hochschulreife 1975)

JUDITH:

"Diskriminierungen? Sehr subtil. Kleine und kleinste Zwischenbemerkungen der Pauker, wieso Mädchen Mathematik/Informatik machen wollten usw. ... Was ich heute als fortgesetzte, andauernde

> und dabei erst im nachhinein bewußt bemerkte Diskriminierung ansehe: für's Grundlegende (= Grundschule) sind Lehrer*innen* o.k. (bei mir waren's nur Lehrerinnen, Konrektor: Mann, Rektor: Mann), aber auf'm Gymnasium gab's dann nur noch Lehrer... Ein Mann unterrichtet anders als eine Frau, auch wenn er noch so objektiv sein will."
> (Hochschulreife 1984 - Studentin der Germanistik und Psychologie)

JULIA:

> "In der achten Klasse kam Physik neu als Unterrichtsfach dazu und da war es dann soweit: Der Lehrer beschäftigte sich hauptsächlich mit den Jungen, weil die angeblich mehr Ahnung hatten und sich mit verschiedenen elektronischen Basteleien auskannten. Der 'Erfolg' war, daß sich die Jungen am Ende wirklich besser auskannten und ich frustriert war, weil ich Physik nicht in meinen Kopf reinbekam, wenigstens nicht mit dem geringen Aufwand, den ich gewöhnt war ..."
> (Hochschulreife 1985 - Studentin der Romanistik und Soziologie)

Bedeutung der Lehrerinnen und Lehrer für den gymnasialen Bildungsweg

Vor allem die negativen Charakterisierungen der Lehrer bezeichnen zugleich auch deren Grenzen. Sie zeigen oder vermitteln den Absolventinnen im allgemeinen keine grundsätzlich neuen Handlungsmöglichkeiten - eher knüpfen sie in ihren Einstellungen und Verhaltensweisen an ein überliefertes gesellschaftliches Rollenverständnis in Schule und Gesellschaft an und versuchen ihnen so eine gewisse Eindeutigkeit zu verleihen. Das aber wird von vielen Absolventinnen aus dem Besitz- und Bildungsbürgertum so keineswegs mehr geduldet oder gutgeheißen, wie denn überhaupt den Lehrerinnen und Lehrern alles in allem gesehen kein bestimmender Einfluß auf den gymnasialen Bildungsweg zugebilligt wird; jedenfalls finden sich dazu auch nicht die geringsten Hinweise oder Andeutungen in dem Aussagen der Absolventinnen. Entscheidungen fallen hier in erster Linie, wie bei der Wahl des Gymnasiums nach der Grundschule, mit großer Selbstverständlichkeit in die Domäne des Elternhauses, wie den bilanzierenden Einschätzungen der Bildungsbiographien in aller Klarheit zu entnehmen ist.

RIA:

"Rückblickend kann ich sagen, daß ich während meiner gesamten Schulzeit in Deutschland sowie in England, Frankreich und den USA nie das Gefühl hatte, daß Mädchen geringere Bildungschancen als Jungen hatten. Ich habe nur immer wieder festgestellt, daß sie die ihnen gebotenen Chancen viel weniger ausnutzten als Mädchen das heute tun. Ich fand es sehr bedauerlich, daß ich aufgrund materieller Lebensumstände meine Weiterbildung (bis zum Studienabschluß in den USA, d. Vf.) nach der Realschule auf sehr mühsamem Wege, neben der Berufstätigkeit, erwerben mußte. Hätte ich meinen Vater, der naturgemäß als Lehrer größtes Interesse an der Schulbildung seiner Töchter hatte, nicht so früh verloren, hätte ich sicherlich das Abitur abgelegt und anschließend in Deutschland studiert."
(Mittlere Reife 1953 - Studium der Betriebswirtschaft in den USA - Betriebswirtin)

SANDRA:

"Zur zentralen Fragestellung: ich habe mich nie benachteiligt gefühlt als Frau aus folgenden Gründen: ab 1952 besuchte ich ein katholisches Mädchengymnasium, das traditionell zu guten Abschlüssen führte. Die Entscheidung für dies Gymnasium ist aus der starken katholischen Bildung unserer Familie erklärlich. Im Nachhinein betrachtet wäre ein humanistisches Gymnasium vielleicht besser gewesen. Eine solche Entscheidung hätte aber von meiner Mutter viel Mut erfordert, wie sie kurz nach der Flucht nicht aufbrachte."
(Hochschulreife 1959 - Gymnasiallehrerin)

ANNEGRET:

"Ich persönlich würde resümierend meinen, daß mir keine gravierenden Benachteiligungen infolge meines Geschlechts widerfahren sind. Insgesamt war ich aber aufgrund meines familiären Hintergrundes relativ unabhängig von den klassischen Klischees über 'weibliche' Begabungen und Bestimmungen. Das Werte- und Normenklima in meiner Klasse empfand ich eher als langweilig und uninteressant."
(Hochschulreife 1970 - wissenschaftliche Mitarbeiterin in einem Forschungsinstitut)

HERTHA:

> "Wenn ich nach diesem Rückblick die Faktoren benennen soll, die in dieser Zeit prägend gewesen sind, so war das sicher die Situation in meiner Herkunftsfamilie, die sich sehr von den meiner Schulkameraden unterschied, was die Stellung und Durchsetzungsfähigkeit der Mutter betrifft. Als Schüler(in) war man den jeweiligen Lehrereinstellungen ausgesetzt. Konfrontationen und Differenzen waren weniger durch 'Geschlecht' als vielmehr durch 'Andersdenken' geprägt."
> (Hochschulreife 1975)

WINNIE:

> "Lehrer haben für meine Bildungschancen keine besondere Rolle gespielt."
> (Hochschulreife 1983 - Hebamme).

2. Resümee und Bewertung sowie exemplarische Bildungsautobiographien von Töchtern aus Besitz- und Bildungsbürgertum

Aus den differenzierten und umfangreichen Schilderungen und Einschätzungen von Absolventinnen des Besitz- und Bildungsbürgertums geht wohl sehr klar hervor, daß ihr gymnasialer Bildungsweg im wesentlichen vom sozialen und kulturellen Klima und Milieu des Elternhauses geprägt ist. Hier herrscht zumeist ein liberales Klima, das einen Erziehungsstil in Richtung liebevoller Fürsorge und ein intellektuelles Anregungs- und Anforderungsmilieu für die Kinder begünstigt. Seltener sind Väter die dominierende Autorität, neben der die Mütter als eher passives Familienmitglied in den Hintergrund treten. Die Mütter zeigen aufgrund ihrer eigenen guten schulischen und beruflichen Ausbildung ein starkes Interesse an einer höheren Schulbildung ihrer Töchter und leiten daraus auch den Wunsch nach einer fundierten Ausbildung für sie ab. Das Ausbildungsniveau der Mütter ist also ein wichtiger Hinweis darauf, daß Töchter aus dem Besitz- und Bildungsbürgertum im allgemeinen weniger zu Geschlechtsrollentypisierungen neigen. Es ist in diesem Zusammenhang aber auch denkbar, daß die besser ausgebildeten Mütter ihr Leben selbstbestimmter gestalten konnten als die weniger gut ausgebildeten und daß sie infolgedessen mit ihrem Leben zufriedener sind und ihren Töchtern ein solches Selbstbewußtsein vermitteln konnten, daß jene sich auf ihrem weiterführenden Bildungsweg an den eigenen Fähigkeiten und nicht an Stereotypen orientiert haben.

Es verwundert daher nicht, daß die Gymnasial- und Hochschulausbildung der Töchter als etwas Selbstverständliches in diesen Elternhäusern betrachtet wird, das in jeder Hinsicht die entscheidenden persönlichen Entwicklungsbedingungen für die schulische Leistungsfähigkeit und Schulkarriere der Töchter setzt. Hingegen spielen die schulischen Anregungs- und Lernbedingungen und die sozialen Beziehungen zu den Lehrerinnen und Lehrern im Gymnasium eine eher untergeordnete Rolle für die Entfaltung ihrer Leistungsfähigkeit und Schulkarriere. Es gilt allerdings in diesem Zusammenhang auch zu bedenken, daß zwar die Forderung nach Gleichheit der Bildungschancen für Töchter als eine große Selbstverständlich in den Familien des Besitz- und Bildungsbürgertums betrachtet wird, die denen der Söhne in nichts nachstehen sollen. Gleichzeitig gibt es indes eindeutige Hinweise, daß das traditionelle Rollenmodell der Arbeitsteilung zwischen den Geschlechtern und die Ideologie von den unterschiedlichen "Begabungen", vor allem bei der Fächer- und Schulzweigwahl, gewissermaßen die Widersprüche und Schattenseiten eines überkommenen Rollenmusters darstellen und noch von durchaus erheblichem Gewicht sind.

Mit ernsthaften geschlechtstypischen Vorbehalten und Vorurteilen, was die Aufnahme eines Studiums und eine spätere angesehene Berufstätigkeit betrifft, haben die Absolventinnen zum Teil noch von Seiten ihrer Gymnasiallehrer, aber auch möglicherweise aus Kreisen der näheren Bekannt- und Verwandtschaft zu rechnen, die sie aber im allgemeinen dank des großen emotionalen Rückhaltes im Elternhaus nicht vom einmal eingeschlagenen Bildungsweg abbringen. Die beruflichen Zukunftsvorstellungen der Absolventinnen orientieren sich dabei sehr viel stärker an der Lebensführung der Väter als an der der Mütter. Sie stellen für sie die Verbindung zur Außenwelt her, üben eine gesellschaftlich hochbewertete Berufstätigkeit aus, die viel erstrebenswerter erscheint als die täglich erlebte, als selbstverständlich angesehene Hausarbeit ihrer Mütter, sofern diese nicht berufstätig sind.

Mit welchen gesellschaftlich überlieferten Vorbehalten und starren Vorurteilen sich die Absolventinnen aus dem Besitz- und Bildungsbürgertum auf ihrem Bildungsweg auseinandersetzen müssen und welche Hindernisse sie hierbei zu überwinden, aber auch welche Ermutigung, Unterstützung und Förderung sie im Elternhaus von Mutter und Vater erhalten haben sowie von solchen Lehrerinnen und Lehrern, die sie als menschlich und intellektuell gleichrangig behandeln, dokumentieren im folgenden nochmals eindringlich die im Gesamtzusammenhang jeweils vollständig wiedergegeben *exemplarischen* Bildungsbiographien von VANESSA (Besitzbürgertum) und SELMA (Bildungsbürgertum).

VANESSA (Hochschulreife 1955 - Apothekerin, dann Hausfrau):

"Die Erziehungsgrundsätze meiner Familie mütterlicherseits (norddeutscher bzw. ostpreußischer Herkunft) waren nie frauenfeindlich, soweit ich es verfolgen konnte. Man achtete sehr darauf, daß die Frauen jegliche Art von Bildung erhielten, die irgendwie möglich war, legte aber auch großen Wert auf solide hauswirtschaftliche Kenntnisse bis hin zur feinsten Küche und auf die Beherrschung von Organisation großer Haushalte. -

So besuchte meine Großmutter in der Braunschweiger Gegend ein Lyzeum bis zum Abschluß und verlängerte die Lyzeumszeit noch durch ein Extrajahr in der sog. 'Selekta'. Den letzten Schliff in ihrer hauswirtschaftlichen Ausbildung erhielt sie dann noch als Hospitantin im besten Restaurant von D. -

Auch bei meiner Mutter wurde die Ausbildung sorgfältig geplant. Zunächst wurde sie durch Hauslehrer unterrichtet mit ihrem Bruder zusammen; für einen Schulbesuch war das westpreußische Rittergut zu abgelegen. Später gab man dann beide in die besten Internate. - Wegen der damaligen unsicheren Verhältnisse in Polen konnte meine Mutter aber leider das Abitur nicht machen und mußte die Schule in der vorletzten Klasse verlassen; das ist ihr besonders schwergefallen, gehörte sie doch immer zu den Besten in ihrer Klasse. Fremdsprachenkenntnisse, besonders Französisch, Kunst und Philosophie u. a. wurden dann in sehr strengen Internaten in D. und L. (im Ausland, d. Vf.) vervollständigt; aber auch Küche und Haushalt wurden nicht vernachlässigt, und so besuchte sie in D. die sog. 'Klops'-Akademie. - Auf ihren persönlichen Wunsch, der von meinem Großvater zunächst nicht begeistert aufgenommen, aber dann doch unterstützt wurde, machte sie die Berufsausbildung einer Gymnastiklehrerin in der Rhön; - den Beruf übte sie dann aber später nie aus. - Gegenüber ihrem Bruder fühlte sie sich aber trotz der Gleichbehandlung in puncto Ausbildung in manchen anderen Dingen benachteiligt; z. B. schickte es sich damals nicht, daß eine Dame Fahrrad fuhr; - ein eigenes Reitpferd für sie war aber selbstverständlich. -

In der Familie meines Vaters (Abitur, Ingenieurstudium), im süddeutschen Raum, legte man auf die Ausbildung der Frauen keinen so großen Wert, obwohl es sich um sehr hochstehende Beamte auf einflußreichen Posten handelte. -

Was nun meine Ausbildung betrifft, so genoß ich höchste Förderung durch meine Eltern, was mit großem Opfer ihrerseits verbunden war, weil die Kriegs- und Nachkriegszeit zu sehr mit hineinspielte. - 1935 geboren, fiel mein Übergang auf ein Gymnasium in die Umbruchphase. Nach einem Jahr des Herumvagabundierens auf einem Dorf, - (wir waren im Jan. 1945 aus dem Osten in die Magdeburger Gegend geflüchtet), - ohne schulische Ausbildung in der DDR, mit Ausnahme eines Englischunterrichts, den mir meine Mutter bei einer alten Dame, die es auch in dieses Dorf verschlagen hatte, vermittelt hatte, - wurde ich zu einer entfernten Cousine meiner Mutter in die Westzone nach Nordrhein-Westfalen geschickt, wo es die weiterführenden Schulen schon wieder gab. Dort besuchte ich ein Mädchengymnasium und verbrachte 5 Jahre in einer Familie mit 8 Kindern auf einem Bauernhof, bis meine Mutter mit meinen 3 Geschwistern ein zweites Mal flüchtete, dieses Mal von der DDR in die Westzone, und wo wir dann für einige Jahre, mit meinem Vater und mir vereint, ein normales Familienleben führen konnten. Im letzten Jahr vor dem Abitur, 1954, fand mein Vater endlich eine ihm gemäße Berufschance in S. und so siedelte die Familie wieder um, - ich aber blieb bis zum Abitur bei einer 7-köpfigen Familie einer Klassenkameradin zurück. - Von da an lief alles normal bei mir: Zwei Jahre Praktikantenzeit in S. in einer Apotheke, Vorexamen, drei Jahre Studium in T. mit Abschluß des Staatsexamens, Heirat, vieljährige volle Berufsausübung als Apothekerin.

Mein einschneidendstes Erlebnis während meiner Schulzeit war die Entscheidung meiner Eltern, mich von zu Hause wegzugeben, damit ich den Schulabschluß nicht versäumte, - Obwohl meine Mutter mich damals als Hilfe hätte dringend brauchen können, denn es waren noch drei kleine Geschwister da, und meine Mutter war zum ersten Mal in ihrem Leben ohne Personal, - aber sie meisterte es hervorragend und fand immer noch Zeit, mir, die ich mich sehr verloren in der großen Familie fühlte, lange, sehr liebe, aber auch lehrreiche Briefe zu schreiben. - Meine Eltern, die gerade erst selber verspürt hatten, wie schnell man des Besitzes von Grund, Boden und anderen materiellen Dingen verlustig gehen kann, - wurden dadurch nur noch mehr in ihrer Meinung bestärkt, daß eine gute Ausbildung das Einzige ist, was einem nicht genommen werden kann, und eine abgeschlossene Berufsausbildung die wichtigste Grundlage für einen neuen Start ist. -

Mit 14 Jahren, in der 5. Oberschulklasse im Mädchenlyzeum, bemerkte ich zum 1. Mal unterschwellig, daß man zwischen Mädchen und Jungen einen Unterschied machen kann. Ich hatte entweder Latein oder den hauswirtschaftlichen Zweig in der Schule zu wählen und entschied mich für Latein; einmal, um mir später alle Berufschancen offenzuhalten (damals brauchte man noch für viele Berufe das Latinum, und ich war später froh über meine Wahl, denn für das Pharmaziestudium war das Latinum zu jener Zeit eine Voraussetzung); - zum anderen, weil ich mich für Sprachen interessierte. - Ich stieß damals auf viel Unverständnis in meiner Umgebung, außer bei meinen Eltern, die mich voll unterstützten. Für mich waren diese Vorurteile insofern besonders befremdlich und unverständlich, weil ich persönlich sogar sehr gerne handarbeitete und kochte, (es auch heute noch so gerne tue), und der Entschluß, auf hauswirtschaftliche Unterrichtung verzichten zu müssen, mir gar nicht so leichtfiel. -

Der Eintritt in die 6. Oberschulklasse war mit einem Schul- und Länderwechsel verbunden. Ich kam nach N. und besuchte dort eine Jungenschule in einer Kleinstadt. Zunächst waren es 8 Mädchen und 40 Jungen, - Abitur machten dann 5 Mädchen und 12 Jungen. Wir wurden ausschließlich von Lehrern unterrichtet, und wir Mädchen erlebten keine geschlechtsspezifische Benachteiligung. - In meinen Augen ist die Koedukation sehr vorteilhaft und auch sehr wichtig, - weil sich Jungen und Mädchen gegenseitig positiv beeinflussen und sich miteinander viel ungezwungener verhalten, - die Jungen sind nicht ganz so wild und die Mädchen nicht so putzsüchtig. Letzteres wurde auch von den Lehrern in Schranken gehalten durch entsprechende Bemerkungen, als sich z. B. eine Mitschülerin die Augenbrauen abrasierte und die Fingernägel lackierte: 'Es glänzt und blinkt hier heute so!' - Bei unseren Klassenfesten trug jeder seinen Teil zur Gestaltung bei, - je nach seinem Vermögen, auch hatte jeder freie Partnerwahl zum Fest. Heute noch macht sich diese Toleranz bemerkbar, wenn wir uns alle 10 Jahre zum Klassentreffen einfinden. Die meisten bringen ihre Ehepartner mit, - und mein Mann, der eine reine Jungenschule besucht hat, ist immer wieder überrascht von der Kameradschaft, die selbstverständlich ist und auch ihn in kürzester Zeit in die Gemeinschaft integriert hat. (Er fühlt sich heute mehr zu meiner Klasse gehörig als zu seiner, die stets ihre Männertreffs veranstaltet.)

Ein weiteres unvergessenes Erlebnis war um die Zeit der mittleren Reife. Aus der väterlichen Familie im süddeutschen Raum erreichte mich ein Brief, der mir, ob meines Egoismus, weiterhin die Schule besuchen zu wollen, heftige Vorwürfe machte und mir dringend riet, die Schule gleich zu verlassen und einen Beruf zu ergreifen, um die Familie finanziell nicht so zu belasten. Wahr daran war, daß unser gesamtes Vermögen, das uns noch verblieben war in Aktien, zum damaligen Zeitpunkt festlag, für uns unerreichbar war, und wir sehr eingeschränkt leben mußten. Meine Eltern verstanden es aber, mir meine Gewissensbisse sehr schnell zu nehmen und mir die Selbstverständlichkeit wiederzugeben, mit der ich bis dahin meine schulische Ausbildung nicht nur wahrgenommen, sondern auch genossen hatte.

Meine Geschwister, ein Bruder, zwei Schwestern, konnten eine normale schulische und universitäre Ausbildung erhalten. Geschlechtsspezifische Unterschiede gab es auch in der Familie nie; mein Bruder wurde auch zu häuslichen Arbeiten mit herangezogen, besonders in der Zeit, als ich viele Jahre nicht daheim sein konnte und er als zweitältester meine Mutter mit unterstützen mußte.

Nach meinen langjährigen Beobachtungen und persönlichen Erfahrungen ist die qualifizierte Ausbildung von Frauen ein wichtiges, unersetzliches Volksgut, - schließlich sind doch sie es, auch heute noch, die das kulturelle und geistige Niveau der nächsten Generation in der Hand haben. - Die geschlechtsspezifische Benachteiligung hat sich von der Erziehung auf das Berufs- und Eheleben verlagert. Auch wenn der Partner sehr verständig ist, so sind doch die Überbelastung der Frau mit Kindern und Haushalt und die Einflüsse von außen, z. B. dirigistische Maßnahmen des Staates, der noch völlig patriarchalisch und familienfeindlich orientiert ist in puncto Versetzung, separater Zusammenkünfte etc. - nur sehr schwer zu verkraften. - An diesen Punkten gilt es heute anzusetzen, um eine gerechte Verteilung der Belastung zu erreichen, die das tägliche Einerlei so mit sich bringt.

Schließen möchte ich mit dem Ausspruch einer Frauenrechtlerin, dem ich nichts hinzuzufügen habe: 'Es gilt nicht, eine Gleichberechtigung der Frau zu erreichen, das wird nie möglich sein, und ist auch so nicht gewollt, aber es ist wichtig für die Durchsetzung gleicher Rechte für Mann und Frau einzutreten.'"

SELMA (Hochschulreife 1965 - wissenschaftliche Mitarbeiterin in einem Forschungsinstitut):

"Diesem Bericht möchte ich einige möglichst knapp gehaltene Informationen über die bildungspolitischen Rahmenbedingungen in West-Berlin vorausschikken:

In Westberlin war nach dem Krieg - soviel ich weiß auch unter dem Einfluß der kurzen sowjetischen Verwaltung der Westsektoren der Stadt - die 6-jährige Grundschulzeit die Norm.

Also erst mit der 7. Klasse trennten sich die weiterführenden Schulzweige, die auch andere Namen trugen als in der Bundesrepublik, nämlich 'Praktischer Zweig' für die Hauptschule, 'technischer' und 'wissenschaftlicher' Zweig. Ausnahmefälle stellten u. a. die altsprachlichen Gymnasien dar, die als 'Schule besonderer pädagogischer Prägung' einen von der SPD-Schulpolitik mißtrauisch betrachteten Sonderstatus hatten. Soviel ich weiß, gab es mehrere private und zwei altsprachliche Gymnasien in städtischer Trägerschaft. Als Ausnahmeschulen standen diese Gymnasien unter besonderer Kritik und auch schulpolitisch verändernden Eingriffen: z. B. das eine städtische altsprachliche Gymnasium, das ich besuchte, hatte, als ich dort mit der 5. Klasse eingeschult wurde, einen rein altsprachlichen Zweig (Latein, Englisch, Griechisch) und einen neusprachlichen Zweig (Latein, Englisch, Französisch).

Das wurde geändert: Um die Anerkennung als 'Schule besonderer pädagogischer Prägung' zu erhalten, wurde das Gymnasium gezwungen, den neusprachlichen Zweig auslaufen zu lassen. Ab der mir nächst höheren Jahrgangsstufe bedeutete das eine geringer gewordene Wahlfreiheit, wir mußten entweder Griechisch lernen oder von der Schule abgehen. Der Wechsel in eine andere Berliner Schule war aber insofern problematisch, weil die Schulen ja von der 5. Klasse Englisch als erste Fremdsprache und nicht Latein gehabt hatten. Die nach mir folgende Jahrgangsstufe war schon beim Schuleintritt von dieser Änderung informiert gewesen.

Mein Vater war Facharzt für Dermatologie und Sexualleiden, meine Mutter war Gebrauchsgraphikerin. Beide Eltern arbeiteten für mich deutlich sichtbar zuhause (die Arztpraxis und die Privatwohnung waren nicht getrennt). Ich bin Einzelkind und wurde 1945 geboren. 1952 kam ich in die Grundschule, 1956 in das bereits erwähnte Humanistische Gymnasium. Als mir bedeutsam erscheinende frühe Erinnerungen möchte ich folgende nennen:

Meine Eltern wünschten sich beide ausdrücklich eine Tochter, was sich auch daran zeigte, daß sie sich nicht ernsthaft einen Jungennamen ausgesucht hatten. Meine Mutter hatte sich vor oder kurz nach meiner Geburt die Frage gestellt, ob sie sich lieber eine hübsche oder eine kluge Tochter wünsche, und sie hatte sich dafür entschieden, sich lieber eine kluge Tochter zu wünschen.

In der Frage der Schullaufbahn waren sich beide darüber einig, daß ich die gleich gute Schul- und Berufsausbildung erhalten sollte wie ein Junge.

Die Tatsache, daß mein Vater das humanistische Gymnasium selbst besucht hatte, lenkte die Aufmerksamkeit meiner Eltern auf diesen in Berlin ja ungewöhnlichen Schultyp. Noch ein zusätzliches Argument ließ sie sich für das Gymnasium entscheiden: es war eine auch überall in der Bundesrepublik übliche Schulform; da ein Überwechseln aufgrund der unsicheren politischen Situation West-Berlins (Erfahrungen der 48er Blockade, Exodus vieler Freunde meiner Eltern, das 'Chruschtschow-Ultimatum') immer wieder im Planungshorizont der Familie auftauchte, schien dieser Gymnasialtyp einen möglichen Schulwechsel mit entsprechenden Eingewöhnungsschwierigkeiten wenigstens zu erleichtern. Denn die Bildungssituation in den einzelnen Ländern schien meinen Eltern sehr unübersichtlich und uneinheitlich.

Das war zwar gut durchdacht von meinen Eltern, brachte mich aber in das schulpolitische Gezänk und Abwertung des Humanistischen Gymnasiums einerseits durch die Grundschullehrer und das leistungsfordernde, strenge Elitebewußtsein des Gymnasiums selbst andererseits. Konkret bedeutete das, daß die Grundschullehrer meine und auch andere Eltern davon abbringen wollten, ihre Kinder in das relativ nah gelegene Gymnasium zu geben; weiterhin wurden die Kinder von den Grundschullehrern - wie sich mir später zeigte - mit illusionär hohen Leistungsanforderungen eingeschüchtert: z. B. hieß es, und daran kann ich mich noch sehr gut erinnern, daß im Gymnasium nur solche Kinder Erfolg haben könnten, die ein einmal vorgetragenes Gedicht selbst sofort auswendig könnten.

Da ich im Zeugnis nur milde 'Dreier' hatte, üblich war es, daß nur Kinder mit Einsen und Zweien so früh ins Gymnasium überwechselten, hatte ich den Eindruck, daß ich in meinen Leistungen nicht gut genug sei. Die Lehrer und der Direktor der Grundschule hatten es auch geschafft, einige Eltern von ihrem Vorhaben abzubringen, nur eine Klassenkameradin und ich blieben dabei. Aber diese Vorgeschichte war - so denke ich - eine ungute Hypothek für meine Schullaufbahn, die auch nicht gerade durch die Sprüche des Gymnasialdirektors bei den Einschulungsfestlichkeiten erleichtert wurden. Auch er sprach nur von der besonders schweren Schule, die nur wenige schaffen würden. Daß ich mir in dieser Situation vor Angst nicht in die Hose gepieselt habe, rechne ich mir heute als Stärke an. In den ersten Schuljahren war mein tiefes Gefühl jedoch, daß ich diese Schule nicht schaffen könnte.

Zu den thematischen Interessen Ihres Forschungsprojektes möchte ich bei diesem Abschnitt sagen, daß das Argument Mädchen eigentlich kaum eine Rolle gespielt hatte. Ich erzielte keine besonders guten Noten, dann natürlich auch am Gymnasium nicht, aber ich kam bis zur 8. Klasse immer grade noch so über die Versetzungsrunden.

Seit der ersten Grundschulklasse habe ich immer mit Jungen gemeinsam gelernt, auf dem Gymnasium gab es schon eindeutig weniger Mädchen, Mädchen bleiben jedoch auch weniger sitzen. Als dann von der 7. zur 8. Klasse die Entscheidung fallen mußte, entweder Griechisch lernen oder Abgehen, erinnere ich mich allerdings zum 1. Mal an Äußerungen 'Mädchen müssen kein Griechisch lernen'. Einige Eltern nahmen ihre Töchter von der Schule, auch ein Mädchen, mit dem ich immer gemeinsam zur Schule ging, mußte abgehen. Daher waren wir in der 8. Klasse nur noch 3 Mädchen, denen sich ein neues zugesellte im Laufe des Schuljahres. Diese für uns Mädchen ungünstige Zahlenrelation und die zu dieser Zeit sich bei den Jungen aggressiv äußernde Pubertät brachte es mit sich, daß wir uns relativ wenig trauten. Z. B. wenn ein Mädchen sich zu Wort meldete, brüllten die Jungen vor Lachen. Also wir blieben relativ stumm im Unterricht.

Ich habe kaum in Erinnerung, daß uns Lehrer, Lehrerinnen gezielt gestützt hätten als Mädchen, was ich für mein heutiges Problembewußtsein allerdings für nötig befunden hätte.

In der 8. Klasse wurden auch aufgrund familiärer Schwierigkeiten meine Leistungen - allerdings in naturwissenschaftlichen Fächern, und nicht in den altsprachlichen - bedrohlich schlecht, und ich blieb Ende des Jahres sitzen, was ich als Mädchen als besondere Blamage empfand. Jungen blieben ja eher sitzen, von einer ganz netten Lehrerin 'die alten Kämpfer' genannt. 'Alte Kämpferinnen' gab es kaum, und ich genierte mich sehr. Meine Schwierigkeiten in Mathematik habe ich sicherlich auch vor dem Hintergrund bedacht, 'Mädchen können Mathe nicht', aber ich würde das heute auch als gewissen Schutz sehen. Allerdings hätte ich da wohl wirklich eine gezielte Förderung gebraucht. Da aber meine Mutter in

Mathematik gut gewesen war, hat sich das für mich nicht zu einem allgemeinen Eindruck erweitert.

In der Klasse, in der ich mein 8. Schuljahr wiederholte, waren viel mehr Mädchen. Der weibliche Exodus wegen Altgriechisch hatte hier aufgrund der schulpolitisch anderen Schuleintrittssituation dieses Jahrgangs nicht stattgefunden, und das wirkte sich sehr positiv aus. Kein Junge schrie lachend auf, wenn Mädchen sich zu Wort meldeten. Diese veränderte Situation, die sehr sympathische und fördernde Klassenlehrerin und der mir eher schon vertraute Lehrstoff trugen m. E. hauptsächlich dazu bei, daß ich mich wissensmäßig und notenmäßig 'konsolidierte'. In den ersten Jahren nach meinem Sitzenbleiben hatte ich recht gute Noten, zum ersten Mal in meinem Leben, und hatte auch mehr Spaß an der Schule. Allerdings hatten sich bis auf das Fach Chemie meine Schwächen in den naturwissenschaftlichen Fächern nicht in Stärken umgewandelt. Also balancierte ich dort bald wieder auf dem gefährlichen Glatteis zwischen den Noten 4 und 5.

Ein Erklärungsgrund für diese Schwächen sah ich hauptsächlich darin, daß ich vielleicht die Sprachbegabung meines Vater geerbt haben könnte. Allerdings war ich zwar in Griechisch recht gut, aber in Latein wurde ich dann auch immer schlechter, in Englisch und Französisch allerdings (Französisch lernte ich fakultativ ab der 10. Klasse) war ich recht gut.

Noch 2 relevante Erinnerungen dazu: als ich im mündlichen Abitur meinen unaufhörlichen Kampf um die 4 in Mathematik u. a. aus zu großer Nervosität endgültig verloren hatte, sagte mir der Direktor, ich sollte jetzt nicht dem alten Vorurteil anhängen, Mädchen könnten eben keine Mathematik.

Unsere Klassenlehrerin, darin erinnere ich mich auch noch sehr genau, berichtete über ihren Ärger angesichts einer Äußerung eines Schulrates, der recht zufrieden die angeblich besseren Leistungen der Jungen in einem Abiturjahrgang konstatierte. Ich selbst hatte allerdings auch den Eindruck, daß die Jungen der Schule bessere Leistungen hätten, obwohl das in unserer Klasse nicht so eindeutig war. Es gab sogar einen Jungen, der noch schlechter in Mathematik war als ich!

Nachträglich denke ich, daß folgende Bedingungen meinen immerhin mittelmäßigen Schulerfolg ermöglicht haben:

- Das Image und Verhalten einer Arzttochter.
- Meine berufstätige Mutter, die auch eine starke Berufsorientierung hatte und die mir immer nahegelegt hat, einen Beruf zu lernen.
- Das 'du heiratest ja doch' gab es bei uns nicht, vor allem auch deshalb nicht, weil die Frauen in der Familie die Erfahrung gemacht hatten, daß die Ehe

keine Lebensversicherung war (z. B. meine Großmutter war früh Kriegswitwe geworden).

- Ich hatte recht früh (ab 12 Jahren) eine klar umrissene Berufsperspektive, ich wollte einmal Journalistin werden. Das wurde mir sehr erleichtert durch eine im Journalismus erfolgreiche Patentante, die ab und zu bei Festlichkeiten bei uns zuhause auftauchte. Und ich wußte genau, daß ich für diesen Beruf das Abitur benötigte.
- Der mittlerweile höher gewordene Bildungsstandard anderer bürgerlicher Mädchen. Fast alle Enkelinnen der sog. Kränzchenschwestern meiner Großmutter bereiteten sich auf das Abitur vor, also war das Abitur eindeutig zu einer Norm geworden.
- Die schon erwähnte sehr sympathische und fördernde Klassenlehrerin und die Präsenz relativ vieler anderer Mädchen, mit denen ich ja auch sehr befreundet war.

Noch eine kurze Schlußnotiz über die Ironie meines Bildungsweges im humanistischen Gymnasium: ich war schon Ende der 11. Klasse, aufgrund der Gleichstellung der anderen wissenschaftlichen Zweige, in den Besitz des großen Latinums geraten, das dann allerdings durch zwei zusätzliche Jahre Lateinlernen bis zum Abitur noch ungewöhnlich aufgestockt wurde. Ich fühlte mich immer im Besitz eines besonders großen Latinums. Dieses Latinum habe ich aber für meine weiteren Studien und Prüfungen nie gebraucht.

1966 begann ich mein Soziologie-Studium, das ich 1972 mit dem Magister Artium abgeschlossen habe. Heute bin ich im Wissenschaftsbetrieb tätig."

3. Bildungsaufsteigerinnen

Im Unterschied zum Besitz- und Bildungsbürgertum, wo vom sozio-kulturellen Familienmilieu starke Bildungsanreize für Töchter ausgehen, durch deren Stil, Esprit und Geschmack gewissermaßen der Drang nach einer höheren Schul- und Hochschulbildung mühelos geweckt wird, können Eltern von Bildungsaufsteigerinnen, die bislang mit einer weiterführenden Schulbildung nur wenig in Berührung gekommen sind, meist nur den ernsthaften Willen zum Aufstieg durch Bildung weitergeben. Aber dieser Wille reicht allein noch nicht aus, um Klassen- oder Schichtschranken zu überwinden - schon deshalb nicht, weil diese Schranken schwerlich einzeln zu überschreiten sind. Es muß zumindest hinzukommen, daß Bildungsaufsteigerinnen sich der Hilfe und Förderung ihrer Familie weitgehend sicher sein können. Dabei besteht ein entscheidender Unterschied hinsichtlich der Leichtigkeit beim Erwerb der Schulbildung und der Lernwilligkeit. Obwohl der Wunsch nach Aufstieg durch Bildung in Kleinbauerntum[75] und Arbeiterschaft[76] ebenso stark ist wie im alten[77] und neuen Kleinbürgertum[78], muß

75 Es stammt in dieser Untersuchung - soweit Hinweise dazu gemacht wurden - wohl überwiegend von Höfen, die mit ihren 1 bis 10 Hektar in der Statistik unter "kleinere" bäuerliche Familienbetriebe eingeordnet werden und ständig um ihre Existenz kämpfen müssen. Es verwundert daher nicht, daß sie teilweise auch als Nebenerwerbsbetriebe geführt werden müssen. In den alten Ländern der Bundesrepublik ist im übrigen die Zahl der landwirtschaftlichen Betriebe zwischen Anfang der fünfziger und Ende der achtziger Jahre um mehr als eine Million gesunken. Die moderne Technik hat die Produktivität stark erhöht, und das kommt vor allem den Größeren zugute. Daher hat es ein "Sterben" der kleinen Höfe gegeben (Pongratz 1987, Thumm und Laur 1991).

76 Allein durch die unterschiedlichen Formen der Produktion in den einzelnen Arbeitszweigen bestanden Spannungen innerhalb der Arbeiterschaft. Auch innerhalb eines Fabrikbetriebes prägten unterschiedliche Arbeitsabläufe die Erfahrungen und Handlungen einzelner Gruppen der Belegschaft: So waren Arbeiter und Arbeiterinnen nie jene geschlossene Klasse, die der Mythos vom "Proletariat" propagiert. "Infolgedessen stieg ein Teil der Arbeiterklasse zumindest äußerlich in eine mittelständische Existenz auf. Das Wort 'Verbürgerlichung' kam in Umlauf. ... Der Fortschritt der Industrie verlangte neue Fertigkeiten; die Unterscheidung von gelernten, angelernten und ungelernten Arbeitern war mehr als eine versicherungstechnische Formalität" (Dahrendorf 1992, S. 119; siehe auch Geiger 1932, 1949a, Lüdtke 1993). Diese Entwicklung setzte sich nach dem Zweiten Weltkrieg fort.

77 Wenn hier die kleineren selbständigen Handel- und Gewerbetreibenden als altes Kleinbürgertum charakterisiert werden, "so weist dies auf eine historische Herleitung hin: Der Begriff 'Kleinbürgertum' bezog sich historisch gesehen auf die kleinen Produzenten, also jene gesellschaftliche Zwischenschicht, die zwar über ein gewisses Eigentum an Produktionsmitteln oder Kapital verfügte, aber keine Verfügungsgewalt über fremde Arbeitskraft besaß" (Seifert 1990, S. 457). Ihr Schrumpfungsprozeß ist seit 1950 stark verlangsamt beziehungsweise völlig zum Stillstand gekommen (Geißler 1992).

78 Die Berufsgruppen der unteren und mittleren privaten beziehungsweise öffentlichen Angestellten in ausführender Tätigkeit sowie - mit Einschränkungen - der Beamten im mittleren und gehobenen Dienst, die sich zwar in einer völlig anderen "Klassenlage" befinden, werden indes "dem traditionellen Kleinbürgertum auf der Ebene der Mentalität als wesensverwandt zugeordnet und entsprechend als 'neues' Kleinbürgertum bezeichnet" (Seifert 1990, S. 457; vgl. auch Geiger 1932, Bourdieu und Passeron 1971, Bourdieu et al. 1981, Geißler 1992). Nach dem Ersten Weltkrieg ist besonders der Anteil der Angestellten gegenüber Arbeitern stetig gewachsen. Doch weder die eine noch die andere Bezeichnung sagt natürlich präzis etwas über die Lebensumstände, das Selbstbewußtsein, die Einstellung der entsprechenden Bevölkerungsgruppen. Das Bürgertum wie die Arbeiterschaft, zwischen denen sich die Angestellten immer noch ihren zugigen Ort im gesellschaftlichen Modernisierungsprozeß suchen, haben, vergleicht man sie etwa mit ihrer sozialen Stellung in den zwanziger Jahren, zweifellos ihre scharfen sozialen Konturen verloren.
Die Ursachen für diese Entwicklung sind nicht leicht zu fassen. Einmal wird hauptsächlich auf den ökonomischen Bereich, also auf den Fortschritt der Industrie und die allgemeine Wirtschaftsentwicklung verwiesen, in denen die Zusammenhänge von technischem Fortschritt, Produktivitätssteigerung, Arbeitskräfteverlagerung und privater Nachfrageverschiebung ins Zentrum der Argumentation gerückt werden. Zum anderen wird auf systembedingte Gründe hingewiesen: "Mit der wachsenden

er im allgemeinen illusionär und abstrakt bleiben, solange die objektiven Chancen für seine Verwirklichung deutlich geringer sind als im alten und neuen Kleinbürgertum.[79]

Vielleicht ohne eine Ahnung von der Bildungsstatistik, die beispielsweise feststellt, daß 1965 gerade fünf und 1980 erst sieben von hundert Arbeiterkindern die Oberprima eines Gymnasiums erreichten, verhalten Arbeiter sich bildungsmäßig so, wie es die empirische Einschätzung der realen Chancen nahelegt.[80] Das gilt selbstverständlich - mit den entsprechenden Einschränkungen - auch für das Kleinbauerntum. Vor allem das neue Kleinbürgertum dagegen ist als "Zwischenschicht" am stärksten am schulischen Aufstieg ihrer Kinder orientiert, der ihm mit einer höheren Schulbildung die Erfüllung all seiner Erwartungen verheißt, wobei es die Werte des Gesellschaftsaufstiegs und des kulturellen Prestiges verbindet. Der Unterschied zwischen Kleinbürgertum und Kleinbauerntum beziehungsweise Arbeiterschaft, auf den die ersteren großen Wert legen, besteht darin, daß das Kleinbürgertum der höheren Schulbildung, von der es selbst ebenso häufig nur eine vage Vorstellung hat, eine entschiedene Anerkennung zollt. Diese zeugt von seiner Bildungswilligkeit, dem vagen Wunsch, an höherer Bildung teilzuhaben. Die Kleinbauern- und Arbeiterkinder sind sowohl im Hinblick auf "leichtes" Lernen als auch in bezug auf ihre Bildungsbereitschaft doppelt benachteiligt: Sie erhalten im allgemeinen noch nicht einmal Unterstützung vom Elternhaus in jenem Lerneifer, der es dem Kleinbürgertum ermöglicht, Besitzlosigkeit gewissermaßen durch Bildungspatente zu kompensieren; es bedarf schon eines kontinuierlichen Schulerfolgs und einer hartnäckigen Ermutigung durch Grundschullehrerinnen oder -lehrer, damit sie den Übergang ins Gymnasium wagen.

Wenn überhaupt an solche Selbstverständlichkeiten erinnert werden muß, dann vor allem deshalb, weil der Erfolg einiger weniger allzu schnell vergessen läßt, daß dieses Bildungshandicap vielfach nur aufgrund überdurchschnittlicher Schulleistungen und eines Rückhalt gewährenden Familienmilieus sowie fördernder Grundschullehrerinnen und -lehrer überwunden werden kann. Dabei darf man vermuten, daß - trotz Erhöhung des Sockelniveaus des Schulabschlusses über die sozialen Herkunftsgruppen hinweg - feine Unterschiede zwischen Kindern aus dem Besitz- und Bildungsbürgertum und denen aus Bildungsaufsteigerfamilien bestehen bleiben:

Komplexität der ökonomischen und sozialen Systeme steigt ihr Regelungs-, Vermittlungs- und Steuerungsbedarf. [So] ... erfordern komplexe Systeme ein Mehr an 'Planung, Koordination, Steuerung und Kontrolle'. Man kann hinzufügen: *sie machen auch ein Mehr an Sozialisation und Ausbildung nötig*" (Geißler 1992, S. 122, Hervorhebung die Vf.; vgl. auch Dahrendorf 1992).

79 Vgl. Bourdieu und Passeron 1971, Bourdieu et al. 1981, Bourdieu 1982, Köhler 1992.

80 Köhler 1992, S. 78.

"Das heißt, die sozio-kulturellen Spielarten und Varianten der Lebensstile gewinnen gegenüber den 'groben' Strukturunterschieden an Gewicht. Vereinfacht ausgedrückt: Während im älteren Modell 'Höhere Schüler' einer arbeitenden Unterschichtjugend wie eine adoleszente Bildungskaste gegenüberstehen, verwandeln sich im erweiterten Moratorium beide Schichtgruppen in Bildungseleven, die allerdings in recht unterschiedlich mit Bildungskapital ausgestatteten Schul- und Altersgruppenmilieus verkehren."[81]

Das trifft selbstverständlich mit entsprechenden unterschiedlichen geschlechts- und herkunftstypischen Akzenten ebenso für die anderen sozialen Gruppen der Bildungsaufsteigerinnen zu. Sie rekrutieren sich mehrheitlich aus bildungsfernen Familien, in denen ein Gymnasial- oder gar ein Hochschulabschluß überhaupt keine Bildungstradition besitzt. Dementsprechend stammen Absolventinnen dieses sozialen Typs, was den Schulabschluß und die soziale Stellung der Väter und Mütter betrifft, hauptsächlich aus unteren und mittleren sozialen Herkunftsgruppen (vgl. Tabelle 7 und 8). In dieser Hinsicht widerspricht bereits eine erste Analyse innerhalb der Bildungsaufsteigerinnen sehr deutlich der Vorstellung, sie seien als eine homogene soziale Gruppe anzusehen. Nur die Mütter gehen - mit Ausnahme der mithelfenden Bäuerinnen - überwiegend keiner Berufstätigkeit nach. Ihre Erwerbstätigkeit ist in den wenigen Fällen eher als "Zuverdienst" zu bezeichnen und bestimmt nur selten die soziale Außenwahrnehmung der Familie. Kurzum: In diesen Familien scheint die traditionelle Arbeits- und Rollenteilung von Mann und Frau noch vorherrschend zu sein.

81 Zinnecker 1991, S. 76.

Tabelle 7: Schulabschluß der Väter und Mütter von Bildungsaufsteigerinnen nach sozialer Herkunft (absolut)

Schulabschluß	Kleinbauerntum[82]	Arbeiterschaft[83]	altes Kleinbürgertum[84]	neues Kleinbürgertum
	Väter/Mütter	Väter/Mütter	Väter/Mütter	Väter/Mütter
Volksschule	18 / 18	33 / 29	6 / 8	16 / 23
Mittlere Reife	1 / 0	0 / 4	5 / 4	10 / 3
Abitur			1 / 0	3 / 2

82 Aus den Bemerkungen der Absolventinnen geht, soweit sie sich dazu äußern, hervor, daß es sich hier überwiegend um kleinere bäuerliche Familienhöfe handelt; zum Teil werden diese Höfe als Nebenerwerbsbetrieb geführt.

83 Die Arbeiterschaft rekrutiert sich vorwiegend aus Facharbeitern (vgl. Überblick im Anhang). Dahinter kann sich, wie schon erwähnt, durchaus Unterschiedliches verbergen. Landarbeiter leben unter anderen Bedingungen als Industriearbeiter, und diese unterscheiden sich wiederum häufig von Arbeitern bei der Bahn, Post oder in kommunalen Versorgungsunternehmen. Gemeinsam ist ihnen aber, daß jeweils ein Elternteil sehr bildungsaufgeschlossen ist.

84 Auch hier läßt sich den Anmerkungen der Absolventinnen entnehmen, daß das alte Kleinbürgertum überwiegend nur wenige Mitarbeiterinnen und Mitarbeiter beschäftigt. Die Mehrzahl der Handel- und Gewerbetreibenden führt einen kleineren Familienbetrieb und ist zum Zwecke des Vollerwerbs in ihren Geschäften beziehungsweise Betrieben tätig.

Tabelle 8: Berufspositionen der Väter und Mütter von Bildungsaufsteigerinnen nach sozialer Herkunft (absolut)

Soziale Herkunft	Väter	Mütter[85]	
Kleinbauerntum	18	Mitarbeit auf dem Hof	18
Arbeiterschaft	33	Hausfrau	27
		Verkaufsberufe	2
		Angestellte	1
		selbst. Damenschneiderin	1
altes Kleinbürgertum[86]	12	Hausfrau	9
		Verkaufsberufe	1
		Mitarbeit im Geschäft	2
neues Kleinbürgertum[87]	29	Hausfrau	23
		kaufm. Angestellte	6

Betrachtet man den Schulabschluß der Väter und Mütter von Bildungsaufsteigerinnen näher, so dominiert in allen Herkunftsgruppen klar der Volksschulabschluß als höchster schulischer Qualifikationsabschluß. Größere Bildungsunterschiede bestehen aber zwischen Kleinbauerntum und Arbeiterschaft auf der einen und altem sowie insbesondere neuem Kleinbürgertum auf der anderen Seite. Hier wird im Kleinbürgertum vielfach die "Mittlere Reife" von Vätern und Müttern als höchster Abschluß genannt; bei einigen von ihnen finden sich auch schon Väter und Mütter, die den gymnasialen Bildungsweg mit der Hochschulreife abschlossen.

85 Die Anzahl der mithelfenden Mütter stellt in erster Linie wohl einen Indikator für eine bestimmte mittelständische Wirtschaftsweise dar: den bäuerlichen, handwerklichen oder gewerblichen Familienbetrieb. Er ist dort von besonderer Bedeutung, wo die räumliche Verbindung der Wohnung mit der Betriebsstätte und die Art der zu leistenden Arbeit die Mithilfe der Ehefrauen erleichtert. Das gilt am ausgeprägtesten für die Landwirtschaft und für alle Gewerbezweige, in denen der Verkauf der hergestellten Produkte oder erbrachten Dienstleistungen unmittelbar an den Konsumenten üblich ist.

86 Hierzu zählen vor allem die selbständigen Handwerker wie etwa Friseurmeister, Elektriker, Kfz-Mechaniker und Kaufleute wie beispielsweise Einzelhandels- oder Textilkaufmann (vgl. Überblick im Anhang).

87 Dazu gehören besonders die im Dienstleistungsbereich tätigen Berufsgruppen der unteren und mittleren Angestellten sowie mittleren und gehobenen Beamten (vgl. Überblick im Anhang).

Das deutet darauf hin, daß im alten und wohl insbesondere im neuen Kleinbürgertum schon früh die Notwendigkeit der Weitergabe sozialer Positionen über den Erwerb eines mittleren Schulabschlusses als wichtig erkannt wird, was ja durchaus ihrer gesellschaftlichen Entwicklung und Bedeutung entspricht.[88] Die vergleichsweise geringeren Übergänge von Kindern aus dem alten Kleinbürgertum von der Grundschule in weiterführende Bildungsgänge dürften mit der alternativen beruflichen Option in Verbindung stehen: Kinder von kleineren selbständigen Handwerkern und Kaufleuten können den elterlichen Betrieb übernehmen, ohne daß sie dazu unbedingt höhere schulische Bildungspatente benötigen.

Für das Kleinbauerntum kommt in aller Regel die Reproduktion durch Vererbung des Hofes in Betracht. Daher wird es in ihm als bedeutsamer angesehen, früh durch Mithilfe auf dem Hof Arbeitsfähigkeit und das tradierte Wissen zu erwerben. Kinder können zudem frühzeitig auf diesen hart um ihre Existenz ringenden Höfen familienfremde Arbeitskräfte ersetzen, und das scheint hier offensichtlich eines der entscheidenden Leitmotive zu sein, den Besuch von weiterführenden Schulen zunächst gar nicht erst zu erwägen. Derartige Kalküle dürften, neben der sozialen und kulturellen Distanz zur Schule und den begrenzten ökonomischen Mitteln, der ausschlaggebende Grund dafür sein, daß Kinder aus dem Kleinbauerntum mit Abstand am häufigsten mit dem Volks- beziehungsweise Hauptschulabschluß das Bildungswesen verlassen, zumal spezifisch berufsorientierte Ausbildungsgänge für die Landwirtschaft nicht weit verbreitet waren.[89] Das gilt, unter der Voraussetzung einer größeren Bildungsdistanz, gleichfalls für beträchtliche Teile der Arbeiterschaft.[90]

Einer positiven Beziehung zwischen der Zufriedenheit der Eltern mit ihrer beruflichen Position und Lebenssituation allgemein sowie den Bildungserwartungen kommt deswegen unter geschlechts- und herkunftstypischen Gesichtspunkten große Bedeutung zu. Im Kleinbauerntum und in der Arbeiterschaft vermindert Zufriedenheit mit der eigenen Berufssituation und der vergleichsweise geringe Nutzen der Bildung in der Regel höhere Bildungserwartungen von Vätern und Müttern. Im alten und besonders im neuen Kleinbürgertum scheint hingegen die Beziehung eher zwiespältig zu sein: Während die Väter im allgemeinen auf höhere Bildungsanstrengungen und weiteren sozialen Aufstieg drängen, orientie-

88 Vgl. Geiger 1932, 1949a, 1992.

89 Daß bei späteren Übergängen Kinder aus Bauernfamilien "höhere Erfolgschancen als die Arbeiterkinder aufweisen, kann einerseits mit der außerordentlich starken frühen Selektion in Verbindung stehen, andererseits damit, daß Familien und Kinder, die sich für eine schulische Karriere entscheiden, zu den sehr gut situierten landwirtschaftlichen Familien gehörten" (Müller und Haun 1993, S. 246).

90 Vgl. Grimm 1966.

ren sich die Mütter stärker an der Wahrung des bereits Erreichten. Zufriedenheit oder Unzufriedenheit sind mithin Ausdruck des Willens zum sozialen Aufstieg beziehungsweise zur Wahrung der erreichten Berufsposition und gehen in die Wahl unterschiedlicher weiterführender Bildungswege ein.[91]

Erwartungen an die zukünftige berufliche Tätigkeit erweisen sich - mit unterschiedlichen sozialen Konsequenzen - folglich auch für die Bildungsaufsteigerinnen als bedeutsame und erklärungskräftige Bedingung ihres Bildungsweges. Kleinbauerntum und Arbeiterschaft stellen dabei deutlich geringere Bildungsanforderungen an ihre Töchter als altes und neues Kleinbürgertum.[92] Diese unterschiedliche soziale Ausgangslage findet leicht ihre Erklärung in der geringeren Bereitschaft jener sozialen Herkunftsgruppen, eine weiterführende Schulausbildung vor allem für ihre Töchter vor dem Hintergrund ihres traditionellen Wirkungskreises - Haushalt und Kinder - überhaupt in Erwägung zu ziehen, in der wohl deutlich geringeren Aufgeschlossenheit gegenüber einem akademischen Frauenstudium sowie in den im allgemeinen knapper bemessenen finanziellen Möglichkeiten, die nicht nur einen Verdienstausfall, sondern zusätzlich einen erheblich größeren Aufwand an Kosten und den Verlust einer unentbehrlichen Arbeitskraft etwa auf dem Hof zur Folge hätten. Die beruflichen Erwartungen können also einerseits das Ergebnis vorausgreifender Lebensplanung sein, die schulische Zuversicht, Anstrengungen und Leistungen beeinflußt. Sie können andererseits Reaktionen und Verarbeitung der Erfahrungen mit Schule sein. Denn aufgrund der schulisch festgestellten oder zugeschriebenen und im Verlauf der Schulzeit verfestigten Schülerleistung wie auch der Erwartungen an die Leistungen, erfolgt die Planung des Bildungs- und Berufsweges. Beides wird sich wechselseitig bedingen; in jedem Fall spielt die elterliche Einschätzung, Verarbeitung und Erwartungshaltung für den weiterführenden Bildungsweg der Bildungsaufsteigerinnen eine entscheidende Rolle.[93]

Im Fall des Übergangs auf eine weiterführende Schule kann das zu ernsthaften Schwierigkeiten führen. Denn in einer Lebenswelt, in der der Besuch einer weiterführenden Schule nicht zu den fraglosen Selbstverständlichkeiten gehört,

91 Vgl. Bourdieu und Passeron 1971, Bowles und Gintis 1976, Bourdieu et al. 1981, Bolder 1975, 1978, 1985, Rolff [9]1980, Bertram 1981, Hurrelmann 1985, 1986b, Engel und Hurrelmann 1987, Funke et al. 1986, Rodax 1989a, Bofinger 1990, Meulemann 1990a, 1992, Baumert 1991, Mayer 1991a,b, Mayer und Blossfeld 1990, Ditton 1992, Hopf 1992, Köhler 1992, Shavit und Blossfeld 1993, Arbeitsgruppe Bildungsbericht am Max-Planck-Institut für Bildungsforschung 1994, Sünker et al. 1994.

92 Vgl. Gerstein 1965, 1972, Peisert 1967, Lochmann 1974b, Bolder 1982, Bourdieu et al. 1981, Bourdieu 1982, Passeron und de Singly 1982, Hurrelmann et a. 1986, Hoerning und Krais 1987, Eckstein 1988, Henz 1994.

93 Vgl. Hurrelmann 1986b, Ditton 1992, 1995.

kann der "bewußte Entschluß" nicht selten einer vagen Vorstellung von "höherer Schule" gewichen sein. Der Schritt von der Grundschule zur Realschule beziehungsweise zum Gymnasium gleicht dann oftmals einem Schritt ins Ungewisse und Fremde. Vage oder gar idealistische Vorstellungen begleiten dabei oftmals die Bildungsaufsteigerinnen und vermitteln ihnen zunächst die einzige Orientierungshilfe, können sie doch nicht an eine familiäre Bildungstradition anknüpfen. Sie müssen deshalb mit erheblichen Widerständen und Vorbehalten beim Einschlagen eines solchen weiterführenden Bildungsweges rechnen, zumal sie besonders mit dem althergebrachten Vorwurf rechnen müssen, daß sie ja doch heiraten werden und deswegen eine höhere Bildung für sie als Frau nicht lohne. Die Überwindung dieser Voreingenommenheit verlangt von den Bildungsaufsteigerinnen in der Regel enorme Anstrengungen und erfordert eine eingehende Auseinandersetzung mit der Frage der weiterführenden Schulwahl.

a) Bedeutung der Familie

Die Anstöße und Voraussetzungen dazu bekommen Bildungsaufsteigerinnen zuerst vor allem innerhalb ihrer Familie beziehungsweise durch diese. Hier herrscht zumeist eine traditionelle Arbeits- und Rollenteilung, die, wie schon erwähnt, stark nach "männlichen" und "weiblichen" Aufgaben- und Einflußbereichen polarisiert. In Auseinandersetzung mit diesem Arbeits- und Rollenverständnis bietet sich für die Bildungsaufsteigerinnen die Gelegenheit, möglicherweise jene Beobachtungen "abweichenden Verhaltens" zu machen, die, produktiv verarbeitet, ihren weiteren Bildungsweg entscheidend mitbeeinflussen können.

Dazu kann zunächst eine bereits in der Familie sich früh offenbarende große Aufgeschlossenheit gegenüber dem Schulerfolg der Bildungsaufsteigerinnen gehören und, damit einhergehend, eine hohe Bildungsmotivation und -erwartung. Die Familie stellt für sie damit den ersten, bestimmenden und dauerhaften sozialen Lebens- und Erfahrungsraum mit großer personaler Identität dar, in dem die für den Schulerfolg grundlegenden Einstellungen, Wertorientierungen und Leistungsvoraussetzungen vermittelt werden.

Das hat natürlich auch weitreichende Konsequenzen für die Wahl einer weiterführenden Schule, die fraglos zu den heikelsten und folgenreichsten familiären Bildungsentscheidungen gehört. Sie ist einmal so schwierig, weil sie in aller Regel überaus frühzeitig bereits am Ende der Grundschulzeit getroffen werden muß und dabei oftmals auf keinerlei Erfahrungen mit weiterführenden Schulen zurückgegriffen werden kann. Und sie ist es zum anderen, weil diese Wahl, je nach sozialer Herkunft, häufig auf einer grundlegenden Revision des normalerweise für die Bildungsaufsteigerinnen vorgesehenen Bildungsweges "Volksschule/Hauptschule beziehungsweise Realschule" beruht und damit ein erheblicher Wandel der Bildungsperspektive vollzogen wird.

Diese Prozesse fordern jedenfalls zunehmend eine verstärkte Eigengestaltung gerade von Bildungsaufsteigerinnen heraus und verlangen in dieser Hinsicht auch eine größere Flexibilität bei der Planung und Verwirklichung ihres weiterführenden Bildungsweges. Eine solche Revision stellt sich aber nicht von selbst ein; sie hat ihre sozialen und individuellen Anstöße und Voraussetzungen, die die Bildungsaufsteigerinnen im allgemeinen zuerst innerhalb ihrer Familie beziehungsweise durch diese erreichen. Der Familie fällt also die Bedeutung einer Instanz sozialer Weichenstellung zu. Es fehlen indes ausreichende empirische Kenntnisse darüber, wie diese Weichenstellung geschieht und wer daran außerdem entscheidend mitbeteiligt ist.

α) Arbeitertöchter

Schulwahl

In Arbeiterfamilien kommt nach Auffassung der Bildungsaufsteigerinnen hauptsächlich den Müttern als Hauptansprechpartnerinnen für die Erziehung und intellektuelle Entwicklung ein überragendes Gewicht zu. Vor allem sie sind es, die für ihre Töchter eine Wegbereiterrolle einnehmen, ihre Bildungspläne in beträchtlichem Maße beeinflussen und sie nachhaltig im Gespräch ermuntern und bestärken, einen weiterführenden Bildungsweg über eine Realschule oder ein (Mädchen-)Gymnasium einzuschlagen. Dafür sind nicht zuletzt die eigenen, bitter erfahrenen Verzichts- und Versagenserlebnisse in ihrer Jugend und die damit verbundenen unerfüllten Bildungs- und Berufswünsche verantwortlich, die sie nicht zu überwinden vermochten und nunmehr nicht mehr gewillt sind, bei ihren Töchtern hinzunehmen.[94]

Diese von den Müttern im Gespräch mit den Töchtern nicht verhehlten Brüche in der eigenen Lebensplanung und Unzufriedenheit mit der eigenen Lebenssituation und dem sozialen Status prägt offenkundig das Bildungsverhalten der Töchter entscheidend mit und führt bei ihnen zu einer verstärkten Bildungs- und

94 Vgl. Bolder 1982, Becker-Schmidt und Knapp 1985, Schreiber 1985, Haas 1992, 1993, Rohleder 1992, Schlüter 1992a,b,c, Borkowski 1993.

Aufstiegsorientierung. Jedenfalls haben die Mütter den festen Willen, ihren Töchtern einen weiterführenden Bildungsweg zu eröffnen und fördern diesen neuen Weg konsequent; soziale Benachteiligung der eigenen Töchter wird im Bildungsbereich von ihnen nicht mehr geduldet. Darin liegt wohl die zentrale Botschaft dieser Mütter an ihre Töchter - eine Botschaft, die von den Bildungsaufsteigerinnen aus der Arbeiterschaft als sehr hilfreich und wichtig angesehen wird und ihnen in jedem Fall größere Bildungschancen eröffnet.

ORTRUD:

> "Wesentliche Prägung durch meine Mutter, die sich hauptsächlich um die Erziehung und meine schulischen Leistungen kümmerte, die mich auch immer motivierte weiterzulernen."
> (Mittlere Reife 1952 - kaufmännische Angestellte)

ELSA:

> "Nach meiner Geburt schied meine Mutter aus dem Berufsleben aus. Sie war jedoch stets auf Weiterbildung bedacht. ... Ich persönlich habe durch die Familie (vor allem durch die Mutter, d. Vf.) viele Voraussetzungen erhalten, die mir den Start und das Durchhalten in der Schule erleichterten. Von der Anlage her bin ich überdurchschnittlich begabt, besonders auf dem musisch-technischen Gebiet. Meine Eltern hatten Zeit für mich und lernten mit mir."
> (Mittlere Reife 1980 - Erzieherin)

RUTH:

> "Meine Mutter arbeitete als junges Mädchen nach Abschluß der Volksschule einige Jahre lang bis zu ihrer Verheiratung als Tagelöhnerin in einer Weberei. Sie war die treibende Kraft, die aufgrund der negativen Erfahrungen, die sie in der Fabrik gemacht hatte, meinem Bruder und mir ein 'besseres Leben' durch eine Ausbildung ermöglichen wollte."
> (Hochschulreife 1956 - Gymnasiallehrerin)

UTE:

> "Mein Vater stand meinem Schulbesuch neutral gegenüber, meine Mutter unterstützte mich sehr, da sie zeitlebens darunter gelitten

hatte, keinen Beruf zu haben."
(Hochschulreife 1960 - Gymnasiallehrerin)

SUSANNE:

"Die wichtigste Rolle beim Entschluß, mich auf die höhere Schule zu schicken, spielte meine Mutter. Sie selber hatte früher beste Zeugnisse und hätte gerne etwas gelernt, sie hätte mit Sicherheit ein Studium machen können, aber das stand in der Familie meiner Großeltern (7 Kinder, Mutter mit 32 Jahren gestorben, Stiefmutter usw.) überhaupt nicht zur Diskussion, da man ständig viele Arbeitskräfte in der Landwirtschaft brauchte. Als sie nicht mehr dort gebraucht wurde, war sie 24 Jahre alt."
(Hochschulreife 1966 - Realschullehrerin)

MAREIKE:

"Insbesondere meine Mutter war es, die den Ehrgeiz hatte, mich zum Abitur zu führen und zu einem späteren Studium, um mich insbesondere von dritten Personen unabhängig zu machen. ... meine Mutter [spielte] ... sicherlich eine wichtige und entscheidende Rolle bei meiner Schul- und Berufsausbildung."
(Hochschulreife 1968 - Rechtsanwältin)

REGINA:

"Meine Mutter ..., der es trotz intellektueller Ressourcen durch Kriegs- und Familiensituation versagt blieb, eine weiterführende Schule zu besuchen und deren Traum immer der Lehrerberuf gewesen war, ermunterte mich sehr zum Einschlagen einer höheren Schullaufbahn."
(Hochschulreife 1976 - wissenschaftliche Mitarbeiterin in einem Forschungsinstitut)

BIRGIT:

"Sie (die Mutter, d. Vf.) kommt aus 'armen' Verhältnissen, besuchte die Volksschule und 1 Jahr Realschule, was aber am Widerstand ihrer Eltern scheiterte. Dies gab ihr vielleicht Anlaß, mir von vornherein das Gymnasium 'schmackhaft' zu machen."
(Hochschulreife 1983 - Studentin des Lehramtes Grundschule)

Bedeutung des Vaters

Im Unterschied zu den Müttern kommt den Vätern oftmals nur ein geringes Gewicht für die Erziehung und intellektuelle Entwicklung ihrer Töchter zu. Das väterliche Geschlechtsrollenverständnis wird, im Vergleich mit den als stark, aktiv und patent erfahrenen Müttern, eher als orientierungs- und kompetenzlos wahrgenommen und schließt eine konkrete Unterstützung für Bildungs- und Berufswege weitgehend aus. Berufserfahrungen und geschlechtstypischen Rollenvorstellungen führen nicht zur ausdrücklichen Bildungs- und Aufstiegsorientierung für die Töchter - eine Skepsis, die sich unter anderem mit Unterlegenheitsängsten und Konkurrenzgefühlen erklären läßt, der Ahnung, daß die Töchter ihnen ebenso über den Kopf wachsen könnten wie die Mütter.[95] Aber auch Berührungsängste vor einer unbekannten Bildungsinstitution, die die Töchter den Eltern womöglich entfremden könnte, beeinflussen oftmals die rigorose Ablehnung der Väter. Daß weiterführende Schulen auch für ihre Töchter da sein könnten, kommt jedenfalls nur sehr wenigen in den Sinn; allenfalls ihren Söhnen wird dieses Bildungsprivileg noch zugestanden.

Dementsprechend ist ihr Interesse an der Förderung und Unterstützung eines weiterführenden Bildungsweges ihrer Töchter eher außerordentlich gering. Wenn überhaupt Bemerkungen und Einschätzungen zum Einfluß des Vaters geäußert werden, fallen sie augenfällig knapp, zurückhaltend bis negativ aus. Nur in zwei Fällen wird überhaupt von Töchtern den Vätern attestiert, daß sie die Schulwahl beeinflußt beziehungsweise unterstützt haben. Der Grund dafür liegt - ähnlich wie bei den Müttern - in der entgangenen eigenen Chance, eine höhere Schule zu besuchen. Im allgemeinen stehen bei ihnen aber die überkommenen Arbeits- und Rollenvorstellungen sehr deutlich im Vordergrund. Und so verwundert es nicht, daß Töchter von ihren Vätern fast immer eine traditionelle Rolle zugewiesen bekommen, in der der Bildungsaufstieg keinen Platz einnimmt.

ORTRUD:

> "Mein Vater war beruflich sehr eingespannt und mußte sich auch
> mehr um wirtschaftliche Dinge kümmern."
> (Mittlere Reife 1952 - kaufmännische Angestellte)

95 Vgl. Borkowski 1993.

SABINE:

"... mein Vater schlug es rundweg ab, (daß die Tochter auf das Gymnasium überwechselt, d. Vf.), er wollte dafür kein Geld ausgeben, obgleich man ihm versicherte, daß das Schulgeld erlassen werden würde. ... Mein Vater drohte mir immer wieder, mich von der Schule zu nehmen, wenn ich mich ihm einmal widersetzte. Nach der zehnten Klasse gab es wieder einen heftigen Kampf, denn so viel Bildung sei für ein Mädchen mehr als genug."
(Hochschulreife 1959 - Gymnasiallehrerin)

UTE:

"Mein Vater stand meinem Schulbesuch (Gymnasium, d. Vf.) neutral gegenüber."
(Hochschulreife 1960 - Gymnasiallehrerin)

REGINA:

"Mein Vater riet mir immer wieder von einer längeren (durch Studium bedingten) Ausbildung ab, da diese für eine Frau (die früher oder später doch heiratet und Kinder großzieht) sowieso unrentabel sei."
(Hochschulreife 1976 - wissenschaftliche Mitarbeiterin in einem Forschungsinstitut)

BIRGIT:

"Auch von ihm (dem Vater, d. Vf.) bekam ich stets nur Unterstützung was die Bildungsmöglichkeiten anbelangt. Doch schätze ich für mich persönlich den Einfluß der Mutter höher ein."
(Hochschulreife 1983 - Studentin des Lehramtes Grundschule)

HEIKE:

"... ein Wirtschaftsgymnasium. Das war in manchen Punkten denn auch meinem Vater zuviel. Ein Mädchen so lange auf der Schule!"
(Mittlere Reife 1979, Hochschulreife 1983 - Studentin der Philosophie)

RITA:

> "Für meinen Vater gab es überhaupt keine Diskussion, als Ende der vierten Klasse die Schulwahl getroffen werden mußte. Er wollte, daß seine Kinder eine bessere Ausbildung als er erhalten und beschloß daher, mich auf das Gymnasium zu schicken ... Mein Vater hatte keine Chance, eine höhere Schule zu besuchen, da er 14 Geschwister hatte und außerdem seine Kindheit in den Vorkriegsjahren erlebte. Außerdem erzählte er mir immer, daß auch meine Mutter sich stets darüber beklagt hätte, keine höhere Schulbildung und einen Beruf gehabt zu haben. Es sagte oft zu mir: 'Deine Mutter hat gewollt, daß ihr beiden (RITA und ihre Schwester, d. Vf.) eine gute Schul- und Berufsausbildung erhaltet." (Hochschulreife 1984 - Studentin der Politikwissenschaft und Soziologie)

Bedeutung des sozialen Umfeldes

Eine wichtige unterstützende und fördernde Rolle bei der Entscheidung für einen weiterführenden Bildungsweg der Arbeitertöchter kommt auch den weiblichen Vorbildern in ihrer Familie und vor allem in der unmittelbaren Verwandt- und Bekanntschaft zu; sie geben ihnen zum Teil die entsprechenden kulturellen Anregungen, sich beispielsweise mit guten Büchern ernsthaft auseinanderzusetzen, und verstärken entweder nachhaltig diesen Entschluß oder werden einfach als nachahmenswerte Vorbilder angesehen.

ASTRID:

> "Neben der Schule lebte ich noch in zwei anderen Welten, in der Städtischen Bücherei und in der Kirchengemeinde. Die Bibliothekarin hielt Vorlesestunden im Konferenzzimmer des 'Amtes' und ließ mich auch bei der Ausleihe helfen. In die Gemeinde wuchs ich durch den Konfirmandenunterricht. Durch Kontakt mit dem Pfarrhaus, mit der Gemeindehelferin und den Vikaren wuchs ich hinein in die Welt der 'gebildeten Mittelklasse', besonders die Welt von Büchern und klassischer Musik. Diese Erlebnisse verstärkten das Lernen in der Schule, und gaben mir gleichzeitig eine 'ideologische Basis'. In der sechsten Klasse endeten meine Aufsätze immer mit einer biblischen Kritik der Dichterfürsten Goethe und Schiller." (Mittlere Reife 1955, Hochschulreife 1958 - Pfarrerin)

SUSANNE:

"Nach dem 5. Volksschuljahr riet eine Nachbarin meiner Mutter, mich auf das neu eröffnete Gymnasium ... zu schicken, weil ich beim Lernen keine Schwierigkeiten hatte und mir die Schule großen Spaß machte. Meine Mutter war begeistert von der Idee (sie wollte ja, daß es uns einmal besser gehen sollte) und ging zum Volksschullehrer."
(Hochschulreife 1966 - Realschullehrerin)

ROSI:

"Ansporn dazu (die gymnasiale Schullaufbahn einzuschlagen bzw. durchzuhalten, d. Vf.) bekam ich noch aus der unmittelbaren Nachbarschaft, einer sehr netten Familie (Vater: Lehrer am Gymnasium, Mutter: Laienkatechetin, die ich in der 4. Klasse Volksschule als Religionslehrerin hatte und verehrte) ... Der Kontakt wurde immer besser, eine tiefe Freundschaft entwickelte sich, und ich verbrachte meine Freizeit hauptsächlich im Nachbarhaus, da ja meine Eltern bis abends berufstätig waren."
(Hochschulreife 1969 - Volksschullehrerin)

ELKE:

"Eine Vorreiterrolle hatte (was mir sicher in großem Maße zugute kam) meine Schwester inne, der unter großen Entbehrungen von Seiten meiner Eltern die bestmögliche Ausbildung (Mädchengymnasium, d. Vf.) angeboten wurde. Sie sollte (genau wie mir später oft gesagt wurde) einmal nicht die 'Drecksarbeit' für andere tun müssen, nicht mehr dem Arbeiterstand angehören."
(Hochschulreife 1983 - Studentin der Soziologie)

HEDWIG:

"Aus familiären Gründen (nach Streit mit dem Vater, d. Vf.) zog ich ein dreiviertel Jahr vor meinem Fachabitur aus der elterlichen Wohnung in eine von meiner Oma finanzierte Ein-Zimmer-Wohnung. Ich war sehr froh, daß ich in Ruhe für mein Abitur lernen konnte."
(Mittlere Reife 1982, Fachhochschulreife 1984 - Banklehrling)

Bildungswille der Absolventin

Diese Ermutigungen und Anregungen fördern sicherlich wesentlich die Bildungsbereitschaft von Arbeitertöchtern. Von großem Gewicht ist aber ebenso, ob sie auch selbst den Wunsch oder die feste Absicht hegen, einen weiterführenden Bildungsweg einzuschlagen, und ob sie "Bildung" und Bildungsaufstieg als wesentliche Werte und Bereicherung ansehen. Vor allem ihr schulischer Abschlußwunsch, aber auch ihre künftigen beruflichen Arbeitsfelder prägen dabei die Entscheidung und die Entschlossenheit, es auf jeden Fall schaffen zu wollen, entscheidend mit; diese verleihen ihnen die Kraft, soziale Bildungsbarrieren in Konfliktsituationen beiseite zu schieben, wo Bildungswünsche gar nicht oder nur in begrenztem Rahmen von ihrem Elternhaus unterstützt werden.[96]

ANDREA:

> "Ich wählte die Realschule und hier wiederum die Wahlpflichtfächergruppe II (kaufmännischer Zweig, d. Vf.), weil ich mein berufliches Ziel nur mit der mittleren Reife erreichen konnte und weil ich meine persönlichen Anlagen besser entfalten konnte. Bei dieser Wahl hat mich niemand beeinflußt."
> (Mittlere Reife 1967 - Chefsekretärin)

ASTRID:

> "Mit meiner Schulfreundin zusammen bin ich nach dem 'Einjährigen' auf die Aufbauschule gegangen. In der Kirche und Schule wurde ich in meinem Wunsch, das Abitur zu machen, sehr bestärkt, und ich überwand schließlich den Widerstand meiner Eltern."
> (Mittlere Reife 1955, Hochschulreife 1958 - Pfarrerin)

MAREN:

> "Ich beschäftigte mich in der 4. und 5. Klasse der Volksschule mit dem Gedanken, in das Gymnasium überzutreten, womit meine Eltern nicht einverstanden waren."
> (Mittlere Reife 1958, Hochschulreife 1964 - Gymnasiallehrerin)

---

96 Vgl. Haas 1992, Rohleder 1992, Borkowski 1993.

CORINNA:

"Eltern lange Zeit zweifelnd und unsicher, da uninformiert und unerfahren in bezug auf höhere Schulbildung. Realschule 'eventuell' erwogen ('Was soll das Kind noch lange zur Schule gehen, wenn es doch sowieso bald heiratet!'...)."
(Hochschulreife 1967 - Realschullehrerin)

MAREIKE:

"Daß ich das Gymnasium wählte bzw. später trotz Anfangsschwierigkeiten weiter besuchte, lag sicherlich darin, daß ich mit meinem Abschluß des Gymnasiums die meisten Berufsmöglichkeiten hatte. Selbst schwierige Schulsituationen meisterte ich mit dem Hintergedanken, daß ich unbedingt das Abitur schaffen müßte."
(Hochschulreife 1968 - Rechtsanwältin)

ROSI:

"Ich stürzte mich also, teils aus Angst, das Gymnasium verlassen zu müssen, teils aus Trotz über diese Ungerechtigkeiten (bewußte Benachteiligung von Arbeiterkindern durch Lehrer, d. Vf.), größtenteils aber aus meiner festen Entscheidung, das Abitur zu schaffen, in einen ungeheuren Lerneifer, ja ich 'streberte' in den Lernfächern und lernte seitenweise auswendig: ich wollte es den 'Geldigen' zeigen."
(Hochschulreife 1969 - Volksschullehrerin)

GERTRUD:

"Ich mußte allein entscheiden, welche Schule ich besuchen und welche Ausbildung ich später machen wollte. Meine Wahl fiel auf das Gymnasium, weil ich eventuell studieren und mir die Möglichkeit dazu bis zur Entscheidung offen halten wollte, denn mein Wunsch war, Sportlehrerin zu werden."
(Hochschulreife 1978 - Kinderkrankenschwester)

MARTINA:

"Mein größter Wunsch war lange Zeit, das Abitur machen zu können ... Ich bedauerte es sehr, aus der Schule (Volksschule, d. Vf.) entlassen zu werden, und ich war am letzten Schultag sehr traurig.

Die zwei Mädchen aus meiner Klasse, die zur Realschule gingen, beneidete ich sehr und viele Jahre war es mein größter und total unerfüllter Wunsch, weiter zur Schule gehen zu können."
(Zweiter Bildungsweg: Hochschulreife 1979 - Krankenschwester, dann Ärztin)

HEIKE:

"Nach dem Besuch der vierjährigen Grundschule im Dorf überredete ich Mutter, die Realschule zu besuchen. ... Meine Mutter hätte mich nach dieser Zeit gerne in Büro- oder Vorzimmerberufen gesehen. ... Mit dem Argument, ich hätte mich noch nicht entschieden, besuchte ich die Oberstufe - aus Kompromißbereitschaft gegenüber meinen Eltern: ein Wirtschaftsgymnasium."
(Mittlere Reife 1979, Hochschulreife 1983 - Studentin der Philosophie)

BIRGIT:

"Ich erinnere mich, daß ich seit der 1. Klasse keinen anderen Gedanken hatte, als das Gymnasium zu besuchen. Es war selbstverständlich."
(Hochschulreife 1983 - Studentin des Lehramtes Grundschule)

HEDWIG:

"... weil ich einen höheren Bildungsstand erhalten wollte, entschied ich mich auf die Fachoberschule in den wirtschaftlichen Zweig zu gehen."
(Mittlere Reife 1982, Fachhochschulreife 1984 - Banklehrling)

Elterliche Einstellungen zum unmittelbaren Übergang ins Gymnasium

Was immer wieder mehr oder weniger deutlich von den Bildungsaufsteigerinnen aus der Arbeiterschaft zum Ausdruck gebracht wird, ist der innere Widerstand oder die Trotzhaltung, die durch die Erfahrung sozialer Benachteiligungen noch wächst. Man muß sie daher nicht nur als äußerst bildungsfreudig, sondern geradezu als bildungsmutig charakterisieren, was von ihrem festem Willen und ihrer Beharrlichkeit zeugt, den Bildungsaufstieg zu meistern. Darin werden sie in erster Linie von ihren Müttern bestärkt.

Diese Bildungsfreudigkeit fehlt in solchen Arbeiterfamilien, die ihre Töchter allenfalls zur Realschule überwechseln lassen, in dieser Intensität doch weitgehend. Die Aussagen dazu belegen sehr drastisch, welche tiefverwurzelten Bildungsvorurteile hier noch gegenüber einer gymnasialen Bildung ihrer Töchter vielfach vorherrschen, die alle mehr oder weniger darauf hinauslaufen, daß sich für Mädchen eine höhere Bildung letztlich nicht rentiere. In diesen Zusammenhang gehört auch der elterliche Mangel an Selbstvertrauen, die Befürchtung, ihre Töchter könnten im Gymnasium langfristig leistungsmäßig versagen und scheitern. Oftmals wird dies von den Absolventinnen gewissermaßen in der Art einer sich selbst bestätigenden Vorhersage schon bei der Begründung ihrer Schulwahl vorweggenommen. Nur wenigen Bildungsmutigen gelingt es später mit Rückendeckung aus ihrem sozialen Umfeld, sich über die elterlichen Bildungsvorurteile hinwegzusetzen und in einem zweiten Anlauf dann doch noch das Abitur abzulegen.

ANETTE:

> "Als die Frage auftauchte: Gymnasium oder Mittelschule, fiel auch schon mal die Bemerkung in der Familie: 'Ein Mädchen braucht doch kein Abitur, die heiratet ja doch.' Meine Eltern wollten mir jedoch auch eine bessere Schulbildung ermöglichen. Sie schlugen mir den Besuch der Mädchenrealschule der Armen Schulschwestern vor. Vor allem auch im Hinblick darauf, daß ich nach Schulabschluß die Möglichkeit hätte, entweder einen sozialen oder kaufmännischen Beruf zu ergreifen."
> (Mittlere Reife 1966 - Softwareberaterin für Textverarbeitung)

MARGIT:

> "Mein Vater hatte nichts dagegen einzuwenden (Übergang auf die Realschule, d. Vf.), meine Stiefmutter hielt eine höhere Schule für ein Mädchen für einen Blödsinn. Sie war der Meinung, daß ein Mädchen, das ja ohnehin nur heiratet und Kinder bekommt, bis zur Eheschließung als Hausangestellte arbeiten sollte. Monatelang hing aus diesem Grunde der Haussegen schief (Bei meiner Schwester war sie dann übrigens anderer Meinung und befürwortete einen Realschulbesuch)."
> (Mittlere Reife 1970 - bis zur Geburt des ersten Kindes Beamtin im gehobenen Dienst)

MONIKA:

"Schon bei Eintritt in das Gymnasium stand fest, daß ich nicht studieren wollte. Ich hatte großes Interesse an Sprachen und wollte nach Abitur bzw. Mittlerer Reife und Abschluß der Höheren Handelsschule 'irgendetwas mit Sprachen' machen."
(Mittlere Reife 1970 - kaufmännische Angestellte)

KERSTIN:

"Vom Elternhaus war auch keine Förderung oder Erweiterung des Gesichtskreises zu erwarten, da meine Mutter als Witwe für den Lebensunterhalt sorgte und damit überlastet war. Sie versprach mir eine gute Berufsausbildung zu ermöglichen, aber Abitur nachträglich oder Studium war nicht drin."
(Mittlere Reife 1974)

IRMA:

"Nach der vierten Klasse trat ich in das staatliche S.-Gymnasium in P. ein. Meine Eltern hatten diesen Schritt zwar nicht begrüßt, da in ihren Augen ein Studium für Mädchen kaum in Frage kommt, aber sie wollten mir auch keine Steine in den Weg legen. Bedenken hatten sie jedoch, ob ich die Ausdauer für das Lernen und die anstrengende Busfahrt von täglich 1 1/2 Stunden aufbringen würde."
(Mittlere Reife 1976 - selbständige Reisebürokauffrau)

VERENA:

"Was meine persönlichen Bildungschancen betrifft, hätte ich sicherlich alle Voraussetzungen gehabt, ein Gymnasium zu besuchen und zu studieren. Ich wurde davon durch die Tatsache abgehalten, daß ich einsah, daß meine Eltern erhebliche finanzielle Opfer für meine Ausbildung hätten aufbringen müssen, so daß ich meine beruflichen Ziele nicht zu hoch ansetzte."
(Mittlere Reife 1979 - Angestellte in einer Anwaltskanzlei)

ASTRID:

"Meine Eltern zögerten mit der Entscheidung (Anmeldung zur Aufnahmeprüfung an der Mittelschule, d. Vf.), zum Teil aus finanziellen Gründen (10,50 DM Schulgeld im Monat auf der Mittel-

> schule und später Beginn des Verdienstes), zum Teil auch, 'weil Mädchen doch heiraten.'"
> (Mittlere Reife 1955, Hochschulreife 1958 - Pfarrerin)

NORA:

> "Nach der 4. Klasse, als der eventuelle Übertritt zum Gymnasium zur Debatte stand, hieß es, daß ich ja ein Mädchen sei, das heiraten würde und somit nicht studieren brauche."
> (Mittlere Reife 1958, Fachschulreifeprüfung 1961 - Gewerbeoberlehrerin)

β) Kleinbauerntöchter

Ein deutlich konservativeres Grundmuster liegt - vergleicht man es mit dem aus Familien der aufstiegsorientierten Arbeiterschaft - beim überwiegenden Teil der Bildungsaufsteigerinnen aus bodenständigen Kleinbauernfamilien den Bildungsentscheidungen zugrunde. Die Besonderheiten der kleinbäuerlichen Lebensverhältnisse hinterlassen ihren Widerschein in den traditionellen Wertorientierungen wie vor allem Fleiß, Sparsamkeit, Nüchternheit und Besitzerstolz. Dabei besitzen Arbeit, Familie und die zumeist tiefverwurzelte Religiosität für Kleinbauern eine große Bedeutung. Sie rufen in Erinnerung, daß zur Bewältigung des harten Alltags nicht bloß berufliche Fertigkeiten, sondern eben auch Sinnbilder, geistige und soziale Orientierungshilfen grundlegend sind. Diese legen auch weitgehend die ritualisierten Geschlechtsrollenarrangements mit den entsprechenden Aufgabenfeldern fest, die der Frau den Löwenanteil aller Arbeiten im Haus und auf dem Hof aufbürdet.[97]

Im bäuerlichen Haushalt, der Wohn- und Produktionsstätte zugleich ist, hat die Frau in ihrer Eigenschaft als Hausmutter deshalb einen großen Aufgabenkreis. Sie ist unmittelbar an der bäuerlichen Arbeit beteiligt, sei es als Verkäuferin der hofeigenen Produkte, sei es bei der Rechnungsführung im kaufmännischen Kontor oder als Hauswirtin auf dem Bauernhof mit all seinen Arbeits- und Wirtschaftsbereichen wie etwa Holzschneiden und -aufschichten, Ernte und Heumachen und nicht zuletzt in der Kinderbetreuung. Darüber hinaus obliegt ihr die Herstellung vieler Güter, die sie im Haushalt benötigt. Kurz: Sie ist im Hause ebenso unentbehrlich wie auf dem Feld.

97 Vgl. Geißler 1992.

Für "Bildungsromantik" bleibt da kaum Zeit. Denn auf kleineren Bauernhöfen ist jede helfende Hand bei der Arbeit willkommen, um den Fährnissen des Wetters und des Marktes im harten und mühseligen Kampf ums tägliche Brot zu trotzen. Auch Kinder haben schon selbstverständlich ihre Aufgaben zu erfüllen. Harte Arbeit, wenig Urlaub und Freizeit ist daher auch größtenteils das Los der Töchter. Ein eigenständiger Bildungswille und der Wunsch nach einer qualifizierten Berufsausbildung entsprechen nicht der vorherrschenden, althergebrachten Frauenrolle, ja, sie werden oftmals noch als eine Art Luxus oder auch als Dünkel empfunden. Zudem sind die Eltern eher zurückhaltend und skeptisch bei der Einschätzung der intellektuellen Fähigkeiten ihrer Töchter. Es wäre beschämend für sie, wenn sich herausstellen würde, daß sie den Anforderungen der höheren Schulbildung doch nicht gewachsen wären. Auch schwierige, als "zu großer Aufwand" angesehene Schulwege und Lernbedingungen machen es besorgten und unsicheren Eltern vielfach leichter, gerade ihre Töchter mit dem Argument von weiterführenden Bildungsgängen zurückzuhalten, sie vor unzumutbaren psychisch-sozialen Belastungen in den Jugendjahren bewahren zu wollen.[98]

Schulwahl

Es überrascht daher nicht, wenn Absolventinnen aus Kleinbauernfamilien überhaupt über Erinnerungen an die elterliche Wahl einer weiterführenden Schule berichten, daß sich diese hauptsächlich durch große Zurückhaltung der Eltern den Töchtern gegenüber auszeichnen. Das gilt erst recht für Eltern, die tief im katholischen Glauben verwurzelt sind. Vor allem Väter halten dabei strikt an der im ländlichen Raum noch weitverbreiteten konventionellen Einstellung fest, daß sich ein weiterführender Schulbesuch für Mädchen keineswegs auszahle, weil sie ja doch heiraten werden; zwischen Vater und Mutter bestehen dabei offenkundig keine allzu großen Meinungsunterschiede. Hinzu kommt, daß Väter oftmals sehr autoritär entscheiden und auf dem Hof immer das letzte Wort haben, was nicht nur für sie selbst, sondern für alle Familienmitglieder selbstverständlich ist. Von den Eltern wird für ihre Töchter allenfalls die Realschule dann in Betracht gezogen, wenn die Grundschullehrerinnen und -lehrer dies auch ausdrücklich empfehlen. Als hinderlich für einen Übergang ins Gymnasium erweist sich zudem die "Furcht vor dem Wagnis Bildung"[99] und der Wille der Bauerntöchter, auch gegen Widerstände einen Bildungsaufstieg ins Gymnasium zu versuchen. Sie fügen sich

98 Vgl. Waninger 1985.

99 Hitpaß 1965, S. 74.

zumeist in ihr "vorherbestimmtes" Schulschicksal, so daß man bei ihnen geradezu von einem "Aschenputtel-Komplex" sprechen kann.

Wo dies zutrifft, wird von ihnen allenfalls zaghaft die größere Aufmerksamkeit beklagt, die die Eltern der weiterführenden Schulwahl des Bruders schenken; für ihn kommt, wenn die Leistungsvoraussetzungen dies zulassen, sehr wohl der Übertritt ins Gymnasium in Frage, was sie als ungerechtfertigt, aber nicht zu ändernde soziale Benachteiligung ansehen und hinnehmen. Hinter dieser elterlichen Entscheidung steht häufig die Überlegung, daß Söhne ihnen großes Ansehen in der Nachbarschaft eintragen, selbst wenn damit im allgemeinen der Hoferbe ausfällt. Töchtern wird zwar auch eine Ausbildung zugestanden, aber nur für den Notfall. In jedem Fall sollen sie sich jedoch auf die Übernahme der Hausfrauenrolle vorbereiten und, neben der Berufsausbildung, zugleich auch noch die Haushaltsführung lernen.

DENISE:

> "Im Anschluß an meine Volksschulzeit besuchte ich die landwirtschaftliche Berufsschule in R. Auf Anraten einer meiner ehemaligen Lehrerinnen, die dem Institut der Englischen Fräulein angehörte, besuchte ich ab September 1951 die 3klassige Mädchen-Realschule in B. Trotz mancher Widerstände von meinen Eltern setzte ich es durch, auch im dort angeschlossenen Internat zu wohnen."
> (Volksschulabschluß 1949, Mittlere Reife 1954 - Heimleiterin im Internat)

VALERIE:

> "Nach Abschluß der Volksschule im Jahr 1955 kam für mich die Berufsentscheidung. Gerne hätte ich wie mein Bruder eine höhere Schule besucht, aber weil ich nur Mädchen war, wurde mir dies von meinem Vater nicht gewährt."
> (Volksschulabschluß 1955, Mittlere Reife 1961 - Steuergehilfin, dann Fachlehrerin für Kurzschrift und Maschinenschreiben)

VIKTORIA:

> "Mein Wechsel an eine weiterführende Schule war nicht nur mit Entbehrungen verbunden, ich durfte ja eine 'höhere Schule' besuchen, sondern auch mit großen körperlichen Anstrengungen. So

mußte ich z. B. täglich um 5 Uhr früh ohne Weckruf meiner Mutter aufstehen, sie hatte ja um diese Zeit bereits im Stall zu tun, mit dem Rad dann ca. 3 km bis zum Bahnhof fahren, dort früh in Richtung S./I. ab. Dies mußte ich bei jeder Witterung und an 6 Schultagen pro Woche machen. Ein Aufenthalt in dem der Schule angeschlossenen Internat konnte von meinen Eltern nicht bezahlt werden, da mein 4 Jahre älterer Bruder ein Studium zum Dipl. Ing. der Elektrotechnik machte. ... Meine Eltern wie auch meine G-eschwister nahmen auf meine Schullaufbahn keinen Einfluß; ich war ganz auf mich allein gestellt."
(Mittlere Reife 1965 - bis zur Geburt des ersten Kindes Sekretärin bei einem Internisten)

BRITTA:

"Für meine Eltern war dies eine schwere Entscheidung, hatten sie doch als Menschen vom Lande wenig Ahnung von höheren Schulen und deren Anforderungen und mußten sich bei ihrer Entscheidung viel von der Beurteilung des Lehrers leiten lassen."
(Mittlere Reife 1974 - Verwaltungsangestellte in einer Schule)

FRIEDERIKE:

"In der 4. Klasse haben die Lehrer meinen Eltern empfohlen, mich ins Gymnasium übertreten zu lassen; dies war aber nicht im Sinne meiner Eltern. Ich selbst hab' es nicht gewagt, auf meinen zaghaften Wunsch, ins Gymnasium zu gehen, zu bestehen. Nach der 6. Klasse durfte ich dann zusammen mit meiner besten Freundin in die Realschule überwechseln."
(Mittlere Reife 1977 - Meisterprüfung für Hauswirtschaft, Hoferbin)

META:

"[Ich] hatte dann die Möglichkeit, auf ein Gymnasium weiterzugehen, die ich aber nicht nutzte, weil ich vorhatte, nur die Realschule zu besuchen. ... Dort wollte ich aber innerhalb der Probezeit wieder zurück in die Hauptschule, da ich einen starken Notenabfall erlitt und glaubte, die Realschule nie zu schaffen. Nach einer Absprache mit den Lehrern erlaubten mir meine Eltern den Zurücktritt in die Hauptschule nicht. Ich bettelte bei meiner Mutter, daß

sie mich aus der Schule nehmen soll, aber schon wegen der anderen Menschen und wegen unseres guten Rufes (wir leben in einem sehr kleinen Dorf) tat sie es nicht."
(Mittlere Reife 1984 - Ausbildung als Hauswirtschafterin)

GUNDULA:

"Meine Eltern waren sehr einfache Leute und hätten es wohl als überheblich empfunden, ihre Kinder studieren zu lassen. ... Da meine Eltern nur ganz arm waren, und mein Vater als Hilfsarbeiter (neben der Landwirtschaft, d. Vf.) nur wenig verdiente, war ein weiterer Schulbesuch undenkbar."
(Hochschulreife 1954 - Realschullehrerin)

GISLINDE:

"Logischerweise besuchten wir alle die Volksschule im Dorf. In der 4. Klasse wurde mir eines Tages dann plötzlich bewußt, daß meine beiden besten Freundinnen in die nahe gelegene Stadt auf die Realschule gehen würden. Es war am Tag des Anmeldeschlusses. Ich sagte meiner Lehrerin, wenn das so sei, dann würde ich auch gerne die andere Schule besuchen. Sie meinte, ich müsse mich beeilen und spätestens in 3 Stunden die Bestätigung meiner Eltern bringen. Ich sauste nach Hause, fand meine Mutter im Schweinestall und fragte sie um die Erlaubnis, auf die Realschule gehen zu dürfen. Es blieb ihr nicht viel Zeit zum Überlegen. Mein Vater war gar nicht zu Hause. Sie wunderte sich, wieso ich das auf einmal wollte, aber sie sagte ja. Heute weiß ich auch warum. 4 Jahre zuvor wollte meine ältere Schwester auch zu einer höheren Schule wechseln. Für meine Eltern war das eine so schwierige Entscheidung, daß sie den damaligen Rektor der Schule um Rat fragten. Der meinte, für ein Mädchen sei es besser, mit lauter Einsen die Volksschule zu beenden, als einen mittelmäßigen Abiturabschluß zu haben, brauchen würde sie den für eine Heirat ja doch nicht. Und da der Rektor zur damaligen Zeit eine angesehene Respektsperson im Ort war und seine Meinung natürlich etwas galt, hörten meine Eltern auf ihn. Meine Schwester war jedoch wirklich eine Super-Schülerin, und sie bereuten ihren Entschluß ziemlich bald. Schließlich wollten sie auch - wie wohl die meisten Eltern -,

daß es ihren Kindern mal besser gehe als ihnen selbst."
(Mittlere Reife 1972, Hochschulreife 1976 - selbständige Diplom-Ingenieurin für Bekleidungstechnik)

Vorbildwirkung "gebildeter" Frauen

Nur in den wenigen Fällen, wo in der Kleinbauernfamilie Frauen in irgendeiner Weise schon einmal mit der gymnasialen Bildung in Berührung gekommen, von ihr ausgeschlossen oder gegenüber ihren Brüdern benachteiligt wurden, scheint ein so starker Aufstiegswille nachzuwirken, daß es Eltern wagen, ihre Töchter dem Gymnasium anzuvertrauen. Das gilt auch, wenn sie zum Teil noch mit großen Zweifeln, Unsicherheit und vor allem konventionellen geschlechtstypischen Vorurteilen, etwa von Seiten der Verwandt- und Bekanntschaft oder vom Pfarrer, zu ringen haben. Erleichtert wird diese Entscheidung der Eltern aber durch den ausdrücklichen Wunsch der Töchter, auf jeden Fall den Übergang ins Gymnasium wagen zu wollen.

BETTINA:

"Meine Mutter wäre gerne Lehrerin geworden, auch die Schwestern rieten ihr das, aber der Besuch eines Gymnasiums wurde nur ihren Brüdern ermöglicht. ... Unsere Familie war durchaus bildungsbeflissen. So war unter den 4 Mädchen, die 1960 das Abitur machten, auch meine Kusine (ebenfalls Bauerntochter) aus dem Dorf. Schon die Schwester meines Vaters war in der Nonnenschule in P. gewesen (1916-1918). Drei meiner Brüder haben das Abitur gemacht, einer hat einen abiturvergleichbaren Abschluß, aber ich wäre auch bald um meinen Eintritt in die Sexta gekommen, da der Pfarrer des Dorfes meinte, meine Mutter habe doch an mir 'am ersten Hilfe'. Aber die eigene verhinderte Berufswahl und mein eigener Wunsch gaben dann - glücklicherweise - den Ausschlag."
(Hochschulreife 1960 - Gesamtschullehrerin)

GISLINDE:

"[Der] Vorkämpferrolle meiner Schwester verdanke ich es wohl, daß ich die erste Tochter in der Familie war, die eine höhere Schule besuchte. ... Lernen mußte ich allein, und es war immer selbstverständlich, daß ich gute Noten mit nach Hause brachte. Ich habe zwar nie verstanden, wieso andere Schüler für eine gute Mathearbeit Geld und zum bestandenen Abitur ein Auto bekamen, jedoch

> empfand ich die selbstverständliche Erwartungshaltung meiner Eltern manchmal als ziemlichen Druck, obwohl mir das Lernen an sich äußerst leicht fiel."
> (Mittlere Reife 1972, Hochschulreife 1976 - selbständige Diplom-Ingenieurin für Bekleidungstechnik)

MARINA:

> "Begünstigend auf meinen Schulwechsel wirkten - neben meinem Wunsch - folgende Faktoren:
> - der Wechsel aufs Gymnasium durch zwei meiner Schwestern im vorhergehenden Jahr (1972) ... Meine Eltern wurden von Bekannten und Verwandten oft gefragt, warum sie ihre Töchter auf eine höhere Schule schicken, wenn diese später ja doch einmal heiraten und Hausfrau sein würden. Auch meine Eltern stellten sich diese Frage. Vielleicht wäre bei mehreren Brüdern (es gibt nur den 'Hoferben') anders entschieden worden. Aus heutiger Sicht würden meine Eltern zugunsten der Realschule entscheiden, da diese eher zu einem Beruf führt."
> (Hochschulreife 1982 - Studentin der Soziologie)

γ) Töchter aus altem Kleinbürgertum

Schulwahl

Einen erheblichen Einfluß auf den Schulerfolg und damit zugleich auf den weiterführenden Bildungsweg der Bildungsaufsteigerinnen aus dem alten Kleinbürgertum, den kleineren selbständigen Handel- und Gewerbetreibenden, üben - ganz im Gegensatz zu denen aus dem Kleinbauerntum und der Arbeiterschaft - die Väter aus. Es ist die Domäne der Familienbetriebe, in der das berufliche Vorbild und die Autorität im eigenen Betrieb oder Geschäft wesentlich sind. "Unter ihnen finden sich", wie man wohl im Hinblick auf ihre Mentalität hinzufügen muß,

> "am häufigsten Vertreter einer Sicht der Gesellschaft als *Kampfschauplatz von Interessen*, auf dem sich der Durchsetzungsfähigere und Stärkere behaupten kann. Klassen spielen in diesem Bild keine Rolle. Die Selbständigen nehmen die Gesellschaft nicht als Klassen-, wohl aber als *Konfliktgesellschaft* wahr. In dieser folgen die Interessen der einzelnen einem Muster, das zwar in den meisten Fällen auf eine ökonomische Grundlage gestellt wird - und in der Meinung Ausdruck findet, daß jedes Individuum egoistische wirtschaftliche Ziele verfolgt. Diese Interessen werden jedoch eher als psychologische Eigenschaften von Individuen denn als Resultat

eines bestimmten gesellschaftlichen Zusammenhangs verstanden. Die ökonomische Interessiertheit wird gleichsam wie eine anthropologische Konstante behandelt. Auf diesem Hintergrund sind die Selbständigen der Ansicht, daß es in der Gesellschaft darum geht, sich als konkurrenzfähige Einzelpersönlichkeit gegenüber anderen Interessen durchzusetzen. Dies zeigt auch die Einschätzung der gesellschaftlichen Aufstiegschancen durch die Selbständigen. Als ausschlaggebend hierfür nennen sie überwiegend *persönliche* Eigenschaften."[100]

Das wirkt sich selbstverständlich auch auf die große Wertschätzung einer höheren Schulbildung durch die Väter aus. Sie zeigen ein ausgeprägtes Bildungsbewußtsein und legen großen Wert darauf, daß ihre Töchter zumindest die Mittlere Reife oder gar die Hochschulreife erwerben. Die Väter erwarten durchaus nicht alle, daß ihre Töchter später im elterlichen Betrieb oder Geschäft mitarbeiten oder Betrieb beziehungsweise Geschäft einmal selbst übernehmen werden. Berufliche Unabhängigkeit schätzen sie indes hoch ein und unterstützen deshalb ihre Töchter intensiv in deren Bildungsbemühungen. Bildung bedeutet ihnen nicht nur frei sein von äußerem Druck und unzumutbaren Abhängigkeiten, sondern auch frei sein für selbstverantwortliche Lebensentscheidungen und selbstgewählte Lebensformen.

Vielfach stoßen die Väter dabei noch auf ernsthafte Vorbehalte oder gar erheblichen Widerstand der Mütter, die noch in auffälliger Weise an alten Arbeits- und Rollenvorstellungen festhalten, die ihnen Rollensicherheit, Geborgenheit, aber auch einen festen Zuständigkeits- und Arbeitsbereich versprechen. Sie sind der Ansicht, daß die Mittlere Reife für ein Mädchen ausreichend sei. Allerdings wirkt sich diese Einstellung - dank des dominierenden Einflusses und der Unterstützung der Väter - nur in einzelnen Fällen hemmend auf den weiterführenden Bildungsweg der Töchter aus.

EVA:

> "Ob meine Mutter eine prägende Rolle für mich gespielt hat, möchte ich bezweifeln. Sie war selbstverständlich immer anwesend und mußte sich, da ich sehr mitteilungsbedürftig war, alles anhören, was ich an Erlebnissen heraussprudelte. Eine stärkere Bindung hatte ich zu meinem Vater. Er war durch seine absolute Autorität auch so etwas wie ein Vorbild für mich. Er hatte den nötigen Ehrgeiz und wählte daher auch meinen Schulweg, d. h. das Gymnasium für mich. Da es sich um eine Privatschule handelte, mußte er

100 Seifert 1990, S. 459; vgl. auch Geiger 1932.

auch Schulgeld für mich bezahlen."
(Mittlere Reife 1966, Höhere Handelsschule 1968 - Beamtin im gehobenen Dienst)

EVELIN:

“Ich weiß, daß mein Vater stolz auf mich war, weil ich eine gute Schülerin war. Einen Satz, den er einmal sagte, werde ich nicht vergessen: 'Du muß fleißig lernen, damit aus Dir später etwas wird. Dann mußt Du nicht später zu N. in die Würstchenfabrik und Därme füllen.' Nach der Volksschule ging ich zur Realschule, die ich eigentlich auch ohne große Schwierigkeiten abschloß. Eigentlich sollte ich Abitur machen, wenn es nach meinem Vater gegangen wäre zu diesem Zeitpunkt. Ich nehme an, daß meine Mutter und meine Großeltern gesagt haben, Realschule reiche doch für ein Mädchen auch. Möglicherweise wurde mein Onkel Rolf, der 10 Jahre jüngere Bruder meiner Mutter, hier als Vorbild genommen, der nach dem Besuch der Realschule eine Lehre als Bankkaufmann machte ... Zusammenfassend möchte ich sagen, daß sowohl auf meinen schulischen als auch beruflichen Werdegang der entscheidende Einfluß von meinem Vater ausgegangen ist."
(Mittlere Reife 1967 - Industriefachwirtin im elterlichen Betrieb)

GERMANA:

"Nach vier Jahren Grundschule besuchte ich 1968 ein Jahr das Gymnasium und wechselte dann auf die Realschule, wo ich 1979 den Abschluß zur mittleren Reife machte. Geprägt war dieser Weg von dem Gedanken, als Mädchen eine ordentliche Ausbildung zu machen, aber es mußte nicht das Abitur sein, da ein längeres Studium verhindern würde, rechtzeitig Kinder zu bekommen."
(Mittlere Reife 1975 - Erzieherin gelernt, dann Verkäuferin)

ANGELA:

"Uns Kindern wurde von Anfang an immer Abitur und Studium als Bildungsziel vor Augen gestellt. Es war niemals davon die Rede, daß etwa mein Bruder das Geschäft weiterführen sollte. ... Meine Eltern hatten sich für das S-Gymnasium in B. entschieden, wobei die Tatsache, daß es sich dabei um ein Altsprachliches Gymnasium handelte, reiner Zufall war; ausschlaggebend für die Entscheidung

war nur die Lage der Schule! ... Für meine Eltern war es nicht leicht, mir das Studium zu ermöglichen. Mein Vater verdiente als selbständiger Kaufmann immer gerade ein bißchen zuviel, als daß ich irgendwelche Stipendien oder Zuschüsse hätte in Anspruch nehmen können."
(Hochschulreife 1963 - Gymnasiallehrerin)

IRMGARD:

"Meine Mutter hätte beim Übergang in eine weiterführende Schule Realschule für ausreichend gehalten, denn damals herrschte im Geschäft Personalmangel, und ich sollte Verkäuferin werden. Der Vater legte großen Wert auf Bildung; er unterstützte meinen Berufswunsch, Lehrerin zu werden, und ließ mich in das renommierteste Gymnasium der Stadt einschulen."
(Hochschulreife 1969)

MONA:

"Meine Eltern waren meinem Bildungsweg gegenüber stets positiv eingestellt und akzeptierten auch schlechte Leistungen, so daß ich mich nicht an nennenswerte Schwierigkeiten erinnern kann."
(Hochschulreife 1972 - Hauptschullehrerin)

δ) Töchter aus neuem Kleinbürgertum

Schulwahl

Einen ebenso bedeutsamen Einfluß auf die Schulwahl der Bildungsaufsteigerinnen wie beim alten nehmen auch die Väter aus dem neuen Kleinbürgertum.[101] Als ein deutlicher Ausdruck dafür muß die Entscheidung über den Übergang in weiterführende Bildungsgänge verstanden werden. Dabei wirkt der als äußerst unzureichend empfundene soziale Aufstieg der Väter als wesentliches Motiv mit.

101 Es handelt sich bei ihnen, wie schon erwähnt, überwiegend um untere und mittlere Angestellte in ausführenden Tätigkeiten beziehungsweise um einige Beamte im mittleren und gehobenen Dienst (vgl. Überblick im Anhang). Sie haben keine akademische Hochschulausbildung erworben und nur einige wenige legten das Abitur ab.

Sie, die im ambitionierten "Rennen" um Prestige und Titel eingespannt sind und sich in der sozialen Hierarchie unter den für sie gegebenen Aufstiegsmöglichkeiten im allgemeinen in die jeweils erreichbare berufliche Position vorgearbeitet haben, empfinden es gleichwohl als schmerzlich, daß dies oftmals nur zu einer mittleren Berufsposition reichte; sie füllt sie daher nicht immer aus, und ein Gefühl der Unzufriedenheit wird nicht verhohlen.[102]

Diese unbefriedigende soziale Situation wird von den Vätern insbesondere auf die unzureichende schulische Ausbildung zurückgeführt. Diese behinderte sie in ihrem beruflichen Fortkommen, haben sie doch vielfach das gesteckte gymnasiale Bildungsziel durch widrige soziale Bedingungen - wie Krieg, Nachkriegswirren oder dadurch, daß die Eltern entschieden gegen einen höheren Schulbesuch waren - selbst nicht erreichen können. Die Väter sind deshalb sehr bemüht, den durch ihr Schicksal bedingten Bildungsverzicht ihren Töchtern zu ersparen und drängen darauf, daß diese in eine weiterführende Schule, möglichst in ein Gymnasium, überwechseln. Nur noch wenige Väter machen hierbei einen Unterschied bei der Schulwahl zwischen ihren Töchtern und Söhnen.

Die Bildungsbeflissenheit der Väter resultiert aus der ambivalenten mittleren Lage des neuen Kleinbürgertums, das in besonderer Weise Individualismus und asketische Anstrengung sich zu eigen gemacht hat und den Mangel an Geld und wirklicher Bildung durch einen Bildungsabschluß bei ihren Kindern auszugleichen trachtet. Daß dafür wesentlich die vorwiegend von den Vätern erfahrene berufliche Konkurrenz verantwortlich ist, hat oftmals nachgewiesen werden können.[103] Der als positiv erlebte eigene soziale Aufstieg beinhaltet vielfach Konkurrenz und offenen Leistungswettbewerb, woraufhin Leistung selbst und die Orientierung auf Leistung zur familiären Leitlinie erhoben wird. Nicht nur, sich dem Leistungswettbewerb zu stellen, ist wichtig, sondern ihn zu begrüßen und seinen Nutzen daraus für die eigene Karriere ziehen zu können, ist für die Väter aus dem neuen Kleinbürgertum zentral.

Aber auch die Mütter vermitteln ihren Töchtern Aufstiegswillen: Die Väter eher durch ihr berufliches Vorbild und ihren Ehrgeiz, die Mütter teils eher durch ihre unerfüllten Bildungs- und Berufswünsche oder als Negativfolie und vor allem natürlich ebenso durch die Energien, die sie als "Begleitkarrieristinnen" in den Aufstieg ihrer Ehemänner investiert haben. Kurzum: Es besteht kein Zweifel, daß Väter und Mütter bei Wahl und Durchlaufen des Gymnasiums weitgehend übereinstimmen. Einige Töchter äußern überdies auch von sich aus den Wunsch,

102 Vgl. Boltanski 1990.

103 Vgl. Seifert 1990.

auf eine weiterführende Schule überzugehen, andere werden von ihren Eltern vor diese Wahl gestellt, überlassen diesen dann jedoch die Entscheidung allein.

Ist die Wahl im Sinne der Töchter gefallen, arbeiten diese äußerst motiviert und mit hohem Leistungswillen zielstrebig an der Verwirklichung ihres Bildungswunsches. Sollte es dabei im Laufe ihres Bildungsweges vor allem im Gymnasium indessen zu Leistungsproblemen kommen, so unterstützen die Eltern ihre Töchter, und häufig sind es auch hier die Väter, die eine besondere Rolle spielen: Sie üben mit ihnen, lassen, wenn es geboten erscheint, Nachhilfeunterricht erteilen und spornen zum Durchhalten bis zum Abschluß des gymnasialen Bildungsweges an.

MARCELLA:

> "Meine ältere Schwester ging ... bereits in die Oberschule, und mein Vater erklärte mir, daß er für zwei Kinder das Schulgeld für die Oberschule nicht aufbringen könne. Er meinte aber, daß sich sicher später eine andere Möglichkeit fände, meinen Wissensdurst zu stillen. Aber meine Eltern haben auf alles verzichtet, damit die beiden Töchter eine Schulbildung als Grundlage fürs Leben erhalten."
> (Mittlere Reife mit Wirtschaftsabschluß 1955 - Bürogehilfin)

KATJA:

> "Wie mir meine Mutter später erzählte, hatten sich meine Eltern in der 4. Klasse dagegen entschieden, mich in die Oberschule zu schicken, weil mein Vater der Ansicht war, 'Mädchen brauchen nicht in die Oberschule, denn die heiraten ja doch einmal!' Er war auch der Meinung, daß seine Tochter schon eine Mittelschulausbildung und Berufsausbildung haben sollte, damit sie sich im Falle des Todes ihres Mannes auch einmal selbst ernähren könnte."
> (Mittlere Reife 1964, fachgebundene Hochschulreife 1969 - promovierte Psychologin)

STEFANIE:

> "Mein Vater war der Meinung, daß eine Frau nicht studieren sollte, da sie sowieso heiratet. Trotzdem hat er meine Ausbildung finanziert und mich bei meinem Ziel, den Hochschulabschluß zu erreichen, voll unterstützt. Während er bei meinem Bruder der Meinung

war, daß er studiert, mußte ich allerdings für mein Studium kämpfen."
(Hochschulreife 1969 - Studium an einer Technischen Hochschule)

MATHILDE:

"Daß ich das Gymnasium besuchte, war in meiner Familie sehr ungewöhnlich, vor mir hatte es meines Wissens niemand im weiteren Familienkreis besucht ... Meine Eltern wollten 'das Beste' für ihre Kinder. Hinzu kam, daß mein Vater mich sowieso eher wie einen Jungen, zumindest geschlechtsneutral behandelte, deshalb kam die geschlechtsspezifische Benachteiligung bei mir nicht zum Tragen. ... Irgendwann im 4. Schuljahr fragten mich meine Eltern, ob ich aufs Gymnasium gehen wolle, und ich sagte einfach: ja. Es gab keinen Konflikt in mir, es schien mir einfach selbstverständlich. Ich wußte nur, daß ich in der Schule gut klar kam. Und noch eins, aber das betrifft mehr die schichtspezifischen Benachteiligungen: wenn ich, was selten vorkam, mich über irgendetwas in der Schule beklagte, dann sagte mein Vater: 'du kannst ja den Laden putzen gehen, wie die Lehrmädchen bei uns im Betrieb.' Das wirkte immer sofort."
(Hochschulreife 1970)

MARLENE:

"Als dann die Frage nach Umschulung auf eine höhere Schule anstand, sagte mein Vater sinngemäß: 'Für die Mädchen reicht die Realschule, sie heiraten später ja doch und haben Kinder. Der Junge kann, wenn er es schafft, zum Gymnasium gehen, er muß ja später eine Familie ernähren.' Nach sorgfältigen Erkundigungen meines Vaters wurde ich 1960 in eine Mädchenrealschule mit sehr gutem Ruf eingeschult."
(Mittlere Reife 1966, Hochschulreife 1971 - Volksschullehrerin)

ULRIKE:

"Die 10. Klasse mußte ich wegen mangelhafter Leistungen in Latein und Geschichte wiederholen und hatte damals die feste Absicht, danach die Schule zu verlassen, um eine Ausbildung zur Kindergärtnerin zu absolvieren. Meine Eltern haben mich aber schließlich dazu bewegen können, doch das Abitur zu machen:

'Nun hast Du es so weit geschafft, den Rest schaffst Du auch noch. Schließlich hast Du mit Abitur mehr Möglichkeiten. Kindergärtnerin kannst Du dann immer noch werden, wenn Du es willst."
(Hochschulreife 1972 - Augenoptikerin, dann Hausfrau)

NATHALIE:

"Der Wunsch aufs Gymnasium zu gehen, kam von mir selbst, weil meine Schwester bereits dort war, und ich gerne dort zur Schule gehen wollte, wo sie war."
(Hochschulreife 1976 - Realschullehrerin)

FRAUKE:

"Ich war sehr ehrgeizig und arbeitete schon ab der 8. Klasse zielstrebig und geplant. In der Oberstufe wurde ich eher besser. Mich gefordert zu fühlen, machte mir Spaß. ... Ich führe dies in erster Linie auf meine Eltern zurück. Sie erwarteten immer gute Leistungen von mir. Daß ich auf das Gymnasium gehe, war von vornherein klar. Sie wären sicher auch enttäuscht gewesen, wenn ich nicht studiert hätte. Nie erfuhr ich, daß ich das alles nicht könnte, nur weil ich ein Mädchen bin. ... Ich denke, daß ich für meine Eltern einen Auftrag erfüllte: das Abitur und das Studium für meinen Vater, der sein Leben lang davon träumte und das selbständige Leben für meine Mutter, die durch ihre Kinder daran gehindert wurde und darunter litt."
(Hochschulreife 1979 - Studentin der Germanistik und Politikwissenschaft)

NELLY:

"1972 wechselte ich an den neusprachlichen Zweig eines Gymnasiums in M. Daß sowohl ich als auch mein Bruder das Gymnasium besuchen sollte, war ein deutlicher Wunsch meiner Eltern. Bei der Wahl der Richtung orientierten sie sich vor allem an Eltern aus der Nachbarschaft, deren Kinder im gleichen Alter standen. Es war aber auch die Rede davon, daß ein Mädchen mit humanistischer Ausbildung (mein Bruder war an einem humanistischen Gymnasium) weniger anfangen könnte als mit neuen Sprachen. Dahinter standen wohl die Bilder von Sekretärinnen, Dolmetscherinnen und Lehrerinnen. ... Lernen bedeutete für mich keine Schwierigkeiten;

> mich interessierte vieles, und dem Leistungsideal, das zuhause vor allem mein Vater vermittelte, genügte ich durch kontinuierlichen Fleiß. Meine Eltern ließ ich nur wenig an meinem Schulalltag teilnehmen, wonach sie angesichts zufriedenstellender Noten auch nicht besonders strebten. 1975-1977 stellte ich mir für mich einen sozialen Beruf vor, erwog auch in der 10. Klasse abzugehen und bald eine Ausbildung in dieser Richtung zu beginnen, da ich nur ungern länger als unbedingt nötig die Zeit bis zur Berufstätigkeit aufschieben wollte. Von Schulabgangsplänen zeigten sich meine Eltern wenig begeistert; ich ließ mich schnell überzeugen, daß auch für eine Arbeit im sozialen Bereich Abitur und Studium sinnvoller wären und stürzte mich in die ehrenamtliche Tätigkeit. ... Im großen und ganzen wurde meine Ausbildung von meinen Eltern und den Erwachsenen meiner Umgebung wesentlich weniger ernst genommen als die meines Bruders."
> (Hochschulreife 1981 - Studentin der Politikwissenschaft)

Aufnahme eines Studiums

Der überwiegende Teil der Bildungsaufsteigerinnen aus dem neuen Kleinbürgertum wird in ihren Bestrebungen nach höherer Bildung also von beiden Elternteilen ermutigt und unterstützt. Zwar gibt es auch unter ihnen einige wenige Väter, die eine höhere Schulbildung ihrer Töchter nicht für erforderlich halten, aber deren praktischen Nutzen sehen sie durchaus für den Fall, daß die Töchter möglicherweise einmal in die Lage kommen könnten, sich selbst versorgen zu müssen, etwa beim Tod des Ehemannes.

Zu all dem steht keineswegs im Widerspruch ein vergleichsweise klares geschlechtstypisches Rollenmuster in familiären Erziehungs- und Bildungsfragen, das geradezu zur "Bildungsfalle" für die studierwilligen Töchter werden kann. Darauf deutet vor allem hin, was zuvor schon von einigen Absolventinnen bei der Schulwahl mit angesprochen worden ist, daß nämlich häufig das Wohlwollen und die Unterstützung vor allem der Väter bei der Aufnahme eines Studiums aufhört. Es scheint selbst bildungsbeflissenen Vätern des Guten zu viel zu sein. Sie denken im allgemeinen mehr aus herkömmlicher Perspektive an die weitere Ausbildung ihrer Töchter, fließt doch hier ihre eigene biographische Erfahrung ebenso ein, wie ihre Sicht auch noch ein gesamtgesellschaftliches Werturteil widerspiegelt: Trotz einem Mehr an Partnerschaft und Gleichberechtigung scheint die Realität besonders im Bereich der familiären Arbeits- und Rollenteilung diesem Einstellungswandel nur sehr schleppend zu folgen. Diese Zuweisung zu althergebrachten Rollenvorstellungen kann sich sehr nachteilig auf eine ins

Auge gefaßte qualifizierte Berufsausbildung der Töchter auswirken, die an eine akademische Vorbildung gebunden ist.

Aus diesem Grund betrachten Väter und Mütter die Wahl eines Gymnasiums als eine solide Grundlage für eine daran anschließende qualifizierte Berufsausbildung zur Absicherung der materiellen Existenz ihrer Töchter beziehungsweise zum Unterhalt deren zukünftiger Familie beizutragen. Eine höhere Allgemeinbildung ermöglicht es den Töchtern notfalls auf eigenen Füßen zu stehen und selbst ihre berufliche Vorsorge in die Hand zu nehmen, um damit zugleich finanziell für alle Notfälle im Leben unabhängig zu sein.

Auch wird am Ende der Schullaufbahn offensichtlich, daß besonders die Väter häufig eigene Pläne hegen, die sich oft mit den Berufsambitionen ihrer Töchter nicht vereinbaren lassen. In solchen Fällen kommt es zu harten familiären Auseinandersetzungen und Konflikten, in deren Verlauf die Töchter ihren Studien- oder Berufswunsch verteidigen oder einen Kompromiß zu schließen versuchen. Gelegentlich kommt es jedoch ebenso vor, daß der ursprüngliche Studien- oder Berufswunsch der Töchter wegen des unmittelbaren massiven Drucks von Vätern oder aufgrund von Ratschlägen aus der Verwandt- und Bekanntschaft aufgegeben wird.

GESINE:

> "Eigentlich wollte ich studieren, Deutsch, Journalistik, Sprachen. Lehrerin wollte ich eigentlich nie werden, zumal ich als ganz typisches Einzelkind von recht ungastlichen Eltern viel mehr Beziehung zu Büchern hatte als zu Kindern. Aber da sagte mein Vater (meine Mutter hatte in dieser autoritär geführten Ehe keine Meinung zu vertreten): 'Ich bezahle Dir kein Studium, das dauert für ein Mädchen viel zu lange. Schließlich willst Du ja auch mal heiraten.' Nach langem Überlegen bin ich dann schließlich zur PH (Pädagogischen Hochschule, d. Vf.) gegangen und habe die zwei Jahre durch Büroarbeit in den Semesterferien weitgehend selbst finanziert."
> (Hochschulreife 1963 - Volksschullehrerin)

STEFANIE:

> "Während bei meinem Bruder klar war, daß er studiert, mußte ich allerdings für mein Studium kämpfen."
> (Hochschulreife 1969 - Studium an einer Technischen Hochschule)

HEIDRUN:

> "Da ich mir unter den meisten akademischen Berufen nichts vorstellen konnte, folgte ich zunächst den Wünschen meines Vaters, der in mir eine künftige Rechtsanwältin sehen wollte. Als ich jedoch in der 12. Klasse im Rahmen des Religionsunterrichts mit psychologischen Fragestellungen und analytischen Theorien in Verbindung kam, wandelte sich mein Interesse entschieden: den Menschen zu ergründen und ihre Beziehungen zueinander zu erforschen, erschien mir als das lohnendste wie auch komplexeste Thema. Ich beschloß, entgegen dem ausdrücklichen Willen meines Vaters, Psychologie zu studieren. Die häuslichen Auseinandersetzungen spitzten sich über diese Studienwahl insofern zu, als ich hart daraufhin arbeitete, den N. C. (Numerus clausus, d. Vf.) zu schaffen, während mein Vater meine Studienfachwahl abwertete und von mir verlangte, ich solle Pharmazie studieren. Seine Lieblingsidee war dabei eine Art Familienimperium, in welchem meine jüngere Schwester als Ärztin und ich als Apothekerin fungieren sollten, während er mit seinen kaufmännischen Kenntnissen und Mutter als Verkäuferin Hilfsfunktionen innegehabt hätten. Mein völliges Desinteresse an einem Pharmazie-Studium vereitelten diesen ehrgeizigen Plan."
> (Hochschulreife 1972 - wissenschaftliche Mitarbeiterin an der Universität)

b) Resümee und Bewertung

Die bisherige Darstellung der Ergebnisse zur Bedeutung der Familien von Bildungsaufsteigerinnen aus Arbeiterschaft, Kleinbauerntum, altem und neuem Kleinbürgertum hat deutlich gemacht, daß der sozialen Herkunft und den damit verbundenen geschlechtstypischen Rollen- und Bildungsvorstellungen der Eltern ein unterschiedliches Gewicht beim Übergang der Töchter in eine weiterführende Schule zukommt. Besonders die teilweise verschiedenen Bildungseinflüsse von Vater, Mutter und Tochter, aber auch der nahestehenden Verwandten und Bekannten, müssen in diesem Zusammenhang in ihren unterschiedlichen sozialen Konstellationen genau beachtet werden. Die Bedeutung dieser Bildungseinflüsse läßt sich nicht allein und auch nicht so sehr an der Entscheidung für beziehungsweise gegen eine weiterführende Schule ablesen, als vielmehr an den verschiedenen Motiven, die für diese Entscheidung angeführt werden.

Unter diesen Motiven kann man solche hervorheben, die auf eine gewisse Sicherheit und Zielbewußtheit der Eltern bei dieser Entscheidung schließen lassen, weil sie sich an bestimmten Berufszielen orientieren, an bestimmten Bildungserwartungen oder an der Einsicht, daß Bildung in sozialen oder familiären Notlagen Sicherheit zu vermitteln vermag. Diesen Motiven stehen andere gegenüber, die den Mangel an einem solchen Bildungsbewußtsein oder Entscheidungswillen, einen Verzicht auf Selbstbestimmung in Bildungsfragen verraten, indem die Entscheidung anderen, bespielsweise, wie noch genauer zu zeigen sein wird, den Grundschullehrerinnen und -lehrern oder, wie schon erwähnt, der Tochter allein, überlassen wird. Wie diese Motive nach der sozialen Herkunft der Bildungsaufsteigerinnen variieren, hängt entscheidend von den Bildungseinstellungen und -erwartungen des Elternhauses und ihren Bildungserfahrungen mit weiterführenden Schulen ab.

Die damit einhergehenden Unterschiede tragen sicherlich entscheidend dazu bei, daß sich bei den Bildungsaufsteigerinnen sehr verschiedene Entscheidungsmuster auf ihren weiterführenden Bildungswegen herauskristallisieren, die wesentlich von den unterschiedlich stark ausgeprägten traditionellen geschlechtstypischen Einstellungen und Erfahrungen der Väter und Mütter sowie ihres sozialen Umfeldes mitbeeinflußt werden. Hinzu gesellt sich ein weiterer bedeutsamer sozialer Gesichtspunkt: Bildungsaufsteigerinnen bewegen sich mit dem Einschlagen eines weiterführendes Bildungswegs in zwei Lebenswelten. Sie sind in einer Welt aufgewachsen, in der Bildung und intellektuelle Betätigung keine oder nur eine untergeordnete Rolle spielen und befinden sich nun an einer Schule in einer Welt, in der weitgehend "nur" - im doppelten Sinne des Wortes - intellektuelle Leistungen verlangt werden. Diese Erfahrungen sind indes Kindern des Besitz- und Bildungsbürgertums schon von ihrer Familie her vertraut, und sie prägen wesentlich Stil und Kultur des Gymnasiums. Daraus resultiert auch die nach wie vor große Bildungsdistanz und geringe Bildungsmotivation der Bildungsaufsteigerinnen bei der Wahl eines weiterführenden Bildungsweges. Wird ein solcher Weg dennoch eingeschlagen, kann sich die Bildungsdistanz bei Schulschwierigkeiten hemmend auswirken und zu hoher Verhaltensunsicherheit und Minderwertigkeitsgefühlen führen.

Das gilt besonders für Töchter des Kleinbauerntums, die mit Bildung bislang kaum in Berührung gekommen sind. Ihre Lebenswelt ist oftmals noch geprägt von starren geschlechtstypischen Rollenmustern und festgefügten Hierarchien - eine Lebenswelt, in der in erster Linie die Wirtschaftlichkeit von Land, Tier und Menschen das eigene Überleben sichert. Im Mittelpunkt der Bemühungen steht das Ringen des Kleinbauerntums um die Existenz des eigenen Hofes. Es zeigt im allgemeinen, soweit es nicht durch irgendwelche Lebens- und Bildungserfahrungen oder anspornende Vorbilder ein besonderes Vertrauensverhältnis zur weiterführenden Schule gewonnen hat, verständlicherweise wenig Interesse daran, bei der Wahl des weiterführenden Bildungsganges der Töchter - wenn sie sich dazu überhaupt äußern - Rücksicht auf deren Bildungswünsche zu nehmen. Wichtig ist vor allem die frühe Mitarbeit im Haus und der Arbeitseinsatz auf Hof und Feld; der Besuch einer weiterführenden Schule wird dabei eher als unproduktiv eingeschätzt. Allenfalls wird noch begabten Söhnen der Übertritt in ein Gymnasium erlaubt, mehrt er doch das Ansehen der Familie in der Nachbarschaft und im Dorf. Wenn überhaupt bei der kleinbäuerlichen Arbeitsstruktur eine weitergehende Ausbildung für Töchter geboten erschiene, dann in mechanisch-technischer Richtung.[104] Vor allem Väter neigen aufgrund ihrer partriarchalischen Arbeits- und Rollenvorstellung in der Familie dazu, die Wahl eines weiterführenden Bildungsganges ihrer Töchter im allgemeinen nicht zu befürworten. Darin finden sie in der Regel die Zustimmung ihrer Ehefrauen. Allenfalls wird die Wahl einer Realschule in Erwägung gezogen, wenn - um dies Ergebnis hier schon vorwegzunehmen - die Grundschullehrerinnen oder -lehrer dies ausdrücklich gutheißen und den Eltern nahelegen.

Bildungsfreudiger und bildungsmutiger erweisen sich dagegen schon Arbeiterfamilien. Sie wagen es zunehmend, ihre Töchter nicht nur der Realschule als der typischen Aufstiegsschule anzuvertrauen, sondern ebenso dem Gymnasium und lassen sich hierbei von einem ausgeprägten Aufstiegswillen und einer oft großen Zielstrebigkeit und Opferbereitschaft leiten. Sie können ihren Töchtern zwar nicht direkt helfen, aber sie ermutigen sie, sich anzustrengen, indem sie ihnen immer wieder den Sinn dieses Ziels vor Augen führen und sie gewissermaßen darauf festlegen, daß die Schulbildung die einzige "Trumpfkarte" sei, die man habe, wenn man sich in bescheidenen sozialen Lebensverhältnissen einzurichten habe. Allerdings gilt es auch hier deutlich zwischen Vätern und Müttern bei der Einflußnahme auf den weiterführenden Bildungsweg der Töchter zu unterscheiden.

Das entscheidende Gewicht kommt dabei zweifellos den Müttern als Hauptansprechpartnerinnen und Vorbildern ihrer Töchter zu. Sie beeinflussen in beträchtlichem Maße die Bildungspläne und die Bereitschaft, den Übergang auf eine weiterführende Schule zu wagen. Sie sind im allgemeinen aufgrund eigener, schmerzhaft erfahrener Verzichts- und Versagenserlebnisse in ihrer Kinder- und Jugendzeit und damit einhergehender unerfüllter Bildungs- und Berufswünsche die treibende Kraft. Es überrascht deshalb nicht, daß sie den festen Willen haben, ihren Töchtern einen weiterführenden Bildungsweg zu eröffnen und, dies ist hier von besonderem Gewicht, unterstützt zum Teil von Frauen aus der näheren

104 Vgl. Peisert 1967.

Verwandt- und Bekanntschaft, fördern sie diesen neuen Weg konsequent. Soziale Benachteiligung der eigenen Töchter beim Übergang in weiterführende Schulen wird jedenfalls von ihnen nicht mehr geduldet. Darin liegt wohl die wesentliche Botschaft dieser Mütter an ihre Töchter: Es geht, man muß nur wollen. Frauen können und müssen eine gediegene Schulausbildung als Grundlage einer weiteren soliden, unabhängig machenden Ausbildung haben.[105]

Die Mütter tragen auch die Hauptlast der erzieherischen Verantwortung. Dabei unterstützen sie ihre Töchter soweit wie möglich auf ihrem Bildungsweg und halten sie energisch zu guten Schulleistungen an, wissend, daß dies eine grundlegende und notwendige Voraussetzung ist, um in der Realschule oder im Gymnasium erfolgreich zu bestehen. Der Bildungsweg der Arbeitertöchter ist wesentlich geprägt von diesen Vorstellungen und - nicht zu unterschätzen - von ihrer eigenen Energie, sich durchzusetzen, aus den beengten sozialen Verhältnissen herauszukommen. Aber auch ihre feste Entschlossenheit, keine diskriminierenden Vorurteile mehr in bezug auf eine weiterführende Bildung hinzunehmen, gepaart mit ihrem festen Entschluß, unbedingt an dem anvisierten Ziel, auch gegen erhebliche Bedenken und ernsthafte Widerstände, festzuhalten, bestärken sie in ihrer weiteren Bildungsbereitschaft - selbst wenn dieser Bildungsaufstieg zum Teil nur über Umwege erreichbar ist und noch beachtlich von überkommenen Geschlechtsrollenklischees überlagert ist.[106]

Auch im alten Kleinbürgertum wird großer Wert vor allem auf eine Real-, aber auch auf eine Gymnasialschulausbildung der Töchter gelegt. Jedoch sind es hier, im Unterschied zur Arbeiterschaft, eindeutig die Väter, die wegen ihrer herausgehobenen Führungsposition im eigenen kleinen Betrieb oder Geschäft ihre Töchter dazu anhalten, auf weiterführende Schulen überzuwechseln. Arbeitswille, Fleiß und Leistungsbereitschaft sind dabei die Tugenden, die sie von ihnen erwarten. Sie ermöglichen ihnen eine eigene berufliche und damit zugleich auch finanzielle Existenzsicherung. Die Mütter hingegen halten sich im allgemeinen bei der Schulwahl auffällig zurück und überlassen sie weitgehend den Vätern. Sie beschränken sich in der Regel auf ihr angestammtes Aufgabengebiet in Haushalt und Familie sowie ihre Mitarbeit im Betrieb oder Geschäft. "Gut verheiratet sein", "einen Haushalt selbständig führen", möglichst mit allen Emblemen gutbürgerlicher Situiertheit, ist vielfach der Wunsch der Mütter für ihre Töchter. Darüber denken diese indes oftmals anders. Es überrascht mithin nicht, daß die Töchter ihre Väter als große Vorbilder ansehen, die in ihren Augen auch den entscheidenden Einfluß auf ihren weiterführenden Bildungsweg nehmen.

105 Vgl. Bolder und Rodax 1987, Hoerning und Krais 1987.

106 Vgl. Metz-Göckel 1992.

Einen positiven Einfluß auf den weiterführenden Bildungsweg ihrer Töchter nehmen ebenso die Väter aus dem neuen Kleinbürgertum. Sicher wirkt dabei der vor allem als äußerst unzureichend empfundene soziale Aufstieg der Väter als wesentliches Motiv mit; die erreichte berufliche Position füllt sie keineswegs immer aus, und ein Gefühl der Unzufriedenheit wird nicht verhohlen. Sie wird von den Vätern insbesondere auf ihre unzureichende schulische Ausbildung zurückgeführt, die sie in ihrem beruflichen Fortkommen sehr hinderte. Es ist deshalb nur zu verständlich, wenn sie in der Regel alles daransetzen, ihre Töchter ebenso wie ihren Söhnen die bestmögliche schulische Ausbildung zu ermöglichen: den Besuch eines Gymnasiums.

Dabei wirkt sich sicherlich die Information über Bildungsmöglichkeiten im Schulwesen und die vielfach aktive Teilnahme an Elternversammlungen und -sprechtagen sowie die allgemein größere Bildungsaufgeschlossenheit der Väter und der Mütter, die hier beide an einem Strang ziehen, positiv beim Übergang auf das Gymnasium aus. Besonders Väter legen zudem großen Wert auf gute Leistungen als notwendige Voraussetzung für einen zufriedenstellenden Schulerfolg. Sollten die Töchter dieser Forderung nicht entsprechen, sind sie notfalls auch bereit, deren Freizeit erheblich einzuschränken und Druck auf sie auszuüben. Denn: Wer sich leistungsmäßig stets bemüht, hat auch letztendlich Erfolg - so lautet ihre zentrale Botschaft an ihre Töchter, und sie wird von diesen in der Regel auch so akzeptiert, wie der stark hervortretende Ehrgeiz und Wille, den gymnasialen Bildungsweg einzuschlagen und durchzuhalten, bestätigt.

Das Gymnasium wird dabei von den Eltern überwiegend als Ausbildungsstätte und weniger als Bildungsstätte für ihre Töchter betrachtet. Hier sollen sie für den harten Wettbewerb um gesicherte berufliche Positionen das notwendige Rüstzeug erhalten. Gewiß wird auch Charakterbildung und -erziehung besonders für die Töchter als wichtig erachtet, aber das ist vornehmlich Erziehungsaufgabe des Elternhauses, das die vordringlichste Aufgabe der Schule darin sieht, den Töchtern ein möglichst umfassendes Wissen und nutzbringende Fertigkeiten zu vermitteln. Aus diesem Grund sehen besonders Väter und Mütter die Wahl eines Gymnasiums als eine solide Grundlage für eine daran sich anschließende qualifizierte Berufsausbildung zur Absicherung der Existenz ihrer Töchter für alle Notfälle und als "Aussteuerersatz" an.

Im wesentlichen prangen im neuen wie im alten Kleinbürgertum - eingedenk allzu kühner Schlußfolgerungen - also Leistung, Bildung und Familiensinn als leuchtendes Dreigestirn am "bürgerlichen Wertehimmel" - mit all den damit verknüpften Chancen und Einschränkungen für die Töchter und Söhne. Dabei macht der vergleichende Blick auf die unterschiedlichen Erziehungsbeiträge von Vätern und Müttern einerseits und Erziehungserfahrungen von Töchtern und Söhnen andererseits deutlich, daß sie die Grundlage für noch immer wirksame Vorstellungen von "weiblichen" und "männlichen" Verhaltensnormen und Lebensstilen sind:

> "angefangen damit, daß das Mädchen auf helfende häusliche Aufgaben und daß der Junge auf eher breiter angelegte wettbewerbsorientierte Aufgaben ausgerichtet wird. Dieser Unterschied der Ausrichtung wird als eine grundsätzliche Eigenschaft der Kinder angesehen, die sich in vielen, als bedeutungsvoll empfundenen Bereichen bemerkbar macht."[107]

Hierbei handelt es sich offenkundig um ein bis in die Gegenwart zu beobachtendes traditionelles Erbe. Was Wunder also, daß, ungeachtet anderslautender Ideologien und unterschiedlicher Frauenerwerbstätigkeit, die Verantwortung für Haushalt und Kindererziehung nahezu ausschließlich auf den Schultern der Mütter ruht.

Es überrascht deshalb auch nicht, wenn einem Studium der Töchter insbesondere Väter aus dem neuen Kleinbürgertum eher reserviert gegenüberstehen - eine Ansicht, der auch von den Müttern kein ernsthafter Widerstand entgegengesetzt wird. Dieses Muster bringt wohl sehr deutlich zum Ausdruck, daß im neuen Kleinbürgertum noch stark konventionelle Geschlechtsrollenleitbilder für die Familiengründung, die Rituale des Familienalltags und die Richtlinien der Kindererziehung dominieren. Der Besuch und erfolgreiche Abschluß eines Gymnasium wird hier zwar für Töchter als zwingend notwendig erachtet, nicht indes unbedingt eine daran anschließende Universitätsausbildung für eine akademische Berufslaufbahn. Die gesteht man vielfach nur den Söhnen als den zukünftigen Ernährern einer Familie zu.

c) Bedeutung der Schule

Für die Bildungsaufsteigerinnen ist der Übergang in eine weiterführende Schule auf jeden Fall eine große Chance, aber auch ein großes Wagnis. Denn besonders das Gymnasium ist nach wie vor an Werten und Tugenden ausgerichtet, die einer Tradition und Kultur entstammen, die den Bildungsaufsteigerinnen weniger vertraut ist: nach sozialem Standort und Zugangsvoraussetzungen, nach Anspruchslage und Selbstverständnis, nicht zuletzt auch der sozialen Distanz schaffenden Aura, die es verbreitet.[108] Es arbeitet vorwiegend nach dem Motto

---

107 Goffman 1994, S. 129.

108 Vgl. Lütkens 1959, Händle 1990, Herrlitz et al. 1993, Arbeitsgruppe Bildungsbericht am Max-Planck-Institut für Bildungsforschung 1994, Struck 1995.

"Unsere Kinder werden im Elternhaus erzogen" und "Wer hier zum Abitur kommt, muß gut sein, denn wir sind keine sozialpädagogische Schule".

Das Gymnasium hält zudem an seiner Wissenschaftsorientierung, an seinem Fachlehrerprinzip und an seinem 45-Minuten-Unterrichtstakt fest, bietet kaum Hausaufgabenhilfe an. Auf der Ebene von Lehrplänen ist es an den "Mittelklassennormen" ausgerichtet, männerdominiert und städtisch zentriert, zersplittert in verschiedene Fächer, und es privilegiert eindeutig die logisch-mathematische und sprachliche Intelligenz. Im Unterricht spielen die Schulbücher eine herausragende Rolle, und in ihm herrscht eine "Vortrags-Pädagogik" vor. Lehrer und Lehrerinnen sind Spezialisten von Wissenstransfer, während Schülerinnen und Schüler bestehendes Wissen vermittelt bekommen.[109]

Diese Eigenschaften der Lehrpläne geben im allgemeinen die Verhaltensmöglichkeiten von Lehrerinnen und Lehrern sowie von Schülerinnen und Schülern vor, lassen Details und konkrete Formen der Gestaltung indessen offen.[110] Wie dieser Spielraum ausgefüllt wird, hängt natürlich auch von den gemeinsamen Erörterungen, Abklärungen und genauen Festlegungen des Leistungsprogramms ab. Dabei erwarten Lehrerinnen und Lehrer im allgemeinen von ihren Schülerinnen und Schülern Aktivität, Aufstiegswillen und Leistungsbereitschaft ebenso wie die Fähigkeit und Bereitwilligkeit, Bedürfnisse aufzuschieben und Leistungen zu erbringen, die sich erst in späteren Jahren "auszahlen" werden.[111]

α) Einfluß von Grundschullehrerinnen und -lehrern auf die weiterführende Schulwahl

Die Grundschule ist die wichtigste Agentur zur Verteilung von sozialen Chancen. Eine gewichtige unterstützende und fördernde Rolle kommt deshalb bei den Bildungsaufsteigerinnen - ganz im Gegensatz zu den Absolventinnen aus dem Besitz- und Bildungsbürgertum - dem pädagogischen Geschick und Verhalten der Grundschullehrerinnen und -lehrer beim Übergang in einen weiterführenden Bildungsgang zu. Wenn hier die Bildungsaufsteigerinnen den Eindruck und die Erfahrung gewinnen, daß sie ihre Begabungen erkennen, sie fördern und auch außerhalb des Unterrichts ein offenes Ohr für ihre Sorgen, Nöte und Erziehungs-

---

109 Vgl. Händle 1990, Fernandes 1994.

110 Vgl. Simmel 1922, Fend 1980.

111 Vgl. Parsons 1959, Bolder und Rodax 1987.

probleme haben und zugleich den herkömmlichen Bildungsvorurteilen widerstehen, die den Bildungsaufsteigerinnen weniger vertrauten "Mittelklassennormen" zur ausschließlichen Grundlage ihrer Beratungen und Empfehlungen für einen weiterführenden Bildungsgang zu nehmen, dann haben die Lehrerinnen und Lehrer eine gute Chance, sie zu ermutigen und in ihrem Bildungswillen und -aufstieg zu bestärken.

Kleinbauerntum

Das trifft zunächst ganz besonders für Bildungsaufsteigerinnen aus dem Kleinbauerntum zu, die einen nachhaltig fördernden Einfluß ihrer Lehrerinnen und Lehrer in der Grundschule erwähnen. Sie wurden in ihrer Entscheidung, in weiterführende Schulen überzuwechseln, von ihnen besonders unterstützt, und schlugen schließlich auch diesen Weg ein. Ebenso erinnern sie sich im einzelnen besonders positiv der Leistungsförderung und heben vor allem diejenigen Lehrerinnen hervor, die den Eltern für die Tochter den Weg in eine weiterführende Schule, insbesondere den Übergang in eine Realschule, nachdrücklich empfohlen haben. Daß sie dabei als "Respektpersonen" bisweilen "sanften" Druck auf die Eltern ausüben, gehört mit zu ihrer Überzeugungsarbeit und zu ihrem pädagogischen Selbstverständnis.

GINA-LISA:

> "In der 6. und 7. Klasse bekamen wir einen Lehrer, der nicht das Ansehen der Person sah, sondern wirklich die Begabungen, die da waren, förderte, und der die Qualität eines Menschen nicht vom Besitz abhängig machte. Während dieser Zeit blühte ich auf. Er ermunterte mich auch zum Besuch einer Mädchenschule."
> (Mittlere Reife 1956, Frauenfachschule 1959 - Fachlehrerin für Handarbeit und Hauswirtschaft sowie Kurzschrift und Maschinenschreiben)

SIGLINDE:

> "Meine beste Lehrerin war eine schlesische Lehrerin, die uns 1950 - 1953 in großem Maße Wissen vermittelte. In der Klasse waren damals 70 Mädchen, und nur wenige fielen durch (bei der Aufnahmeprüfung in die Mittelschule, d. Vf.)."
> (Mittlere Reife 1957)

BRITTA:

> "Gute Schüler - gleich ob Mädchen oder Jungen - wurden bereits besonders gefördert. Aufgrund des Lehrers geschah dies bei mir schon in der 3. Klasse, in der 4. wurde dies - obwohl Lehrerwechsel, Beginn der Verbandsschule - noch verstärkt. Ich erinnere mich an ca. 4 Schüler (2 Mädchen, 2 Jungen), die nach der damaligen 4. Jahrgangsstufe eine höhere Schule besuchten. Durch die zusätzlichen Aufgaben - vor allem in Mathematik - die uns der Lehrer regelmäßig gab, konnten wir die (Pflicht-)Aufnahmeprüfung in das Gymnasium bestehen ... Für meine Eltern war dies eine schwere Entscheidung, hatten sie doch als Menschen vom Land wenig Ahnung von höheren Schulen und deren Anforderungen und mußten sich bei ihrer Entscheidung viel von der Beurteilung des Lehrers leiten lassen. Es nahm sich damals die eine oder andere Lehrkraft besonders um mich an, und mir selbst war der Wechsel einsichtig, und ich habe ihn gut verkraftet."
> (Mittlere Reife 1974 - Verwaltungsangestellte in der Schule)

GUNDULA:

> "Nach der 4. Klasse Volksschule durfte ich die Bürgerschule besuchen. Den Anstoß dazu gab meine Lehrerin, die meine Eltern besuchte und zum Schulwechsel riet ..."
> (Hochschulreife 1954 - Realschullehrerin)

MARINA:

> "Begünstigend auf meinen Schulwechsel wirkten - neben meinem Wunsch - folgende Faktoren:
> - der Wechsel aufs Gymnasium durch zwei meiner Schwestern im vorhergehenden Jahr (1972),
> - die Befürwortung durch meine damalige Lehrerin gegenüber meinen Eltern (dieses auch bei meinen Schwestern)."
> (Hochschulreife 1982 - Studentin der Soziologie)

Arbeiterschaft

In der gleichen Richtung und ebenfalls mit entschiedenem Nachdruck und oftmals mit viel Fingerspitzengefühl für soziale Bildungsbarrieren im Milieu setzen sich vor allem die Lehrerinnen in den Grundschulen als Wegbereiter dafür ein, wenn die Schulleistungen dies zulassen, Arbeitertöchtern den Übergang in eine

(Mädchen-)Realschule oder Gymnasium zu ermöglichen und raten ihnen wie ihren Eltern sehr zu diesen Schritt. Es versteht sich auch hier, daß den pädagogischen Schullaufbahnempfehlungen der Lehrerinnen und Lehrer als Fachautoritäten bei den Arbeitereltern großes Gewicht zukommt.

MICHAELA:

> "Mehr als die Hälfte der 4. Mädchenklasse trat 1952 in die Oberrealschule bzw. ins humanistische Gymnasium über. Obwohl mein Übertrittszeugnis sieben Einser und zwei Zweien zeigte, fiel ich bei der Aufnahmeprüfung durch. Daraufhin meldete mich, auf Anraten der 4. Klaßlehrerin, meine Mutter in der "Seminarübungs-Schule der armen Schulschwestern v. U. lb. (von Unserer lieben, d. Vf.) Frau am Anger" an. Ich wurde angenommen und besuchte 4 Jahre diese pädagogisch und menschlich vorbildlich geführte Schule und wechselte dann mit 14 Jahren an die Mittelschule des selben Ordens ..."
> (Mittlere Reife 1959, Frauenfachschule 1962 - Fachlehrerin für Handarbeit und Hauswirtschaft)

HELGA:

> "Meine Eltern hatten damals zugestimmt, daß ich auf eine weiterführende Schule gehe, weil ich es später einmal besser haben sollte als sie und weil nach Rücksprache mit der Lehrerin ich das auch schaffen könnte."
> (Mittlere Reife 1970 - Bankangestellte)

MARGIT:

> "In der 5. und 6. Klasse war unsere Klaßlehrerin eine ca. 50jährige Klosterschwester. Bei ihr ging ich gern in die Schule und bekam gute Noten. Sogar im Rechnen, meinem bisherigen Angstfach, erhielt ich 'gut'. ... Diese Lehrerin war es auch, die mir riet, unbedingt die Realschule zu besuchen."
> (Mittlere Reife 1970 - bis zur Geburt des ersten Kindes Beamtin im gehobenen Dienst)

FELIZITAS:

> "In diesem Zusammenhang ist zu sagen, daß ich als Mädchen im letzten Jahr der Hauptschule [in Bayern erfolgt der Übergang von der Hauptschule in die Realschule nach der sechsten Jahrgangsstufe, d. Vf.] besonders gefördert wurde, als bekannt war, daß ich in die Realschule übertreten wolle. Von den Lehrern wurde dabei kein Unterschied zwischen Mädchen und Jungen gemacht."
> (Mittlere Reife 1974 - angelernte Kontoristin, dann Hausfrau)

IRMA:

> "... die Lehrer ... haben mir zugeredet, eine weiterführende Schule zu besuchen."
> (Mittlere Reife 1976 - selbständige Reisebürokauffrau)

ASTRID:

> "Aber mit Unterstützung der Lehrerin habe ich es dann doch geschafft, die Prüfung für die Mittelschule machen zu dürfen."
> (Mittlere Reife 1955, Hochschulreife 1958 - Pfarrerin)

SABINE:

> "Erst in der zweiten Klasse bemerkte meine Klassenlehrerin, daß ich unterfordert war, und veranlaßte meine Versetzung nach der zweiten Klasse in die vierte Klasse ... Als ich am Ende der vierten Klasse wieder an der Spitze war, schlug meine Lehrerin vor, ich sollte in die höhere Schule gehen; aber mein Vater schlug es rundweg ab, er wollte dafür kein Geld ausgegeben, obgleich man ihm versicherte, daß das Schulgeld erlassen werden würde. Da trat ich dann in eine sogenannte 'Sprachklasse' mit Jungen und Mädchen ein. Ich lernte Englisch, und mein Vater wollte, daß ich später 'aufs Büro' gehen sollte. Im Laufe dieses Schuljahres, in dem ich wieder sehr gute Leistungen erbrachte, nahm ich an einem 'Schottunterricht', eine Einführung in das lateinische Meßbuch, teil, den die Direktorin einer Mädchenoberrealschule (später Gymnasium) für Kinder erteilte. Sie fragte nach einiger Zeit, warum ich denn nicht in der höheren Schule sei. Ich sagte zuerst, daß ich Missionsschwester werden wolle und kein Abitur bräuchte. Dann aber verbündete sie sich mit meiner Klassenlehrerin und überzeugte mich und vor allem meinen Vater (d. h. er wagte es nicht, nein zu sagen), daß die

höhere Schule besser für mich sei. Ich trat in das von ihr geleitete Gymnasium ein und machte auch dort 1959 Abitur."
(Hochschulreife 1959 - Gymnasiallehrerin)

UTE:

"Auf Betreiben meines Lehrers schickten mich meine Eltern auf das 8 km entfernte Gymnasium in B."
(Hochschulreife 1960 - Gymnasiallehrerin)

CORINNA:

"Einschulung ins Gymnasium aufgrund starker Empfehlung der Klassenlehrerin in der Volksschule, da meine Schulleistungen überdurchschnittlich gut waren ... Einflußnahme der Volksschullehrerin letztlich ausschlaggebend."
(Hochschulreife 1967 - Realschullehrerin)

ROSI:

"In der 3. und 4. Klasse kristallisierte sich eine 'Elitegruppe' (8 Mädchen) für den späteren Gymnasiumbesuch heraus, unsere Lehrerin arbeitete hart mit uns und trainierte uns richtiggehend auf dieses Ziel hin."
(Hochschulreife 1969 - Volksschullehrerin)

ISABEL:

"Meine Klassenlehrer auf der Volksschule drängten sowohl Ende des vierten und auch Ende des fünften Schuljahres zum Besuch der höheren Schule."
(Hochschulreife 1972)

REGINA:

"Eine Schlüsselrolle kam sowohl nach dem vierten Volksschuljahr als auch nach der mittleren Reife den jeweiligen Klassenlehrern zu, die im Gespräch mit meinen Eltern und mir wiederholt auf höheren bzw. weiteren Schulbesuch drängten."
(Hochschulreife 1976 - wissenschaftliche Mitarbeiterin in einem Forschungsinstitut)

BIRGIT:

> "Obwohl es in meiner Volksschulzeit noch Ausnahme war, das Gymnasium zu besuchen, vor allem, wenn man auf dem Lande lebte und mit langen Fahrten rechnen mußte, drängten auch die Lehrer auf den Besuch des Gymnasiums."
> (Hochschulreife 1983 - Studentin für das Lehramt an Grundschulen)

ELKE:

> "Ich besuchte also vier Jahre die Grundschule in meinem Heimatort, und da ich die entsprechenden (guten) Noten hatte, war eigentlich für alle klar, daß ich auch auf's Gymnasium sollte ... Für meine damalige Klassenlehrerin wäre es wahrscheinlich eine Enttäuschung oder gänzlich unverständlich gewesen, wenn ich nicht übergetreten wäre."
> (Hochschulreife 1983 - Studentin der Soziologie)

RITA:

> "Er (der Vater, d. Vf.) wollte, daß seine Kinder eine bessere Ausbildung als er erhalten und beschloß daher, mich auf das Gymnasium zu schicken. Die erforderlichen guten Notendurchschnitte hatte ich, und auch mein damaliger Klassenlehrer befürwortete diesen Entschluß, indem er meinte, es täte mir gut, etwas mehr gefordert zu werden."
> (Hochschulreife 1984 - Studentin der Politikwissenschaft und Soziologie)

Bildungsvorurteile der Lehrerinnen und Lehrer

Ob den Ratschlägen und Empfehlungen der Grundschullehrerinnen und -lehrer allerdings gefolgt wird, hängt gewiß in starkem Maße auch von den Bildungsvorstellungen und -erwartungen der Eltern, besonders der Mütter, und ihrer Töchter selbst, ab. Es bedarf indes schon einer starken Überzeugung und eines ausgeprägten pädagogischen Selbstbewußtseins der Eltern[112], wenn sie, trotz Abratens beziehungsweise Nicht-Empfehlens von Klassenlehrerin oder -lehrer, ihren intelligenten Töchtern den Zugang zu einem weiterführenden Bildungsgang

112 Vgl. Kob 1963, Ulich 1993.

ermöglichen wollen. Sind die Eltern aber im Zweifel, wird letztlich wohl dem Rat der Lehrerin oder des Lehrers gefolgt werden, der, wenn er, was nur selten der Fall ist, negativ ausfällt, oftmals krasse Klassenvorurteile oder Standesdünkel als Begründung im Hinblick auf den Übergang von Arbeitertöchtern in eine weiterführende Schule widerspiegelt.

LORE:

> "Begründet wurde diese Schulausbildung von der Rektorin damit, 'mein Vater zähle zur Arbeiterklasse und mir stehe eine Realschulbildung ... oder das Gymnasium nicht zu.' Meine Mutter stimmte dem zu, obwohl meine schulischen Leistungen nicht schlecht waren. Es herrschte seinerzeit noch ein sehr großes Obrigkeitsdenken."
> (Mittlere Reife 1959 - Direktionssekretärin)

KERSTIN:

> "Man hat damals meiner Mutter geraten, mich auf der Hauptschule zu lassen ... Die Lehrer meinten, daß ich mir alles erarbeiten müßte, was anderen an Wissen in den Schoß fiele."
> (Mittlere Reife 1974)

MANUELA:

> "Um so schlimmer war es für mich, daß es mir verwehrt wurde, ins Gymnasium überzutreten. Daß ich 'nur' auf die Realschule durfte, habe ich nicht als geschlechtsspezifische Diskriminierung erlebt - in meiner Klasse wechselten viele Mädchen auf ein Gymnasium über -, sondern als schichtspezifische Benachteiligung. Heute bewerte ich dies als positiv. Denn in der Realschule gehörte ich nicht - wie auf dem Gymnasium der Fall - zu der absoluten Minderheit der Arbeitermädchen. (Meine Schwester, die drei Jahre später in die Sexta überwechselte, mußte sehr schmerzlich erfahren, was das heißt. Sie hat entsprechend ihre Schullaufbahn mit der Untersekunda beendet). In meiner Klasse gab es vielmehr ein paar wenige Mädchen, die etwa aus ähnlichem Milieu kamen."
> (Mittlere Reife 1967, Hochschulreife 1970 - promovierte wissenschaftliche Assistentin an der Universität)

Schrittweiser Bildungsaufstieg zur Hochschulreife

Weniger geradlinige Schulkarrieren sind durchaus typisch für eine Reihe von Bildungsaufsteigerinnen aus Arbeiterfamilien, wechseln sie doch viel seltener direkt nach der Grundschule zum Gymnasium und legen hier auf direktem Weg das Abitur ab. Sie besuchen zunächst einmal, bevor sie auf die Oberstufe eines (Mädchen-)Gymnasiums übergehen, oftmals eine (Mädchen-)Realschule. Dieser vorsichtige, schrittweise Bildungsaufstieg liegt vor allem darin begründet, daß die Eltern teils zweifelnd und unsicher, weil uninformiert und unerfahren, teils aus traditionellen geschlechtstypischen Einstellungen und Vorstellungen heraus (ein Mädchen heiratet ja doch) nicht gewillt sind, für ihre Töchter unmittelbar einen gymnasialen Bildungsweg in Erwägung zu ziehen. Ebenso ist beim Realschulbesuch die Spannung zwischen sozialer Herkunft und Zukunft nicht so groß, das Risiko überschaubarer und bei alledem sind Anschlußmöglichkeiten zu weiterführenden Bildungsgängen offen.[113] Auch hier vermögen indes die notwendige Anleitung und Unterstützung beim Lernpensum durch Lehrerinnen und Lehrer wie auch deren nachdrücklicher Rat, das Abitur abzulegen und ein zäher und zielstrebiger Durchsetzungs- und Aufstiegswille der Arbeitertöchter selbst die konventionellen Bildungsvorurteile beiseite zu räumen und den Weg zur Hochschulreife über die Mittlere Reife oder Zweiten Bildungsweg doch noch zu ebnen.

MICHAELA:

> "Nach 3 Jahren und mit dem Abschluß der mittleren Reife schaffte ich die Aufnahmeprüfung (wovon von 200 angemeldeten Mädchen nur 32 angenommen werden konnten) an die Städtische Frauenfachschule in M."
> (Mittlere Reife 1959, Frauenfachschule 1962 - Fachlehrerin für Handarbeit und Hauswirtschaft)

ASTRID:

> "Mit meiner Schulfreundin zusammen bin ich nach dem 'Einjährigen' auf die Aufbauschule gegangen. In der Kirche und in der Schule wurde ich in meinem Wunsch, das Abitur zu machen, sehr

113 Vgl. auch Sehringer und Jung 1995.

bestärkt, und ich überwand schließlich den Widerstand meiner Eltern."
(Mittlere Reife 1955, Hochschulreife 1958 - Pfarrerin)

MAREN:

"Meine Lehrkräfte (in der Mädchenmittelschule, d. Vf.) ... rieten mir sehr zum Studium in diesem Zweig (Betriebswirtschaft, d. Vf.). Meine Eltern erklärten sich nun mit einem Übertritt in ein Gymnasium einverstanden. Da die Übergangsklasse zu diesem Zeitpunkt noch nicht eingeführt war, trat ich als Gastschülerin in das Realgymnasium der Englischen Fräulein in M.-N. ein. Die damalige Direktorin dieser Schule setzte sich dafür ein, daß ich in den verschiedenen Fächern, v. a. in Mathematik, Englisch und Latein privat von Schwestern nachgeführt wurde."
(Mittlere Reife 1958, Hochschulreife 1964 - Gymnasiallehrerin)

HEIKE:

"Mit dem Argument, ich hätte mich noch nicht für einen Beruf entschieden, besuchte ich die Oberstufe - aus Kompromißbereitschaft gegenüber meinen Eltern: ein Wirtschaftsgymnasium ..."
(Mittlere Reife 1979, Hochschulreife 1983 - Studentin der Philosophie)

HEDWIG:

"Der Übergang zur Realschule fiel mir dann schon nicht mehr so leicht. Am Ende der 7. Klasse entschied ich mich für den sozialen Zweig, da ich später eigentlich einen sozialen Beruf ergreifen wollte. ... Deshalb und auch weil ich einen höheren Bildungsstand erhalten wollte, entschied ich mich, auf die Fachoberschule in den wirtschaftlichen Zweig zu gehen."
(Mittlere Reife 1982, Fachhochschulreife 1984 - Banklehrling)

Altes Kleinbürgertum

Keinen allzu großen Einfluß auf die Wahl einer weiterführenden Schule üben - im Gegensatz zur Arbeiterschaft und Kleinbauerntum - bei den Bildungsaufsteigerinnen aus dem alten Kleinbürgertum die Grundschullehrerinnen und -lehrer aus. Dies ist ein deutlicher Hinweis darauf, daß die Entscheidung weitgehend im Elternhaus fällt. Vor allem die Väter sind es, die aufgrund ihrer dominierenden beruflichen Position im Betrieb oder Geschäft diese Entscheidung maßgeblich beeinflussen. Nur wenn im Anschluß an die Realschule die Frage nach dem Übertritt in eine berufsbildende weiterführende Schule oder in die Oberstufe des Gymnasiums zur Diskussion steht, erhalten der Wunsch der Tochter, wenn die Eltern damit einverstanden sind, und insbesondere die Empfehlung der Lehrerinnen und Lehrer ein größeres Gewicht.

PIA:

> "Auf eigenen Wunsch und auf das Drängen meiner Lehrkräfte durfte ich, wenn auch unter größten finanziellen Schwierigkeiten (nach der Mittelschule, d. Vf.) die Frauenfachschule ... absolvieren."
> (Mittlere Reife 1958, Frauenfachschule 1961 - Fachlehrerin für Handarbeit und Hauswirtschaft)

URSULA:

> "Als wir dem Abschluß der Schule (Mittelschule, d. Vf.) näherkamen, wurde überlegt, ob ich eine weiterführende Schule besuchen sollte, um das Abitur zu erlangen. Zunächst wollte ich mit dem Argument, doch nicht studieren zu wollen (um Lehrerin zu werden, wie es meine Tante gerne gesehen hätte), eine Ausbildung als Buchhändlerin beginnen, ließ mich aber von meinem Klassenlehrer und meiner Familie (Eltern, Oma, Tante) davon überzeugen, wegen meiner ganz guten Leistungen doch noch weiterzulernen. Als Schulen standen ein Aufbauzweig der S.-Schule, die Höhere Handelsschule und die Ursulinen-Schule (Klosterschule!) zur Auswahl, wo ich jeweils das Abitur bzw. Fachabitur erreichen konnte. Ich selbst wollte zur Höheren Handelsschule, zwei Jungen aus meiner Klasse gingen auch dort hin. Auch die S.-Schule fand ich akzeptabel, zur Klosterschule wollte ich nicht, erstens weil mir eine reine Mädchenschule ziemlich suspekt erschien, und katholisch bin ich auch nicht. Mir und einer Klassenkameradin wurde von den Lehrern nahegelegt, diese Schule zu besuchen, da die Lehrerinnen (z. T. Nonnen) sehr nett seien und ich dort auch kein Latein lernen müßte. Aber gerade Latein schreckte mich zu diesem Zeitpunkt überhaupt nicht mehr, mit zwei Fremdsprachen war ich gut klargekommen und eine dritte hätte ich auch noch geschafft. Für die Lehrer schien dies aber in ihrer Empfehlung ausschlag-

gebend zu sein, und dahingehend beeinflußten sie meine Eltern. Diese gingen daraufhin auf meine Wünsche und Ansichten nicht ein, für sie kam jetzt auch nur noch die Ursulinenschule in Betracht. Trotz einiger Gespräche mit meinen Eltern (meine Mutter: auf eine Höhere Handelsschule gehören nur Jungen) konnte ich mich damals noch nicht durchsetzen und landete dann auf dieser Schule. Eine Klassenkameradin von mir ebenfalls."
(Mittlere Reife 1967 - Buchhändlerin, dann Hausfrau)

Neues Kleinbürgertum

Auch von den Bildungsaufsteigerinnen aus dem neuen Kleinbürgertum finden sich bemerkenswert wenig Aussagen zum Einfluß der Grundschullehrerinnen und -lehrer auf die Wahl einer weiterführenden Schule. Das verweist auch hier auf das große Gewicht der Familie, vor allem der Väter, sowie auf die beträchtliche Übereinstimmung und den festen Willen ihrer Töchter, sich diese Entscheidung zu eigen zu machen. Allenfalls dort, wo möglicherweise Unsicherheiten oder Zweifel im Zusammenhang mit dem Übergang in eine Realschule oder ein Gymnasium vorherrschen und Zeitumstände eine Rolle mit spielen, kommt dem Rat der Grundschullehrerinnen und -lehrer eine entscheidendere Bedeutung zu und wird ihren Empfehlungen in der Regel gefolgt. Den Lehrerinnen und Lehrern gelingt es oftmals in intensiven Gesprächen mit den Eltern, ihre Bedenken und Einwände zu zerstreuen und ihnen Stärken und Interessen der Töchter für den Übergang in einen weiterführenden Bildungsgang einsichtig zu machen.

DAGMAR:

"Aus der Volksschule auf dringende Empfehlung meiner damaligen Klassenlehrerin und wegen überdurchschnittlicher schulischer Leistungen gegen den zunächst bestehenden Widerstand meiner Mutter auf das Gymnasium, allerdings in die 5. Klasse, eingestuft (zu diesem Zeitpunkt war ich 12 und saß mit 10-jährigen auf der Schulbank)."
(Mittlere Reife 1950 - Geschäftsführerin)

GESINE:

"Im 4. Schuljahr bekamen wir einen Lehrer, der mit uns viel geübt hat und uns vorbereitet hat für das Gymnasium. Von uns 48 Mädchen aus dem 4. Schuljahr gingen 6 aufs Gymnasium ..."
(Hochschulreife 1963 - Volksschullehrerin)

MATHILDE:

"Meine Lehrerin hatte aufgrund meiner guten Leistungen wohl meine Eltern angeregt, ich könnte aufs Gymnasium gehen." (Hochschulreife 1970)

HEIDRUN:

"Nach Rücksprache mit dem Klassenlehrer meiner 4. Grundschulklasse wagten meine Eltern, mich in die benachbarte Kreisstadt auf ein Mädchengymnasium zu schicken ... jedoch immer mit der Befürchtung, ich könnte nicht mithalten und sie könnten mir zu wenig helfen."
(Hochschulreife 1972 - wissenschaftliche Mitarbeiterin an der Universität)

ULRIKE:

"Von 1959 bis 1963 besuchte ich die Volksschule und war eine der besten Schülerinnen der Klasse. Meine Eltern hatten mich für den Besuch der Realschule angemeldet - die beiden älteren Brüder gingen ja auch dorthin, und deshalb wollte ich auch selbst gern auf diese Schule. Auf eindringliches Zuraten meiner Grundschullehrerin wurde ich schließlich in letzter Minute noch für die Aufnahmeprüfung zum Gymnasium angemeldet, die ich auch ohne Schwierigkeiten ablegte."
(Hochschulreife 1972 - Augenoptikerin, dann Hausfrau)

MARIANNE:

"In meinem speziellen Fall waren besonders die Lehrer immer Förderer für mich. Anfangs 5. Klasse Realschule wollte mich mein damaliger Lehrer immer dazu bewegen, mit der 6. Klasse auf das Gymnasium zu wechseln. Ich konnte mich aber zu der Zeit nicht dazu entschließen."
(Mittlere Reife 1973, Hochschulreife 1976 - Diplom-Haushaltsökonomin)

β) Fächer- und Schulzweigwahl

Für die Bildungsaufsteigerinnen spielen nach ihrem Übergang in weiterführende Schulen bei der Fächer- und Schulzweigwahl vor allem ihre typisch weiblichen Vorlieben, Neigungen und Fähigkeiten in der Familie, nicht zuletzt auch im Hinblick auf eine spätere frauentypische Berufswahl, eine herausgehobene Rolle und veranlassen sie schon früh, ihre Fächerschwerpunkte zu setzen. Unterschiede der sozialen Herkunft fallen kaum ins Gewicht.[114] Die weiterführenden Schulen scheinen demnach im Verbund mit entsprechenden Lehrbüchern und Lehrertraditionen wirksame Mittel zu sein, um daran anzuknüpfen und unterschiedliche geschlechtstypische Wahlbereiche - auch nach der Reform der gymnasialen Oberstufe - zu verstärken: Sie homogenisieren innerhalb der Wahlbereiche, vergrößern indes die Distanz untereinander.[115] Am beliebtesten sind eindeutig Fächer im sprachlichen, kaufmännisch-sozialen und hauswirtschaftlichen, kaum jedoch im mathematisch-naturwissenschaftlichen oder gar altsprachlichen Bereich, der weitgehend den Mitschülern als "Wissensrevier" überlassen wird. Es gilt hier allerdings zu berücksichtigen, daß viele (Mädchen-)Realschulen oder (Mädchen-) Gymnasien keinen mathematisch-naturwissenschaftlichen Wahlbereich anbieten, was im Grunde genommen auf eine weitere "frauentypische Kanalisierung und Verstärkung" hinausläuft.

Arbeiterschaft

ANDREA:

> "Ich wählte die Realschule und hier wiederum die Wahlpflichtfächergruppe II (wirtschafts- und verwaltungspraktischer Bereich, d. Vf.), weil ich mein berufliches Ziel nur mit der mittleren Reife erreichen konnte, und weil ich meine persönlichen Anlagen besser entfalten konnte. Bei der Wahl hat mich niemand beeinflußt. ... Sehr positiv habe ich den Unterricht in Hauswirtschaft (heute noch nehme ich oft mein damals zusammengestelltes Kochbüchlein zur

---

114 Um dennoch eine Zuordnung zur sozialen Herkunft der Bildungsaufsteigerinnen zu ermöglichen, findet sich jeweils im folgenden vor den Zitaten ein entsprechender Hinweis. Das gilt ebenso für nachfolgende Themenbereiche, in denen Unterschiede nach sozialer Herkunft kaum eine Rolle spielen.

115 Vgl. Fend 1984, 1986, Rodax und Spitz 1987.

Hand) und in Handarbeit gefunden. Auch das Wahlfach Französisch wurde als interessant betrachtet."
(Mittlere Reife 1967 - Chefsekretärin)

FELIZITAS:

"Besonders widmete ich mich den Wirtschaftsfächern, denn ich glaubte, diese Fächer im späteren Berufsleben gut verwenden zu können."
(Mittlere Reife 1974 - angelernte Kontoristin, dann Hausfrau)

MAREN:

"Mein größeres Interesse galt jedoch von Anfang an den Fächern Buchführung, Kaufmännisches Rechnen und Wirtschaftskunde. Meine Lehrkraft in dieser Fächerverbindung riet mir sehr zum Studium in diesem Zweig ..."
(Mittlere Reife 1958, Hochschulreife 1964 - Gymnasiallehrerin)

CORINNA:

"Der neusprachliche Zweig kam meinen Neigungen und Fähigkeiten entgegen."
(Hochschulreife 1967 - Realschullehrerin)

ISABEL:

"Auf dem Lyzeum besuchte ich - wieder auf Rat der Lehrer - ab der Quarta den neusprachlichen Zweig, nicht den anderen, den hauswirtschaftlichen. Da es sich um eine reine Mädchenschule handelte, mit überwiegend weiblichem Kollegium, erfuhr ich hier keine unmittelbaren Ungleichheitsprobleme am eigenen Leib. Ich kann mich aber an Gespräche mit Mitschülerinnen erinnern, die gern einen altsprachlichen oder naturwissenschaftlichen Schulzweig besucht hätten. Diese gab es in unserer Großstadt ausschließlich für Jungen."
(Hochschulreife 1972)

RITA:

"... meine Stärken lagen bei Deutsch, Geschichte und Fremdsprachen ... als Leistungskurse wählte ich Politik und Französisch. Im Leistungskurs Französisch war nur ein Junge vertreten, wohingegen in Leistungskursen wie Mathe, Physik, Chemie die Jungen überproportional vertreten waren."
(Hochschulreife 1984 - Studentin der Politikwissenschaft und Soziologie)

Kleinbauerntum

INGE:

"Mit Beginn der 7. Klasse trat ich also in die klösterliche Mädchenrealschule der Kreisstadt ein, die einzige Realschule für Mädchen in unserem Landkreis ... Ich wählte den kaufmännischen Zweig, der mit dem sozialen Zweig an der Schule geführt wurde. In letzteren reihte sich eigentlich nur ein, wer in Mathematik schwach war, denn mit dem kaufmännischen Zweig standen einem sowohl die Berufe des kaufmännischen als auch die Berufe des sozialen Bereichs offen."
(Mittlere Reife 1980 - Bäuerin)

BETTINA:

"... dieses Gymnasium hatte nur einen einzigen (sprachlichen) Zweig, d. h. 3 Fremdsprachen Englisch, Französisch, Latein bis zum Abitur und 2 davon im Abitur. Das Angebot in den Naturwissenschaften lag unter dem Minimum (hier herrschte auch ständig Lehrermangel wie in den musischen Fächern). Man hatte als Mädchen in P. nur die Möglichkeit eben eines neusprachlichen Zweiges oder eines hauswirtschaftlichen (Puddingabitur mit eingeschränkter Hochschulreife, PH (Pädagogische Hochschule, d. Vf.) an dem zweiten Mädchengymnasium dieser Stadt, obgleich die Stadt zu meiner Zeit 4 Gymnasien hatte. Als Junge hätte man hier wenigstens zwischen einem neusprachlichen, einem altsprachlichen und einem naturwissenschaftlichen Zweig wählen können."
(Hochschulreife 1960 - Gesamtschullehrerin)

GISLINDE:

"Tja, und dann war es soweit: Realschulabschluß! Bei Prüfungen lief ich immer zur Höchstform auf, das Lampenfieber kam Gott sei Dank immer erst hinterher. Aber was nun? Ich hatte keine Ahnung, was ich jetzt tun sollte. Eine Lehre? Nee, wie blöd, dann hätte ich doch gleich auf der Volksschule bleiben können. Aber was dann? Wozu war die Schule gut? Erst mal ein Jahr als Au-pair-Mädchen? Aber wohin und wie macht man das? Das hatte ich auf der Schule nicht gelernt. Auch meine Eltern und sonstiger Umkreis waren da keine große Hilfe. Also tat ich das einzigste, was ich bisher wirklich gelernt hatte: zur Schule gehen, zur sogenannten Fachhochschule. 3 Fachrichtungen gab's: Wirtschaft, Technik und der musische Zweig. Das letztere hörte sich sehr interessant an, aber ich hatte keine Ahnung, worum es da eigentlich ging, und eine 'Arbeitsmappe' für die Aufnahmeprüfung konnte ich erst recht nicht einreichen. ... Also folgte ich einem alten Spruch bzw. gab ich ihm eine etwas abgewandelte Interpretation: Wer nix ist und auch nix kann, geht zur Post oder zur Eisenbahn und wer da nix wird, wird Wirt. Wirtschaftsgymnasium! Na ja, das eine toll, das andere weniger."
(Mittlere Reife 1972, Hochschulreife 1976 - selbständige Diplom-Ingenieurin für Bekleidungstechnik)

Altes Kleinbürgertum

BEATE:

"Da ich nie einen emotionalen Zugang zu Fächern wie Physik oder Chemie hatte, ging ich solchen Bereichen systematisch aus dem Weg. Was in Volksschule und ersten Gymnasialjahren durch Lehrermangel vermeidbar war, konnte ich in der reformierten Oberstufe dann vollends abwählen. Die Gründe für diese 'innere' Blockade sind gewiß vielschichtig, ich kann hier verschiedene Hintergründe aneinanderreihen. Als Kind waren meine Spiele sehr frauentypisch: Puppen und Märchen, Backen und Verkleiden - niemals Experimentierkasten oder etwas Ähnliches. Obwohl mein Vater als Handwerker direkt im Haus beobachtbar werkelte, betrat ich seine Werkstatt nie mit den Augen der Zuguckenden, sondern nur um mit ihm zu reden. Maschinen tauchten als große, schwarze Ungetüme auf (die Kreissäge in der Schreinerwerkstatt meines Vaters), die mir Angst machten. Eine Rolle mag gespielt haben,

daß auch meine Mutter Angst vor technischen Geräten hatte und sich davon fernhielt (was mir erst sehr spät bewußt wurde). Es war stets selbstverständlich, daß ich als Mädchen meiner Mutter im Haushalt zu helfen hatte und somit auch fast ausschließlich nur mit ihr zu tun hatte - ebenso selbstverständlich, wie mein Bruder bei meinem Vater das Polstern und das Handwerkliche lernte. Schließlich war es auch so, daß ich von vornherein, angefangen in der Volksschule, in der Schule stets Bestätigungen in 'frauentypischer Betätigung' fand - seien es Handarbeiten oder später Lernfächer wie Deutsch oder Englisch. Ich denke, daß sich sehr früh in meinem Kopf infolge der permanenten Auslassung ein Unfähigkeits- oder auch Angstgefühl gegenüber naturwissenschaftlich-technischen Fächern festsetzte. Die zumindest ansatzweise gegebenen Angebote der späteren Schulzeit wurden von mir nicht mehr aufgegriffen - ja streng vermieden - zumal ja tatsächlich von vornherein eine große Erfahrungslücke klaffte, gerade bei Fächern wie Physik, die im Gymnasium (wo ich zum ersten Mal damit konfrontiert wurde) ja auch nicht am Punkte Null vermittelt wurden, was für mich notwendig gewesen wäre. Die früh erworbenen Defizite führten also im weiteren zu einem Selbstlauf des Vermeidungsverhaltens."
(Hochschulreife 1976)

Neues Kleinbürgertum

VERONIKA:

"Da unsere Schule damals nur den kaufmännischen Zweig hatte, wurden natürlich auch Rechnungswesen, Steno, Schreibmaschine und Wirtschaftskunde unterricht. Dadurch war die Berufswahl weitgehend vorherbestimmt. Doch meine ich nicht, daß man hier von ungleichen Bildungschancen reden kann, da man sich bei der Wahl der Schule schon von vornherein darüber im klaren sein mußte."
(Mittlere Reife 1981 - Beamtin im mittleren Dienst)

RENATE:

"Ich ... bestand 1963 die Aufnahmeprüfung für das Mädchengymnasium meiner Heimatstadt... Das Mädchengymnasium umfaßte einen neusprachlichen Zweig und eine Frauenoberschule; Mädchen, die naturwissenschaftlich-mathematisch interessiert waren,

> mußten das Jungengymnasium besuchen ... Mein Interesse an verschiedenen Schulfächern wurde sehr stark bestimmt durch die neusprachliche Ausrichtung der Schule, wo zwar Englisch, Französisch, Latein, aber kaum Physik oder Chemie unterrichtet wurde ..."
> (Hochschulreife 1971)

HEIDRUN:

> "Das Image dieser Privatschule als reiner Mädchenschule war zu dieser Zeit jedoch noch stark geprägt von der Möglichkeit, dort ein hauswirtschaftliches Abitur zu machen, wobei die Mädchen mehr Kochen als Mathematik und Fremdsprachen lernten. Den Vergleich mit dem naturwissenschaftlichen Zweig des staatlichen Gymnasiums am Ort hielt vom Image her nicht einmal das neusprachliche Vollabitur dieser Mädchenschule stand."
> (Hochschulreife 1972 - wissenschaftliche Mitarbeiterin an der Universität)

MARIANNE:

> "Nach Abschluß der Realschulprüfung war es für mich jedoch selbstverständlich, das Abitur anzustreben. Alternativ kamen folgende Schulzweige in Frage: Wirtschaftsgymnasium oder Frauenberufliches Gymnasium. Meine Neigungen gingen aber mehr in Richtung Frauenberufliches Gymnasium und im Nachhinein meine ich sagen zu können, daß meine Entscheidung richtig war."
> (Mittlere Reife 1973, Hochschulreife 1976 - Diplom-Haushaltsökonomin)

Schwierigkeiten und Abneigungen im mathematisch-naturwissenschaftlichen Fächerbereich

Wenn Bildungsaufsteigerinnen über ernsthafte Schwierigkeiten in bestimmten Fächern klagen, das ergibt sich gewissermaßen fast "zwangsläufig" aus ihrer traditionellen Fächer- und Schulzweigwahl, liegen diese insbesondere im mathematisch-naturwissenschaftlichen Fächerspektrum; ihm gegenüber haben sie zweifellos die größten Hemmungen und Abneigungen und meiden ihn weitgehend. Es zeigt sich immer wieder, daß vor allem in koedukativ geführten weiterführenden Schulen jenes Rollenverhalten, jenes "typisch Mädchen", "typisch Junge", jene anerzogenen Geschlechtsunterschiede nicht nivelliert oder aufgehoben, sondern vielmehr oft bestärkt werden, indem Jungen und Mädchen gerade im gemeinschaftlichen Unterricht noch stärker in Rollenverhalten und unter den Druck von Rollenerwartungen geraten und sie häufig nicht danach beurteilt und eingeschätzt werden, was sie können und leisten, sondern vielmehr danach, daß sie eben Mädchen oder Jungen sind. In erster Linie sind dafür sicherlich die traditionelle Hypothek der geschlechtstypischen Bildungsvorstellungen und -einstellungen im Elternhaus, aber auch die verstärkenden Bildungsvorurteile und die mangelnde Motivation besonders der Lehrer sowie der fehlende Praxisbezug der Schule mitverantwortlich. So fehlt es den Schülerinnen nicht nur an Austauschmöglichkeiten mit ihresgleichen, sondern auch an Vorbildern, die verschiedene Entwicklungswege im mathematisch-naturwissenschaftlichen Fächerbereich aufzeigen könnten.

Arbeiterschaft

ANDREA:

> "Mit Grauen denke ich noch an den Mathematikunterricht, hier vor allem an Geometrie, zurück. Damals wie heute kann ich die praktische Verwertbarkeit dieses Faches gerade für Mädchen nicht erkennen."
> (Mittlere Reife 1967 - Chefsekretärin)

IRMA:

> "Für uns Mädchen wurde Mathematik zum Wahlfach. Anfänglich war die Beteiligung zwar noch relativ groß, jedoch blieben mit der Zeit immer mehr Mädchen dem Unterricht fern, bis zuletzt nur noch Jungen den Unterricht besuchten."
> (Mittlere Reife 1976 - selbständige Reisebürokauffrau)

IRMGARD:

> "Die ersten Schwierigkeiten hatte ich in Physik. Im ersten Jahr verstand ich gar nichts, auch weil der schielende Lehrer nuschelte, und von mir aus wußte ich mit diesem Fach nichts anzufangen. Es hat sich nie wesentlich gebessert. Auch Mathematik fiel mir in der Oberstufe nicht leicht, trotz gutem Lehrer."
> (Hochschulreife 1969)

ROSI:

"Mein größtes Problem war Mathematik. Physik konnte ich ja 'strebern' (ich lernte leider oft nur sinnlos auswendig um der Noten willen), aber mein Verständnis für Mathematik war verzweifelnd gering. 'Schreibe fünf Lateinschularbeiten lieber - und leichter - als eine Mathematikschularbeit!' war mein Leispruch der letzten Jahre bis zum Abitur. Es begann mit dem Abschreiben der Hausübungen vor Unterrichtsbeginn, ging dann weiter mit eindeutig negativen Leistungen in den Schularbeiten und endete im schönsten Familienkrach."
(Hochschulreife 1969 - Volksschullehrerin)

BIRGIT:

"... die Naturwissenschaften wurden mir immer verhaßter ... Ich hatte an Mathe, Physik, Chemie immer weniger Interesse."
(Hochschulreife 1983 - Studentin für das Lehramt Grundschule)

RITA:

"In den naturwissenschaftlichen Fächern war ich also schlecht. Nach der 11. Klasse wählte ich natürlich Physik sofort ab ..."
(Hochschulreife 1984 - Studentin der Politikwissenschaft und Soziologie)

Kleinbauerntum

BRITTA:

"Ich besuchte eine reine Mädchenschule und mußte sehr bald feststellen, daß ich den Anforderungen in Mathematik und später in Latein nur schwer gewachsen war."
(Mittlere Reife 1974 - Verwaltungsangestellte in einer Schule)

Neues Kleinbürgertum

GESINE:

"Meine Gymnasiumszeit wurde überschattet von Mathematik und Physik. Ich ging auf ein naturwissenschaftliches Gymnasium und mußte in beiden Fächern schriftliches Abitur machen, und das bereitete mir in den letzten 3 Jahren viele Übungsstunden, die eigentlich für die Katz waren. Im

nachhinein betrachtet hat mir vielleicht mein Vater auch eine Negativhaltung gegenüber den Naturwissenschaften allgemein unterschwellig beigebracht, denn er pflegte zu sagen: 'Das brauchst Du später sowieso nicht, das ist nicht so wichtig für Mädchen.' In den Physikunterricht in der sowieso problematischen Obertertia bin ich denn auch von vornherein gegangen mit der vorgefaßten Meinung: Das interessiert dich nicht, da brauchst du nicht mehr zu leisten als unbedingt nötig. Über eine 4 bin ich denn nicht hinausgekommen, dabei war ich in Mathematik bis zur Tertia immer eine gute Schülerin."
(Hochschulreife 1963 - Volksschullehrerin)

ILONA:

"In der Oberstufe ließ dann mein Interesse an Mathematik und Biologie nach, was ich auf die Unfähigkeit der 2 entsprechenden Lehrkräfte zurückführe. In der Mathematik fehlte mir der praktische Bezug. Ich wußte nicht so recht, wofür ich die vielen Kurven berechnen sollte. In Biologie versuchte ein bedauernswerter Diplom-Chemiker uns etwas beizubringen. Es mußte reihum etwas aus dem Lehrbuch vorgelesen werden."
(Hochschulreife 1972 - Lebensmittelchemikerin, dann Hausfrau)

ULRIKE:

"Das mangelnde Interesse für Mathe, Physik und Geschichte führe ich darauf zurück, daß es den Lehrkräften der betreffenden Fächer nicht gelungen ist, uns zu motivieren. Besonders in Mathe und Physik haben für uns immer nur Probleme und Aufgaben im Raum gestanden - ohne auch nur den geringsten Bezug zur Praxis. Die meisten Schüler und Schülerinnen hatten nicht die leiseste Ahnung, wozu es denn einmal erforderlich sein könnte, Integral- und Differentialrechnung zu beherrschen."
(Hochschulreife 1972 - Augenoptikerin, dann Hausfrau)

NELLY:

"Mich mit Naturwissenschaften, Technik oder Mathematik näher einzulassen, kam mir ob der Menschenferne dieser Berufe gar nicht in den Sinn."
(Hochschulreife 1981 - Studentin der Politikwissenschaft)

Interessen im mathematisch-naturwissenschaftlichen Fächerbereich

Daß eine starke Abneigung gegen die mathematisch-naturwissenschaftlichen Fächer nicht zwangsläufig bestehen muß, geht aus den wenigen Schilderungen derjenigen Bildungsaufsteigerinnen hervor, die, zumeist im Elternhaus, aber vor allem auch durch engagierte Lehrerinnen und Lehrer praktisch angeleitet sowie besonders ermutigt und angespornt wurden, große Vorlieben und ausgeprägte Interessen für diesen Fächerbereich entwickeln, der sie auch gegen traditionelle Bildungsvorurteile durchaus "immun" werden läßt. Offenbar gelingt es den Lehrerinnen und Lehrern dem mit großem Interesse ihrem Unterricht folgenden Schülerinnen im mathematisch-naturwissenschaftlichen Fächerkanon auf ihre Weise nachhaltige praktische Erfolgserlebnisse zu vermitteln und sie intellektuell ernstzunehmen und zu fördern. Jedenfalls verkümmern hier ihre Fähigkeiten nicht, und sie ziehen sich nicht in die von den Jungen gemiedenen Nischen der Fleiß-Fächer Englisch, Französisch und Latein zurück und überlassen ihnen mehr oder weniger freiwillig das Feld in Mathematik, Physik oder Chemie - selbst wenn an dieses Fächerspektrum, wohl weil es noch zu sehr als Jungendomäne angesehen wird, beruflich kaum angeknüpft wird.

Arbeiterschaft

MAGDALENA:

> "Mein Interesse galt mehr der kaufmännischen, mathematischen Richtung ... Ich habe es schon sehr häufig bedauert, daß unsere Schule das Unterrichtsfach 'Mathematik' vollständig ausgeklammert hat und zum damaligen Zeitpunkt noch nicht einmal als Wahlfach zur Verfügung gestellt hat. Diese Kenntnisse wären nicht nur dem von mir mit Interesse gefolgten Physikunterricht zugute gekommen, sie helfen auch im späteren Leben, nicht bei jeder Kleinigkeit wie der Ochs vorm Berg dazustehen."
> (Mittlere Reife 1971 - Beamtin im gehobenen Dienst)

FRANZISKA:

> "In der 7. Klasse der Realschule erkannte ich meine Vorliebe für Mathematik und Wirtschaftsfächer; so wählte ich die Wahlpflichtfächergruppe II (wirtschafts- und verwaltungspraktischer Bereich, d. Vf.). ... Nur vereinzelt kamen veraltete Ansichten zum Vorschein, interessanterweise am ausgeprägtesten bei einer Mathematik*lehrerin*. Nach anfänglichen Schwierigkeiten in der 7. Realschulklasse (Note 4 in Mathematik) riet sie mir, dem Fach durch

Besuch der Wahlpflichtfächer Gruppe III (musisch-gestalterischer Bereich, d. Vf.) auszuweichen. 'Ein *Mädchen* braucht Mathematik nicht unbedingt!' Ich war ganz und gar nicht begeistert von diesem Vorschlag und setzte meinen Willen durch. Später wurde dann Mathematik mein Lieblingsfach, und ich schloß in der Abschlußprüfung darin mit 'sehr gut' ab."
(Mittlere Reife 1980)

HEIKE:

"Als ich etwa 10 bis 14 Jahre war, hatte ich eine extreme Lesephase, in der ich mich ... für Naturwissenschaften zu interessieren begann. Die Naturwissenschaften waren demnach bei Abschluß der Realschule auch meine stärkeren Seiten ... In der Schule entschied ich mich neben Wirtschaft für Mathematik."
(Hochschulreife 1983 - Studentin der Philosophie)

Kleinbauerntum

MARLIES:

"In der Schule gefiel mir neben Chemie (ich fand es sehr interessant) auch Mathematik, weil ich dort Probleme lösen konnte, die aufgrund des Faches natürlich auftauchten."
(Mittlere Reife 1976 - zahnmedizinische Fachhelferin)

GISLINDE:

"Technik, ja die faszinierte mich auch schon immer, aber halt so eine zum Anfassen. Nicht die theoretische, bei der so viel Wert auf das Fach Physik gelegt wird."
(Mittlere Reife 1972, Hochschulreife 1976 - selbständige Diplom-Ingenieurin für Bekleidungstechnik)

ELVIRA:

"Meine Leistungsfächer in der Kollegstufe (in der nicht mehr im Klassenverband geführten Oberstufe des Gymnasiums in Bayern, d. Vf.) wählte ich nur nach dem Gesichtspunkt meiner Interessen aus (Chemie, Mathematik) und ließ mich nie irgendwie vielleicht dadurch beeinflussen, daß eventuell Mathematik eher ein 'Fach für Jungen' wäre. Ich hatte auch nie irgendwelche Schwierigkeiten,

obwohl ich in zwei Grundkursen (Physik, Informatik) damals das einzige Mädchen war."
(Mittlere Reife 1979, Hochschulreife 1983 - Studentin der Physik und Mathematik)

Neues Kleinbürgertum

JUTTA:

"Wenn ich auf das Bild zur Zeit der Einschulung in die fünfte Klasse schaue, kann ich feststellen, daß von den ursprünglich 33 Klassenkameradinnen nur 8 dann noch in der Oberprima vorhanden waren. Beeinflußt durch meinen Lehrer in Physik und Mathematik, der später mein Klassenlehrer wurde, und durch die Chemielehrerin, wählte ich nach der zehnten Klasse, also für die drei letzten Unterrichtsjahre, den mathematisch-naturwissenschaftlichen Zweig."
(Hochschulreife 1954 - Professorin für Soziologie)

ILONA:

"Meine eigentliche Vorliebe galt den naturwissenschaftlichen Fächern. Leider mußte ich in der Oberstufe davon eines abwählen (Physik). Insofern war ich auf dem falschen Schulzweig (neusprachliches Gymnasium, d. Vf.)."
(Hochschulreife 1972 - Lebensmittelchemikerin, dann Hausfrau)

γ) Einfluß der Lehrerinnen und Lehrer in weiterführenden Schulen

Lehrerinnen und Lehrer als negative Rollenvorbilder

Die Schullaufbahn verläuft für einige Bildungsaufsteigerinnen indes nicht ohne größere Anpassungsschwierigkeiten und ernstere psychisch-soziale Belastungen, die hauptsächlich aus traditionellen Bildungseinstellungen und -erwartungen ihrer Lehrerinnen und Lehrer vor allem in Gymnasien resultieren. Daraus ergeben sich teilweise ernsthafte Rollen-, aber auch Generationskonflikte mit ihren Lehrerinnen und Lehrern. Sie erinnern sich daran im allgemeinen nur bei als demütigend empfundenem persönlichen Verächtlichmachen oder Lächerlichmachen vor der Klasse und berichten folglich auch nur im Zusammenhang mit derartigen einschneidenden schulischen Begebenheiten von ihnen.[116] Als besonders schwerwiegend eingeschätzt werden vor allem herkunfts-, aber auch geschlechtstypisch empfundene (Bildungs-)Vorurteile im Hinblick auf eine angeblich unzureichende Leistungsfähigkeit in bestimmten Unterrichtsfächern der Gymnasien, etwa in Latein, Englisch, Französisch, Biologie, Geographie, Sport oder Informatik. Hauptsächlich Bildungsaufsteigerinnen aus Arbeiterfamilien machen diese für sie deprimierenden Erfahrungen und müssen immer wieder erleben, wie sie - im Vergleich etwa zu ihren Mitschülerinnen und -schülern aus Akademikerfamilien - von den Lehrerinnen und Lehrern zum Teil geschnitten oder kraß sozial benachteiligt werden.

Arbeiterschaft

ANETTE:

> "1957 wurde ich in die gemischte Volksschule eingeschult. Hier machte ich die Erfahrung, daß man, wenn man einen Doktor als Vater hatte, es sehr viel leichter hatte bei den Lehrern. Ich erinnere mich an folgende Begebenheit in der Rechenstunde: Es war üblich, daß ein Schüler die Ergebnisse der Hausaufgaben vorlas. Dies waren in der Regel zwei bestimmte Schüler (Kinder eines Arztes). Wir anderen mußten mit Rotstift die Ergebnisse als falsch oder richtig markieren. Ich kam mehrmals nach Hause und meinte zu meiner Mutter: 'Du hast nicht richtig nachgesehen, die Rechnungen waren falsch.' Trotz Nachrechnen und dem Hinzuziehen eines Nachbarn, kam immer wieder das gleiche, nämlich mein Ergebnis heraus. Daraufhin ging mein Vater zur Lehrerin. Dabei stellte sich heraus, daß diese den Ergebnissen der Schüler blind vertraute. Die Lehrerin prüfte nun nach. Doch ich mußte erfahren, daß ich ab diesem Zeitpunkt von diesen Schülern sowie einer Reihe von Mitschülern, die den 'Hofstaat' bildeten, geschnitten wurde. Dieses Erlebnis hat sich bei mir tief eingeprägt. Ich bin der Meinung, daß es nicht der Unterschied Jungen - Mädchen war, sondern welcher sozialen Schicht man angehörte."
> (Mittlere Reife 1966 - Softwareberaterin für Textverarbeitung)

116 Vgl. auch Simmel 1922.

IRMA:

"In der 7. Klasse traten dann die ersten Schulschwierigkeiten mit der lateinischen Sprache auf, die sich dann im 2. Halbjahr noch verstärkten, woran eine Begebenheit nicht ganz ohne Bedeutung war: Ich war damals ein sehr sensibles Kind, das vieles zu tragisch nahm, voller Komplexe und Minderwertigkeitsgefühle. Bei der Zeugnisverteilung durch unseren Klassenleiter (er war auch mein Lateinlehrer und mir nie sehr sympathisch, da er sehr gleichgültig und unnahbar wirkte) fragte er meine Mitschülerinnen laut, was in meinem Zeugnis stehe, worauf der Klassenleiter mit einem für ihn witzigen Satz: 'Die Schülerin ist dumm, faul und gefräßig' antwortete. Die ganze Klasse lachte, jedoch nahm ich mir dies sehr zu Herzen und jede Lateinstunde wurde für mich zur Qual."
(Mittlere Reife 1976 - selbständige Reisebürokauffrau)

ROSI:

"Dazu kam eine ziemlich offensichtliche Benachteiligung seitens zweier Lehrer (Englisch, Geographie) von Schülern aus Arbeiterfamilien. Wir waren eine gemischte Klasse (17 Knaben, 8 Mädchen), der Großteil meiner Mitschüler kam aus Akademikerfamilien oder aus Familien, die in unserer Kleinstadt ein Geschäft oder einen Industriebetrieb führten. Nur 8 Mitschüler stammten aus 'einfachen' Verhältnissen, dazu gehörte ich, und wir bekamen das häufig in Wort und Tat zu spüren. Wir bildeten die sogenannte 'Stadtklasse' ..., die Parallelklasse ... setzte sich aus Schülern aus den anderen Gemeinden des Bezirkes zusammen. Diese herkunftsmäßige Diskriminierung tat uns sehr weh, ich erinnere mich noch an einen Stoßseufzer einer Mitschülerin, deren verwitwete Mutter jeden Tag ca. 40 km mit dem Postbus zu ihrer Arbeitsstelle als Bürogehilfin zurücklegte und die bei der Großmutter wohnte: 'Da kann man nichts machen, wir sind halt keine Geldigen!'"
(Hochschulreife 1969 - Volksschullehrerin)

GERTRUD:

"Jedoch auf dem Gymnasium wurde ich direkt damit konfrontiert, daß mir aufgrund meines 'nicht typisch weiblichen' Benehmens Steine in den Weg gelegt wurden in der Form, daß ich mit dem Nachnamen aufgerufen wurde, typisch weibliche Mitschülerinnen mit einer Verniedlichung des Vornamens. Entsprechend war auch

die Behandlung und, die in Deutsch unmögliche Benotung von Aufsätzen, was dadurch zu beweisen ist, daß meine Noten nach einem Lehrerwechsel um 2 - 3 Noten stiegen. Dieses ging übrigens soweit, daß die Lehrerin mich für ungeeignet hielt, das Gymnasium zu schaffen. Bezeichnend für ihre falsche Meinung ist, daß ihre Fächer meine späteren selbstgewählten Abiturfächer waren. Übrigens verstehe ich unter 'typisch Mädchen' zaghafte, schüchterne, hilfsbedürftige, zarte Wesen, möglichst mit langen Haaren. Weiter, die Mittelstufe erreichend, machte ich eine ausgleichende Erfahrung, dort wurde ich von einem Lehrer unterrichtet, der 'typische Mädchen' von der Natur aus für minder intelligent hielt, für unfähig, ein normales Gymnasium mit Erfolg zu besuchen, entsprechend war seine Benotung, bei der ich relativ günstig abschnitt, alles natürlich in gewissen Grenzen der wirklichen Leistung, wo z. B. mündliche Beteiligung absolut willkürlich beurteilt wurde. Die Oberstufe erreicht, hatte ich z. T. bei den gleichen Lehrern Unterricht wie meine Schwester, die das gleiche Gymnasium besuchte. Meine ältere Schwester ist jedoch dann als so ziemlich das Gegenteil, vom Benehmen her, von mir gewesen, so daß wir jeweils jeder mit dem Lehrer auskamen, mit dem der andere Schwierigkeiten hatte. Welches ein weiterer Beweis dafür war, daß einige Lehrer jetzt zwar nicht Geschlechtsunterschiede, zumindest aber Typenunterschiede machen. Das Abitur bestanden wir jedoch beide mittelprächtig, meiner Schwester wurde zum Abschluß von einem Lehrer jedoch deutlich zu verstehen gegeben, daß er dafür wäre, daß die Mädchen als Hausfrauen ohne höhere Bildung tätig wären und daß er dazu tun würde, was er könnte."
(Hochschulreife 1978 - Kinderkrankenschwester)

HEIKE:

"Bücher, Wissen bedeuteten mir eine Weile sehr viel. Erst kurz vor Schluß geriet ich noch einmal ins Schwanken, wollte einen Monat vor dem Abitur aufhören, Krankenschwester werden, heiraten, Kinder bekommen und ansonsten in Ruhe gelassen werden. Ein Lehrer drückte es damals so aus: 'Wer versucht, aus seinem Milieu auszubrechen, wird daran zerbrechen' - und genau so fühlte ich mich."
(Hochschulreife 1983 - Studentin der Philosophie)

RITA:

"Der Französischlehrer war ein richtig widerlicher Kerl. Es gefiel ihm, fast ausschließlich Mädchen im Kurs zu haben und sein Lieblingsthema war die Gleichberechtigung der Frau, wobei er meinte, daß diese in den meisten Punkten bereits verwirklicht sei. Französisch wurde mir durch diesen Lehrer vermiest, meine Noten verschlechterten sich. In der zwölften Klasse wollte ich den Grundkurs Informatik besuchen. Hier fühlte ich mich zum ersten Mal sehr stark benachteiligt gegenüber Jungen. Erstens war die Mehrzahl der Teilnehmer männlichen Geschlechts und zweitens hatten die meisten Jungen bereits Vorkenntnisse oder besaßen zu Hause einen Home-Computer. Der Lehrer orientierte sich nun bei seinem Lehrtempo an diesen Jungen und die (vor allem Mädchen), die noch keine Ahnung von der Materie hatten, hatten Pech gehabt. Auch standen in der Schule nur zwei Geräte zum Üben zur Verfügung, die jedoch ständig von einer Gruppe Jungen belagert wurden und an die man als Mädchen kaum herankam. Nach 6 Wochen war ich so frustriert, daß ich den Grundkurs verließ."
(Hochschulreife 1984 - Studentin der Politikwissenschaft und Soziologie)

Altes Kleinbürgertum

HANNELORE:

"Konkrete Erlebnisse aus der Realschulzeit sind mir nicht gegenwärtig, wenn auch ein vages Gefühl, daß den Jungen 'mehr zugetraut' wurde, besonders in Fächern wie Mathe und Physik."
(Mittlere Reife 1967, Frauenfachschule 1970 - bis zur Geburt des ersten Kindes Sozialarbeiterin)

Neues Kleinbürgertum

RENATE:

"... unser Physiklehrer [war] der Ansicht, 'Mädchen, die ihren Doktor machen wollten, sollten besser einen solchen heiraten.' Diesem konservativen Einfluß vieler älterer Lehrer wurde zum Teil entgegengewirkt durch fortschrittliche, jüngere Lehrer in Deutsch, Geschichte und Gemeinschaftskunde."
(Hochschulreife 1971)

THERESE:

> "Allerdings erinnere ich mich an zwei Lehrer (einen Mathematik- und einen Physiklehrer), die vorher an Jungenschulen unterrichtet hatten und uns gleich in der ersten Unterrichtsstunde klarmachten, daß wir Frauen eben unbegabt für derartige Fächer seien, sie sich aber trotzdem bemühen, sprich herablassen würden, uns die einfachsten Grundkenntnisse nahezubringen. Sie haben uns dann das Interesse an diesen Fächern auch gründlich vermiest."
> (Hochschulreife 1978 - Diplomsoziologin)

FRAUKE:

> "Diskriminierungen (im Unterricht, d. Vf.) fanden hier höchstens in sehr subtilen Formen statt, z. B. dadurch, daß die Jungen häufig die Gesprächsthemen bestimmten. Irgendwann begannen wir Mädchen aber auch, uns dagegen zu wehren."
> (Hochschulreife 1979 - Studentin der Germanistik und Politikwissenschaft)

Lehrerinnen und Lehrer als positive Rollenvorbilder

Indessen darf aber - bei aller Kritik der Absolventinnen an diesen herkunfts- und geschlechtstypischen (Bildungs-)Vorurteilen ihrer Lehrerinnen und Lehrer - nicht übersehen werden, daß besonders in den Erinnerungen von Bildungsaufsteigerinnen aus (Mädchen-)Realschulen und (Mädchen-)Gymnasien nicht weniger ihrer Lehrerinnen und Lehrer einen nachhaltig positiven Eindruck als Rollenvorbilder auf sie hinterlassen haben. Sicherlich hängt das zum Teil auch damit zusammen, daß sie vor allem katholische Mädchenschulen besucht haben, in denen sich der Schülerinnen persönlich angenommen wurde. Auffällig ist jedenfalls, daß Lehrerinnen und Lehrer für die Liebe und das Interesse zum Unterrichtsstoff als von sehr entscheidendem Einfluß beschrieben werden.[117]

Diejenigen Lehrerinnen und Lehrer, die einen interessanten Unterricht geboten haben, sind unvergessen und werden außerordentlich geachtet. Die Schülerinnen fühlen sich von ihnen als Persönlichkeiten anerkannt und ihnen wird viel Verständnis entgegengebracht. Bei Schwierigkeiten im Schulleistungsbereich nehmen sich die Lehrerinnen und Lehrer ihrer intensiv an, beraten sie und geben ihnen Hilfe. Sie bestärken und stützen sie zudem, wenn Zweifel am weiteren

---

117 Vgl. Schlüter 1992b.

Bildungsweg aufkommen sollten. Darüber hinaus regen diese Lehrerinnen und Lehrer in ihrem gegenwartsbezogenen Fachunterricht zu kritischem Denken an und pflegen eine gute Atmosphäre und einen freundlichen Umgangston. Diese Lehrerpersönlichkeiten werden in ihrer Art als großzügig und tolerant beurteilt und fördern so wesentlich die Leistungsbereitschaft ihrer Schülerinnen; ihre "Schrullen", die sie pflegen, werden von den Schülerinnen nachsichtig belächelt.

Arbeiterschaft

ANETTE:

> "Ich ging gerne in diese Schule. Probleme hatte ich hauptsächlich mit Englisch. Meine Englischlehrerin sorgte jedoch dafür, daß ich Nachhilfestunden bekam."
> (Mittlere Reife 1966 - Softwareberaterin für Textverarbeitung)

FELIZITAS:

> "In der Realschule befand ich mich in einer reinen Mädchenklasse, und wir Mädchen wurden von den Lehrkräften intensiv gefördert."
> (Mittlere Reife 1974 - angelernte Kontoristin, Hausfrau)

ELKE:

> "Man spürte das Bemühen um jeden einzelnen Schüler, die Förderung schwacher Schülerinnen, die Bezuschussung finanziell mindergestellter Schülerinnen bei Schulfahrten etc."
> (Hochschulreife 1983 - Studentin der Soziologie)

Kleinbauerntum

HERMA:

> "Wir hatten auch eine sehr aktive, junge (ca. 30 Jahre alte) Schwester, die wirklich Ausstrahlungskraft besaß, und auch in Hose und Anorak den Skikurs mitmachte."
> (Mittlere Reife 1976, Fachakademieabschluß 1980 - Fachlehrerin für Handarbeit und Hauswirtschaft)

HILDEGARD:

"Die Lehrerinnen zeigten Interesse an uns und setzten sich dementsprechend ein. Manchmal strapazierten sie uns schon sehr mit Exen, aber im nachhinein war es recht gut. Erst später hat man die Einsicht."
(Mittlere Reife 1977 - Krankenpflegerin)

INGE:

"Die Schwestern waren bemüht, nicht nur unseren Verstand zu schulen, sondern unser ganzes Herz, den ganzen Menschen."
(Mittlere Reife 1980 - Bäuerin)

BETTINA:

"In der Unter- und Oberprima hatte ich in Geschichte und Erdkunde, die mit zu meinen Lieblingsfächern gehörte, eine junge Lehrerin, die frisch aus der Referendarausbildung kam. Sie machte einen gegenwartsbezogenen Unterricht, hatte einen kameradschaftlichen Umgangston und erzählte uns von leidvollen Erfahrungen, die sie als Frau an der Uni (Karriere) gemacht hatte. Erst viel später habe ich verstanden, was sie meinte, wenn sie sagte: 'Die Wissenschaft und die Universitäten, ja unsere gesamte Gesellschaft und Kultur seien von Männern beherrscht."
(Hochschulreife 1960 - Gesamtschullehrerin)

Altes Kleinbürgertum

IRMGARD:

"Ich hatte einen Lateinlehrer, der von seinem Fach und von Kindern begeistert war und einen herrlichen Unterricht gestaltete. Auch an den Mathematiklehrer denke ich gern; er hat mich, Geschäftstochter, unter 'musisch gepflegten' Akademikerkindern, meine ich heute, aufgewertet; er stellte öfter eine Leistung oder eine Eigenschaft von mir heraus."
(Hochschulreife 1969)

Neues Kleinbürgertum

SIGRID:

"Dankbar denke ich an die Freundschaft zu zwei Lehrkräften - unserer Musiklehrerin und unserem Sportlehrer, die uns als Person akzeptierten und unserer Schülersituation viel Verständnis gegenüberbrachten."
(Mittlere Reife 1975 - Kindergartenleiterin)

AURELIA:

"Ich erinnere mich gerne an die familiäre Atmosphäre, die Fürsorge der Schwestern und die lebendige Gestaltung des Unterrichts und an verschiedene Höhepunkte des Schuljahres. Viele Vergleichsmöglichkeiten habe ich deswegen, da mein Bruder gleichzeitig mit mir eine staatliche Realschule besuchte. Dort war die persönliche Anteilnahme an den Schülern wesentlich geringer oder gar nicht vorhanden. Es gab so gut wie keine Bezugspersonen. Der Lehrbetrieb war anonym, der Stundenausfall beträchtlich."
(Mittlere Reife 1982 - Verwaltungsangestellte)

ADELHEID:

"Wie schon gesagt, war die Mehrzahl des Lehrkörpers weiblich. Einige dieser Frauen waren für uns - und auch für mich - durchaus eine Art Rollenmodell, jedoch in unterschiedlicher Weise. Bei einer jüngeren Lehrerin zum Beispiel faszinierte uns 13- bis 14jährige damals ihr modisches Aussehen, bei anderen war es ihre Lebendigkeit im Erzählen historischer Abläufe und bei einer dritten, die meine Klassenlehrerin in der Oberstufe war, ihre gefestigte, sittlich-moralische Einstellung, mit der sie die ärgsten Konflikte mit Schülerinnen, die sich ihr widersetzten, bestand ... Wir wurden durchaus als denkende Persönlichkeiten behandelt, insbesondere von Seiten unserer weiblichen Lehrerinnen, die ja in der Mehrzahl waren. Daß diese allerdings auch sehr stark von dem traditionellen Frauenbild geleitet waren, dessen Ziel trotz ihrer eigenen Ehelosigkeit und Berufstätigkeit, wohl doch Ehe und Familie waren, ist wahrscheinlich Bestandteil des 'hidden curriculum' gewesen."
(Hochschulreife 1960 - promoviert, Führungsposition in einem großen internationalen Konferenzzentrum)

GESINE:

"Prägend waren für mich unser Direktor, ein alter, sehr großzügiger, ungeheuer sprachgewandter Mann, der uns lange Jahre lang in Deutsch unterrichtete und der mir viele Anregungen gegeben hat, dem ich auch heute noch regelmäßig schreibe und der sich heute noch über meine Briefe freut, und ich mich über die seinigen. Das ist wohl der wichtigste. Den Beginn gemacht hat wohl der Lehrer im 4. Schuljahr, der mir mit seinem Vorlesen und seinem Lob die Freude am Geschichtenschreiben geweckt hat. Dann war da ein Referendar in der Schule, der aus dem Verlagswesen kam und eigentlich pädagogisch ein Chaot war - keiner mochte ihn - nur ich fand ihn faszinierend, wenn er von 'seinem Rousseau' schwärmte, uns mit Fremdwörtern überhäufte, und ich habe mich in die Bücher gestürzt. Prägend war auch eine ganz junge Zeichenlehrerin, die kleiner war als wir (in der Oberstufe), die uns eingeführt hat in die Welt der Malerei, vor allem der Moderne. Sie hat mich ebenfalls in eine Welt geführt, die ich bis dahin nicht kannte, die ich aber seither wieder voll Faszination betrachte. Wenn ich mir das so überlege, dann waren diese für mich wichtigen Lehrerpersönlichkeiten alle in der Art großzügig, tolerant, sahen über Kleinigkeiten hinweg, forderten mich zu freiwilligen Leistungen auf, die ich auch brachte. Alle antworteten sie mir auf Briefe, luden mich auch zu sich ein, wir hatten auch privat Kontakt."
(Hochschulreife 1963 - Volksschullehrerin)

KATJA:

"Während der Zeit in der Mittelschule hatte ich eine Lehrerin, die dann auch mal wieder das Thema Oberschule ansprach. Sie war nämlich davon überzeugt, daß ich recht begabt wäre. Ich zog ein Überwechseln auf die Oberschule in Erwägung, kam dann aber zum Schluß, daß ich zuviel Mathematik und Sprachen nachlernen müßte, wovor ich Angst hatte und beschloß in der Mittelschule zu bleiben. Der Gedanke, ich könnte die Oberschule schaffen, faszinierte mich aber sehr."
(Hochschulreife 1969 - promoviert in Psychologie)

MARLENE:

"Für eine Aufnahme ins Kloster (nach dem Realschulabschluß, d. Vf.) war ich noch zu jung (16 Jahre), aber ich hatte dort die Mög-

lichkeit, im Internat das Oxford-Abitur zu machen als Vorbereitung auf den Orden. Als ich das las, dachte ich: 'Das schaffst Du nie!' Erst durch Zureden der Direktorin, die mein recht gutes Abschlußzeugnis der Realschule gesehen hatte, und vor allen Dingen, weil ich ja unbedingt ins Kloster wollte, versuchte ich es. Ich erreichte einen guten Abschluß beim Abitur."
(Hochschulreife 1971 - Volksschullehrerin)

MARIANNE:

"In meinem speziellen Fall waren besonders die Lehrer immer Förderer für mich. Anfangs 5. Klasse Realschule wollte mich mein damaliger Lehrer immer dazu bewegen, mit der 6. Klasse auf das Gymnasium zu wechseln."
(Mittlere Reife 1973, Hochschulreife 1976 - Diplom-Haushaltsökonomin)

FRAUKE:

"Lehrerinnen und Lehrer waren daneben (Familie, d. Vf.) weniger wichtig. Dennoch orientierte ich mich auch an den Lehrerinnen, spielte selbst Schule und ahmte sie nach ... Wichtig war mein Klassenlehrer von der 8. bis zur 10. Klasse, der in der Oberstufe auch mein Tutor war ... Dieser Lehrer brachte mich wie viele andere Mitschüler (die Mitschülerinnen weniger) dazu, meine eigene Meinung zu formulieren."
(Hochschulreife 1979 - Studentin der Germanistik und Politikwissenschaft)

NELLY:

"Wichtig war für mich, daß um 1976 sehr viele junge Lehrer an die Schulen kamen, die darauf bedacht waren, ihren Schülern nicht nur den Lehrplan, sondern auch eigenständiges politisches Denken nahe zu bringen."
(Hochschulreife 1981 - Studentin der Politikwissenschaft)

d) Exkurs: Bildungsaufsteigerinnen und katholische Mädchenschulen[118]

Gerade diese und viele zuvor schon gegebene Schilderungen der Bildungsaufsteigerinnen zum Besuch weiterführender - überwiegend katholischer - Mädchenrealschulen und -gymnasien lassen es geraten erscheinen, diesen vermehrte Aufmerksamkeit zu schenken, weil sie vor allem für Bildungsaufsteigerinnen aus Arbeiterschaft, Kleinbauerntum, altem und neuem Kleinbürgertum, kaum jedoch für diejenigen aus Besitz- und Bildungsbürgertum eine besondere Rolle zu spielen scheinen (vgl. Tabelle 9).[119]

Tabelle 9: Katholische Mädchenschulen und soziale Herkunft (absolut)

soziale Herkunft	Mädchenrealschule	Mädchengymnasien
Kleinbauerntum	8	4
Arbeiterschaft	7	6
altes Kleinbürgertum	7	6
neues Kleinbürgertum	3	1
Besitz- und Bildungsbürgertum	1	3
zusammen	26	20

Hintergrund

Im Zuge der langjährigen Kontroverse um die Bildungschancen von Mädchen und jungen Frauen wurde es im allgemeinen als feststehende Tatsache angesehen, daß die Abschaffung der getrennten schulischen Bildung und Erziehung von Jungen und Mädchen und die Einrichtung einer verpflichtenden Koedukation einen

118 Vgl. dazu im folgenden auch Rodax 1989g.

119 Ob das repräsentativ für katholische Mädchenschulen ist, vermag nicht beurteilt zu werden. Es gibt leider, wie zu Recht jüngst hervorgehoben worden ist, "keine aktuellen Untersuchungen zu den Besonderheiten der Klientel solcher Schulen" (Faulstich-Wieland und Horstkemper 1995, S. 127).

bedeutsamen Beitrag zur Beseitigung bestehender sozialer Benachteiligungen von Mädchen leisten würde. Folglich ist über gemischtgeschlechtliche Bildung und Erziehung in der Schule in der sozialwissenschaftlichen, schulrechtlichen und schulpolitischen Erörterung kaum mehr ernsthaft gestritten worden, seitdem ab Mitte der sechziger Jahre die Koedukationsschule nach und nach zur Regelschule in den Bundesländern wurde.

Erst als in der Diskussion um die soziale Benachteiligung von Mädchen in gemischten Klassen in den letzten Jahren als ein "Bildungsskandal" aufgedeckt wird[120], stellen die Selbstverständlichkeit der Koedukation vor allem zwei soziale Gruppen ernsthaft in Frage: Teile feministisch gesinnter Bildungsforscherinnen, die sich im Zuge der kritischen Aufarbeitung der Forschungsergebnisse zur Koedukation in den achtziger Jahren von einer gesonderten Mädchenerziehung ein Mehr an Emanzipation für Frauen versprechen[121] und natürlich besonders die Katholische Kirche, repräsentiert vor allem durch den "Verein Katholischer Lehrerinnen", die stets hartnäckig an einem eigenständigen weiterführenden katholischen Mädchenschulwesen[122] festgehalten hat.[123] Diese beiden Gruppen benennen dafür durchaus unterschiedliche Gründe und Zielvorstellungen, gemeinsam sprechen sie sich jedoch entschieden für Mädchenschulen aus.

Aus der Sicht der katholischen Lehrerinnen manifestiert sich in katholischen Mädchenschulen ein starker sozialer Impuls der Kirche, getragen von Frauen - vielfach Ordensfrauen - für Frauen; er ist eingebettet in eine religiös geprägte "funktionale Gemeinschaft."[124] In ihrem Milieu erhält die einzelne Schule stützenden normativen und durch den vielfältigen Kontakt mit der Erwachsenenwelt außerhalb der Schule zusätzlichen sozialen Rückhalt. Überdies ließen sich diese Mädchenschulen leicht mit der traditionellen bürgerlichen Vorstellung von der Frau als Ergänzung des Mannes in Einklang bringen. Ein Stück Gemeinsamkeit mit der bürgerlichen Frauenbewegung verbindet sich schließlich mit der Idee der "geistigen Mütterlichkeit".[125] Kurzum: Die gemeinsame Orientierung einer reli-

---

120 Vgl. Arbeitsgruppe am Max-Planck-Institut für Bildungsforschung 1994.

121 Vgl. Lobner 1954, Demant 1955, Knab 1970a,b, Brehmer 1987a,b,c 1991, Faulstich-Wieland 1987, 1991, Faulstich-Wieland und Schefer-Viëtor 1988, Arolt 1987, Metz-Göckel 1987, Mühlen-Achs 1987a,b, Pfister 1988, Baumert 1992, Kreienbaum 1992.

122 Wenn im folgenden im allgemeinen von Mädchenschulen die Rede ist, bezieht sich dieser Sachverhalt stets auf *katholische* Realschulen und Gymnasien.

123 Vgl. Hermans 1967a,b, Zinnecker 1972, Hepting 1978, Vermehren 1980, 1986, Emmerich 1981, Dikow 1986, Erziehung und Schule 1986, Knab 1986, Schmitz 1986, 1987, Fonda 1987, Ilgner 1989, von Martial 1989, Schillmöller et al. 1989.

124 Vgl. Coleman et al. 1982, Coleman und Hoffer 1987.

125 Knab 1986, S. 120.

giösen Gemeinde sorgt dafür, daß sich die Schule in den an sie herangetragenen Erwartungen nicht "verzettelt".[126]

Bis heute wird daher von katholischer Seite bezweifelt, ob Koedukationsschulen den weiblichen Bedürfnissen überhaupt gerecht würden. Es wird immer wieder vehement Kritik an ihnen mit dem Argument geübt, hier werde nur Ko-Instruktion praktiziert, nicht jedoch Ko-Edukation. Ihre entsprechend provokante These lautet: Die katholischen Mädchenschulen bieten vor dem Hintergrund einer verpflichtenden christlichen Rückbesinnung auf gemeinsame Werte den Vorzug, daß sie ihre Schülerinnen über Jahre hinweg mit ihrer eigenen Art konfrontieren, so daß sie sich in ihr auskennen und darum auch über sich selbst Bescheid wissen; sie bleiben über Jahre sich selbst als Mädchen und in ihrer Beziehung zu anderen Mädchen vorrangig wichtig, auch wenn sich dieses Interesse nur während des Schulvormittags entfalten kann und sich auch nie unabhängig von der Schulleistung entwickelt.[127]

Diese These findet nicht überall Beifall. Vor allem aus Kreisen feministisch orientierter Bildungsforscherinnen ist sie heftig attackiert und mit großer Skepsis aufgenommen worden. Ihre pointierte Gegenthese lautet: Die katholischen Mädchenschulen erscheinen wie Fraueninseln in einer frauenfeindlichen Gesellschaft, und doch sind sie eher ungenutzter "Emanzipationsfreiraum", denn im allgemeinen wollen gerade diese Mädchenschulen - in Abgrenzung zu koedukativen Schulen - Mädchen auf die traditionelle weibliche Rolle und die damit einhergehende Lebens- und Berufsorientierung vorbereiten und festlegen.[128]

Mit diesen kontroversen Thesen ist zugleich der Hintergrund dieses Exkurses markiert. Es lassen sich sicherlich sowohl für These als auch Gegenthese plausible Gründe ins Feld führen[129], jedoch leiden diese Auseinandersetzungen darunter, daß sie bislang empirisch noch zu wenig ernsthaft einer Prüfung unterzogen worden sind. Es mangelt auch insbesondere an empirischen Untersuchungen, die die subjektiven alltagsweltlichen Wahrnehmungen, Einschätzungen und Deutungen der betroffenen Schülerinnen dokumentieren und analysieren. Nur so lassen sich nämlich erste genauere Aufschlüsse darüber gewinnen, ob katholische Mädchenschulen einen Schonraum darstellen, der zu einer frühen traditionellen Einengung auf die "natürliche Rolle der Frau" als Mittelpunkt der Familie für die Schülerinnen führt, oder ob es auch Anzeichen dafür gibt, daß ein nach Ge-

---

126 Vgl. Leschinsky 1992.

127 Vgl. Vermehren 1980.

128 Vgl. Wildt und Naundorf 1986.

129 Vgl. Knab 1986, von Martial 1986, 1987, 1988, Brehmer 1987a,b,c, Faulstich-Wieland 1987, Prengel et al. 1987, Pfister 1988.

schlechtern getrennter Unterricht in diesen Schulen sich für die Mädchen positiv auf ihre individuellen Bedürfnisse und Fähigkeiten auswirkt.

Schulwahl

Mit der Wahl einer weiterführenden katholischen Mädchenschule treffen die Eltern zweifellos eine der wichtigsten, verantwortungsvollsten und möglicherweise folgenreichsten Entscheidungen für ihre Töchter. Sie hat gewiß unterschiedliche soziale und individuelle Gründe und Voraussetzungen und wird von verschiedenen Motiven gelenkt. Es existiert indes nicht, wie man zunächst vermuten könnte, ein durchgängiges Motiv, sondern es sind zahlreiche Motive, die für eine solche Entscheidung vorgebracht werden. Einmal werden diese Schulen einfach deshalb gewählt, weil keine anderen weiterführenden Schulen für Mädchen in unmittelbarer Nähe ihres Heimatortes sind oder ein langer Anfahrtsweg nicht in Kauf genommen werden möchte.

INGE:

> "Mit Beginn der 7. Klasse trat ich also in die klösterliche Mädchenrealschule der Kreisstadt ein, die einzige Realschule für Mädchen in unserem Landkreis."
> (Kleinbauerntum, Mittlere Reife 1980 - Bäuerin)

GUDRUN:

> "Im September 1979 war mein erster Schultag in der Mädchenrealschule der Englischen Fräulein. Für mich gab es nur die Wahl, diese Schule zu besuchen. Die gemischte Realschule in T. war zu weit weg von meinem Heitmatort ..."
> (neues Kleinbürgertum, Mittlere Reife 1983, Fachhochschulreife 1985 - Studentin der Religionspädagogik)

Ein weiterer Grund, eine katholische Mädchenschule zu besuchen, ist der mädchentypische Lehrplan dieser Schulen, der die Eltern und ihre Töchter anspricht und wohl auch Grundschullehrerinnen in ihrer noch stark religiös und traditionell geprägten Auffassung von der Frauenrolle vielfach bewegt, ihnen diesen Bildungsweg zu empfehlen. Es wird beispielsweise als Vorteil von den Bildungsaufsteigerinnen angesehen, kein Latein oder Griechisch lernen zu müssen. Auch die Freizeitangebote und die kulturellen Veranstaltungen üben eine große Anziehungskraft auf ihre Wahl aus.

MICHAELA:

> "Daraufhin meldete mich, auf Anraten der 4. Klassenlehrerin, meine Mutter in der Seminarübungsschule der armen Schulschwestern v. U. Lb. (von Unserer Lieben, d. Vf.) Frau am Anger an. Ich wurde angenommen und besuchte 4 Jahre diese pädagogisch und menschlich vorbildlich geführte Schule und wechselte dann mit 14 Jahren an die Mittelschule desselben Ordens."
> (Arbeiterschaft, Mittlere Reife 1959, Frauenfachschule 1962 - Fachlehrerin für Handarbeit und Hauswirtschaft)

THERESE:

> "Obwohl noch ein gemischtes Gymnasium am Ort war, entschied ich mich damals für diese Schule, weil sie so schöne Abschlußfeiern und Musikvorführungen veranstaltete."
> (neues Kleinbürgertum, Hochschulreife 1978 - Diplomsoziologin)

ELKE:

> "Jetzt bestand noch die Wahl zwischen L. und N., die nebeneinander in der Altstadt stehen. Nachdem ich eine (subjektive) Ablehnung gegen Latein und Griechisch hatte, fiel die Entscheidung zugunsten N.s, obwohl meine Schwester von der Erziehungsweise N.s sehr geprägt war und mich in dieser Wahl nicht unbedingt bestärkt hat. So landete ich in einem Mädchengymnasium unter Leitung von Klosterschwestern."
> (Arbeiterschaft, Hochschulreife 1983 - Studentin der Soziologie)

Der wichtigste Grund für Eltern indes, ihre Töchter in eine katholische Mädchenschule überwechseln zu lassen, ist zweifellos die religiöse Ausrichtung und der damit verbundene gute Ruf dieser Schulen, auf strenge Disziplin und hohes Leistungsniveau zu achten - vor allem dann, wenn die Eltern großen Wert auf eine christliche Bildung und Erziehung ihrer Töchter legen. Damit wird zugleich auch die Erwartung gehegt, einen guten Abschluß zu erreichen und später leichter einen angemessenen beruflichen Ausbildungsplatz zu finden.

ANKE:

> "Es gab zu der Zeit aber nur die Mittelschule für Mädchen und die Handelsschule. Da meine Mutter Wert auf eine gute Erziehung

legte, kam nur die von Schulschwestern geführte Mittelschule in Frage."
(Arbeiterschaft, Mittlere Reife 1957 - Sekretärin)

FELIZITAS:

"Die Schulwahl (Realschule) war für mich sehr bedeutsam, da ich dadurch sehr flexibel in allen möglichen Ausbildungsrichtungen geworden bin, auch eine höhere Allgemeinbildung erzielte. Die Schule der Englischen Fräulein wählte ich deshalb, weil mir die christliche Ausrichtung dieser Schule wichtig schien."
(Arbeiterschaft, Mittlere Reife 1974 - Kontoristin, dann Hausfrau)

HERMA:

"Der Name Mädchenrealschule drückt bereits vielerlei aus: 1) reine Mädchenklassen 2) katholische Erziehungsgrundsätze (Anstand, Tugenden usw.) 3) überwiegend Klosterschwestern als Lehrerinnen."
(Kleinbauerntum, Mittlere Reife 1976, Fachakademieabschluß 1980 - Lehrerin für Handarbeit und Hauswirtschaft)

FRIEDERIKE:

"Ich bin heute noch sehr froh, in dieser für die Persönlichkeitsbildung (12 - 16 Jahre) sehr wichtigen Phase in diese Schule (katholische Mittelschule, d. Vf.) gegangen zu sein, in der sehr auf Disziplin und Charakterbildung geachtet wurde."
(Kleinbauerntum, Mittlere Reife 1977 - Meisterprüfung für Hauswirtschaft, Hoferbin)

CAMILLA:

"Die Mädchenrealschule N. besteht in meiner Heimatstadt seit dem Jahr 1853 und galt schon immer als Bildungsanstalt für 'höhere Töchter'. Der gute Ruf der Schule wurde immer darauf zurückgeführt, daß nicht nur Wissen vermittelt, sondern von jeher auch im Geiste der katholischen Jugenderziehung der Persönlichkeitsbildung großer Wert beigemessen worden ist. Entsprechend war der Andrang. Auch aus Prestigegründen wollten viele Eltern ihre Mädchen, auch evangelischer Konfession, dort unterbringen. Ich er-

innere mich noch ganz genau, daß sich mein Vater am Tag der Schuleinschreibung um 2 Uhr nachts vor dem Schulgebäude anstellte, um einen Platz für mich zu ergattern. Bis in die frühen Morgenstunden hatte sich eine lange Schlange gebildet, bis sich um 8 Uhr endlich das Tor zur Einschreibung öffnete. So begann die Aufnahme in N. also mit einem kleinen Opfer für die Erwachsenen, in gewissen Sinne bereits ein kleines Ausleseverfahren, denn unter diesen Umständen zogen viele Familien den einfacheren Weg, nämlich eine staatliche oder private Realschule, vor."
(neues Kleinbürgertum, Mittlere Reife 1978 - Bankangestellte)

MARIA:

"Ich wurde damals auf ein Mädchengymnasium geschickt mit der Begründung: 'Die Schwestern dort kümmern sich besser um ihre Schülerinnen als die Lehrer des staatlichen Gymnasiums' (es gibt in S. ein solches). 'Da brauchst du dich nicht mit Jungs herumzuärgern' (Erfahrungen in der Grundschule hatten gezeigt, daß ich in den Pausen nicht mit den Angriffen älterer Jungs umgehen konnte). 'Es gehen sowieso nur Jungs aufs staatliche Gymnasium' (mit anderen Worten: bei den Jungs hast du nichts verloren. Objektiv gesehen muß ich hinzufügen, daß aus meinem Grundschuljahrgang nur drei Mädchen den Sprung ans staatliche Gymnasium wagten; zwei davon wechselten zu einem späteren Zeitpunkt ans Mädchengymnasium mit der Begründung, die andere Schule sei zu 'hart'). 'Das schaffst du gesundheitlich nicht.' (Damals war ich häufig krank! Man ging davon aus, daß man in einer Mädchenschule darauf eher Rücksicht nehmen würde.)"
(neues Kleinbürgertum, Hochschulreife 1970 - Gymnasiallehrerin)

GUDRUN:

"... möchte ich sagen, daß Mädchen der Klosterschule eher eine Chance hatten, in Berufe wie z. B. Bankkaufmann hineinzukommen als vergleichsweise Jungen aus der staatlichen Realschule A."
(neues Kleinbürgertum, Mittlere Reife 1983, Fachhochschulreife 1985 - Studentin der Religionspädagogik)

Betrachtet man die Aussagen der Bildungsaufsteigerinnen über die Gründe der Schulwahl im Gesamtzusammenhang, so läßt sich festhalten: Es sind meist mehrere Motive, die für die Wahl einer weiterführenden katholischen Mädchenschule von Eltern und Töchtern ausschlaggebend sind; sie stehen nicht isoliert nebeneinander, sondern ergänzen und bedingen oftmals einander. Dabei überwiegt als Hauptmotiv die christliche Ausrichtung dieser Schulen, die sie zu Trägern dezidierter Anschauungen und Überzeugungen werden läßt, und die darüber hinaus bestimmte traditionelle Erziehungserwartungen und -grundsätze der Eltern für ihre Töchter erfüllen soll.

Schulklima

Mit der Wahl weiterführender katholischer Mädchenschulen ist allerdings noch wenig gesagt über die "innere Qualität" oder - genauer - das Klima dieser Schulen.[130] Dieser Gesichtspunkt spielt insbesondere dann eine gewichtige Rolle, wenn es um die Unterrichtsprinzipien der Erziehung im eigentlichen Sinne, um das Schulehalten, geht, die zu einer wünschenswerten Entwicklung der Persönlichkeit von Schülerinnen führen soll. Geht man davon aus, daß diese Schulen in der Regel damit beschäftigt sind, vor allem jene religiös geprägten traditionellen Rollenerwartungen heranwachsenden Mädchen nahezubringen, die sie aus weltanschaulichen Gründen für wünschenswert halten[131] und bei ihnen Verständnis für sie zu wecken, so spricht viel dafür, dem genauer nachzugehen. Im Vordergrund steht dabei hauptsächlich die Einschätzung der Bildungsaufsteigerinnen zur sozialen Atmosphäre in der Schule, zu den Lehrerinnen und Lehrern und ihren Erziehungsgrundsätzen sowie zur Geschlechtertrennung.

Soziale Atmosphäre

Im Zusammenhang mit den sozialen Erfahrungen an der Schule mit ihren Möglichkeiten einer "Rund-um-die-Uhr-Betreuungs-Pädagogik" spielt für Bildungsaufsteigerinnen die gute familiäre Atmosphäre eine eminent wichtige Rolle. Von denen, die sich ausführlich dazu äußern, wird besonders das allgemeine schülerfreundliche Klima in und außerhalb der Schule und die ruhige, ungestörte Lernatmosphäre als sehr wohltuend empfunden und als bemerkenswert für ihre schulische Entwicklung hervorgehoben. Der schulische Lebens- und Erfahrungsraum erleichtert so das gegenseitige Kennenlernen in der Gemeinschaft und fördert damit zugleich Identitätsfindung, Selbstsicherheit und Urteilsfähigkeit der Schülerinnen.

---

130 Vgl. Fend 1977.

131 Vgl. Schillmöller et al. 1989.

Katholische Mädchenschulen scheinen demnach die besten Voraussetzungen dafür zu bieten, eine angenehme soziale Atmosphäre zu schaffen, in der sich alle sehr wohl fühlen. Diese Atmosphäre vermittelt den Bildungsaufsteigerinnen das Gefühl der Geborgenheit. Man bemüht sich hier intensiv um jede einzelne Schülerin, so daß bei dieser nicht der Eindruck entsteht, bloß eine "Nummer" zu sein; sie wird als Persönlichkeit akzeptiert und respektiert, was sich besonders positiv auf ihre Selbsteinschätzung und ihr Selbstbewußtsein auswirkt.

GINA-LISA:

> "Nun kam ich in eine reine Mädchenschule und genoß es, genügend Zeit zu haben zur Erledigung der Hausaufgaben und zum Lernen und mit vielen Gleichaltrigen zusammenzusein. Wohl freute ich mich über das monatliche Wochenende, an dem wir heimfahren durften; wenn ich aber am Ende der Ferien meine Koffer packte, stellte meine Mutter fest, daß das Singen und freudige Erregung nicht mehr zu bremsen waren. Ich freute mich auf meine Freundinnen im Internat, auf die Schwestern, auf die Lehrkräfte, auf das ganze Milieu, das ich an der Schule vorfand. Ich fühlte mich hier wohl und geborgen."
> (Kleinbauerntum, Mittlere Reife 1956 - Fachlehrerin für Handarbeiten und Hauswirtschaft sowie für Kurzschrift und Maschinenschreiben)

SIGRID:

> "Die Grundtendenz zum Besuch einer klösterlichen Realschule ist im Zurückschauen positiv. Positiv, erfreulich und auch jetzt noch im Gespräch mit Freunden erzählenswert sind überwiegend Erlebnisse und Begebenheiten, die wenig mit dem üblichen Schulalltag zu tun hatten. Mit Schmunzeln erinnere ich mich an eine Theatergruppe, an unsere Volleyballmannschaft und an viele freiwillige Musik- und Instrumentalstunden, die ich zusammen mit meiner Schwester, die mit mir in die gleiche Klasse ging, belegte. Dies geschah alles auf freiwilliger Basis und hat unsere Freizeit zum Teil sehr in Anspruch genommen. Als Mensch habe ich mich an dieser Schule immer wohl gefühlt. Wir waren nie Nummern, sondern Schüler, denen das ganze Interesse unserer Lehrer galt. Damals empfanden wir dies eher einmal lästig, heute denke ich etwas überlegter. Wir waren geschützt gegen so manche Gefahren, die uns zum einen von der Schule ablenkten, zum anderen aber auch

charakterlich oder persönlich gefährdet hätten. Dankbar denke ich an die Freundschaft zu zwei Lehrkräften, unserer Musiklehrerin und unserem Sportlehrer, die uns als Person akzeptierten und unserer Schülersituation viel Verständnis gegenüberbrachten. Diese Freundschaften halten heute noch und längst ist aus dem 'Sie' ein 'Du' geworden. Was zu dem menschlichen Zug dieser Schule gehörte, war der Bezug zur Religion. Ich für meinen Teil habe empfunden, daß der Bezug zu Gott und Jesus wichtig war, und daß es ein Anliegen unserer Lehrkräfte war, diesen Bezug zu erhalten und zu fördern ... Hätte ich Kinder im schulfähigen Alter und wäre am gleichen Ort - ich würde alles Negative in Kauf nehmen und die gleiche Schule (klösterliche Realschule) nehmen, weil der menschliche Kontakt und der persönliche Bezug zum einzelnen Schüler für mich wichtiger sind als perfekte Klassenzimmer und weltoffene Lehrer, die ihre Stunden absitzen."
(neues Kleinbürgertum, Mittlere Reife 1975 - Kindergartenleiterin)

INGE:

"Ich persönlich empfand den Wechsel von einer gemischten Klasse in eine reine Mädchenschule als wohltuend. Die Klassengemeinschaft war geschlossener, sogar außerordentlich gut in unserem Fall. Ich erinnere mich an Weihnachtsfeiern innerhalb der Klasse, an gemeinsame Unternehmungen in den Ferien, an unsere Abschlußstudienfahrt nach Berlin, an ein 3-tägiges religionspädagogisches Seminar. Die Schwestern waren bemüht, nicht nur unseren Verstand zu schulen, sondern unser ganzes Herz, den ganzen Menschen."
(Kleinbauerntum, Mittlere Reife 1980 - Bäuerin)

BIRTHE:

"Die Klosterschule wirkte sich besonders nach langem Zeitabstand sehr positiv aus; die Erziehung sowie die Erzieher gaben uns eine lebenswichtige Basis."
(altes Kleinbürgertum, Mittlere Reife 1970, Fachschullehrerabschluß 1974 - Künstlerin)

VERONIKA:

> "... ich glaube, daß wir in dieser Schule wesentlich mehr mitbekommen haben, als vergleichsweise Jungen in anderen Realschulen. Vor allem an Menschlichkeit, was meines Erachtens viel wichtiger als Noten ist."
> (neues Kleinbürgertum, Mittlere Reife 1981 - Beamtin im mittleren Dienst)

AURELIA:

> "Ich erinnere mich noch gern an die familiäre Atmosphäre, die Fürsorge der Schwestern und die lebendige Gestaltung des Unterrichts und an verschiedene Höhepunkte des Schuljahres. Viele Vergleichsmöglichkeiten habe ich deswegen, da mein Bruder gleichzeitig mit mir eine staatliche Realschule besuchte. Dort war die persönliche Anteilnahme an den Schülern wesentlich geringer oder gar nicht vorhanden. Es gab so gut wie keine Bezugspersonen. Der Lehrbetrieb war anonym, der Stundenausfall beträchtlich. Die Qualität der Ausbildung, das war auch die Sorge meiner Eltern, war bei gleichem Lehrplan offensichtlich schlechter."
> (neues Kleinbürgertum, Mittlere Reife 1982 - Verwaltungsangestellte)

ELKE:

> "Sehr positiv fand ich an unserer Schule (trotz allem Ärger mit der Falschheit der Nonnen) die familiäre Atmosphäre. Man spürte das Bemühen um jeden einzelnen Schüler, die Förderung schwacher Schülerinnen, die Bezuschussung finanziell mindergestellter Schülerinnen bei Schulfahrten etc."
> (Arbeiterschaft, Hochschulreife 1983 - Studentin der Soziologie)

Lebens- und Erziehungsgrundsätze der Lehrerinnen

Es existieren in den katholischen Mädchenschulen also überwiegend enge positive Beziehungen zwischen den Schülerinnen und ihren Lehrerinnen, die sich - bei aller Strenge der Erziehungsgrundsätze - intensiv um die einzelnen Mädchen kümmern und ihnen im Rahmen dieser Grundsätze eine individuelle Entwicklung ermöglichen. Sie äußern sich hauptsächlich in einem verstärkten Eingehen auf die besonderen Belange der Bildung und Erziehung von Mädchen vor allem im

Hinblick auf deren Lebensplanung.[132] Anstelle von "Lenkung-Dirigierung-Kontrolle" setzen die Lehrerinnen auf Wertschätzung, Verständnis, Ermutigung und höfliches Verhalten den Schülerinnen gegenüber. Dies führt bei diesen vielfach zu einem größeren Ausmaß an Selbstachtung, einer positiveren emotionalen Grundstimmung, einem günstigeren Selbstkonzept, günstigeren Grundbedingungen für die Entwicklung der allgemeinen psychischen Funktionen und der seelischen Gesundheit und schließlich zu einem emotional warmen Verhalten gegenüber anderen, denen auf diese Weise ebenfalls zu einer besseren Selbstentfaltung verholfen wird. Es verwundert nicht weiter, daß vor allem Ordensfrauen für die Bildungsaufsteigerinnen oftmals ein Vorbild sind. Gute soziale Kontakte zu ihnen sind deshalb von entscheidender Bedeutung, hängt davon doch wesentlich ab, ob die Schule als angenehmer pädagogischer Lebens- und Erfahrungsraum empfunden wird.

Dies hindert Bildungsaufsteigerinnen allerdings keineswegs daran, zu bemängeln, daß die Lehrerinnen oftmals zu alt und weltfremd sind sowie insbesondere sehr rigiden traditionellen weiblichen Rollenvorstellungen und -erwartungen - auch im Äußeren - anhängen und nicht bereit sind, diese in Frage stellen zu lassen. Folglich ist es Bildungsaufsteigerinnen nicht immer leicht gefallen, von ihren Lehrerinnen gutgemeinte Ratschläge und Hinweise für das spätere Leben anzunehmen, wenn sie zugleich mit Erziehungsgrundsätzen konfrontiert werden, die sie schwer einzusehen vermögen und in deren Mittelpunkt bestimmte religiöse Weltanschauungen und althergebrachte weibliche Tugenden stehen, also etwa die Vermittlung einer überlebten katholischen Moralvorstellung und die konservative politische Ausrichtung des Unterrichts, die über Jahrzehnte scheinbar kaum "modernisiert" wurden und die sie größtenteils als "weltfremd" empfinden.

REBECCA:

> "Die Schulzeit bei den Schwestern habe ich als äußerst streng in Erinnerung."
> (altes Kleinbürgertum, Mittlere Reife 1968 - Diätassistentin)

FRIEDERIKE:

> "Ich bin heute noch sehr froh, in dieser für die Persönlichkeitsbildung (12-16 Jahre) sehr wichtigen Phase in diese Schule gegan-

---

132 Vgl. Schmitz 1987.

gen zu sein, in der sehr auf Disziplin und Charakterbildung geachtet wurde."
(Kleinbauerntum, Mittlere Reife 1977 - Hoferbin)

HERMA:

"Aufgrund des Nachwuchsmangels gibt es sehr viele Klosterschwestern, die auch trotz Überschreitung der Altersgrenze 65 weiterunterrichten. (Wir hatten überwiegend solche Schwestern zwischen 65 und 80 Jahren). Hier wäre es notwendig, mehr auf weltliche Kräfte zurückzugreifen. Ein Beispiel: meine Mutter nähte bereits vor 20 Jahren das gleiche Nachthemd (gleicher Einheitsschnitt) wie ich (gleiche Lehrerin, ca. 75 Jahre) ... Positives Beispiel: wir hatten auch eine sehr aktive, junge (ca. 30 Jahre alte) Schwester, die wirklich Ausstrahlungskraft besaß, und auch in Hose und Anorak den Skikurs mitmachte ... Zwar möchte man als heranwachsender Jugendlicher die Ketten der etwas strengen Erziehung sprengen, aber im Nachhinein bin ich über diese Ausbildung froh. Zum Bewältigen des Lebens ist es nun mal wichtig, Maßstäbe zu setzen und Charakter zu bilden!"
(Kleinbauerntum, Mittlere Reife 1976, Fachakademieabschluß 1980 - Lehrerin für Handarbeit und Hauswirtschaft)

MAREN:

"Die Schwestern, die mich dort unterrichteten, legten großen Wert auf die Förderung des Sozialverhaltens ihrer Schülerinnen und weckten in mir die Liebe zum Lehrerberuf."
(Arbeiterschaft, Hochschulreife 1964 - Gymnasiallehrerin)

SUSANNE:

"Im Internat (Klosterschule, Mädcheninternat) spielte der Wettstreit unter uns Mädchen die große Rolle, und die Stellung als Mädchen wurde in uns allen sehr gestärkt und echt bewußt gemacht."
(Arbeiterschaft, Hochschulreife 1966 - Realschullehrerin)

THERESE:

"Diese Schule ... hatte ein eigentümlich antiquiertes Gepräge, frönte einem längst verblichenen Ideal von Mädchenbildung, obwohl der Lehrstoff derselbe wie in jedem normalen Gymnasium war. Wir wurden in den unteren Klassen vorwiegend von ältlichen, alleinstehenden Lehrerinnen unterrichtet, die wir ebenso belächelten wie fürchteten. In besonders schlimmer Erinnerung habe ich die gezielte Bloßstellung. Ein Horror war auch die Überbewertung einer schönen, sauberen Schrift, einem Ideal, dem eigentlich niemand gerecht wurde ... Jedoch denke ich, daß die Ansprüche an uns Mädchen unverhältnismäßig hoch waren. Uns wurde selten eine halbe Note geschenkt. Obwohl viele von uns ein Numerusclausus Fach studieren wollten, drückten unsere Lehrer durchweg den Notendurchschnitt, was vielen von uns die ganze Berufslaufbahn verbaut hat. Ich weiß von anderen Schulen (v. a. Jungenschulen), daß dort die Lehrer wesentlich mehr Solidarität mit den Schülern zeigten. Besonders lähmend war auch die uns mehr oder minder deutlich suggerierte Erwartung, wir würden ja doch heiraten und eine anschließende längere Berufsausbildung lohne sich letzten Endes nicht."
(neues Kleinbürgertum, Hochschulreife 1978 - Diplomsoziologin)

ELKE:

"Sehr bezeichnend ist halt für eine solche Schule für 'höhere Töchter' (wie sie früher genannt wurde), die religiöse Erziehung mit Morgengebet und mehreren Gottesdiensten im Schuljahr, Beichtgelegenheiten etc. Besonders viel Wert wird auf die gute Erziehung gelegt bzw. auf bestmögliches Benehmen ... Hand in Hand damit ging ein Defizit an Erlernen von Kritikbewußtsein und -äußerung, Diskussion etc. etc. Wir wurden sehr einseitig, altmodisch, konservativ an unserer Schule erzogen. Politik war kein Thema (wäre sowieso bloß einseitig gewesen) und unsere abweichenden Meinungen wurden absolut autoritär unterdrückt. Von der 5. bis zur 13. Klasse wird einem ein ganzer Katalog an Verhaltensregeln eingepaukt, die - muß ich im Nachhinein gestehen - bestimmt nicht geschadet haben."
(Arbeiterschaft, Hochschulreife 1983 - Studentin der Soziologie)

GUDRUN:

> "Besonders die Klosterschwestern in diesem Hause versuchten uns Anstand und Sitte beizubringen. Wir lernten die richtige Art anzuklopfen, sich die Hände zu schütteln, auch lernten wir, daß es ungezogen sei, auf den Gängen im Kloster zu pfeifen oder Pausetüten zu zerplatzen und daß es unsittlich sei, die Beine übereinanderzuschlagen oder sogar eine kurze Hose zu tragen."
> (neues Kleinbürgertum, Mittlere Reife 1983, Fachhochschulreife 1985 - Studentin der Religionspädagogik)

Geschlechtertrennung

Von Bedeutung ist es für Bildungsaufsteigerinnen weiterhin vor dem Hintergrund dieser konventionellen Lebens- und Erziehungsgrundsätze der Lehrerinnen und vor allem im Hinblick auf ihre eigenen Erfahrungen mit Jungen in koedukativen (Grund-)Schulen, zu ergründen, wie sie die Geschlechtertrennung in katholischen Mädchenschulen erleben und beurteilen, beeinflußt sie doch möglicherweise nicht unwesentlich die soziale Atmosphäre in der Schule. Was Bildungsaufsteigerinnen bewahrenswert erscheint, ist dies: Katholische Mädchenschulen bieten innerhalb ihres Bildungs- und Erziehungsprogramms Freiräume, in denen sie ihre Begabungen, Fähigkeiten und Vorlieben besser erkennen und entwickeln können - vor allem das Vertrauen in diese Fähigkeiten. Sie bieten ihnen die Auswahl aus einem vergleichsweise großen Spektrum menschlicher Möglichkeiten und eine umfassende Bildung und Erziehung - weil die Bezugsgruppe, auf die sonst alles hinausläuft, fehlt. Nur wenn sie als Mädchen nicht ständig mit Jungen verglichen werden und von vornherein beschränkt werden, können sie ein Selbstbewußtsein entwickeln, das es ihnen erlaubt, später - in Studium oder Beruf - ihre Interessen und Ansichten als den männlichen gleichwertig aufzufassen und auch durchzusetzen.

Es wird insgesamt deshalb von Bildungsaufsteigerinnen als großer Vorteil angesehen, daß sie während ihrer Schulzeit an Mädchenrealschulen und -gymnasien unter sich haben bleiben können und sich dabei - eingedenk ihrer zum Teil negativen Erfahrungen - nicht mit den Jungen auseinandersetzen mußten: Der "Konkurrenzkampf", die "direkte Konfrontation", die "Reibereien und Neckereien" mit Jungen entfielen, statt dessen konnten sie sich "frei und ungehindert äußern" und sich "viel besser auf das Lernen konzentrieren". In anderen Worten: Unter ihresgleichen entwickeln sie vor allem in der Pubertätsphase größeres fachliches Selbstbewußtsein und größere Durchsetzungsfähigkeit, eignen sich unbekümmert weitgehend alle Gegenstände des Unterrichts an und erfahren sich in der Bewältigung von Aufgaben, die in koedukativen Schulen von den Lehrerinnen und Lehrern unbewußt in erster Linie Jungen zugewiesen werden.[133]

EVA:

> "Rückblickend möchte ich behaupten, daß mein Schulweg auch durch die Wahl eines Mädchengymnasiums recht glücklich und positiv für mich verlaufen ist:
> 1. traten in der gemischten Grundschule Bildungsunterschiede zwischen Jungen und Mädchen für mich noch nicht so kraß hervor;
> 2. konnten für mich keine Unterschiede zwischen Jungen und Mädchen in der wichtigen Entwicklungsphase auftreten;
> 3. konnte ich mich dadurch in meiner eigenen Person besser festigen, ohne Verdrängung oder Konkurrenz zu spüren;
> 4. war ich mit 17 Jahren dann in der Lage, diesen Druck für mich positiv umzusetzen und in der gemischten Klasse Stand- und Durchsetzungsvermögen zu entwickeln."
> (altes Kleinbürgertum, Mittlere Reife 1966 - Beamtin im gehobenen Dienst)

FRIEDERIKE:

> "Ich fühlte mich sehr wohl in dieser Mädchenschule. Ohne die Reibereien und Neckereien mit den Jungen in der Schule konnte ich mich viel besser auf das Lernen konzentrieren."
> (Kleinbauerntum, Mittlere Reife 1977 - Bäuerin)

INGE:

> "Ich persönlich empfand den Wechsel von einer gemischten Klasse in eine reine Mädchenklasse als wohltuend. Die Klassengemeinschaft war geschlossener, sogar außerordentlich gut in unserem Fall."
> (Kleinbauerntum, Mittlere Reife 1980 - Bäuerin)

---

133 Vgl. Seeler und Schmitz 1988, Stalmann 1991, Faulstich-Wieland und Horstkemper 1995.

MATHILDE:

> "Dadurch, daß ich auf einer reinen Mädchenschule war (ab 5. Klasse), konnte ich meinen Intellekt freier entfalten, als wenn Jungen in der Klasse gewesen wären (besonders in der Pubertät)."
> (neues Kleinbürgertum, Hochschulreife 1970)

GUDRUN:

> "Am Anfang fand ich es schade und ungewohnt, daß wir *nur* Mädchen waren, doch im Laufe der vier Jahre gingen mir bzw. uns die Jungen eigentlich nie ab. Gaudi konnte man auch ohne Knaben in der Klasse machen (wenn nicht sogar mehr) und Liebeleien mit den Gymnasiasten und Seminaristen vom Kapuzinerkloster gleich anschließend an die Schule, wurden somit viel interessanter und spannender."
> (neues Kleinbürgertum, Mittlere Reife 1983, Fachhochschulreife 1985 - Studentin der Religionspädagogik)

Allerdings wird ebenso von einigen Bildungsaufsteigerinnen aufgrund ihrer späteren sozialen wie beruflichen Lebenserfahrungen im nachhinein die strikte Trennung von Mädchen und Jungen in den katholischen Mädchenschulen als äußerst zwiespältig eingeschätzt. Während sie einerseits im Laufe der Schulzeit hier durchweg Vorteile hinsichtlich ihres fachlichen Wissens und ihrer Selbständigkeit für sich verbuchen, treten die Nachteile im Umgang mit Männern erst nach der Schulzeit voll ins Bewußtsein. Gewiß: Katholische Mädchenschulen setzen in ihren Augen Bedingungen, die der gesellschaftlichen Realität nicht immer entsprechen. Aber gerade weil sie einen Schonraum schaffen, wenn sie männliche Ansprüche ausschalten, können sie zwar das ungestörte, konfliktfreie und geschützte Aufwachsen gewähren, müssen dies aber beim Übergang in den Beruf zum Teil mit einen Sprung "ins kalte Wasser" büßen. Es fehlt ihnen einfach der alltägliche Umgang, das Einander-Kennenlernen, die Selbstverständlichkeit des Zusammenseins.[134] Kontaktschwierigkeiten können auftreten, sie müssen mit Männern zurechtkommen und sich mit ihnen auseinandersetzen, ohne darauf in der Schule vorbereitet worden zu sein.[135]

---

134 Vgl. Gisbert 1995, Faulstich-Wieland und Horstkemper 1995.

135 Vgl. Stalmann 1991.

SIGRID:

"So schützend das familiäre Schulklima auch war, den Schritt hinein ins Leben hat uns dies eher erschwert. Freundschaften, vor allem zu Jungen, waren Tabu oder großes Geheimnis. Hier würde ich mir ein wenig mehr Natürlichkeit wünschen und etwas mehr Achtung vor der Situation des ersten Verliebt-Seins."
(neues Kleinbürgertum, Mittlere Reife 1975 - Kindergartenleiterin)

HERMA:

"Aufgrund meiner jetzigen eigenen Schulerfahrungen würde ich mehr für gemischte Klassen plädieren, denn abgesehen einiger Ausnahmen fördert es das Lernverhalten und die Einstellung Jungen gegenüber."
(Kleinbauerntum, Mittlere Reife 1976, Fachakademieabschluß 1980 - Lehrerin für Handarbeit und Hauswirtschaft)

MARIA:

"Der Kontakt zu Jungs wurde mir nicht nur von den Eltern, sondern uns allen von der Schule erschwert. Es galt als unsittlich, sich auch nur mit Jungs zu treffen! Wir wurden in einer religiösen und moralischen Treibhausatmosphäre gehalten, was den meisten meiner Klassenkameradinnen und mir beim Eintritt ins 'Leben' noch erhebliche Schwierigkeiten bereiten sollte."
(neues Kleinbürgertum, Hochschulreife 1970 - Gymnasiallehrerin)

MATHILDE:

"Dadurch, daß ich auf einer reinen Mädchenschule war (ab 5. Klasse), konnte ich einerseits meinen Intellekt freier entfalten, als wenn Jungen in der Klasse gewesen wären (besonders ab der Pubertät), andererseits ist meine persönliche Entwicklung dadurch noch mehr gehemmt worden (extreme Schüchternheit etc.)."
(neues Kleinbürgertum, Hochschulreife 1970)

ELKE:

> "Vermißt haben wir natürlich oft die Gaudi, die in einer gemischten Klasse herrscht. Wir wurden hermetisch von Knaben abgeschirmt, soweit das möglich war."
> (Arbeiterschaft, Hochschulreife 1983 - Studentin der Soziologie)

ELVIRA:

> "Danach besuchte ich vier Jahre lang eine Mädchenrealschule. Ich kam automatisch in den wirtschaftlichen Zweig, da damals nur dieser angeboten wurde. Wenn ich heute so zurückdenke, empfinde ich eine reine Mädchenschule als weniger gut, weil man im späteren Schul- oder Berufsleben sowieso lernen muß, mit seinen männlichen Kollegen auszukommen."
> (Kleinbauerntum, Mittlere Reife 1979, Hochschulreife 1983 - Studentin der Physik und Mathematik)

Vorbereitung auf Leben und Beruf

Offensichtlich erwarten die Lehrerinnen mehrheitlich erst gar nicht, daß ihre Schülerinnen nach Beendigung der Schule eine solide Berufsausbildung zur eigenen Existenzsicherung beginnen und später größtenteils dauerhaft berufstätig bleiben wollen. Schwierigkeiten in der weiteren Ausbildung werden jedenfalls unter dem Gesichtspunkt der Vorbereitung auf eine spätere Berufstätigkeit von Frauen kaum erörtert, was darauf hindeutet, daß nach wie vor ein breiter Konsens unter den Lehrerinnen in katholischen Mädchenschulen über die traditionelle "Bestimmung der Frau" und der Leitidee des "christlichen Familienlebens" besteht. Während sie sich als Schwestern selbst oftmals "weniger als Vorbild sehen, sich mehr in den Augen der Mädchen als diejenigen fühlen, die unvollständig geblieben sind, weil sie 'keinen Mann abgekriegt haben'"[136], gibt es unter den Bildungsaufsteigerinnen keine, die das anders sehen, die mehr die Selbständigkeit, das Unternehmerische der Schwestern und ihre Fähigkeit, ohne Partner auszukommen, als Vorbildwirkung sehen.

Die Lehrerinnen legen ihnen deshalb immer noch einen Lebensplan nahe, nach dem die eigentliche Aufgabe der Frau die Mutterschaft, und damit untrennbar verbunden, die Ehe ist. Dieses konventionelle weibliche Rollenmodell vermag die Bildungsaufsteigerinnen indes wenig zu überzeugen. Auf einen Beruf wollen

---

136 Freigang et al. 1986, S. 103.

sie im allgemeinen nicht verzichten, sie wollen später, wenn dies irgend möglich erscheint, Beruf und Familie miteinander verbinden. Damit eng im Zusammenhang stehende Probleme werden zwischen Lehrerinnen und Schülerinnen im Unterricht nicht behandelt, geschweige denn kritisch diskutiert.

BETTINA:

> "Was meine Gymnasialzeit betrifft, so wurde von unseren Lehrern (in der Mehrzahl Nonnen oder unverheiratete Frauen) schon erwartet, daß wir zielstrebig arbeiteten und nach dem Abitur die Universität oder die PH (Pädagogische Hochschule, d. Vf.) besuchten, aber andererseits stand die 'frauliche Frau', die sich unterordnete, immer im Vordergrund. Die Probleme der Verbindung von Beruf und Familie, der Widerspruch zwischen Berufstätigkeit und Unterordnung wurden nicht gesehen, emanzipatorische Themen spielten keine Rolle."
> (Kleinbauerntum, Hochschulreife 1960 - Gesamtschullehrerin)

THERESE:

> "Von Berufsplänen war bei uns Mädchen eigentlich wenig die Rede. Es war ein Lernen zum Selbstzweck, zur Beschäftigung bis zur Eheschließung. Ich habe mich damals schon leidenschaftlich gegen diese Einstellung gewehrt, die auch von meinen Großeltern und einigen älteren Verwandten immer wieder penetrant zum Ausdruck gebracht wurde. Besonders lähmend war auch die uns von verschiedenen Seiten (u. a. Lehrerinnen, d. Vf.) mehr oder minder deutlich suggerierte Erwartung, wir würden ja doch heiraten und eine anschließende längere Berufsausbildung lohne sich letzten Endes nicht."
> (neues Kleinbürgertum, Hochschulreife 1978 - Diplomsoziologin)

GUDRUN:

> "Um auf die religiöse Geborgenheit zurückzukommen, möchte ich sagen, daß es für die meisten von uns selbstverständlich war, an Gott zu glauben. Für uns gab es nichts anderes. Diese Realitätsfremde griff auch, wenigstens bei mir, auf andere gesellschaftliche Gebilde, wie z. B. Politik, Berufsausbildung, über. Uns wurden zwar Theorien gelehrt, doch wie es in der grauen Wirklichkeit

aussah, darauf wurden wir meiner Meinung nach etwas zu wenig vorbereitet."
(neues Kleinbürgertum, Mittlere Reife 1983, Fachhochschulreife 1985 - Studentin der Religionspädagogik)

Schlußfolgerungen

Die hier aufgezeigten Ergebnisse vermitteln ein erstes soziales Bild von katholischen Mädchenschulen, wie sie die Bildungsaufsteigerinnen im nachhinein einschätzen. Sie dürfen nicht einfach als Beleg dafür genommen werden, daß die Geschlechtertrennung in katholischen Mädchenschulen per se notwendigerweise mit den berichteten Nachteilen im Zusammenhang steht. Das entscheidende Gewicht sollte vielmehr darauf liegen, daß eine vergleichsweise rigide Geschlechtertrennung, die auf einem religiös gefärbten konventionellen weiblichen Rollenverständnis basiert, in den Augen von Bildungsaufsteigerinnen wenig geeignet zu sein scheint, Gleichberechtigung und Selbstsicherheit bei ihnen voranzutreiben. Im Gegenteil:

> "Je stärker solche Unterschiede 'dramatisiert' werden, desto eher liegt es nahe, beiden Geschlechtern komplementäre Eigenschaften und Verhaltensweisen zuzuschreiben. Verbunden sind damit Bewertungen, die in aller Regel die den Männern zugeordneten Fähigkeiten und Interessen höher einstufen. Etabliert wird dabei eine Geschlechterhierarchie, die ohne großen Zwang nur gewährleistet werden kann, wenn auch Mädchen und Frauen einen Gewinn daraus ziehen können. Er liegt vor allem darin, daß sie eine besondere Art von Wertschätzung genießen, die ihnen zugleich Schutz in ihren 'Refugien' sichert und sie vor den Anstrengungen der männlichen Lebenswelt bewahrt."[137]

Freilich, auch das gilt es zu beachten: Die alte Vorstellung, die beste pädagogische Belehrung läge in dem beispielgebenden Verhalten der Lehrerin, ist in katholischen Mädchenschulen zweifellos am stärksten ausgeprägt, sogar in einem weiteren und tieferen als dem gewöhnlichen Sinne. Sie fördert so das Verhalten ihrer Schülerinnen am besten, indem sie sich sozusagen auf dasselbe Niveau mit ihnen begibt - dort kann sie ihnen am besten die Hand reichen. Sie gibt durch die Unbeirrbarkeit, mit der sie sich auf die Seite der Schülerinnen stellt, eine klare und überzeugende Botschaft, die heute schon wieder etwas Subversives hat. Sie lautet: Lehren in einer "Frauengesellschaft" muß verständnisvoll und freundlich erfolgen. Verständnis setzt Anteilnahme voraus, und wenn die Schule das ignoriert, verliert sie an Glaubwürdigkeit. Verständnisvoller und freundlicher, oft liebevoller Umgang ist deshalb die Regel, Schulstrafen und "Druck" sind die Ausnahme. Gleichwohl muß die Lehrerin immer die beiden möglichen Haltungen vor Augen haben: den Schülerinnen gegenüberzustehen als die Vertreterin der

137 Faulstich-Wieland und Horstkemper 1995, S. 241.

höheren, autoritären Macht - und mit ihr als höchstes Ideal, eine höchste Aufgabe über sich anzuerkennen. "In den meisten Fällen wird sich beides mischen und durchdringen, eines wird auch immer das andere umfassen."[138]

Ohne die weltanschaulich getönte kirchliche Debatte über weibliche anthropologische Konstanten und sozialkulturell erworbene Eigenschaften hier aufnehmen zu wollen[139], lassen sich doch einige Linien der "Modernisierung" in katholischen Mädchenschulen klar benennen: Die vorhandenen Geschlechtsrollenunterschiede sollten zunächst zur Kenntnis genommen werden; sie sollten jedoch weder als Wertunterschiede gedeutet noch als unveränderbar angesehen werden. Vielmehr sollte besonders den Schülerinnen in einer sensiblen Phase ihres Heranwachsens in kognitiver, emotionaler und sozialer Hinsicht die Chance geboten werden, vielfältigere individuelle Interessen und Fähigkeiten zu entfalten, als dies durch die herkömmliche Geschlechtsrollenerziehung in katholischen Mädchenschulen im allgemeinen geschieht.

Es dürfte deutlich geworden sein, daß sich die Vor- und Nachteile einer getrennten Bildung und Erziehung von Mädchen und Jungen nicht unabhängig vor allem von der bewußten Schulwahl durch die Eltern und dem Schulklima erörtern lassen. Die katholischen Mädchenschulen neigen jedoch ganz bewußt stärker als andere - vornehmlich koedukativ geführte - Schulen dazu, ihren Schülerinnen ein ganz bestimmtes Frauenbild zu vermitteln. Ihre Bildung und Erziehung ist legitimiert und geleitet von vergleichsweise geschlossenen religiösen Weltbildern, die den Gesamtzusammenhang des Lebens für die Schülerinnen zu deuten und zu rechtfertigen suchen. Im Rahmen christlicher Traditionen gilt dabei die Rolle der Frau als "vorherbestimmt".

Und eben hier setzt der Einwand ein, der so oft insbesondere gegen katholische Mädchenschulen vorgebracht wird: Mädchentypische Normen, Standards, Regeln - das ist doch sozusagen eine Welt für sich, die der übrigen Welt gar nicht entspricht und oft den Eindruck des Klösterlichen, Seminaristischen, Eingeschlossenen vermittelt. Ein falscher Schonraum, ein Gewächshaus gewissermaßen mit künstlicher Temperatur. Werden Mädchen und junge Frauen da auf das wirkliche Leben angemessen vorbereitet? Wird es nicht ein Schock sein, wenn sie hinaustreten in die "rauhe Welt", werden sie sich zurechtfinden und durchkommen?

Gewiß: Katholische Mädchenschulen, die vordem als rückständige, anachronistische Institutionen angesehen wurden, als "alte Zöpfe", die es abzuschneiden galt, sind heute für viele wieder sinnvolle pädagogische Einrichtungen, die er-

---

138 Simmel 1922, S. 115.

139 Vgl. dazu allgemein Schelsky 1955 und Gehlen 1957.

halten werden sollten.[140] Sie setzen indessen Bedingungen, die der gesellschaftlichen Wirklichkeit nicht entsprechen und einer Bildung und Erziehung der Schülerinnen zu selbstbewußtem Verhalten eher abträglich sind - zumindest aber wird es durch die zum Teil starren religiösen Weltanschauungsprinzipien und der darauf basierenden Werteerziehung erheblich beeinträchtigt. Aber gerade weil katholische Mädchenschulen eine unrealistische beziehungsweise künstliche Umgebung schaffen, wenn sie männliche Ansprüche ausschalten, können sie den Mädchen auch größere Chancen bieten:

- Zum einen sind sie nämlich keine hermetisch verschlossenen Klöster: Mit dem Heraustreten aus dem Schultor tut sich sogleich die ganz normale Männer-Frauen-Welt wieder auf.

- Zum anderen müssen die meisten öffentlichen Schulen ohne den Rückhalt einer sozialen Gemeinschaft mit Wertvorstellungen und Lebensformen auskommen und verfügen nicht wie katholische Mädchenschulen mit der sie tragenden Gemeinschaft über ein "soziales Kapital", das sich bei allen Nachprüfungen als eine entscheidende Bedingung für das Gelingen der schulischen Bildungs- und Erziehungsprozesse erweist.[141]

Es darf in diesem Zusammenhang indes nicht aus den Augen verloren werden, daß Dreh- uns Angelpunkt dabei das Problem des Transfers und der Bewährung der positiven Erfahrungen in koedukativen Kontexten zu sein scheint,

> "die außerhalb der Schule den Alltag darstellen und denen man spätestens nach der Schulzeit nicht mehr ausweichen kann. Trotz vieler Positivurteile über entspanntes, anregendes, konkurrenzfreies und störungsarmes Lernen, bei aller Wertschätzung freundschaftlicher, offener und vertrauter Beziehungen, die gleichzeitig sehr hoch veranschlagt werden als Basis für die Zuwendung zu Sachthemen - bei vielen Mädchen bleibt ganz offenkundig ein Defizitgefühl. Sie sind unsicher, inwieweit ihre Kenntnisse, aber auch ihr Auftreten und ihr Selbstvertrauen im Vergleich mit männlicher Konkurrenz bestehen wird. Einige fühlen sich leistungsmäßig eher unterfordert oder zu gering eingeschätzt, andere fürchten dagegen, mit männlicher Konkurrenz nicht mithalten zu können, ob nun aufgrund intellektueller Unterlegenheit oder wegen größerer Hemmungen und Unsicherheiten. Durch die positive Qualität der Sozialbeziehungen kann dies offenkundig nicht kompensiert werden. Als Ergebnisse weiblicher Stärke, sich solche tragfähigen Beziehungen zu schaffen, werden diese auch nicht präsentiert, eher als 'atmosphärischer Glücksfall', der sich unter Gleichen eben eher einstellt. Wohl deshalb ist dieser Zustand auch so labil: Sobald die Homogenität gefährdet ist, können Mädchen nur noch machtlos dem Zusammenbruch der heilen Frauenwelt zusehen. Daß man in die Kooperation mit Jungen Ansprüche an kommunikative Beziehungen einbringen und durchsetzen könnte, scheint für die meisten von ihnen nur wenig vorstellbar - soweit es die Gestaltung von Arbeitsbeziehungen in der Schule angeht."[142]

---

140 Vgl. Stalmann 1991.

141 Vgl. Coleman und Hoffer 1987.

142 Faulstich-Wieland und Horstkemper 1995, S. 166 f.

Man könnte das Selbstverständnis katholischer Mädchenschulen in Anlehnung an die erkenntnisleitende Ausgangsthese dieser Untersuchung zu der Annahme verdichten, *daß die religiös geprägten geschlechtstypischen Rollenmuster im allgemeinen eine für den Bildungsweg von Bildungsaufsteigerinnen eigentümliche Ambivalenz entfalten: einerseits sind sie für ihn immer noch eine notwendige Voraussetzung, andererseits werden sie dem gewandelten Familien- und Berufsverständnis von Frauen nicht gerecht.*[143] *Sie legen ihnen oftmals veraltete Rollenmuster nahe und verfestigen unbewußt das, was sie doch zu überwinden trachten sollten: daß das Geschlecht immer noch vor der Individualität rangiert.*[144]

Die gegenwärtige Form katholischer Mädchenschulen trägt folglich dem gewandelten Verständnis der Geschlechter noch viel zu wenig Rechnung.[145] Die Lage von Frauen in der Gesellschaft, auch niedriger sozialer Herkunft, hat sich - vieler Rückschläge zum Trotz - zwar langsam, aber doch stetig verbessert. Ihre Qualifikationen, ihre beruflichen Möglichkeiten sind gestiegen, ihr Selbstvertrauen ist gewachsen, ihre Ansprüche an Ehe und Partnerschaft nehmen zu. Diese Entwicklung geht unzweifelhaft einher mit einer stärkeren Auflockerung der starren Geschlechterrollen. Selbstbestimmung und Entfaltungsmöglichkeiten beanspruchen gegenwärtig nicht mehr nur Männer, sondern auch Frauen. Mithin gefährdet nicht eine größere "Individualisierung" zwischen Frauen und Männern die Kulturleistung und die Entfaltung des in der Geschlechtsdifferenzierung beschlossenen Reichtums, sondern das Beharren auf der einmal gewonnenen Ausprägung dieser Differenz. Mit diesem Selbstverständnis könnte der eher statischen Vorstellung von einer festgefügten Identität katholischer Mädchenschulen eine dynamische Wendung zum Vorteil der ihnen anvertrauten Schülerinnen gegeben werden[146] - so schwer das auch sein mag, wie vor allem das zähe Festhalten von Lehrerinnen in katholischen Mädchenschulen an den "Wesenseigenschaften" der Frauen zeigt. Oder sind es vielleicht gerade diese zugeschrie-

143 Vgl. Seidenspinner und Burger 1982a,b.

144 Zur Grundlegung der Individualitätsthese siehe vor allem Simmel 1908.

145 Vgl. Ilgner 1989.

146 Das Beispiel einer 17jährigen Schülerin mag dies illustrieren: "Wenn ich jetzt aber auf die Fächer komme, im Fach Religion oder Gemeinschaftskunde oder Geschichte hat der Junge mir eigentlich so in der 10. Klasse gefehlt, als es in Religion um Diskussion Partnerschaft, Freundschaft, Abtreibung ging. Wir haben gesagt, der böse Mann soll auch aufpassen, und wir sind diejenigen die Leid tragen, wenn es zu einer Schwangerschaft kommt und so hatten wir eigentlich nur unseren Lehrer, und der hat das alles abbekommen und konnte sich überhaupt nicht wehren und wir haben unsere Meinung gesagt, hatten aber kein männliches Wesen, das mitdiskutieren konnte. Es war schon interessant, aber der Junge hat gefehlt, einfach weil's sinnvoller ist, zwei Parteien zu haben. Die weiblichen einmal die männlichen, uns hat die männliche einfach gefehlt" (Seeler und Schmitz 1988, S. 15).

benen Eigenschaften, an denen sich die Bildungsaufsteigerinnen zumeist reiben, die sie zu einer kritischeren Einsicht gelangen lassen?

e) Resümee und Bewertung sowie exemplarische Bildungsautobiographien von Bildungsaufsteigerinnen

Die Kritik an den katholischen Mädchenschulen trifft - mit den entsprechenden Einschränkungen - auch für die unter staatlicher Regie stehenden (Mädchen-) Realschulen und (Mädchen-)Gymnasien zu. Wohl spielt für die Bildungsbereitschaft von Bildungsaufsteigerinnen, vor allem aus Arbeiter- und Kleinbauernfamilien, die aktive Unterstützung und Förderung sowie besonders die Überzeugungsarbeit bei den Eltern durch die Lehrerinnen und Lehrer an Grundschulen, (Mädchen-)Realschulen und (Mädchen-)Gymnasien eine äußerst gewichtige Rolle. Dabei erweist sich allerdings auch hier, daß insbesondere die Ratschläge und Empfehlungen der Grundschullehrerinnen und -lehrer bei den intelligenten Kleinbauern- und Arbeitertöchtern sich noch stark an einem Bildungsaufstieg über die Realschule orientieren. Dabei mag bei den Ratschlägen und Empfehlungen der Lehrerinnen und Lehrer auch ein Rolle gespielt haben, daß die Mädchen so nicht ganz aus ihrem vertrauten Lebens- und Freundeskreis herausgerissen werden. Vor allem Arbeitertöchter wechseln im Anschluß daran aber vermehrt auf die Oberstufe eines Gymnasiums über.

Das bedeutet für die meisten Bildungsaufsteigerinnen zweifellos zugleich, daß die Wahl und das Durchlaufen milieufremder Bildungswege bis zur Mittleren Reife oder gar bis zur Hochschulreife ohne Dissoziation, also Trennung vom Herkunftsmilieu und Konversion kaum möglich ist[147] und wesentlich andere Wertsetzungen und Verhaltensweisen in Familie und Schule erfordert. Je nach sozialer Konstellation können für diese Bildungsentscheidung maßgebend sein[148]:

- unterbrochene Bildungstraditionen in der Familie,
- Vorbilder in der Verwandtschaft und Bekanntschaft,
- Ratschläge und Empfehlungen der Lehrerinnen und Lehrer,
- persönliche Bildungsmotivation,
- gute schulische Leistungen,

---

147 Vgl. Berger und Luckmann 1970.

148 Vgl. Metz-Göckel 1992

- Wahl eines bestimmten Typus der weiterführenden Schule,
- Fächer- und Schulzweigwahl.

Vorbilder in Familie und Schule sind für Bildungsaufsteigerinnen dabei notwendige Verbündete, denn ein sozialer Bildungsaufstieg gelingt ihnen selten allein. Bezeichnend ist daher auch, daß die Bildungsaufsteigerinnen bei ihren Bildungsanstrengungen und Aufstiegsbemühungen - aus Vorsicht, Unsicherheit oder Unwissenheit - oftmals typisch traditionelle Bildungswege einschlagen.[149]

Die Mittlere Reife oder Hochschulreife scheint den Bildungsaufsteigerinnen kompensatorisch eher als Symbol eines vom Herkunftsmilieu abgehobenen besseren Lebens zu dienen, in dem nicht gilt "Schuster, bleib bei deinem Leisten", sondern "Ihr sollt es einmal besser haben". Es herrscht ein undifferenzierter, aber eindeutiger Aufstiegswille, eine Mobilität, die alle der "zugeschriebenen" sozialen Rolle anhaftenden traditionellen Einstellungen noch vielfach mitnimmt. Die Bildungsaufsteigerinnen entsprechen, so gesehen, in ihren Interessen und Neigungen beziehungsweise Fähigkeiten durchaus dem Bild einer "modernen" Rollengestaltung. Die Emanzipation scheint sozusagen auf diesem Niveau eingefroren. Es sieht so aus, als habe sich für sie ein soziales Aufstiegsmuster durchgesetzt, das früher nur Töchtern aus dem Besitz- und Bildungsbürgertum vorbehalten blieb.

Wird aber zugleich berücksichtigt, daß der Ausbruch aus herkömmlichen Bildungswegen zum Teil große soziale Distanzen überbrückt und einen langen Atem erfordert, so erscheint der vergleichsweise konventionelle Bildungsaufstieg in einem anderen Licht: Gerade wenn es um Emanzipation geht und wenn "Abfederungen" in Gestalt ökonomischen und insbesondere sozialen Kapitals nicht vorhanden sind[150], zeugt es von Skepsis, wenn, von vertrautem sozialen Terrain ausgehend und an dieses anknüpfend, der Bildungsaufstieg behutsam geplant und verwirklicht wird. Es erweist sich dabei ebenso, daß Veränderungen im Bildungsweg, trotz mancher noch im Unterricht geäußerter krasser geschlechts- und herkunftstypischer Vorbehalte und Vorurteile von Lehrerinnen und Lehrern, zwar schwierig, aber möglich sind. Insbesondere die Lehrerinnen und Lehrer, die nicht zuviel und vor allem nicht starr, aber wenn, dann eindeutig lenken, die sich den Schülerinnen und Schülern emotional zuwenden und ihre Amtsautorität behutsam ins Spiel bringen, haben die größten Chancen, mit ihnen zurechtzukommen und positiven Einfluß auf ihren weiterführenden Bildungsweg zu nehmen.[151]

149 Vgl. Metz-Göckel 1992.

150 Vgl. Bourdieu 1982.

151 Vgl. dazu vor allem Bauer und Kopka 1994 und die dort referierte Literatur.

Als passive "Opfer" der gesellschaftlichen Verhältnisse betrachten sich die Bildungsaufsteigerinnen keineswegs - im Gegenteil: Viele, vor allem solche aus Arbeiterschaft oder neuem Kleinbürgertum, sind von einer ansteckenden Kraft, die bildungsmäßig "Berge versetzt", und damit auch gängige Herkunftsgrenzen durchaus zu überspringen vermag. So gesehen ist die Auseinandersetzung mit dem, was nach dem traditionellen Muster der weiblichen Bildungsbiographie für Bildungsaufsteigerinnen "normal" ist, unabdingbar, um diesem Muster etwas Neues entgegensetzen zu können. Vorbilder haben die Bildungsaufsteigerinnen hierfür ohnehin nicht, jedenfalls nicht in dem Sinne einer langen Bildungstradition wie Töchter des Besitz- und Bildungsbürgertums, in dem soziale Rollenkonflikte und -widerstände, die sie auf diesem Wege noch zu bewältigen haben, schon wirklich gelöst sind.

Vor allem den Bildungsaufsteigerinnen aus Kleinbauerntum und Arbeiterschaft wird in weiterführenden Bildungsgängen schnell deutlich, daß sie nun mit dem eingeschlagenen Weg allein zurechtkommen müssen. Schule und Elternhaus entwickeln sich häufig zu zwei getrennten Welten, die immer weniger Berührung miteinander aufweisen. Da die Töchter mit dem Schulwechsel den familiären Erfahrungsbereich verlassen, sind sie auch für ihre Schulschwierigkeiten und ihre weitere Schullaufbahn nun allein zuständig und verantwortlich, gleichviel, ob die Entscheidung gegen ernsthafte Bedenken der Eltern gefallen ist oder nicht.[152]

Es bleibt indes bei Bildungsaufsteigerinnen vielfach eine Ambivalenz zwischen den eigenen Ansprüchen und den Erwartungen der weiterführenden Schulen bestehen, inbesondere im Hinblick auf den Abschluß und die berufliche Zukunft. Bei fast allen Töchtern des Besitz- und Bildungsbürgertums findet weitgehend eine Reproduktion des Sozialstatus statt. Ihre zumeist akademisch geprägte Mentalität stellt ihnen nicht nur gewisse Fähigkeiten zur Verfügung, sondern auch Wertorientierungen, die ihnen die Ausübung einer ein Universitätsstudium voraussetzenden beruflichen Tätigkeit erstrebenswert erscheinen läßt. Die Tatsache, daß dieser Weg Bildungsaufsteigerinnen häufig erschwert wird, kann man als eine Ursache ihrer Ambivalenz werten. Selbst wenn die Entscheidung gegen eine akademische Ausbildung von Bildungsaufsteigerinnen subjektiv nicht als "Scheitern" erlebt wird, weil eine solche Perspektive für sie ohnehin von geringer Bedeutung ist, verbirgt sich dahinter doch ein Moment sozialer Selektion.

Bildungsaufsteigerinnen erfahren nicht selten sehr schmerzlich, daß zu starke Aufstiegsbestrebungen Argwohn hervorrufen und eine Quelle familiärer und auch schulischer Konflikte sein können. Während der Wunsch nach Bildungsaufstieg bei ihren Brüdern eher selbstverständlich ist, können sie nicht unbedingt

152 Vgl. Rauch 1993.

von einer Unterstützung ihrer schulischen und beruflichen Ambitionen ausgehen, müssen im Gegenteil damit rechnen, daß ihr Durchsetzungsvermögen einen Schatten auf die ihnen zugedachte soziale Rolle wirft. Ganz im Gegensatz zu Eltern aus dem Besitz- und Bildungsbürgertum, die alles daransetzen, für einen vorteilhaften Berufs- und Lebensstart ihrer Söhne und Töchter alle Hebel in Bewegung zu setzen, neigen vor allem Eltern aus dem Kleinbauerntum und insbesondere auch Väter aus der Arbeiterschaft eher dazu, individuelle Erfolgsaussichten ihrer Töchter anzuzweifeln.

Auch "Nebensächlichkeiten", wie eine fehlende finanzielle Unterstützung, können dann für eine Entscheidung gegen das Gymnasium den Ausschlag geben. Sie entmutigen nicht Töchter oder Söhne aus Besitz- und Bildungsbürgertum - diese werden immer eine bessere Ausbildung erhalten. Aber sie entmutigen Familien, in denen das Geld knapp ist und/oder es keine akademische Tradition gibt: Hier wird wohl überlegt, ob man die Risiken eines weiterführenden Bildungswegs auf sich nehmen kann. Für diese Familien erscheinen soziale Barrieren als eine Bürde fürs Leben. Sie fragen: Schaffen wir das? Intellektuell? Finanziell? Auch lange Fahrzeiten und schlechte Bahn- oder Busverbindungen zwischen Wohnort und Schulort können in diesem Zusammenhang immer noch eine wichtige Rolle spielen[153]:

> "Die Anfahrt, der Lernstoff: Das habe ich mir nicht zugetraut. Meine Eltern haben mir immer signalisiert: Wenn Du es nicht schaffst ... Und nicht: Du schaffst es schon! Aus Angst, ich könnte mich überfordern. Und weil sie oftmals der Auffassung waren: Du heiratest ja doch."[154]

Einen Einblick in diese widersprüchlichen Zusammenhänge vermitteln nochmals anschaulich die im Gesamtzusammenhang jeweils vollständig wiedergegebenen *exemplarischen* Bildungsbiographien der Bildungsaufsteigerinnen MAGDALENA (Arbeiterschaft), MANUELA (Arbeiterschaft), INGE (Kleinbauerntum), BETTINA (Kleinbauerntum), HANNELORE (altes Kleinbürgertum), IRMGARD (altes Kleinbürgertum), JUTTA (neues Kleinbürgertum) und RENATE (neues Kleinbürgertum), die entweder erfolgreich die Mittlere Reife oder die Hochschulreife erworben haben. Sie verdeutlichen deren typisch unterschiedlich verlaufende soziale Aufstiegsmuster und die typischen unterschiedlichen und gemeinsamen Bedingungen und Mentalitäten in Familie und Schule.[155]

---

153 Vgl. dazu kritisch Sehringer und Jung 1995.

154 Schroeter-von Kleist 1990, S. 5.

155 Es ist im Vergleich zu den Schilderungen der Töchter aus dem Besitz- und Bildungsbürgertum auffallend, daß die Bildungsbiographien von Bildungsaufsteigerinnen im allgemeinen kürzer ausfallen. Daraus darf aber keineswegs kurzschlüssig gefolgert werden, daß sie damit weniger sozial aussagekräftig wären.

MAGDALENA (Arbeiterschaft, katholische Mädchenrealschule, Mittlere Reife 1971 - Beamtin im gehobenen Dienst):

"Ich wurde 1955 in B. als erstes Kind geboren. Nach 9 Jahren kam mein Bruder zur Welt. Das Nesthäkchenproblem entwickelte sich im vollen Umfang. Als ich dann mit knapp 22 Jahren nach Abschluß der Berufsausbildung an einen anderen Ort gezogen bin, wendete sich das Blatt. Seither herrscht zwischen meinem Bruder und mir ein Geschwisterverhältnis, das man als ideal bezeichnen kann.

Meine Mutter war selbst nie berufstätig. Nach der Volksschule besuchte sie 1 Jahr die Haushaltungsschule der Englischen Fräulein in B. und half dann zuhause in der elterlichen Landwirtschaft mit. Der Vater konnte infolge einer Kriegsverletzung den erlernten Beruf des Maurers nicht mehr ausüben; er bekam jedoch in der Fabrik eine Tätigkeit, der er bis zu seiner Pensionierung vor ein paar Jahren mit Freude nachging.

Mein Wunsch nach dem Besuch einer weiterführenden Schule entwickelte sich bereits im 4. Volksschuljahr. Ich wollte damals unbedingt Lehrerin werden. Meine Eltern waren sehr dagegen mit der Begründung, daß sich die lange Studienzeit für ein Mädchen nicht lohne, weil ein Mädchen doch bald heirate, Kinder bekomme und ihren Beruf deshalb bald aufgeben müsse. Ausgangspunkt ihrer Überlegungen war dabei, daß viele Jahre durch Studium der Erwerbstätigkeit verlorengehen und dieser Verlust durch ein eventuell höheres Einkommen nach dem Studium in der aus oben genanntem Grund nur noch kurzen verbleibenden aktiven Beschäftigungszeit nicht mehr aufgeholt werden kann.

Nun zur tatsächlichen Entwicklung.

Also ging ich nicht auf ein Gymnasium, sondern nach der 6. Volksschulklasse in die Realschule. Der Vollständigkeit halber muß hier noch erwähnt werden, daß sich meine Eltern in puncto Schulwahl auch mit dem Lehrer in Verbindung gesetzt haben, um vor einer endgültigen Entscheidung auch dessen Meinung und Erfahrung zu hören.

Die Verlängerung der Schulzeit um ein Jahr schien nicht tragisch, weil danach unmittelbar beispielsweise die Möglichkeit einer Sekretärinnenlaufbahn bestand. Mein Berufsziel als Lehrerin hatte ich zwischenzeitlich zurückgesteckt auf das einer Handarbeitslehrerin, denn das schien mir auch mit der Realschule noch erreichbar. Nachdem es die lieben Erwachsenen geschafft hatten, mir auch das noch auszureden, war die Zeit der echten Berufswahl bereits beachtlich nahe gerückt.

Kaufmännische Fächer lagen mir mehr als Sprachen, und so bewarb ich mich dann zur Freude meiner Eltern und eines Onkels beim nichttechnischen Verwaltungsdienst. Eine nicht unbeachtliche Portion Ehrgeiz hat bewirkt, nach der

Einstellungsprüfung für den mittleren Dienst der Beamtenlaufbahn auch noch die für den gehobenen Dienst mitzumachen. Nach erfolgreicher Teilnahme und positivem Einstellungsbescheid von der Oberfinanzdirektion M. gings weiter mit 2 Jahren Finanzschülertätigkeit beim Finanzamt und den anschließenden 3 Jahren Anwärterzeit mit abschließender erfolgreicher Inspektorenprüfung. Die Versetzung an ein anderes Finanzamt entsprach nicht nur der dienstlichen Notwendigkeit, sondern auch meinem persönlichen Wunsch (vergleiche familiäre Vorgeschichte!)

In bezug auf ihre Themenwahl dürfte folgende Begebenheit für Sie sicherlich von Interesse sein:

Ich erinnere mich noch sehr genau an das Vorstellungsgespräch für den mittleren Dienst. Neben dem Amtsvorsteher waren noch der Geschäftsstellenleiter, mein Vater und ich anwesend - ein sehr kleiner Kreis also. Im Laufe der für Schulabgänger üblichen Unterhaltung kam sicherlich auch die Absicht zur Sprache, daß ich beabsichtige, nach erfolgreichem Bestehen der Einstellungsprüfung mich für den gehobenen Dienst, sprich die Inspektorenlaufbahn, zu bewerben. Der Amtsvorsteher äußerte daraufhin erhebliche Bedenken, ob diese Laufbahn für ein Mädchen überhaupt geeignet sei: Frauen neigen nach seiner Meinung eher zu Gefühlsentscheidungen; in dieser Laufbahn komme es aber oft auf harte Rechtsentscheidungen mit nicht immer einfachen Steuerbürgern an. Wir haben uns schließlich darauf geeinigt, einen Versuch zu starten, weil ich es mir unbedingt in den Kopf gesetzt hatte. Jahre später ist er von sich aus nochmal auf geschildertes Gespräch zurückgekommen und hat zugegeben, sich damals in der Beurteilung meiner Eignung (hier umgekehrt) geirrt zu haben.

Die Erfahrung zeigte mir später, daß es eine Frau nicht deshalb schwer hat, weil sie mit sich selbst um Entscheidungen zu ringen hat, sondern, weil viele Bürger glauben, gegen eine Frau die eigene Meinung leichter durchzusetzen zu können oder erst recht durchsetzen zu müssen. Und es wird tatsächlich hart gekämpft, wenn es um's Geld, um den eigenen Geldbeutel, zumal bei einer Ausgabe, geht, der nicht eine unmittelbare Gegenleistung gegenübersteht. Für eine Frau, die nebenbei noch Haushalt (Haus und Garten inklusive) zu versorgen hat, zugegeben keine leichte Sache.

Zurück zur Schulzeit und zu den Schulerlebnissen:

Dem Gymnasium wäre ich im Hinblick auf die Fremdsprachenpflichtfächer höchstwahrscheinlich nicht gewachsen gewesen. Mein Interesse galt mehr der kaufmännisch-mathematischen Richtung, was sich auch bei einem im Rahmen der Berufswahl vom Arbeitsamt durchgeführten Eignungstest wieder bestätigte. Ich habe es schon sehr häufig bedauert, daß unsere Schule das Unterrichtsfach 'Mathematik' vollständig ausgeklammert hat und zum damaligen Zeitpunkt noch nicht einmal als Wahlfach zur Verfügung gestellt hat. Diese Kenntnisse wären nicht nur dem von mir mit Interesse gefolgten Physikunterricht zugutegekommen, sie helfen auch im späteren Leben, nicht bei jeder Kleinigkeit wie der Ochs vorm Berg dazustehen. Was werden die Kinder einmal von uns denken, wenn wir so schnell vor ihren Schulaufgaben kapitulieren müssen?

Als positive Schulerlebnisse sind mir noch sehr gut in Erinnerung die Klassenstunde (das war damals am Samstag die letzte 'Unterrichtsstunde', Thema Lebenskunde, gehalten von der jeweiligen Klaß-Lehrerin), die auf freiwilliger Teilnahme basierenden sogenannten Einkehrtage (veranstaltet vom Franziskushaus in A.) zum Schulaustritt sowie die Klassenfahrt nach Heidelberg (ebenfalls zum Schulaustritt veranstaltet). Ich kann diese Klassenfahrt als schönste Reiseerinnerung bisher überhaupt bezeichnen."

MANUELA (Arbeiterschaft, Mittlere Reife 1967, Hochschulreife 1970 - promovierte wissenschaftliche Mitarbeiterin an der Universität):

"Soziale Situation der Herkunftsfamilie

Ich wurde 1951 in H. als uneheliches Kind geboren. Meine Mutter war Krankenschwester und übte ihren Beruf zu Anfang voll, später wenigstens stundenweise aus. Sie heiratete 1953 einen Arbeiter, 2 Jahre später wurde meine Schwester geboren. 1960 starb meine Mutter im Alter von 35 Jahren (Herzinfarkt). Ich verblieb bis zu meinem 16. Lebensjahr bei meinem Stiefvater und dessen zweiter Frau - aus dieser Ehe gingen zwei weitere Kinder hervor. Aufgrund enormer familiärer Schwierigkeiten und nach Einschreiten des Jugendamtes (unter dessen Amtsvormundschaft ich von Geburt bis zur Volljährigkeit stand) verbrachte ich die Zeit bis zum Abitur bei meiner Patin, danach teilte ich mit meinem Freund (heute: mein Mann) ein Wohnung.

Durch den frühen Tod meiner Mutter war meine Kindheit und Jugend alles andere als angenehm. Äußerst beengte häusliche Verhältnisse sowie starke materielle Engpässe gehörten zu meiner Alltagserfahrung. Seit meinem 14. Lebensjahr arbeitete ich in den Schulferien, seit dem 16. Lebensjahr verdiente ich meinen Lebensunterhalt weitgehend selbst (durch nächtliche Büroarbeit in einer Spedition), später durch Halbtagstätigkeit an der Uni.

Schulische und berufliche Daten

1958-1962 Grundschule, dann Realschule, 1967 Mittlere Reife, dann Wirtschaftsgymnasium, 1970 fachgebundenes Abitur. 1970 - 1975 Studium der Erziehungswissenschaft. 1975 - heute: Tätigkeit als wissenschaftliche Angestellte in der Sozialisationsforschung. Promotion 1982.

Schullaufbahn und Schulerinnerungen

Zwei Faktorenbündel durchziehen meine Erinnerungen vom Beginn der Schulzeit bis zu deren Ende: einerseits starke Ängste, leistungsmäßig zu versagen, andererseits die positive Erfahrung vielseitiger Förderung von Seiten der Lehrer/-innen.

Es war der ausdrückliche Wunsch meiner Mutter, daß ich - was ihr wegen des Krieges verwehrt war - Medizin studiere. Entsprechend war Schule von der ersten Klasse an für sie und für mich immer etwas Wichtiges. Ich ging gerne hin, hatte jedoch auch immer psychosomatische Beschwerden (Bauchweh, etc.). Nach dem Tode meiner Mutter war mir die Erfüllung ihrer Aspirationen irgendwie verpflichtendes Ziel. Ein Ziel, das in starkem Gegensatz zu den Vorstellungen in der Pflegefamilie stand. Um so schlimmer war es für mich, daß es mir verwehrt wurde, ins Gymnasium überzutreten. Daß ich 'nur' auf die Realschule durfte, habe ich nicht als geschlechtsspezifische Diskriminierung erlebt - in meiner Klasse wechselten viele Mädchen auf ein Gymnasium über -, sondern als schichtspezifische Benachteiligung.

Heute bewerte ich dies als positiv. Denn in der Realschule gehörte ich nicht - wie auf dem Gymnasium der Fall -, zu der absoluten Minderheit der Arbeitermädchen. (Meine Schwester, die drei Jahre später in die Sexta überwechselte, mußte sehr schmerzlich erfahren, was das heißt. Sie hat entsprechend ihre Schullaufbahn mit der Untersekunda beendet). In meiner Klasse gab es vielmehr ein paar wenige Mädchen, die etwa aus ähnlichem Milieu kamen. Vor allem aber sind mir die Lerninhalte und das Engagement der Lehrerschaft in sehr guter Erinnerung: Das Curriculum enthielt eine Reihe technisch-naturwissenschaftlicher Elemente, die im Unterricht praktisch anschaulich dargeboten wurden. Ich habe mit großer Begeisterung Mathematik und Physik gemacht, habe freiwillig an der Physik-AG (Arbeitsgemeinschaft, d. Vf.) teilgenommen, dort für mich so faszinierende Dinge gelernt, wie eine elektrische Klingel zu bauen. Ich muß aber auch sagen, daß wir in dieser AG nur 2-3 Mädchen waren, die überwiegende Mehrzahl waren Jungen. Dennoch fühlte ich mich, nicht zuletzt wegen der Begeisterungsfähigkeit des Lehrers, dort sehr wohl. Erst gegen Ende der Realschulzeit habe ich mir Schranken auferlegt bzw. solche wahrgenommen: ich wäre gerne Elektro-Ingenieurin geworden, bin jedoch davor zurückgeschreckt, weil sich in meiner Klasse ausschließlich Jungen für eine entsprechende Ausbildung (damals noch an der Ingenieurschule) entschieden hatten. Ich fühlte mich deswegen unsicher und glaubte, dies doch nicht zu schaffen.

Die Lehrerschaft an der Realschule war überwiegend jung und engagiert. Besonders unser langjähriger Klassenlehrer war darum bemüht, Jungen und Mädchen im Umgang miteinander behutsam zu schulen. In der 7. Klasse gingen wir für 14 Tage in ein Schullandheim, wo diese Zielsetzung stark zum Ausdruck kam (etwa durch sportliche Aktivitäten, Volkstanz, etc.). Dieser Schullandheim-Aufenthalt gehört mit zu den schönsten Schulerinnerungen, die ich habe. Es war vor allem auch die ganzheitliche Art des Lernens, die mich faszinierte - etwa Wetteraufzeichnungen, Biologie, vermittelt durch Wanderungen, Heimatkunde, gleichsam vor Ort, Lesen von Autoren, die in der dortigen Region lebten, usw.

Meine Realschulzeit war nur getrübt durch den Druck von zu Hause. Ich durfte mir schlechte Noten nie leisten (hatte auch nie welche), weil ich sonst unverzüglich von der Schule genommen worden wäre. Vielleicht hat sich in dieser Haltung die Meinung manifestiert, daß ein Mädchen aus der Unterschicht nur dann was auf der höheren Schule zu suchen hat, wenn sie überdurchschnittlich gut ist. Zugleich aber habe ich sehr früh gespürt, daß die einzige Chance, aus dieser verhaßten Umwelt zu entkommen, für mich in schulischer Leistung besteht. Ich habe mich deshalb umso mehr bemüht, 'gut' zu sein.

Nach einer gut bestandenen Mittlere Reife-Prüfung konnte ich dann auch ohne große häusliche Widerstände auf das Wirtschaftsgymnasium überwechseln. Ich gehörte damit zu den Privilegierten - nur wenige Mädchen, aber einige Jungen entschieden sich für diesen Schritt. Entsprechend war das Geschlechterverhältnis etwa 1/3 Frauen zu 2/3 Männern. Auch in diesem Schulzweig fühlte ich mich wohl, zumal wir eher wie Erwachsene behandelt wurden (einige Mitschüler hatten auch schon eine Berufsausbildung hinter sich). Die Wahl dieses Schulzweiges war für mich die einzige Chance, doch noch Abitur zu machen, denn an einem Studium war ich nach wie vor interessiert - wenn schon nicht Ingenieurin, dann Lehrerin. Vor allem meine Lehrer haben mich darin bestärkt und sich auch gegenüber dem Jugendamt eingesetzt.

Meine Studienpläne freilich änderten sich etwas. Beeinflußt durch zwei, auch politisch, stark engagierte Lehrer, wandte ich mich der Soziologie zu. Nach einigen Kontaktbesuchen an der Uni entschied ich mich für die Kombination Erziehungswissenschaft / Soziologie / Psychologie. Von den 10 Mädchen meiner Klasse war ich damit die einzige, die an eine Uni überwechselte. Die meisten besuchten die PH (Pädagogische Hochschule, d. Vf.) - gerade weil es die meisten taten, wollte ich mich nicht mehr dafür entscheiden.

Wenn ich so zurückblicke, dann meine ich, daß es in meinem spezifischen Fall mehr meine Herkunft als meine Geschlechtszugehörigkeit war, die meine Schullaufbahn bestimmte. Vielleicht hat aber gerade auch die Kombination Mädchen *und* Arbeiterkind meinen ausgeprägten Willen zur Bildung - als Vehikel des sozialen Aufstiegs - entstehen lassen. Ich bin heute jedenfalls froh, diesen Weg gemacht zu haben, und ich freue mich darüber, daß der Leistungszwang zwar nicht völlig verschwunden ist, aber doch in meinem subjektiven Empfinden erheblich nachgelassen hat - jetzt, wo ich meine schon als kleines Mädchen anvisierten Ziele erreicht habe."

INGE (Kleinbauerntum, katholische Mädchenrealschule, Mittlere Reife 1980 - in der Landwirtschaft tätige Ordensschwester):

"Ich wurde 1964 als zweites von drei Kindern geboren. Meine Mutter hatte die Volksschule, Berufsschule sowie die Landwirtschaftsschule / Abteilung Hauswirtschaft besucht, die damals übliche Ausbildung einer Bäuerin. Berufstätig war sie ausschließlich auf dem elterlichen Hof, den meine Großmutter als Kriegswitwe zusammen mit ihren beiden Töchtern selbständig bewirtschaftete. Mein Vater hatte ebenfalls Volksschule, Berufsschule und Landwirtschaftsschule absolviert, darüber hinaus aber war er drei Monate an einer Landvolkshochschule. Tätig war er auf dem elterlichen Betrieb bis zur Eheschließung mit meiner Mutter, dann führte er den Hof, den meine Mutter als Älteste geerbt hatte.

Ich selbst wurde 1970 in eine gemischte Volksschule eingeschult, 1976 trat ich in die Mädchenrealschule über, 1980 - 1982 besuchte ich die Berufsschule für Hauswirtschaft, 1984 - 1986 war ich Studierende an der Landwirtschaftsschule.

Als ich in die Volksschule eingeschult wurde, gehörte ich zu den ersten Jahrgängen, die die neue Verbandsschule mehrerer Gemeinden besuchen konnte. Ich habe noch im Gedächtnis, daß dieser Fortschritt - weg von der dörflichen Zwergschule, hin zur modernsten Schule mit Schwimmbad, Turnhalle, Aula, Physiksaal, Küche etc. - lange erster Gesprächsstoff der Erwachsenen war, eifrig wurden Privilegien, aber auch Nachteile für uns Kinder erörtert. Meine Erinnerungen an diese Zeit: überfüllte Schulbusse, große Klassen (42 Erstkläßler in einer Klasse!), als ABC-Schütze fühlte ich mich anfangs verloren in der Masse. Vergessen werde ich nie die Schaukästen mit den Werkarbeiten vor dem Werkraum, der für mich als Mädchen leider tabu war. Obwohl ich gerne Handarbeiten machte, hätte ich auch liebend gern am Werkunterricht der Jungen teilgenommen!

In der vierten Klasse stellte sich die Frage, ob ich ans Gymnasium übertreten solle. Bei der Entscheidungsfindung spielten mehrere Faktoren eine Rolle. Meine Geschwister und ich waren überdurchschnittlich begabt, so daß die Lehrer sich einstimmig für ein 'Ja' aussprachen. Besonders meine Klaßlehrerin, die uns alle drei in der dritten und vierten Klasse unterrichtete, versuchte meine Eltern in dieser Hinsicht zu beeinflussen. Sie war eine Lehrerin alten Stils, sie kannte die Mentalität, das Milieu und die Vorurteile auf dem Land.

Mein zwei Jahre älterer, einziger Bruder war bereits auf dem Gymnasium in der Kreisstadt untergebracht, in einem kirchlichen Internat. Meine Eltern hatten damals eine existentielle Entscheidung gefällt, denn es war ihnen klar, daß er als

'Studierter' nicht als Hoferbe in Frage kam, und es war ihnen ebenso klar, daß die Erwartung, die Töchter würden einen Mann heiraten, der den Hof weiterführen würde, reines Glücksspiel ist. Ausschlaggebend war wohl, daß mein Bruder keinerlei Interesse und Geschick für die Landwirtschaft zeigte, vielmehr seine Bücher liebte und ins Gymnasium drängte. Meine Mutter nahm in solchen Dingen grundsätzlich die Haltung ein: 'Ich will dem Glück meiner Kinder nicht im Wege stehen.' Ihr eigener Traumberuf war Lehrerin gewesen, und sie hatte darunter gelitten, aufgrund der äußeren Verhältnisse (Krieg, finanzielle Gründe), keine Möglichkeit zu höherer Bildung gehabt zu haben. Sie zeigte also Verständnis, und meinem Vater mag über seine große Enttäuschung der Gedanke hinweggeholfen haben, daß sein Sohn Priester, Lehrer oder sonst einen ehrenvollen Beruf erlangen könnte, der ihm Ansehen im Dorf und in der Umgebung eintragen würde.

Es wäre vielleicht anzufügen, daß zu dieser Zeit der Besuch einer höheren Schule in der 10 km entfernten Kreisstadt noch nicht die Selbstverständlichkeit war wie heute. Eine Buslinie war erst vor wenigen Jahren eingerichtet worden. Üblich war bis dahin die Unterbringung in einem der kirchlichen Internate, für meine Eltern nur möglich aufgrund des Bafög (Bundesausbildungsförderung-Gesetzes, d. Vf.). Ich erlebte die Anfangsschwierigkeiten meines Bruders: Heimweh, Anpassungsschwierigkeiten. In jedem Fall bedeutete der Besuch einer höheren Schule herausgerissen werden aus der dörflichen Gemeinschaft und auch der Familie. Das bekam ich selbst als Realschülerin zu spüren!

Die Entscheidung über die Wahl der Schulart für uns Kinder löste in unserer Familie nicht unerhebliche Spannungen aus, besonders zwischen meinen Eltern, die aber meine Mutter mit großer innerer Stärke auszugleichen wußte.

Das alles ging voraus, als ich an der Reihe war. Bei meinem Vater kam der Gedanke dazu: 'Mädchen heiraten ja doch.' Eine zeit- und kostenaufwendige Ausbildung erschien ihm unrentabel. Allerdings ließen sie mir die Entscheidung offen, sie waren bereit, meiner persönlichen Neigung zu folgen. Ich entschied mich für die Realschule, weil ich, im Gegensatz zu meinem Bruder, neben der Neigung zu geistiger Arbeit auch die Neigung zu praktischer Tätigkeit verspürte. Außerdem erschienen mir damals 9 Jahre Schule plus Studium als eine Ewigkeit. Ich hatte übrigens meine Entscheidung oft und oft dem Drängen meiner Lehrer gegenüber zu vertreten!

Mit dem Beginn der 7. Klasse trat ich also in die klösterliche Mädchenrealschule der Kreisstadt ein, die einzige Realschule für Mädchen in unserem Landkreis. An diese vier Jahre habe ich die stärksten und tiefsten Erinnerungen. Heute, als Ordensfrau, beruflich tätig als Landwirtin, bin ich sehr dankbar für die grundlegende, umfassende Allgemeinbildung. Ich wählte den kaufmännischen Zweig, der mit dem sozialen Zweig an der Schule geführt wurde. In letzteren reihte sich eigentlich nur ein, wer in Mathematik schwach war, denn mit dem kaufmännischen Zweig standen einem sowohl die Berufe des kaufmännischen als auch die Berufe des sozialen Bereichs offen. In meinem jetzigen Beruf kommen mir diese kaufmännischen Grundkenntnisse sehr zugute.

Systematisch bereiteten die Lehrkräfte uns auf das Berufsleben vor. Bereits in der 8. und 9. Klasse ermahnten sie uns zu Fleiß und Eifer für gute Noten, da wir mit diesen Zeugnissen auf Stellensuche gehen mußten. Oder ich höre z. B. noch heute die Ratschläge unserer Lehrerin in Maschinenschreiben für eine korrekte Bewerbung bei Firmen, die Voraussetzung für einen Erfolg! Mit persönlicher Anteilnahme halfen Schwestern und Lehrer bei der Berufswahl, sie scheuten sich auch nicht, gegebenenfalls zu Männerberufen zu raten.

Ich persönlich empfand den Wechsel von einer gemischten Klasse in eine reine Mädchenklasse als wohltuend. Die Klassengemeinschaft war geschlossener, sogar außerordentlich gut in unserem Fall. Ich erinnere mich an Weihnachtsfeiern innerhalb der Klasse, an gemeinsame Unternehmungen in den Ferien, an unsere Abschlußstudienfahrt nach Berlin, an ein 3-tägiges religionspädagogisches Seminar. Die Schwestern waren bemüht, nicht nur unseren Verstand zu schulen, sondern unser ganzes Herz, den ganzen Menschen."

BETTINA (Kleinbauerntum, katholisches Mädchengymnasium Hochschulreife 1960 - Gesamtschullehrerin):

"Ich wurde im Jahre 1939 geboren und wuchs auf in einem Dorf in der Nähe von P., d. h. ländliche Gegend, katholisch. Ich bin die älteste von 7 Kindern (fünf Brüder, eine Schwester). Mein Vater war Bauer, er hatte einige Jahre das Gymnasium besucht, ohne Abschluß. Er hatte dann den elterlichen Hof weitergeführt. Meine Mutter hatte nach ihrer Volksschulzeit 1/2 Jahr eine Art 'höhere Töchterschule' besucht, in der aber der Schwerpunkt wohl auf Handarbeit lag und später noch ein Jahr in einem 'Pensionat' verbracht, ebenfalls bei Klosterschwestern. Hier lernte man wohl vor allem die Führung des bürgerlichen Haushalts und wurde mit den Grundlagen einer christlichen Lebensführung vertraut gemacht.

Meine Mutter wäre gern Lehrerin geworden, auch die Schwestern rieten ihr das, aber der Besuch eines Gymnasiums wurde nur ihren Brüdern ermöglicht.

Ich besuchte die Volksschule im Dorf von 1946 - 1951. Ich war sehr 'zart' und wohl auch ängstlich, denn die Lehrerin ließ mich die Bilder vom Teufel nicht ansehen, die sie den Jungen zur Abschreckung zeigte; aber ich mußte durchaus vor der Klasse stehen, etwas vorlesen und für Ruhe sorgen, wenn der Lehrer einmal abwesend war.

Im Jahre 1951 kam ich auf das Gymnasium, eine reine Mädchenschule von Nonnen geleitet, zusammen mit 3 (!) anderen Mädchen des Dorfes. Wir machten zusammen 1960 das Abitur. Ein Phänomen für die damalige Zeit, denn bis dahin hatten überhaupt erst 2 Mädchen (!) aus dem Dorf das Abitur gemacht, eines ein Jahr vor uns, eines in den dreißiger Jahren.

Ich erinnere mich, daß ich meine Freundin bewegen wollte, doch mit mir nach P. zu fahren. Ich bedrängte sie, ihre Eltern zu fragen, aber diese erlaubten es ihr nicht. Sie war ein begabtes Mädchen, aber aus 'einfachen Verhältnissen'. Sie hat dann später die Handelsschule besucht, geheiratet und lebt heute in dem Dorf.

Unsere Familie war durchaus bildungsbeflissen. So war unter den 4 Mädchen, die 1960 das Abitur machten, auch meine Kusine (ebenfalls Bauerntochter) aus dem Dorf.

Schon die Schwester meines Vaters war in der Nonnenschule in P. gewesen (1916 - 1918) (Sie ist dann leider gestorben).

Drei meiner Brüder haben das Abitur gemacht, einer hat einen abiturvergleichbaren Abschluß, aber ich wäre auch bald um meinen Eintritt in die Sexta gekommen, da der Pfarrer des Dorfes meinte, meine Mutter habe doch an mir 'am ersten Hilfe.'

Aber die eigene verhinderte Berufswahl meiner Mutter und mein eigener Wunsch gaben dann - glücklicherweise - den Ausschlag.

Leider wurde meine 3 Jahre jüngere Schwester dann die Stütze der Mutter. Sie hat eine schlechtere Berufsausbildung erhalten, worunter sie heute sehr leidet. Sie ist Hauswirtschaftsmeisterin, arbeitet aber als angelernte Kraft im Büro. Sie hat von all meinen Geschwistern beruflich die schlechteste Position und ist dazu in einer strukturschwachen Gegend beständig von Arbeitslosigkeit bedroht.

Was meine Gymnasialzeit betrifft, so wurde von unseren Lehrern (in der Mehrzahl Nonnen oder unverheiratete Frauen) schon erwartet, daß wir zielstrebig arbeiteten und nach dem Abitur die Universität oder die PH (Pädagogische Hochschule, d. Vf.) besuchten, aber andererseits stand die 'frauliche Frau', die sich unterordnete, immer im Vordergrund. Die Probleme der Vereinbarung von Beruf und Familie, der Widerspruch zwischen Berufstätigkeit und Unterordnung wurden nicht gesehen, emanzipatorische Themen spielten keine Rolle.

Ich erinnere mich an einen heftigen Streit mit meiner Deutschlehrerin, die nicht verstehen wollte, daß ich gegen den Satz aus Hermann und Dorothea 'Dienen lerne bei Zeiten das Weib nach seiner Bestimmung' opponierte. Sie beendete die Diskussion mit der Bemerkung 'Dann sind Sie noch nicht reif!'

Im Deutschunterricht wurden u. a. Gertrud von le Fort gelesen: 'Das Schweißtuch der Veronika! 'Der Kranz der Engel'. Man stelle sich das in einer Jungenklasse vor!

Es ist typisch, daß von uns über 20 Abiturientinnen (eine für diese Schule in der damaligen Zeit ungewöhnlich hohe Zahl) die überwiegende Zahl die PH in P. besuchte, außerdem wurden 2 Mädchen Ärztinnen, eine erst, nachdem sie auch ein Philologiestudium begonnen hatte, etwa 3 Realschullehrerinnen und 3 Studienrätinnen (eine davon ist heute Professorin für Deutsch in den USA). Das war das Spektrum der Berufe. Von den Studienrätinnen studierte keine ein naturwissenschaftliches Fach, sondern Deutsch, Fremdsprachen, ich selbst noch Geschichte, was nicht verwunderlich ist, denn dieses Gymnasium hatte nur einen einzigen (sprachlichen) Zweig, d. h. 3 Fremdsprachen Englisch, Französisch, Latein bis zum Abitur und 2 davon im Abitur. Das Angebot in den Naturwissenschaften lag unter dem Minimum (hier herrschte auch beständig Lehrermangel wie in den musischen Fächern), Abwahlmöglichkeiten gab es nicht. Man hatte als Mädchen in P. nur die Möglichkeit des Besuches eben eines neusprachlichen Zweiges oder eines hauswirtschaftlichen (Puddingabitur mit eingeschränkter Hochschulreife - PH) an dem zweiten Mädchengymnasium dieser Stadt, obgleich die Stadt zu meiner Zeit 4 Gymnasien hatte. Als Junge hätte man hier wenigstens zwischen einem neusprachlichen, einem altsprachlichen und einem naturwissenschaftlichen Zweig wählen können.

Die Zahl der Schüler, die sitzenblieben, war im Laufe der 9 Schuljahre sehr hoch. Die Zahl der Schüler, die alle 9 Schuljahre zusammen verbrachten, lag sicher unter 50 Prozent.

Noch einmal zurück zu den Lehrern. In Unter- und Oberprima hatte ich in Geschichte und Erdkunde, die mit zu meinen Lieblingsfächern gehörten, eine junge Lehrerin, die frisch aus der Referendarausbildung kam. Sie machte einen gegenstandsbezogenen Unterricht, hatte einen kameradschaftlichen Umgangston und erzählte uns von leidvollen Erfahrungen, die sie als Frau an der Uni (Karriere) gemacht hatte. Erst viel später habe ich verstanden, was sie meinte, wenn sie sagte: 'Die Wissenschaft und die Universitäten, ja unsere gesamte Gesellschaft und Kultur seien von Männern bestimmt.'

Ich begann das Studium der Fächer Französisch und Geschichte im Jahre 1960 an der Universität B. zusammen mit meiner Kusine im Schlepptau meiner Vettern, die bereits dort Medizin (!) studierten. Ich schreibe das, weil ich auch selbst einige Zeit schwankte, ob ich nicht Medizin studieren sollte. Ich belegte ein Semester lang auch Medizin und machte ein Praktikum, um mich entscheiden zu können. Ich denke, die Entscheidung für die Philologie war nicht nur eine Entscheidung aus Neigung und/oder Veranlagung.

Die Umstellung auf das Universitätsstudium erforderte große psychische Anstrengung: die Trennung von der Großfamilie bzw. großen Familie, das Alleinleben auf einer Studentenbude ...

Nach 3 Semestern wechselte ich an die Universität Freiburg - selbständig, ohne den verwandtschaftlichen Anhang -, weil dort meine Fächer Französisch und Geschichte besonders gut vertreten waren. Nach dem Pädagogikum und Philosophikum studierte ich in Paris, im Jahre 1966 machte ich in F. Examen. Ich erinnere mich an keine Benachteiligungen in bezug auf die wissenschaftliche Arbeit oder die Anforderungen, die Schwierigkeit lag eher in der Umstellung vom behüteten, sehr häuslichen Leben auf die Selbständigkeit und die Eigenverantwortlichkeit, in der Tatsache 'seinen Weg machen zu müssen'. Da ich nicht in Unterordnung und Abhängigkeit leben wollte wie meine Mutter, hatte das Studium vor allem Privaten für mich absolute Priorität.

Nach Beendigung des Studiums habe ich ein 1/2 Jahr auf dem Hof meine Schwester ersetzt, damit sie - sozusagen als Ausgleich in der Schweiz an einem Austausch teilnehmen konnte, eine 'familienfreundliche Tat', zu der sich keiner meiner Brüder je aufgerafft hat.

Im Jahre 1967 habe ich in B. mit der Referendarzeit begonnen (bis 1969). Hier habe ich eigentlich keine unterschiedliche Behandlung von Männern und Frauen bemerkt, höchstens als mich eine Direktorin nicht einstellen wollte, weil sie meinte, junge Frauen würden wahrscheinlich bald schwanger, und das bedeute Unterrichtsausfall.

Ich habe schon als Studienrätin noch Sozialwissenschaften nachstudiert, was mir sehr viele Perspektiven eröffnet hat. Hier endet wohl der 'Bildungsweg'. Heute bin ich Studiendirektorin an einer Gesamtschule. Über die unterschiedlichen Chancen von Männern und Frauen im Beruf gäbe es noch einiges zu sagen ..."

HANNELORE (altes Kleinbürgertum, Mittlere Reife 1967 - bis zur Geburt des ersten Kindes Sozialarbeiterin):

"Ich wurde 1951 als 2. von 2 Kindern geboren. Meine Mutter machte nach Abschluß der Volksschule eine Ausbildung als Krankenpflegerin. Sie gab nach der Geburt des 1. Kindes ihre Berufstätigkeit auf. Mein Vater lernte im Anschluß an die Volksschule den Beruf des Elektrikers, absolvierte später die Meisterschule und machte sich kurz nach Kriegsende selbständig. Ich wurde 1958 in eine gemischte Volksschule eingeschult, wechselte nach 4 Jahren zur Realschule. Im Anschluß daran besuchte ich 1 Jahr lang die Frauenfachschule und für 2 Jahre das Kindergärtnerinnenseminar. Nach 1 Jahr Berufstätigkeit als Erzieherin in einem

Internat entschloß ich mich zum Studium an der Fachhochschule für Sozialpädagogik. Nach dem Examen habe ich ca. 10 Jahre bis zur Geburt unseres Kindes als Sozialarbeiterin gearbeitet.

Zum Thema fiel mir spontan ein Erlebnis aus meiner Grundschulzeit ein, das mich damals ziemlich erschütterte und mir deshalb wohl so gut in Erinnerung geblieben ist. Die Sparkasse unseres Ortes hatte zum Weltspartag Preise ausgesetzt für den besten Aufsatz über das Thema 'Ein Pfennig erzählt'. Unsere Lehrerin ließ uns den Aufsatz als Klassenarbeit schreiben. Mir machte so eine 'Spinngeschichte' Spaß, und ich schrieb tatsächlich eine '1'. Auch Richard, unser Klassenbester, schrieb eine '1', aber seine muß wohl besser gewesen sein, denn als es zur Preisverteilung ging, bekam er den ersten.

Ansonsten habe ich aus dieser Zeit eher eine unterschiedliche Behandlung aufgrund der Herkunft als aufgrund des Geschlechtes in Erinnerung. In der Gunst unserer Lehrerin rangierten an erster Stelle die Kinder der Ärzte, dann kamen die der höheren Angestellten, Beamten und Selbständigen, zuletzt die Söhne und Töchter der kleinen Angestellten und Arbeiter.

Die Wahl der Realschule als weiterführende Schule ist sicherlich entscheidend von meinem Vater beeinflußt worden. Für mich stand zu dem Zeitpunkt fest, daß ich später als kaufmännische Angestellte in dem Geschäft meines Vaters arbeiten würde, und dazu benötigte ich eben nur den Realschulabschluß. Mein Berufswunsch änderte sich dann bald, was aber auch von meinen Eltern ohne weiteres akzeptiert wurde. Erzieherin war für sie ein 'netter Beruf für Mädchen'. An meinem Verdienst habe ich später dann gemerkt, daß ich einen typischen Frauenberuf gewählt hatte. Konkrete Erlebnisse aus der Realschulzeit sind mir nicht mehr gegenwärtig, wenn auch ein vages Gefühl, daß den Jungen 'mehr zugetraut' wurde, besonders in Fächern wie Mathe und Physik.

Der relativ liberale Erziehungsstil, den ich in der Realschule genossen hatte, änderte sich mit dem Wechsel in die Bildungsanstalt für Frauenberufe (Frauenfachschule, Fachschule für Kindergärtnerinnen und Hortnerinnen) schlagartig. Hier wurde ich auf meine Rolle als Hausfrau und Mutter vorbereitet. Das Tragen von Hosen wurde nicht gerne gesehen. Beim Kochunterricht war der Rock Pflicht, einschließlich weißer, natürlich gestärkter Schürze und Kopftuch.

In der Fachschule für Kindergärtnerinnen wurde stur ein spärliches Wissen in Pädagogik, Psychologie und anderen berufskundlichen Fächern vermittelt. Eine kritische Auseinandersetzung mit dem Stoff, geschweige denn über weitergehende gesellschaftspolitische Aspekte (man schrieb schließlich das Jahr 68 bzw. 69) war verpönt. Schon eine harmlose Diskussion über Belange der SMV (Schülermitverwaltung, d. Vf.) mit unserer Klassenlehrerin, trieb diese heulend aus der Klasse.

Meine Konsequenz aus den Erfahrungen dieser drei Jahre war der Entschluß, weiterzustudieren. Nach 1 Jahr Berufspraxis begann ich das Studium an der FHS (Fachhochschule, d. Vf.)."

IRMGARD (altes Kleinbürgertum, Hochschulreife 1969):

"Situation der Herkunftsfamilie

Mutter (1926):	Realschule, kaufmännische Angestellte, 23jährig geheiratet, nicht mehr berufstätig, 27jährig in der elterlichen Metzgerei, zusammen mit Ehemann, tätig, 33jährig selbständige Geschäftsfrau zusammen mit Ehemann, 36jährig privatisierend, Hausfrau und Mutter.
Vater (1926):	Volksschule, Soldat, Heimatvertriebener, Maurer, 24jährig geheiratet, Umschulung als Metzger, Übernahme des schwiegerelterlichen Geschäfts, Meisterprüfung, 34jährig selbständiger Metzgermeister mit eigenem Geschäft (mit weiterem Meister, einem Gesellen, einem Lehrling, einer Verkäuferin).
Geschwister:	Bruder: 1952; Gymnasium, neusprachlich, mittlerer Bildungsabschluß. Schwester: 1956; Volksschule, Lehre als Arzthelferin Bruder: 1966; (Gymnasium, 13. Klasse) Bruder: 1968; (Gymnasium, 11. Klasse)
Selbst (1950):	6jährig eingeschult in Mädchenklasse einer mittelstädtischen Volksschule, 8jährig Wechsel der Grundschule wegen Umzugs der Eltern, 10jährig Übergang in gemischte Klasse eines humanistischen Gymnasiums, 12jährig Wechsel in neusprachliches Gymnasium mit Latein/Englisch/Französisch wegen Umzugs der Eltern, dort 1969 Abitur.

Kommentar

Für mich gilt die Aussage der gleichen Bildungschancen für Jungen und Mädchen. Die Mutter hätte beim Übergang in eine weiterführende Schule Realschule für ausreichend gehalten; denn damals herrschte im Geschäft Personalmangel, und ich sollte Verkäuferin werden. Der Vater legte großen Wert auf Bildung; er unterstützte meinen Berufswunsch, Lehrerin zu werden, und ließ mich in das renommierteste Gymnasium der Stadt einschulen. Der Berufswunsch stammte aus dem ersten Schuljahr; ich bewunderte meine Lehrerin, die mich, weil ich ihren Verhaltensvorstellungen entsprach, freundlich bestätigte und wollte werden wie sie und, trotz meines Engagements für das Geschäft meines Vaters, nicht in die für eine Frau dabei vorgesehene Richtung. Meine Geschwister hatten auf meine Schullaufbahn keinen Einfluß.

Der Übergang ins Gymnasium machte mir leistungsmäßig keine Schwierigkeiten. Ich war stolz darauf, ein humanistisches Gymnasium zu besuchen. Latein zu lernen, hatte ich von verschiedenen Seiten als etwas Besonderes vernommen. Die Atmosphäre der Schule schien das damals zu bestätigen. Ich hatte einen Lateinlehrer, der von seinem Fach und von Kindern begeistert war und einen herrlichen Unterricht gestaltete. Auch an den Mathematiklehrer denke ich gern; er hat mich, Geschäftstochter unter 'musisch gepflegten' Akademikerkindern, meine ich heute, aufgewertet; er stellte öfter eine Leistung oder eine Eigenschaft von mir heraus. Daß ich eine gute Schülerin war, merkte ich beim Wechsel ins neusprachliche Gymnasium, wo das 'Milieu' ein ganz anderes war. Disziplin und Leistungsansprüche waren lockerer; ich hatte nichts aufzuholen, sondern ein recht gutes 'Image' als Schülerin, das mir eigentlich bis zum Abitur nützlich war.

Die ersten Schwierigkeiten hatte ich in Physik. Im ersten Jahr verstand ich gar nichts, auch weil der schielende Lehrer nuschelte, und von mir aus wußte ich mit diesem Fach nichts anzufangen. Auch Mathematik fiel mir in der Oberstufe nicht leicht, trotz gutem Lehrer. In Französisch lagen die Schwierigkeiten daran, daß mich der Lehrer nicht leiden konnte. Er überging mich geflissentlich, ich wurde schwatzhaft, erst zum Abitur glättete sich das Verhältnis. Es fiel nämlich gut aus.

Die Fächer Englisch, Chemie und Physik wählte ich vor dem Abitur ab. Naturwissenschaften lagen mir nicht, und Englisch zu büffeln, nachdem mir Latein leicht fiel, sah ich nicht ein. Mein Abitur ist gut bis durchschnittlich ausgefallen.

Ich war besonders in den jeweils zweiten Teilen meiner Schulen gut in die Klasse integriert. Mit Mitschülern aus der Abitursklasse verbinden mich heute noch Freundschaften."

JUTTA (neues Kleinbürgertum, Hochschulreife 1954 - Professorin für Soziologie):

"Geboren wurde ich 1935 in H. als einziges Kind eines Fachhochschulingenieurs, beschäftigt bei den H. Elektrizitätswerken als Gruppenleiter im Vertrieb (Geburtsjahr 1908, Realschule) und einer gelernten Anwaltsgehilfin, die aber mit der Eheschließung ihren Beruf aufgegeben hatte (Geburtsjahr 1910, Mädchenmittelschule). Mein Vater selbst verstand sich als Aufsteiger bzw. Fortsetzer des Aufstiegs seines Vaters; denn mein Urgroßvater war Flickschuster in einem Dorf an der Niederelbe gewesen und mein Großvater absolvierte eine Schlosserlehre im Schiffsbau und ging dann in die Großstadt, wo er als Werksmeister einer Großwerft arbeitete. Meine Großeltern väterlicherseits lebten nach meiner Einschätzung nach bürgerlichen Modellen (z. B. Theaterabonnement, Reisen, schönes Porzellan), während das Leben meiner Großeltern mütterlicherseits durch das etwas vagabundenhafte Leben meines Großvaters (gelernter Konditor, der, vielleicht bedingt durch die Tatsache, daß er selbst ein uneheliches Kind gewesen ist, früh rum reiste und ins Ausland ging und sich während seiner Ehe als Schiffskoch verdingte; später war er Unternehmer im Freizeitbereich, in dem er eine relativ große Tennisanlage betrieb).

1941 wurde ich in eine reine Mädchenschule eingeschult. Unterbrechung der Schulzeit durch Kriegsereignisse von Juli 1943 bis Herbst 1945. In dieser schulfreien Zeit wurde ich von meiner Mutter unterrichtet, und ich kann mich deutlich daran erinnern, daß mir damals auf jeden Fall schon vermittelt wurde, daß ich auf jeden Fall auf die Oberschule gehen sollte, daß ich auf jeden Fall Abitur machen sollte. Als im Herbst 1945 der Schulbetrieb wieder aufgenommen wurde, besuchte ich zunächst wieder die vierte Klasse einer Grundschule, die wiederum nur eine Mädchenschule war, allerdings befanden sich im selben Gebäude auch Jungenklassen. Doch der Schulhof war säuberlich durch ein Seil getrennt in einen Mädchenschulhof und einen Jungenschulhof. Nach Absolvierung der Aufnahmeprüfung für das Gymnasium habe ich dann eine Helene-Lange-Schule besucht, ein reines Mädchengymnasium, das aber insofern den Geist der Begründerin der bürgerlichen Frauenbewegung noch verkörperte, als uns dort von Seiten der Lehrerinnen (ich kann mich kaum an männliche Lehrer erinnern, eine Ausnahme ist allerdings mein Klassenlehrer, der unsere Klasse zum Abitur führte, über den ich noch etwas sagen werde) vermittelt wurde, daß wir Mädchen diese Schule bis zum Abitur besuchen sollten und nicht - wie in manchen Elternhäusern, wohl gemeint wurde - bis zur sogenannten mittleren Reife. Ich habe an dieser Schule dann 1954 Abitur gemacht. Wenn ich auf das Bild zur Zeit der Einschulung in die fünfte Klasse schaue, kann ich feststellen, daß von den ursprünglich 33 Klassenkameradinnen nur 8 dann noch in der Oberprima vorhanden waren.

Beeinflußt durch meinen Lehrer in Physik und Mathematik, der später mein Klassenlehrer wurde, und durch die Chemielehrerin, wählte ich nach der zehnten Klasse, also für die drei letzten Unterrichtsjahre, den mathematisch-naturwissenschaftlichen Zweig. Auch meinem Vater war diese Wahl wohl sehr recht. Vermutlich hatten meine Eltern die Vorstellung, daß sie dann vielleicht auch besser helfen könnten. Zum Schulinteresse meiner Eltern kann ich sagen, daß mein Vater sehr ambitioniert war. Er war mehrere Jahre Elternvertreter. Er hat sich immer für meine Hausaufgaben interessiert. Er wollte sie eigentlich selbst machen. Ich erinnere mich an kampfartige Auseinandersetzungen um mein Recht, meine Hausaufsätze selber schreiben zu dürfen. Meine Eltern waren also durchaus bemüht, daß ich eine gute Schülerin war. Ich sollte zum sogenannten oberen Drittel der Klasse gehören. Auf der anderen Seite kann ich mich auch deutlich erinnern, daß mir zugestanden wurde, daß ich in der Oberstufe des Gymnasiums auch ruhig mal sitzenbleiben dürfte. Nun dieses geschah nicht. Und als ich kurzfristig mal Schwierigkeiten im Englischunterricht hatte, wurden mir selbstverständlich Nachhilfestunden gegeben.

In Konflikt kam ich mit meinen Eltern, was meinen weiteren Bildungsweg betrifft, erst nach dem Abitur. So wichtig es für sie war, daß ich das Abitur machte, so sehr stemmten sie sich anfänglich gegen ein Studium. Ihnen schwebte vor (wobei es vermutlich immer mein Vater war, der Pläne hatte), daß ich in die sogenannte gehobene Beamtenlaufbahn einsteigen sollte oder aber eine Sekretärinnenausbildung haben sollte. In der Schule hingegen wurden mir Vorstellungen vermittelt, daß ich studieren sollte, entsprechend der Ausrichtung meiner Schulausbildung ein naturwissenschaftliches Fach. Mit meinen Eltern einigte ich mich auf die Ausbildung zur Apothekerin. Wenn ich dieser Orientierung dann doch nicht gefolgt bin, so hatte das vordergründig die Erklärung, daß ich wegen der späten Entscheidung keine der notwendigen Vorpraktikantinnenstellen mehr bekam. Vor der Aufnahme eines anderen naturwissenschaftlichen Studiums - ich dachte an Chemie - wurde ich durch den Vater eines Freundes, der im Vorstand eines Pharmazie-Unternehmens war, gewarnt. Als Frau bliebe man weit unten, auf einem Laborarbeitsplatz mit Routineaufgaben hängen. Ich habe dann einen ganz anderen Studienweg aufgenommen, indem ich ab Sommersemester 1964 das Studium der Volkswirtschaftslehre begonnen habe und später zur Soziologie übergewechselt bin.

Ich komme noch einmal zurück auf die Schulerfahrung hinsichtlich meines späteren Bildungsweges und Berufsweges. Ich kann mich an eine mich wohl langfristig beeindruckende Äußerung von unserer Schulleiterin erinnern, die sie anläßlich eines Kaffeekränzchens mit den Abiturientinnen machte. Sie vermittelte uns dort, daß wir Mädchen künftig unser Schwerpunktinteresse im Bereich der Familie haben sollten, und es dürfte uns dann nicht verletzen, wenn wir erfahren müßten, daß unsere Männer dagegen ihr Hauptinteresse in der Verfolgung ihrer eigenen beruflichen Karriere haben müßten. Ich erinnere mich, daß mich diese Äußerungen sehr verwirrt hatten, denn diese Frau selbst hatte durch eine Scheidung erfahren, daß die Orientierung auf den Mann hin ja doch nur eine halbe Lebenssicherung bedeutet und auf der anderen Seite hatte sie danach selbst eine beachtliche Karriere gemacht bis hin zur Oberstudiendirektorin eines nicht ganz unbedeutenden Gymnasiums. Wie sehr mich diese Äußerung nachhaltig beeindruckte, kann ich nicht genau sagen. Ich kann aber für mich sagen, daß ich, obwohl ich mein Studium zügig betrieben habe, obwohl ich sehr viel Interesse hatte, obwohl ich ein gutes Diplom-Examen gemacht habe, obwohl ich anschließend als wissenschaftliche Assistentin tätig war und promoviert habe, und obwohl ich auch danach in der Hochschule wieder eine Anstellung fand, immer eine Heirat im Auge hatte. Als ich dann heiratete und zunächst keine Kinder bekam, habe ich mich nur sehr zögerlich um meinen weiteren Aufstieg gekümmert. Das wissenschaftliche und berufliche Vorankommen meines Mannes war für mich selbstverständlich. Mein eigenes war mir viele Jahre unwichtig. Ja wenn ich ehrlich bin, habe ich in meinen Träumen mich wohl auch eher als Frau von ... gesehen, denn als Frau ... und als eigene Vertreterin meines Faches. Eigentlich erst zu dem Zeitpunkt als wir später ein lang gewünschtes Kind bekamen, habe ich mich gleichzeitig für mein eigenes berufliches Vorankommen stärker interessiert. Heute bin ich, auch durch Umstände der Hochschulentwicklung begünstigt, Hochschullehrerin im Fach Soziologie."

RENATE (neues Kleinbürgertum, Hochschulreife 1971):

"Ich wurde 1952 als ältestes von zwei Kindern in einer norddeutschen Kleinstadt geboren. Meine Mutter, geb. 1922, war im Anschluß an die Realschule und das Pflichtjahr als Kindergärtnerin und Angestellte bei der Post tätig. Sie heiratete mit 29 Jahren und war seit dieser Zeit nicht mehr berufstätig. Mein Vater, geb. 1919, arbeitete nach Abschluß der Volksschule und Lehre als kaufmännischer Angestellter. Er wurde später Prokurist eines mittelgroßen Betriebes.

Ich selbst wurde 1959 in die Volksschule eingeschult und bestand 1963 die Aufnahmeprüfung für das Mädchengymnasium meiner Heimatstadt. Von mehr als 30 Schülern der vierten Volksschulklasse wechselten nur zwei Mädchen, aber ca. 10 Jungen auf das Gymnasium. Das Mädchengymnasium umfaßte einen neusprachlichen Zweig und eine Frauenoberschule; Mädchen, die naturwissenschaftlich-mathematisch interessiert waren, mußten das Jungengymnasium besuchen. Der Wunsch, das Gymnasium zu besuchen, ging einerseits von mir selbst aus, wurde andererseits von meinem Vater unterstützt, der aufgrund eigener Erfahrungen (er konnte trotz guter Noten aus finanziellen Gründen keine weiterführenden Schulen besuchen) immer großen Wert auf eine gute Ausbildung seiner Kinder (Tochter und Sohn) gelegt hat. Meine Mutter war der Ansicht: 'ein Realschulabschluß würde auch reichen, da Mädchen ja doch heiraten würden.'

Mein Interesse an den verschiedenen Schulfächern wurde sehr stark bestimmt durch die neusprachliche Ausrichtung der Schule, wo zwar Englisch, Französisch, Latein, aber kaum Physik oder Chemie unterrichtet wurde, zumal unser Physiklehrer der Ansicht war: 'Mädchen, die ihren Doktor machen wollten, sollten besser einen solchen heiraten.' Diesem konservativen Einfluß vieler älterer Lehrer wurde zum Teil entgegengewirkt durch fortschrittlichere, jüngere Lehrer in Deutsch, Geschichte und Gemeinschaftskunde. Von ca. 80 Schülerinnen, die mit mir angefangen hatten, machten dann 1971 18 ihr Abitur auf dem neusprachlichen Zweig, ca. 20 auf der Frauenoberschule.

Ich denke, daß für meinen Lebenslauf einerseits die Unterstützung durch meinen Vater ausschlaggebend war, der mich nicht gegenüber meinem jüngeren Bruder benachteiligte, andererseits der Einfluß von Freundesgruppen und vielleicht auch bestimmten Lehrern. Ich bin allerdings überzeugt, daß eine unterschiedliche Behandlung von Jungen und Mädchen schon durch die unterschiedliche Ausrichtung der beiden Gymnasien in unserer Stadt gegeben war."

D. Schlußfolgerungen für eine Theorie der Bildungsbeteiligung

I. Ausgangspunkt

Soziale Ungleichheit und Bildungsbeteiligung

Im empirischen Teil dieser Untersuchung ist versucht worden, den weiterführenden Bildungswegen von Real- und Gymnasialschulabsolventinnen unterschiedlicher sozialer Herkunft differenziert nachzugehen. Die Bildungssoziologie hat sich bislang mit einigem Erfolg vor allem der theoretischen und empirischen Analyse eines zwar spezifischen, wenn auch äußerst bedeutsamen Bedingungsstranges des entwickelten "Theoretischen Grundmodells der Bildungsbeteiligung" (siehe dazu auch Abbildung 1 auf Seite 41) zugewandt und ihn damit zum thematischen Forschungsschwerpunkt werden lassen: Sie hat unter dem Etikett "schichtenspezifische Sozialisationsforschung" die Beziehungen zwischen sozialer Herkunft und Bildungsbeteiligung vielfach aufgezeigt. Dieses Modell bestand im wesentlichen in den Annahmen, daß in modernen wettbewerbsorientierten Industriegesellschaften

1. aufgrund unterschiedlicher Erfahrungen der Väter am Arbeitsplatz,

2. die familiale Bildung und Erziehung in den sozialen Unterschichten in mehrfacher Hinsicht (elterliche Wertvorstellungen, Erziehungspraktiken, Sprachgebrauch einerseits beziehungsweise Motivationsstruktur, kognitive Fähigkeiten, Sprache unter anderem beim Kinde) anders verlaufe und zu anderen Ergebnissen der Bildungsbeteiligung führe als in den Mittelschichten und der Oberschicht,

3. daß daher Kinder aus Unterschichten in dem vorwiegend durch die Mittelschichtkultur dominierten Schul- und Bildungssystem auf größere Schwierigkeiten stoßen und stärker ausgelesen würden,

4. so daß sie später wieder nur in die den Unterschichten vorbehaltenen Berufspositionen einrücken könnten; für Kinder aus den Mittelschichten und der Oberschicht gelte das Entsprechende. Auf diese Weise entstehe ein Zirkel, durch den sich unter Mitwirkung des Bildungssystems die Klassen- und Schichtstruktur der Gesellschaft gleichsam reproduziere.[1]

Die empirische Überprüfung dieser These kommt dabei zu einer - oftmals idealtypisch überhöhten - Unterscheidung zwischen einer für Mädchen und Jungen aus Bauern- und Arbeiterfamilien einerseits und einer aus Angestellten-, Beamten- und Selbständigenfamilien andererseits jeweils charakteristischen Ausprägung der Bildungsbeteiligung.[2]

Die Folgen für den weiterführenden Bildungsweg, besonders von Kindern aus akademisch gebildeten Selbständigen-, Angestellten- und Beamtenfamilien, liegen auf der Hand. Es ist vor allem das Milieu, das diesen Kindern die Charakteristika ihrer Herkunft verleiht:

> "Die Atmosphäre in einem akademischen Elternhaus und dessen ganzer Lebensstil wirkt fördernder und entwickelnder auf den Intellekt als andere soziale Milieus. Dies gilt nicht nur im Verhältnis zu den einfacheren Bevölkerungsschichten, sondern auch zu bestimmten wirtschaftlich besonders Gutsituierten, die mehr die materiellen Güter des Daseins pflegen und schätzen als dessen geistige. An der kulturellen Unfruchtbarkeit der Umgebung des Aufwachsens können sowohl drückende Armut als auch traditionsloser Reichtum schuld sein - und letztere Form ist wohl von beiden die am meisten zerstörerische. - Die kulturelle Atmosphäre des Zuhauses spielt wohl die größte Rolle für die Anregung zu ausgeprägt gelehrten und humanistischen Interessen, eine weit geringere dagegen für realistische und technische Studien.
> ...
>
> Es handelt sich in diesem Zusammenhang nicht bloß um milieubedingte Antriebe zur intellektuellen Entwicklung, die Aufgewecktheit, die die Kinder den Impulsen verdanken, die von ihrer täglichen Umgebung ausgehen, sondern in mindestens genau so hohem Maße um die Erziehung und die unbewußte Gewöhnung an eine bestimmte Grundhaltung dem Dasein gegenüber, eine besondere Wertungsskala und bestimmte Charakterzüge, die die Eignung für akademische Berufe erhöhen, ganz abgesehen von den erforderlichen intellektuellen Fähigkeiten. Dies gilt heute vielleicht mehr denn je, denn die wirtschaftlichen Bedingungen in einer Reihe akademischer Laufbahnen haben sich verschlechtert. Namentlich der höhere Beamtenstand hatte - früher mehr als heute - eine solche durch das Milieu des Aufwachsens geförderte Standesmentalität, mit der der Gesellschaft nicht schlecht gedient war. Besondere Bedeutung hatten - und haben - in dieser Hinsicht die Erziehung und die Gewöhnung an eine gewisse Askese bezüglich der materiellen Güter des Lebens. Genau aus diesen Gründen sah man im vorigen Jahrhundert durchgehend die jungen Menschen, die 'in den Traditionen eines Beamtengeschlechts' aufgewachsen waren, als am besten für Staatsämter geeignet an.
>
> Diese psychische Mitgift des Elternhauses wird in ihren verschiedenen hier genannten Formen ihren Einfluß auf die Rekrutierung der Akademiker ausüben, solange die Kindheitsentwicklung im Zuhause vor sich geht, d. h. solange die Familie ihre jetzige Rolle als wichtigste Erziehungs-

1 Vgl. Fend 1974b, Hurrelmann 1975, Rolff [9]1980, Geulen 1991.

2 Vgl. Rodax 1989a, 1995, Köhler 1992.

institution der Gesellschaft bewahrt. Mit anderen Worten, es kann dafür gesorgt werden, daß die Chancen für die jungen Leute gleich sind, soweit die *öffentliche Erziehung* und Ausbildung reichen. Aber es wird solange und soweit eine gewisse Ungleichheit bei den Startbedingungen bestehen, wie die angeborenen Fähigkeiten im ersten Stadium des Heranwachsens durch das *häusliche Milieu* entfaltet werden, und solange die Atmosphäre der Elternhäuser durch kulturell-sozial gesehen verschiedene Bedingungen geprägt ist. Letzteres wird immer der Fall in einer stark arbeitsteiligen Gesellschaft sein."[3]

Der Nachweis dieses Ergebnisses ist gewiß die wesentlichste Leistung der schichtenspezifischen Forschung zur Bildungsbeteiligung. Mit ihr ist es erstmals gelungen, systematisch ein ausschlaggebendes gesellschaftliches Moment für die Perpetuierungs- und Legitimationsmechanismen sozialer Ungleichheit aufzudecken, indem sie auf das nach wie vor entscheidende Gewicht der sozialen Herkunft, vor allem der Bildungsherkunft, für die Bildungsbeteiligung aufmerksam gemacht hat. Die Tatsache jedenfalls, daß die soziale Herkunft weniger auf den wirtschaftlichen Familienbesitz gründet, hängt damit zusammen, daß diese in Gestalt von Boden und Finanzkapital im Funktionszusammenhang wettbewerbsorientierter Industriegesellschaften immer noch eine beachtliche Rolle spielt und dem Bildungskapital in den letzten Jahrzehnten aufgrund der wissenschaftlich-technologischen Entwicklung zunehmend eine herausragende Bedeutung zugekommen ist. Der Bildungsabschluß ist nicht mehr nur ein Statussymbol, sondern wird zu einer regelrechten Eintrittskarte für Berufskarrieren. Die Schulen

"und die Korporationen als eine soziale Gruppe, die die Schule anscheinend völlig aus dem Nichts, in Wirklichkeit jedoch ausgehend von Eigentümlichkeiten, die im Zusammenhang mit der Familie stehen, entstehen läßt, nehmen zunehmend den Platz von Familie und Verwandtschaftsbeziehungen ein, da die Hinzuwahl von Mitschülern auf der Basis von schulischen und korporativen Solidaritäten inzwischen die Rolle spielt, die früher Vetternwirtschaft und durch Heirat erzeugte Allianzen spielten.

Die Familien müssen andere Spielregeln befolgen und ihre Strategien verändern, damit ihre Kinder die Chance haben, Positionen zu besetzen, die mit denjenigen der Eltern zumindest vergleichbar sind. In einer Gesellschaft, deren wichtigster Reproduktionsmodus schulisch geprägt ist, wird der Wert einer Familie (und zugleich der sozialen Gruppe, der sie angehört) durch die Höhe des Bildungskapitals bestimmt, das die Mitglieder gemeinsam besitzen. In Übergangsphasen, z. B. den 50er und 60er Jahren, als sehr viele kleine private Industrie- und Handelsfirmen verschwanden, mußten die Familien 'Strategien der Umorientierung' verfolgen, d. h. ein geringes ökonomisches Kapital in Bildungskapital umwandeln."[4]

Diese Überlegungen weisen die Behauptung, wenn man den Bildungsverlauf einer Person auf der Grundlage eines einzigen Merkmals vorhersagen wollte, so fiele die Wahl höchstwahrscheinlich auf das Geschlecht[5], zumindest als sehr einseitig aus. Denn es hat sich immer wieder erwiesen, daß die soziale Herkunft

3 Geiger 1992, S. 45 f.

4 de Singly 1994, S. 31.

5 Vgl. etwa Katz 1986.

doch von ausschlaggebenderer Bedeutung ist als die Geschlechtszugehörigkeit und die Gesamtheit der Mädchen und jungen Frauen in Realschulen und Gymnasien in entsprechenden Sozialstatusgruppen mit sehr unterschiedlichen Chancen einteilt.[6] Auf diese Weise hat die schichtenspezifische Erforschung der Bildungsbeteiligung einen bedeutenden grundlagentheoretischen Beitrag auf diesem Gebiet geleistet.

Die bildungssoziologischen Untersuchungen zu sozialer Durchlässigkeit und Chancengleichheit kommen daher insgesamt zu einem eher pessimistischen Ergebnis: Auch die Bildungsreform und -expansion in den sechziger Jahren vermochte die in sie gesetzten Erwartungen nur teilweise zu erfüllen. Ausgang des Demokratisierungsprozesses im Bildungswesen war damals die Erkenntnis, daß die Karten von Geburt an ungleich verteilt sind und daß Horizont und Sozialstatus des Elternhauses die Weichen für die Zukunft ihrer Kinder unterschiedlich stellen. Der statistische Homunculus des "katholischen Arbeitermädchens vom Lande" hatte in den fünfziger und sechziger Jahren, so wurde ermittelt, die geringste Aussicht, genügend Wissen zu erwerben, um beruflich voranzukommen. Aber auch nach Erweiterung der Bildungsmöglichkeiten für alle Gesellschaftsklassen und -schichten zeigte sich, daß die traditionelle Benachteiligung von Mädchen durch Bildungsreform und -expansion sich besser korrigieren läßt als klassen- und schichttytpische Disparitäten.

Nun dürfen die Ergebnisse der schichtenspezifischen Forschung zur Bildungsbeteiligung aber nicht darüber hinwegtäuschen, daß die Leistungen der in dieser Tradition stehenden Untersuchungen methodisch nicht nur unterschiedlich und teilweise widersprüchlich, sondern besonders auch grundlagentheoretisch zu wenig durchdacht sind. Konfrontiert man sie nämlich mit der Erkenntnisabsicht schichtenspezifischer Forschungen zur Bildungsbeteiligung[7], so läßt sich aufgrund der vorherrschenden Praxis vergleichsweise isolierter Untersuchungen mit begrenzten Fragestellungen, die methodisch und konzeptionell mit erheblichen Mängeln behaftet sind, die nach wie vor gültige Schlußfolgerung treffen, "daß die Kenntnisse dieser *Zusammenhänge* noch relativ gering sind und das Erkenntnisprogramm dieser Forschungstradition noch längst nicht erfüllt ist"[8] (Hervorhebung, d. Vf.) - vor allem, wenn man wiederholt bestätigt findet, daß sozial Benachteiligte immer noch weitgehend von weiterführender Schulbildung ausgeschlossen sind. Von eminentem bildungssoziologischen Interesse ist es darüber hinaus mindestens ebenso, zu untersuchen, wie es angesichts des enormen An-

6 Vgl. Köhler 1992, Shavit und Blossfeld 1993, Rodax 1995.

7 Vgl. Rodax 1989a.

8 Bertram 1976, S. 103; siehe auch Grundmann 1994.

stiegs der Bildungsbeteiligung in den letzten Jahrzehnten in allen Sozialstatusgruppen zu Abweichungen von diesem Regelfall gekommen ist.[9]

Eine solche Vorgehensweise eröffnet der Bildungssoziologie neue interessante Perspektiven. Es rücken hier nämlich nicht, wie das vor allem in der bildungssoziologischen Forschung der sechziger und frühen siebziger Jahre überwiegend der Fall war, die sozial Benachteiligten generell in den Brennpunkt der Aufmerksamkeit, sondern gerade diejenigen unter ihnen, die es - trotz mancher Bildungswiderstände in Familie und Schule - dennoch geschafft haben, einen weiterführenden Bildungsgang einzuschlagen und zu absolvieren. Es ist deshalb schon früh auf die Notwendigkeit hingewiesen worden, solchen gesellschaftlichen Hintergründen in qualitativen Untersuchungen vermehrt Aufmerksamkeit zuzuwenden.[10] Die Grundidee war und ist auch für diese Untersuchung gewesen, so einen tieferen Einblick in die hinter dem Zusammenhang von sozialer Herkunft und Bildungsbeteiligung liegenden typischen handlungsleitenden Bedingungen und Einflüsse in Familie und Schule für den weiterführenden Bildungsweg von jungen Frauen zu gewinnen.

Geschlechtszugehörigkeit und Bildungsbeteiligung

In der empirischen Bildungssoziologie wurde schon mit Beginn der Bildungsreformdiskussion Anfang der sechziger Jahre geschlechtstypisches Datenmaterial miterhoben und -analysiert. Dabei spielte, wie schon erwähnt, die berühmte Figur des "katholischen Arbeitermädchens vom Lande", die hier oftmals Pate gestanden hat, eine prominente Rolle. Das trifft vor allem für die von der Arbeitsgruppe um Ralf Dahrendorf initiierten bildungssoziologischen Bestandsaufnahmen am Soziologischen Seminar der Universität Tübingen zu, wie auch für die dort durchgeführten großen Repräsentativbefragungen[11] und zahlreichen Fallstudien[12]. Dennoch wurden bis weit in die siebziger Jahre hinein Mädchen und junge Frauen in vielen bedeutsamen Untersuchungen der Bildungssoziologie kaum berücksichtigt beziehungsweise wurden bei geschlechtstypischen Bildungsvergleichen nur allzu häufig junge Männer als Maßstab genommen, während die weibliche Sichtweise vernachlässigt wurde.

Mit einiger Berechtigung ist deswegen eingewandt worden, daß in Forschung und wissenschaftlichen Veröffentlichungen über die Bildungsbeteiligung Mäd-

9 Vgl. Bolder 1982, Funke et al. 1986.

10 Vgl. Krappmann et al. 1974.

11 Vgl. Peisert 1967, Gerstein 1972.

12 Vgl. Gerstein 1965, Grimm 1966, Peisert und Dahrendorf 1967.

chen und junge Frauen wenig vorkommen. Auf die Theorieentwürfe[13] hat diese Kritik, bis auf erste Zugeständnisse[14], bisher indes wenig Einfluß gehabt,

> "da durchweg ohne Unterscheidung über die Lebenskonzepte, die Berufsorientierung, Ausbildungs-, Schul- oder Freizeitprobleme, Familiensituation und Konfliktlagen 'der Jugendlichen' oder der 'Kinder' nachgedacht wird. Schon bei erstem Hinsehen zeigt sich: Es wird praktisch nur von Jungen berichtet - Mädchen erscheinen subsumiert bzw. allenfalls als eine (defizitäre) Untergruppe des 'Normalfalls' der männlichen Jugendlichen. So bleiben die durch die geschlechtsspezifische Arbeitsteilung in der Gesellschaft bedingten Merkmale ihrer Lebenssituation unsichtbar: die Interessen und Denkweisen von Mädchen, ihre Stärken und die ihnen zugemuteten Benachteiligungen, ihre Probleme sind kein Thema. Es geht um 'Schüler', 'Arbeiterjugendliche', 'die Alternativszene' - aber nicht um Schülerinnen, Arbeitermädchen, Mädchen in Alternativbewegungen ..."[15]

Eine solche Bildungsforschung als "Jungen-Forschung" wird von unterschiedlich orientierten Bildungsforscherinnen seit längerem mit Recht scharf attakkiert[16], werden doch gerade die Zuweisung von Mädchen und jungen Frauen zur Haus- und Familienarbeit und die damit verbundenen Lebensentwürfe im Hinblick auf ihren weiterführenden Bildungsweg viel zu wenig beachtet.[17] Die Formen der Einbindung von Mädchen und jungen Frauen ins weiterführende Schulwesen schlagen sich auf der Ebene des Deutungsreservoirs von Geschlechterdifferenz in besonderer Weise nieder. Weiblichkeitsklischees werden ständig sowohl bestätigt (beim Blick auf die vergleichsweise beharrliche häusliche Arbeitsteilung, auf Mutterschaft sowie - in Grenzen - ebenso beim Blick auf die als "weiblich" konstruierten Berufsfelder) als auch teilweise durchkreuzt und transformiert (beim Blick auf die zunehmende Präsenz von Mädchen und jungen Frauen in überwiegend von Jungen und jungen Männern dominierten Fächern und Schulzweigen). Angesichts des grundlegenden und überdeterminierten Charakters von Ab- und Ausschließungsprozessen scheint indes die Bestätigung der Weiblichkeitsklischees ausgeprägter zu sein als die der Durchkreuzung und Transformation.[18]

Zur kritischen Selbstreflexion gerade der Frauenbildungsforschung gehört deshalb die Frage, ob nicht das spezifische feministische Interesse an Prozessen der "Vergeschlechtlichung" möglicherweise selbst deren Gewicht erhöht, indem andere Gesichtspunkte außer acht geraten, die gleichwohl soziale Erfahrung

---

13 Vgl. Fend 1971, 1974a,b, 1980, Hurrelmann 1975, 1976, Rolff [9]1980, Tillmann 1989.

14 Vgl. Hurrelmann 1986b, Fend 1990a, 1991, 1994.

15 Alltag und Biographie von Mädchen. Bericht der Kommission 1988, S. 1.

16 Vgl. Thomas und Albrecht-Heide 1978, Byrne 1979, Albrecht-Heide und Brüggemann 1981, Metz-Göckel und Nyssen 1990, Sommerkorn 1993.

17 Vgl. Hurrelmann 1986b, S. 195.

18 Vgl. Gottschall 1995, Krüger 1995.

mitstrukturieren können. Theoretisch ergibt sich hieraus die Konsequenz, nicht nur auf die Reproduktion von Geschlechtercodierungen zu achten, sondern zugleich auch deren Einbettung und Relativierung in gesamtgesellschaftliche Reproduktionsprozesse sozialer Ungleichheit im Blick zu behalten. Daher sind seit Beginn der achtziger Jahre immer häufiger Untersuchungen vorgelegt worden, in denen besonders dieser Gesichtspunkt bei der Erforschung der Bildungssituation und -beteiligung von Mädchen und jungen Frauen - auch unter dem Aspekt der sozialen Herkunft - berücksichtigt wurde.[19] Daß eine solche Forschung anschließen kann an eine bedeutsame Reihe bildungssoziologischer "Klassiker", die von Irma Kuhr[20], Giselheld Koepnick [21], Erika Spiegel [22] über Elisabeth Pfeil [23] bis Hannelore Gerstein[24] reicht, muß von vielen erst wiederentdeckt werden.[25]

In diesem Zusammenhang ist von Frauenbildungsforscherinnen auch die schematische methodische Erfassung der sozialen Herkunft einer harschen Kritik unterzogen worden.[26] Denn ob beispielsweise eine Frau von Beruf selbständige Schneiderin ist oder Witwe eines selbständigen Schneiders, macht für die traditionelle Bildungssoziologie nicht unbedingt einen gewichtigen Unterschied. Beide, Schneiderin und Schneiderswitwe, würden in vielen schichtenspezifischen Untersuchungen der Berufsgruppe der Schneider zugerechnet und somit dem alten

19 Vgl. Hurrelmann et al. 1986, Albrecht-Heide und Brüggemann 1981, Rodax 1989a, Metz-Göckel und Nyssen 1990, Köhler 1992.

20 Vgl. Kuhr 1952.

21 Vgl. Koepnick 1952.

22 Vgl. Spiegel und Gunzert 1962, 1963.

23 Vgl. Pfeil 1968.

24 Vgl. Gerstein 1965, 1972.

25 Es ist in diesem Zusammenhang bemerkenswert, daß sich die Darmstädter Jugenduntersuchungen von Irma Kuhr und Giselheid Koepnick schon zu Beginn der fünfziger Jahre - zugespitzt formuliert - gegen die von Helmut Schelsky vertretene Konzeption der "nivellierten Mittelstandsgesellschaft" richteten, die von einer zunehmenden sozialen Nivellierung nach dem Zweiten Weltkrieg ausging. Sie zeigten im Gegensatz dazu, daß neben dem Fortbestand ökonomischer Unterschiede und Hierarchien, das diesen korrespondierende "Standesbewußtsein" ungebrochen in den Sozialgruppen fortwirkte. In seiner Einführung betonte Theodor W. Adorno unter anderem: "Besonders viel läßt sich über die Soziologie der jugendlichen Anpassung lernen. So zeigen Arbeiterkinder in höheren Schulen weniger Widerstand als andere. Sie kompensieren offenbar ihre soziale Benachteiligung durch besonders eifrige Identifikation mit dem Etablierten. ... Was schwach ist und vielleicht am meisten Grund zum Widerstand hätte, ist so gebrochen vom Druck der Verhältnisse, daß es kaum Widerstand aufbringt. Obwohl die gegenwärtige Schule nicht mehr die Schrecken verbreitet, die von ihr nach dem Zeugnis der deutschen Romanliteratur noch um die Jahrhundertwende ausgingen, erhalten autoritäre Gesichtspunkte und Verhaltensweisen sich zäh am Leben, nicht nur bei Erwachsenen, bei Eltern und Lehrern, sondern auch bei den Schülern selbst, insbesondere den 'privilegbewußten'" (Adorno 1952, S. X).

26 Vgl. Brehmer 1978, Ostner und Pappi 1994.

Kleinbürgertum. Schwierigkeiten bei der Zu- und Einordnung ergeben sich freilich erst bei einem Fall wie dem folgenden: Denkt man sich eine Schneiderswitwe, die als Kleinbauerntochter geboren wurde, vor ihrer Ehe als Dienstmädchen arbeitete und nach dem Tode ihres Mannes einen Lehrer ehelicht. Diese Erfassung in Querschnittsuntersuchungen sprengt im allgemeinen die herkömmlich verwandten Kategorien der schichtenspezifisch orientierten empirischen Bildungssoziologie beziehungsweise der an Berufsklassifikationen ausgerichteten Bildungsstatistik.

Traditionelle schichtspezifische Untersuchungen, die mit Kategorien wie "soziale Schichtzugehörigkeit" oder "Berufsgruppe" als Indikator der sozialen Herkunft arbeiten, orientieren sich bei der Zu- und Einordnung von Frauen überdies zumeist an der Tätigkeit des - männlichen - Haushaltsvorstandes; die soziale Herkunft einer Frau definiert sich über die ihres Ehemanns oder ihres Vaters. Daß man den Bildungs- und Lebensbedingungen der Frauen auf diese Weise zu wenig methodisch gerecht wird, rügt die Frauenbildungsforschung seit langem und kritisiert vor allem auch die bisherigen theoretischen Konventionen in der Schichtungssoziologie.

> "Letztere konzentrierte sich auf bzw. erschöpfte sich in der Analyse und Erklärung von Klassen- und schichtspezifischen Strukturen sozialer Ungleichheit, die aus dem ökonomischen System und der Erwerbsstruktur einer Gesellschaft resultieren. Damit geriet nur ein Vergesellschaftungsmodus, der unmittelbar über den Markt, nicht der über Ehe und Familie - und dort über Hausarbeit - ins Blickfeld der Analyse. Frauen galten als nur unvollkommen über den Markt vergesellschaftet ..."[27]

Mit anderen Worten: Wer die soziale Herkunft eines Menschen als zentral für seine Bildungs- und Lebenschancen erachtet, übersieht dabei allzu leicht, daß ein- und dieselbe soziale Schicht oder Berufsgruppe für ihre männlichen und weiblichen Mitglieder durchaus ganz unterschiedliche Möglichkeiten und Beschränkungen aufweisen kann:

> "Wie es auch immer um die ökonomische Situation oder die soziale Schicht bestellt sein mag und wie gut oder schlecht eine Tochter die eigene soziale Lage - im Vergleich zu Kindern anderer Familien - auch immer einschätzen mag: Sie kann kaum übersehen, daß ihr Bruder, der im Vergleich mit Kindern anderer Familien auf einer Stufe mit ihr steht und auch häufig dieselben Grundanrechte auf die in der Familie verfügbaren Mittel hat, von den Eltern dennoch anders beurteilt und behandelt wird als sie selbst. Und das bemerkt auch ihr Bruder. So erlernen Frauen und Männer von Anfang an eine Art und Weise der Beurteilung von Belohnungen und Umgangsformen, die die quer dazu verlaufenden Unterschiede in der Schichtzugehörigkeit und der Verfügbarkeit ökonomischer Mittel dämpft. Wie hoch der soziale Status einer Familie auch immer sein mag - ihre Töchter können lernen, daß sie anders als die Söhne und ihnen ein wenig untergeordnet sind; und wie niedrig der soziale Status einer Familie auch immer sein mag - ihre Söhne können lernen, daß sie anders als die Töchter und ihnen ein wenig übergeordnet sind. Es

27 Ostner und Pappi 1994, S. 114.

ist, als ob die Gesellschaft Schwestern einen Bruder an die Seite stellt, damit Frauen von Anfang an ihren Platz kennenlernen, und sie stellt eine Schwester neben Brüder, damit Männer den ihren finden. Jedes Geschlecht wird zum Übungspartner des anderen, ein mitten ins Haus gestelltes 'Anschauungsmittel'. Das, was dem gesamten sozialen Leben eine Struktur verleiht, wird also in einem sehr kleinen und trauten Kreis eingeübt. Und daraus folgt ebenso, daß sich die tiefste Schicht dessen, was wir sind - nämlich die eigene Geschlechtsidentität - in ihrer ursprünglichen Gestalt aus Zutaten zusammensetzt, die nicht der ethnischen Zugehörigkeit oder dem sozio-ökonomischen Status entnommen sind. Infolgedessen erwerben wir alle die beachtliche Fähigkeit, uns von dem, was wir dank unserer Verortung in der gesamten sozialen Rangordnung gewinnen oder verlieren, deutlich zu distanzieren. Brüder bekommen die Möglichkeit, sich selbst in Absetzung von Personen wie ihren Schwestern zu definieren, und Schwestern steht es offen, sich selbst in Absetzung von Personen wie ihren Brüdern zu bestimmen - wobei in beiden Fällen das Augenmerk davon abgelenkt wird, daß die Geschwister der einen Familie sich in einer grundlegend anderen sozialen Lage befinden als die einer anderen. Das Geschlecht, nicht die Religion, ist das Opium des Volkes."[28]

Nicht zuletzt deswegen aber ist "Geschlecht" zumindest für die gegenwärtige Frauenbildungsforschung weitgehend

"nicht nur *eine* unter verschiedenen, beachtenswerten Variablen, vielmehr eine analytische Kategorie, die wesentliche Strukturen, d. h. individuelle, strukturelle und kulturelle Kennzeichnungen des gegenwärtigen Gesellschaftssystems provoziert - 'a difference, that makes a difference' ..."[29]

So muß sich eine solche Frauenbildungsforschung auch den umgekehrten Vorwurf gefallen lassen, daß sie mehrheitlich in dem Bemühen, die Bildungsbeteiligung von Mädchen und jungen Frauen zu beschreiben und zu analysieren, immer noch weitgehend - aller Beteuerungen zuwider[30] - "die" Mädchen und jungen Frauen als eine quasi-homogene soziale Gruppe "den" Jungen und jungen Männern gegenüberstellt und somit die bedeutsameren sozialstrukturellen Unterschiede vernachlässigt, die sich für die Bildungsbeteiligung von Mädchen und jungen Frauen aus ihrer sozialen Herkunft ergeben. Es überrascht, daß von ihrer Seite kaum ein glaubwürdiger gesellschaftlicher Einspruch gegenüber dem klassen- beziehungsweise schichttypischen "Bildungsreichtum" laut wird.[31] Wir sind zwar Zeugen eindrucksvoller moralischer Sensibilisierungsprozesse; aber die wachsende gesellschaftliche Unduldsamkeit gegenüber der Bildungsdiskriminierung nach Geschlecht setzt sich nicht als moralische Empfindsamkeit gegenüber der klassen- oder schichttypischen fort; überdies lassen sich geschlechtstypische Bildungsdiskriminierungen - das wird vielfach einfach übersehen - eher "kostenneutral" beheben.[32]

28 Goffman 1994, S. 130 f.

29 Gerhard 1995a, S. 209.

30 Vgl. etwa Brehmer 1991 oder - allgemeiner - auch Gerhard 1995a.

31 Vgl. dazu vor allem eindrucksvoll Blossfeld 1993.

32 Vgl. Nagel 1994.

Wenn daher von ihren Benachteiligungen bei der Bildungsbeteiligung gesprochen wird, macht es hier keinen Zugewinn an wissenschaftlicher Erkenntnis, bei einer schematischen geschlechtstypischen Gegenüberstellung stehen zu bleiben, wenn nicht auch wenigstens die sozialen, kulturellen und ökonomischen Umstände der sozialen Herkunft von Mädchen und jungen Frauen in ihrer Vielschichtigkeit beachtet werden. In diesem Sinne ist denn auch von Bildungsforscherinnen argumentiert worden, daß

> "(noch) generell von der Benachteiligung der Mädchen bzw. in jüngster Zeit verstärkt vom Nicht-Ausschöpfen der intellektuellen und sozialen Potentiale von Mädchen ausgegangen, ohne daß bisher hinreichend zwischen den Mädchen und ihrer unterschiedlichen Schichtzugehörigkeit differenziert wird."[33]

II. Methodik der interpretierenden Analyse

Damit ist zugleich der Ausgangspunkt dieser empirischen Untersuchung erreicht, den doppelten Zusammenhang - soziale Integration von Real- und Gymnasialschulabsolventinnen in eine mehrheitlich durch die Geschlechterpolarität strukturierte Gesellschaft und Reproduktion der Gesellschaftsstruktur in Familie und Schule - zu analysieren.[34] Eine solche Analyse wäre indes unzureichend, wenn sie nicht zu dem Punkt führte, wo die differenzierten Ergebnisse geordnet würden. Gewiß: Die soziale Wirklichkeit ist vielschichtig und komplex, vielleicht verwirrend, und dies vor allem auf jenen zweiten Blick, den die umfassende Beschreibung in wissenschaftlicher Absicht vermittelt. Zunächst gibt es den ersten Blick der Primärerfahrung des Alltags, den zweiten der Beschreibung und den dritten der Theorie oder, vorsichtiger, der klärenden Sortierung vielfältiger Ergebnisse. Solches Sortieren greift über die Ergebnisse selbst hinaus und schließt sie erst auf. Insofern ist der Versuch einer zusammenfassend-übergreifenden und -vergleichenden Analyse der Bildungsbiographien von Real- und Gymnasialschulabsolventinnen, von denen hier die Rede gewesen ist, in stärkerem Maße noch Entwurf als in allem schon abgesicherte Wirklichkeit.

Aus diesem Grund mag es ratsam sein, noch einmal an den Ausgangspunkt dieser Untersuchung zurückzukehren. Die Bildungsbiographien der Real- und

---

33 Metz-Göckel und Nyssen 1990, S. 59; siehe auch Händle 1990, Tzankoff 1992, 1995.

34 Manches von dem, was im folgenden ausgeführt wird, verdankt sich der kritischen Auseinandersetzung mit Überlegungen Ralf Dahrendorfs, die dieser schon Mitte der sechziger Jahre entwikkelt hat und - methodisch und theoretisch gesehen - nach wie vor von großer Bedeutung ist. (vgl. Dahrendorf 1967).

Gymnasialschulabsolventinnen waren zunächst darauf angelegt, Anschauungs- und Aufklärungsmaterial über den Zusammenhang von sozialer Herkunft, Geschlechtszugehörigkeit und weiterführendem Bildungsweg zu liefern. Dabei fiel die Entscheidung zugunsten einer in der Bildungssoziologie bisher unterschätzten methodischen Variante, nämlich die Real- und Gymnasialschulabsolventinnen selbst berichten zu lassen. Wie erwartet ergeben diese Bildungsbiographien eine Mannigfaltigkeit der Ergebnisse, die auf unterschiedliche soziale geschlechts- und herkunftstypische Bedingungen und Einflüsse hinweisen. Sie haben wenig gemein mit postmodernen Überlegungen, daß die traditionelle soziale Bindekraft der sozialen Herkunft und Geschlechtszugehörigkeit kein großes Gewicht mehr für den weiterführenden Bildungsweg von Schülerinnen und Schüler besitze.[35] Die entscheidende Frage ist indessen: Wie hängen diese Bedingungen und Einflüsse zusammen? Und, was noch wesentlich schwieriger zu beantworten ist: Welches ist ihr relatives Gewicht? Diese Fragen zu klären, ist Aufgabe der Theorie oder, mit der hier gebotenen Bescheidenheit, des beschreibenden Sortierens.

Für dieses Vorhaben gibt es zwei Zugänge. Einmal die umfangreiche bildungssoziologische Forschungstradition zum Thema "Elternhaus und Schule", die erste wertvolle Auskünfte über den allgemeinen Zusammenhang von sozialer Herkunft und Bildungslaufbahnen vermittelt, unter welchen Voraussetzungen Mädchen und junge Frauen den Weg in weiterführende Bildungsgänge einschlagen und durchhalten.[36] Der andere Zugang führt über die Bildungsautobiographien der Real- und Gymnasialschulabsolventinnen selbst. Bereits die Primärerfahrung der Absolventinnen und noch stärker deren Beschreibung geben eine bestimmte Richtung an, die auf bestimmte soziale Phänomene hindeutet. Wer sich daher die Darstellung der Ergebnisse vor dem Hintergrund der theoretischen Ausgangsüberlegungen in Erinnerung ruft, wird in ihnen unschwer die Ansatzpunkte der Theorie erkennen. Diese Tatsache vor allem ermutigt zu einer zusammenfassenden Analyse.

Noch ein methodischer Hinweis zum hier gewählten Verfahren ist vorab nötig. Die Art, in der Materialerhebung und erkundende Analyse - um nicht zu sagen "Empirie" und "Theorie" - hier verbunden werden, kann rigorose methodische Ansprüche wohl schwerlich befriedigen. Im Grunde genommen handelt es sich deswegen bei der folgenden Zusammenfassung um einen ersten Versuch, die theoretischen Ausgangsüberlegungen dieser Untersuchung auf einer angemessenen methodischen Grundlage weiter empirisch zu durchdringen und zu verallgemeinern.

---

35 Vgl. Beck 1983, 1986, 1995, Beck und Beck 1994; zur Kritik siehe auch Blossfeld 1993, Geißler 1994, 1995, Rodax 1995.

36 Vgl. Rodax und Spitz 1978, 1982, Rodax 1988a.

III. Die Bildungsbeteiligung von Real- und Gymnasialschulabsolventinnen: Ein Erklärungsmodell zu Statusaufstieg und Statuserhalt

Robert Dreebens nach wie vor beachtenswerte bildungssoziologische Unterscheidung von "manifesten" und "latenten" Funktionen des Lehrplans[37] weist auf den geläufigen und doch immer wieder erstaunlichen Sachverhalt hin, daß Schulen als soziale Institutionen, neben der beabsichtigten, also der Vermittlung von Wissen und Kenntnissen, auch besonders unbeabsichtigte Wirkungen zeitigen, die für die hier untersuchte soziale Gruppe der Real- und Gymnasialschulabsolventinnen nicht minder wirklich sind. Sie lernen in der Schule nicht nur, was Lehrerinnen und Lehrer sie lehren möchten, wohl aber nahezu unausweichlich, was es heißt, daß sie nun eine Schülerin unter anderen Schülern und Schülerinnen sind sowie unter genau diesem Gesichtspunkt von ihren Lehrerinnen und Lehrern beobachtet und beurteilt werden. Sie lernen zum Beispiel, sich mit anderen Schülern und Schülerinnen unter abstrakt identischen Kriterien zu vergleichen. Sie lernen, sich darauf einzustellen, daß die Institution Schule mit ihrem Regelwerk und ihren sozialen Normen sie, im Unterschied zur Familie, in erster Linie in ihrer Rolle als Schülerin und nicht als Persönlichkeit behandelt. Und sie lernen, daß es auf Leistung und weniger auf Bildungsinhalte ankommt.

Nach Dreebens Diagnose sind es gerade diese strukturellen Eigenschaften der Rollenbestimmung und der künstlichen Egalisierung, des dauernden Verglichenwerdens mit anderen und der Leistungsbewertung nach abstrakten Kriterien, welche die gesellschaftliche Funktion der Schule ausmachen. Es ist mithin der latente und weniger der manifeste Lehrplan, durch welchen die Schülerinnen und Schüler auf ihre Karrieren in einer hochdifferenzierten, wettbewerbsorientierten Industriegesellschaft vorbereitet werden. Denn diese ist nicht nur in Schulen, sondern auch in ihren anderen Organisationen und Institutionen auf diese Strukturen festgelegt.

Um daher die schulischen Ansprüche an die Schülerinnen und Schüler - oder spezieller: die soziale Rolle der Real- und Gymnasialschulabsolventinnen - angemessen zu beschreiben, könnte man sicherlich auf die umfangreichen pädagogisch-empirischen Untersuchungen zum Thema zurückkommen und darlegen, was Lehrerinnen und Lehrer aus ihrer Sicht besonders hervorheben.[38] Doch kann ebenso kein Zweifel daran bestehen, daß auch die Meinung der Absolventinnen selbst gewichtige Hinweise auf tatsächlich erlebte Erwartungsansprüche der

37 Vgl. Dreeben 1980.

38 Vgl. Fend 1980, 1984, 1986, Bauer und Kopka 1994, Gutte 1994.

Lehrerinnen und Lehrer durch den alltäglichen Kontakt im Unterricht und in der Schule vermitteln. Ihre Schilderungen können natürlich kein vollständiges Bild ihrer Lehrpersonen zeichnen; doch entsteht ein höchst beziehungsreicher Ausschnitt, der im übrigen, wenn man ihn mit der nötigen Distanz betrachtet, durchaus den Blick auf eine wenig beachtete Seite der Berufsausübung von Lehrerinnen und Lehrern in der Institution Schule freigeben kann.

Hierbei ist zunächst gleichgültig, ob die Aussagen der Absolventinnen wahr sind oder nicht; denn sie sind wirklich - zumindest für diejenigen, denen es, aus welchen Gründen auch immer, nicht gelingt, den Erwartungen ihrer Lehrerinnen und Lehrer gerecht zu werden. Die damit angedeutete Vorstellung läßt sich auch in eine allgemeine Beschreibung des "guten Schülers" aus einem bildungsfreundlichen Elternhaus wenden[39], der den Ansprüchen der Schule genügt und schon in der Grundschule ausgezeichnete Zeugnisse gehabt hat:

> "er folgt dem Unterricht aufmerksam und interessiert; er hat ein Elternhaus, das ihn für seine Schulerfolge belobigt und ihm bei Mißerfolgen hilft; er sucht im Lehrer den überlegen Informierten, das abstrakte Vorbild (und keine 'Lebenshilfe'). So kann leicht das Bild des 'Strebers' entstehen, der ja in der Tat eine Version des guten Schülers ist; doch kann man dieses getrost relativieren und ein bißchen tolerierte Aufsässigkeit und beschränkte Originalität der Interessen der Rolle hinzufügen: es bleibt noch eine im ganzen ziemlich exklusive Rolle, die zu spielen viele konstitutionell nicht in der Lage sind."[40]

Die Verhaltenserwartungen der Lehrerinnen und Lehrer bilden also die eine Front des möglichen Konflikts, der den weiterführenden Bildungsweg von Real- und Gymnasialschulabsolventinnen beschwerlich werden lassen kann. Die andere Front, die außerschulischen Gesellschaftszusammenhänge, in welche sie eingebunden sind, stellen sich vielfältig und, im Unterschied zu den von allen Schülerinnen und Schülern gemeinsam geteilten Schulerlebnissen, zum Teil außerordentlich verschieden dar. Man braucht nur an die von den Bildungsaufsteigerinnen geschilderten unterschiedlichen familialen Einflüsse zu denken, um zu erkennen, daß jeder Versuch eines vereinfachenden Überblicks über außerschulische Einflüsse sehr Verschiedenartiges zusammenfassen muß. Mit dieser Einschränkung scheint es jedoch möglich, zwei zentrale Gesichtspunkte der außerschulischen Erwartungen in den Mittelpunkt des Interesses zu rücken, von denen hier angenommen wird, daß sie in besonderem Maße für den Konflikt der Motive von Bildungsaufsteigerinnen wirksam werden könnten. Die zwei Gesichtspunkte lassen sich den beiden Begriffspaaren der Elternerwartungen mit den Auspră-

---

39 Vgl. Fend 1980.

40 Dahrendorf 1967, S. 158.

gungen "Statusaufstieg versus Statuserhalt" beziehungsweise "Schulferne versus Schulnähe" und den Bildungsmotivationen der Absolventinnen selbst zuordnen.[41]

Bei den väterlichen und mütterlichen Aufstiegswünschen handelt es sich um Erwartungen, in denen jedenfalls die Schule, ihre Inhalte und Absichten vielfach zu wenig mitbedacht sind. Die Mittlere Reife oder Hochschulreife erscheinen - zugespitzt formuliert - gewissermaßen als Symbol eines besseren Lebens, mit Hilfe einer höheren Bildung gesellschaftlich aufzusteigen und so die Mauer der "Entfremdung" zu durchbrechen, welche die Familie bisher umschlossen hatte; aber wenige Überlegungen werden darauf verwendet, was dieses an inhaltlicher Anstrengung und Mühe voraussetzt. Mit anderen Worten: Die Aufstiegsabsicht ist oftmals als eine durch wenig eigene Erfahrungen und Kenntnisse gedeckte Absicht der Väter und/oder Mütter zu verstehen, durch einen Bildungsabschluß "Mittlere Reife" oder "Hochschulreife" ein Unterpfand materieller Unabhängigkeit für ein Leben unter weitgehend gesicherten sozialen Voraussetzungen zu erhalten. Der Gegensatz zu diesem Motiv, das hier als Statuserhaltung bezeichnet wird, ist der Wunsch der Väter und Mütter, ihren Töchtern den eigenen Sozialstatus wahren zu helfen, indem diese die gleichen hohen Bildungsabschlüsse erwerben, die die Eltern auch schon erreicht hatten.

> "Es ist ersichtlich, daß hinter diesem Gegenüber schichtspezifische Haltungen stehen; die abstrakte Aufstiegsabsicht ist ein typisches Unterschicht-, häufig auch ein Mittelschichtphänomen; Statuserhaltung im hier gemeinten Sinne ist dagegen ein Oberschichtphänomen. Insofern könnte man auch sagen, daß beide Motivrichtungen Spielarten des Traditionalismus sind - im einen Fall, dem der Statuserhaltung, direkt, im anderen gebrochen durch vage Hoffnungen, als Symptom einer unverarbeiteten Modernität."[42]

Ein zweiter, damit zusammenhängender und doch eigener Gesichtspunkt der außerschulischen Bildungs- und Erziehungseinflüsse betrifft das ambivalente Verhältnis des Elternhauses zur Schule[43]:

- Das Elternhaus bildet und erzieht Kinder im Rahmen seines multifunktionalen Aufgabenbereichs und im Rhythmus der Zwänge, denen es als vergleichsweise isolierte Kleininstitution unterliegt, ohne beispielsweise immer gezielt auf die Anforderungen der Schule vorbereiten zu können.

- Die Schule übt ihre Bildungs- und Erziehungseinflüsse nach Prinzipien aus, die sich aus dem Eigenverständnis und der Eigendynamik einer organisierten und professionalisierten Instanz mit spezifischen Aufgaben und Problemen ergibt, ohne immer ausreichend auf außerschulische Impulse eingehen zu können.

---

41 Vgl. Dahrendorf 1967.

42 Dahrendorf 1967, S. 160.

43 Vgl. Kob 1963, Hurrelmann 1975, Plake 1974, Ulich 1993.

Die Regeln und Perspektiven dieser verschiedenen mit Bildung und Erziehung befaßten gesellschaftlichen Instanzen sind also gegeneinander abgegrenzt, sie stimmen zum Teil überein, ergänzen und widersprechen zu einem anderen Teil, was in aller Regel nicht ohne Spannungen bleibt. Eltern versuchen daher oftmals schon im Vorfeld solche Spannungen zu vermeiden, wie die elterlichen Gespräche über die Wahl einer weiterführenden Schule mit den Grundschullehrerinnen und -lehrern oder das Beharren auf der Erfüllung schulischer Leistungsansprüche gegenüber ihren Töchtern zeigen. Das weist auf die hohe Bedeutung eines guten Einvernehmens zwischen Elternhaus und Schule für den Bildungserfolg der Töchter hin. Hinter diesem sichtbaren Kontakt steht allerdings als noch allgemeineres Ziel, den weiterführenden Bildungsweg der Töchter möglichst "reibungslos" bis zum erfolgreichen Abschluß zu begleiten.

Es gilt in diesem Zusammenhang ebenfalls die Motivation der Absolventinnen selbst zu beachten, deren Bedeutung, je nach konkurrierenden Sozialbeziehungen, im Laufe der Schulzeit durchaus wechseln kann. Die Auseinandersetzung mit dem anderen Geschlecht in koedukativ geführten Realschulen und Gymnasien ist dafür nur ein Beispiel. Es kann indes auch durchgängige Motivationsunterschiede zwischen verschiedenen Herkunftsgruppen von Absolventinnen geben. Vor allem für solche aus dem Besitz- und Bildungsbürgertum ist die Welt der weiterführenden Schule so selbstverständlich, daß Schul-, Freundschafts-, oder Interessengruppen weitgehend in ihren schulischen Zielen übereinstimmen; sie werden auf diese Weise gewissermaßen nahtlos in ihr Leben integriert. Andere, etwa die aus Kleinbauerntum oder Arbeiterschaft, dagegen leben in mehreren, sich kaum oder gar nicht überschneidenden Kreisen: der Schulklasse, den Freundes- oder Interessengruppen, in Verwandt- oder Bekanntschaft, die kaum gemeinsame soziokulturelle Berührungs- und Bezugspunkte aufweisen. Hier wird die "Schülerinnen-Rolle" zu einer unter vielen, der Konkurrenz ganz anderer, möglicherweise widersprüchlicher Erwartungen ausgesetzt, damit gleichsam relativiert und eingeschränkt.[44]

Diese gewichtigen Einflußbereiche liefern gewiß kein erschöpfendes Bild schulischer und außerschulischer Verhaltenserwartungen, denen sich die Real- und Gymnasialschulabsolventinnen gegenübergestellt sehen. Schon ihre im ganzen wiedergegebenen Bildungsbiographien wie auch deren Auszüge zu bestimmten thematischen Gesichtspunkten zeigen, wie komplex jeder einzelne Fall liegt. Im übrigen ist fraglich, ob die schulischen und außerschulischen Einflußbereiche wirklich voneinander unabhängig sind. Es fällt jedenfalls auf, daß typische Beziehungen zwischen ihnen bestehen:

---

44 Vgl. Dahrendorf 1967.

- Das Motiv der Statuserhaltung im Besitz- und Bildungsbürgertum verbindet sich im allgemeinen mit Schulnähe im Elternhaus, also der Ergänzung und Unterstützung der Schule, und die Töchter entsprechen den in Elternhaus und Schule gehegten Erwartungen weitgehend. In einem solchen Fall ist ihre Chance, einen gymnasialen Bildungsweg mit Erfolg abzuschließen, außerordentlich groß.

- Eher umgekehrt verhält es sich im Kleinbauerntum: Wenn hier Töchter zwar eine aus bestimmten Gründen starke, aber unbestimmte Bildungsmotivation zeigen und in eine Realschule oder ein Gymnasium überwechseln wollen, aber in der Familie entgegengesetzte Erwartungen und Bildungsvorurteile vorherrschen, dürften diese in der Regel mit Schulferne im Elternhaus einhergehen. Ähnliches gilt - mit den entsprechenden Einschränkungen - auch für Töchter aus der Arbeiterschaft.

Der Konflikt, in den solche teils widersprüchlichen, teils einander fremden Erwartungen die Töchter bringen, kann im allgemeinen nur durch hohe Leistungsmoral und ihren entschlossenen Willen, diesen Konflikt zu meistern, sowie durch Ermutigung und Unterstützung seitens der Lehrerinnen und Lehrer verhindert werden.

Natürlich lassen sich manche Einwände gegen die hier vorgetragene theoretisch begründete Auswahl zentraler Einflußbereiche erheben, sei es der, sie vereinfache zu sehr oder gar der, sie enthalte Elemente von Wunschdenken. Jedoch treffen diese Einwände die Grundfigur der Analyse nicht, halten wir das Modell doch für eine wichtige heuristische Hilfe bei der Analyse des Bildungsverhaltens von Real- und Gymnasialschulabsolventinnen. Versucht man die theoretischen Überlegungen deswegen zunächst zu einem einfachen allgemeinen theoretischen Erklärungsmodell der Bildungsbeteiligung von Real- und Gymnasialschulabsolventinnen zu verdichten, indem man das Vorhandensein von positiven Eltern- und Lehrereinflüssen sowie die Motivation der Absolventin (+), indifferente Haltungen (±) und das Fehlen dieser Haltungen (-) vorsieht, so ergibt sich eine Vielzahl von Kombinationsmöglichkeiten innerhalb des folgenden Grundschemas (vgl. Übersicht 1)

Selbstverständlich sind nicht alle theoretisch denkbaren Kombinationen empirisch möglich und sinnvoll. Zumindest in der Bundesrepublik Deutschland bedeutet die Absicht des Statuserhalts im allgemeinen auch eine gewisse Schulnähe; umgekehrt kommt eine hohe Bildungsmotivation der Schülerin im Hinblick auf den Übergang ins Gymnasium bei Schulferne des Elternhauses wohl seltener vor. Indes liegt die Schwäche dieses Grundschemas weniger darin, daß es zu viele Möglichkeiten offenhält, als vielmehr darin, daß es bestimmte Möglichkeiten von vornherein aus dem Blick verliert. Absolventinnen aus Arbeiter- oder Kleinbauernfamilien haben beispielsweise oftmals eine vergleichsweise geringe Chance, direkt ins Gymnasium überzuwechseln, wenn Vater und Mutter zweifelnd und unsicher über die Schulwahl "Gymnasium" sind, obwohl die Absolventinnen selbst hohe Erwartungen und eine hohe Bildungsmotivation in dieser Hinsicht hegen und der Unterstützung ihrer Lehrerinnen und Lehrer gewiß sind. Es muß daher die Wirkung eines weiteren Einflußbereiches mit berücksichtigt werden, der allein zu wenig aussagekräftig ist, um viel erklären zu können, aber in diesem Zusammenhang seine Bedeutung erhält: die des Schulziels. Es wird nunmehr ergänzend und korrigierend in das Grundschema mit aufgenommen.

Übersicht 1: Einfaches allgemeines theoretisches Erklärungsmodell der Bildungsbeteiligung von Real- und Gymnasialschulabsolventinnen

Bildungseinflüsse	positiv		indifferent		negativ
Vatereinfluß	+	...	±	...	-
Muttereinfluß	+	...	±	...	-
Lehrereinfluß	+	...	±	...	-
Bildungsmotivation der Absolventin	+	...	±	...	-

Auch diese Ergänzung macht das Modell der Bildungsbeteiligung gleichwohl noch nicht voll realitäts- und damit funktionstüchtig. Ein weiterer Einflußbereich ist zu beachten, der die übrigen positiv oder negativ verstärken kann: die Schulleistung. Sie darf nicht im Sinne einer genetischen Veranlagung aufgefaßt werden.[45] Leistung heißt hier im Grunde Leistung nach den Maßstäben der Schule. Trotz dieser Einschränkung bleibt festzuhalten, daß, neben der Schulwahl, die Schulleistung der Absolventinnen als eigenständiger Einfluß ihre Erfolgschance erheblich behindern oder steigern kann.

Freilich ist nun das theoretische Erklärungsmodell immer noch nicht handhabbar. Zwei weitere Sozialstrukturmerkmale sind auf jeden Fall zu berücksichtigen, die die Wirkung aller übrigen entscheidend schwächen, neutralisieren oder ver-

45 Vgl. Roth 1968, Fend 1987.

stärken können: die Geschlechtszugehörigkeit und die soziale Herkunft.[46] Dabei macht es natürlich, so banal das auch klingen mag, noch immer einen erheblichen Unterschied aus, ob eine Absolventin in einer ländlich-katholischen Arbeiterfamilie oder in einer städtisch-protestantischen Arztfamilie aufwächst: Weiblichkeit und Männlichkeit allein definieren also noch nicht allzuviel, gilt es doch ins Kalkül zu ziehen, daß es in den verschiedenen sozialen Herkunftsgruppen bekanntlich höchst unterschiedliche Praktiken des Umgangs mit dem geschlechtstypischen Verhalten gibt.

Die Erziehungsmilieus und -praktiken unterscheiden sich grundlegend, und zwar vor allem hinsichtlich der Übereinstimmung der sozio-kulturellen Werte zwischen Elternhaus und Schule. Und dementsprechend verschieden sind die Mentalitäten:

> "Pfarrers Tochter und Lehrers Sohn haben z. B. im Blick auf kulturelle oder kommunikative Kompetenzen, aber auch im Blick auf die zu erwartenden objektiven und subjektiven Zukunftsperspektiven i. d. R. mehr miteinander gemein als Pfarrers Tochter mit Müllers Tochter oder Lehrers Sohn mit Arbeiters Sohn: Sie haben z. B. mehr Zeit zum Lernen und zur eigenen Entwicklung; sie leben in der Regel in einem kulturell reicheren Milieu. Sie werden stärker auf Individualität und Personalität ('Selbständigkeit') hin erzogen; Reflexivität und die Beherrschung symbolischer Praktiken spielen eine größere Rolle; es fließt mehr Geld in ihre Sozialisation. Dementsprechend unterscheiden sich die Geschmacksnormen und die (subjektiven und objektiven) Interessen, die am Schluß herauskommen: 'Form' bildet den zentralen Bezugspunkt der oberen, 'Substanz' den der unteren Schichten. Wenn man nach Kapitalausstattung bzw. -bildung fragt, sind das ja immerhin wichtige Faktoren. Die Logik der unterschiedlichen Praktiken erschließt sich eben nicht allein aus der Geschlechterdichotomie, sondern aus der konkreten Analyse von sozialer Lage und sozialer Stellung, die die Frage nach der Bedeutung der Geschlechtszugehörigkeit systematisch einschließt."[47]

Damit ergibt sich ein erweitertes allgemeines theoretisches Modell der Bildungsbeteiligung mit zahlreichen Möglichkeiten der Kombination (vgl. Übersicht 2). Doch sind unter diesen Möglichkeiten zwei von drei im Grundschema aufgeführt, die für die Vorhersage des Erfolgs von Real- und Gymnasialschulabsolventinnen von besonderer Bedeutung sind. Sie erlauben zwei verallgemeinernde Aussagen über die Wahrscheinlichkeit des Erfolgs, durch die eine große Zahl der Bildungsbiographien dieser Absolventinnen typisiert werden können.

1. Fällt die Schulwahl von Vater und Mutter wie selbstverständlich von ihrer Bildungstradition her auf das Gymnasium und unterstützen sie in dieser Absicht ihre Tochter nachhaltig, so ist mit großer Wahrscheinlichkeit zu erwarten, daß bei entsprechender Bildungsmotivation und Leistung der Tochter dieser Bildungsweg mit der Reifeprüfung abgeschlossen wird; den Empfehlungen und Ratschlägen

---

46 Vgl. Passeron und de Singly 1982, Rodax 1989a, Mayer und Blossfeld 1990, Metz-Göckel und Nyssen 1990, Köhler 1992, de Singly 1994.

47 Liebau 1992, S. 141 f.

von Lehrerinnen und Lehrern kommt kein entscheidender Einfluß zu (Beispiel: Absolventinnen aus dem Besitz- und Bildungsbürgertum).

Übersicht 2: Erweitertes allgemeines theoretisches Erklärungsmodell der Bildungsbeteiligung von Real- und Gymnasialschulabsolventinnen

Sozialstrukturmerkmale								
soziale Herkunft				Geschlechtszugehörigkeit				
Bildungseinflüsse	1.			2.				3.
			(a)	(b)	(c)	(d)		
Vatereinfluß	+	…	+	+	-	-	…	-
Muttereinfluß	+	…	+	-	+	-	…	-
Lehrereinfluß	+	…	-	-	+	+	…	-
Bildungsmotivation der Absolventin	+	…	+	+	+	+	…	-
Schulziel	+	…	+	+	+	-	…	-
Schulleistung	+	…	+	+	+	+	…	-

2. Besteht indessen vor allem ein ernsthafter Konflikt oder große Unsicherheit im Elternhaus im Hinblick auf den Übergang ihrer Tochter in eine weiterführende Schule, so vermögen, je nach der Einflußkonstellation, väterliches beziehungsweise mütterliches Anspornen und Fördern, klares Festhalten am Schulziel, eine hohe Bildungsmotivation gepaart mit weit überdurchschnittlichen Leistungen und die nachhaltige Ermutigung und Unterstützung seitens der Lehrerinnen und Lehrer den Weg der Absolventin bis zum Real- oder Gymnasialschulabschluß zu ebnen (Beispiel: Bildungsaufsteigerinnen aus neuem [a] wie altem [b] Kleinbürgertum, Arbeiterschaft [c] und Kleinbauerntum [d]).

Doch sind diese Schlüsse keineswegs der einzige Sinn des entwickelten Erklärungsmodells. Vielmehr erlaubt es gerade auch, über solche besonderen und begrenzt nützlichen Aussagen hinauszugehen und Veränderungen zu beobachten: In dem Maße, wie sich Absolventinnen konkurrierenden Erwartungen, insbesondere in Elternhaus und Schule gegenübersehen, und keine Ermutigung und Unterstützung in ihren Bildungsplänen vor allem von ihren Eltern erfahren, wird ihr Übergang in einen weiterführenden Bildungsgang erheblich gefährdet. Eine Präzisierung des Schulziels kann sicher bis zu einem gewissen Grad einen Leistungsabfall ausgleichen. Und das Motiv des Statuserhalts bei den Eltern kann teilweise andere erfolgbegünstigende Einflüsse ersetzen. Gleichwohl wäre es problematisch, das entworfene allgemeine theoretische Modell der Bildungsbeteiligung von Real- und Gymnasialschulabsolventinnen schon als erschöpfende Erklärung für ihren Übertritt und Erfolg in weiterführenden Schulen anzusehen, aber es liefert einige wertvolle Hinweise darauf, wie sich aus der Gegenüberstellung der Bildungsbiographien von Töchtern aus dem Besitz- und Bildungsbürgertum sowie denen von Bildungsaufsteigerinnen allgemein ableiten läßt.

Zur sozialen Typik der Bildungsbiographien

Die theoretisch wichtigste und zugleich heikelste Frage, die an diese allgemeinen Überlegungen anzuschließen ist, lautet: Unter welchen konkreten sozialen Voraussetzungen kommen jene Kombinationen der erwähnten Einflüsse im Modell der Bildungsbeteiligung von Real- und Gymnasialschulabsolventinnen unterschiedlicher sozialer Herkunft zustande, mit denen sich eine hohe Erfolgswahrscheinlichkeit verbindet? Die Beantwortung dieser Frage führt zurück zu den bei der Darstellung der Bildungsbiographien herausgearbeiteten Einflußbereichen bei den betroffenen Herkunftsgruppen: den Absolventinnen aus dem Besitz- und Bildungsbürgertum, dem alten und neuen Kleinbürgertum, der Arbeiterschaft und dem Kleinbauerntum. Aus der Vielzahl sollen hier jene Gesichtspunkte besonders hervorgehoben werden, die bildungssoziologisch mit leichten Schattierungen und Variationen typisch für den weiterführenden Bildungsweg der Absolventinnen sind; zum besseren Verständnis sollen sie hier zunächst nochmals vergleichend im Überblick darstellt werden (vgl. Übersicht 3).

Übersicht 3: Synopse zur sozialen Typik der Bildungsbiographien

Typ-Bezeichnung	Elterneinfluß	Lehrereinfluß	Bildungsmotivation der Absolventin
I. Töchter des *Besitz- und Bildungsbürgertums*	Bildungstradition	kein Einfluß der Grundschullehrerinnen und -lehrer auf Wahl des Gymnasiums (*bemerkenswertes Charakteristikum*)	gerne zur Schule gegangen
	Töchter werden von Vater und Mutter in jeder Hinsicht gefördert	von Lehrern im Gymnasium geäußerte Vorurteile über Frauen beeindrucken nicht	hohe Übereinstimmung mit elterlichen Bildungswünschen und Wertewelt (intellektuelle Leistung und Berufserfolg werden als äußerst wichtig angesehen)
	Besuch des Gymnasiums wird von Vater und Mutter als selbstverständlich betrachtet (*hervorstechendes Charakteristikum*)	Rollenvorbilder sind vor allem Lehrerinnen, die nicht traditionellem Frauenbild entsprechen	
	gute Schulleistungen gelten als selbstverständlich		
	Abitur gilt als Vorstufe zum Studium		
	Mutter lebt starke Berufsorientierung vor (Motto: "... du heiratest ja doch!" wird strikt verpönt)		
	qualifizierte Berufsausbildung wird als selbstverständlich erachtet		
	allerdings: Rudimente traditioneller Geschlechtsrollenzuschreibungen vor allem in familialer Haushaltsführung und Erziehung		

Typ-Bezeichnung	Elterneinfluß	Lehrereinfluß	Bildungsmotivation der Absolventin
II Bildungsaufsteigerinnen			
1. *Kleinbauerntum*	Vater und Mutter nehmen selten Einfluß auf Schulwahl; oftmals ist Vater strikt gegen weiterführenden Schulbesuch, da Mitarbeit auf dem Hof als wichtiger angesehen wird (*hervorstechendes Charakteristikum*)	Grundschullehrerin hat Schlüsselstellung bei Schulwahl; sie empfiehlt zumeist Übergang auf Realschule (*hervorstechendes Charakteristikum*)	gute Schulleistungen
	nur wenn Eltern schon mit höherer Bildung in Berührung gekommen sind, befürworten sie Übergang der Tochter in weiterführende Schule	großes Gewicht haben Lehrkräfte in weiterführenden Schulen*: sie stärken Selbstbewußtsein, fördern Disziplin und Leistung und bilden Charakter	oft kein eigener Anspruch auf Übergang in weiterführende Schule (*bemerkenswertes Charakteristikum*)
	großes Gewicht bei Übergang in weiterführende Schulen hat soziales Umfeld: Verwandte, Nachbarn	positiver Einfluß der Lehrerinnen auf soziales Klima*	
	außerordentlich starre Geschlechtsrollenmuster: Hausfrauen- und Mutterrolle gilt als Leitbild für Tochter; Bruder darf eher zum Gymnasium und studieren		

Typ-Bezeichnung	Elterneinfluß	Lehrereinfluß	Bildungsmotivation der Absolventin
2. *Arbeiterschaft*	Mutter kommt großes Gewicht bei Schulwahl zu: ermuntert nachhaltig, in weiterführende Schule zu wechseln, auch aufgrund selbst erfahrener sozialer Benachteiligung (*hervorstechendes Charakteristikum*)	Schlüsselrolle bei der Schulwahl hat Grundschullehrerin: sie unterstützt und fördert Übergang auf eine weiterführende Schule (*hervorstechendes Charakteristikum*)	gerne zur Schule gegangen
	Vater hat kaum Bedeutung für Schulwahl	Lehrer kümmern sich bei Lernschwierigkeiten um Schülerinnen in weiterführenden Schulen, motivieren und fördern*	überdurchschnittlich gute Schulleistungen
	soziale Distanz geringer, wenn Geschwister bereits positive Erfahrungen mit weiterführenden Schulen haben	positiver Einfluß der Lehrerinnen auf soziales Klima*	entwickelt großen Ehrgeiz, Abitur zu bestehen
	erhebliches Gewicht bei Übergang auf weiterführende Schule hat auch soziales Umfeld: Verwandte, Bekannte, Nachbarn	soziale und geschlechtstypische Vorurteile der Lehrer	Angst vor Schulversagen und vor Kollision mit traditionellen Rollenerwartungen kann hinderlich sein auf weiterführendem Bildungsweg
	konventionelles Arbeits- und Rollenverständnis noch stark ausgeprägt, vor allem bezüglich Erziehungs- und Haushaltsbereich, Vater über lange Schul- und Studienzeit der Tochter: "... du heiratest ja doch!"; Bruder wird Gymnasialbesuch und Studium eher gestattet		

Typ-Bezeichnung	Elterneinfluß	Lehrereinfluß	Bildungsmotivation der Absolventin
3. *Altes Kleinbürgertum*	Vater übt entscheidenden Einfluß auf Wahl der weiterführenden Schule aus; wird als Autorität angesehen (*hervorstechendes Charakteristikum*)	keine große Bedeutung der Grundschullehrerinnen und -lehrer bei Schulwahl	gute Schulleistungen
	Mutter spielt kaum eine Rolle bei Schulwahl		kaum ausgeprägter Wunsch, in weiterführende Schule zu wechseln
	Vater erwartet gute Schulleistungen		
	Dominanz konventioneller Rollenverteilung und geschlechtstypischer Erziehung: Tochter hilft Mutter im Haushalt, Sohn hilft Vater in der Werkstatt; Sohn besucht Gymnasium und studiert, Tochter besucht Realschule und erlernt praktischen Beruf		

Typ-Bezeichnung	Elterneinfluß	Lehrereinfluß	Bildungsmotivation der Absolventin
4. *Neues Kleinbürgertum*	Vater beeinflußt entscheidend Übergang ins Gymnasium und hält Tochter an, bis zum Abitur durchzuhalten (*hervorstechendes Charakteristikum*) Mutter nimmt keinen direkten Einfluß auf Schulwahl Eltern erwarten gute Schulleistungen, helfen und fördern Tochter noch deutliche traditionelle Rollenvorstellungen: Vater betrachtet gute Schul- und Berufsausbildung der Tochter als Sicherheit und Vorsorge für den "Notfall", wendet sich aber gegen Studium; nur Sohn soll studieren, seine Ausbildung wird ernster genommen; klare geschlechtstypische Erziehung	Grundschullehrerin drängt Eltern, Tochter zur weiterführenden Schule, insbesondere zum Gymnasium, zu schicken und bereitet Übertritt gut vor Unterstützung der Lehrerinnen und Lehrer wirkt motivierend und fördernd, kümmern sich sehr um Schülerinnen* gutes soziales Klima und lebendige Gestaltung des Unterrichts*	hohe Leistungsbereitschaft und großer Ehrgeiz

* trifft besonders für katholische Mädchenrealschulen und -gymnasien zu

Diese charakteristischen Bildungswegmuster der Herkunftsgruppen treten natürlich nicht immer in "reiner" Ausprägung auf. Sie verbinden sich in der Regel mit einer Vielzahl sich mischender individueller, institutioneller und sozialer Einflüsse, die in jedem einzelnen Fall eine andere Rolle spielen mögen. Durch die Zurückführung auf die konkrete Anschauungsebene erhält man aber einen guten Überblick und gewinnt Ansatzpunkte, die einen ersten Schritt in Richtung einer bildungssoziologischen Erklärung des weiterführenden Bildungsweges von Real- und Gymnasialschulabsolventinnen unterschiedlicher sozialer Herkunft bedeuten können.

Dabei hilft zunächst die Tatsache, daß ja bereits der Übergang in eine weiterführende Schule keineswegs von allen befähigten Töchtern und ihren Eltern als bare Selbstverständlichkeit angesehen wird, obwohl er prinzipiell im Rahmen einer Sozialideologie der Offenheit allen Befähigten freistehen soll. Bildungsaufstieg wird toleriert, ja gefordert. Diese Tatsache findet in der Bundesrepublik Deutschland

> "auch darin ihren Ausdruck, daß der Zugang zu den Gymnasien als den Bahnen zur Spitze der Pyramide sozialer Schichtung grundsätzlich offen ist. Es gibt am Anfang des Gipfelweges keine bewußt diskriminierende Selektion, sei es durch für bestimmte Gruppen unüberwindliche finanzielle Barrieren, sei es durch ein System sozialer Selektion nach dem Muster der englischen Public Schools. Zumindest bis in die jüngste Zeit hinein, und in den meisten Teilen der Bundesrepublik, wäre es zwar übertrieben zu sagen, daß der Übergang aller irgend Befähigten zum Gymnasium geradezu gefördert würde; doch läßt er sich zumindest dort nicht verhindern, wo bei Eltern oder Kindern Aufstiegsaspirationen auf welche Weise auch immer geweckt worden sind, wo also der Samen der offenen Gesellschaft aufgegangen ist."[48]

Für Töchter aus Kleinbauerntum, Arbeiterschaft, altem und neuem Kleinbürgertum bleibt der Besuch von Realschulen und Gymnasien in der Regel der einzig mögliche Zugang zur Bildung über die der Pflichtschulbildung hinaus; die allgemeinbildenden weiterführenden Bildungsgänge könnten infolgedessen der Königsweg zur Demokratisierung der Bildung sein, wenn dieser die ursprünglichen Unterschiede im Bildungsniveau nicht dadurch, daß er sie ignoriert, gleichsam perpetuieren würde. Denn als

> "Erziehung *ad usum delphini* vermittelt die ... Schulbildung ein Wissen zweiten Grades, das auf einem ganzen Schatz von Erfahrungen ersten Grades aufbaut, auf Lektüre, die durch die elterliche Bibliothek angeregt und ermöglicht wird, auf Theaterbesuch, bei dem einem die Wahl abgenommen ist, auf Reisen in Form kultureller Wallfahrten, auf Gesprächen voll von Andeutungen, die nur der bereits Gebildete versteht."[49]

Es lohnt sich deshalb, in diesem Zusammenhang den Bildungsaufsteigerinnen wiederum größere Aufmerksamkeit zu schenken, schafft doch jede Herkunfts-

48 Dahrendorf 1967, S. 164.

49 Bourdieu und Passeron 1971, S. 39.

gruppe ihre eigenen Aufstiegsmuster in der Bildung. Denn die Tatsache, daß der Übertritt in eine weiterführende Schule von ihnen zum Teil nur unter größten Mühen vollzogen werden kann und oftmals der Hilfe sozialer Paten bedarf, macht es notwendig, die wesentlichen sozialen Ursachen gleichsam nochmals im Gesamtzusammenhang des Gesellschaftsgefüges zu verdeutlichen.

Absolventinnen aus der Arbeiterschaft

Eine Gruppe, für die das mit Sicherheit zutrifft und deren Übergang in eine weiterführende Schule einem Hindernislauf par excellence gleicht, ist die der Absolventinnen aus der Facharbeiterschaft. Die Gründe dafür sind vielfältig und führen aus dem handfesten Bereich finanzieller Benachteiligung in den der sozial strukturierten Motivation.[50] Vor allem Arbeiterväter stehen in der Regel in einer erheblichen Distanz zum Gymnasium. Berührungsängste vor einer unbekannten Institution, die die Töchter den Eltern womöglich entfremden könnte, begünstigen oftmals eine rigorose Ablehnung der Väter ebenso wie Konkurrenzgefühle. "Denn die jeweilige geschlossene Geschlechterrolle ist zugleich 'ein geschlossener und ausschließender Bereich' und dient dem 'Aufbau einer legitimen Identität'".[51]

Daß das Gymnasium auch für ihre Töchter da sein könnte, kommt mithin nur sehr wenigen dieser Väter in den Sinn; allenfalls ihren Söhnen wird dieses Privileg höherer Bildung noch zugestanden. Materielle Zwänge, die Notwendigkeit, zum Unterhalt der Familie beizutragen, lassen daher für sie unter Umständen nur eine (Mädchen-)Realschule akzeptabel erscheinen. So erstaunt es wenig, daß Töchter von ihren Vätern fast immer in eine Rolle gedrängt werden sollen, in der der Bildungsaufstieg in eine weiterführende Schule keinen dominierenden Platz einnimmt. Für sie führt der soziale Aufstieg im allgemeinen nicht über eine weiterführende Schule, sondern allenfalls über die Ehe. Das ist wohl ein hartes Indiz dafür, daß die bildungsmäßige Gleichstellung von Töchtern aus der Arbeiterschaft häufig nicht mit einer Umorientierung entsprechender Werthaltungen der Väter einhergegangen ist, die ihren Grund in dem rigiden Festhalten an einer geschlechtstypischen Rollenverteilung in Familie und Beruf hat.

Das vielfach erwähnte Motto "... du heiratest ja doch!" würde sich deswegen besonders bei der Frage nach dem Übergang von der Grundschule in ein Gymnasium verhängnisvoll für Töchter aus der Arbeiterschaft auswirken, wenn nicht die Mütter im Einklang mit den Grundschullehrerinnen beziehungsweise den Lehre-

---

50 Vgl. Geiger 1992.

51 Kaufmann 1994, S. 60.

rinnen und Lehrern in den (Mädchen-)Realschulen und/oder (Mädchen-)Gymnasien sowie den Verwandten, Bekannten oder Nachbarn eine so unterstützende und fördernde Rolle einnehmen würden, die sich - zusammen mit den bereits gemachten Erfahrungen von Geschwistern in einer weiterführenden Schule und der hohen Bildungsmotivation der Absolventinnen selbst - so positiv auf deren weiterführenden Bildungsweg auswirkt. Daß der Traum vom besseren Leben nicht im Torso endet, verdanken sie also hauptsächlich ihren ehrgeizigen Müttern. Anders als die sich im allgemeinen sperrenden Väter suchen sie stets den Austausch im Gespräch mit ihren Töchtern und nehmen sich deren schulischen Sorgen und Schwierigkeiten an. Bemerkenswert ist hierbei auch, daß es besonders Mütter sind, die für den weiterführenden Bildungsweg ihrer Töchter im weitesten Sinne ebenso den Gesichtspunkt der Selbstverwirklichung betonen, während Väter - wenn überhaupt - nur den der späteren unmittelbaren beruflichen Verwertung bis zur Eheschließung in den Vordergrund rücken.

Mütter und Väter aus der Arbeiterschaft deuten mithin offenbar vielfach die vermehrte Einlösung eines höheren Bildungsanspruchs für ihre Töchter geschlechtstypisch ganz unterschiedlich: Die Mütter erleben, wie ihre Töchter Bildungsentwürfe verwirklichen, die ihnen in ihrer eigenen Kinder- und Jugendzeit noch weitgehend verwehrt blieben und ihnen eine Berufstätigkeit zumeist nur bis zur Eheschließung gestatteten. Es ist mithin verständlich, daß sie sich gerade in dieser Hinsicht stark mit dem weiterführenden Bildungsweg ihrer Töchtern identifizieren, der diesen größere Handlungs- und Gestaltungsspielräume auf ihrem weiteren Lebensweg einräumt. Dieser Rückhalt bestärkt die Töchter wiederum in ihrer Bildungsbereitschaft und gibt ihnen Mut, den eingeschlagenen Bildungsweg durchzuhalten. Kurzum: Die bildungsmäßige Unsichtbarkeit von Arbeitertöchtern bei allem, was nicht zu ihrer Rolle als Ehefrauen und Mütter gehört, beginnt sich allmählich zu wandeln.

Absolventinnen aus dem Kleinbauerntum

Ähnlichkeiten, aber ebenso erhebliche Mentalitätsunterschiede weisen die weiterführenden Bildungswege von Absolventinnen aus dem Kleinbauerntum auf. Auch sie ergeben ein vergleichsweise klares Bild. "Wenn nur dö verflixte Schul gleich der Teifi holn tat. Was braucht insa Dirndei a Schul; mir ham aa koane braucht und san aa groß wordn und taugn unta d'Leut."[52] Dieser zugegebenermaßen überspitzte Stoßseufzer, Inbild der oftmals lähmenden Schwerkraft der kleinbäuerlichen Lebensverhältnisse, wirft indes ein bezeichnendes Licht auf

---

52 Widmann 1987, S. 306.

die Entwicklung der Schulbildung von Mädchen und jungen Frauen in noch ländlich geprägten Regionen Bayerns. In diesem Sinne scheinen die Lebensbedingungen in kleinbäuerlichen Betrieben tatsächlich bildungsferner zu sein als diejenigen von Facharbeitern. Haben

> "letztere immerhin eine geregelte Berufsausbildung zu absolvieren, so ist es eine offene Frage, ob ... die Ausübung des Berufes 'Landwirt' nicht doch noch häufig mehr von einer traditionellen Praxis als von der heute selbstverständlichen schulischen Fachausbildung bestimmt war. Dazu kommt, daß auch die Anregungsbedingungen innerhalb der Familie des um seine Existenz ringenden ... Bauern oder des Arbeiters mit landwirtschaftlichem Nebenerwerbsbetrieb ungünstiger als beim Facharbeiter zu beurteilen sind, da der Arbeitstag kein Ende nimmt. In der Landwirtschaft ist es auch selbstverständlich - und unter solchen harten Existenzbedingungen ganz besonders -, daß alle verfügbaren Familienmitglieder mitarbeiten ... Somit bleibt für schulische Belange von vornherein wenig Zeit und Aufmerksamkeit."[53]

Dabei sind die Kleinbauerntöchter häufig, wie sich gezeigt hat, durch das Fehlen erreichbarer weiterführender Schulen in ihrer unmittelbaren Wohngegend besonders benachteiligt. Doch spiegelt diese gleichsam äußerliche Benachteiligung oft nur das Fortbestehen eines Mentalitätssyndroms wider, das man als "konservativ-bäuerliche Daseinsform"[54] bezeichnen könnte, das zumeist durch eine rigide Geschlechtsrollenverteilung, also das strikte Festhalten am traditionellen Frauenbild, geprägt ist.

Entscheidendes Charakteristikum dieses Syndroms ist das weitgehende Fehlen einer Motivation zur sozialen Mobilität, eine tief verwurzelte Abneigung gegen Unruhe und Konflikte, Wechsel und Wandel. Denn der

> "Bauer zum mindesten ist heute Individualist und hängt am Erbeigentum und an seinem Boden. Er wird sich davon kaum abbringen lassen. Er verbündet sich weit eher mit dem Großgrundbesitzer als mit dem radikal-sozialistischen Arbeiter, wenn er sich darin bedroht glaubt."[55]

Überschneidet sich dieses Syndrom überdies noch mit einem geschlossenen "katholischen Weltbild"[56], entfaltet es zumindest eine fatale Wirkung, die die tiefsitzende Ablehnung der Eltern, insbesondere der Väter, gegen das Einschlagen eines weiterführenden Bildungswegs ihrer Töchter, wie auch die äußerst passive Rolle, die sie selbst hierbei einnehmen, verständlich erscheinen läßt. Allenfalls den Söhnen wird - bei guten Schulleistungen und nachdrücklicher Empfehlung der Lehrkräfte in Grundschulen - überhaupt ein Übergang vor allem ins Gymnasium aus Prestigegesichtspunkten erlaubt, wenn auch oftmals schweren Herzens, weil damit der Hoferbe ausfällt. Diese sozialen Barrieren gelingt es Töchtern nur

---

53 Sehringer und Jung 1995, S. 336.

54 Vgl. Geiger 1932, Peisert 1967.

55 Weber 1995, S. 116.

56 Vgl. Schilmöller et al. 1989.

zu überwinden, wenn vor allem die Grundschullehrerinnen als Wegbereiter und "Autoritätspersonen" den Eltern nachdrücklich empfehlen, sie in eine weiterführende Schule wechseln zu lassen und wenn im sozialen Umfeld mit einer höheren Bildung schon einmal in Berührung gekommene Respektpersonen dies gutheißen und die Eltern darin entschieden bestärken. Nur unter diesen Voraussetzungen besteht für Töchter aus dem Kleinbauerntum überhaupt eine reale Chance auf einen Bildungsaufstieg.

Der krude geschlechtstypische Traditionalismus, der zäh an der Macht der Gewohnheiten festzuhalten scheint, ist also besonders im Kleinbauerntum, das einen beständigen ökonomischen Kampf ums Überleben führt, noch wirksam; aber er wirkt nicht mehr einfach und direkt, würde das doch bedeuten, daß Töchter aus dem Kleinbauerntum den Weg in eine weiterführende Schule gar nicht erst wagen dürften. Wo das althergebrachte Modell geschlechtstypischer Rollenvorstellungen im Elternhaus sie von diesem Weg doch wieder abzubringen versucht, ist dies oftmals gebrochen durch andere soziale Kräfte: durch den Vergleich, also die Realität der im traditionalen Mentalitätssyndrom erfahrenen und verhafteten Fremdbestimmung; durch den Einfluß der Lehrerinnen und Lehrer in Grundschulen und weiterführenden Schulen; durch ein bildungsfreundlicheres soziales Umfeld (Verwandte, Bekannte), das gerade für die Bildungskarriere der Töchter viel wichtiger ist als für die der Söhne; durch die Auseinandersetzung der Eltern mit der Welt der Schule; manchmal auch durch beharrliche eigene oder klar vorgegebene mütterliche Aufstiegswünsche. Bemerkenswert ist jedenfalls, mit welcher Ausdauer und mit welchem Leistungserfolg es Töchtern insbesondere aus dem Kleinbauerntum mit Hilfe und Unterstützung ihrer Lehrerinnen und Lehrer doch immer wieder gelingt, soziale Bildungsschranken zu überwinden und auch die Hochschulreife ohne erkennbare Schwierigkeiten zu meistern.

Dabei ist gerade die Vorbildwirkung von Lehrerinnen und Lehrern in Grundschule und weiterführenden zumeist katholischen Schulen in diesem Zusammenhang für viele Absolventinnen aus Kleinbauerntum und ebenso aus Arbeiterschaft nicht hoch genug einzuschätzen: Sie stellen nämlich in vieler Hinsicht in ihrem Verhalten ein Modell für die Absolventinnen dar. Dabei geht es nicht darum, perfekt im Unterricht zu sein und nicht auch Fehler machen zu dürfen, sondern darum, sich zu bemühen, sich zu engagieren und Fehler, wenn sie begangen worden sind, freimütig einzugestehen. Und, was noch wichtiger ist, die Lehrerinnen und Lehrer haben in ihren Beziehungen zu den Absolventinnen deutlich werden lassen, daß sie an ihnen interessiert sind, sowohl an ihrer persönlichen Entwicklung als auch an ihrem schulischen Fortkommen. Sie haben ihnen auch Unterstützung und Hilfe gewährt und damit deutlich gezeigt, daß sie auf sie bauen können, wenn sie Probleme haben.

Absolventinnen aus dem alten und neuen Kleinbürgertum

Es ist indessen auch nicht zu übersehen, daß unter solchen schwierigen gesellschaftlichen Voraussetzungen das Motiv des Bildungsaufstiegs in Kleinbauerntum und Arbeiterschaft unter ungleich größeren Schwierigkeiten entsteht und gefördert wird als etwa im Besitz- und Bildungsbürgertum, das diesen Aufstieg bereits vor mindestens einer Generation vollzogen hatte, oder in Gesellschaftsschichten, in denen der Nutzen des Bildungsaufstiegs unmittelbar beruflich sinnfällig wird, wie dies besonders beim neuen und, eingeschränkt, auch beim alten Kleinbürgertum der Fall ist.[57] Es liegt auf der Hand, daß in diesen Elternhäusern die familialen Voraussetzungen einem weiterführenden Bildungsweg der Töchter höchst förderlich sind. Ebenso ist nicht zu bestreiten, daß die Schule sich immer noch weitgehend an Mittelschichtnormen orientiert und an eine kulturelle Bildungstradition anknüpft, die sich dabei in erster Linie ebenso von mittelschichttypischen Wertorientierungen, Leistungsverhalten, Sprachmustern wie intellektuellen Erwartungen und Fähigkeiten leiten läßt.

Vor diesem Hintergrund ist die Bedeutung einer solchen "Mitgift" der Familie für den weiterführenden Bildungsweg der Söhne und Töchter nun keineswegs verblaßt, wie vielfach voreilig gemutmaßt wird.[58] Dies zeigen besonders die Schilderungen der Gymnasialschulabsolventinnen aus dem alten und neuen Kleinbürgertum vor allem zum Leistungsbewußtsein ihrer Väter. Auf ihrem Panier stehen Tugenden wie Fleiß, Zielstrebigkeit und Geschick. Und die Mittelschichtorientierung der Väter zeigt sich ja gerade darin, daß sie ihren Töchtern in dieser Hinsicht eine hohe Leistungsmotivation zu vermitteln versuchen, die die Töchter für sich voll übernommen und verinnerlicht haben, gepaart mit dem unbedingten Willen, beruflich weiterzukommen; sie messen deswegen hauptsächlich dem gymnasialen Bildungsweg ihrer Töchter außerordentliches Gewicht bei. Positiv zu Buche schlägt die Unterstützung der Töchter durch Grundschullehrerinnen und -lehrer, auch wenn deren Ratschlag beim Übergang in eine weiterführende Schule nur bei Zweifel oder Unsicherheit gesucht wird. Großes Gewicht für die Bildungsaufsteigerinnen aus dem neuen Kleinbürgertum kommt ebenso Lehrerinnen und Lehrern in den zumeist katholischen Mädchengymnasien zu, die die Töchter in jeder Hinsicht auf ihrem eingeschlagenen Bildungsweg zu fördern und zu unterstützen bestrebt sind.

Diese Bildungsbeflissenheit resultiert gewiß aus der charakteristischen mittleren Lage des alten und neuen Kleinbürgertums, das in besonderer Weise Individualismus und asketische Anstrengung sich zu eigen gemacht hat und zum Teil

57 Vgl. Bolder 1982.

58 Vgl. als ein Beispiel etwa Meulemann 1992.

den Mangel an ökonomischer Sicherheit und vor allem an Bildung durch einen höheren Schulabschluß ihrer Kinder auszugleichen sucht.[59] Daß dafür wesentlich die vorwiegend von den Vätern erfahrene berufliche Konkurrenz verantwortlich ist, hat oftmals nachgewiesen werden können.[60] Die als positiv erlebte berufliche Situation beinhaltet vielfach Konkurrenz und offenen Leistungswettbewerb, womit Leistung selbst und die Orientierung auf Leistung zur familialen Leitlinie erhoben wird. Nicht nur, sich dem Leistungswettbewerb zu stellen, ist wichtig, sondern ihn zu begrüßen und seinen Nutzen daraus für die eigene Karriere ziehen zu können, ist insbesondere für die Väter aus dem neuen Kleinbürgertum zentral.

Die Väter wirken eher durch ihr Vorbild und ihre Persönlichkeit auf den weiterführenden Bildungsweg ihrer Töchter, die Mütter aus dem alten Kleinbürgertum oftmals durch Zurückhaltung und die vor allem aus dem neuen Kleinbürgertum zum Teil eher durch ihre unerfüllten Bildungswünsche oder als Negativfolie und vor allem natürlich auch durch die Energien, die sie als "Begleitkarrieristinnen" in den Aufstieg ihrer Ehemänner investiert haben. Bei ihren erzieherischen Bemühungen müssen die Signale berücksichtigt werden, die die Schule über den erzielten Erfolg gibt. Die kontinuierliche Beobachtung der schulischen Entwicklung durch die Mütter ist notwendig, um so schnell wie möglich eventuelle Mängel zu entdecken und ihnen abhelfen zu können, aber auch, um die Anstrengungen ihrer Töchter und Söhne zu unterstützen. Die Mütter unterwerfen sich daher vor allem im neuen Kleinbürgertum einer regelrechten Arbeit, um die schulische Umgebung ihrer Kinder genau zu kennen. Sie sind

> "geradezu berufsmäßig 'Elternteil eines Schulkindes' und nicht einfach ein Konsument der Schule. Dieser Begriff ist zu schwach ... und zu hedonistisch, denn durch die Präzision ihrer zeitlichen Planungen erinnert die Haltung der Mütter eher an die Zwänge der Büroarbeit als an den beim Einkaufen empfundenen Genuß ...' Solche Frauen zögern auch nicht, positive Verstärkungen anzuwenden, und 'verwandeln ihr Zuhause teilweise in einen Anbau des Collège.'"[61]

Damit steht keineswegs im Widerspruch ein vergleichsweise klares geschlechtstypisches Rollenmuster in familialen Erziehungs- und Bildungsfragen, das geradezu zur "Bildungsfalle" vor allem für die studierwilligen Töchter aus dem neuen Kleinbürgertum werden kann, ruft man sich insbesondere die schroffe Ablehnung vieler Väter gegen ein Universitätsstudium in Erinnerung. Den Töchtern fällt es schwer, einzusehen, warum sie ihren Bildungs- und Ausbildungsweg zugunsten des "Kampfes gegen Wollmäuse" aufgeben sollten.

---

59 Vgl. Bourdieu 1982.

60 Vgl. Seifert 1990.

61 de Singly 1994, S. 39.

In eben dieser Hinsicht denken die Väter aus dem neuen Kleinbürgertum im allgemeinen mehr aus herkömmlicher Perspektive an und über die weitere Ausbildung ihrer Töchter, fließt doch hier ihre eigene biographische Erfahrung ebenso ein, wie ihre Sicht auch noch ein gesamtgesellschaftliches Werturteil widerspiegelt: Trotz einem Mehr an Partnerschaft und Gleichberechtigung scheint die soziale Wirklichkeit besonders im Bereich der familialen Arbeits- und Rollenteilung diesem Einstellungswandel im Denken im Handeln nur sehr zögernd zu folgen.[62] Diese Zuweisung zu althergebrachten Rollenvorstellungen kann sich sehr nachteilig auf eine ins Auge gefaßte qualifizierte Berufsausbildung der Töchter auswirken, die an eine akademische Vorbildung gebunden ist. Deswegen betrachten besonders Väter und Mütter aus dem neuen Kleinbürgertum die Wahl eines Gymnasiums als eine solide Grundlage für eine daran anschließende qualifizierte Berufsausbildung zur Absicherung der materiellen Existenz ihrer Töchter beziehungsweise, mit zum Unterhalt deren zukünftiger Familie beizutragen.

Es sind alles in allem betrachtet in erster Linie die herkunfts- und geschlechtstypischen Bedingungen, besonders immer noch die tief verinnerlichten mütterlichen und/oder väterlichen Anschauungen im Hinblick auf die schicksalhaften und weitreichenden Konsequenzen einer vorausgesetzten späteren Heirat, und nicht die intellektuellen Barrieren, das zeigen die Schilderungen der Bildungsaufsteigerinnen wohl recht deutlich, die den weiterführenden Bildungsweg von Mädchen und jungen Frauen erheblich erschweren können. Dabei sind die Chancen, soziale Handicaps zu überwinden, dann am erfolgversprechendsten, wenn die Herkunftsfamilie mit den schulischen Erwartungen weitgehend übereinstimmt, also den Töchtern ein ernsthafter Rollenkonflikt erspart wird, wenn das Schulziel eindeutig das Abitur ist oder wenn die Schulleistungen der Töchter erheblich über dem Durchschnitt liegen und die Grundschullehrerinnen und -lehrer die Eltern von einem weiterführenden Bildungsweg zu überzeugen vermögen wie in Arbeiterschaft oder Kleinbauerntum. Daß dies keineswegs mehr ganz selten - und der Tendenz nach immer häufiger seit Mitte dieses Jahrhunderts - geschieht[63], ist, bei aller gebotenen Vorsicht, doch ein deutlicher Hinweis auf die gestiegenen Erwartungen der Eltern von Bildungsaufsteigerinnen. Sie beurteilen

62 Vgl. du Bois-Reymond et al. 1992, Institut für Demoskopie Allensbach 1993.

63 Vgl. Krais und Hoerning 1987, Rodax 1989a, Köhler 1992.

die Bedeutung der Schule im allgemeinen ebenso realistisch, wie die Lehrerinnen und Lehrer dies tun und wie es ihrem Gewicht angesichts der weitreichenden Folgen für den Lebenslauf ihrer Töchter auch entspricht.[64]

Absolventinnen aus dem Besitz- und Bildungsbürgertum

Welch überragende Bedeutung gerade dem Elternhaus für den weiterführenden Bildungsweg der Töchter zukommt, läßt sich besonders eindrucksvoll an der Einflußnahme des Besitz- und Bildungsbürgertums ablesen. Sie zeigt sich nicht so sehr im Ringen um die Zuteilung oder Verweigerung von Chancen überhaupt, wie das noch vielfältig in den Elternhäusern von Bildungsaufsteigerinnen der Fall ist, sondern zielt vor allem auf die "feinen Unterschiede"[65] des Typus der Wahl weiterführender Bildungsgänge, die angesichts der Expansion höherer Bildungsabschlüsse sehr viel deutlicher den Lebenslauf bestimmen als der bloße Besitz oder Nichtbesitz solcher Bildungstitel. Das gilt erst recht in Zeiten, in denen die Steuerung von Bildungskarrieren angesichts von Strukturproblemen im allgemeinbildenden weiterführenden Schulbereich und auf dem Arbeitsmarkt besonders augenfällig ist.[66]

Die Schule macht deswegen selbst im akademisch geschulten Besitz- und Bildungsbürgertum ein großes Maß an Engagement seitens der Familie notwendig. Denn es ist nicht unbedingt so, daß der größere Bildungswille sich vor allem im neuen Kleinbürgertum findet[67], sondern die Anspannung ist auf Seiten des Besitz- und Bildungsbürgertums am größten. Das ist auch daran feststellbar,

> "daß die Freizeitbeschäftigungen von Kindern aus Familien, für die deren schulischer Erfolg sehr wichtig ist, von einer Atmosphäre der Ernsthaftigkeit bestimmt werden. Solche Familien schreiben ihre Kinder in der Stadtbibliothek, in Mal-, Tanz- und Musikkursen ein, regen sie zur Lektüre von Büchern an und kontrollieren den Gebrauch des Fernsehens, um zu verhindern, daß dieses zur wichtigsten Freizeitbeschäftigung wird. ... Dabei geht es ebenso um das Erlernen eines bestimmten Bezugs zur Zeit - der v. a. durch die Kritik an dem gekennzeichnet ist, was als Verlust von Zeit, als Leere, verstanden wird - wie um den Inhalt, der während dieser sogenannten 'verlorenen Zeit' in solchen engagierten Familien aufgenommen wird."[68]

In diesem Sinne sind sich Väter wie Mütter und Töchter aus dem Besitz- und Bildungsbürgertum über die Aufnahme eines Universitätsstudiums einig, und die Hochschulreife wird geradezu in leitmotivisch wiederkehrenden Formen als

---

64 Vgl. Hurrelmann und Wolf 1986, Hurrelmann und Schultz 1985.

65 Vgl. Bourdieu 1982.

66 Vgl. Tenorth 1988.

67 Vgl. Bourdieu 1982.

68 de Singly 1994, S. 39 f.

etwas Selbstverständliches angestrebt, dessen mögliche Gefährdung mit allen Mitteln, sei es nun Nachhilfe, Auslandsaufenthalte oder Bildungsreisen zu verhindern versucht wird. Die Eltern halten an einer anspruchsvollen gymnasialen Schulausbildung für ihre Töchter, ungeachtet der Auffassungen und Empfehlungen der Grundschullehrerinnen und -lehrer, fest.[69] Ermutigend kommt sicherlich hinzu, daß die Mütter ihren Töchtern gegenüber eine Berufsorientierung vorleben und das oftmals in diesem Zusammenhang zu hörende typisierende Diktum "... du heiratest ja doch!" gegen eine gymnasiale Schul- und Universitätsausbildung für ihre Töchter nicht mehr gelten lassen. Daß damit noch "Restbestände" althergebrachter Arbeits- und Rollenteilung in Haushalt und zum Teil auch in der unterschiedlichen Erziehung von Töchtern und Söhnen im Besitz- und Bildungsbürgertum einhergehen, wird natürlich von den Töchtern beklagt und als Widerspruch empfunden, gibt indessen immer noch einen realistischen Einblick in Denk- und Handlungsschemata auch in diesen Elternhäusern.

Gleichwohl gilt auch: In den modernen demokratischen konkurrenzorientierten Industriegesellschaften wie der Bundesrepublik Deutschland, die sich auf die Theorie der Eigenverantwortung der Individuen stützen, verlieren Regeln und Maßstäbe, die Teil einer in Fluß geratenen Tradition sind, gerade in den Elternhäusern des Besitz- und Bildungsbürgertums

> "an Durchsetzungskraft: Jeder kann und muß seine Modelle und seine Zukunft selbst definieren und wird darin nur von den wenig verläßlichen kulturellen Schemata, die ihn durchdringen, und von den Interaktionszwängen unterstützt, in die er eingebunden ist. Aber das Wesentliche der Bedeutung von Grenzen, Klassifizierungen und Werten liegt nunmehr im Individuum selbst, in der gesellschaftlich konstruierten Identität, die ihm sagt, was er ist und was er tun muß, in den ererbten und erlernten Verhaltensmustern, die seine Träume in die implizite Realität des internalisierten Möglichen zurückholen."[70]

Folgerungen für die erkenntnisleitende These

Allgemein zeigen diese Ergebnisse das unterschiedlich große Gewicht der sozialen Herkunft für den weiterführenden Bildungsweg von Real- und Gymnasialschulabsolventinnen auf, wie es in der erkenntnisleitenden These dieser Untersuchung mit angesprochen worden ist. Die Akzentuierungen variieren indes - so könnte man pointiert sagen - zwischen einer *Bildung für den Beruf* und einer *Bildung statt Beruf*. Das hängt ohne Zweifel mit kontroversen Vorstellungen hinsichtlich der Rollen und Funktionen, insbesondere hinsichtlich der Ausübung einer akademisch qualifizierten Berufstätigkeit, zusammen, wie sie zwischen Töchtern im Besitz- und Bildungsbürgertum und Arbeiterschaft einerseits, den-

69 Vgl. Ditton 1992, Hansen et al. 1994.

70 Kaufmann 1994, S. 295.

jenigen im Kleinbauerntum, altem und neuem Kleinbürgertum andererseits so offensichtlich zutage treten. Besonders für Töchter aus dem neuen Kleinbürgertum ist die Ausübung einer qualifizierten Berufstätigkeit eher als Übergang bis zur Heirat beziehungsweise als Zuverdienst für familiale oder persönliche Notfälle gedacht.

Die Handlungsnischen, die dagegen vor allem Mütter aus Arbeiterfamilien für ihre Töchter geschaffen haben, um deren Streben nach höherer Bildung und beruflicher Unabhängigkeit zu fördern, ohne gleich die gesellschaftliche Rollenverteilung in der Familie grundlegend in Frage zu stellen, sprechen aber gegen eine allzu deterministische Betrachtungsweise der sozialen Herkunft. Ihr Einfluß auf das Bildungs- und Ausbildungsverhalten ihrer Töchter deutet eher auf einen "gebrochenen Fortschritt" hin[71]: das Nebeneinander von traditionellem Verhalten in der Familie und bildungs- und berufsmäßiger Emanzipation. Den Arbeitermüttern geht es also immer auch um die Bewahrung von Traditionen, die ihnen zwar eine feste Rolle zuweisen, aber zugleich auch soziale Macht verleihen, wie an der weiblichen Selbstbestimmung in der weiterführenden Schullaufbahn ablesbar ist.

Jedenfalls ist die Vorstellung eines dominierenden Traditionalismus bei der Verfolgung eines weiterführenden Bildungsweges für Absolventinnen weniger zwingend, als man aus der Gesellschaftshierarchie abzuleiten geneigt ist. In den Familien von Arbeiterschaft sowie von Besitz- und Bildungsbürgertum ähneln sich die herkömmlichen geschlechtstypischen Auswirkungen der sicherlich sehr unterschiedlichen gesellschaftlichen Voraussetzungen für einen weiterführenden Bildungsweg vor allem von Gymnasialschulabsolventinnen, soweit man Vergleiche überhaupt anstellen kann, tendenziell noch am ehesten, wohingegen in den Familien von Kleinbauerntum, altem und neuem Kleinbürgertum doch noch deutlich ausgeprägte herkömmliche geschlechtstypische Unterschiede festzustellen sind.

Diese Ergebnisse sind ein erster Hinweis darauf - und in dieser Hinsicht müßte die erkenntnisleitende These dieser Untersuchung präzisiert werden -, *daß eine geschlechtstypische Differenzierung des weiterführenden Bildungswegs keineswegs quer durch die herkunftstypischen Grenzen verlaufen muß. Dabei ist die traditionelle Arbeits- und Rollenverteilung zwischen den Geschlechtern in der Familie und Schule derjenige Bereich, wo sich noch die stärksten Unterschiede aufzeigen lassen. Der Bildungsweg vor allem von Gymnasialschulabsolventinnen erscheint also einerseits als sehr ungleich nach Geschlechtszugehörigkeit und andererseits als sehr differenziert nach sozialen Herkunftsgruppen. Wenn es*

71 Vgl. Pross 1981.

unbestreitbar ist, daß ihr weiterführender Bildungsweg im sozialen Sinn den Geschlechtsunterschied markiert, welche soziale Herkunftsgruppe es auch sein mag, so geschieht dies doch in einer differenzierten Art und Weise, weil die Breite der sozio-kulturellen Differenzierung der Geschlechter sowie die Bereiche, in denen sie sich einprägt, nach sozialen Gruppen zum Teil beträchtlich variiert.[72]

IV. Bildungssoziologische und pädagogische Folgerungen

Welche Konsequenzen sind aus den Ergebnissen zu ziehen? Wenn sich die These der genetischen Vererbung als unhaltbar herausgestellt hat[73] und es keine rechtlichen Schranken gibt, leistungsstarke Mädchen und junge Frauen daran zu hindern, eine weiterführende Schule zu besuchen, dann kommen, wie die Ergebnisse aufs nachdrücklichste belegt haben, vor allem sozialstrukturelle Barrieren der Gesellschaftsverhältnisse in Betracht. Zwei ineinandergreifende Strukturbereiche stehen hierbei besonders im Blickpunkt des Interesses: die Familie und die Schule.

Zumindest in der Bundesrepublik trennt das Gros der Schülerinnen und Schüler vor allem aus Arbeiterschaft und Kleinbauerntum immer auch, wie häufig nachgewiesen worden ist[74], eine erhebliche soziale Bildungsdistanz von den Einrichtungen des weiterführenden Schulwesens. Ihre Sorgen und Schwierigkeiten sind jedenfalls, wenn sie in eine Realschule oder vor allem in ein Gymnasium überwechseln wollen, oftmals kein Thema. Vielleicht gilt für diese Schülerinnen und Schüler im Kern immer noch, worauf Ralf Dahrendorf bereits im Hinblick auf die Universität in zugespitzter Form aufmerksam gemacht hat, daß sie

> "für sie ... eine Einrichtung einer Welt [ist], die nicht ihre ist. Sie wird wahrgenommen wie die akademischen Berufe des Arztes, Ingenieurs, Lehrers und Richters wahrgenommen werden; aber die Wahrnehmungen stehen in keinem inneren Bezug zum eigenen Lebensplan oder dem für die eigenen Kinder. Die Suche nach treffenden Vergleichen ist schwierig; aber vielleicht kann man sagen, daß Universitäten ... etwa den sozialen Realitätsgehalt haben, den Klöster für die meisten Protestanten haben: Es gibt sie, man kennt einige Namen, man weiß, daß auch dort Menschen leben, man hat vielleicht sogar einmal ein Kloster besichtigt oder zumindest von außen gesehen,

---

72 Vgl. auch Passeron und de Singly 1987.

73 Vgl. Roth 1968, Geiger 1992.

74 Vgl. Dahrendorf 1965a, Grimm 1966, Gerstein 1972, Hurrelmann 1976, 1986b, Bolder 1978, 1980, 1983, 1992, Bolder und Rodax 1987, Rodax 1989a, 1995, Rodax und Spitz 1978, 1982, Hopf 1992, Köhler 1992, Arbeitsgruppe Bildungsbericht am Max-Planck-Institut für Bildungsforschung 1994.

aber eine Verbindung zum eigenen Leben, die das Motiv wecken könnte, selbst an jener Welt teilzuhaben, fehlt."[75]

Es dürfte zu einer der zentralen Einsichten der Bildungsreformdebatte der letzten Jahrzehnte gehören, daß im weiterführenden Schulbereich nicht allein durch schulstrukturelle und curriculare Reformen die aufgezeigten, unterschiedlich stark ausgeprägten geschlechtstypischen Benachteiligungen in den Familien von Bildungsaufsteigerinnen revidiert werden können; sie können jedoch eine bedeutsame Unterstützungsfunktion zu ihrem Abbau leisten. Dabei gilt es indes ganz allgemein mitzubedenken,

> "daß die Hebung des Bildungs- und Ausbildungsniveaus von Mädchen und Frauen für sich genommen nicht genügt, um ihre Teilhabe an außerhäuslichen Prozessen, sei es in der Erwerbssphäre, sei es im öffentlichen Bereich, zu erhöhen. Bildung allein kann die soziale Ungleichheit nicht überwinden, und Bildungsreformen ... bleiben nutzlose Investitionen, solange sie nicht mit anderen Maßnahmen verbunden werden."[76]

Um zunächst aber zumindest eine umfassende Bildung für Mädchen und Jungen zu ermöglichen und starre geschlechtstypische Zuweisungen aufzulösen, ist eines der wichtigsten Ziele von Schule, alle notwendigen und bedeutsamen Kenntnisse und Fähigkeiten gleichermaßen bei Mädchen wie auch bei Jungen im Rahmen einer "reflexiven Koedukation"[77] zu fördern und herauszubilden. Dabei mittelfristig in erster Linie auf eine grundlegende Strukturveränderung im weiterführenden Schulbereich zu setzen, wäre sicherlich wenig realistisch; zu einer Veränderung der kleinen Schritte und sozialer Gleichstellung gibt es hier - gleichviel aller radikalen Kritik[78] - keine Alternative. Eher ist es denkbar, daß Lehrerinnen und Lehrer geschlechtstypischen Benachteiligungen, insbesondere von Bildungsaufsteigerinnen, vermehrt Aufmerksamkeit schenken und diesen Hilfestellungen zum Aufbau selbständiger Persönlichkeiten geben.[79] Die Entwicklung der Persönlichkeit sollte durch sie so unterstützt werden, daß Mädchen sich als weiblich und Jungen sich als männlich verstehen können, ohne daß daraus zugleich Vor- oder Nachteile entstehen.

Im Zentrum sollte das Bemühen von Lehrerinnen und Lehrern stehen,

> "zu einem möglichst frühen Zeitpunkt bei beiden Geschlechtern etwas gegen den Aufbau von Vorurteilen und die Verfestigung von Stereotypen zu tun, 'Lernen gegen den Strich' zu fördern. Lehrerinnen und Lehrer könnten Jungen da stärker als bislang bremsen, wo sie sich störend und unsozial oder gar gewalttätig verhalten, weniger auf die Kompromißbereitschaft und Geduld der

---

75 Dahrendorf 1965a, S. 19.

76 Pross 1969, S. 104.

77 Vgl. Faulstich-Wieland 1991.

78 Vgl. etwa Krüger 1995.

79 Vgl. Kauermann und Metz-Göckel 1992; siehe auch Bublitz 1980 und Theling 1986.

Mädchen bauen, sondern die Jungen in diesem Bereich stärker zu Rücksichtnahme und Toleranz auffordern. Und nicht weniger wichtig wäre sicherlich die Ermutigung und Anregung zu aktivem sozialen Verhalten: Sich gegenseitig helfen und unterstützen sollte eben nicht vor allem eine an Mädchen gerichtete Erwartung sein, sondern als selbstverständlich auch von Jungen gefordert werden. ...

Komplementär dazu sollten Lehrerinnen und Lehrer den Mädchen gezielt größere Wertschätzung als bislang vorwiegend üblich entgegenbringen - und zwar nicht nur hinsichtlich ihrer sozialen Kompetenzen, sondern auch ihrer interessanten Vorschläge, ihres originellen und aufmüpfigen Verhaltens - eben des Verhaltens, das die Mädchen so überwiegend den Jungen zuschreiben. Es kann auf die Dauer nicht wirkungslos bleiben, wenn Mädchenbeiträge verstärkt aufgegriffen und hervorgehoben werden, wenn auch entsprechende Erwartungen an die Leistungsfähigkeit von Mädchen geäußert werden, ihnen Vertrauen in ihrer Kreativität und Stärke entgegengebracht wird."[80]

Schulische Arbeit, die gute Schule für Mädchen und gute Schule für Jungen bieten will, sollte also durch die Lehrerinnen und Lehrer so angelegt sein, daß unterschiedliche Erfahrungen, Verhaltensweisen, Einstellungen und Vorlieben von Mädchen und Jungen erkannt und respektiert werden, ohne jedoch Mädchen und Jungen auf sie festzulegen oder gar Abweichungen zu sanktionieren. Gerade weil das Thema "Geschlechterverhältnis" die Identität aller betrifft, reicht Aufklärung nur über die Bewußtseinsebene zur Veränderung nicht aus. Es ist ebenso notwendig, daß Mädchen und Jungen Gegenerfahrungen machen, so daß die Festlegung auf Geschlechterstereotype aufgelöst oder zumindest gelockert werden kann. Damit wäre ein erster vielversprechender pädagogischer Weg eingeschlagen.

Vor diesem Hintergrund sind hauptsächlich auch die folgenden Erkenntnisse, Vorschläge und Empfehlungen zu sehen, die in einem engen Zusammenhang stehen; sie wollen zentrale Ansatzpunkte für praktische Veränderungen aufzeigen, wie sie sich weitgehend aus den Untersuchungsergebnissen herleiten lassen[81]:

1. Nach dem Wegfall der Aufnahmeprüfung zu Realschulen und Gymnasien Ende der sechziger Jahre und der teilweisen Verlagerung der Schullaufbahnentscheidung auf die Eltern ist das dreigliedrige Schulformangebot mit Haupt- und Realschule sowie Gymnasium zunehmend in die Kritik geraten. Die Leistungsbandbreiten dieser drei Schulformen überschneiden sich zum Teil erheblich[82]: Ein guter Realschüler würde auch im Gymnasium gut mitkommen, ebenso ein sehr

---

80 Faulstich-Wieland und Horstkemper 1995, S. 256 f.

81 Vgl. Dahrendorf 1965a,b, 1967, Hurrelmann et al. 1986b, Hurrelmann 1989, Vorschläge für das Bildungswesen der Zukunft 1987, von Friedeburg 1989, Kreienbaum 1992, Kreienbaum und Metz-Göckel 1992, Glumpler 1994, Bildungskommission NRW 1995, Faulstich-Wieland und Horstkemper 1995, Krüger 1995, Rolff 1995, Struck 1995.

82 Vgl. Rodax und Spitz 1987, Rodax 1988b.

guter Hauptschüler, und manch ein schwacher Gymnasiast wäre auch ein schwacher Realschüler. Nicht mehr Intelligenz sortiert mithin die Schülerin oder den Schüler auf verschiedene Schulformen, sondern vor allem der Wille der Eltern, die häuslichen Förderungsmöglichkeiten und das Lernverhalten der Jungen und Mädchen, wozu die Bereitschaft gehört, den Lehrererwartungen zu entsprechen. Wer seine Bücher und Hefte zu Hause vergißt, seine Hausaufgaben nicht macht und nicht für Klassenarbeiten lernt, wechselt eher auf die Hauptschule, wer das aber alles ohne große Probleme bewältigt, hat auch auf dem Gymnasium gute Chancen. Wer indes Schwierigkeiten mit seinem Lern- und Ordnungsverhalten und nur sehr geringe elterliche Unterstützung hat, kann sich dennoch im Gymnasium behaupten, wenn er auf einen sozialpädagogisch engagierten und methodisch geschickten Lehrer trifft. Kurzum: Der einzelne Lehrer wird mehr denn je zum Schicksal seiner Schülerinnen oder seiner Schüler und ihres Schulerfolgs, ja, er ist - pointiert gesagt - mittlerweile entscheidender als die Schulform selbst geworden.

2. Eine Schlüsselrolle beim Übergang in Realschulen und Gymnasien vor allem von Bildungsaufsteigerinnen aus Kleinbauerntum und Arbeiterschaft fällt zweifelsohne den Grundschullehrerinnen und -lehrern zu. Wie gezeigt werden konnte, hängt die höhere Bildungsbeteiligung noch immer stark vom Sozial- und Bildungsstatus der Eltern, also ihren Sozialprestige- und Karriereerwartungen, ab. In diesem Bereich ist das unmittelbare Gespräch mit der Klassenlehrerin oder dem Klassenlehrer wohl die sinnvollste und wirkungsvollste Beratungsform. In Lehrer-Eltern-Gesprächen kann durch überzeugende Bildungsberatung und Bildungsinformation zumeist erreicht werden, daß die Eltern die Wichtigkeit der Schullaufbahnentscheidung für ihre Töchter am Ende der Grundschule erkennen. Ebenso ermöglicht das Gespräch mit der Klassenlehrerin oder dem Klassenlehrer, die Eltern über die Leistungs- und Entwicklungsmöglichkeiten ihrer Töchter zu informieren, um so die am besten geeignete Schullaufbahn zu wählen. Hierbei müssen die Eltern von Bildungsaufsteigerinnen realistisch über die weiterführenden Bildungswege und die Schulabschlüsse sowie deren spätere Berechtigungen im einzelnen aufgeklärt werden. So könnte die Bildungsdistanz gegenüber den weiterführenden Schulen verringert werden und das angestrebte Schulziel an Kontur gewinnen, so daß Rollenkonflikte der Töchter mit Vater und Mutter bis zu einem gewissen Grade entschärft werden. Ergänzt werden muß dieser Entscheidungsfindungsprozeß durch eine gezielte Beratung in den weiterführenden Schulen, die auf weitere Übergangsmöglichkeiten und deren Schwierigkeiten, etwa der von der Realschule zum Gymnasium, sowie auf die verschiedenen Unterstützungs- und Förderungsmöglichkeiten für die Bildungsaufsteigerinnen eingeht. Bedeutsam sind auch hier Gesprächs- und Orientierungsangebote, die von einer realistischen Grundlage ausgehen und ehrliche Antworten geben.

3. Damit die notwendigen Gespräche eher orientierende Beratung als ein Ausschlußurteil nach dem Wechsel von der Grundschule sein können, müssen gleichwertige Bildungswege - im Gegensatz zu der heutigen Hierarchie von Bildungsgängen - eingerichtet werden. Institutionell sollte es der Schülerin oder dem Schüler ermöglicht werden, ohne größere Schwierigkeiten von einem Bildungsgang zum anderen überzuwechseln oder Lernangebote aus verschiedenen Bildungsgängen zu kombinieren. Auf jeden Fall sollte aber die starre Festlegung auf vorgeschriebene Züge und nur schwer zu korrigierende Schullaufbahnen abgebaut werden, die den getroffenen Entscheidungen zu oder dem durch schulisches Verdikt erzwungenen Ausschluß aus solchen Schullaufbahnen schicksalhafte Bedeutung verleiht.

"In Verbindung mit der notwendigen Berücksichtigung der individuellen Unterschiede (in Lernfähigkeit und -tempo wie in der Geistesart) und Orientierung der Schüler auf unterschiedliche Bildungswege sind konkrete Maßnahmen - etwa hinsichtlich der Qualität der personellen und materiellen Ausstattung - zur Aufwertung jener Bildungswege erforderlich, die nach den derzeit (in den Hirnen wie in der sozialen Umwelt) geltenden Hierarchien als minderwertig betrachtet werden. Der schulische Bildungsgang wäre als allmähliche Spezialisierung durch Orientierung auf pluridisziplinäre Bildungseinrichtungen, die zu stärker spezialisierten Einrichtungen führen, zu gestalten. Vor der Entscheidung zur eigenen Spezialisierung sollen die Jugendlichen die Möglichkeit zum Ausprobieren in diversifizierten Einrichtungen haben."[83]

4. Die Unterstützungs- und Förderungsmöglichkeiten sollten Teil eines dauerhaften und differenzierten Schullaufbahn- und Berufsberatungsnetzes sein. Es müßte so gestaltet werden, daß es für alle Schülerinnen und Schüler attraktiv wäre und ihnen die nötigen Informationen, Anregungen und Hilfen böte. Die Beratung sollte schon bei der Frage nach dem Übergang in eine Realschule oder ein Gymnasium am Ende der Grundschule einsetzen, denn je später sie beginnt, um so eher trifft sie auf bereits verfestigte und schwer zu verändernde Einstellungen und Orientierungen. Sie sollte sich bis zur Schul- und Berufslaufbahnberatung am Ende des weiterführenden Bildungsweges erstrecken. Dazu gehört, daß Beratungslehrerinnen oder -lehrer besonders bei Schülerinnen aus Kleinbauern- und Arbeiterfamilien in Einzelgesprächen den Wunsch nach qualifizierten Ausbildungszielen wecken und ihnen einsichtig machen, daß eine solche Ausbildung, die ihnen später berufliche Aufstiegs- und Fortbildungschancen eröffnet, eine sinnvolle Investition in die berufliche Zukunft ist.[84] Gezielter Berufsvorberei-

83 Vorschläge für das Bildungswesen der Zunkunft 1987, S. 263; siehe auch Schmitz 1987, Bargel und Kuthe 1992a,b, Lehner und Widmaier 1992, Bonz et al. 1993.

84 Es ist darauf hinzuwirken, daß mehr junge Frauen im Anschluß an ihre Schullaufbahn eine qualifizierte Berufsausbildung absolvieren. Hierzu muß zum einen der Zugang zu den heute vernachlässigten Berufen im gewerblich-technischen Bereich weiter geöffnet werden. Darüber hinaus muß das Prestige der sozialen, pädagogischen und pflegerischen Berufe, die bereits einen hohen Frauenanteil aufweisen, systematisch gestärkt werden. Unumstritten ist das indes unter der Perspektive der geschlechtstypischen Institutionalisierung von Bildungslebensläufen nicht (vgl. Krüger

tungsunterricht sollte es sich gleichfalls zur Aufgabe machen, Schülerinnen frühzeitig ein breites Spektrum realistischer Berufsmöglichkeiten aufzuzeigen, und ihnen "Schnupperlehren" oder Betriebspraktika in verschiedenen Berufsfeldern anbieten. Denn es gibt eindeutige empirische Hinweise darauf, daß Mädchen spätestens in achten Klassen die Grenzen ihres Horizonts subjektiv abstecken; sie sind dann für weitergehende Berufsziele kaum noch ansprechbar.[85] Zudem gilt es die Probleme aufzugreifen, die aus einer doppelten Orientierung an Familie und Beruf erwachsen.[86] Ziel des berufsvorbereitenden Unterrichts muß die Entwicklung einer kritischen, das heißt auf die Veränderung einengender Bedingungen gerichteten Handlungsfähigkeit sein, um Chancen und Risiken einer Berufsentscheidung, ihre Ansprüche, Möglichkeiten und Alternativen zu sehen. Dabei ist in erster Linie auch darauf zu achten, daß die Berufsentscheidung von Mädchen und jungen Frauen zwischen Bewerbung und tatsächlichem Ausbildungsbeginn größeren Belastungen, zum Beispiel durch die abratende Familie oder Freunde, ausgesetzt ist. Ein rechtzeitiges Berufspraktikum und eine Betriebsbesichtigung mit Eltern kann helfen, die Entscheidung entweder zu festigen oder durch klare Informationen über den Ausbildungsberuf von vornherein zu einer begründeten Verzichtsentscheidung zu führen. Die Beratungslehrerinnen und -lehrer müssen schließlich Kontakt mit Berufsberaterinnen und -beratern des Arbeitsamtes sowie Ausbildern aus Industrie, Handel und Dienstleistungsbereich vor Ort aufnehmen, aber ebensosehr gute Kenntnisse über Studienvoraussetzungen, -möglichkeiten und -aussichten besitzen, um den Bedarf an ausgebildeten Arbeitskräften und zur Verfügung stehenden Ausbildungsplätzen für verschiedene Berufe auch unter geschlechtstypischen Gesichtspunkten einigermaßen abschätzen zu können. Diese Tätigkeit erfordert von den Beratungslehrerinnen oder -lehrern ein großes Maß an Interesse, Bereitschaft, sozialer Kompetenz und fachlicher Qualifikation.

1995).

85 Vgl. Heinz et al. 1985, Hagemann-White 1992.

86 "Allerdings darf es auch hier nicht dabei bleiben, wiederum den Mädchen den Veränderungs- und Anpassungsdruck allein aufzubürden. Daß Familienarbeit auch Jungen- und Männersache ist, gehört sicherlich mit zu den in der Schule bisher kaum oder gar nicht behandelten Themen. Die Verbindung und Ausbalancierung von Beruf und Familie wird von Jungen wie von Mädchen überwiegend als Problem der Frauen verstanden, bei dem allenfalls mehr oder weniger großzügige 'Mithilfe', nicht partnerschaftliche Arbeitsteilung angeboten und erwartet wird" (Horstkemper 1992, S. 184 f.). Es gilt bei einer solchen Sichtweise aber kritisch zu berücksichtigen: Weibliche Appelle an männliche Bereitschaft, sich auf Familienarbeit einzustellen beziehungsweise Geschlechterfragen ernstzunehmen, dürfen nicht das strukturelle Auseinanderdriften beider Lebensbereiche außer acht lassen. "Diese erzeugen jedoch v. a. Spannungen im privaten Verhältnis und bewirken, bei Zusammenschluß der Frauen, zwar Sensibilisierungen für Ungleichheitsfragen, belassen aber Frauen auf der Seite der 'trouble maker', so lange nicht die relationalen Beziehungen der Institutionen des Lebenslaufs untereinander wahrgenommen und politisch-strukturell angegangen werden" (Krüger 1995, S. 213).

5. Besondere Aufmerksamkeit sollte von Seiten der Lehrerinnen und Lehrer in Realschulen und Gymnasien, soweit das in diesem Zusammenhang möglich ist, der Wahl der Schulzweige, Fächer oder Kurse geschenkt werden. Das gilt insbesondere für die Wahl des mathematisch-naturwissenschaftlichen Fächerschwerpunktes beziehungsweise Schulzweiges, weil man hier kaum von einer eigenständigen Orientierung sprechen kann und die Entscheidungen an den verschiedenen Weichen des Bildungsgangs fast automatisch einer geschlechtstypischen Erfolgsskala folgen. Der Eintritt in den neusprachlichen, kaufmännischen oder hauswirtschaftlichen Zweig wird von denjenigen Absolventinnen, die gerne zugunsten des mathematisch-naturwissenschaftlichen Fächerbereichs oder Schulzweigs votiert hätten, als Abdrängung und Beschränkung empfunden. Denn die Eröffnung von Wahlfreiheiten ohne besondere Beratung auf diesem Feld bedeutet praktisch traditionell weibliche oder männliche Interessenreviere zu konservieren beziehungsweise sogar zu verstärken. Es sollte deshalb schon in der Schule mit dem Abbau geschlechtstypischer Barrieren gegenüber dem mathematisch-naturwissenschaftlichen Fächerbereich begonnen werden, um künftig mehr jungen Frauen den qualifizierten beruflichen Zugang zu diesem Studienspektrum zu öffnen. Die jeweilige Vorliebe ist dabei weniger von individuellen Interessen oder Fähigkeiten bestimmt als von Erwartungen geleitet, die mit der Geschlechtszugehörigkeit verknüpft sind. Diese Zuweisungen geschehen entsprechend den Rollenstereotypen und bedingen die frühzeitige Verengung der Berufs- und Studienwahlmöglichkeiten. Obwohl diese Zuteilung für beide Geschlechter gleichermaßen gilt, ist hiermit jedoch insofern eine große Benachteiligung von Mädchen und jungen Frauen verbunden, als ihnen über die impliziten Ausschlußmechanismen mit den Naturwissenschaften die zukunftsträchtigen Berufs- und Studienzweige versperrt werden. Am effektivsten wäre diese Beratung dann, wenn sie wiederum Bestandteil der alltäglichen Lehrer-Schüler-Beziehung wäre. Auf diesem Wege lassen sich am wirkungsvollsten Informationen über berufliche oder akademische Konsequenzen bestimmter Wahlen vermitteln.

6. In diesem Zusammenhang ist ebenso darauf zu achten, daß vermehrt Fachlehrerinnen vor allem im mathematisch-naturwissenschaftlichen Fächerbereich zum Einsatz kommen, die Vorbild werden für einen akzeptierenden nicht-hierarchischen Umgang der Geschlechter miteinander. Ohne entsprechende Vorbilder zu kennen, werden sich Schülerinnen schwer für diesen Fächerbereich entscheiden, bedeutet doch die heimliche Botschaft, daß Frauen für diesen Bereich nicht so geeignet seien; überdies ist das Ausgeschlossensein beruflich von Nachteil. Es versteht sich von selbst, daß hierbei Lehrerinnen und Lehrer Inhalte und Unterrichtsaktivitäten ebenso den besonderen Interessen, Zugangsweisen, Fähigkeiten und Lern- und Arbeitsformen von Schülerinnen anpassen wie ihre Kenntnisse und Vorerfahrungen im Unterricht einfließen sollten. Es wäre hier zudem genau zu überlegen, ob Schülerinnen und Schüler nicht zeitweilig getrennt unterrichtet

werden sollten, denkt man beispielsweise daran, daß sie in gemischten Klassen deutlich ein Rollenklischees entsprechendes Verhalten zeigen. In getrennten Klassen verhalten sich Schülerinnen unkonventioneller, ehrgeiziger und entwickeln Vorlieben und Interessen auch für den mathematisch-naturwissenschaftlichen Fächerbereich.

7. Auch das Problem der geschlechtstypischen Benachteiligung im Unterricht, das Schülerinnen und Schüler mit traditionellen Geschlechtsrollenstereotypen konfrontiert und den Aufbau eines erweiterten Selbstbildes behindert, sollte eingehend zwischen allen am Unterricht Beteiligten besprochen werden. Durch die Interaktions- und Kommunikationsstrukturen in der Schule erleben Mädchen vielfach, daß ihre intellektuelle Leistungsfähigkeit und praktische Kompetenz gerade in den "Männerdomänen" Naturwissenschaften und (Informations-)Technik in Frage gestellt werden. Dies gilt es bewußt zu machen und zu verändern.

"- Die Geschlechterrollen in der Lerngruppe sollten thematisiert und problematisiert werden. Es könnte z. B. reflektiert werden, wie Unterrichtsbeiträge in der Gruppe kommentiert werden und ob miteinander kooperativ oder konkurrent umgegangen wird. In Rollenspielen könnten veränderte Handlungsstrategien sinnlich erfahren und erprobt werden.

- Es sollte auf nicht-sexistischen Sprachgebrauch geachtet werden. Geschlechtsneutrale Formulierungen wie ... Schüler sind ungeeignet, weil Mädchen sich nicht gemeint fühlen.

- Mädchen und Frauen sollten in allen Arbeitsmaterialien, also auch in Schulbüchern ausdrücklich angesprochen werden.

- Beispiele sollten aus Bereichen gewählt werden, die Mädchen interessieren, d. h. auch nicht-mathematisch-naturwissenschaftlich-technische Beispiele."[87]

Eine wesentliche Voraussetzung dafür und eine wirksame Maßnahme besteht in der Differenzierung des Unterrichts, die viel stärker als bisher praktiziert werden muß, damit sie den hohen Ansprüchen einer durchdachten Fächer- und Schulzweigwahl gerecht wird. Es muß hierbei auch genau überlegt werden, ob im Rahmen intensiver, abwägender Gespräche über Wahlmöglichkeiten von bestimmten geschlechtstypischen Kurs- oder Fächerkombinationen oder Schulzweigwahlen gezielt abgeraten und eher zu untypischen ermutigt werden sollte.

"Eine solche intensive Auseinandersetzung könnte zur Folge haben, daß nicht nur eine ständige Diskussion zwischen Schülern und Lehrern über die Interessen und Neigungen sowie die sich daraus ergebenden Wahlen stattfindet, sondern, daß dadurch die Entscheidungen und Perspektiven differenzierter und transparenter werden und dazu führen, daß Mädchen ihre Entscheidungen bewußter und selbständiger fällen und diese aktiv vertreten. Natürlich ist eine solche aktive Beratung durch Lehrer und Lehrerinnen nicht unproblematisch. Sie verlangt viel Sensibilität und Courage."[88]

---

87 Schulz-Zander 1992, S. 214.

88 Hurrelmann et al. 1986, S. 69.

8. Die notwendigen fachlichen und pädagogischen Kompetenzen der Lehrerinnen und Lehrer für eine nachhaltige und erfolgreiche Schul- und Berufslaufbahnberatung in ihren vielfältigen Formen darf nicht nur durch Fort- und Weiterbildungsmaßnahmen für Beratungslehrerinnen und -lehrer gesichert, sie muß ebenso schon im Studium und in der Referendarausbildung gezielt angegangen werden. Es sollte dabei in Studium und Referendariat besondere Aufmerksamkeit auf die Darstellung und das Problem der Lehrerinnen- und Lehrerrolle im Unterricht gelenkt werden, um so die angehenden Lehrkräfte für die Sorgen und Nöte der Schülerinnen unterschiedlicher sozialer Herkunft, die besonderen geschlechtstypischen Akzentsetzungen der Unterrichtsmaterialien, die Wirkungen des heimlichen Lehrplans der Geschlechtererziehung sowie vor allem das eigene geschlechtstypisch geprägte Verhalten gegenüber Schülerinnen zu sensibilisieren. Dringend erforderlich ist es für die angehenden Lehrerinnen und Lehrer dabei, nicht nur allein die Wahrnehmung, sondern ebenso die Befähigung, andere Einstellungen und andere Umgehensweisen zu fördern. Die Wahrnehmung, Sensibilisierung und Bearbeitung von Geschlechtsrollenstereotypen sollte in allen Fächern geübt und auch zum Gegenstand der Erörterung in den Schulgremien gemacht werden. Es müßte so erreicht werden, daß Lehrerinnen und Lehrer sich jedes definitiv herabsetzenden Gesamturteils über die Leistungsfähigkeit von Schülerinnen, insbesondere etwa in Naturwissenschaften oder Mathematik, enthalten und stets mitbedenken, daß ihr Urteil sich in jedem Fall nur auf bestimmte Leistungen, nie aber auf die Persönlichkeit von Schülerinnen beziehen darf. Gerade die Vermittlung von Lerninhalten und Verhaltenserwartungen ist in besonderer Weise von der Persönlichkeit der Lehrerin oder des Lehrers als einer "Identifikationsfigur" abhängig. Überzeugende fachliche Kompetenz, sowohl für das spezielle Unterrichtsfach als auch hinsichtlich der pädagogisch-didaktischen Qualifikation, ist deshalb wohl der beste, wenn nicht einzige Garant für eine tragfähige "Schüler-Lehrer-Beziehung".

Solche notwendigen Folgerungen haben - zumal für katholische Mädchenrealschulen und -gymnasien, in denen der pädagogische Schonraum leicht zum "Treibhaus" werden kann und Lebensferne sowie unwirkliche Träume der Lehrerinnen den Übergang in die Berufsausbildung erschweren können - sicherlich vielfältige Konsequenzen für die Schulorganisation und den Lehrplan, die Lehrerinnen- und Lehrerbildung und die Einrichtung von Schul- und Berufsberatungsdiensten und viele andere damit im Zusammenhang stehende Fragen. An diesen und den anderen bereits erwähnten Konsequenzen, an der wirkungsvollen Umsetzung einer solchen Reform endet allerdings die Kompetenz einer Untersuchung, die in erster Linie einen tieferen Einblick in das Ursachengefüge des weiterführenden Bildungsweges von Real- und Gymnasialschulabsolventinnen unterschiedlicher sozialer Herkunft gewinnen wollte. Es ist sicher banal, mit der

Forderung zu schließen, daß dieser Untersuchung weitere folgen sollten. Ein erster wesentlicher Schritt ist aber hiermit getan.[89]

89 Vgl. dazu auch Dahrendorf 1967, Geiger 1992.

Literaturverzeichnis

Achinger, G./Büchner, P./Klemm, K./Rolff, H.-G./Sachs, W./Seidl, P.: Modernisierung im Klassenkonflikt, in: H.-G. Rolff, Soziologie der Schulreform. Theorien - Forschungsberichte - Praxisbezug, Weinheim und Basel 1980, S. 27-109.

Adorno, T. W.: Zur Einführung, in: I. Kuhr, Schule und Jugend in einer ausgebombten Stadt und G. Koepnick, Mädchen einer Oberprima. Eine Gruppenstudie (Gemeindestudie des Instituts für sozialwissenschaftliche Forschung, Monographien 6 und 7), Darmstadt 1952.

- Tabus über den Lehrerberuf, in: T. W. Adorno: Erziehung zur Mündigkeit. Vorträge und Gespräche mit Hellmut Becker 1959 - 1969. Herausgegeben von G. Kadelbach. Frankfurt a. M. 1973, S. 70-87.

Ahrend, A.: Nonverbale Interaktionen im Klassenzimmer. Einführung in die Arbeit mit meinem Lehrfilm "Koedukation", in: E. Glumpler (Hrsg.), Koedukation. Entwicklungen und Perspektiven, Bad Heilbrunn 1994, S. 185-193.

Albisetti, J. C.: Schooling German Girls and Women. Secondary and Higher Education in the Nineteenth Century, Princeton 1988.

Albrecht-Heide, A./*Brüggemann, B.*: Zwischen Schule und Beruf. Bildungssituation von Mädchen und Frauen in Nordrhein-Westfalen (im Auftrag des Ministers für Arbeit, Gesundheit und Soziales Nordrhein-Westfalen), Düsseldorf 1981.

Alheit, P.: Ambivalenz von Bildung in modernen Gesellschaften: Strukturprinzip kumulativer Ungleichheit oder Potential biographischer Handlungsautonomie? In: A. Meier, U. Rabe-Kleberg (Hrsg.), Weiterbildung, Lebenslauf, sozialer Wandel, Neuwied, Kriftel, Berlin 1993, S. 87-103.

Allerbeck, K. R./Hoag, W. J.: Jugend und Wertewandel - Ergebnisse einer Replikationsstudie, in: Zeitschrift für Sozialisationsforschung und Erziehungssoziologie 5 (1985a), 1, S. 29-42.

- Jugend ohne Zukunft? Einstellungen, Umwelt, Lebensperspektiven, München 1985b.

Alltag und Biographie von Mädchen. Bericht der Kommission, Band 16. Herausgegeben von der Sachverständigenkommission Sechster Jugendbericht H. Krüger, G. Frasch, E. Bode, D. Baacke, R. von Ungern, G. Naundorf (Redaktion: W. Krüger, C. Möller, M. Weg), Opladen 1988.

Althoff, H.: Weibliche Jugendliche in gewerblich-technischen Ausbildungsberufen. Eine Analyse der schulischen Vorbildung, der Vertragslösungen und des Prüfungserfolges, in: Berufsbildung in Wissenschaft und Praxis 12 (1983), 2, S. 58-61.

Anweiler, O.: Ergebnisse und offene Fragen, in: Materialien zur Lage der Nation. Herausgegeben vom Bundesministerium für innerdeutsche Beziehungen. Vergleich von Bildung und Erziehung in der Bundesrepublik Deutschland und in der Deutschen Demokratischen Republik (Wissenschaftliche Kommission O. Anweiler [Leitung], W. Mitter, H. Peisert, H.-P. Schäfer, W. Stratenwerth), Köln 1990, S. 685-706.

Apel, H.: Fachkulturen und studentischer Habitus. Eine empirische Vergleichsstudie bei Pädagogik- und Jurastudierenden, in: Zeitschrift für Sozialisationsforschung und Erziehungssoziologie 9 (1989), 1, S. 2-22.

Arbeitsgruppe Bildungsbericht am Max-Planck-Institut für Bildungsforschung (J. Baumert, R. Benkmann, J. Fuchs, D. Hopf, H. Köhler, B. Krais, L. Krappmann, A. Leschinsky, J. Naumann, P. M. Roeder, L. Trommer): Das Bildungswesen in der Bundesrepublik Deutschland. Ein Überblick für Eltern, Lehrer, Schüler, Reinbek bei Hamburg 1994.

Arbeitsgruppe Elternarbeit (Hrsg.): Die Schule lebt - Frauen bewegen die Schule. Dokumentation der 1. Fachtagung in Gießen 1982 und der 2. Fachtagung in Bielefeld 1983 Frauen und Schule. Bearbeitet von I. Brehmer und U. Enders-Dragässer. Reihe Materialien für die Elternarbeit, Band 12, München 1984.

Arbeitsgruppe Schulforschung (K. Hurrelmann, H. Gaidzik-Tremel, G. Robert, B. Schön, C. Seewald, M. Springer): Leistung und Versagen. Alltagstheorien von Schülern und Lehrern, München 1980.

Arolt, A.: Koedukation in der Diskussion: Das "Wesen der Geschlechter" als Kristallisationspunkt des Pro und Contra, in: H. Faulstich-Wieland (Hrsg.), Abschied von der Koedukation? Materialien zur Sozialarbeit und Sozialpolitik, Band 18, Frankfurt 1987.

Austermann, A.: Geschlechtsspezifische Erziehung, in: Enzyklopädie Erziehungswissenschaften. Handbuch und Lexikon der Erziehung in 11 Bänden und einem Registerband. Herausgegeben von D. Lenzen unter Mitarbeit von A. Schründer. Band 8: Erziehung im Jugendalter - Sekundarstufe I. Herausgegeben von E.-G. Skiba, C. Wulf, K. Wünsche, Stuttgart 1983, S. 423-426.

Avery, D.: Die Diskriminierung der Frau beginnt in den Schulbüchern, in: Jugend und Buch 33 (1984), 4, S. 15-18.

Baacke, D.: Biographie: soziale Handlung, Textstruktur und Geschichten über Identität. Zur Diskussion in der sozialwissenschaftlichen Biographieforschung sowie ein Beitrag zu ihrer Weiterführung, in: D. Baacke, T. Schulze (Hrsg.), Pädagogische Biographieforschung. Orientierungen, Probleme, Beispiele, Weinheim und Basel 1985, S. 3-28.

Baethge, M./Schomburg, H./Voskamp, U.: Jugend und Krise - Krise aktueller Jugendforschung (Forschungsberichte des Soziologischen Forschungsinstituts Göttingen (SOFI)), Frankfurt, New York 1983.

Bahrdt, H.-P.: Autobiographische Methoden, Lebensverlaufforschung und Soziologie, in: W. Voges (Hrsg.), Methoden der Biographie- und Lebenslaufforschung (Biographie und Gesellschaft. Herausgegeben von W. Fuchs, M. Kohli, F. Schütze, Band 1), Opladen 1987, S. 77-85.

Bargel, T./Kuthe, M.: Regionale Disparitäten und Ungleichheiten im Schulwesen, in: Arbeitsgruppe Entwicklung des Bildungswesens der Deutschen Gesellschaft für Erziehungswissenschaft, Strukturprobleme, Disparitäten, Grundbildung in der Sekundarstufe I. Herausgegeben von P. Zedler, Weinheim 1992a, S. 41-103.

- Schullandschaft in der Unordnung. Gutachten der Johannes-Löchner-Stiftung zum Schulangebot und zur Schulentwicklung in Baden-Württemberg, Band 1: Bestandsaufnahme (sammlung kritisches wissen, Band 5, herausgegeben von W. Schröter und I. Scherer), Mössingen-Talheim 1992b.

- Schullandschaft in der Unordnung. Gutachten der Johannes-Löchner-Stiftung zum Schulangebot und zur Schulentwicklung in Baden-Württemberg, Band 2: Fortschreibung und Alternativen (sammlung kritisches wissen, Band 6, herausgegeben von W. Schröter und I. Scherer), Mössingen-Talheim 1992c.

Barton, A. H./Lazarsfeld, P. F.: Einige Funktionen von qualitativer Analyse in der Sozialforschung, in: C. Hopf, E. Weingarten (Hrsg.), Qualitative Sozialforschung, Stuttgart 1979, S. 41-89.

Barz, M./Maier-Störmer, S.: Schlagen und geschlagen werden, in: I. Brehmer (Hrsg.), Sexismus in der Schule, Weinheim 1982, S. 279-287.

Battaglia, L.: Das Thema der "weiblichen Kultur" im Denken Georg Simmels und seine Bedeutung für die heutige Theoriediskussion, in: A. Cavalli (Hrsg.), Georg Simmel e la modernità / Georg Simmel und die Moderne (Annali di Sociologia / Soziologisches Jahrbuch, 8. [1992], Heft II), Berlin 1994, S. 286-318.

Bauer, G.: Literaturbericht zur Situation der weiblichen Jugendlichen in der Bundesrepublik, München 1970.

Bauer, K.-O./ Budde, H.: Schule und Studium: Mehr Berechtigungen, weniger Chancen, in: H.-G. Rolff, G. Hansen, K. Klemm, K.-J. Tillmann (Hrsg.), Jahrbuch der Schulentwicklung. Daten, Beispiele, und Perspektiven, Band 3. L. von Friedeburg zum 60. Geburtstag gewidmet (Eine Veröffentlichung der Arbeitsstelle für Schulentwicklungsforschung, ein Institut der Universität Dortmund), Weinheim und Basel 1984, S. 76-116.

Bauer, K.-O./Kopka, A.: Vom Unterrichtsbeamten zum pädagogischen Profi - Lehrerarbeit auf neuen Wegen, in: H.-G. Rolff, K.-O. Bauer, K. Klemm, H. Pfeiffer, R. Schulz-Zander (Hrsg.), Jahrbuch der Schulentwicklung. Daten, Beispiele und Perspektiven, Band 8 (Eine Veröffentlichung des Instituts für Schulentwicklungsforschung der Universität Dortmund), Weinheim und München 1994, S. 267-307.

Baumert, J.: Langfristige Auswirkungen der Bildungsexpansion, in: Unterrichtswissenschaft 19 (1991), 4, S. 333-349.

- Koedukation oder Geschlechtertrennung, in: Zeitschrift für Pädagogik 38 (1992), 1, S. 83-110.

Baur, R.: Elternhaus und Bildungschancen. Eine Untersuchung über die Bedeutung des Elternhauses für die Schulwahl nach der 4. Klasse Grundschule (Bildung in Zahlen: Modelle, Prognosen, Alternativen, Schriftenreihe der Arbeitsgruppe für empirische Bildungsforschung, herausgegeben von H.-L. Freytag, R. Wagenführ, C. C. von Weizsäcker, Band 4), Weinheim und Basel 1972.

Bayer, M./Muth, J./Otten, D./Rolff, H.-G./Uhe, E.: Chancenungleichheit und Strukturkrise. Ein Memorandum zur Schulentwicklung für den Landesverband Nordrhein-Westfalen der Gewerkschaft Erziehung und Wissenschaft. Koordination und Redaktion: E. Rösner, Essen 1983.

Bebel, A.: Die Frau und der Sozialismus, Berlin [162]1973.

Beck, U.: Jenseits von Klasse und Stand? Soziale Ungleichheit, gesellschaftliche Individualisierungsprozesse und die Entstehung neuer sozialer Formationen und Identitäten, in: R. Kreckel (Hrsg.), Soziale Ungleichheiten (Soziale Welt, Sonderband 2), Göttingen 1983, S. 35-74.

- Risikogesellschaft. Auf dem Weg in eine andere Moderne, Frankfurt a. M. 1986.

- Die "Individualisierungsdebatte", in: B. Schäfers (Hrsg.), Soziologie in Deutschland. Entwicklung - Institutionalisierung und Berufsfelder - Theoretische Kontroversen, Opladen 1995, S. 185-198.

- *Brater, M.*: Berufliche Arbeitsteilung und soziale Ungleichheit. Eine historisch-gesellschaftliche Theorie der Berufe, Frankfurt, New York 1978.

Beck-Gernsheim, E.: Das halbierte Leben. Männerwelt Beruf, Frauenwelt Familie, Frankfurt 1980.

- Vom "Dasein für andere" zum Anspruch auf ein Stück "eigenes Leben": Individualisierungsprozesse im weiblichen Lebenszusammenhang, in: Soziale Welt 34 (1983), 3, S. 307-340.

- Frauen zurück in die Familie? - Eine Diskussion der Leitlinien aktueller Familienpolitik in der Bundesrepublik Deutschland, in: WSI Mitteilungen 37 (1984), 1, S. 23-32.

- Auf dem Weg in die postfamiliale Familie - Von der Notgemeinschaft zur Wahlverwandtschaft, in: U. Beck, E. Beck-Gernsheim (Hrsg.), Riskante Freiheiten. Individualisierung in modernen Gesellschaften, Frankfurt a. M. 1994, S. 115-138.

Becker-Schmidt, R.: Probleme einer feministischen Theorie und Empirie in den Sozialwissenschaften, in: Feministische Studien 4 (1985), 2, S. 93-104.

- Von Jungen, die keine Mädchen und von Mädchen, die gerne Jungen sein wollten. Geschlechtsspezifische Umwege auf der Suche nach Identität, in: R. Becker-Schmidt, G.-A. Knapp (Hrsg.), Das Geschlechterverhältnis als Gegenstand der Sozialwissenschaften, Frankfurt/Main, New York 1995, S. 220-246.

- *Knapp, G.-A.*: Arbeiterkinder gestern - Arbeiterkinder heute. Erziehungsansprüche und -probleme von Arbeiterinnen im intergenerativen Vergleich (Forschungsinstitut der Friedrich-Ebert-Stiftung, Reihe: Arbeit, Band 15, herausgegeben von W. Fricke), Bonn 1985.

Beilfuß, D./Preuss-Lausitz, U.: Zauberin und Arbeitstier. Analyse des Frauenbildes in Grundschullesebüchern, in: Blätter für deutsche und internationale Politik 16 (1971), 10, S. 1069-1082.

Beinke, L./Richter, H. (Hrsg.): Mädchen und Physikunterricht. Revision eines Lehrplanes in der Realschule, Bad Heilbrunn/Obb. 1993.

Below von, S.: Die Entwicklung regionaler Bildungsbeteiligung 1961 - 1987. Freie wissenschaftliche Arbeit zur Erlangung des Grades einer Diplom-Soziologin an der Sozialwissenschaftlichen Fakultät der Ludwig-Maximilians-Universität zu München, München 1990.

Berger, P. A./Hradil, S. (Hrsg.): Lebenslagen, Lebensläufe, Lebensstile (Soziale Welt, Sonderband 7), Göttingen 1990.

Berger, P. L./Luckmann, T.: Die gesellschaftliche Konstruktion der Wirklichkeit. Eine Theorie der Wissenssoziologie. Mit einer Einleitung zur deutschen Ausgabe von H. Plessner. Übersetzt von M. Plessner (Conditio humana. Ergebnisse aus den Wissenschaften vom Menschen. Herausgegeben von T. von Uexküll und I. Grubrich-Simitis, Berater: J. Cremerius, H. J. Eggers, T. Luckmann), Frankfurt a. M. [5]1970.

Bergmann, J./Brandt, G./Körber, K./Mohl, E. T./Offe, C.: Herrschaft, Klassenverhältnisse und Schichtung, in: T. W. Adorno (Hrsg.), Spätkapitalismus oder Industriegesellschaft. Verhandlungen des 16. Deutschen Soziologentages, Stuttgart 1969, S. 69-87.

Berkenbusch, I.: Mädchenerziehung, in: R. Wisniewski, H. Kunst, Handbuch für Frauenfragen. Zur Stellung der Frau in der Gegenwart. Informationen - Analysen - Anregungen, Bonn 1988a, S. 357-361.

- Koedukation, in: R. Wisniewski, H. Kunst, Handbuch für Frauenfragen. Zur Stellung der Frau in der Gegenwart. Informationen - Analysen - Anregungen, Bonn 1988b, S. 331-333.

Bernstein, B.: Studien zur sprachlichen Sozialisation (Sprache und Lernen. Internationale Studien zur pädagogischen Anthropologie, herausgegeben von W. Loch, G. Priesemann), Düsseldorf 1972.

Bertram, H.: Probleme einer sozialstrukturell orientierten Sozialisationsforschung, in: Zeitschrift für Soziologie 5 (1976), 2, S. 103-117.

- Sozialstruktur und Sozialisation. Zur mikroanalytischen Analyse von Chancenungleichheit (Soziologische Texte [Neue Folge], Band 121, herausgegeben von J. Berger, G. Büschges, J. Matthes, R. Wippler), Darmstadt und Neuwied 1981.

- Familie und soziale Ungleichheit, in: H. Bertram (Hrsg.), Die Familie in Westdeutschland. Stabilität und Wandel familialer Lebensformen (Deutsches Jugend-Institut. Familien-Survey, Band 1), Opladen 1991, S. 235-273.

- Soziale, regionale und geschlechtsspezifische Ungleichheiten, in: H. Bertram (Hrsg.), Die Familie in den neuen Bundesländern. Stabilität und Wandel in der gesellschaftlichen Umbruchsituation (Deutsches Jugendinstitut, Familien-Survey, Band 2), Opladen 1992a, S. 263-286.

- Regionale Disparitäten, soziale Lage und Lebensführungen, in: S. Hradil (Hrsg.), Zwischen Bewußtsein und Sein (Schriftenreihe "Sozialstrukturanalyse", Band 1), Opladen 1992b, S. 123-150.

- *Borrmann-Müller, R.*: Von der Hausfrau zur Berufsfrau? Der Einfluß struktureller Wandlungen des Frauseins auf familiales Zusammenleben, in: U. Gerhardt, Y. Schütze (Hrsg.), Frauensituation. Veränderungen in den letzten zwanzig Jahren, Frankfurt a. M. 1988, S. 251-272.

Bertram, H./Bayer, H./Bauereiß, R.: Familien-Atlas: Lebenslagen und Regionen in Deutschland. Karten und Zahlen, Opladen 1993.

Bierhoff-Alfermann, D.: Erziehungsziele für Jungen und Mädchen - Gleich oder unterschiedlich? - in: G. Trommsdorff (Hrsg.), Jahrbuch für Empirische Erziehungswissenschaft 1984, Düsseldorf 1984, S. 127-146.

Biermann, I./Ziebell, L.: Akademikerinnenarbeitslosigkeit. Zur Situation arbeitsloser Hoch- und Fachhochschulabsolventinnen, in: U. Bock, A. Braszeit, C. Schmerl (Hrsg.), Frauen an Universitäten. Zur Situation von Studentinnen und Hochschullehrerinnen in der männlichen Wissenschaftshierarchie, Frankfurt, New York 1983, S. 125-150.

Bilden, H.: Geschlechtsspezifische Sozialisation, in: K. Hurrelmann, D. Ulich (Hrsg.), Handbuch der Sozialisationsforschung, Weinheim und Basel 1980, S. 777-812.

- Sozialisation und Geschlecht - Ansätze einer theoretischen Klärung, in: R. Valtin, U. Warm (Hrsg.), Frauen machen Schule. Probleme von Mädchen und Lehrerinnen in der Grundschule (Beiträge zur Reform der Grundschule, Band 61/62. Herausgeber: D. Haarmann), Frankfurt a. M. 1985, S. 13-41.

- Geschlechtsspezifische Sozialisation, in: K. Hurrelmann, D. Ulich (Hrsg.), Neues Handbuch der Sozialisationsforschung, Weinheim und Basel 1991, S. 279-301.

- *Diezinger, A.*: Historische Konstitution und besondere Gestalt weiblicher Jugend - Mädchen im Blick der Jugendforschung, in: H.-H. Krüger (Hrsg.), Handbuch der Jugendforschung, Opladen 1988, S. 135-155.

- *Marquardt, R./Dahlke, K.*: Arbeitslose junge Mädchen. Berufseinstieg, Familiensituation und Beziehungen zu Gleichaltrigen, in: Zeitschrift für Pädagogik 27 (1981), 5, S. 677-695.

Bildungskommission NRW: Zukunft der Bildung - Schule der Zukunft. Denkschrift der Kommission "Zukunft der Bildung - Schule der Zukunft" beim Ministerpräsidenten des Landes Nordrhein-Westfalen, Neuwied, Kriftel, Berlin 1995.

Bildung und Erziehung 45 (1992), 1.

Bindereif, E./Peisert, H.: Statistische Analysen des vorzeitigen Abganges von den Gymnasien Baden-Württembergs 1953 - 1963, in: H. Peisert, R. Dahrendorf (Hrsg.), Der vorzeitige Abgang vom Gymnasium. Studien und Materialien zum Schulerfolg an den Gymnasien in Baden-Württemberg 1953 - 1963 (Bildung in neuer Sicht. Reihe A Nr. 6, Schriftenreihe des Kultusministeriums Baden-Württemberg zur Bildungsforschung, Bildungsplanung, Bildungspolitik), Villingen 1967, S. 36-58.

Bittmann, F./Hastmann, W./Steinhauer, H.: Das Problem "Koedukation" (Münsterische Beiträge zu pädagogischen Zeitfragen, Heft 3), Münster 1966.

Blochmann, E.: Die weibliche Bildung, in: W. Scheibe (Hrsg.), Die Pädagogik im XX. Jahrhundert. Eine enzyklopädische Darstellung ihrer Grundlagen, geistigen Gehalte und Einrichtungen, Stuttgart 1960, S. 122-130.

Block, I./Pfister, G./Rieger, U./Schmeling, C. (Hrsg.): Feminismus in der Schule. Berichte, Analysen, Meinungen, Berlin 1985.

Blossfeld, H.-P.: Kohortendifferenzierung und Karriereprozeß - Eine Längsschnittstudie über die Veränderung der Bildungs- und Berufschancen im Lebenslauf, Frankfurt a. M., New York 1989.

- Changes in Educational Opportunities in the Federal Republic of Germany: A Longitudinal Study of Cohorts Born Between 1916 and 1965, in: Y. Shavit, H.-P. Blossfeld (Hrsg.), Persistent Inequality. Changing Educational Attainment in Thirteen Countries (Social Inequality Series. Herausgegeben von M. Tienda, D. V. Grusky), Boulder 1993, S. 51-74.

- *Jaenichen, U.*: Bildungsexpansion und Familienbildung. Wie wirkt sich die Höherqualifikation der Frauen auf ihre Neigung zu heiraten und Kinder zu bekommen aus? In: Soziale Welt 41 (1990), 4, S. 454-476.

Blossfeld, H.-P./Shavit, Y.: Dauerhafte Ungleichheiten. Zur Veränderung des Einflusses der sozialen Herkunft auf die Bildungschancen in dreizehn industrialisierten Ländern, in: Zeitschrift für Pädagogik 39 (1993), 1, S. 25-52.

Bock, U./Braszeit, A./Schmerl, C.: Frauen im Wissenschaftsbetrieb. Dokumentation und Untersuchung von Studentinnen und Dozentinnen unter besonderer Berücksichtigung der Hochschulen von Nordrhein-Westfalen, Weinheim und Basel 1983.

Bofinger, J.: Schullaufbahnen im gegliederten Schulwesen und ihre Bedingungen. Eine empirische Untersuchung (Studien- und Materialien des Staatsinstituts für Bildungsforschung und Bildungsplanung, München, Folge 7), München 1977.

- Der Trend zu den mittleren und höheren Schulabschlüssen, in: Die Höhere Schule 33 (1980), 12, S. 465-469.

- Wandel des Schullaufbahnverhaltens im gegliederten Schulwesen Bayerns. Bestandserhebung und Verlaufsformen von Schullaufbahnen und ihre Veränderungen unter dem Einfluß wirtschaftlichen, demografischen und bildungspolitischen Wandels in den 70er Jahren an Gymnasien, Real- und Wirtschaftsschulen sowie Berufs- und Berufsfachschulen in Bayern (Studien und Materialien des Staatsinstituts für Bildungsforschung und Bildungsplanung, Folge 11), München 1982.

- Neuere Entwicklungen des Schullaufbahnverhaltens in Bayern. Schulwahl und Schullaufbahnen an Gymnasien, Real- und Wirtschaftsschulen von 1974/75 bis 1986/87 (Staatsinstitut für Schulpädagogik und Bildungsforschung. Wissenschaftliche Reihe), München 1990.

- Familiensituation und Schulbesuch. Dokumentation des Forschungsstandes (Staatsinstitut für Schulpädagogik und Bildungsforschung. Wissenschaftliche Reihe), München 1994.

Böhmeke, W./Hummer, A./Kötter, B.: Ausbildungsabsichten und Ausbildungsentscheidungen von Schülern der gymnasialen Oberstufe, in: H. Giesen, W. Böhmeke, M. Effler, A. Hummer, R. Jansen, B. Kötter, H.-J. Krämer, E. Rabenstein, R. R. Werner, Vom Schüler zum Studenten. Bildungslebensläufe im Längsschnitt (Monografien zur Pädagogischen Psychologie 7. Herausgegeben von K. A. Heller, W. F. Neubauer, H. Nickel), München 1981, S. 21-77.

Bohnsack, R.: Generation, Milieu und Geschlecht. Ergebnisse aus Gruppendiskussionen mit Jugendlichen (Biographie und Gesellschaft. Herausgegeben von W. Fuchs, M. Kohli, F. Schütze, Band 8), Opladen 1989.

Bois-Reymond du, M./Guit, H./van Rooijen, E.: Lebensentwürfe von Jugendlichen und die Rolle der Eltern beim Übergang ins Ausbildungs- und Beschäftigungssystem. Eine Studie aus den Niederlanden, in: Zeitschrift für Sozialisationsforschung und Erziehungssoziologie 12 (1992), 2, S. 114-132.

Bolder, A.: Präferenzen bei der Schulwahl. Dargestellt am Beispiel der Sextaner an Kölner höheren Schulen. Freie wissenschaftliche Arbeit vorgelegt für die Diplomprüfung für Volkswirte sozialwissenschaftlicher Richtung. Angefertigt im Seminar für Soziologie der Universität Köln, Köln 1968.

- Strukturelle und sozio-ökologische Determinanten des Ausbildungsweges. Zu den Auswirkungen horizontaler und vertikaler Disparitäten im Bildungsbereich, Inaugural-Dissertation zur Erlangung des Doktorgrades der Wirtschafts- und Sozialwissenschaftlichen Fakultät der Universität zu Köln, Köln 1975.

- Bildungsentscheidungen im Arbeitermilieu (Untersuchungen des Instituts zur Erforschung sozialer Chancen, Köln, herausgegeben vom Verein zur Förderung des Instituts zur Erforschung sozialer Chancen [Berufsforschungsinstitut] e. V.), Frankfurt, New York 1978.

- Zur Prognose von Bildungs- und Berufswahlentscheidungen im Chancenzuweisungsprozeß. Ergebnisse einer Längsschnittuntersuchung, in: Kölner Zeitschrift für Soziologie und Sozialpsychologie 32 (1980), 2, S. 262-280.

- Abweichende Qualifikationskarrieren im Arbeitermilieu. Zur Bedeutung von Milieustabilität und Mobilitätserfahrung für die Erstqualifikation, in: Soziale Welt 33 (1982), 2, S. 252-287.
- Ausbildung und Arbeitswelt. Eine Längsschnittuntersuchung zu Resultaten von Bildungsentscheidungen (Untersuchungen des Instituts zur Erforschung sozialer Chancen [ISO], Köln, herausgegeben vom Verein zur Förderung des Instituts zur Erforschung sozialer Chancen [Berufsforschungsinstitut] e. V.), Frankfurt, New York 1983.
- Bildungsverläufe in Arbeiterfamilien, in: R. Fauser, J. Marbach, N. Schreiber (Hrsg.), Schulbildung, Familie und Arbeitswelt. Beiträge zu schulischen und beruflichen Ausbildungsentscheidungen, München 1985, S. 79-93.
- Chancenrealisierung als Prozeß der begrenzten Interaktion von Umwelt und Individuum. Das Lebenslauf- und biographiesoziologische Längsschnittprojekt des ISO als Lernprozeß, in: H. Daheim, H. Heid, K. Krahn (Hrsg.), Soziale Chancen. Forschungen zum Wandel der Arbeitsgesellschaft, Frankfurt a. M./New York 1992, S. 120-154.
- *Rodax, K.*: Eliteförderung statt Chancengleichheit? In: A. Bolder, K. Rodax (Hrsg.), Das Prinzip der aufge(sc)hobenen Belohnung. Die Sozialisation von Arbeiterkindern für den Beruf (Forschungsinstitut der Friedrich-Ebert-Stiftung, Reihe: Arbeit, herausgegeben von W. Fricke), Bonn 1987, S. 1-17.
- Alles nur noch romanisches Café? Irrungen und Wirrungen der Analyse sozialer Ungleichheit, in: Österreichische Zeitschrift für Soziologie 18 (1993), 1, S. 63-69.

Bollenbeck, G.: Bildung und Kultur. Glanz und Elend eines deutschen Deutungsmusters, Frankfurt a. M. 1994.

Boltanski, L.: Führungskräfte. Die Entstehung einer sozialen Gruppe. Aus dem Französischen von H. Beister. Mit einem Nachwort von B. Krais (Theorie und Gesellschaft. Herausgegeben von A. Honneth, H. Joas und C. Offe, Band 14), Frankfurt / New York 1990.

Bolte, K. M.: Strukturtypen sozialer Ungleichheit. Soziale Ungleichheit in der Bundesrepublik Deutschland im historischen Vergleich, in: P. A. Berger, S. Hradil (Hrsg.), Lebenslagen, Lebensläufe, Lebensstile (Soziale Welt, Sonderband 7), Göttingen 1990, S. 27-50.

- *Kappe, D./Neidhardt, F.*: Soziale Schichtung (Struktur und Wandel der Gesellschaft, Reihe B der Beiträge zur Sozialkunde, Nr. 4, herausgegeben von K. M. Bolte), Opladen 1966.

Bolte, K. M./*Hradil, S.*: Soziale Ungleichheit in der Bundesrepublik Deutschland, Opladen 1988.

Bonz, G./von Ilsemann, C./Klafki, W./Klemm, K./Stryck, T./Zedler, P.: Innovation und Kontinuität. Empfehlungen zur Schulentwicklung in Bremen. Bericht der Kommission zur Weiterführung der Schulreform in Bremen (Herausgeber: Senator für Bildung und Wissenschaft), Bremen 1993.

Borggraefe, P.: Rollenfixierung und gesellschaftliche Benachteiligungen zur Situation der Frau im Bildungswesen, in: Bildung und Politik 7 (1972), 1, S. 105-108.

Borkowsky, A./Streckeisen, U.: Arbeitsbiographien von Frauen. Eine soziologische Untersuchung struktureller und subjektiver Aspekte (Reihe Arbeits- und Sozialwissenschaft, Band 12), Grüsch 1989.

Borkowsky, B.: "Madame Butterfly, Nonne oder Feministin ..." - "Klasse", "Geschlecht" und Sozialaufbruch durch Bildung, in: A. Schlüter (Hrsg.), Bildungsmobilität. Studien zur Individualisierung von Arbeitertöchtern in der Moderne, Weinheim 1993, S. 65-104.

Borries von, B.: Frauen in Schulgeschichtsbüchern - zum Problem der Benachteiligung von Mädchen im Unterricht -, in: Westermanns Pädagogische Beiträge 27 (1975), 9, S. 601-618.
- Mädchensozialisation und Frauengeschichte. Beobachtungen zum pädagogisch-psychologischen und fachdidaktischen Schrifttum, in: Geschichtsdidaktik 4 (1979), 1, S. 15-35.
- Sexismus im Geschichts- und Politikunterricht? Eine Nachuntersuchung aus fünf Jahren Abstand, in: I. Brehmer (Hrsg.), Sexismus in der Schule. Der heimliche Lehrplan der Frauendiskriminie-

rung. Herausgegeben im Auftrag der Redaktion "betrifft: erziehung", Weinheim und Basel 1982, S. 129-149.

Borris, M. unter Mitarbeit von P. Raschke: Die Benachteiligung der Mädchen in Schulen der Bundesrepublik und Westberlins, Frankfurt 1972.

Böttcher, W.: Ungleichheit im Bildungswesen. Ein Plädoyer für eine schichtspezifische und handlungstheoretisch orientierte Soziologie der Erziehung, Bochum 1985.

- *Holtappels, H. G./Rösner, E.*: Wer kann sich Studieren noch leisten? Die Wende in der staatlichen Ausbildungsfinanzierung und ihre sozialen Folgen, Weinheim und München 1988a.

- Zwischen Studium und Beruf - Soziale Selektion beim Übergang zur Hochschule, in: H.-G. Rolff, K. Klemm, H. Pfeiffer, E. Rösner (Hrsg.), Jahrbuch der Schulentwicklung. Daten, Beispiele und Perspektiven, Band 5 (Eine Veröffentlichung des Instituts der Schulentwicklungsforschung der Universität Dortmund), Weinheim und München 1988b, S. 103-130.

Boudon, R./Bourricaud, F.: Handlung, in: R. Boudon, F. Bourricaud, Soziologische Stichworte. Ein Handbuch, Opladen 1992a, S. 192-198.

- Soziale Schichtung, in: R. Boudon, F. Bourricaud, Soziologische Stichworte. Ein Handbuch, Opladen 1992b, S. 488-494.

Bourdieu, P.: Kulturelle Reproduktion und soziale Reproduktion, in: P. Bourdieu, J.-C. Passeron, Grundlagen einer Theorie der symbolischen Gewalt (Theorie. Herausgegeben von J. Habermas, D. Henrich und J. Taubes, Redaktion K. M. Michel), Frankfurt 1973, S. 89-139.

- The School as a Conservative Force: Scholastic and Cultural Inequalities, in: J. Eggleston (Hrsg.), Contemporary Research in the Sociology of Education. A Selection of Contemporary Research Papers Together with Some of the Formative Writings of the Recent Past, London 1974, S. 32-46.

- Die feinen Unterschiede. Kritik der gesellschaftlichen Urteilskraft. Übersetzt von B. Schwier und A. Russer, Frankfurt 1982.

- Ökonomisches Kapital, kulturelles Kapital, soziales Kapital, in: R. Kreckel (Hrsg.), Soziale Ungleichheiten (Soziale Welt, Sonderband 2), Göttingen 1983, S. 183-198.

- *Passeron, J.-C.*: Die Illusion der Chancengleichheit. Untersuchungen zur Soziologie des Bildungswesens am Beispiel Frankreichs (Herausgegeben vom Max-Planck-Institut für Bildungsforschung. Texte und Dokumente zur Bildungsforschung), Stuttgart 1971.

Bourdieu, P./Boltanski, L./de Saint Martin, M./Maldidier, P.: Titel und Stelle. Über die Reproduktion sozialer Macht. Herausgegeben und aus dem Franzö-sischen übersetzt von H. Köhler, B. Krais, A. Leschinsky und G. Pfeffer, Frankfurt 1981.

Bowles, S./Gintis, H.: Schooling in Capitalist America, London 1976.

Braun, F./Schäfer, H./Schneider, H.: Jugendarbeitslosigkeit - Strukturdaten und Konsequenzen, in: Deutsches Jugendinstitut (Hrsg.), Immer diese Jugend! Ein zeitgeschichtliches Mosaik 1945 bis heute. Redaktion: W. Gaiser, S. Hübner-Funk, W. Krüger, R. Rathgeber unter Mitarbeit von E. Hartmann, München 1985, S. 225-238.

Brehmer, I.: Implizite Theorien in der Sozialisationsforschung, Dissertation, München 1978.

- (Redaktion): Frauen in der Schule. Gespräche mit Lehrerinnen, in: betrifft: erziehung 13 (1980), 10, S. 37-51.

- Sexismus in der Schule. Der heimliche Lehrplan der Frauendiskriminierung. Herausgegeben im Auftrag der Redaktion "betrifft: erziehung". Redaktion für diesen Band: J. R. Didszuweit, Weinheim und Basel 1982, S. 7-22.

- Der widersprüchliche Alltag. Probleme von Frauen im Lehrberuf, Berlin 1987a.

- Koedukation in der Schule: Benachteiligte Mädchen, in: H. Faulstich-Wieland (Hrsg.), Abschied von der Koedukation? Materialien zur Sozialarbeit und Sozialpolitik, Band 18, Frankfurt 1987b, S. 80-111.
- Koedukation in der Diskussion dieses Jahrhunderts, in: G. Kindermann, B. Mauersberger, I. Pilwousek (Hrsg.), Frauen verändern Schule. Dokumentation des 5. Fachkongresses der AG Frauen und Schule, Berlin 1987c, S. 34-63.
- Ist Koedukation möglich? In: A. Prengel, P. Schmid, G. Sitals, C. Willführ (Hrsg.), "Schulbildung und Gleichberechtigung". Dokumentation zum internationalen Symposium des Arbeitskreises Frauenstudium am 20. und 21. Juni 1986 am Fachbereich Erziehungswissenschaften der Johann-Wolfgang-Goethe-Universität Frankfurt a. M.. Reihe "Frauenforschung sichtbar machen" des Arbeitskreises Frauenstudien in den Erziehungswissenschaften, Frankfurt 1987d, S. 151-169.
- Schule im Patriarchat - Schulung fürs Patriarchat? Weinheim und Basel 1991.
- Mädchenerziehung und Frauenbildung im deutschsprachigen Raum, in: E. Glumpler (Hrsg.), Mädchenbildung - Frauenbildung. Beiträge der Frauenforschung für die LehrerInnenbildung, Bad Heilbrunn/Obb. 1992, S. 93-108.
- *Küllchen, H./Sommer, L.*: Mädchen, Macht (und) Mathe. Geschlechtsspezifische Leistungskurswahl in der reformierten Oberstufe. Ein Forschungsprojekt im Rahmen der Interdisziplinären Forschungsgruppe Frauenforschung, Universität Bielefeld, im Auftrag der Parlamentarischen Staatssekretärin für die Gleichstellung von Frau und Mann, Nordrhein-Westfalen (Dokumente und Berichte 10 der Parlamentarischen Staatssekretärin für die Gleichstellung von Frau und Mann), Düsseldorf 1989.

Breitenbach, E.: Geschlechtsspezifische Interaktion in der Schule. Eine Bestandsaufnahme der feministischen Schulforschung, in: Die Deutsche Schule 86 (1994), 2, S. 179-191.

Brentano von, M.: Die Situation der Frauen und das Bild "der Frau" an der Universität, in: Die Deutsche Schule 59 (1967), 1, S. 12-28.

Brinkschulte, E. (Hrsg.): Weibliche Ärzte: Die Durchsetzung des Berufsbildes in Deutschland, Berlin 1994.

Brock-Utne, B./Haukaa, R.: Wissen ohne Macht. Frauen als Lehrerinnen und Schülerinnen. Aus dem Norwegischen von M.-T. Mächler und C. Meyenburg, Gießen 1986.

Brophy, J.: Interactions of Male and Female Students with Male and Female Teachers, in: L. C. Wilkinson, C. B. Marrett (Hrsg.), Gender Influences in Classroom Interaction, Orlando 1985, S. 115-142.
- *Good, T.*: Teacher-Student Relationships: Causes and Consequences, New York 1974.

Brothun, M.: Ursachen der Unterrepräsentanz von Frauen in universitären Spitzenpositionen, in: Kölner Zeitschrift für Soziologie und Sozialpsychologie 40 (1988), 2, S. 316-336.

Brück, B./Kahlert, H./Krüll, M./Milz, H./Osterland, A./Wegehaupt-Schneider, I.: Feministische Wissenschaftskritik und Methodologie oder: Ich frauenforsche, was Mann nicht sieht! In: B. Brück, H. Kahlert, M. Krüll, H. Milz, A. Osterland, I. Wegehaupt-Schneider, Feministische Soziologie. Eine Einführung, Frankfurt/ Main, New York 1992, S. 17-43.

Brunotte, E.-R.: Die Bildungssituation der Frauen in der Industriegesellschaft (Schriftenreihe Partnerschaft von Mann und Frau, Heft 2, herausgegeben von der Gewerkschaft Öffentliche Dienste, Transport und Verkehr), Stuttgart 1968.

Brusten, M./Hurrelmann, K.: Abweichendes Verhalten in der Schule. Eine Untersuchung zu Prozessen der Stigmatisierung, München 1973.

Bublitz, H.: "Ich gehörte irgendwie so nirgends hin ...". Arbeitertöchter an der Hochschule (Texte zu Sozialgeschichte und Alltagsleben), Gießen 1980.

- Überlebensarbeit und Geschlechterverhältnisse - ArbeiterFrauen und -Töchter im intergenerativen Vergleich: Chancen ihrer "Individualisierung" vor dem Hintergrund gesellschaftlichen Strukturwandels, in: A. Schlüter (Hrsg.), Arbeitertöchter und ihr sozialer Aufstieg. Zum Verhältnis von Klasse, Geschlecht und sozialer Mobilität, Weinheim 1992, S. 16-35.

- "Arbeiterfrauen" - Eine Auseinandersetzung mit Forschung und Begrifflichkeit, in: A. Schlüter (Hrsg.), Bildungsmobilität. Studien zur Individualisierung von Arbeitertöchtern in der Moderne, Weinheim 1993, S. 33-44.

Büchner, P.: Vom Befehlen und Gehorchen zum Verhandeln. Entwicklungstendenzen von Verhaltensstandards und Umgangsnormen seit 1945, in: U. Preuss-Lausitz, P. Büchner, M. Fischer-Kowalski, D. Geulen, M. E. Karsten, C. Kulke, U. Rabe-Kleberg, H.-G. Rolff, B. Thunemeyer, Y. Schütze, P. Seidl, H. Zeiher, P. Zimmermann, Kriegskinder, Konsumkinder, Krisenkinder. Zur Sozialisationsgeschichte seit dem Zweiten Weltkrieg, Weinheim und Basel 1983, S. 196-212.

- Einführung in die Soziologie der Erziehung und des Bildungswesens (Die Erziehungswissenschaft. Einführungen in Gegenstand, Methoden und Ergebnisse ihrer Teildisziplinen und Hilfswissenschaften), Darmstadt 1985.

Budde, H./Klemm, K.: Äußere Schulentwicklung in den neuen Ländern: Perspektiven und Gefährdungen, in: H.-G. Rolff, K.-O. Bauer, K. Klemm, H. Pfeiffer (Hrsg.), Jahrbuch der Schulentwicklung. Daten, Beispiele und Perspektiven, Band 7 (Eine Veröffentlichung des Instituts für Schulentwicklungsforschung der Universität Dortmund), Weinheim und München 1992, S. 133-157.

- Zur Entwicklung der Bildungsfinanzierung: Stagnierende Bildungsaufgaben - Privatisierung - Aufgabenreduzierung, in: H.-G. Rolff, K.-O. Bauer, K. Klemm, H. Pfeiffer, R. Schulz-Zander (Hrsg.), Jahrbuch der Schulentwicklung. Daten, Beispiele und Perspektiven, Band 8 (Eine Veröffentlichung des Instituts für Schulentwicklungsforschung der Universität Dortmund), Weinheim und München 1994, S. 99-123.

Bühl, W. L.: Schulaufbau und Verteilung der Bildungschancen in der Bundesrepublik Deutschland (1925-1960), Dissertation, München 1965.

Bundesminister für Bildung und Wissenschaft (BMBW): Statistisches Material zur Bildungssituation von Mädchen und Frauen, Bonn 1978.

- Neue Ausbildungs- und Berufswege für Frauen. Öffnung neuer Ausbildungs- und Berufswege für Frauen in männlich dominierten Berufen. Länderbericht für die Bundesrepublik Deutschland zum UNESCO Seminar vom 11. bis 13. November 1980 in Frankfurt (BMBW-Werkstattberichte 28), Bonn 1980a.

- Zur Situation der Frauen in der Beruflichen Bildung. Länderbericht für die Bundesrepublik Deutschland zum UNESCO-Kongreß vom 9. bis 12. Juni 1980 (BMBW-Werkstattberichte 25), Bonn 1980b.

- Arbeiterkinder im Bildungssystem (Schriftenreihe Bildung und Wissenschaft 19), Bonn 1981a.

- Frauen und Bildung. Was ist. Was sich geändert hat. Was sich ändern muß. Bonn 1981b.

- Jugend und Technik - Technik und Schule (Bildungs- und Beschäftigungssystem, Materialien zur Bildungsplanung, Heft 5), Bonn o. J. (1982).

- Studienanfänger im Wintersemester 1983/84. Studienwünsche und Studienwahl, Berufserwartungen und Befinden deutscher Studienanfänger an wissenschaftlichen Hochschulen, in: Bildung Wissenschaft Aktuell (1984), S. 1-23.

- Abiturienten in der Berufsbildung - Alternativen zum Hochschulstudium. Dokumentation der Fachtagung am 13./14. Juni in Bonn (Schriftenreihe Studien zu Bildung und Wissenschaft 28), Bonn 1985a.

- Frauen in Forschung und Lehre (Studien zu Bildung und Wissenschaft 12), Bonn 1985b.

- Grund- und Strukturdaten. Ausgabe 1987/88, Bonn 1987.

- Grund- und Strukturdaten. Ausgabe 1992/93, Bonn 1992.
- Mädchen und Berufswahl: Technik alleine macht es nicht! Eine Material- und Orientierungshilfe für Lehrerinnen/Lehrer und Berufsberaterinnen/Berufsberater (Schriftenreihe Studien zu Bildung und Wissenschaft 37), Bonn 1986a.
- Frauen und Beruf: Zwischen Wunsch und Realität. Beiträge aus Wissenschaft und Praxis zur Aus- und Weiterbildung von Frauen (Schriftenreihe Studien zu Bildung und Wissenschaft 41), Bonn 1986b.
- Berufsbildungsbericht 1994 (Schriftenreihe Grundlagen und Perspektiven für Bildung und Wissenschaft 40), Bonn 1994.

Bundesministerium für Bildung, Wissenschaft, Forschung und Technologie (BMBWFT): Grund- und Strukturdaten 1994/95, Bonn 1994.

Burger, A./Seidenspinner, G.: Töchter und Mütter. Ablösung als Konflikt und Chance, Opladen 1988.

Bussemer, H.-U.: Frauenemanzipation und Bildungsbürgertum. Sozialgeschichte der Frauenbewegung in der Reichsgründungszeit (Ergebnisse der Frauenforschung, Band 7. Herausgegeben im Auftrag des Präsidenten der Freien Universität Berlin von A. Bennholdt-Thomsen, I. Falok, J. Limbach, R. Rott, H. B. Schöpp-Schilling, U. Bock, H. Oswald, Koordination: A. Runge), Weinheim und Basel 1985.

Byrne, E. M.: Gleiche Schul- und Berufsausbildung für Mädchen (Altersgruppe 10 - 18 Jahre), Kommission der Europäischen Gemeinschaften, Sammlung Studien, Bildungsreihe Nr. 9, Brüssel-Luxemburg 1979.

Carnap von, R./Edding, F.: Der relative Schulbesuch in den Ländern der Bundesrepublik 1952 - 1960 (Hochschule für Internationale Pädagogische Forschung), Frankfurt ^{2}1962.

Cesar, C./Fach, C./Herve-Murray, F./ Sollmann, M./Sommerfeld, V.: Die Diskriminierung der Schülerinnen. Am Beispiel der nordrhein-westfälischen Lehrpläne, in: Blätter für deutsche und internationale Politik 15 (1970), 9, S. 958-966.

Chisholm, L./ Hurrelmann, K.: Adolescence in modern Europe. Pluralized transition patterns and their implications for personal und social risks, in: Journal of Adolescence 18 (1995), 1, S. 129-158.

Chougram, V. S./Kopper, H./Schweisthal, U./Wichmann,G.: Das Kind im Lesebuch der Grundschule, in: P. Braun (Hrsg.), Neue Lesebücher - Analyse und Kritik, Düsseldorf 1972, S. 60-81.

Clephas-Möcker, P./Krallmann, K.: Akademische Bildung - eine Chance zur Selbstverwirklichung für Frauen? Lebensgeschichtlich orientierte Interviews mit Gymnasiallehrerinnen und Ärztinnen der Geburtsjahre 1909 bis 1923, Weinheim 1988.

Colemann, J. S./Hoffer, T./Kilgore, S.: High School Achievement. Public, Catholic, and Private Schools Compared, New York 1982.

Coleman, J. S./Hoffer, T.: Public and Private High Schools. The Impact of Communities, New York 1987.

Conradt, S./Heckmann-Janz, K.: "... du heiratest ja doch!" 80 Jahre Schulgeschichte von Frauen, Frankfurt a. M. 1985.

Daheim, H./Schönbauer, G.: Soziologie der Arbeitsgesellschaft. Grundzüge und Wandlungstendenzen der Erwerbsarbeit (Grundlagentexte Soziologie. Herausgegeben von K. Hurrelmann), Weinheim und München 1993.

Dahrendorf, R.: Arbeiterkinder an deutschen Universitäten (Recht und Staat in Geschichte und Gegenwart. Eine Sammlung von Vorträgen und Schriften aus dem Gebiet der gesamten Staatswissenschaften, Heft 302/303), Tübingen 1965a.

- Bildung ist Bürgerrecht. Plädoyer für eine aktive Bildungspolitik, Bramsche/ Osnabrück 1965b.

- Über den Ursprung der Ungleichheit unter den Menschen (Recht und Staat in Geschichte und Gegenwart. Eine Sammlung von Vorträgen und Schriften aus dem Gebiet der gesamten Staatswissenschaften, Heft 232), Tübingen [2]1966.

- Ursachen des vorzeitigen Abgangs vom Gymnasium - Zusammenfassung und Analyse, in: H. Peisert, R. Dahrendorf (Hrsg.), Der vorzeitige Abgang vom Gymnasium. Studien und Materialien zum Schulerfolg an den Gymnasien in Baden-Württemberg 1953 - 1963 (Bildung in neuer Sicht, Reihe A Nr. 6, Schriftenreihe des Kultusministeriums Baden-Württemberg zur Bildungsforschung, Bildungsplanung, Bildungspolitik), Villingen 1967, S. 145-177.

- Der moderne soziale Konflikt. Essay zur Politik der Freiheit, Stuttgart 1992.

Demant, H.: Koedukation oder getrennte Erziehung? Vergleichende Untersuchungen. Leistungen, Interessen, soziale Beziehungen sowie Einstellungen von Schülern und Lehrern in reinen und in Koedukationsklassen (herausgegeben von der Hochschule für Internationale Pädagogische Forschung), Frankfurt a. M. 1955.

Demes, B.: Geschlechtsrollendarstellung in Biologieschulbüchern der Sekundarstufe I und II, in: Arbeitsgruppe Elternarbeit (Hrsg.), Die Schule lebt - Frauen bewegen die Schule. Dokumentation der 1. Fachtagung in Gießen 1982 und der 2. Fachtagung in Bielefeld 1983 Frauen und Schule. I. Brehmer und U. Enders-Dragässer (Bearbeiterinnen), DJI Materialien, Band 12, München 1984, S. 213-224.

Deutscher Bundestag: Familien und Familienpolitik im geeinten Deutschland - Zukunft des Humanvermögens - Fünfter Familienbericht - (Drucksache 12/7560) gemäß dem Beschluß des Deutschen Bundestages vom 10. Dezember 1982 - Drucksache 9/1286, Bonn 1994.

Deutsches Jugendinstitut (Hrsg.): Immer diese Jugend! Ein zeitgeschichtliches Mosaik. 1945 bis heute. Redaktion: W. Gaiser, S. Hübner-Funk, W. Krüger, R. Rathgeber unter Mitarbeit von E. Hartmann, München 1985.

Die Deutsche Schule. Zeitschrift für Erziehungswissenschaft, Bildungspolitik und pädagogische Praxis, 1. Beiheft, 1990.

Die verunsicherte Generation: Jugend und Wertewandel. Ein Bericht des Sinus-Instituts im Auftrag des Bundesministers für Jugend, Familie und Gesundheit, Opladen 1983.

Diezinger, A./Marquardt, R./Bilden, H.: Jugendarbeitslosigkeit und weibliche Normalbiographie, in: Beiträge zur feministischen Theorie und Praxis (1982), 7, S. 76-83.

Dikow, J.: Katholische Jungenschulen, Mädchenschulen und koedukative Schulen in freier Trägerschaft - Ein statistischer Überblick -, in: engagement 4 (1986), 2, S. 125-128.

Dilger-Klotz, A.: Koedukation - Fragen an eine gängige Praxis, Diplomarbeit für Pädagogen, Universität Tübingen und Pädagogische Hochschule Reutlingen 1987.

Ditton, H.: Ungleichheit und Mobilität durch Bildung. Theorie und empirische Untersuchung über sozialräumliche Aspekte von Bildungsentscheidungen, Weinheim und München 1992.

- Ungleichheitsforschung, in: H.-G. Rolff (Hrsg.), Zukunftsfelder von Schulforschung, Weinheim 1995, S. 89-124.

Dreeben, R.: Was wir in der Schule lernen. Übersetzt von T. Linquist. Mit einer Einleitung von H. Fend, Frankfurt a. M. 1980.

Eckelt, I.: Mädchen wird das Interesse an Mathematik aberzogen, in: Frauen und Schule 4 (1985), 7, S. 6-8.

Eckert, R.: Gesellschaftliche Bedingungen der Frage nach den Geschlechtsrollen, in: R. Eckert (Hrsg.), Geschlechtsrollen und Arbeitsteilung. Mann und Frau in soziologischer Sicht, München 1979, S. 9-14.

Eckstein, D.: Bildungschancen von Frauen in Schulen und Hochschulen. Eine theoretisch-empirische Arbeit über die Determinanten von Ungleichheit in höheren Bildungssystemen. Diplomarbeit im Fach Soziologie, Universität Köln 1988.

Edschmid, U.: Was heißt Feminismus in der Schule, in: Beiträge zur feministischen Theorie und Praxis (1978), 2, S. 81-86.

Ehrenreich, B.: Angst vor dem Absturz. Das Dilemma der Mittelklasse. Aus dem Amerikanischen von W. Heuss, München 1992.

Eigler, H./Hansen, R./Klemm, K.: Quantitative Entwicklungen: Wem hat die Bildungsexpansion genutzt? In: H.-G. Rolff, G. Hansen, K. Klemm, K.-J. Tillmann (Hrsg.), Jahrbuch der Schulentwicklung. Daten, Beispiele und Perspektiven, Band 1 (Eine Veröffentlichung der Arbeitsstelle für Schulentwicklungsforschung der Universität Dortmund), Weinheim und Basel 1980, S. 45-71.

Eigler, H./Klemm, R./Koch, H.: Quantitative Entwicklungen: Schule im Zeichen des Rotstiftes, in: H.-G. Rolff, K. Klemm, K.-J. Tillmann (Hrsg.), Jahrbuch der Schulentwicklung. Daten, Beispiele und Perspektiven, Band 2. C. H. Evers zum 60. Geburtstag gewidmet (Eine Veröffentlichung der Arbeitsstelle für Schulentwicklungsforschung der Universität Dortmund), Weinheim und Basel 1982, S. 49-73.

Elbracht, M./Mosler, I.: Femina non est homo? Zum Frauenbild in Grund- und Hauptschullesebüchern, in: P. Braun (Hrsg.), Neue Lesebücher - Analyse und Kritik, Düsseldorf 1972, S. 82-96.

Emmerich, M.: Brauchen wir eine spezielle Mädchen- und Frauenbildung? In: Katholische Bildung 82 (1981), 12, S. 690-694.

Emmerich, W.: Proletarische Lebensläufe. Autobiographische Dokumente zur Entstehung der Zweiten Kultur in Deutschland. Band 1: Anfänge bis 1914 (das neue buch. Herausgegeben von J. Manthey), Reinbek bei Hamburg 1974.

- Proletarische Lebensläufe. Autobiographische Dokumente zur Entstehung der Zweiten Kultur in Deutschland, Band 2: 1914 bis 1945 (das neue Buch. Herausgegeben von J. Manthey), Reinbek bei Hamburg 1975.

Enders-Dragässer, U.: Schule, in: J. Beyer, F. Lamott, B. Meyer (Hrsg.), Frauenhandlexikon. Stichworte zur Selbstbestimmung, München 1983, S. 251-254.

- Schulischer Sexismus in der Bundesrepublik. Frauenpolitischer Handlungsbedarf im Schulwesen, in: Recht der Jugend und des Bildungswesens 36 (1988), 1, S. 47-56.
- *Fuchs, C.*: Interaktionen der Geschlechter. Sexismusstrukturen in der Schule. Eine Untersuchung an hessischen Schulen im Auftrag des Hessischen Instituts für Bildungsplanung und Schulentwicklung. Unter Mitarbeit von P. Schmidt, B. Schäfer, S. Harke, S. Bachler, S. Odrich und E. Bohrmann (Veröffentlichungen der Max-Traeger-Stiftung. Herausgegeben von Dieter Wunder, Band 10), Weinheim und München 1989.
- (Hrsg): Frauensache Schule. Aus dem deutschen Schulalltag: Erfahrungen, Analysen, Alternativen (Die Frau in der Gesellschaft), Frankfurt a. M. 1990.
- *Schmidt, P.*: "Weiblichkeit" und "Männlichkeit" in den Interaktionen, in: Der Deutschunterricht 38 (1986), 3, S. 7-15.

Engel, U./Hurrelmann, K.: Bildungschancen und soziale Ungleichheit. Zur Bedeutung der Statusstruktur der Herkunftsfamilie für den Bildungsstatus der Kinder, in: S. Müller-Rolli (Hrsg.), Das Bildungswesen der Zukunft, Stuttgart 1987, S. 77-97.

- Psychosoziale Belastung im Jugendalter. Empirische Befunde zum Einfluß von Familie, Schule und Gleichaltrigengruppe (Sonderforschungsbereich 227 - Prävention und Intervention im Kindes- und Jugendalter. Ein interdisziplinäres Projekt der Universität Bielefeld unter Leitung von G. Albrecht, P.-A. Albrecht, O. Backes, M. Brambring, K. Hurrelmann, F.-X. Kaufmann, F. Lösel, H.-U. Otto, H. Skowronek), Berlin, New York 1989a.

- Familie und Bildungschancen, in: R. Nave-Herz, M. Markefka (Hrsg.), Handbuch der Familien- und Jugendforschung. Band 1: Familienforschung, Neuwied und Frankfurt a. M. 1989b, S. 475-489.

- Was Jugendliche wagen. Eine Längsschnittstudie über Drogenkonsum, Streßreaktionen und Delinquenz im Jugendalter (Jugendforschung. Im Auftrag des Zentrums für Kindheits- und Jugendforschung der Fakultät für Pädagogik der Universität Bielefeld, herausgegeben von D. Baacke, W. Heitmeyer, K. Hurrelmann und K. Treumann), Weinheim und München 1993.

Engelbrech, G.: Ausbildungs- und Berufswahl von Mädchen, in: Materialien aus der Arbeitsmarkt- und Berufsforschung 6 (1983), S. 1-5.

- *Kraft, H.*: Besonderheiten bei der Ausbildungs- und Berufswahl weiblicher Jugendlicher, in: Mitteilungen aus der Arbeitsmarkt- und Berufsforschung 16 (1983), 1, S. 39-52.

Engler, S.: Fachkultur, Geschlecht und soziale Reproduktion. Eine Untersuchung über Studentinnen und Studenten der Erziehungswissenschaft, Rechtswissenschaft, Elektrotechnik und des Maschinenbaus (Blickpunkt Hochschuldidaktik, Band 92), Weinheim 1993.

- *von Prümmer, C.*: Studienfach, Geschlecht, "soziale Herkunft" - Zum Verhältnis von Geschlecht und Klasse an der Hochschule, in: A. Schlüter (Hrsg.): Bildungsmobilität. Studien zur Individualisierung von Arbeitertöchtern in der Moderne, Weinheim 1993, S. 105-125.

Erziehung und Schule: Koedukation und geschlechtsspezifische Erziehung in der Schule. Ein Arbeitspapier des Beirats "Erziehung und Schule" vom 2. 10. 1985, in: engagement 4 (1986), 2, S. 151-153.

Esser, H.: Zum Verhältnis von qualitativen und quantitativen Methoden in der Sozialforschung, oder: Über den Nutzen methodologischer Regeln bei der Diskussion von Scheinkontroversen, in: W. Voges (Hrsg.), Methoden in der Biographie- und Lebenslaufforschung (Biographie und Gesellschaft. Herausgegeben von W. Fuchs, M. Kohli, F. Schütze, Band 1), Opladen 1987, S. 87-101.

Etzold, S.: Schuld hat immer der Lehrer, in: DIE ZEIT vom 2.9.1994, Nr. 36, S. 37.

Europäisches Parlament. Sitzungsdokumente 1983-1984: Bericht eingereicht vom Untersuchungsausschuß zur Situation der Frau in Europa über die Situation der Frau in Europa. C - Untersuchungsberichte. Straßburg 1984.

Faulstich-Wieland, H.: Mädchen - die vergessene Hälfte der Jugend? Zum Stand der Mädchenforschung, in: Zeitschrift für Sozialisationsforschung und Erziehungssoziologie 5 (1985), 1, S. 145-150.

- Abschied von der Koedukation? Materialien zur Sozialarbeit und Sozialpolitik, Band 18, Frankfurt 1987.

- Koedukation und Utopie, in: O. Hansmann, W. Marotzki (Hrsg.), Diskurs Bildungstheorie II: Problemgeschichtliche Orientierungen. Rekonstruktion der Bildungstheorie unter Bedingungen der gegenwärtigen Gesellschaft, Weinheim 1989.

- Koedukation - Enttäuschte Hoffnungen? Darmstadt 1991.

- *Horstkemper, M.*: Einstellungsmuster als Ausbildungsbarriere? - Zur Berufsorientierung von Jugendlichen, in: Frauenforschung 1 (1983), 3/4, S. 72-87.

- "Trennt uns bitte, bitte nicht!" Koedukation aus Mädchen- und Jungensicht (Schule und Gesellschaft, Band 7. Herausgegeben von F. Hamburger, M. Horstkemper, W. Melzer, K.-J. Tillmann), Opladen 1995.

Faulstich-Wieland, H./Tillmann, K.-J.: Erfolgreich in der Schule, diskriminiert im Beruf. Geschlechtsspezifische Ungleichheiten bei der Berufseinmündung, in: Demokratische Erziehung 10 (1984), 7/8, S. 24-27.

Faulstich-Wieland, H./Schefer-Viëtor, G.: Koedukation - Geschlechterverhältnisse in der Erziehung, in: Zeitschrift für Pädagogik, 23. Beiheft: Erziehung und Bildung als öffentliche Aufgabe. Analysen - Befunde - Perspektiven. Beiträge zum 11. Kongreß der Deutschen Gesellschaft für Erziehungswissenschaft vom 21. bis 23. März 1988 in der Universität Saarbrücken. Im Auftrag des Vorstandes herausgegeben von K. Beck, H.-G. Herrlitz und W. Klafki, Weinheim und Basel 1988, S. 169-180.

Fauser, R.: Autonomie am Arbeitsplatz und Bildungserwartungen für die Kinder, in: R. Fauser, J. Marbach, R. Pettinger, N. Schreiber (Hrsg.), Schulbildung, Familie und Arbeitswelt. Beiträge zu schulischen und beruflichen Ausbildungsentscheidungen, München 1985, S. 163-188.

- *Marbach, J./Pettinger, R./Schreiber, N.* (Hrsg.), Schulbildung, Familie und Arbeitswelt. Beiträge zu schulischen und beruflichen Ausbildungsentscheidungen, München 1985.

Feldmann-Neubert, C.: Frauenleitbilder im Wandel 1948-1988. Von der Familienorientierung zur Doppelrolle, Weinheim 1991.

Feministisches Interdisziplinäres Forschungsinstitut Frankfurt a. M. U. Enders-Dragässer, G. Stanzel (Hrsg.): Frauen Macht Schule. Dokumentation der 4. Fachtagung AG Frauen + Schule 1985 in Frankfurt a. M., Frankfurt 1986.

Fend, H.: Konformität und Selbstbestimmung. Mündigkeit und Leistungsmotivation in sozialisationstheoretischer Sicht, Weinheim und Basel 1971.

- Koordinaten einer Theorie der schulischen Sozialisation (Universität Konstanz, Zentrum I Bildungsforschung, Sonderforschungsbereich 23, Forschungsbericht 15), Konstanz ^{2}1974a.
- Gesellschaftliche Bedingungen schulischer Sozialisation. Soziologie der Schule I, Weinheim und Basel 1974b.
- Schulklima: Soziale Einflußprozesse in der Schule. Soziologie der Schule. Soziologie der Schule III,1, Weinheim und Basel 1977.
- Sozialisation: Die Entwicklung der Persönlichkeit im gesellschaftlichen Kontext, in: G. Steiner (Hrsg.), Die Psychologie des 20. Jahrhunderts, Band VII, Piaget und die Folgen, Zürich 1978, S. 367-384.
- Theorie der Schule, München, Wien, Baltimore 1980.
- Gesamtschule im Vergleich. Bilanz der Ergebnisse des Gesamtschulversuchs, Weinheim und Basel 1982.
- Determinanten von Schulleistungen: Wie wichtig sind Lehrer? In: Unterrichtswissenschaft 12 (1984), 1, S. 68-86.
- "Gute Schulen - schlechte Schulen". Die einzelne Schule als pädagogische Handlungseinheit, in: Die Deutsche Schule 78 (1986), 3, S. 275-293.
- Dynamischer Begabungsbegriff widerlegt? Eine Neubetrachtung von Heinrich Roths Gutachten "Begabung und Lernen", in: Demokratische Erziehung 13 (1987), 6, S. 18-21.
- Sozialgeschichte des Aufwachsens. Bedingungen des Aufwachsens und Jugendgestalten im zwanzigsten Jahrhundert, Frankfurt a. M. 1988.
- Vom Kind zum Jugendlichen. Der Übergang und seine Risiken. Entwicklungspsychologie der Adoleszenz in der Moderne. Band I, Bern 1990a.

- Bilanz der empirischen Bildungsforschung, in: Zeitschrift für Pädagogik 36 (1990b), 4, S. 687-709.

- Identitätsentwicklung in der Adoleszenz. Lebensentwürfe, Selbstfindung und Weltaneignung in beruflichen, familiären und politisch-weltanschaulichen Bereichen. Entwicklungspsychologie der Adoleszenz in der Moderne. Band II, Bern 1991.

- Die Entdeckung des Selbst und die Verarbeitung der Pubertät. Entwicklungspsychologie der Adoleszenz in der Moderne. Band III, Bern 1994.

- *Knörzer, W./Nagl, W./Specht, W./Väth-Szusdziara, R.*: Gesamtschule und dreigliedriges Schulsystem - eine Vergleichsstudie über Chancengleichheit und Durchlässigkeit (Deutscher Bildungsrat, Bildungskommission: Gutachten und Studien 55), Stuttgart 1976.

- Sozialisationseffekte der Schule. Soziologie der Schule II, Weinheim und Basel 1976b.

Fernandes, J. V.: Die Konzeption von subversiven Lehrplänen, Lernmaterialien und pädagogischer Praxis in der Grundbildung, in: H. Sünker, D. Timmermann, F.-U. Kolbe (Hrsg.), Bildung, Gesellschaft, soziale Ungleichheit. Internationale Beiträge zur Bildungssoziologie und Bildungstheorie, Frankfurt a. M. 1994, S. 246-264.

Fischer, A./Stein, H.-H.: Zum Tabellenteil, in: Jugendliche und Erwachsene '85. Generationen im Vergleich. Band 5: Arbeitsbericht und Dokumentation (Studie im Auftrag des Jugendwerks der Deutschen Shell, durchgeführt von Psydata, Institut für Marktanalysen, Sozial- und Mediaforschung GmbH), Opladen 1985, S. 137-429.

Flaake, K./King, V.: Psychosexuelle Entwicklung, Lebenssituation und Lebensentwürfe junger Frauen. Zur weiblichen Adoleszenz in soziologischen und psychoanalytischen Theorie, in: K. Flaake, V. King (Hrsg.), Weibliche Adoleszenz. Zur Sozialisation junger Frauen, Frankfurt/Main, New York 1992, S. 13-39.

Flitner, E.: Wirkungen von Geschlecht und sozialer Herkunft auf Schullaufbahn und Berufswahl. Neue französische Untersuchungen, in: Zeitschrift für Pädagogik 38 (1992), 1, S. 47-63.

Fonda, U.: Mädchenbildung und Koedukation. Tagung des Zweigvereins Münster am 11. Februar 1987, in: Katholische Bildung 88 (1987), 4, S. 236.

Frasch, H./Wagner, A.: "Auf Jungen achtet man einfach mehr ..." - eine empirische Untersuchung zu geschlechtsspezifischen Unterschieden im Lehrerinnenverhalten gegenüber Jungen und Mädchen in der Grundschule, in: I. Brehmer (Hrsg.), Sexismus in der Schule. Der heimliche Lehrplan der Frauendiskriminierung. Herausgegeben im Auftrag der Redaktion "betrifft: erziehung". Redaktion für diesen Band: J. R. Didszuweit, Weinheim und Basel 1982, S. 260-278.

Freigang, W./Frommann, A./Giesselmann, A.: Mädchen in Heimen und Wohngemeinschaften, in: W. Freigang, A. Frommann, A. Giesselmann, J. Blandow, J. Schmitz, W. Winter-von Gregory, Mädchen in Einrichtungen der Jugendhilfe (Alltag und Biographie von Mädchen, Band 15. Herausgegeben von der Sachverständigenkommission Sechster Jugendbericht H. Krüger, G. Frasch, E. Bode, D. Baacke, R. von Ungern, G. Naundorf. Redaktion: W. Krüger, C. Möller, M. Weg), Opladen 1986, S. 9-132.

Frerichs, P.: Bürgerliche Autobiographie und proletarische Selbstdarstellung. Eine vergleichende Darstellung unter besonderer Berücksichtigung persönlichkeitstheoretischer und literaturdidaktischer Fragestellungen, Frankfurt/M. o. J.

Friedeburg von, L.: Bildungsreform in Deutschland. Geschichte und gesellschaftlicher Widerspruch, Frankfurt a. M. 1989.

Fries, M.: Die Auswirkungen der reformierten gymnasialen Oberstufe auf die Studienfachwahl an der Hochschule, in: Beiträge zur Hochschulforschung 3 (1979), S. 239-260.

- Auswirkungen der Oberstufenreform auf die Studienfachwahl (Bayerisches Staatsinstitut für Hochschulforschung und Hochschulplanung 29), München 1981.

Friese, M.: Weibliches Proletariat im Bildungsprozeß der Moderne - Zur Rekonstruktion eines kritischen Bildungsbegriffs, dargestellt an der Bildungssituation von bremischen Mägden und proletarischen Töchtern im 19. Jahrhundert, in: A. Schlüter (Hrsg.), Bildungsmobilität. Studien zur Individualisierung von Arbeitertöchtern in der Moderne, Weinheim 1993, S. 13-32.

Fröhlich, D.: Arbeitserfahrung und Bildungsverhalten. Der Einfluß der Arbeitswelt auf die elterliche Schulwahl (Untersuchungen des Instituts zur Erforschung sozialer Chancen, Köln, herausgegeben vom Verein zur Förderung des Instituts zur Erforschung sozialer Chancen [Berufsforschungsinstitut] e. V.), Frankfurt, New York 1978.

Fuchs, W.: Biographische Forschung. Eine Einführung in Praxis und Methoden, Opladen 1984.

- *Zinnecker, J.*: Nachkriegsjugend und Jugend heute - Werkstattbericht aus einer laufenden Studie, in: Zeitschrift für Sozialisationsforschung und Erziehungssoziologie 5 (1985), 1, S. 5-28.

Fulda, W./Schulz, E./Selk, M.: Geschlechtsspezifische Probleme von Mädchen bei der Wahl eines gewerblich-technischen Berufes, in: Berufsbildung in Wissenschaft und Praxis 12 (1983), 1, S. 29-32.

Funke, A./Hartung, D./Krais, B./Nuthmann, R.: Karrieren außer der Reihe. Bildungswege und Berufserfolg von Stipendiaten der gewerkschaftlichen Studienförderung. Mit einem Vorwort von I. Brusis und W. Vitt sowie einem Nachwort von F. von Auer, Köln 1986.

Geenen, E. M.: Blockierte Karrieren. Frauen in der Hochschule (Kieler Beiträge zur Politik und Sozialwissenschaft. Herausgegeben von W. Röhrich und C. Schlüter-Knauer, Band 9), Opladen 1994.

Gehlen, A.: Die Stellung der Frau in der Gesellschaft von heute, in: Deutsches Rotes Kreuz (1957), 7, S. 15-19.

Geiger, T.: Die soziale Schichtung des deutschen Volkes. Soziographischer Versuch auf statistischer Grundlage, Stuttgart 1932.

- Die Klassengesellschaft im Schmelztiegel, Köln und Hagen 1949a.
- Zeitgemäße Fragestellungen der Soziologie, in: E. Justi (Hrsg.), Abhandlungen der Braunschweigischen Wissenschaftlichen Gesellschaft, Band 1, Braunschweig 1949b, S. 132-136.
- unter Mitarbeit von T. Agersnap: Die soziale Herkunft der dänischen Studenten. Herausgegeben von K. Rodax. Mit einer Einleitung von T. Agersnap: Theodor Geiger. Mit einem Nachwort von K. Rodax: Soziale Schichtung und Mobilität: Eine werkgeschichtliche und kritische Würdigung zu "Die soziale Herkunft der dänischen Studenten" von Theodor Geiger. Aus dem Dänischen übersetzt von B. Kretschmer (Passauer Beiträge zur Sozialwissenschaft. Herausgegeben von A. Mintzel und S. Immerfall), Opladen 1992.

Geißler, R.: Zur Problematik des Begriffs der sozialen Schicht, in: R. Geißler (Hrsg.), Soziale Schichtung und Lebenschancen in der Bundesrepublik Deutschland, Stuttgart 1987a, S. 5-24.

- Soziale Schichtung und Bildungschancen, in: R. Geißler (Hrsg.), Soziale Schichtung und Lebenschancen in der Bundesrepublik Deutschland, Stuttgart 1987b, S. 79-110.
- Entwicklungen der Sozialstruktur und Bildungswesen, in: Materialien zur Lage der Nation. Herausgegeben vom Bundesministerium für innerdeutsche Beziehungen. Vergleich von Bildung und Erziehung in der Bundesrepublik Deutschland und in der Deutschen Demokratischen Republik (Wissenschaftliche Kommission O. Anweiler [Leitung], W. Mitter, H. Peisert, H.-P. Schäfer, W. Stratenwerth), Köln 1990a, S. 83-111.
- Soziale Ungleichheit zwischen Frauen und Männern - Erfolge und Hindernisse auf dem Weg zur Gleichstellung in den beiden deutschen Gesellschaften, in: Sozialwissenschaftliche Informationen 19 (1990b), 3, S. 181-196.

- Die Sozialstruktur Deutschlands. Ein Studienbuch zur sozialstrukturellen Entwicklung im geteilten und vereinten Deutschland, Opladen 1992.
- Die pluralistische Schichtstruktur der modernen Gesellschaft: zur aktuellen Bedeutung des Schichtbegriffs, in: R. Geißler (Hrsg.), Soziale Schichtung und Lebenschancen in Deutschland, Stuttgart ²1994, S. 6-36.
- Kein Abschied von Klasse und Schicht. Ideologische Gefahren der deutschen Sozialstrukturanalyse, Manuskript, Siegen 1995.

Gerhard, U.: Sozialwissenschaftliche Frauenforschung: Perspektivenwechsel und theoretische-Diskurse, in: B. Schäfers (Hrsg.), Soziologie in Deutschland. Entwicklung - Institutionalsierung und Berufsfelder - Theoretische Kontroversen, Opladen 1995a, S. 199-212.
- Die "langen Wellen" der Frauenbewegung - Traditionslinien und unerledigte Anliegen, in: R. Becker-Schmidt, G.-A. Knapp (Hrsg.), Das Geschlechterverhältnis als Gegenstand der Sozialwissenschaften, Frankfurt/M., New York 1995b, S. 247-278.

Gerstein, H.: Studierende Mädchen. Zum Problem des vorzeitigen Abgangs von der Universität. Mit einer Einführung von R. Dahrendorf, München 1965.
- Erfolg und Mißerfolg im Hinblick auf strukturelle, leistungsmäßige und soziale Faktoren - Vorbericht einer repräsentativen sozialstatistischen Untersuchung, in: H. Peisert, R. Dahrendorf (Hrsg.), Der vorzeitige Abgang vom Gymnasium. Studien und Materialien zum Schulerfolg an den Gymnasien in Baden-Württemberg 1953 - 1963 (Bildung in neuer Sicht Reihe A Nr. 6, Schriftenreihe des Kultusministeriums Baden-Württemberg zur Bildungsforschung, Bildungsplanung, Bildungspolitik), Villingen 1967, S. 126-144.
- Die Benachteiligten unseres Bildungssystems. Bildungsbarrieren in der Bundesrepublik, in: Der Bürger im Staat 19 (1969), 4, S. 150-156.
- Neue Sozialgruppen in den höheren Schulen und ihre Probleme, in: Die Schulwarte 23 (1970), S. 2-13.
- Erfolg und Versagen im Gymnasium. Ein Bericht über die soziale und leistungsmäßige Abhängigkeit des vorzeitigen Abgangs, Weinheim und Basel 1972.
- Mädchen in der Bundesrepublik: Rollendisposition und Bildungsbeteiligung, in: H.-G. Wehling (Hrsg.), Jugend zwischen Auflehnung und Anpassung. Einstellungen - Verhaltensweisen - Lebenschancen, Stuttgart, Berlin, Köln, Mainz 1973, S. 89-115.

Geulen, D.: Das vergesellschaftete Subjekt. Zur Grundlegung der Sozialisationstheorie, Frankfurt a. M. 1977.
- Schichtenspezifische Sozialisationsforschung, in: D. Lenzen (Hrsg.) unter Mitarbeit von A. Schründer, Enzyklopädie Erziehungswissenschaften. Handbuch und Lexikon der Erziehung in 11 Bänden und einem Registerband, Band 8: Erziehung im Jugendalter - Sekundarstufe I. Herausgegeben von E.-G. Skiba, C. Wulf, K. Wünsche, Stuttgart 1983, S. 568-572.
- Die historische Entwicklung sozialisationstheoretischer Ansätze, in: K. Hurrelmann, D. Ulich (Hrsg.), Neues Handbuch der Sozialisationsforschung, Weinheim und Basel 1991, S. 21-54.

Giesche, S.: Der heimliche Lehrplan - was geschieht zwischen Lehrenden und Lernenden während des Unterrichts? In: Die Ministerien für Bildung, Wissenschaft, Jugend und Kultur des Landes Schleswig-Holstein, Koedukation und Naturwissenschaften. Was leistet der gemeinsame Unterricht für Mädchen und Jungen? Dokumentation zum Forum am 12. Januar 1990, Kiel 1990, S. 97-188.
- Sachse, D. (Hrsg.), Frauen verändern Lernen. Dokumentation der 6. Fachtagung der AG Frauen und Schule, Kiel 1988.

Giesen, H./Böhmeke, W./Effler, M./Hummer, A./Jansen, R./Kötter, B./Krämer, H.-J./Rabenstein, E./Werner, R. R.: Vom Schüler zum Studenten. Bildungslebensläufe im Längsschnitt (Monographien zur Pädagogischen Psychologie 7, herausgegeben von K. A. Heller, W. F. Neubauer, H. Nickel), München 1981.

Giesen, H./Gold, A. /Hummer, A./Weck, M.: Die Bedeutung der Koedukation für die Genese der Studienfachwahl, in: Zeitschrift für Pädagogik 38 (1992), 1, S. 65-82.

Gildemeister, R.: Geschlechtsspezifische Sozialisation. Neuere Beiträge und Perspektiven zur Entstehung des "weiblichen Sozialcharakters", in: Soziale Welt 39 (1988), 4, S. 486-503.

Gisbert, K.: Frauenuntypische Bildungsbiographien: Diplom-Mathematikerinnen (Europäische Hochschulschriften: Reihe 6, Psychologie, Band 501), Frankfurt am Main, Berlin, Bern, New York, Paris, Wien 1995.

Glaser, E./Herrmann, U.: Konkurrenz und Dankbarkeit. Die ersten Jahrzehnte des Frauenstudiums im Spiegel von Lebenserinnerungen - am Beispiel der Universität Tübingen, in: Zeitschrift für Pädagogik 34 (1988), 2, S. 205-226.

Gloger-Tippelt, G.: Geschlechtertypisierung als Prozeß über die Lebensspanne, in: Zeitschrift für Sozialisationsforschung und Erziehungssoziologie 13 (1993), 3, S. 258-276.

Glotz, P. (Hrsg.), Die großen Streitfragen der achtziger Jahre - Berliner Dialog über unsere Zukunft -, Bonn 1979, S. 9-56.

Glumpler, E. (Hrsg.): Mädchenbildung - Frauenbildung. Beiträge der Frauenforschung für die LehrerInnenbildung, Bad Heilbrunn/Obb. 1992a.

- Frauenforschung in der LehrerInnenbildung, in: E. Glumpler (Hrsg.), Mädchenbildung - Frauenbildung. Beiträge der Frauenforschung für die LehrerInnenbildung, Bad Heilbrunn/Obb. 1992b, S. 10-34.

- Abiturientinnen 1990. Eine Untersuchung zur Berufsorientierung schulisch erfolgreicher Frauen, in: E. Glumpler (Hrsg.), Mädchenbildung - Frauenbildung. Beiträge der Frauenforschung für die LehrerInnenbildung, Bad Heilbrunn/Obb. 1992c, S. 234-257.

- Koedukation - Entwicklungen und Perspektiven, in: E. Glumpler (Hrsg.), Koedukation. Entwicklungen und Perspektiven, Bad Heilbrunn 1994, S. 9-30.

- Feministische Schulforschung, in: H.-G. Rolff (Hrsg.), Zukunftsfelder von Schulforschung, Weinheim 1995, S. 133-155.

Glötzner, J.: Die Rolle der Frau in Mathematikbüchern. Von den kleinen, dummen Mädchen und ihren älteren Brüdern, die alles besser können, in: Vorgänge 13 (1974), 8, S. 109-112.

- Frauenfeindlichkeit als Verfassungsgebot, in: I. Brehmer (Hrsg.), Sexismus in der Schule. Der heimliche Lehrplan der Frauendiskriminierung. Herausgegeben im Auftrag der Redaktion "betrifft: erziehung", Weinheim und Basel 1982a, S. 115-118.

- Heide häkelt Quadrate, Thomas erklärt die Multiplikation. Rollenklischees in neuen Mathematikbüchern, in: I. Brehmer (Hrsg.), Sexismus in der Schule. Der heimliche Lehrplan der Frauendiskriminierung. Herausgegeben im Auftrag der Redaktion "betrifft: erziehung", Weinheim und Basel 1982b, S. 154-158.

Göbel, E.: Mädchen zwischen 14 und 18. Ihre Probleme und Interessen, ihre Vorbilder, Leitbilder und Ideale und ihr Verhältnis zu den Erwachsenen ("Empirische Forschungen zu aktuellen pädagogischen Fragen und Aufgaben", herausgegeben von H. Roth, Göttingen, im Auftrag des Deutschen Instituts für Internationale Pädagogische Forschung, Frankfurt a. M.), Hannover 1964.

Goblot, E.: Klasse und Differenz. Soziologische Studie zur modernen französischen Bourgeoisie (édition discours. Klassische und zeitgenössische Texte der französischen Humanwissenschaft. Herausgegeben von F. Schultheis und L. Pinto, Band 1), Konstanz 1994.

Goffman, E.: Interaktion und Geschlecht. Herausgegeben und eingeleitet von H. A. Knoblauch. Mit einem Nachwort von H. Kotthoff, Frankfurt/Main, New York 1994.

Gördes-Giesen, A.: ... und drinnen waltet die züchtige Hausfrau! Überkommene Rollenvorstellungen der Frau als Hausfrauen und Mutter in den Schulbüchern von Schleswig-Holstein wurden von der Kommission für Frauenfragen kritisch unter die Lupe genommen, in: Hauswirtschaftliche Bildung 63 (1987), 1, S. 55-58.

Gottschall, K.: Frauen auf dem Arbeitsmarkt: Verdrängung statt Integration, in: WSI Mitteilungen 39 (1986), 8, S. 514-521.

- Geschlechterverhältnis und Arbeitsmarktsegregation, in: R. Becker-Schmidt, G.-A. Knapp (Hrsg.), Das Geschlechterverhältnis als Gegenstand der Sozialwissenschaften, Frankfurt/Main, New York 1995, S. 125-162.

Gravenhorst, L.: Die ambivalente Bedeutung von "Familie" in den Biographien von Mädchen und Müttern, in: L. Gravenhorst, M. Schablow, B. Cramon-Daiber, Lebensort: Familie (Alltag und Biografie von Mädchen, Band 2, herausgegeben von der Sachverständigenkommission Sechster Jugendbericht H. Krüger, G. Frasch, E. Bode, D. Baacke, R. von Ungern, G. Naundorf. Redaktion: W. Krüger, C. Möller, M. Weg), Opladen 1984, S. 9-47.

Grieger, D./Heintz, M./Schleitz, B./Schweikert, K./Sutter, W./Vollet, H.: Quantitative Trends im Schulwesen (Bildung in Zahlen: Modelle, Prognosen, Alternativen, Schriftenreihe der Arbeitsgruppe für empirische Bildungsforschung, herausgegeben von H. L. Freytag, C. C. von Weizsäcker), Band 2, Weinheim und Basel 1972.

Grimm, S.: Die Bildungsabstinenz der Arbeiter. Eine soziologische Untersuchung, München 1966.

- Die Bildungs- und Berufssituation der Mädchen und Frauen in der Bundesrepublik, in: Pädagogische Welt 22 (1968), 8, S. 410-417.

- Soziologie der Bildung und Erziehung. Eine Einführung und kritische Bilanz (EGS TEXTE Erziehung Gesellschaft Schule, herausgegeben von W. H. Peterßen), München 1987.

Grömminger, A.: Die deutschen Fibeln der Gegenwart. Eine Analyse ihrer Bildungsinhalte, aufgezeigt an der Darstellung des kindlichen Lebensraumes. (Erziehungswissenschaftliche Forschungen, Band 3. Herausgeber: H. Röhrs), Weinheim, Berlin, Basel 1970.

Grossmann, W./Naumann, B. (Hrsg.): Frauen- und Mädchenrollen in Kinder- und Schulbüchern. Dokumentation der Tagung der Max-Traeger-Stiftung vom 7. bis 9. November 1986 in Schmitten / Taunus (Herausgeber: Max-Traeger-Stiftung), Frankfurt 1987.

Grundmann, M.: Das "Scheitern" der sozialstrukturellen Sozialisationsforschung oder frühzeitiger Abbruch einer fruchtbaren Diskussion? In: Zeitschrift für Sozialisationsforschung und Erziehungssoziologie 14 (1994), 2, S. 163-186.

Gutschmidt, G.: Koedukation: Trennung von Jungen - besser für Mädchen? In: Psychologie Heute 22 (1995), 12, S.52-57.

Gutte, R.: Lehrer - ein Beruf auf dem Prüfstand, Reinbek bei Hamburg 1994.

Haas, E.: Studiengrund: "Trotz: Eltern beide dagegen!" Arbeitertöchter an der Technischen Universität München. Oder: Grenzen der Individualisierung und Pluralisierung von Lebenslagen, in: A. Schlüter (Hrsg.), Arbeitertöchter und ihr sozialer Aufstieg. Zum Verhältnis von Klasse, Geschlecht und sozialer Mobilität, Weinheim 1992, S. 66-81.

- Plötzlich mit grünen Haaren und rauchend in der Vorlesung stehen, um zu zeigen, daß es um Probleme geht? - Oder: Einblicke in die spezifische Situation von Arbeitertöchtern und Arbeitersöhnen an der Universität, in: A. Schlüter (Hrsg.), Bildungsmobilität. Studien zur Individualisierung von Arbeitertöchtern in der Moderne, Weinheim 1993, S. 173-187.

Habermas, J.: Thesen zur Theorie der Sozialisation. Stichworte und Literatur zur Vorlesung im Sommer-Semester 1968, Frankfurt a. M. 1968.

- Simmel als Zeitdiagnostiker, in: Georg Simmel, Philosophische Kultur. Über das Abenteuer, die Geschlechter und die Krise der Moderne. Gesammelte Essais. Mit einem Vorwort von J. Habermas, Berlin 1986, S. 7-17.

Hagemann-White, C.: Familienerziehung - schichtspezifisch oder geschlechtsspezifisch? Zur Kritik der schichtenspezifischen Sozialisationsforschung, in: päd extra (1977), 2, S. 44-49.

- Sozialisation: Weiblich - männlich (Alltag und Biografie von Mädchen, Band 1, herausgegeben von der Sachverständigenkommission Sechster Jugendbericht H. Krüger, G. Frasch, E. Bode, D. Baacke, R. von Ungern, G. Naundorf. Redaktion: W. Krüger, C. Möller, M. Weg), Opladen 1984.

- Chancengleichheit zwischen den Geschlechtern in der Schule und durch die Schule, in: T. Sander (Hrsg.), Auf dem Wege zur deutschen Bildungseinheit? (Schriftenreihe des Fachbereichs 3, Sonderband), Osnabrück 1991, S. 25-31.

- Berufsfindung und Lebensperspektive in der weiblichen Adoleszenz, in: K. Flaake, V. King (Hrsg.), Weibliche Adoleszenz. Zur Sozialisation junger Frauen, Frankfurt/Main, New York 1992, S. 64-83.

Hagemeister, V.: Argumente für die Fortsetzung der Koedukation, in: Die Deutsche Schule 83 (1991), 1, S. 474-492.

Hagenmaier, T.: Mädchenbildung in den Bildungsplänen der Bundesrepublik, in: Die Schulwarte 24 (1969), 2, S. 81-90.

Handl, J.: Abbau von Ungleichheit im Beruf durch bessere Bildung? Eine sozialhistorische Betrachtung, in: W. Müller, A. Willms, J. Handl, Strukturwandel der Frauenarbeit 1880-1980, Frankfurt, New York 1983, S. 183-215.

- Chancengleichheit und Segregation: Ein Vorschlag zur Messung ungleicher Chancenstrukturen und ihrer zeitlichen Entwicklung, in: Zeitschrift für Soziologie 13 (1984), 4, S. 328-345.

- Mehr Chancengleichheit im Bildungssystem. Erfolg der Bildungsreform oder statistische Artefakte? In: Kölner Zeitschrift für Soziologie und Sozialpsychologie 37 (1985), 4, S. 698-722.

- Führt die Angleichung der Bildungschancen zum Abbau geschlechtsspezifischer beruflicher Segregation? Eine einfache Frage, aber kontroverse Antworten, in: Zeitschrift für Soziologie 15 (1986), 2, S. 125-132.

Händle, C.: Bildungserfahrungen in einem Mädchen-Gymnasium der Ende fünfziger Jahre, in: A. Schlüter, C. Roloff, M. A. Kreienbaum (Hrsg.), Was eine Frau umtreibt. Frauenbewegung - Frauenforschung - Frauenpolitik, Pfaffenweiler 1990, S. 111-122.

Hannover, B.: Zur Unterrepräsentanz von Mädchen in Naturwissenschaften und Technik: Psychologische Prädiktoren der Fach- und Berufswahl, in: Zeitschrift für Pädagogische Psychologie 5 (1991), 3, S. 169-186.

Hansen, R./Krampe, C./Lehmpfuhl, U./Pfeiffer, H./Schulz, R.: Von der 'Facharbeiterlücke' zur 'Ausbildungskrise' - und zurück? Situation und Perspektiven der beruflichen (Erstaus-)Bildung in der Bundesrepublik Deutschland, in: H.-G. Rolff, K.-O. Bauer, K. Klemm, H. Pfeiffer, R. Schulz-Zander (Hrsg.), Jahrbuch der Schulentwicklung. Daten, Beispiele und Perspektiven, Band 8 (Eine Veröffentlichung des Instituts für Schulentwicklungsforschung der Universität Dortmund), Weinheim und München 1994, S. 143-204.

Hartenstein, W./ Bergmann-Gries, J./Burkhardt, W./Rudat, R. (Infas): Geschlechtsrollen im Wandel. Partnerschaft und Aufgabenteilung in der Familie (Schriftenreihe des Bundesministers für Jugend, Familie, Frauen und Gesundheit, Band 235), Stuttgart, Berlin, Köln 1988.

Hassauer, F.: Lilie, Blaustrumpf, Amazone. Über Mädchen-Bildung, Biographie und Schul-Wege. Festrede zur 50-Jahr-Feier des Mozart-Gymnasiums Würzburg, Manuskript, Würzburg 1987.

Hausen, K.: Patriarchat. Vom Nutzen und Nachteil eines Konzepts für Frauengeschichte und Frauenpolitik, in: Journal für Geschichte (1986), 5, S. 12-21 und S. 58.

Heinrichs, U./Schulz, T.: Mädchen und Naturwissenschaften. Teil 1 Geschlechtsspezifische Unterschiede in Zensuren und Wahlverhalten in der Sekundarstufe I und der Sekundarstufe II. Teil 2 Einstellungen von Mädchen und Jungen zu den Fächern Physik und Geschichte/Politik. Behörde für Schule, Jugend und Berufsbildung, Hamburg o. J.

- Mädchen und Naturwissenschaften. Wahlverhalten in der gymnasialen Oberstufe, in: Pädagogik (1990), 9, S. 36-39.

Heinz, W. R./Krüger, H.: Berufsfindung unter dem Diktat des Arbeitsmarkts. Zur Entstehung weiblicher Normalbiographien, in: Zeitschrift für Pädagogik 27 (1981), 5, S. 661-676.

- *Rettke, U./Wachtveitl, W./Witzel, A.*: "Hauptsache eine Lehrstelle". Jugendliche vor den Hürden des Arbeitsmarktes, Weinheim und Basel 1985.

Heller, K. A.: Koedukation und Bildungschancen, in: Bildung und Erziehung 45 (1992), 1, S. 5-30.

Henz, U.: Der Einfluß der sozialen Herkunft auf die Bildungskarriere. Vergleich zweier Modelle zur Beschreibung der Kohortenunterschiede, Dissertation, FU Berlin 1994.

Hepting, R.: Mädchenbildung versus Koedukation. Eine vergleichende Untersuchung über die Sozialisation in privaten konfessionellen Mädchengymnasien und staatlichen koedukativen Gymnasien (HochschulSammlung Philosophie. Erziehungswissenschaft, Band 2), Stuttgart 1978.

Herbig, M.: Studien zur Lehrforschung: Differenzierung durch Fächerwahl, Düsseldorf 1974.

Herlyn, I.: Bildung und soziale Ungleichheit - Hat die Bildungsreform zu Angleichung der sozialen Chancen geführt? -, in: Gegenwartskunde 35 (1987), 3, S. 321-333.

Hermanns, M.: Auswirkungen der Jugendarbeitslosigkeit, in: Aus Politik und Zeitgeschichte. Beilage zur Wochenzeitung Das Parlament B 27 vom 28. Juni 1991.

Hermans, H.: Der Streit um die Konfessionsschule. Die schulpolitischen Auseinandersetzungen in der Bundesrepublik, in: Stimmen der Zeit 179 (1967a), 3, S. 178-193.

- Die Zukunft der katholischen Schule in Deutschland, in: Stimmen der Zeit 179 (1967b), 4, S. 241-250.

Herrlitz, H.-G./Hopf, W./Titze, H.: Deutsche Schulgeschichte von 1800 bis zur Gegenwart. Eine Einführung. Mit einem Kapitel über die DDR von E. Cloer, Weinheim und München 1993.

Herzog, W.: Von der Koedukation zur Koinstruktion. Ein Weg zur Förderung der Mädchen im naturwissenschaftlichen Unterricht, in: Die Deutsche Schule 86 (1994), 1, S. 78-95.

Höhn, E.: Die Gegenwartsprobleme in der Mädchenbildung, in: K. Aurin (Hrsg.), Bildungspolitische Probleme in psychologischer Sicht, Frankfurt 1969, S. 115-123.

Holzkamp, C./Samtleben, E./Ingenkamp, K.: Leisten Realschüler mehr als Hauptschüler? Ein partieller Leistungsvergleich von Haupt- und Realschülern in 10. Klassen (Pädagogisches Zentrum. Veröffentlichungen. Reihe E: Untersuchungen, Band 8, hrsg. von C.-L. Furck), Weinheim, Berlin, Basel 1968.

Hopf, C./Müller, W.: Zur Entwicklung der empirischen Sozialforschung in der Bundesrepublik Deutschland, in: ZUMA-Nachrichten 18 (1994), 35, S. 28-53.

Hopf, W.: Ausbildung und Statuserwerb. Theoretische Erklärungen und Ergebnisse der Sozialforschung (Campus Forschung, Band 678), Frankfurt a. M. 1992.

Horstkemper, M.: Schule, Geschlecht und Selbstvertrauen. Eine Längsschnittstudie über Mädchensozialisation in der Schule (Veröffentlichungen der Max-Traeger-Stiftung. Herausgegeben von D. Wunder, Band 4), Weinheim und München 1987.

- Neue Mädchen - neue Jungen? Schule, Geschlecht, Selbstvertrauen, in: E. Glumpler (Hrsg.), Mädchenbildung - Frauenbildung. Beiträge der Frauenforschung für die LehrerInnenbildung, Bad Heilbrunn/Obb. 1992, S. 178-187.
- *Wagner-Winterhager, L.* (Hrsg.): Mädchen und Jungen - Männer und Frauen in der Schule (Die Deutsche Schule. 1. Beiheft), Weinheim 1990.

Hradil, S.: Die "neuen" sozialen Ungleichheiten. Was man von der Industriegesellschaft erwartete und was sie gebracht hat, in: S. Hradil (Hrsg.), Sozialstruktur im Umbruch. K. M. Bolte zum 60. Geburtstag, Opladen 1985, S. 51-66.
- Sozialstrukturanalyse in einer fortgeschrittenen Gesellschaft. Von Klassen und Schichten zu Lagen und Milieus, Opladen 1987.
- Die "objektive" und die "subjektive" Modernisierung. Der Wandel der westdeutschen Sozialstruktur und die Wiedervereinigung, in: Aus Politik und Zeitgeschichte. Beilage zur Wochenzeitung Das Parlament B 29-30/92 vom 10. Juli 1992, S. 3-14.
- Sozialisation und Reproduktion in pluralistischen Wohlfahrtsgesellschaften, in: H. Sünker, D. Timmermann, F. Kolbe (Hrsg.), Bildung, Gesellschaft, soziale Ungleichheit. Internationale Beiträge zur Bildungssoziologie und Bildungstheorie, Frankfurt a. M. 1994, S. 89-118.

Hüfner, K./Naumann, J.: Konjunkturen der Bildungspolitik in der Bundesrepublik Deutschland. Band I: Der Aufschwung (1960-1967), Stuttgart 1977.
- *Naumann, J./Köhler, H./Pfeffer, G.*: Hochkonjunktur und Flaute: Bildungspolitik in der Bundesrepublik Deutschland 1967-1980 (Eine Veröffentlichung des Max-Planck-Instituts für Bildungsforschung), Stuttgart 1986.

Hummer, A.: Auswirkungen der neugestalteten gymnasialen Oberstufe auf Schüler und Studenten. Eine Längsschnittstudie (Studien zum Umgang mit Wissen, Band 2), Baden-Baden 1986.

Hurrelmann, K.: Ansätze zu einer gesellschaftlich organisierten Sozialisation, in: K. Hurrelmann (Hrsg.), Soziologie der Erziehung, Weinheim und Basel 1974, S. 13-46.
- Erziehungssystem und Gesellschaft (rororo studium. Herausgegeben von E. Grassi), Reinbek bei Hamburg 1975.
- Sozialisation und Lebenslauf. Empirie und Methodik sozialwissenschaftlicher Persönlichkeitsforschung (rororo studium. Herausgegeben von E. Grassi), Reinbek bei Hamburg 1976.
- Kinder der Bildungsexpansion. Die Interpretation der eigenen Bildungs- und Berufschancen durch Angehörige der Geburtsjahrgänge 1962 - 1964, in: Zeitschrift für Sozialisationsforschung und Erziehungssoziologie 3 (1983), 2, S. 263-283.
- Soziale Ungleichheit und Selektion im Erziehungssystem. Ergebnisse und Implikationen der sozialstrukturellen Sozialisationsforschung, in: H. Strasser, J. H. Goldthorpe (Hrsg.), Die Analyse sozialer Ungleichheit. Kontinuität, Erneuerung, Innovation, Opladen 1985, S. 48-69.
- Einführung in das Thema dieses Bandes, in: K. Hurrelmann (Hrsg.), Lebenslage, Lebensalter, Lebenszeit. Ausgewählte Beiträge aus den ersten fünf Jahrgängen der "Zeitschrift für Sozialisationsforschung und Erziehungssoziologie", Weinheim und Basel 1986a, S. 7-9.
- Einführung in die Sozialisationstheorie. Über den Zusammenhang von Sozialstruktur und Persönlichkeit, Weinheim und Basel 1986b.
- Zur Einführung: Geschlechtstypische Sozialisation, in: Zeitschrift für Sozialisationsforschung und Erziehungssoziologie 8 (1988b), 2, S. 82-84.
- Warteschleifen. Keine Berufs- und Zukunftsperspektiven für Jugendliche? (Reihe Pädagogik), Weinheim und Basel 1989.
- Schulischer Leistungsstreß und Gesundheitsrisiko, in: K. Hurrelmann, Familienstreß, Schulstreß, Freizeitstreß. Gesundheitsförderung für Kinder und Jugendliche, Weinheim und Basel 1990, S. 128-153.

- Junge Frauen: Sensibler und selbstkritischer als junge Männer, in: Pädagogik (1991), 7/8, S. 59-62.

- unter Mitarbeit von B. Rosewitz und H. Wolf: Lebensphase Jugend. Eine Einführung in die sozialwissenschaftliche Jugendforschung (Grundlagentexte Soziologie. Herausgegeben von K. Hurrelmann), Weinheim und München 1994.

- *Ulich, D.* (Hrsg.): Handbuch der Sozialisationsforschung, Weinheim und Basel 1980.

- Neues Handbuch der Sozialisationsforschung, Weinheim und Basel 1991.

Hurrelmann, K./Jaumann, O.: Sozialisations- und interaktionstheoretische Konzepte in der Behindertenpädagogik, in: H. Bach, U. Bleidick, G. O. Kanter, K. J. Klauer, O. Kröhnert, A. Reinarzt (Hrsg.), Handbuch der Sonderpädagogik, Band 1: Theorie der Behindertenpädagogik. Mit mehreren Abbildungen und Tabellen, herausgegeben von U. Bleidick, Berlin 1985, S. 295-321.

Hurrelmann, K./Schultz, H.: Wahrnehmung der Schule durch Eltern in verschiedenen Lebenslagen, in: W. Melzer (Hrsg.), Eltern - Lehrer - Schüler - Lehrer. Zur Elternpartizipation an der Schule (Veröffentlichungen der Max-Traeger Stiftung. Herausgegeben von D. Wunder), Weinheim und München 1985, S. 100-128.

Hurrelmann, K./Wolf, H. K.: Schulerfolg und Schulversagen im Jugendalter. Fallanalysen von Bildungslaufbahnen (Jugendforschung. Im Auftrag des Forschungsschwerpunktes Jugendforschung der Fakultät für Pädagogik der Universität Bielefeld, herausgegeben von D. Baacke, W. Heitmeyer, K. Hurrelmann und K. Treumann), Weinheim und Basel 1986.

Hurrelmann, K./Neubauer, G.: Sozialisationstheoretische Subjektmodelle in der Jugendforschung, in: W. Heitmeyer (Hrsg.), Interdisziplinäre Jugendforschung. Fragestellungen, Problemlagen, Neuorientierungen (Jugendforschung. Im Auftrag des Forschungsschwerpunktes Jugendforschung der Fakultät für Pädagogik der Universität Bielefeld, herausgegeben von D. Baacke, W. Heitmeyer, K. Hurrelmann und K. Treumann), Weinheim und München 1986, S. 157-172.

Hurrelmann, K./Rodax, K./Spitz, N.: Zur Bildungssituation von Mädchen im allgemeinbildenden Schulbereich, in: K. Hurrelmann, K. Rodax, N. Spitz, G. Naundorf, C. Wildt, U. Rabe-Kleberg, Koedukation - Jungenschule auch für Mädchen? (Alltag und Biografie von Mädchen, Band 14, herausgegeben von der Sachverständigenkommission Sechster Jugendbericht H. Krüger, G. Frasch, E. Bode, D. Baacke, R. von Ungern, G. Naundorf. Redaktion: W. Krüger, C. Möller, M. Weg), Opladen 1986, S. 9-86.

Hurrelmann, K./Settertobulte, W.: Germany, in: K. Hurrelmann (Hrsg.), International Handbook of Adolescence, Westport, London 1994, S. 160-176.

Hutterer, W.: Mädchen- und Frauenbildung in Österreich seit 1900 aufgezeigt am Beispiel der Mittelschulbildung, Dissertation, Universität Salzburg 1978.

IFS-Umfrage: Die Schule im Spiegel der öffentlichen Meinung. Ergebnisse der achten IFS-Repräsentativbefragung der bundesdeutschen Bevölkerung, in: H.-G. Rolff, K.-O. Bauer, K. Klemm, H. Pfeiffer, R. Schulz-Zander (Hrsg.), Jahrbuch der Schulentwicklung. Daten, Beispiele und Perspektiven, Band 8 (Eine Veröffentlichung des Instituts für Schulentwicklungsforschung der Universität Dortmund), Weinheim und München 1994, S. 13-55.

Ilgner, R.: Zum Selbstverständnis katholischer Schulen. Aufgaben der Gegenwart und Zukunft, in: engagement 7 (1989), 1, S. 60-77.

Imhäuser, K./Rolff, H.-G.: Facharbeiterlücke und Akademikerschwemme? Entwicklungen der Sekundarstufe II, in: H.-G. Rolff, K.-O. Bauer, K. Klemm, H. Pfeiffer (Hrsg.), Jahrbuch der Schulentwicklung. Daten, Beispiele und Perspektiven, Band 7 (Eine Veröffentlichung des Instituts für Schulentwicklungsforschung der Universität Dortmund), Weinheim und München 1992, S. 59-92.

Ingenkamp, K.: Schulleistungen - damals und heute, Weinheim 1967.

- Die Fragwürdigkeit der Zensurengebung. Texte und Untersuchungsberichte, Weinheim 1971.

Institut für Demoskopie Allensbach (Hrsg.): Frauen in Deutschland. Lebensverhältnisse, Lebensstile und Zukunftserwartungen. Die Schering-Frauenstudie '93, Köln 1993.

Jablonka, P./Bergmann, J./Feist, U./Rudat, R.: Zur Situation von Mädchen und Frauen im Bildungswesen - Zahlen und Daten - (Materialien zur Bildungsplanung, Bildungs- und Beschäftigungssystem 4, herausgegeben vom BMBW), Bonn 1981.

Jacobi-Dittrich, J.: Erfahrungsformen des Jugendlebens. Weibliche und männliche bürgerliche Jugend zwischen 1870 und 1960, in: Zeitschrift für Sozialisationsforschung und Erziehungssoziologie 8 (1988), 2, S. 98-114.

Jaeger, R.: Eine quantitative Analyse des baden-württembergischen Schulsystems, in: Schulwahl und Schulsystem. Modelltheoretische Entwürfe - verlaufsstatistische Analyse (Bildung in Zahlen: Modelle, Prognosen, Alternativen. Schriftenreihe der Arbeitsgruppe für empirische Bildungsforschung, herausgegeben von H. L. Freytag, C. C. von Weizsäcker), Band 1 (Text), Weinheim, Berlin, Basel 1969, S. 115-226.

Jaide, W.: Generationen eines Jahrhunderts. Wechsel der Jugendgenerationen im Jahrhunderttrend. Zur Sozialgeschichte der Jugend in Deutschland 1871 - 1985, Opladen 1988.

- *Veen, H.-J.*: Bilanz der Jugendforschung. Ergebnisse empirischer Analysen in der Bundesrepublik Deutschland von 1975 bis 1987 unter Mitarbeit von B. Hille bei Kap. II und V und A. Stiksrud bei Kap. VII (Studien zur Politik, Band 13. Herausgegeben im Auftrag der Konrad-Adenauer-Stiftung von H.-J. Veen und P. R. Weilemann Forschungsinstitut), Paderborn, München, Wien, Zürich 1989.

Janshen, D./Rudolph, H. unter Mitarbeit von J. Berg-Peer, S. Bohle-Petz, B. Krause, M. Mandelarzt, H. Zimmermann: Ingenieurinnen. Frauen für die Zukunft, Berlin, New York 1987.

Jungfer, H.: Naturwissenschaftliche Begabungen - an Mädchengymnasien stärker gefördert als an koedukativen, in: zweiwochendienst - Frauen und Politik (1987), 12, S. 3-7.

Jungkunz, D.: Zum Zusammenhang von schulischer Schwerpunktwahl und Studienfachwahl von Abiturienten, in: Die Deutsche Schule 76 (1984), 1, S. 41-50.

Kahle, I./Schaeper, H.: Bildungswege von Frauen vom Abitur bis zum Berufseintritt (Herausgegeben von der HIS Hochschul-Informations-System GmbH), Hannover 1991.

Kahlert, H.: Von schlauen Mädchen und schlechten Chancen, in: B. Brück, H. Kahlert, M. Krüll, H. Milz, A. Osterland, I. Wegehaupt-Schneider, Feministische Soziologie. Eine Einführung. Mit Zeichnungen von M. Marcks und einem Beitrag von L. F. Pusch, Frankfurt/Main, New York 1992, S. 183-210.

Kämpfe, N./Raab, H.-U./Wunberg, M.: Schulbesuch und Bildungsreform 1960 - 1972 (Deutscher Bildungsrat, Gutachten und Studien der Bildungskommission, Band 60), Stuttgart 1977.

Karsten, G.: Mariechens Weg ins Glück? Die Diskriminierung von Mädchen in Grundschullesebüchern, Berlin-West 1977.

Katz, P. A.: Gender Identity: Development and Consequences, in: R. D. Ashmore, F. K. Del Boca (Hrsg.), The Social Psychology of Female-Male Relations: A Critical Analysis of Central Concepts, Orlando 1986, S. 21-67.

Kauermann-Walter, J./Kreienbaum, M. A./Metz-Göckel, S.: Formale Gleichheit und diskrete Diskriminierung zur Koedukation, in: H.-G. Rolff, K. Klemm, H. Pfeiffer, E. Rösner (Hrsg.), Jahrbuch der Schulentwicklung. Daten, Beispiele und Perspektiven, Band 5 (Eine Veröffentlichung des Instituts für Schulentwicklungsforschung der Universität Dortmund), Weinheim und München 1988, S. 157-188.

- *Kreienbaum, M. A.*: Der sozio-psychologische Bildungszirkel. Ein pragmatisches Modell zur Erklärung der Benachteiligung von Mädchen und Frauen im Bildungswesen, in: M. A. Kreienbaum (Hrsg.), Frauen Bilden Macht. Dokumentation des 7. Fachkongresses FRAUEN UND SCHULE, Dortmund 1989, S. 29-47.

Kaufmann, J.-C.: Schmutzige Wäsche. Zur ehelichen Konstruktion von Alltag, (édition discours. Klassische Texte der französischsprachigen Humanwissenschaften. Herausgegeben von F. Schultheis und L. Pinto, Band 2), Konstanz 1994.

Kauke, M.: Gemeinsamkeiten und Unterschiede sozialer Interaktionsmuster von sieben- bis zwölfjährigen Ostberliner Mädchen und Jungen in ihrer natürlichen Umgebung, in: Zeitschrift für Sozialisationsforschung und Erziehungssoziologie 15 (1995), 1, S. 63-79.

Kemmler, L.: Erfolg und Versagen in der Grundschule. Empirische Untersuchungen, Göttingen 1967.

- Schulerfolg und Schulversagen. Eine Längsschnittuntersuchung vom ersten bis zum fünfzehnten Schulbesuchsjahr, Göttingen 1976.

Kernich-Möhringer, G.: Bildungsverhalten der Mädchen 1950 - 1977, in: K. Rodax (Hrsg.), Strukturwandel der Bildungsbeteiligung 1950 - 1985. Eine Bestandsaufnahme im Spiegel der amtlichen Bildungsstatistik (Wege der Forschung, Band 645), Darmstadt 1989, S. 177-195.

Kienzle, W.: Gemeinschaftskunde - speziell für Mädchen, in: Die Schulwarte 22 (1969), 1, S. 128-138.

Kindermann, G./Mauersberger, B./Pilwousek, I. (Hrsg.): Frauen verändern Schule. Dokumentation des 5. Fachkongresses der AG Frauen und Schule, Berlin 1987.

Klemm, K./Rösner, E./Holtappels, H. G.: Quantitative Entwicklungen im Bildungswesen Nordrhein-Westfalens. Vergleichende Beobachtungen und Analyse zentraler Daten, Werkheft 20 (AFS), Dortmund 1985.

- *Rolff, H.-G./Tillmann, K.-J.*: Bildung für das Jahr 2000. Bilanz der Reform, Zukunft der Schule (Herausgegeben von der Max-Traeger-Stiftung), Reinbek bei Hamburg 1985.

- *Rolff, H.-G.*: Ungleichheit der Bildungschancen in Schule und Hochschule, in: H.-W. Franz, W. Kruse, H.-G. Rolff (Hrsg.), Neue alte Ungleichheiten. Berichte zur sozialen Lage der Bundesrepublik, Opladen 1986, S. 249-260.

Knab, D.: Mädchenbildung, in: J. Speck, G. Wehle (Hrsg.), Handbuch pädagogischer Grundbegriffe, Band II, München 1970a, S. 57-92.

- Koedukation, in: W. Horney, J. P. Ruppert, W. Schultze (Hrsg.), Pädagogisches Lexikon in zwei Bänden, Gütersloh 1970b, S. 80-83.

- Diskussionsanstöße zum Thema "Katholische freie Schule und Koedukation", in: engagement 4 (1986), 2, S. 120-124.

- Koedukation als Problem und als Aufgabe der Schule, in: Pädagogik (1994), 9, S. 38-41.

Knapp, G.-A.: Unterschiede machen: Zur Sozialpsychologie der Hierarchisierung im Geschlechterverhältnis, in: R. Becker-Schmidt, G.-A. Knapp (Hrsg.), Das Geschlechterverhältnis als Gegenstand der Sozialwissenschaften, Frankfurt/ Main, New York 1995, S. 163-194.

Knoche, W.: Jungen, Mädchen, Lehrer und Schulen im Zensurenvergleich. Eine Untersuchung an 14000 Schülern aus 50 Gymnasien (Untersuchungen zum in- und ausländischen Schulwesen, Band 4. Herausgeber: Deutsches Institut für Internationale Pädagogische Forschung, Abteilung Pädagogik [Leitung W. Schultze]), Weinheim, Berlin, Basel 1969.

Knops, E.: "Bildungsverhalten der Mädchen 1950 - 1977", in: Westdeutsche Schulzeitung 87 (1978), S. 290.

Kob, J.: Erziehung in Elternhaus und Schule. Eine soziologische Untersuchung, Stuttgart 1963.

Koch, M.: Vom Strukturwandel einer Klassengesellschaft. Theoretische Diskussion und empirische Analyse, Münster 1994.

Koepnick, G.: Mädchen einer Oberprima. Eine Gruppenstudie (Gemeindestudie des Instituts für sozialwissenschaftliche Forschung, Darmstadt, Monographie 7), Darmstadt 1952, S. 211-313.

Köhler, H.: Quellen der Bildungsstatistik. Eine kommentierte Zusammenstellung statistischer Veröffentlichungen (Material aus der Bildungsforschung Nr. 8), Berlin 1977.

- Der relative Schul- und Hochschulbesuch in der Bundesrepublik Deutschland 1952 bis 1975. Ein Indikator für die Entwicklung des Bildungswesens (Materialien aus der Bildungsforschung Nr. 13, Max-Planck-Institut für Bildungsforschung), Berlin 1978.
- Amtliche Bildungsstatistik im Wandel, in: Max-Planck-Institut für Bildungsforschung, Projektgruppe Bildungsbericht (J. Baumert, A. Leschinsky, J. Naumann, J. Raschert und S. Siewert als Herausgeber in Zusammenarbeit mit D. Hopf, H. Köhler, L. Krappmann, G. Pfeffer und L. Trommer-Krug), Bildung in der Bundesrepublik Deutschland, Daten und Analysen, Band 2: Gegenwärtige Probleme, Reinbek bei Hamburg, Stuttgart 1980, S. 1215-1285.
- Bildungsstatistik, in: D. Lenzen (Hrsg.) unter Mitarbeit von A. Schründer, Enzyklopädie Erziehungswissenschaften. Handbuch in 11 Bänden und einem Registerband, Band 5: Organisation, Recht und Ökonomie des Bildungswesens. Herausgegeben von M. Baethge und K. Nevermann, Stuttgart 1984a, S. 445-450.
- Unfähig zum Föderalismus? Der Verfall der bundeseinheitlichen Schulstatistik, in: Zeitschrift für Pädagogik 30 (1984b), 3, S. 381-391.
- Relativer Schulbesuch, in: D. Lenzen (Hrsg.) unter Mitarbeit von A. Schründer, Enzyklopädie Erziehungswissenschaften. Handbuch und Lexikon der Erziehung in 11 Bänden und einem Registerband, Band 5: Organisation, Recht und Ökonomie des Bildungswesens. Herausgegeben von M. Baethge und K. Nevermann, Stuttgart 1984c, S. 566-575.
- Neuere Entwicklungen des relativen Schul- und Hochschulbesuchs. Eine Analyse der Daten für 1975 bis 1984 (Max-Planck-Institut für Bildungsforschung), Arbeitspapier, Berlin 1986.
- Eine "stille Revolution" an den Hochschulen? Hochschullehrerinnen im Spiegel der Statistik, in: Zeitschrift für Pädagogik 35 (1989), 4, S. 493-514.
- Neue Entwicklungen des relativen Schul- und Hochschulbesuchs. Eine Analyse der Daten 1975 bis 1987 (Materialien aus der Bildungsforschung Nr. 37, Max-Planck-Institut für Bildungsforschung), Berlin 1990.
- Bildungsbeteiligung und Sozialstruktur in der Bundesrepublik. Zu Stabilität und Wandel der Ungleichheit von Bildungschancen (Studien und Berichte 53. Max-Planck-Institut für Bildungsforschung), Berlin 1992.
- Schulentwicklung im Föderalismus, unveröffentlichtes Manuskript, Berlin 1994.
- Qualifikationsstruktur und Hochschulentwicklung in der Deutschen Demokratischen Republik und der Bundesrepublik Deutschland. Befunde und Analysen von Volkszählungsdaten, in: Mitteilungen aus der Arbeitsmarkt- und Berufsforschung 28 (1995), 1, S. 96-109.
- *Trommer, L.*: Quellen der Bildungsstatistik auf Länder- und Gemeindeebene (Materialien aus der Bildungsforschung Nr. 19), Berlin 1981.

Köhler, H./Zymek, B.: Chancengleichheit für Frauen durch Bildungsvorteile? Daten und Erklärungsansätze zum steigenden Schulbesuch der Mädchen an Realschulen und Gymnasien, in: Die Deutsche Schule 73 (1981), 1, S. 50-63.

Köhler, H./Schreier, G.: Statistische Grunddaten zum Bildungswesen, in: Materialien zur Lage der Nation. Herausgegeben vom Bundesministerium für innerdeutsche Beziehungen. Vergleich von Bildung und Erziehung in der Bundesrepublik Deutschland und in der Deutschen Demokratischen Republik (Wissenschaftliche Kommission O. Anweiler (Leitung), W. Mitter, H. Peisert, H.-P. Schäfer, W. Stratenwerth), Köln 1990, S. 112-155.

Köhler, H./Naumann, J.: Zur Konjunkturwende der Bildungspolitik in der alten und neuen Bundesrepublik, in: Kölner Zeitschrift für Soziologie und Sozialpsychologie 44 (1992), 1, S. 116-123.

Kommission der Europäischen Gemeinschaften. Generaldirektion Audiovisuelle Medien, Information, Kommunikation, Kultur, Fraueninformation: Die Frau in der Statistik, Nr. 30 (Sonderheft von FRAUEN EUROPAS), Brüssel 1989.

- Die Lage der Frauen auf dem Arbeitsmarkt. Entwicklungstendenzen in den zwölf Ländern der Europäischen Gemeinschaft 1983 - 1990, Nr. 36 (Sonderheft von FRAUEN EUROPAS), Brüssel 1990.

Kommission "Rollenklischees in Schulbüchern" (A. Backes, B. Christ, S. Dürre, R. Eichenauer, J. Fuchs, M. Kees, I. Köhl, R. Peters, M. Popesco, C. Schleßmann, G. Schmidt-Kauf, M. Schweinberger, O. Stein): Mädchen und Frauen in Büchern der Grundschule (Saarland. Der Chef der Staatskanzlei. Leitstelle zur Durchsetzung der Gleichberechtigung der Frauen. Der Minister für Kultus, Bildung und Wissenschaft), Saarbrücken 1988.

König, E./Zedler, P. (Hrsg.): Bilanz qualitativer Forschung. Band I: Grundlagen qualitativer Forschung, Weinheim 1995a.

- Bilanz qualitativer Forschung. Band II: Methoden, Weinheim 1995b.

Krappmann, L./Oevermann, U./Kreppner, K.: Was kommt nach der schichtspezifischen Sozialisationsforschung? In: M. R. Lepsius (Hrsg.) im Auftrag der Deutschen Gesellschaft für Soziologie, Zwischenbilanz der Soziologie. Verhandlungen des 17. Deutschen Soziologentages, Stuttgart 1976, S. 258-264.

Krappmann, L./Oswald, H.: Beziehungsgeflechte und Gruppen von gleichaltrigen Kindern in der Schule, in: F. Neidhardt (Hrsg.), Gruppensoziologie (Sonderheft 25 der Kölner Zeitschrift für Soziologie und Sozialpsychologie), Opladen 1983, S. 420-450.

- Schulisches Lernen in Interaktionen mit Gleichaltrigen, in: Zeitschrift für Pädagogik 31 (1985), 3, S. 321-337.

- Alltag der Schulkinder. Beobachtungen und Analysen von Interaktionen und Sozialbeziehungen, Weinheim und Basel 1995.

Kraul, M.: Das deutsche Gymnasium 1780 - 1980 (Neue Historische Bibliothek. Herausgegeben von H.-U. Wehler, Band 251), Frankfurt a. M. 1984.

- Gleichberechtigung im Spannungsfeld zwischen Emanzipation und Geschlechtscharakter: Höhere Mädchenbildung im 19. Jahrhundert, in: Recht der Jugend und des Bildungswesens 36 (1988), 1, S. 36-46.

- Zwischen Weiblichkeit und Chancengleichheit - Einhundert Jahre Gymnasialbildung für Mädchen, in: Pädagogik (1989), 4, S. 33-36.

- Jungen und Mädchen in einer Klasse - der Weg zur Koedukation, in: E. Glumpler (Hrsg.), Koedukation. Entwicklungen und Perspektiven, Bad Heilbrunn 1994, S. 31-48.

- *Wirrer, R.*: Die Einführung der Koedukation: pädagogische oder pragmatische Begründung? In: Die Deutsche Schule 85 (1993), 1, S. 84-97.

Kreckel, R.: Zentrum und Peripherie. "Alte" und "neue" Ungleichheiten in weltgesellschaftlicher Perspektive, in: H. Strasser, J. H. Goldthorpe (Hrsg.), Die Analyse sozialer Ungleichheit. Kontinuität, Erneuerung, Innovation, Opladen 1985, S. 307-323.

Krecker, L.: Wie denken die Mütter in der Bundesrepublik über die Aussteuer und Ausbildung für ihre Töchter? In: Die Deutsche Berufs- und Fachschule 65 (1969), 11, S. 838-846.

- Frauen im Lehrerberuf. Aspekte der Feminisierung und Fluktuation (Georg-Michael-Pfaff Gedächtnisstiftung), Kaiserslautern 1974.

Kreienbaum, M. A. (Hrsg.): Frauen Bilden Macht. Dokumentation des 7. Fachkongresses FRAUEN UND SCHULE, Dortmund 1989.

- Erfahrungsfeld Schule. Koedukation als Kristallisationspunkt, Weinheim 1992.

- *Metz-Göckel, S.* unter Mitarbeit von L. Glagow-Schicha und J. Kauermann-Walter: Koedukation und Technikkompetenz von Mädchen. Der heimliche Lehrplan der Geschlechtererziehung und wie man ihn ändert (Veröffentlichungen der Max-Traeger-Stiftung. Herausgegeben von D. Wunder, Band 18), Weinheim und München 1992.

Krinner, A.: Der Anteil der Mädchen in den verschiedenen Ausbildungsbereichen seit 1955, in: K. Rodax (Hrsg.), Strukturwandel der Bildungsbeteiligung 1950 - 1985. Eine Bestandsaufnahme im Spiegel der amtlichen Bildungsstatistik (Wege der Forschung, Band 645), Darmstadt 1989a, S. 196-208.

- Mädchen in schulischer, betrieblicher und Hochschulausbildung - Entwicklung in Bayern 1979 bis 1984 -, in: K. Rodax (Hrsg.), Strukturwandel der Bildungsbeteiligung 1950 - 1985. Eine Bestandsaufnahme im Spiegel der amtlichen Bildungsstatistik (Wege der Forschung, Band 645), Darmstadt 1989b, S. 209-218.

Kriz, J./Lisch, R.: Methoden-Lexikon für Mediziner, Psychologen, Soziologen, München, Weinheim 1988.

Krönig, W./Müller, K.-D.: Anpassung, Widerstand, Verfolgung. Hochschule und Studenten in der SBZ und DDR 1945 - 1961, Köln 1994.

Krüger, H. (Hrsg.): Frauen und Bildung. Wege der Aneignung und Verwertung von Qualifikationen in weiblichen Erwerbsbiographien (Gutachten der Enquête-Kommission "Zukunft der Bildungspolitik - Bildung 2000"), Bielefeld 1992.

- Dominanzen im Geschlechterverhältnis: Zur Institutionalisierung von Lebensläufen, in: R. Becker-Schmidt, G.-A. Knapp (Hrsg.), Das Geschlechterverhältnis als Gegenstand der Sozialwissenschaften, Frankfurt/Main, New York 1995, S. 195-219.

- *Born, C./Einemann, B./Heintze, S./Saifi, H.*: Privatsache Kind - Privatsache Beruf. "... und dann hab' ich ja noch Haushalt, Mann und Wäsche!" Zur Lebenssituation von Frauen mit kleinen Kindern in unserer Gesellschaft, Opladen 1987.

Krüger, H./Born, C.: Erwerbsverläufe von Ehepartnern und die Modernisierung weiblicher Lebensführung, Weinheim 1993.

Kuckartz, U./Lenzen, D.: Daten zur Stellensituation und zu den Chancen des wissenschaftlichen Nachwuchses in der deutschen Erziehungswissenschaft. Erste Ergebnisse einer empirischen Studie über die Entwicklung der Stellenstruktur, den Ersatzbedarf an akademischem Personal und die Lage des wissenschaftlichen Nachwuchses, in: Erziehungswissenschaft. Mitteilungsblatt der Deutschen Gesellschaft für Erziehungswissenschaft 5 (1994), 9, S. 130-143.

Küchler, M.: Qualitative Sozialforschung. Modetrend oder Neuanfang? In: Kölner Zeitschrift für Soziologie und Sozialpsychologie 32 (1980), 3, S. 339-372.

Kühne, H.: Koedukation - natürlich mit Vätern, in: Frauen und Schule 4 (1985), 9, S. 34-35.

Kuhr, I.: Schule und Jugend in einer ausgebombten Stadt (Gemeindestudie des Instituts für Sozialwissenschaftliche Forschung Darmstadt, Monographie 6), Darmstadt 1952, S. 1-208.

Kuhrke, R.: Jungenchemie - Mädchenchemie. Müssen Inhalte und Methoden des Chemieunterrichts verändert werden? In: Die Ministerien für Bildung, Wissenschaft, Jugend und Kultur des Landes Schleswig-Holstein, Koedukation und Naturwissenschaften. Was leistet der gemeinsame Unterricht für Mädchen und Jungen? Dokumentation zum Forum am 12. Januar 1990, Kiel 1990, S. 81-96.

Kupfer, L.: Koedukation und Koinstruktion, in: W. Böhm, Mädchenerziehung in der modernen Gesellschaft, Donauwörth o. J. (1961), S. 186-200.

Küpper, E.: Die höheren Mädchenschulen, in: K.-E. Jeismann, P. Lundgreen (Hrsg.), Handbuch der deutschen Bildungsgeschichte. Herausgegeben von C. Berg, A. Buck, C. Führ, C.-L. Furck, N. Hammerstein, U. Herrmann, G. Jäger, K.-E. Jeismann, P. Lundgreen, D. K. Müller, K. Stratmann, H.-E. Tenorth, R. Vierhaus. Band III 1800 - 1870. Von der Neuordnung Deutschlands bis zur Gründung des Deutschen Reiches, München 1987, S. 180-191.

Küppers, W.: Mädchentagebücher der Nachkriegszeit. Ein kritischer Beitrag zum sogenannten Wandel der Jugend, Stuttgart 1964.

Kürthy, T.: Geschlechtsspezifische Sozialisation. Alte Normen und neue Vorstellungen in der Entwicklung und Erziehung von Kindern und Jugendlichen, Band 1, Paderborn 1978a.

- Geschlechtsspezifische Sozialisation. Alte Normen und neue Vorstellungen in der Entwicklung und Erziehung von Kindern und Jugendlichen, Band 2, Paderborn 1978b.

Lamnek, S.: Qualitative Sozialforschung. Band 2, Methoden und Techniken, München 1989.

Lamprecht, M.: Möglichkeiten und Grenzen schulischer Chancengleichheit in westlichen Gesellschaften, in: V. Bornschier (Hrsg.), Das Ende der sozialen Schichtung? Zürcher Arbeiten zur gesellschaftlichen Konstruktion von sozialer Lage und Bewußtsein in der westlichen Zentrumsgesellschaft, Zürich 1991, S. 126-153.

- *Graf, M.*: Der Beitrag des Bildungssystems zur Konstruktion von sozialer Ungleichheit, in: V. Bornschier (Hrsg.), Das Ende der sozialen Schichtung? Zürcher Arbeiten zur gesellschaftlichen Konstruktion von sozialer Lage und Bewußtsein in der westlichen Zentrumsgesellschaft, Zürich 1991, S. 73-96.

Lange, E.: Soziologie des Erziehungswesens. Eine Einführung (Studienskripten zur Soziologie, Band 128. Herausgegeben von E. K. Scheuch und H. Sahner), Stuttgart 1986.

Laurin, H.-R.: Koedukation gefragt? In: Die Höhere Schule 19 (1966), 10, S. 252-258.

- Der weiße Fleck der Mädchenbildung ist heute die Jungenbildung, in: Der Gymnasialunterricht (1967a), S. 118-121.

- Frauenbildung. Aufgabe und Chance in unserer Gesellschaft, in: Stimmen der Zeit 179 (1967b), 3, S. 194-204.

Lehner, F./Widmaier, U. in Zusammenarbeit mit A. Kammertöns, J. Nordhause-Janz, B. Ostendorf, W. Rogalski, K. Schafenorth und B. Seitz: Eine Schule für eine moderne Industriegesellschaft. Strukturwandel und Entwicklung der Schullandschaft in Nordrhein-Westfalen. Studie im Auftrag der Gewerkschaft Erziehung und Wissenschaft (GEW), Landesverband Nordrhein-Westfalen, Essen 1992.

Lemmermöhle-Thüsing, D.: "Meine Zukunft? Naja, heiraten, Kinder haben und trotzdem berufstätig bleiben. Aber das ist ja fast unmöglich." Über die Notwendigkeit, die Geschlechterverhältnisse in der Schule zu thematisieren: das Beispiel Berufsorientierung, in: U. Rabe-Kleberg (Hrsg.), Besser gebildet und doch nicht gleich! Frauen und Bildung in der Arbeitsgesellschaft (Theorie und Praxis der Frauenforschung, Band 11. Schriftenreihe des Instituts Frau und Gesellschaft, Hannover. Herausgegeben von C. Schiersmann, R. Schreiber. Redaktion: R. Schreiber), Bielefeld 1990, S. 163-196.

Lengerke von, C./Nohr, K./Weiß, R./Sattler, A./Schuntermann, D.: Verführung zur Ohnmacht. Koedukation, in: Courage (1980), 5, S. 33-37.

Lenz, K.: Prozeßstrukturen biographischer Verläufe in der Jugendphase und danach. Methodische Grundlagen einer qualitativen Langzeitstudie, in: A. Combe, W. Helsper (Hrsg.), Hermeneutische Jugendforschung. Theoretische Konzepte und methodologische Ansätze, Opladen 1991, S. 50-70.

Leschinsky, A.: Dezentralisierung im Schulsystem der Bundesrepublik Deutschland, in: Arbeitsgruppe Entwicklung des Bildungswesens der Deutschen Gesellschaft für Erziehungswissenschaft, Strukturprobleme, Disparitäten, Grundbildung in der Sekundarstufe I. Herausgegeben von P. Zedler, Weinheim 1992, S. 21-40.

- *Mayer, K. U.* (Hrsg.): Comprehensive Schools and Inequality of Opportunity in the Federal Republic of Germany, in: A. Leschinsky, K. U. Mayer (Hrsg.), The Comprehensive School Experiment Revisited: Evidence from Western Europe (Komparatistische Bibliothek, herausgegeben von J. Schriewer, Band 2), Frankfurt a. M. 1990, S. 13-37.

Liebau, E.: Habitus, Lebenslage und Geschlecht - Über Sozioanalyse und Geschlechtersozialisation, in: K.-J. Tillmann (Hrsg.), Jugend weiblich - Jugend männlich. Sozialisation, Geschlecht und Identität (Studien zur Jugendforschung. Herausgegeben von W. Breyvogel, W. Helsper, H.-H. Krüger, Band 10), Opladen 1992, S. 134-148.

Liedtke, M.: Männersache Bildung. Der weite Schulweg der Mädchen - Historische Wurzeln einer Benachteiligung, in: H. Kanz (Hrsg.), Bildungsgeschichte als Sozialgeschichte. Festschrift zum 60. Geburtstag von F. Poggeler (Erziehungsphilosophie. Herausgegeben von H. Kanz, Band 8), Frankfurt a. M., Bern, New York 1986, S. 139-159.

- Männersache Bildung. Der weite Schulweg der Mädchen - Historische Wurzeln einer Benachteiligung, in: E. Glumpler (Hrsg.), Mädchenbildung - Frauenbildung. Beiträge der Frauenforschung für die LehrerInnenbildung, Bad Heilbrunn/Obb. 1992, S. 62-92.

Lippert, E.: Der Zustand der hauswirtschaftlichen Bildung in der Bundesrepublik Deutschland. Versuch einer kulturpolitischen Deutung des ermittelten Sachstands, in: E. Lippert (Hrsg.), Hauswirtschaftliche Bildungen in der Bundesrepublik Deutschland. Ergebnisse einer Erhebung mit Beiträgen von E. Lippert, E. Heyde, W. Fischer, W. Werner, I. Borsbach, U. Wache (gefördert und veröffentlicht vom Bundesministerium für Wirtschaft, Bonn), Bonn 1966, S. 472-546.

Lobner, E.: Die Koedukation im Urteil der Schüler, Dissertation, Freie Universität Berlin 1954.

Lochmann, R.: Zum vorzeitigen Abgang von Mädchen vom Gymnasium, in: Die Schulwarte 27 (1974a), 7, S. 69-78.

- Soziale Lage, Geschlechtsrolle und Schullaufbahn von Arbeitertöchtern. Empirische Untersuchungen zum Einfluß geschlechtsspezifischer Rollenbilder auf den Übergang von Arbeitertöchtern in weiterführende Schulen, Weinheim und Basel 1974b.

Loehrke, T./Gebauer, E.: Gründe für oder gegen die Wahl weiterführender Schulen in verschiedenen Bevölkerungskreisen. Erste Stufe einer Untersuchung von Begabungsreserven, Frankfurt 1965.

Luca, R./Kahlert, H./Müller-Balhorn, S. (Hrsg.): Frauen bilden - Zukunft planen: Dokumentation des 8. Frauenkongresses Frauen und Schule, Bielefeld 1992.

Lüdtke, A.: "Eigen-Sinn". Fabrikalltag, Arbeitererfahrungen und Politik vom Kaiserreich bis in den Faschismus, Hamburg 1993.

Lundgreen, P.: Sozialgeschichte der deutschen Schule im Überblick. Teil I: 1770 - 1918, Göttingen 1980.

- Sozialgeschichte der deutschen Schule im Überblick. Teil II: 1918 - 1980, Göttingen 1981a.
- Bildungsnachfrage und differentielles Bildungsverhalten in Deutschland 1875 - 1975, in: H. Kellenbenz (Hrsg.), Wachstumsschwankungen. Wirtschaftliche und soziale Auswirkungen (Spätmittelalter bis 20. Jahrhundert). 8. Arbeitstagung der Gesellschaft für Sozial- und Wirtschaftsgeschichte. Referate und Diskussionen, Stuttgart 1981b, S. 61-119.
- Pädagogik und Schule: ein geschichtlicher Überblick, in: Deutschland. Portrait einer Nation. Band 5: Bildung - Wissenschaft - Technik. Mit Einleitungen von H. Becker und K. M. Meyer-Abich sowie einem Nachwort von K. M. Meyer-Abich, Gütersloh 1985, S. 15-41.

Lüscher, K./Schultheis, F. (Hrsg.): Generationsbeziehungen in "postmodernen" Gesellschaften. Analysen zum Verhältnis von Individuum, Familie, Staat und Gesellschaft (Konstanzer Beiträge zur sozialwissenschaftlichen Forschung. Herausgegeben von R. Fisch und K. Lüscher, Band 7), Konstanz 1993.

Lütkens, C.: Die Schule als Mittelklasseninstitution, in: Kölner Zeitschrift für Soziologie und Sozialpsychologie (Sonderheft 4: Soziologie der Schule. Herausgegeben von P. Heintz), Köln und Opladen 1959, S. 22-39.

Lüttinger, P./Schimpl-Neimanns, B.: Amtliche Bildungsstatistik und empirische Sozialforschung, in: Zeitschrift für internationale erziehungs- und sozialwissenschaftliche Forschung 10 (1993), 1, S. 103-152.

Maier, F.: Zwischen Arbeitsmarkt und Familie - Frauenarbeit in den alten Bundesländern, in: G. Helwig, H. M. Nickel (Hrsg.), Frauen in Deutschland 1945 - 1992 (Schriftenreihe Band 318, Studien zur Geschichte und Politik), Bonn 1993, S. 257-279.

Maier, H.: Bildungsökonomie. Die Interdependenz von Bildungs- und Beschäftigungssystem, Stuttgart 1994.

Mansel, J.: Zur Reproduktion sozialer Ungleichheit. Soziale Lage, Arbeitsbedingungen und Erziehungsverhalten der Eltern im Zusammenhang mit dem Schulerfolg des Kindes, in: Zeitschrift für Sozialisationsforschung und Erziehungssoziologie 13 (1993), 1, S. 36-60.

- *Hurrelmann*, K.: Alltagsstreß bei Jugendlichen. Eine Untersuchung über Lebenschancen, Lebensrisiken und psychosoziale Befindlichkeiten im Statusübergang (Jugendforschung. Im Auftrag des Zentrums für Kindheits- und Jugendforschung der Fakultät für Pädagogik der Universität Bielefeld, herausgegeben von D. Baacke, W. Heitmeyer, K. Hurrelmann und K. Treumann), Weinheim und München 1991.

Markefka, M.: Mädchen im Blickpunkt der Jugendforschung - Ansätze und Tendenzen, in: Recht der Jugend und des Bildungswesens 19 (1971), 1, S. 74-75.

- *Nauck, B.*: Zwischen Literatur und Wirklichkeit. Zur Kritik der Literaturdidaktik - Theoretische Probleme eines Fachunterrichts, Neuwied und Berlin 1972.
- (Hrsg.): Handbuch der Kindheitsforschung, Neuwied, Kriftel, Berlin 1993.
- *Nave-Herz, R.* (Hrsg.): Handbuch der Familien- und Jugendforschung. Band 2: Jugendforschung, Neuwied und Frankfurt/M. 1989.

Martial von, I.: Geschlechtertrennung und Koedukation in der Schule - Zur Diskussion um zwei schulorganisatorische Prinzipien, in: engagement 4 (1986), 2, S. 95-105.

- Koedukation und Geschlechtertrennung in der Schule. Pädagogik und Freie Schule, Heft 38. Schriftenreihe der Fördergemeinschaft für Schulen in freier Trägerschaft e. V., Köln 1987.
- Koedukation - Vorteile für Mädchen? Überlegungen nach der Reform, in: Recht der Jugend und des Bildungswesens 36 (1988), 1, S. 65-63.
- Kirchliche Stellungnahmen zu Koedukation und Geschlechtertrennung in katholischen Schulen, in: Katholische Bildung 90 (1989), 7/8, S. 404-414.

Maschmann, I.: Zur Geschichte und Bildungstheorie der Mädchenbildung - Sozialgeschichtliche und bildungspolitische Aspekte, in: Die Deutsche Schule 59 (1967), 1, S. 2-11.

Mayer, K. U.: Sozialhistorische Materialien zum Verhältnis von Bildungs- und Beschäftigungssystem bei Frauen, in: U. Beck, K. H. Hörning, W. Thommssen (Hrsg.), Bildungsexpansion und betriebliche Beschäftigungspolitik, Frankfurt, New York 1980, S. 60-79.

- Soziale Ungleichheit und die Differenzierung von Lebensverläufen, in: W. Zapf (Hrsg.) im Auftrag der Deutschen Gesellschaft für Soziologie, Die Modernisierung moderner Gesellschaften.

Verhandlungen des 25. Deutschen Soziologentages in Frankfurt am Main 1990, Frankfurt/New York 1991a, S. 667-687.

- Lebensverlauf und Bildung. Ergebnisse aus dem Forschungsprojekt "Lebensverläufe und gesellschaftlicher Wandel" des Max-Planck-Instituts für Bildungsforschung, in: Unterrichtswissenschaft 19 (1991b), 4, S. 313-332.
- *Blossfeld, H.-P.*: Die gesellschaftliche Konstruktion sozialer Ungleichheit im Lebensverlauf, in: P. A. Berger, S. Hradil (Hrsg.), Lebenslagen, Lebensläufe, Lebensstile (Soziale Welt, Sonderband 7), Göttingen 1990, S. 297-318.

Mayr-Kleffel, V.: Mädchenbücher: Leitbilder für Weiblichkeit (Alltag und Biografie von Mädchen, Band 6, herausgegeben von der Sachverständigenkommission Sechster Jugendbericht H. Krüger, G. Frasch, E. Bode, D. Baacke, R. von Ungern, G. Naundorf. Redaktion: W. Krüger, C. Möller, M. Weg), Opladen 1984.

- Mädchen - endlich ein Gegenstand der Jugendforschung, in: Neue Praxis 15 (1985), 2/3, S. 133-141.

Meier, A./Rabe-Kleberg, U. (Hrsg.): Weiterbildung, Lebenslauf, sozialer Wandel, Neuwied, Kriftel, Berlin 1993.

Meier, E.: Die Thematik der geschlechtsspezifischen Probleme der Frau im Unterricht aus Geographie und Wirtschaftskunde, in: Erziehung und Unterricht 132 (1982), 4, S. 348-351.

Meister, J.-J.: Bildungslaufbahnen in die Berufswelt. Schulische und nicht-schulische Determinanten beruflicher Bildung. Mit einer Einleitung von A. O. Schorb. Graphische Darstellungen: G. Heiderscheid. Computer-Karten: C. Überhack (Studien und Materialien des Staatsinstituts für Bildungsforschung München. Herausgeber A. O. Schorb, Folge 8), München 1978.

- Breite Vielfalt - enge Wege: Bildungschancen nicht für jedermann, in: J.-J. Meister, E. Weidler (Hrsg.), Im Spannungsfeld von Politik und Pädagogik. Festschrift zum 60. Geburtstag von A. O. Schorb, München 1981, S. 159-175.
- Bildungslaufbahnen in die Berufswelt II. Schulische und nicht-schulische Determinanten beruflicher Bildung im Zeitvergleich (Studien und Materialien des Staatsinstituts für Bildungsforschung und Bildungsplanung, Folge 16), München 1983.

Metz-Göckel, S.: Licht und Schatten der Koedukation. Eine alte Debatte neu gewendet, in: Zeitschrift für Pädagogik 33 (1987), 4, S. 455-474.

- Geschlechterverhältnisse, Geschlechtersozialisation und Geschlechtsidentität. Ein Trendbericht, in: Zeitschrift für Sozialisationsforschung und Erziehungssoziologie 8 (1988), 2, S. 85-97.
- Bildung, Lebensverlauf und Selbstkonzepte von "Arbeitertöchtern". Ein Beitrag zur sozialen Mobilität und Individualisierung von Frauen aus bildungsfernen Schichten, in: A. Schlüter (Hrsg.), Arbeitertöchter und ihr sozialer Aufstieg. Zum Verhältnis von Klasse, Geschlecht und sozialer Mobilität, Weinheim 1992, S. 36-65.
- Bildungsforschung, in: Deutsche Forschungsgemeinschaft, Sozialwissenschaftliche Frauenforschung in der Bundesrepublik Deutschland. Bestandsaufnahme und forschungspolitische Konsequenzen. Herausgegeben von der Senatskommission für Frauenforschung. Mitteilung 1, Berlin 1994, S. 84-97.
- *Schlüter, A.*: Arbeitertöchter an der Hochschule, in: M. A. Kreienbaum (Hrsg.), Frauen Bilden Macht. Dokumentation des 7. Fachkongresses FRAUEN UND SCHULE, Dortmund 1989, S. 192-203.

Metz-Göckel, S./Nyssen, E.: Frauen leben Widersprüche. Zwischenbilanz der Frauenforschung, Weinheim und Basel 1990.

Meulemann, H.: Soziale Herkunft und Schullaufbahn. Arbeitsbuch zur sozialwissenschaftlichen Methodenlehre (Beiträge zur empirischen Sozialforschung. Zentralarchiv für empirische Sozialforschung der Universität zu Köln), Frankfurt/Main, New York 1979.

- Die zwei Berufsausbildungen. Der Einfluß der beruflichen Erstausbildung auf den Studienerfolg in einer Kohorte ehemaliger Gymnasiasten zwischen 1969 und 1985, in: P. A. Döring, H. Weishaupt, M. Weiß (Hrsg.), Bildung in sozioökonomischer Sicht. Festschrift für H. von Recum zum 60. Geburtstag, Köln 1989, S. 221-274.
- Schullaufbahn, Ausbildungskarrieren und die Folgen im Lebenslauf. Der Beitrag der Lebenslaufforschung zur Bildungssoziologie, in: K.-U. Mayer (Hrsg.), Lebensverläufe und sozialer Wandel (Sonderheft 31 der Kölner Zeitschrift für Soziologie und Sozialpsychologie), Opladen 1990a, S. 89-117.
- Studium, Beruf und der Lohn von Ausbildungszeiten. Der Einfluß von Bildungsinvestitionen und privaten Bindungen auf den Berufseintritt und den Berufserfolg in einer Kohorte ehemaliger Gymnasiasten zwischen 1970 und 1985, in: Zeitschrift für Soziologie 19 (1990b), 4, S. 248-264.
- Expansion ohne Folgen? Bildungschancen und sozialer Wandel in der Bundesrepublik, in: W. Glatzer (Hrsg.), Entwicklungstendenzen der Sozialstruktur (Soziale Indikatoren XV. Konzepte und Forschungsansätze. Sektion Soziale Indikatoren der Deutschen Gesellschaft für Soziologie), Frankfurt 1992, S. 123-156.
- *Wiese, W.*: Bildungsexpansion und Bildungschancen. Soziale Selektion nach dem 10. Gymnasialschuljahr zwischen 1964 und 1973, in: Zeitschrift für Sozialisationsforschung und Erziehungssoziologie 4 (1984), 2, S. 297-303.

Meyer, B./Jordan, E.: Die Darstellung von Mädchen und Frauen in Hamburger Schulbüchern. Gutachten im Auftrag der Leitstelle Gleichstellung der Frau, Hamburg. Für die Veröffentlichung überarbeitet von H. Vogt, Hamburg 1984.

Mies, M.: Methodische Postulate zur Frauenforschung - dargestellt am Beispiel der Gewalt gegen Frauen, in: Beiträge zur feministischen Theorie und Praxis 1 (1978), S. 41-63.

Milhoffer, P.: Das eine zu tun, darf nicht heißen, das andere ... Koedukationskritik als Gesellschaftskritik, in: päd extra (1977), 9, S. 14-16.

- Sexualität als Problem der Koedukation. Zur Verhaltenslenkung von Mädchen und Jungen in der Koedukation durch das kulturelle Diktat der "heterosexuellen Paarbildung", in: E. Glumpler (Hrsg.), Koedukation. Entwicklungen und Perspektiven, Bad Heilbrunn 1994, S. 107-129.

Mischel, W.: Sex Typing and Socialisation, in: P. Mussen (Hrsg.), Carmichael's Manual of Child Psychology, Vol. 2, New York 1970, S. 3-71.

Morschhäuser, M.: Frauen in Männerdomänen, Köln 1993.

Mühlbauer, K. R.: Sozialisation. Eine Einführung in Theorien und Modelle, München 1980.

Mühlen-Achs, G.: Der Androzentrismus in der empirischen Schulforschung. Ursachen und Folgen der Ausgrenzung des Weiblichen, in: Zeitschrift für Sozialisationsforschung und Erziehungssoziologie 6 (1986), 1, S. 129-137.

- Eine feministische Kritik der Koedukation, in: G. Kindermann, B. Mauersberger, I. Pilwousek (Hrsg.), Frauen verändern Schule. Dokumentation des 5. Fachkongresses der AG Frauen, Berlin 1987a, S. 64-78.
- Feministische Kritik der Schul- und Unterrichtsforschung, in: A. Prengel, P. Schmid, G. Sitals, C. Willführ (Hrsg.), Schulbildung und Gleichberechtigung. Dokumentation zum internationalen Symposium des Arbeitskreises Frauenstudien am 20. und 21. Juni 1986 am Fachbereich Erziehungswissenschaften der JohannWolfgang-Goethe-Universität Frankfurt am Main. Reihe "Frauenforschung sichtbar machen" des Arbeitskreises Frauenstudien in den Erziehungswissenschaften, Frankfurt a. M., S. 173-185.

Müller, U.: Gibt es eine "spezielle" Methode in der Frauenforschung, Band 5 (Beiträge aus der Forschung, Redaktion: W. Thon, J. Fischer, H. Martens, D. Süss), Dortmund 1984.

- Warum gibt es keine emanzipatorische Utopie des Mutterseins? In: B. Schön (Hrsg.), Emanzipation und Mutterschaft. Erfahrungen und Untersuchungen über Lebensentwürfe und mütterliche Praxis, Weinheim und München 1989, S. 55-79.

Müller, W./Mayer, K. U.: Chancengleichheit durch Bildung? Untersuchungen über den Zusammenhang von Ausbildungsabschlüssen und Berufsstatus (Deutscher Bildungsrat, Gutachten und Studien der Bildungskommission, Band 42), Stuttgart 1976.

Müller, W./Haun, D.: Bildungsexpansion und Bildungsungleichheit, in: W. Glatzer (Hrsg.), Einstellungen und Lebensbedingungen in Europa, Frankfurt, New York 1993, S. 225-268.

- Bildungsungleichheit im sozialen Wandel, in: Kölner Zeitschrift Soziologie und Sozialpsychologie 46 (1994), 1, S. 1-42.

Nagel, T.: Eine Abhandlung über Gleichheit und Parteilichkeit und andere Schriften zur politischen Philosophie. Übersetzt von M. Gebauer, Paderborn 1994.

Nave-Herz, R.: Das Dilemma der Frau in unserer Gesellschaft: Der Anachronismus in den Rollenerwartungen - Texte und statistische Daten zur Einführung in eine "Geschlechter-Soziologie" -, Berlin 1972.

- Das Angebot weiblicher Identifikationsmodelle in Lesebüchern. Eine quantitative und qualitative Inhaltsanalyse, in: Materialien zur Politischen Bildung 7 (1978), 4, S. 93-99.

- Markefka, M. (Hrsg.): Handbuch der Familien- und Jugendforschung. Band 1: Familienforschung, Neuwied und Frankfurt/M. 1989.

Neckel, S.: Achtungsverlust und Scham. Die soziale Gestalt eines existentiellen Gefühls, in: S. Neckel, Die Macht der Unterscheidung. Beutezüge durch den modernen Alltag, Frankfurt a. M. 1993, S. 120-140.

Nyssen, E.: Mädchen in der Schule, in: S. Metz-Göckel, E. Nyssen: Frauen leben Widersprüche. Zwischenbilanz der Frauenforschung, Weinheim und Basel 1990, S. 49-89.

- "Aber ich behandle doch Mädchen und Jungen gleich." Über die Notwendigkeit der Frauenforschung in der LehrerInnenausbildung, in: E. Glumpler (Hrsg.), Koedukation. Entwicklungen und Perspektiven, Bad Heilbrunn 1994, S. 162-179.

- *Schön, B.*: Feministische Schulforschung - Bestandsaufnahme und Perspektiven, in: E. Glumpler (Hrsg.), Mädchenbildung - Frauenbildung. Beiträge der Frauenforschung für die LehrerInnenbildung, Bad Heilbrunn/Obb. 1992, S. 156-170.

Oevermann, U.: Sprache und soziale Herkunft. Ein Beitrag zur Analyse schichtenspezifischer Sozialisationsprozesse und ihrer Bedeutung für den Schulerfolg, Fankfurt a. M. 1972.

- *Kieper, M./Rothe-Bosse, S./Schmidt, M./Wienskowski, P.*: Die sozialstrukturelle Einbettung von Sozialisationsprozessen: Empirische Ergebnisse zur Ausdifferenzierung des globalen Zusammenhangs von Schichtzugehörigkeit und gemessener Intelligenz sowie Schulerfolg, in: Zeitschrift für Soziologie 5 (1976), 2, S. 167-199.

Ortmann, H.: Aufsteigen und zu sich selber kommen - Wann ist aus der Arbeitertochter ein Mensch geworden? In: A. Schlüter (Hrsg.), Bildungsmobilität. Studien zur Individualisierung von Arbeitertöchtern in der Moderne, Weinheim 1993, S. 45-64.

Ostendorf, H.: Mädchen am Start: Gute Kondition aber schlechte Wegstrecke, in: H. Rudolph, C. Mayer, H. Ostendorf, U. Rabe-Kleberg (Hrsg.), Berufsverläufe von Frauen. Lebensentwürfe im Umbruch, Weinheim und München 1986, S. 9-32.

Ostner, I.: Arbeitsmarktsegmentation und Bildungschancen von Frauen, in: Zeitschrift für Pädagogik 30 (1984), 4, S. 471-486.

- Frauen und Wissenschaft - Frauen - Wissenschaft, in: BMBW (Hrsg.), Frauen in Forschung und Lehre (Studien zu Bildung und Wissenschaft 12), Bonn 1985, S. 35-38.

- Die Entdeckung der Mädchen. Neue Perspektiven für die Jugendsoziologie, in: Kölner Zeitschrift für Soziologie und Sozialpsychologie 38 (1986), 2, S. 352-371.

- (Hrsg.) unter Mitarbeit von C. Kessler: Frauen. Soziologie der Geschlechterverhältnisse, in: Soziologische Revue. Besprechungen neuer Literatur. Herausgegeben von H. Hartmann, J. Matthes, C. Offe, J. Weiß, Sonderheft 2, 10 (1987).

- Alltag und Biografie von Mädchen, in: Kölner Zeitschrift für Soziologie und Sozialpsychologie 40 (1988), 3, S. 592-596.

- *Pappi, F.U.*: Sozialstrukturanalyse, in: Deutsche Forschungsgemeinschaft, Sozialwissenschaftliche Frauenforschung in der Bundesrepublik Deutschland. Bestandsaufnahme und forschungspolitische Konsequenzen. Herausgegeben von der Senatskommission für Frauenforschung. Mitteilung 1, Berlin 1994, S. 110-119.

Oswald, H./Krappmann, L.: Konstanz und Veränderung in den sozialen Beziehungen von Schulkindern, in: Zeitschrift für Sozialisationsforschung und Erziehungssoziologie 4 (1984), 2, S. 271-286.

- *Chowdhuri, I./von Salisch, M.*: Grenzen und Brücken: Interaktionen zwischen Mädchen und Jungen im Grundschulalter, in: Kölner Zeitschrift für Soziologie und Sozialpsychologie 38 (1986), 4, S. 560-580.

Oswald, H./Krappmann, L./von Salisch, M.: Miteinander - Gegeneinander. Eine Beobachtungsstudie über Mädchen und Jungen im Grundschulalter, in: G. Pfister (Hrsg.), Zurück zur Mädchenschule? Beiträge zur Koedukation (Frauen in Geschichte und Gesellschaft. Herausgegeben von A. Kuhn, V. Rothe, Band 1), Pfaffenweiler 1988, S. 173-193.

päd extra, (1991), 9.

Parsons, T.: The School Class as a Social System: Some of its Functions in American Society, in: Harvard Educational Review 20 (1959), 4, S. 297-318.

- Higher Education as a Theoretical Focus, in: R. L. Simpson, H. Turk (Hrsg.), Institutions and Social Exchange: The Sociologies of Talcott Parsons and George C. Homans, Indianapolis 1971, S. 233-252.

- *Platt, G.*: The American University, Cambridge 1973.

Passeron, J.-C./de Singly, F.: Klassen- und geschlechtsspezifische Profile der Sozialisation, in: Zeitschrift für Sozialisationsforschung und Erziehungssoziologie 2 (1982), 1, S. 91-112.

Peisert, H.: Soziale Lage und Bildungschancen in Deutschland (Studien zur Soziologie, herausgegeben von R. Dahrendorf), München 1967.

- Die bildungssoziologische Situation der Mädchen, in: A. O. Schorb (Hrsg.), Bildungsplanung und Bildungspolitik, Frankfurt 1972, S. 82-90.

- Abiturienten und Ausbildungswahl, Weinheim und Basel 1981.

- *Dahrendorf, R.* (Hrsg.): Der vorzeitige Abgang vom Gymnasium. Studien und Materialien zum Schulerfolg an den Gymnasien in Baden-Württemberg 1953 - 1963 (Bildung in neuer Sicht, Reihe A Nr. 6, Schriftenreihe des Kultusministeriums Baden-Württemberg zur Bildungsforschung, Bildungsplanung, Bildungspolitik), Villingen 1967.

Petrat, G.: Soziale Herkunft und Schullaufbahn. Eine Untersuchung, durchgeführt an Schülern in drei Kreisen des Landes Schleswig-Holstein (Untersuchungen zum in- und ausländischen

Schulwesen, Band 6, Herausgeber: Deutsches Institut für Internationale Pädagogische Forschung, Abteilung Pädagogik), Weinheim, Berlin, Basel ²1969.

Pettinger, R.: Arbeiterkinder und weiterführende Schule. Empirische Untersuchungen über Einflußfaktoren auf die Schulentscheidungen von Arbeitereltern (Marburger Pädagogische Studien. Neue Folge, Band 6. Herausgegeben von L. Froese und W. Klafki), Weinheim, Berlin, Basel 1970.

Pfeil, E.: Das Bild der Frau in der empirisch-soziologischen Forschung der letzten Jahre. Ein Vergleich, in: Soziale Welt 14 (1963), 2, S. 134-152.

- unter Mitarbeit von C. Atkinson, H. Dunckelmann, J. Friedrichs, J. Ganzert: Die 23jährigen. Eine Generationenuntersuchung am Geburtsjahrgang 1941, Tübingen 1968.

Pfister, G. (Hrsg.): Zurück zur Mädchenschule? Beiträge zur Koedukation (Frauen in Geschichte und Gesellschaft, Band 1. Herausgegeben von A. Kuhn und V. Rothe), Pfaffenweiler 1988.

- *Klein, M.-L.*: Kooperation - Konflikt - Gewalt. Zur Friedenserziehung der Mädchen im Sportunterricht, in: I. Bock, G. Pfister, U. Rieger, C. Schmeling (Hrsg.), Feminismus in der Schule. Berichte - Analysen - Meinungen, Berlin 1985, S. 176-191.

Philipps, C.: England and Wales Compared with Certain Western European Countries, Dissertation, University of London 1977.

Plake, K.: Familie und Schulanpassung. Soziologische Aspekte zum Verhältnis von primärer und sekundärer Sozialisation (Schule und Gesellschaft. Herausgegeben von H.-H. Groothoff, W. Preising), Düsseldorf 1974.

Plessner, M.: Bildungswege und Mädchenbildung, in: Die Neue Gesellschaft 12 (1965), 2, S. 649-655.

Plogstedt, S.: Stieftöchter der Alma Mater? Zur Geschichte der Frauen an den Universitäten. Radiomanuskript (Deutschlandfunk Hintergrund Kultur, Kongreßbericht, gesendet am 27. Dezember 1993, 21.35 - 22.00 Uhr), Köln 1993.

Pongratz, H.: Bauern am Rande der Gesellschaft? In: Soziale Welt 38 (1987), 4, S. 522-544.

Postlethwaite, T. N./Weiler, H./Roeder, P. M. (Hrsg.): Schulen im Leistungsvergleich. Bedingungen für erfolgreiches Lernen - Ergebnisse der internationalen IEA-Untersuchungen in sechs Unterrichtsfächern. Bearbeitet von J. Hoffmann, Stuttgart 1980.

Prengel, A./Schmid, P./Sitals, G./Willführ, C. (Hrsg.): "Schulbildung und Gleichberechtigung." Dokumentation zum internationalen Symposium des Arbeitskreises Frauenstudien am 20. und 21. Juni 1986 am Fachbereich Erziehungswissenschaften der Johann-Wolfgang-Goethe-Universität Frankfurt a. M. Reihe "Frauenforschung sichtbar machen" des Arbeitskreises Frauenstudien in den Erziehungswissenschaften, Frankfurt a. M. 1987.

Preuss-Lausitz, U.: Der Kaiserin neue Kleider? Fragen an die feministische Schulforschung beim Blick auf die Jungen, in: päd extra (1991), 12, S. 5-12.

- Mädchen an den Rand gedrängt? Soziale Beziehungen in Grundschulklassen, in: Zeitschrift für Sozialisationsforschung und Erziehungssoziologie 12 (1992), 1, S. 66-79.

Priester, K.: Frauenbildung, in: D. Lenzen (Hrsg.) unter Mitarbeit von A. Schründer, Enzyklopädie Erziehungswissenschaften. Handbuch und Lexikon der Erziehung in 11 Bänden und einem Registerband. Band 9: Sekundarstufe II - Jugendbildung zwischen Schule und Beruf, Teil 2: Lexikon. Herausgegeben von H. Blankertz, J. Derbolav, A. Kell, G. Kutscha, Stuttgart 1983a, S. 269-272.

- Geschlechtsrolle, in: D. Lenzen (Hrsg.) unter Mitarbeit von A. Schründer, Enzyklopädie Erziehungswissenschaften. Handbuch und Lexikon der Erziehung in 11 Bänden und einem Registerband, Band 9: Sekundarstufe II - Jugendbildung zwischen Schule und Beruf, Teil 2: Lexikon. Herausgegeben von H. Blankertz, J. Derbolav, A. Kell, G. Kutscha, Stuttgart 1983b, S. 273-276.

Pross, H.: Über die Bildungschancen von Mädchen in der Bundesrepublik, Frankfurt a. M. 1969a.

- Über die Bildungschancen von Mädchen in der Bundesrepublik, in: Die Schulwarte 22 (1969b), 2, S. 98-121.

- Über die Bildungschancen von Mädchen in der BRD, in: K. von Dohnanyi (Hrsg.) unter Mitarbeit von J. Aufermann, Die Schulen der Nation. Zur Bildungsdebatte: Fakten - Forderungen - Folgen, Düsseldorf und Wien 1971, S. 99-108.

- Von der Rechtsgleichheit zur Gleichberechtigung, in: Aus Politik und Zeitgeschichte. Beilage zur Wochenzeitung Das Parlament B 45 (1981), S. 14-25.

Prümmer von, C.: Zur sozialen Herkunft von Fernstudentinnen und Fernstudenten. Fernstudium als Nachholen von Bildungschancen, in: A. Schlüter (Hrsg.), Arbeitertöchter und ihr sozialer Aufstieg. Zum Verhältnis von Klasse, Geschlecht und sozialer Mobilität, Weinheim 1992, S. 173-194.

Puhle, H.-J.: Warum gibt es sowenig Historikerinnen? Zur Situation der Frauen in der Geschichtswissenschaften, in: Geschichte und Gesellschaft 7 (1981), 3/4, S. 364-393.

Raab, E.: Berufsausbildung und Arbeitsmarktschancen Jugendlicher in den alten Bundesländern, in: Aus Politik und Zeitgeschichte. Beilage zur Wochenzeitung Das Parlament B 38 vom 11. September 1992.

Rabe-Kleberg, U.: "Wissen - aber keine Macht! oder: Was hat die Bildungsreform den Frauen gebracht?" In: Vorgänge 81 (1986), 3, S. 60-68.

- Bildung für Frauen im Abseits? Oder: Das Abseits als unsicherer Ort. Einige Überlegungen zurBildungsdiskussion, in: I. Ostner (Hrsg.) unter Mitarbeit von C. Kessler, Frauen. Soziologie der Geschlechterverhältnisse, in: Soziologische Revue. Besprechungen neuer Literatur. Herausgegeben von H. Hartmann, J. Matthes, C. Offe, J. Weiß, Sonderheft 2, 10 (1987), S. 234-240.

- (Hrsg.): Besser gebildet und doch nicht gleich! Frauen und Bildung in der Arbeitsgesellschaft (Theorie und Praxis der Frauenforschung, Band 11. Schriftenreihe des Instituts Frau und Gesellschaft. Herausgegeben von C. Schiersmann und R. Schreiber. Redaktion: R. Schreiber), Bielefeld 1990.

Rampillon, U.: Gleichberechtigung im Englischunterricht. Zur Darstellung von Frauen- und Männerrollen in Englischbüchern der Sekundarstufe I, in: Praxis des neusprachlichen Unterrichts 33 (1986), 2, S. 184-191.

Rauch, A.: "... und was ist mit den Arbeitertöchtern?" - Ergebnisse einer vergleichenden Untersuchung zum Studienverhalten von Arbeitertöchtern und Akademikertöchtern, in: A. Schlüter (Hrsg.), Bildungsmobilität. Studien zur Individualisierung von Arbeitertöchtern in der Moderne, Weinheim 1993, S. 148-172.

Reitz, G.: Einstellungen von Mädchen zur Rolle der Frau und ihre Schullaufbahn. Eine empirische Untersuchung über den vorzeitigen Abgang vom Gymnasium, München 1973.

- Die Rolle der Frau und die Lebensplanung der Mädchen. Analysen und Untersuchungen (Reihe Deutsches Jugendinstitut - Analysen, Band 7), München 1974.

Rodax, K.: "Nur ein Arbeitermädchen?" - Bildungs- und Berufschancen einer diskriminierten Gruppe, in: A. Bolder, K. Rodax (Hrsg.), Das Prinzip der aufge(sc)hobenen Belohnung. Die Sozialisation von Arbeiterkindern für den Beruf (Forschungsinstitut der Friedrich-Ebert-Stiftung, Reihe: Arbeit, Band 19, herausgegeben von W. Fricke), Bonn 1987, S. 83-106.

- Ausbruch aus traditionellen Schulkarrieren? Fallanalysen milieu-untypischer Bildungswege von Arbeitertöchtern mit Hochschulreife, in: Recht der Jugend und des Bildungswesen 36 (1988a), 1, S. 63-78.

- Schulleistungen in der Bundesrepublik Deutschland: Wie unterschiedlich sind die Leistungsprofile von Mädchen und Jungen in Hauptschule, Realschule und Gymnasium? In: Unser Weg 43 (1988b), 5, S. 172-181.
- (Hrsg.): Strukturwandel der Bildungsbeteiligung 1950 - 1985. Eine Bestandsaufnahme der amtlichen Bildungsstatistik (Wege der Forschung, Band 645), Darmstadt 1989a.
- Allgemeinbildender Schulbereich und Bildungsstatistik, In: K. Rodax (Hrsg.), Strukturwandel der Bildungsbeteiligung 1950 - 1985. Eine Bestandsaufnahme im Spiegel der amtlichen Bildungsstatistik (Wege der Forschung, Band 645), Darmstadt 1989b, S. 3-22.
- Allgemeine Entwicklung und Analyse der Bildungsbeteiligung. Einleitung, in: K. Rodax (Hrsg.), Strukturwandel der Bildungsbeteiligung 1950 - 1985. Eine Bestandsaufnahme im Spiegel der amtlichen Bildungsstatistik (Wege der Forschung, Band 645), Darmstadt 1989c, S. 25-31.
- Geschlechtsspezifische Entwicklung und Analyse der Bildungsbeteiligung. Einleitung, in: K. Rodax (Hrsg.), Strukturwandel der Bildungsbeteiligung 1950 - 1985. Eine Bestandsaufnahme im Spiegel der amtlichen Bildungsstatistik (Wege der Forschung, Band 645), Darmstadt 1989d, S. 169-176.
- Entwicklung und Analyse der Bildungsbeteiligung nach sozialer Herkunft. Einleitung, in: K. Rodax (Hrsg.), Strukturwandel der Bildungsbeteiligung 1950 - 1985. Eine Bestandsaufnahme im Spiegel der amtlichen Bildungsstatistik (Wege der Forschung, Band 645), Darmstadt 1989e, S. 221-231.
- Schlußbemerkung. Bildungsbeteiligung und Bildungschancen, in: K. Rodax (Hrsg.), Strukturwandel der Bildungsbeteiligung 1950 - 1985. Eine Bestandsaufnahme im Spiegel der amtlichen Bildungsstatistik (Wege der Forschung, Band 645), Darmstadt 1989f, S. 311-316.
- Frauen und Schule: Ein altes Thema - neue Antworten? Kritische Anmerkungen zur feministischen Schulforschung, in: Unser Weg 44 (1989g), 1, S. 6-12.
- Soziale Schichtung und Mobilität: Eine werkgeschichtliche und kritische Würdigung zu "Die soziale Herkunft der dänischen Studenten" von Theodor Geiger, in: Th. Geiger unter Mitarbeit von T. Agersnap, Die soziale Herkunft der dänischen Studenten. Herausgegeben von K. Rodax. Mit einer Einleitung von T. Agersnap. Aus dem Dänischen übersetzt von B. Kretschmer (Passauer Beiträge zur Sozialwissenschaft. Herausgegeben von A. Mintzel und S. Immerfall), Opladen 1992, S. 185-216.
- Soziale Ungleichheit und Mobilität durch Bildung in der Bundesrepublik Deutschland, in: Österreichische Zeitschrift für Soziologie 20 (1995), 1, S. 1-25.
- *Spitz, N.*: Sozialstatus und Schulerfolg. Darstellung und Kritik der schichtenspezifischen Sozialisationsforschung, Heidelberg 1978.
- Soziale Umwelt und Schulerfolg. Eine empirisch-soziologische Untersuchung der ökologisch und sozialstrukturell variierenden Determinanten des Schulerfolgs, Weinheim und Basel 1982.
- Bildungschancen und Bildungslebensläufe von Laborschülern. Eine Pilotstudie, Weinheim und Basel 1984.
- Zur Begabungsgerechtigkeit des Schulsystems, in: A. Bolder, K. Rodax (Hrsg.), Das Prinzip der aufge(sc)hobenen Belohnung. Die Sozialisation von Arbeiterkindern für den Beruf (Forschungsinstitut der Friedrich-Ebert-Stiftung, Reihe: Arbeit, Band 19, herausgegeben von W. Fricke), Bonn 1987, S. 59-82.

Rodax, K./Hurrelmann, K.: Die Bildungsbeteiligung der Mädchen und Frauen - ein Indikator für wachsende Chancengleichheit? In: Zeitschrift für Sozialisationsforschung und Erziehungssoziologie 6 (1986), 1, S. 138-146.

Rohleder, C.: Aus den Sperrsitzen in die höheren Ränge der Gesellschaft? - Zum Prozeß der Studienfachwahl von Medizinerinnen aus Arbeiterfamilien und Momenten ihrer aktuellen beruflichen

Verortung, in: A. Schlüter (Hrsg.), Arbeitertöchter und ihr sozialer Aufstieg. Zum Verhältnis von Klasse, Geschlecht und sozialer Mobilität, Weinheim 1992, S. 124-143.

Rolff, H.-G.: Theorien sozialen Wandels und explorative Bildungsforschung, in: K. M. Bolte (Hrsg.) im Auftrag der Deutschen Gesellschaft für Soziologie, Materialien aus der soziologischen Forschung. Verhandlungen des 18. Deutschen Soziologentages vom 28. September bis 1. Oktober 1976 in Bielefeld, München 1978, S. 582-594.

- Sozialisation und Auslese durch die Schule (Gesellschaft und Erziehung, herausgegeben von C.-L. Furck, D. Goldschmidt, I. Röbbelen), Heidelberg [9]1980.

- Wem hat die Bildungsexpansion genützt? In: Gesamtschul-Kontakte 2 (1980a), S. 1-2 und 11-13.

- Soziologie der Schulreform. Theorien - Forschungsberichte - Praxisberatung (Veröffentlichung der Arbeitsstelle für Schulentwicklungsforschung [AFS] der Universität Dortmund), Weinheim und Basel 1980b

- (Hrsg.): Zukunftsfelder von Schulforschung, Weinheim 1995.

- *Hansen, G./ Klemm, K./Tillmann, K.-J.* (Hrsg.): Jahrbuch der Schulentwicklung. Daten, Beispiele und Perspektiven, Band 1 (Eine Veröffentlichung der Arbeitsstelle für Schulentwicklungsforschung [AFS] der Universität Dortmund), Weinheim und Basel 1980.

Rolff, H.-G./Klemm, K./Tillmann, K.-J. (Hrsg.): Jahrbuch der Schulentwicklung. Daten, Beispiele und Perspektiven, Band 2 (Eine Veröffentlichung der Arbeitsstelle für Schulentwicklungsforschung [AFS] der Universität Dortmund). C.-H. Evers zum 60. Geburtstag gewidmet, Weinheim und Basel 1982.

Rolff, H.-G./Hansen, G./Klemm, K./Tillmann, K .-J. (Hrsg.): Jahrbuch der Schulentwicklung. Daten, Beispiele und Perspektiven, Band 3 (Eine Veröffentlichung der Arbeitsstelle für Schulentwicklungsforschung [AFS], ein Institut der Universität Dortmund). L. von Friedeburg zum 60. Geburtstag gewidmet, Weinheim und Basel 1984.

Rolff, H.-G./Klemm, K./Tillmann, K.-J. (Hrsg.): Jahrbuch der Schulentwicklung. Daten, Beispiele und Perspektiven, Band 4 (Eine Veröffentlichung der Arbeitsstelle für Schulentwicklungsforschung [AFS], ein Institut der Universität Dortmund), Weinheim und Basel 1986.

Rolff, H.-G./Klemm, K./Pfeiffer, H./Rösner, E. (Hrsg.): Jahrbuch der Schulentwicklung. Daten, Beispiele und Perspektiven, Band 5 (Eine Veröffentlichung des Instituts für Schulentwicklungsforschung der Universität Dortmund), Weinheim und München 1988.

Rolff, H.-G./Bauer, K.-O./Klemm, K./Pfeiffer, H. (Hrsg.): Jahrbuch der Schulentwicklung. Daten, Beispiele und Perspektiven, Band 6 (Eine Veröffentlichung des Instituts für Schulentwicklungsforschung der Universität Dortmund), Weinheim und München 1990.

- Jahrbuch der Schulentwicklung. Daten, Beispiele und Perspektiven, Band 7 (Eine Veröffentlichung des Instituts für Schulentwicklungsforschung der Universität Dortmund), Weinheim und München 1992.

- *Schulz-Zander, R.* (Hrsg.): Jahrbuch der Schulentwicklung. Daten, Beispiele und Perspektiven, Band 8 (Eine Veröffentlichung des Instituts für Schulentwicklungsforschung der Universität Dortmund), Weinheim und München 1994.

Roloff, C./Evertz, B. unter Mitarbeit von A. Rumpel, A. Sülzner und P. Wolzenburg: Ingenieurin - (k)eine lebbare Zukunft. Vor-Urteile im Umfeld von Gymnasiastinnen an der Schwelle der Leistungskurswahl, Weinheim 1992.

Rosenbaum, H.: Die Konzeption der Sozialstruktur in der schichtenspezifischen Sozialisationsforschung, in: Kölner Zeitschrift für Soziologie und Sozialpsychologie 35 (1983), 1, S. 41-58.

Rosenmayr, L./Kreutz, H.: Rollenerwartungen der weiblichen Jugend. Eine empirische Untersuchung über Erwartungen und Dispositionen weiblicher Jugendlicher in Österreich (Beiträge zur Jugendkunde, Band 16, Institut für Jugendkunde), Wien 1973.

Rosewitz, B.: Weiterbildungssystem und Erwachsenensozialisation. Eine Analyse der Ausprägungen und Auswirkungen der gesellschaftlichen und institutionell-organisatorischen Struktur des Weiterbildungssystems, Weinheim 1985.

Roth, H.: Begabung und Lernen. Ergebnisse und Folgerungen neuer Forschungen (Deutscher Bildungsrat. Gutachten und Studien der Bildungskommission, Band 4), Stuttgart 1968.

Rudolph, M.: Die Frauenbildung in Frankfurt am Main. Geschichte der privaten, der kirchlich-konfessionellen, der jüdischen und der städtischen Mädchenschulen. Historische Darstellung der Frankfurter Mädchenschulen. Teil I. Herausgegeben von O. Schlander (ERUDITIO. Studien zur Erziehungs- und Bildungswissenschaft. Herausgeber H.-M. Elzer, Band 6), Frankfurt a. M., Bern, Las Vegas 1978.

Sarges, H.: Mädchen und Mathematikunterricht, in: Arbeitsgruppe Elternarbeit (Hrsg.), Die Schule lebt - Frauen bewegen die Schule. Dokumentation der 1. Fachtagung in Gießen 1982 und der 2. Fachtagung in Bielefeld 1983 Frauen und Schule I. Brehmer / U. Enders-Dragässer (Bearbeiterinnen), DJI Materialien, Band 12, München 1984, S. 196-212.

Schelsky, H.: Die Bedeutung des Schichtungsbegriffes für die Analyse der gegenwärtigen deutschen Gesellschaft, in: Transactions of the Second World Congress of Sociology, Band I, London 1954.

- Die gelungene Emanzipation, in: Merkur 9 (1955), 4, S. 360-370.

Scheu, U.: Wir werden nicht als Mädchen geboren - wir werden dazu gemacht. Zur frühkindlichen Erziehung in unserer Gesellschaft, Frankfurt a. M. 1977.

Scheuch, E. K.: Entwicklungsrichtungen bei der Analyse sozialwissenschaftlicher Daten, in: R. König (Hrsg.), Handbuch der empirischen Sozialforschung. Band 1: Geschichte und Grundprobleme, Stuttgart [3]1973, S. 161-237.

Schiersmann, C.: Frauenforschung - Stand und Perspektiven, in: Hessische Blätter für Volksbildung 37 (1987), 3, S. 201-206.

Schildkamp-Kündiger, E.: Frauenrolle und Mathematikleistung. Eine empirische Untersuchung an 13- und 14jährigen Oberschülerinnen über Beziehungen zwischen Persönlichkeitsvariablen und Mathematikleistungen (Studien zur Lehrforschung. Herausgegeben von K. J. Klauer und H.-J. Kornadt, Band 8), Düsseldorf 1974.

Schildt, A.: Moderne Zeiten. Freizeit, Massenmedien und "Zeitgeist" in der Bundesrepublik der 50er Jahre, Hamburg 1995.

Schilmöller, R./Peters, M./Dikow, J. (Hrsg.) im Auftrage des Münsterschen Gesprächskreises für wissenschaftliche Pädagogik: Erziehung als Auftrag. Beiträge zur Konzeption katholischer Schulen in freier Trägerschaft. A. Regenbrecht zum 60. Geburtstag (Münstersche Gespräche zu Themen der wissenschaftlichen Pädagogik. Herausgegeben von J. Dikow, M. Heitger, R. Ilgner, C. Menze, A. Regenbrecht, Beiheft 1), Münster 1989.

Schimpl-Neimanns, B./Lüttinger, P.: Die Entwicklung bildungsspezifischer Ungleichheit: Bildungsforschung mit Daten der amtlichen Statistik, in: ZUMA-Nachrichten 17 (1993), 32, S. 76-115.

Schlette, H./Pfülb, M.: Lesebücher für Realschulen, in: Informationen für die Frau (1977), 11/12, S. 12-14.

Schlüter, A. (Hrsg.): Arbeitertöchter und ihr sozialer Aufstieg. Zum Verhältnis von Klasse, Geschlecht und sozialer Mobilität, Weinheim 1992a.

Schlüter, A.: Einleitung: Arbeitertöchter und ihr sozialer Aufstieg - Zum Verhältnis von Klasse, Geschlecht und sozialer Mobilität, Weinheim 1992b.

- Arbeitertöchter des Ruhrgebiets im Studium. Naturwissenschafts- und Technikkompetenzen und sozialer Aufstieg - oder: "Obwohl Papa Schlosser war, haben wir Kinder studiert!" Eine Exploration, in: A. Schlüter (Hrsg.), Arbeitertöchter und ihr sozialer Aufstieg. Zum Verhältnis von Klasse, Geschlecht und sozialer Mobilität, Weinheim 1992c, S. 82-123.

- (Hrsg.): Bildungsmobilität. Studien zur Individualisierung von Arbeitertöchtern in der Moderne, Weinheim 1993a.

- Mobilitätserfahrungen und Individualisierung von Arbeitertöchtern - Oder: Studium als Freiheit von der sozialen Herkunft? In: A. Schlüter (Hrsg.), Bildungsmobilität. Studien zur Individualisierung von Arbeitertöchtern in der Moderne, Weinheim 1993b, S. 126-147.

Schmeiser, M.: Akademischer Hasard. Das Berufsschicksal des Professors und das Schicksal der deutschen Universität 1870 bis 1920, Stuttgart 1994.

Schmeling, C.: Das Frauenbild im Englischwerk, in: I. Bock, G. Pfister, U. Rieger, C. Schmeling (Hrsg.), Feminisierung in der Schule. Berichte - Analysen - Meinungen, Berlin 1985, S. 147-175.

Schmerl, C.: Das Frauen- und Mädchenbild in den Medien (Alltag und Biografie von Mädchen, Band 5, herausgegeben von der Sachverständigenkommission Sechster Jugendbericht H. Krüger, G. Frasch, E. Bode, D. Baacke, R. von Ungern, G. Naundorf. Redaktion: W. Krüger, C. Möller, M. Weg), Opladen 1984.

- *Braszeit, A./Bock, U.*: Von der Lust zu studieren und was daraus wird. Interviews mit nordrheinwestfälischen Studentinnen, in: U. Bock, A. Braszeit, C. Schmerl (Hrsg.), Frauen an den Universitäten. Zur Situation von Studentinnen und Hochschullehrerinnen in der männlichen Wissenschaftshierarchie, Frankfurt, New York 1983a, S. 49-93.

Schmerl, C./Bock, U./Braszeit, A.: Innenansichten vom Herrenhaus. Frauen im Gebäude der Wissenschaft, in: U. Bock, A. Braszeit, C. Schmerl (Hrsg.), Frauen an den Universitäten. Zur Situation von Studentinnen und Hochschullehrerinnen in der männlichen Wissenschaftshierarchie, Frankfurt, New York 1983b, S. 170-206.

Schmid, P.: Die soziale Herkunft der Schüler an den Realschulen, drei- und vierstufigen Wirtschaftsschulen und Gymnasien in Bayern, in: K. Rodax (Hrsg.), Strukturwandel der Bildungsbeteiligung 1950 - 1985. Eine Bestandsaufnahme im Spiegel der amtlichen Bildungsstatistik (Wege der Forschung, Band 445), Darmstadt 1989, S. 253-277.

Schmidt-Jörg, I./Krebsbach-Gnath, C./Hübner, S.: Bildungschancen für Mädchen und Frauen im internationalen Vergleich. Regelungen zur Absicherung gleicher Chancen für Mädchen und Frauen im Bildungs- und Berufsbildungsbereich. Untersuchung im Auftrag des Bundesministers für Bildung und Wissenschaft. Mit Beiträgen von F. Escher und B. Melber (Sozialwissenschaftliche Reihe des Batelle-Instituts e. V., herausgegeben von J. Scharioth, R. von Gizycki, Band 5), München, Wien 1981.

Schmied, D.: Fächerwahl, Fachwahlmotive und Schulleistungen in der reformierten gymnasialen Oberstufe, in: Zeitschrift für Pädagogik 28 (1982), 1, S. 11-30.

Schmitz, E.: Koedukation - ein Beitrag zur Chancengleichheit der Frau? In: Katholische Bildung 87 (1986), 12, S. 662-668.

- Koedukation: Macht sie Mädchen dumm? In: Katholische Bildung 88 (1987), 12, S. 691-693.

Schober, H.: Erfolg und Mißerfolg eines Schülerjahrganges in einem Großstadtgymnasium - Interviewerhebung, in: H. Peisert, R. Dahrendorf (Hrsg.), Der vorzeitige Abgang vom Gymnasium. Studien und Materialien zum Schulerfolg an den Gymnasien in Baden-Württemberg 1953 - 1963 (Bildung in neuer Sicht, Reihe A Nr. 6, Schriftenreihe des Kultusministeriums Baden-Württemberg zur Bildungsforschung, Bildungsplanung, Bildungspolitik), Villingen 1967, S. 80-96.

Schön, B.: Quantitative und qualitative Verfahren in der Schulforschung, in: B. Schön, K. Hurrelmann (Hrsg.), Schulalltag und Empirie. Neuere Ansätze in der schulischen und beruflichen Sozialisationsforschung (Eine Veröffentlichung der Sektion "Soziologie der Bildung und Erziehung" der Deutschen Gesellschaft für Soziologie), Weinheim und Basel 1979, S. 17-29.

- *Frankenberger, T./Tewes-Karimi, M.*: Gratwanderungen. Eine qualitative empirische Studie über Frauen, die Studium und Verantwortung für Kinder zu vereinbaren suchen. Mit einem Beitrag von W. Grossmann und einem Beitrag von A. von Mutius, Weinheim ²1994.

Schöps-Potthoff, M./Tyrell, H.: Vorwort, in: Kölner Zeitschrift für Soziologie und Sozialpsychologie 38 (1986), 3 (Wandel von Geschlechtsrollen. Schwerpunktheft, besorgt von M. Schöps-Potthoff und H. Tyrell), S. 423-424.

Schreiber, N.: Bildungsvorstellungen von Arbeitereltern für Jungen und Mädchen, in: R. Fauser, J. Marbach, R. Pettinger, N. Schreiber (Hrsg.), Schulbildung, Familie und Arbeitswelt. Beiträge zu schulischen und beruflichen Ausbildungsentscheidungen, München 1985, S. 143-161.

Schroeter-von Kleist, B.: Die Aufsteigerinnen. Frauen, die es "nach oben" schaffen, in: Frankfurter Rundschau vom 28. April 1990, S. 5 (ZEIT UND BILD).

Schulz-Zander, R.: Für die Gleichberechtigung von Mädchen und jungen Frauen in der Informationstechnischen Bildung. Empfehlungen einer IPN-Curriculum-Konferenz, in: E. Glumpler (Hrsg.), Mädchenbildung Frauenbildung. Beiträge der Frauenforschung für die LehrerInnenbildung, Bad Heilbrunn/Obb. 1992, S. 210-220.

Schultz, D.: 'ein mädchen ist fast so gut wie ein junge'. Sexismus in der Erziehung. Interviews, Berichte, Analysen, Band I, Berlin 1978.

- Hrsg.: 'ein mädchen ist fast so gut wie ein junge! Sexismus in der Erziehung. Schülerinnen und Pädagoginnen berichten, Band II, Berlin 1979a.

- Sexismus in der Schule - Ohne Reform der Lehrer/innenbildung und Schulbuchrevision kein Wandel, in: M. Janssen-Jurreit (Hrsg.), Frauenprogramm - Gegen Diskriminierung. Gesetzgebung - Aktionspläne - Selbsthilfe. Ein Handbuch, Reinbek bei Hamburg 1979b, S. 22-29.

Schulze, T.: Autobiographie und Lebensgeschichte, in: D. Baacke, T. Schulze (Hrsg.), Aus Geschichten lernen. Zur Einübung pädagogischen Verstehens, München 1979, S. 51-98.

- Lebenslauf und Lebensgeschichte. Zwei unterschiedliche Sichtweisen und Gestaltungsprinzipien biographischer Prozesse, in: D. Baacke, T. Schulze (Hrsg.), Pädagogische Biographieforschung. Orientierungen, Probleme, Beispiele, Weinheim und Basel 1985, S. 29-63.

Schütz, A.: Begriffs- und Typenbildung in den Sozialwissenschaften, in: A. Schütz: Gesammelte Aufsätze, Band 1, Den Haag 1971, S. 55-76.

Seeler, A./Schmitz, P.: Die Mädchenschule - ein Relikt wird wiederentdeckt. Über die neue Debatte um Koedukation und Mädchenbildung (Redaktionelle Bearbeitung: M. Liede), SÜDWESTFUNK Erziehung/Ausbildung, 2. Programm, 3. 12. 1988, 8.30 - 9.00 Uhr, Radiomanuskript, Baden-Baden 1988.

Sehringer, W./ Jung, G.: Schulreform von unten. Leistungsdifferenzierung an einem Gymnasium und Begabungsuntersuchungen an weiterführenden Schulen in einer süddeutschen Region (Schriftenreihe der Pädagogischen Hochschule Heidelberg Band 21. Herausgegeben von der Pädagogischen Hochschule Heidelberg), Weinheim 1995.

Seidenspinner, G./Burger, A. unter Mitarbeit von A. Schretter: Mädchen 82. Eine repräsentative Untersuchung über die Lebenssituation und das Lebensgefühl 15- bis 19jähriger Mädchen in der Bundesrepublik, durchgeführt vom Deutschen Jugendinstitut München im Auftrag der Zeitschrift Brigitte, Hamburg 1982a,b.

- Gute Noten sind kein Schlüssel zum Arbeitsmarkt, in: G. Seidenspinner, A. Burger, U. Rettke, M. Reinhardt, I. Bednarz-Braun, A. Brünink-Regenbogen, E. Jenkins, Vom Nutzen weiblicher Lohnarbeit (Alltag und Biografie von Mädchen, Band 3, herausgegeben von der Sachverständigenkommission Sechster Jugendbericht H. Krüger, G. Frasch, E. Bode, D. Baacke, R. von Ungern, G. Naundorf. Redaktion: W. Krüger, C. Möller, M. Weg), Opladen 1984, S. 9-44.

Seifert, R.: Politik zwischen Interesse und Moral. Zum politischen Bewußtsein ausgewählter Berufsgruppen des sogenannten "Kleinbürgertums", in: P. A. Berger, S. Hradil (Hrsg.), Lebenslagen, Lebensläufe, Lebensstile (Soziale Welt, Sonderband 7), Göttingen 1990, S. 455-479.

Seminar für Sozialwissenschaften Universität Hamburg: Untersuchung über die Ursachen vorzeitigen Abgangs von Oberschülerinnen, Manuskript, Hamburg 1967.

Sessar-Karpp, E.: Für und Wider in der Diskussion um das Technikstudium von Frauen in der Bundesrepublik, in: Bundesministerium für Wissenschaft und Forschung (Hrsg.), Frau und Technikstudium. Bericht über ein Seminar am 3. und 4. Juni 1981 in Wien, Wien 1981.

- Warum sind Frauen in Naturwissenschaften und Technik unterrepräsentiert. Thesenpapier zum Thema: Frauen in Naturwissenschaft und Technik, in: BMBW (Hrsg.), Frauen in Forschung und Lehre (Studien zu Bildung und Wissenschaft 12), Bonn 1985, S. 130-136.

Shavit, Y./Blossfeld, H.-P.: Persistent Inequality. Changing Educational Attainment in Thirteen Countries (Social Inequality Series. Herausgegeben von M. Tienda, D. B. Grusky), Boulder 1993.

Silbereisen, R. K./Todt, E. (Hrsg.): Adolescence in Context. The Interplay of Family, School, Peers, and Work in Adjustment. With 50 Illustrations, New York 1994.

Silbermann, A./Krüger, U. M.: Abseits der Wirklichkeit. Das Frauenbild in deutschen Lesebüchern. Eine soziologische Untersuchung, Köln 1971.

Simmel, G.: Soziologie. Untersuchungen über die Formen der Vergesellschaftung, Leipzig 1908.

- Schulpädagogik. Vorlesungen, gehalten an der Universität Straßburg (herausgegeben von K. Hauter), Osterwieck/Harz 1922.

- Das Relative und das Absolute im Geschlechter-Problem, in: G. Simmel, Philosophische Kultur. Über das Abenteuer, die Geschlechter und die Krise der Moderne. Gesammelte Essais. Mit einem Vorwort von J. Habermas, Berlin 1986a, S. 64-110.

- Weibliche Kultur, in: G. Simmel, Philosophische Kultur. Über das Abenteuer, die Geschlechter und die Krise der Moderne. Gesammelte Essais. Mit einem Vorwort von J. Habermas, Berlin 1986b, S. 219-253.

Singly de, F.: Die Familie der Moderne. Eine soziologische Einführung. Aus dem Französischen übersetzt von M. Rahner. Mit einem Nachwort von F. Schultheis (édition discours. Klassische und zeitgenössische Texte der französischsprachigen Humanwissenschaften. Herausgegeben von F. Schultheis und L. Pinto, Band 3), Konstanz 1994.

Skinningsrud, T.: Mädchen im Klassenzimmer: warum sie nicht sprechen, in: Frauen und Schule 3 (1984), 5, S. 21-23.

Soden von, K.: "Zum Studieren sind Sie viel zu hübsch ..." Frauen an den Universitäten der Weimarer Republik, (gesendet im NDR, 3. Programm, am 15. März 1992, 15.05 bis 16.00), Radiomanuskript, Hamburg 1992.

- *Zipfel, G.* (Hrsg.): 70 Jahre Frauenstudium. Frauen in der Wissenschaft, Köln 1979.

Sollwedel, I.: Das Bild des Mädchens und der Frau in Lesebüchern für Volksschulen und Realschulen. Ergebnisse zweier Untersuchungen in Hessen, in: Informationen für die Frau 16 (1967), 11/12, S. 10-14.

- Politische Mädchenerziehung im Lesebuch, in: Gesellschaft, Staat und Erziehung 13 (1968a), S. 86-88.

- Das Mädchen- und Frauenbild in den Lesebüchern der Volksschulen. Ergebnisse einer Untersuchung in Baden-Württemberg, in: Informationen für die Frau 17 (1968b), 3, S. 12-14.

- Das neue Frauenbild in den Lesebüchern. Untersuchung der derzeitigen Lesebücher für den Deutschunterricht in Grund-, Haupt- und Volksschulen in Hessen, in: Informationen für die Frau 19 (1970), 6, S. 6-8.

- Das Bild der Frau, in: betrifft: erziehung 4 (1971a), 9, S. 14-15.

- Patriarchat oder kritische Frauenbilder - Zum Leitbild westdeutscher Lesebücher, in: O. Gmelin, H. Saussure, Brankrott der Männerherrschaft. Material zu Problemen der Frauenemanzipation, Frankfurt 1971b, S. 92-111.

- Lesebücher für Volksschulen, in: Informationen für die Frau 16 (1977), 11/12, S. 10-12.

Sommerkorn, I. N.: Studien- und Berufsaussichten von Abiturientinnen, in: Neue Sammlung 9 (1969), 1, S. 65-80.

- Soziologie der Bildung und Erziehung, in: H. Korte, B. Schäfers (Hrsg.), Einführung in Spezielle Soziologien (Einführungskurs Soziologie. Herausgegeben von H. Korte und B. Schäfers, Band IV), Opladen 1993, S. 29-55.

Spender, D.: Frauen kommen nicht vor. Sexismus im Bildungswesen. Mit einer Einleitung von S. Trömel-Plötz. Aus dem Englischen von B. Stein, Frankfurt/M. 1985.

Speth, S.: Das Bild von Familie und Gesellschaft in den Sachaufgaben ausgewählter Rechenbücher der Volksschule, Essen 1973.

Spiegel, E. in Verbindung mit *Gunzert, R.*: Elternhaus und Studium. Erster Teil. Ergebnisse einer Befragung von Eltern von Studierenden der Universitäten München, Frankfurt/Main, Freiburg, Göttingen und der Technischen Hochschule Darmstadt (Institut für Sozialforschung an der Johann Wolfgang Goethe-Universität Frankfurt a. M. Abteilung Statistisch-empirische Methoden), Frankfurt a. M. 1962.

- Elternhaus und Studium. Zweiter Teil. Ergebnisse einer Befragung der Eltern von Oberprimanern und Oberprimanerinnen aus Altsprachlichen, Neusprachlichen und Mathematisch-Naturwissenschaftlichen Gymnasien in 25 westdeutschen Städten (Institut für Sozialforschung an der Johann Wolfgang Goethe-Universtität Frankfurt a. M. Abteilung Statistisch-empirische Methoden), Frankfurt a. M. 1963.

Spöhring, W.: Qualitative Sozialforschung (Studienskripten zur Soziologie, Band 133. Herausgegeben von E. K. Scheuch und H. Sahner), Stuttgart 1989.

Stalmann, F.: Die Schule macht die Mädchen dumm. Die Probleme mit der Koedukation, München 1991.

Starck, W.: Die Sitzenbleiber-Katastrophe. Tatsachen und erforderliche Sofortmaßnahmen, Stuttgart 1974.

Statistische Berichte des Bayerischen Statistischen Landesamtes: Die allgemeinbildenden Schulen in Bayern, Realschulen / Höhere Schulen bzw. Gymnasien, Schuljahr 1951/52 bis Schuljahr 1993/94, München 1951 - 1995.

Statistisches Bundesamt: Bevölkerung und Kultur, Reihe 10, Bildungswesen, I. Allgemeinbildende Schulen 1963 - 1971, Stuttgart und Mainz 1966 - 1975.

Stegmann, H.: Abiturient und Studium: Bestimmungsfaktoren für die Studienaufnahme und die Wahl des Studienganges, in: Mitteilungen aus der Arbeitsmarkt- und Berufsforschung 13 (1980), 4, S. 531-542.

- Studienabsicht und Studienaufnahme bei Hochschulberechtigten unter dem Aspekt veränderter Beschäftigungsaussichten von Hochschulabsolventen, in: H.-J. Bodenhöfer (Hrsg.), Hochschulexpansion und Beschäftigung, Band 1. Bildungswissenschaftliche Fortbildungstagungen an der Universität Klagenfurt, Klagenfurt, Wien, Köln, Graz 1981, S. 90-102.

- Realschüler zwischen Schule und Beruf, in: Die Realschule (1982), 12, S. 680-686.

- Jugendliche und die Ausbildung für einen Arbeiterberuf. Ausbildungsentscheidung, anschließendes Arbeitsverhältnis und Berufsperspektiven, in: W. Kruse, G. Kühnlein, U. Müller (Hrsg.), Arbeitsmarkterfahrungen und Berufsorientierungen Jugendlicher. Beiträge zu einem Workshop der Sozialforschungsstelle Dortmund, München 1983, S. 14-43.

- Jugendliche aus Arbeiterfamilien zwischen Schule und Beruf. Einstellungen, Ausbildungspläne und tatsächliches Übergangsverhalten, in: R. Fauser, J. Marbach, R. Pettinger, N. Schreiber (Hrsg.), Schulbildung, Familie und Arbeitswelt. Beiträge zu schulischen und beruflichen Ausbildungsentscheidungen, München 1985a, S. 189-220.

- Bildungsbiographien Jugendlicher und Familienhintergrund, in: H.-W. Franz (Hrsg.), 22. Deutscher Soziologentag 1984. Sektions- und Ad-hoc-Gruppen, Opladen 1985b, S. 172-174.

- Hochschulzugang und soziale Herkunft. Materialien zum beabsichtigten und tatsächlichen Übergang von Jugendlichen aus Arbeiterfamilien in den tertiären Sektor, in: A. Funke (Hrsg.), Hochschulzugang und Probleme beim Studium von Arbeiterkindern. Textsammlung zu einem Workshop der Manpower-Gruppe, Düsseldorf 1986, S. 88-112.

- *Kraft, H.*: Abiturient und betriebliche Berufsausbildung. Nachfrage nach Ausbildungsplätzen, Übergang in eine betriebliche Berufsausbildung und späteres Studium, in: Mitteilungen aus der Arbeitsmarkt- und Berufsforschung 16 (1983), 1, S. 28-38.

- Knapp zehn Jahre nach dem Abitur: Ausbildungs- und Berufswege von Studienberechtigten des Entlaßjahrgangs 1976 bis Ende 1985, in: Mitteilungen aus der Arbeitsmarkt- und Berufsforschung 20 (1987a), 4, S. 410-440.

- Ausbildungs- und Berufswege von 23- bis 24jährigen. Methode und ausgewählte Ergebnisse der Wiederholungserhebung Ende 1985, in: Mitteilungen aus der Arbeitsmarkt- und Berufsforschung 20 (1987b), 2, S. 142-163.

Steinkamp, G.: Klassen- und schichtenanalytische Ansätze in der Sozialisationsforschung, in: K. Hurrelmann, D. Ulich (Hrsg.), Handbuch der Sozialisationsforschung, Weinheim und Basel 1980, S. 253-284.

- Sozialstruktur und Sozialisation, in: K. Hurrelmann, D. Ulich (Hrsg.), Neues Handbuch der Sozialisationsforschung, Weinheim und Basel 1991, S. 251-277.

- *Stief, W. H.*: Lebensbedingungen und Sozialisation. Die Abhängigkeit von Sozialisationsprozessen in der Familie von ihrer Stellung im Verteilungssystem ökonomischer, sozialer und kultureller Ressourcen und Partizipationschancen (Forschungsberichte des Landes Nordrhein-Westfalen. Herausgegeben im Auftrage des Ministerpräsidenten H. Kühn vom Minister für Wissenschaft und Forschung J. Rau, Nr. 2756 Fachgruppe Wirtschafts- und Sozialwissenschaften), Opladen 1978.

- Familiale Lebensbedingungen und Sozialisation. Beziehungen zwischen gesellschaftlicher Ungleichheitslage, familialer Sozialisation und Persönlichkeitsmerkmalen des Kindes, in: Soziale Welt 30 (1979), 2, S. 172-204.

Steinkamp, G./Hamel, P.: Familiale Sozialisationsprozesse als Antezendenzbedingungen für Bildungsentscheidungen. Anmerkungen zu einer vernachlässigten Perspektive der Bildungsforschung, in: R. Fauser, J. Marbach, R. Pettinger, N. Schreiber (Hrsg.), Schulbildung, Familie und Arbeitswelt. Beiträge zu schulischen und beruflichen Ausbildungsentscheidungen, München 1985, S. 9-38.

Strobl, I.: Koedukation macht Mädchen dumm! Ein Plädoyer für Mädchenschulen? In: Emma (1981), 3, S. 8-13.

Stromberger, P.: Ursachen vorzeitigen Abganges von Oberschülerinnen - Zusammenfassender Bericht über die Ergebnisse einer Untersuchung, durchgeführt im Seminar für Sozialwissenschaften der Universität Hamburg -, in: Informationen für die Frau 18 (1969), 7/8, S. 17-23.

Struck, P.: Schulreport. Zwischen Rotstift und Reform oder Brauchen wir eine andere Schule? (rororo aktuell. Herausgegeben von R. Dammann und F. Strickstrock), Reinbek bei Hamburg 1995.

Sturzenbecher, K.: Orientierung bei Oberstufenschülern, Opladen 1982.

Sünker, H./Timmermann, D./Kolbe, F.-U. (Hrsg.): Bildung, Gesellschaft, soziale Ungleichheit. Internationale Beiträge zur Bildungssoziologie und Bildungstheorie, Frankfurt a. M. 1994.

Szczepanski, J.: Die biographische Methode, in: R. König (Hrsg.), Handbuch der empirischen Sozialforschung. Band 4: Komplexe Forschungsansätze, Stuttgart [3]1974, S. 226-252.

Tenorth, H.-E.: Geschichte der Erziehung. Einführung in die Grundzüge ihrer neuzeitlichen Entwicklung, Weinheim und München 1988.

Tent, L./Fingerhut, W./Langfeldt, H.-P.: Quellen des Lehrerurteils. Untersuchungen zur Aufklärung der Varianz von Schulnoten, Weinheim und Basel 1976.

Tessaring, M./Blien, U./Fischer, G./Hofmann, I./Reinberg, A.: Bildung und Beschäftigung im Wandel. Die Bildungsgesamtrechnung der IAB (Beiträge zur Arbeitsmarkt- und Berufsforschung 126. Institut für Arbeitsmarkt- und Berufsforschung der Bundesanstalt für Arbeit), Nürnberg 1990.

Theling, G.: Vielleicht wäre ich als Verkäuferin glücklicher geworden. Arbeitertöchter & Hochschule, Münster 1986.

Thomas, H.: Chancengleichheit im vorberuflichen Bereich. Zur Rolle der Schule für die berufliche Orientierung von Mädchen, in: Berufsbildung in Wissenschaft und Praxis 7 (1978), 1, S. 1-3.

- Albrecht-Heide, A.: Ungleichheit der Bildungschancen als Faktor der Diskriminierung von Mädchen und Frauen unter besonderer Berücksichtigung des Sekundarschulwesens (Technische Universität Berlin, Institut für Bildungs- und Gesellschaftswissenschaften, Bildung und Gesellschaft, Band 3), Berlin 1978.

Thumm, E.: Einstellungen der Eltern zur Rolle der Frau und die Schullaufbahn der Töchter. Eine empirische Untersuchung über den vorzeitigen Abgang vom Gymnasium, München 1972.

Thumm, M./Laur, G.: Viele küssen den Bauern, aber keine heiratet ihn, in: Frankfurter Allgemeine Zeitung Nr. 52 v. 2. März 1991, S. 31.

Tillmann, K.-J.: Sozialisationstheorien. Eine Einführung in den Zusammenhang von Gesellschaft, Institution und Subjektwerdung (rowohlts enzyklopädie. Herausgegeben von B. König), Reinbek bei Hamburg 1989.

- Das Leben nach der Schule - Ausbildung, Beruf und Familie in den Lebensentwürfen junger Männer und Frauen, in: H.-G. Rolff, K.-O. Bauer, K. Klemm, H. Pfeiffer (Hrsg.), Jahrbuch der Schulentwicklung. Daten, Beispiele und Perspektiven, Band 6 (Eine Veröffentlichung des Instituts für Schulentwicklungsforschung der Universität Dortmund), Weinheim und München 1990, S. 263-286.
- Söhne und Töchter in westdeutschen Familien, in: P. Büchner, H.-H. Krüger (Hrsg.), Aufwachsen hüben und drüben. Deutsch-deutsche Kindheit und Jugend vor nach der Vereinigung (Studien zur Jugendforschung. Herausgegeben von W. Breyvogel, W. Helsper, H.-H. Krüger, Band 9), Opladen 1991, S. 97-104.

Todt, E.: Geschlechtsrolle und schulisches Lernen, in: Unterrichtswissenschaft 7 (1979), 2, S. 101-115.

- Interesse männlich - Interesse weiblich, in: Jugend '92. Lebenslagen, Orientierungen und Entwicklungsperspektiven im vereinigten Deutschland. Herausgegeben vom Jugendwerk der Deutschen Shell. Band 2: Im Spiegel der Wissenschaften. Redaktion: J. Zinnecker, Opladen 1992, S. 301-317.

Tölke, A.: Historische Ausgangssituation und Veränderungen im Ausbildungs- und Erwerbsverhalten junger Frauen in der Nachkriegszeit, in: W. Voges (Hrsg.), Methoden der Biographie- und Lebenslaufforschung (Biographie und Gesellschaft. Herausgegeben von W. Fuchs, M. Kohli, F. Schütze, Band 1), Opladen 1978, S. 389-408.

Tornieporth, G.: Studien zur Frauenbildung. Ein Beitrag zur historischen Analyse lebensweltorientierter Bildungskonzeptionen, Weinheim und Basel 1972.

- Geschlechtsrollenstereotypien in der Schulausbildung, in: Vorgänge 18 (1979), 6, S. 119-121,

- Rollenklischees in der Schulausbildung. Beispiel Arbeitslehre, in: A. Kuhn, G. Tornieporth, Frauenbildung und Geschlechtsrolle. Historische und erziehungswissenschaftliche Studien zum Wandel der Frauenrolle in Familie und Gesellschaft (Kennzeichen 6 Studien und Problembereich aus dem Projekt "Frauen als Innovationsgruppen" des Deutschen Nationalkomitees des Lutherischen Weltbundes, herausgegeben von G. Scharffenorth, G. Diestel und N. Hasselmann), Gelnhausen, Berlin, Stein 1980, S. 15-68.

Treumann, K.: Zum Verhältnis qualitativer und quantitativer Forschung. Mit einem methodischen Ausblick auf neuere Jugendstudien, in: W. Heitmeyer (Hrsg.), Interdisziplinäre Jugendforschung. Fragestellungen, Problemlagen, Neuorientierungen (Jugendforschung. Im Auftrag des Forschungschwerpunktes Jugendforschung der Fakultät für Pädagogik der Universität Bielefeld, herausgegeben von D. Baacke, W. Heitmeyer, K. Hurrelmann und K. Treumann), Weinheim und München 1986, S. 193-214.

Trommer-Krug, L. unter Mitarbeit von L. Krappmann: Soziale Herkunft und Schulbesuch. Eine Zusammenstellung von Daten aus der amtlichen Statistik und aus empirischen Untersuchungen über soziale Herkunft von Schülern an allgemeinbildenden Schulen, in: Max-Planck-Institut für Bildungsforschung / Projektgruppe Bildungsbericht (J. Baumert, A. Leschinsky, J. Naumann, J. Raschert und P. Siewert als Herausgeber in Zusammenarbeit mit D. Hopf, H. Köhler, L. Krappmann, G. Pfeffer und L. Trommer-Krug), Bildung in der Bundesrepublik Deutschland. Daten und Analysen, Band 1: Entwicklungen seit 1950, Stuttgart, Reinbek bei Hamburg 1980, S. 217-281.

Tyrell, H.: Geschlechtliche Differenzierung und Geschlechterklassifikation, in: Kölner Zeitschrift für Soziologie und Sozialpsychologie 38 (1986), 4, S. 450-489.

Tzankoff, M.: Interaktionsforschung und Geschlechtersozialisation - Zur Kritik schulischer Interaktionsstudien, in: K.-J. Tillmann (Hrsg.), Jugend weiblich - Jugend männlich. Sozialisation, Geschlecht, Identität (Studien zur Jugendforschung. Herausgegeben von W. Breyvogel, W. Helsper, H.-H. Krüger, Band 10), Opladen 1992, S. 124-133.

- Interaktionstheorie, Geschlecht und Schule (Schule und Gesellschaft, Band 9. Herausgegeben von F. Hamburger, M. Horstkemper, W. Melzer, K.-J. Tillmann), Opladen 1995.

Ulich, K.: Schule als Familienproblem. Konfliktfelder zwischen Schülern, Eltern und Lehrern, Frankfurt a. M. 1993.

Vaskovics, L. A. (Hrsg.): Umweltbedingungen familialer Sozialisation. Beiträge zur sozialökologischen Sozialisationsforschung. 29 Abbildungen, 19 Tabellen (Der Mensch als soziales und personales Wesen, Band 6), Stuttgart 1982.

Vermehren, I.: Natürlich eine Mädchenschule - warum denn nicht? In: Katholische Bildung 81 (1980), 3, S. 129-136.

- Mädchenerziehung und was man dafür sagen kann! In: engagement 4 (1986), 2, S. 113-119.

Vogel, U.: Studienerfolg und doppelte Sozialisation von Ingenieurstudentinnen und -studenten, in: Zeitschrift für Sozialisationsforschung und Erziehungssoziologie 15 (1995), 1, S. 80-95.

Völkel, K.: "Wenn es am allerschönsten ist ..." Eine Analyse zugelassener Sexualkundebücher des Landes West-Berlin, in: I. Bock, G. Pfister, U. Rieger, C. Schmeling (Hrsg.), Feminismus in der Schule. Berichte - Analysen - Meinungen, Berlin 1985, S. 192-208.

Vorschläge für das Bildungswesen der Zukunft. Auf Wunsch des Präsidenten der Republik erarbeitet von den Professoren des Collège dc France, in: S. Müller-Rolli (Hrsg.), Das Bildungswesen der Zukunft, Stuttgart 1987, S. 253-282.

Wagner, A. C./Frasch, H./Lamberti, E.: Mann - Frau. Rollenklischees im Unterricht, München, Wien, Baltimore 1978.

Wagner, A. C./Maier, S./Uttendorfer-Marek, I./Weidle, R. H.: Unterrichtspsychogramme. Was in den Köpfen von Lehrern und Schülern vorgeht, Reinbek bei Hamburg 1981.

Wagner, A. C./Barz, M./Maier-Störmer, S./Uttendorfer-Marek, I./Weidle, R.-H.: Bewußtseinskonflikte im Schulalltag. Denk-Knoten bei Lehrern und Schülern erkennen und lösen, Weinheim und Basel 1984.

Waninger, H.: Bildungs- und Weiterbildungsmöglichkeiten für Frauen auf dem Land, in: M. E. Karsten, H. Waninger, Haus und Hof, Bildung und Beruf. Landfrauen zwischen Tradition und Fortschritt (Materialien zur Frauenforschung, Band 2, Schriftenreihe des Instituts Frau und Gesellschaft. Herausgegeben von U. Brandes, C. Schiersmann, R. Schreiber. Redaktion: U. Brandes, R. Schreiber), Bielefeld 1985.

Weber, M.: Wirtschaft und Gesellschaft. Grundriß der verstehenden Soziologie. Fünfte, revidierte Auflage, besorgt von J. Winckelmann. Studienausgabe, Tübingen 1972.

- Gesammelte Aufsätze zur Wissenschaftslehre (herausgegeben von J. Winckelmann), Tübingen 1973.

- Der Sozialismus. Mit einer Einführung von H. Münkler, Weinheim 1995.

Weinbach, I.: Das Verhältnis von Mädchen zu naturwissenschaftlichen Fächern - Abriß der Forschungssituation, in: Empirische Pädagogik 2 (1988), 2, S. 105-125.

Weishaupt, H./Weiß, M./*von Recum*, H./*Haug, R.*: Perspektiven des Bildungswesens der Bundesrepublik Deutschland. Rahmenbedingungen, Problemlagen, Lösungsstrategien (Gesellschaft und Bildung. Herausgegeben von H. Avenarius, T. Hanf, H. v. Recum, R. Vente. Deutsches Institut für Internationale Pädagogische Forschung. Band 2), Baden-Baden 1988.

Westermann, B.: "... ich will nur bleiben, was ich bin." In: A. Meier, U. Rabe-Kleberg (Hrsg.), Weiterbildung, Lebenslauf, sozialer Wandel, Neuwied, Kriftel, Berlin 1993, S. 137-152.

Weymann, A. (Hrsg.): Bildung und Beschäftigung. Grundzüge und Perspektiven des Strukturwandels (Soziale Welt, Sonderband 5), Göttingen 1987.

Widmann, M.: Von der Lateinschule zum "Kochabitur", in: Münchner Stadtmuseum (Hrsg.), Vater Mutter Kind. Bilder und Zeugnisse aus zwei Jahrhunderten, München 1987.

Wiehn, E. R./Mayer, K. U.: Soziale Schichtung und Mobilität. Eine kritische Einführung, München 1975.

Wiese, W.: Elternstatus, Lehrerempfehlung und Schullaufbahn: Eine empirische Analyse des Einflusses des Grundschullehrers auf die Bildungschancen des Schülers, in: Zeitschrift für Soziologie 11 (1982), 1, S. 49-63.

- *Meulemann, H./Wieken-Mayser, M.*: Soziale Herkunft und Schullaufbahn von Gymnasiasten (Zentralarchiv für empirische Sozialforschung, Universität zu Köln), Köln 1983.

Wildt, C./Naundorf, G.: "Der Streit um die Koedukation". Jungenschule - auch für Mädchen. Erfahrungsbericht zweier Lehrerinnen an einer Berliner Schule, in: K. Hurrelmann, K. Rodax, N. Spitz, G. Naundorf, C. Wildt, U. Rabe-Kleberg, Koedukation - Jungenschule auch für Mädchen? (Alltag und Biografie von Mädchen, Band 14. Herausgegeben von der Sachverständigenkommission Sechster Jugendbericht H. Krüger, G. Frasch, E. Bode, D. Baacke, R. von Ungern, G. Naundorf. Redaktion: W. Krüger, C. Müller, M. Weg), Opladen 1986, S. 87-174.

Wolf, H. K.: Bildung und Biographie. Der zweite Bildungsweg in der Perspektive des Bildungsverlaufs, Weinheim 1985.

Zeitschrift für Pädagogik 38 (1992), 1.

Zinnecker, J.: Lehrerin '70 (I). Der Lehrer - männlich oder weiblich? In: betrifft: erziehung 3 (1970), 5, S. 11-21.

- Emanzipation der Frau und Schulausbildung. Zur schulischen Sozialisation und gesellschaftlichen Position der Frau, Weinheim und Basel 1972.
- Sozialgeschichte der Mädchenbildung. Zur Kritik der Schulerziehung von Mädchen im bürgerlichen Patriarchalismus, Weinheim und Basel 1973a.
- Zur Modernisierung von Jugend in Europa. Adoleszente Bildungsschichten im Gesellschaftsvergleich, in: A. Combe, W. Helsper (Hrsg.), Hermeneutische Jugendforschung. Theoretische Konzepte und methodologische Ansätze, Opladen 1991, S. 71-98.

Zumbühl, U.: Learning English and Sexism, in: I. Brehmer (Hrsg.), Sexismus in der Schule. Der heimliche Lehrplan der Frauendiskriminierung. Herausgegeben im Auftrag der Redaktion "betrifft: erziehung", Weinheim und Basel 1982, S. 94-102.

Zymek, B.: Der Strukturwandel des Mädchenschulwesens in Preußen, 1908 - 1941, in: Zeitschrift für Pädagogik 34 (1988), 2, S. 191 -203.

- Schulen, Hochschulen, Lehrer, in: Handbuch der deutschen Bildungsgeschichte. Herausgegeben von C. Berg, A. Buck, C. Führ, C.-L. Furck, N. Hammerstein, U. Herrmann, G. Jäger, K.-E. Jeismann, D. Langewiesche, P. Lundgreen, D. K. Müller, K. Stratmann, H.-E. Tenorth und R. Vierhaus. Band V: 1918-1945. Die Weimarer Republik und die nationalsozialistische Diktatur. Herausgegeben von D. Langewiesche und H.-E. Tenorth, München 1989, S. 155-208.

Anhang

Anhang: Übersicht über Beruf von Vater und Mutter, besuchte Schulart der Absolventin, Abschlußjahr und Ausbildung sowie Berufstätigkeit: Mittel- beziehungsweise Realschulabschluß und Äquivalente

Nr.	Absolventin	Beruf Vater	Beruf Mutter
1.	Dagmar	Exportkaufmann	Hausfrau
2.	Ortrud	Kraftfahrzeugschlosser	Haushaltsgehilfin, dann Hausfrau
3.	Ria	Volksschullehrer	Hausfrau
4.	Denise	Kleinbauer und Arbeiter	Bäuerin und Hausfrau
5.	Marcella	Beamter im mittleren Dienst	Hausfrau
6.	Anke	Kraftfahrer	Hausfrau
7.	Gina-Lisa	Kleinbauer	Bäuerin und Hausfrau
8.	Siglinde	Kleinbauer, nebenberuflich: Arbeiter in Fabrik	Bäuerin und Hausfrau
9.	Barbara	Buchhalter	Haushaltsgehilfin, dann Hausfrau
10.	Pia	selbständiger Friseurmeister	Haushaltsgehilfin, dann Hausfrau
11.	Michaela	Werkzeugmacher	Schneiderin, dann Hausfrau
12.	Lore	nicht-selbständiger Bäcker- und Konditormeister	Buchhalterin
13.	Valerie	Kleinbauer	Bäuerin und Hausfrau
14.	Viktoria	Kleinbauer	Bäuerin und Hausfrau

Anhang: Übersicht über Beruf von Vater und Mutter, besuchte Schulart der Absolventin, Abschlußjahr und Ausbildung sowie Berufstätigkeit: Mittel- beziehungsweise Realschulabschluß und Äquivalente

besuchte Schule	Abschlußjahr	Beruf der Absolventin	Nr.
human. Gymnasium, dann Realschule	1950	Geschäftsführerin	1.
Handelsschule (Mittlere-Reife-Abschluß)	1952	kaufmännische Angstellte	2.
kath. Mädchenrealschule	1953	Betriebswirtin	3.
kath. Mädchenrealschule	1954	Heimleiterin	4.
Höhere Handelschule (Mittlere Reife)	1955	Bürogehilfin	5.
kath. Mädchenrealschule	1957	Sekretärin	6.
kath. Mädchenrealschule und Frauenfachschule	1956 1959	Fachlehrerin für Handarbeit und Hauswirtschft	7.
kath. Mädchenrealschule	1957	keine Angaben	8.
kath. Mädchenrealschule	1958	Bürogehilfin	9.
Realschule und Frauenfachschule	1958 1961	Fachlehrerin für Handarbeit und Hauswirtschaft	10.
kath. Mädchenrealschule und Frauenfachschule	1959 1962	Fachlehrerin für Handarbeit und Hauswirtschaft	11.
Handelsschule (Mittlere Reife)	1959	Direktionssekretärin	12.
Volksschule und kath. Mädchenrealschule	1955 1961	Fachlehrerin für Kurzschrift/Maschinenschreiben	13.
kath. Mädchenrealschule	1965	Sekretärin bei Internisten bis zur Heirat	14.

Nr.	Absolventin	Beruf Vater	Beruf Mutter
15.	Eva	selbständiger Kraftfahrzeugmeister	Sekretärin, dann Hausfrau
16.	Anette	Schlosser, dann Berufssoldat bei der Bundeswehr	Bäuerin, dann Hausfrau
17.	Hannelore	selbständiger Elektrikermeister	Krankenpflegerin, dann Hausfrau
18.	Evelin	Werkzeugmacher	Verkäuferin
19.	Andrea	Facharbeiter	Schneiderin
20.	Ursula	selbständiger Einzelhandelskaufmann	Mitarbeit im Geschäft und Hausfrau
21.	Rebecca	selbständiger Einzelhandelskaufmann	kaufm. Angestellte (teilweise berufstätig)
22.	Birthe	selbständiger Textileinzel-handelskaufmann	selbst. Textileinzel-handelskauffrau
23.	Helga	Chemiearbeiter	Verkäuferin
24.	Margit	Schlosser	Näherin, dann Hausfrau
25.	Monika	Kraftfahrzeugmechaniker	Stenotypistin, dann Hausfrau
26.	Magdalena	Fabrikarbeiter	Hausfrau
27.	Kerstin	Elektriker	Friseuse, dann Hausfrau
28.	Britta	Kleinbauer	Bäuerin und Hausfrau
29.	Felizitas	Heizungsmechaniker	Schneiderin, dann Hausfrau
30.	Gisela	Betriebsleiter	Hausfrau

besuchte Schule	Abschlußjahr	Beruf der Absolventin	Nr.
neuspr. kath. Mädchengymnasium und Höhere Handelsschule	1966 1968	Beamtin im gehobenen Dienst	15.
kath. Mädchenrealschule	1966	Softwareberaterin für Textverarbeitung	16.
Realschule und Frauenfachschule	1967 1970	bis zur Geburt des ersten Kindes Sozialarbeiterin	17.
Realschule	1967	Industriefachwirtin	18.
Realschule	1967	Chefsekretärin	19.
Realschule, Abbruch kath. Mädchengymnasium	1967 1969	Buchhändlerin	20.
kath. Mädchengymnasium (bis zur Mittleren Reife)	1968	Diätassistentin	21.
kath. Mädchenealschule	1970	Künstlerin und Behindertenarbeit	22.
Realschule	1970	Bankangestellte	23.
kath. Mädchenrealschule	1970	Beamtin im gehobenen Dienst bis zum ersten Kind	24.
Mädchengymnasium (bis zur Mittleren Reife)	1970	kaufmännische Angestellte	25.
kath. Mädchenrealschule	1971	Beamtin im gehobenen Dienst	26.
Hauptschule (Mittlere Reife)	1974	keine Angaben	27.
Mädchengymnasium, dann Mädchenrealschule	1971 1974	Verwaltungsangestellte	28.
kath. Mädchenrealschule	1974	angelernte Kontoristin, dann Hausfrau	29.
kath. Mädchenrealschule	1974	Operationsschwester	30.

Nr.	Absolventin	Beruf Vater	Beruf Mutter
31.	Germana	selbständiger Heilpraktiker	Hauswirtschaftsleiterin, dann Hausfrau
32.	Sigrid	Beamter im gehobenen Dienst	Laborantin, dann Hausfrau
33.	Herma	Kleinbauer	Bäuerin und Hausfrau
34.	Marlies	Kleinbauer	Bäuerin und Hausfrau
35.	Irma	Schlosser	Kindermädchen, dann Hausfrau
36.	Friederike	Kleinbauer	Bäuerin und Hausfrau
37.	Hildegard	selbständiger Lebensmittelkaufmann	Mitarbeit im Geschäft und Hausfrau
38.	Camilla	Speditionskaufmann	Kontoristin, dann Hausfrau
39.	Verena	Arbeiter	Verkäuferin, dann Hausfrau
40.	Inge	Kleinbauer	Bäuerin und Hausfrau
41.	Elsa	Maschinenschlosser	Verwaltungsangestellte, dann Hausfrau
42.	Franziska	Beamter im mittleren Dienst	Verkäuferin, dann Hausfrau
43.	Veronika	Beamter im gehobenen Dienst (Bundespost)	Sekretärin, dann Hausfrau
44.	Aurelia	Speditionskaufmann	Kontoristin, dann Hausfrau
45.	Meta	Kleinbauer	Bäuerin und Hausfrau

besuchte Schule	Abschlußjahr	Beruf der Absolventin	Nr.
Gymnasium, dann Realschule	1975	Erzieherin, dann Verkäuferin	31.
kath. Mädchenrealschule	1975	Kindergartenleiterin	32.
kath. Mädchenrealschule und Fachakademie	1976 1980	Fachlehrerin für Handarbeit und Hauswirtschaft	33.
Realschule	1976	zahnmedizinische Fachhelferin	34.
Gymnasium, dann Realschule	1974 1976	selbständige Reisebürokauffrau	35.
kath. Mädchenrealschule	1977	Meisterprüfung in Hauswirtschaft (Hoferbin)	36.
Gymnasium, dann kath. Mädchenrealschule	1977	Krankenpflegerin	37.
kath. Mädchenrealschule	1978	Bankangestellte	38.
kath. Mädchenrealschule	1979	Angestellte in einer Anwaltskanzlei	39.
kath. Mädchenrealschule	1980	Bäuerin	40.
kath. Mädchenrealschule	1980	Erzieherin (Sozialpädagogin)	41.
Realschule	1980	keine Angaben	42.
kath. Mädchenrealschule	1981	Beamtin im mittleren Dienst	43.
kath. Mädchenrealschule	1982	Verwaltungsangestellte	44.
Realschule	1984	Hauswirtschaftslehrling	45.

Anhang: Übersicht über Beruf von Vater und Mutter, besuchte Schulart der Absolventin, Abschlußjahr und Ausbildung sowie Berufstätigkeit: Abitur und Äquivalente

Nr.	Absolventin	Beruf Vater	Beruf Mutter
46.	Isolde	Chemiker (Dr. rer. nat.)	Turn- und Gymnastiklehrerin, dann Hausfrau
47.	Gretel	Oberstleutnant (Dr. phil.)	Beamtin im mittleren Dienst
48.	Undine	Gymnasiallehrer	Kindergärtnerin, dann Hausfrau
49.	Mira	Rechtsanwalt	Volksschullehrerin
50.	Lydia	Volksschullehrer	Büroleiterin, dann Hausfrau
51.	Claudia	Unternehmer (Dr. jur.)	Sekretärin, dann Hausfrau
52.	Petra	Rechtsanwalt	Hausfrau
53.	Gundula	Kleinbauer und Hilfsarbeiter	Bäuerin und Hausfrau
54.	Jutta	Ingenieur	Anwaltsgehilfin, dann Hausfrau
55.	Bernadette	höherer Ministerialbeamter	Sparkassenangestellte, dann Hausfrau
56.	Inga	Kraftwerksleiter eines Hüttenwerkes	technische Lehrerin, dann Hausfrau
57.	Vanessa	Beamter im höheren Dienst	Gymnastiklehrerin, dann Hausfrau
58.	Ruth	Dreher und Schlosser, dann Mechanikermeister	Tagelöhnerin in Weberei, dann Hausfrau
59.	Marielle	Professor für Chemie	Chemikerin (Dr. rer. nat.), dann Hausfrau

Anhang: Übersicht über Beruf von Vater und Mutter, besuchte Schulart der Absolventin, Abschlußjahr und Ausbildung sowie Berufstätigkeit: Abitur und Äquivalente

besuchte Schule	Abschlußjahr	Beruf der Absolventin	Nr.
neuspr. Mädchengymnasium	1950	keine Angaben	46.
human. Gymnasium	1951	Gymnasiallehrerin (Philologie/Geschichte)	47.
Mädchengymnasium	1951	Gymnasiallehrerin (Geschichte/Deutsch/Erdk.)	48.
städt. Realgymnasium	1952	Gymnasiallehrerin (Deutsch)	49.
Mädchenoberrealschule, Abendoberrealschule	1947 1952	Damenschneiderin, dann Volksschullehrerin	50.
neuspr. Mädchengymnasium	1953	Dipl.-Volkswirtin, dann Übersetzerin	51.
Gymnasium	1953	Gymnasiallehrerin (Sport/Englisch)	52.
Gymnasium	1954	Realschullehrerin	53.
Mädchengymnasium	1954	Professorin für Soziologie	54.
math.-naturw. Gymnasium	1955	Volksschullehrerin	55.
Mädchengymnasium	1955	Elektroassistentin	56.
Mädchengymnasium	1955	Apothekerin, dann Hausfrau	57.
Mädchengymnasium	1956	Gymnasiallehrerin (Französisch/Englisch)	58.
Mädchengymnasium	1957	wissenschaftliche Mitarbeiterin an der Universität	59.

Nr.	Absolventin	Beruf Vater	Beruf Mutter
60.	Erika	Maschinenbauingenieur	Kindergärtnerin
61.	Senta	Prof. für Kunstgeschichte	Studium abgebrochen, dann Hausfrau
62.	Raphaela	Richter	Realschullehrerin (Dr. phil.), Hausfrau
63.	Astrid	Bergarbeiter	Hausfrau
64.	Sandra	Verwaltungsjurist	Haushaltsgehilfin, dann Hausfrau
65.	Ester	Wirtschaftsprüfer	Hausfrau
66.	Carola	selbständiger Imker	Arzthelferin, dann Hausfrau
67.	Sabine	Hilfsmonteur (vor der Flucht: Kleinbauer)	Bäuerin und Hausfrau
68.	Bettina	Kleinbauer	Bäuerin und Hausfrau
69.	Cora	Gymnasiallehrer (promoviert)	Hausfrau
70.	Walburga	Prof. für Medizin	Hausfrau
71.	Adelheid	Geschäftsführer einer mittelgroßen Firma	Sekretärin, dann Hausfrau
72.	Ute	Schreiner	Nebenerwerbsbäuerin und Hausfrau
73.	Irene	Dipl.-Ingenieur	Sekretärin
74.	Vera	Beamter im höheren Dienst	Hausfrau

besuchte Schule	Abschlußjahr	Beruf der Absolventin	Nr.
Mädchengymnasium	1957	Gymnasiallehrerin (Englisch/Französisch/Deutsch)	60.
Mädchengymnasium	1957	Anästhesieärztin	61.
Mädchengymnasium	1957	Gymnasiallehrerin (Philologie)	62.
Realschule, dann Aufbaugymnasium	1955 1958	Pfarrerin	63.
kath. Mädchengymnasium	1959	Gymnasiallehrerin (Geschichte/Politik/Franz.)	64.
neuspr. Mädchengymnasium	1959	promovierte Gymnasiallehrerin	65.
Waldorfschulreifeprüfung	1959	Fachlehrerin	66.
Gymnasium	1959	Gymnasiallehrerin (Deutsch/Englisch)	67.
kath. Mädchengymnasium	1960	Gesamtschullehrerin (Französich/Geschichte)	68.
neuspr. Mädchengymnasium	1960	keine Angaben	69.
Mädchengymnasium	1960	stellv. Feuilletonchefin einer großen Zeitung	70.
neuspr. Mädchengymnasium	1960	promoviert, Führungsposition in Konferenzzentrum	71.
Gymnasium	1960	Gymnasiallehrerin (Mathematik/Physik/Sport)	72.
Mädchengymnasium	1960	Gymnasiallehrerin (Deutsch)	73.
neuspr. Gymnasium	1961	habilitierte Akad. Rätin (Psychologie)	74.

Nr.	Absolventin	Beruf Vater	Beruf Mutter
75.	Nora	Arbeiter	Hausfrau
76.	Gesine	Buchhalter in einer Fabrik	Sekretärin
77.	Angela	selbständiger Textileinzelhandelskaufmann	Hausfrau
78.	Maren	Facharbeiter	Hilfsarbeiterin, dann Hausfrau
79.	Nicola	praktischer Arzt	Hausfrau
80.	Selma	Facharzt	Gebrauchsgraphikerin
81.	Susanne	Kleinbauer, nebenberuflich Straßenbauarbeiter	Bäuerin und Hausfrau
82.	Doris	Beamter im gehobenen Dienst (Oberamtmann)	Rundfunktätigkeit, dann Hausfrau
83.	Elisabeth	Schriftsteller	Sparkassenangestellte, dann Hausfrau
84.	Corinna	Kraftfahrer	Verkäuferin
85.	Cornelia	kaufmännischer Angestellter in Chemiefirma	kaufmännische Angestellte
86.	Mareike	Maler und Anstreicher	kaufmännische Angestellte
87.	Waltraud	Fregattenkapitän	Hausfrau
88.	Rosi	Magazinarbeiter	kaufmännische Angestellte
89.	Stefanie	Beamter im gehobenen Dienst	Hausfrau

besuchte Schule	Abschlußjahr	Beruf der Absolventin	Nr.
Realschule, fachgeb. Hochschulreife an Frauenfachschule	1959 1961	Gewerbeoberlehrerin	75.
math.-naturw. Gymnasium	1963	Volksschullehrerin	76.
human. Gymnasium	1963	Gymanasiallehrerin (Latein/Griechisch/Englisch)	77.
Realschule, dann kath. Realgymnasium	1958 1964	Gymnasiallehrerin (Religion/Latein)	78.
neuspr. Mädchengymnasium	1964	keine Angaben	79.
human. Gymnasium	1965	wissenschaftliche Mitarbeiterin in Forschungsinstitut	80.
kath. Mädchengymnasium	1966	Realschullehrerin (Englisch/Französisch)	81.
neuspr. Mädchengymnasium	1967	wissenschaftliche Mitarbeiterin an Universität	82.
Mädchengymnasium	1967	wissenschaftliche Mitarbeiterin an Universität	83.
kath. Mädchengymnasium	1967	Realschullehrerin (Englisch/Erdkunde)	84.
neuspr. Mädchengymnasium	1968	keine Angaben	85.
kath. Mädchengymnasium	1968	Rechtsanwältin	86.
neuspr. Gymnasium	1968	Oberärztin an Universitätsklinik	87.
neuspr. Gymnasium	1969	Volksschullehrerin	88.
Gymnasium	1969	Studium an einer Technischen Universität	89.

Nr.	Absolventin	Beruf Vater	Beruf Mutter
90.	Irmgard	selbständiger Metzgermeister	kaufmännische Angestellte, dann Hausfrau
91.	Katja	Beamter im gehobenen Dienst	Hausfrau
92.	Manuela	Arbeiter	Krankenschwester
93.	Mathilde	Buchhalter	Hausfrau
94.	Annegret	Grundschullehrer	Hausfrau
95.	Maria	kaufmännischer Angestellter	Bürokraft, dann Hausfrau
96.	Renate	Prokurist eines mittelgroßen Betriebes	kaufmännische Angestellte, dann Hausfrau
97.	Marlene	Abteilungsleiter einer Zeitung	Arbeit in Betriebsküche, dann Hausfrau
98.	Ingrid	Bankdirektor	Hausfrau
99.	Isabel	Bergmann	Haushaltsgehilfin, dann Hausfrau
100.	Heidrun	Beamter im mittleren Dienst	Haushaltsgehilfin, dann Hausfrau
101.	Elfi	Sonderschulrektor	kaufmännische Angestellte in Steuerkanzlei
102.	Ilona	Beamter im mittleren Dienst (Bundespost)	Hausfrau
103.	Mona	Bauingenieur (selbständiges Baugeschäft)	Mitarbeit im Geschäft und Hausfrau
104.	Ulrike	Vermessungstechniker	Hausfrau

besuchte Schule	Abschlußjahr	Beruf der Absolventin	Nr.
human., dann neuspr. Gymnasium	1969	keine Angaben	90.
Realschule, fachgeb. Hochschulreife an Frauenfachschule	1964 1969	promoviert in Psychologie	91.
Realschule, dann Wirtschaftsgymnasium	1967 1970	promovierte wissenschaft. Assistentin an Universität	92.
neuspr. kath. Mädchengymnasium	1970	keine Angaben	93.
neuspr. Mädchengymnasium	1970	wissenschaftliche Mitarbeiterin an Universität	94.
neuspr. kath. Mädchengymnasium	1970	Gymnasiallehrerin (Deutsch/Englisch)	95.
neuspr. Mädchengymnasium	1971	keine Angaben	96.
kath. Mädchenrealschule, dann Mädchengymnasium	1966 1971	Volksschullehrerin	97.
human. kath. Mädchengymnasium	1971	wissenschaftliche Mitarbeiterin an Forschungsinstitut	98.
neuspr. Mädchengymnasium, dann Gesamtschule	1969 1972	keine Angaben	99.
Mädchengymnasium	1972	wissenschaftliche Mitarbeiterin an Universität	100.
Gymnasium	1972	Sonderschullehrerin	101.
neuspr. Gymnasium	1972	Lebensmittelchemikerin, dann Hausfrau	102.
neuspr. Gymnasium	1972	Volksschullehrerin (Englisch/Deutsch)	103.
neuspr. Gymnasium	1972	Augenoptikerin, dann Hausfrau	104.

Nr.	Absolventin	Beruf Vater	Beruf Mutter
105.	Miriam	Beamter im gehobenen Dienst	Fremsprachensekretärin
106.	Wilma	Gymnasiallehrer	kaufmännische Angestellte, dann Hausfrau
107.	Ilse	selbständiger Einzelhandelskaufmann	Mitarbeit im Geschäft
108.	Gaby	Dipl.-Ingenieur	Lehrerin für Hauswirtschaft
109.	Tanja	Beamter im gehobenen Dienst	Hausfrau
110.	Gesa	kaufmännischer Angestellter	Direktrice, dann Hausfrau
111.	Hertha	Beamter im höheren Dienst	Volksschullehrerin
112.	Gislinde	Kleinbauer	Bäuerin und Hausfrau
113.	Regina	Facharbeiter	Arbeiterin in Zigarrenfabrik, dann Hausfrau
114.	Tabea	Kleinbauer	Bäuerin und Hausfrau
115.	Nathalie	Beamter im mittleren Dienst	Verkäuferin
116.	Marianne	Bilanzbuchhalter	Hausfrau
117.	Olga	Berufsschullehrer	Gymnasiallehrerin (Mathematik/Physik)
118.	Beate	selbständiger Schreinermeister	Mitarbeit im Geschäft und Hausfrau
119.	Laura	Professor für Maschinenbau	Hausfrau

besuchte Schule	Abschlußjahr	Beruf der Absolventin	Nr.
neuspr. Gymnasium	1974	Gymnasiallehrerin im Hochschuldienst (Sport)	105.
Mädchenrealschule, dann kath. Mädchengymnasium	1971 1974	Grundschullehrerin	106.
Mädchengymnasium	1974	Gymnasiallehrerin (Kunst)	107.
human. Gymnasium	1974	Ärztin	108.
Realgymnasium (Mittl. Reife), dann Fachhochschulreife	1959 1975	Sozialarbeiterin, dann Magister in Pädagogik	109.
Realschule, dann Fachabitur	1958 1975	Berufstätigkeit, dann Studium der Psychologie	110.
neuspr. Gymnasium	1975	keine Angaben	111.
Realschule, dann Wirtschaftsgymnasium	1972 1976	selbständige Dipl.-Ingenieurin: Bekleidungstechnik	112.
neuspr. kath. Mädchengymnasium	1976	wissenschaftliche Mitarbeiterin in Forschungsinstitut	113.
Gymnasium	1976	Gymnasiallehrerin (arbeitslos)	114.
neuspr. Gymnasium	1976	Realschullehrerin (Deutsch/Erdkunde)	115.
Realschule, dann frauenberufliches Gymnasium	1973 1976	Dipl.-Haushaltsökonomin	116.
math.-naturw. Gymnasium	1976	Ingenieurin für Werkstoffkunde	117.
Gymnasium	1976	keine Angaben	118.
Gymnasium	1977	Fachärztin für Gynäkologie	119.

Nr.	Absolventin	Beruf Vater	Beruf Mutter
120.	Gertrud	Schlosser, dann Lokführer	Hausfrau
121.	Gerlinde	Abteilungsdirektor einer großen Versicherung	Sekretärin
122.	Sarah	Dipl.-Ingenieur	Haushaltsgehilfin, dann Hausfrau
123.	Therese	stellvertr. Geschäftsführer einer diak. Einrichtung	Verkäuferin, dann Hausfrau
124.	Christine	Akademiker	Hausfrau
125.	Frauke	Prokurist in einem kleinen Unternehmen	Sekretärin
126.	Martina	Dreher	Fabrikarbeiterin, dann Hausfrau
127.	Nelly	Versicherungskaufmann	Friseuse, dann Hausfrau
128.	Irmtraud	kaufmännischer Angestellter	Büroangestellte, dann Hausfrau
129.	Marina	Kleinbauer	Bäuerin und Hausfrau
130.	Elke	Zivilarbeiter bei der Bundeswehr	Hausfrau
131.	Heike	Arbeiter im Kalkwerk	Hausfrau
132.	Birgit	Maurer	selbständige Damenschneiderin
133.	Angelika	Berufsschullehrer	Hausfrau
134.	Elvira	Kleinbauer, nebenbei Sattlerei	Bäuerin und Hausfrau

besuchte Schule	Abschlußjahr	Beruf der Absolventin	Nr.
neuspr. Gymnasium	1978	Kinderkrankenschwester	120.
Gymnasium	1978	Versicherungsbetriebs- wirtin	121.
Gymnasium	1978	kaufm. Angestellte bei kassenärztl. Vereinigung	122.
kath. Mädchengymnasium	1978	Diplomsoziologin	123.
neuspr. Gymnasium	1978	Gesamtschullehrerin (Deutsch)	124.
Gymnasium	1979	Studium der Germanistik und Politikwissenschaft	125.
Volksschule, dann Kolleg	1957 1979	Krankenschwester, dann Ärztin	126.
neuspr. Gymnasium	1981	Studium der Politikwissenschaft	127.
kath. Mädchenrealschule, Fachhochschulreife	1973 1982	Studium an Fachhochschule für Sozialwesen	128.
Gymnasium	1982	Studium der Soziologie	129.
kath. Mädchengymnasium (sozialwissenschaftlicher Zweig)	1983	Studium der Soziologie	130.
Realschule, dann Wirtschaftsgymnasium	1979 1983	Studium der Philosophie	131.
human. Gymnasium	1983	Lehramtsstudium Grundschule	132.
Gymnasium	1983	Studium der Psychologie	133.
kath. Mädchenrealschule, dann math.-naturw. Gymnasium	1979 1983	Studium der Physik und Mathematik	134.

Nr.	Absolventin	Beruf Vater	Beruf Mutter
135.	Winnie	Grund- und Hauptschullehrer	Hausfrau
136.	Judith	Bauingenieur	Krankenschwester, dann Hausfrau
137.	Rita	ungelernter Arbeiter	Hausfrau
138.	Hedwig	gelernter Laborant	kaufmännische Angestellte, dann Hausfrau
139.	Gudrun	Zweigstellenleiter einer Bank	kaufmännische Angestellte, dann Hausfrau
140.	Julia	Grundschulrektor	Grundschullehrerin, dann Hausfrau

besuchte Schule	Abschlußjahr	Beruf der Absolventin	Nr.
math.-naturw. Gymnasium mit neuspr. Zweig	1983	Hebamme	135.
Gymnasium	1984	Studium der Germanistik und Psychologie	136.
Gymnasium	1984	Studium der Politikwissenschaft und Soziologie	137.
kath. Mädchenrealschule, dann Fachoberschulreife	1982 1984	Lehre als Bankkauffrau	138.
kath. Mädchenrealschule, dann Fachoberschulreife	1983 1985	Studium der Religonspädagogik	139.
Gymnasium	1985	Studium der Romanistik und Soziologie	140.